《辞源》修订参考资料

史建桥　乔永　徐从权　编

2011年·北京

图书在版编目(CIP)数据

《辞源》修订参考资料/史建桥,乔永,徐从权编. —北京:商务印书馆,2011
ISBN 978-7-100-08333-1

Ⅰ.①辞… Ⅱ.①史…②乔…③徐… Ⅲ.①辞源—研究 Ⅳ.①H164

中国版本图书馆 CIP 数据核字(2011)第 077376 号

所有权利保留。

未经许可,不得以任何方式使用。

CÍYUÁN XIŪDÌNG CĀNKǍO ZĪLIÀO
《辞源》修订参考资料
史建桥 乔永 徐从权 编

商务印书馆出版
(北京王府井大街36号 邮政编码 100710)
商务印书馆发行
北京瑞古冠中印刷厂印刷
ISBN 978-7-100-08333-1

| 2011 年 11 月第 1 版 | 开本 787×1092 1/16 |
| 2011 年 11 月北京第 1 次印刷 | 印张 27¼ |

定价:48.00 元

出版说明

《辞源》是中国现代史上第一部大型语文性工具书,也是商务印书馆的标志性品牌辞书。1908年《辞源》开始编纂,1915年正式出版,1931年《辞源》续编出版,1939年又出版了《辞源》正续编合订本。新中国成立后,《辞源》于1958年开始了修订工作,1979年至1983年分四册出齐,以后又陆续出了两卷豪华本和单卷缩印本,至今这三种版本共发行了330万册。《辞源》编纂已100年,上次修订至今也已30年,基于辞书修订的周律和社会的需求,商务印书馆启动了《辞源》(修订本)再次修订的项目。为了配合《辞源》此次修订,我们选编了三本资料书,《〈辞源〉修订参考资料》即是其中之一。

我们选编的原则是:已发表的有关《辞源》的文章,包括题目中含《辞源》和内容有专论《辞源》的文章。具体操作方法是:将搜集到的有关《辞源》的文章按照辞目分别切成若干块,然后将这些块按照收目、注音、释义、引证、体例分成五大部分,在每部分前面加上此类概述内容,每一部分均按照《辞源》辞目的顺序排列,每个辞目后标上《辞源》(修订本)的页码(失收辞目标首字页码或相关辞目页码),以便读者查考。辞目保留用繁化字,正文改用简化字。在编纂过程中,我们尽量保持原稿面貌,有些显误径直改过,不加注明。为了全书统一,有些地方我们作了少许改动,如书名号等。为了查检方便,我们编了《本书涉及〈辞源〉辞目笔画索引》,还附有《选文篇目》,以便读者进一步查阅全文。

《〈辞源〉修订参考资料》的内容,是30年来200多位研究者以《辞源》的形音义和书证等为研究对象,阐述自己的见解和体会的集成,给《辞源》修订和其他辞书的修订以有益的启发。虽有的是见仁见智,亦可姑存一说。

《〈辞源〉修订参考资料》的出版,对今天《辞源》的再修订有着重要的参考价值。此外,对其他辞书的编纂与修订也有一定的参考作用,也可供文史研究者使用。

由于我们水平有限,识见不够,漏收的情况恐难避免,恳请读者批评指正。

商务印书馆编辑部
2011年3月

目　录

收　目

一　概述 …………………… 1
二　失收 …………………… 4
　㭘 …………………… 4
　蚀 …………………… 5
　癌 …………………… 5
　不～ ………………… 7
　小憩 ………………… 7
　乾蘭　奸蘭　間闌 …… 7
　亂末 ………………… 7
　仁平 ………………… 7
　代舍 ………………… 8
　何當 ………………… 8
　侍巾櫛 ……………… 8
　便事 ………………… 8
　脩政 ………………… 8
　偷光 ………………… 9
　具體 ………………… 9
　出入 ………………… 9
　勉勸 ………………… 10
　吹木屑 ……………… 10
　告曉 ………………… 10
　和氏　污穆　鏉峽
　奏功　崇賢館　公卿
　族誅　秦二世 ……… 10

和璞　和朴 …………… 11
咎異 …………………… 11
墳誥 …………………… 11
夷貊 …………………… 11
奢盈 …………………… 11
女婦 …………………… 12
奴從 …………………… 12
好道 …………………… 12
妝靨　靨鈿 …………… 13
嬤嬤 …………………… 13
孔容 …………………… 13
定治 …………………… 13
官耗 …………………… 13
客隱 …………………… 13
寇侵 …………………… 14
屬著 …………………… 14
岐嶇 …………………… 14
左右江 ………………… 14
年嫂 …………………… 14
廉平 …………………… 14
廢亂 …………………… 15
弄物 …………………… 15
式遵 …………………… 15
形器 …………………… 15
形能 …………………… 15
旁皇 …………………… 15

恃怙 …………………… 16
感遇詩 ………………… 16
慎弱 …………………… 16
懼懘 …………………… 16
打合 …………………… 16
拆拽 …………………… 16
救世 …………………… 16
掠辜 …………………… 17
掠按 …………………… 17
揷號 …………………… 17
搖奪 …………………… 17
撑詫 …………………… 17
摘光　摘耀　摘景 …… 17
教貴 …………………… 18
旅助 …………………… 18
明智　經常　和睦　紡織
冒犯　妊娠　何等 …… 18
檢對 …………………… 19
權盛 …………………… 19
欽哉 …………………… 19
歸義 …………………… 19
每數 …………………… 19
比再 …………………… 20
清猛 …………………… 20
滅誅 …………………… 20
火肉 …………………… 20

為人	20	詰狀	25	乘槎	31
爵任	20	論序	26	卐	32
理效	21	變剝	26	四門博士	33
理實	21	貢職	26	孫心	34
瑛琚	21	貳雙	26	舞象	34
熟衣	21	貼肉摁	26	變告	35
白乾	21	賞惠	26	齊紫	36
省愛	22	賦貸	27		
私學	22	起作	27	**注 音**	
破爛流丟	22	輕悍	27	一 概述	37
硬證	22	輕忌	27	二 注音商榷	41
稱順	22	迫畏	27	會	41
積賭	22	連和	27	枷	41
窮貧	22	逢擊	28	給	41
立具	22	道沖	28	萑	42
簡一	23	過出	28	頜	42
精習	23	鄭光祖	28	邢	43
糧粒	23	醇謹	28	麇	43
納省	23	重仍	28	三 古音標注問題	44
結竟	23	門公	28	疽	44
絕卻	23	長算	29	疹	44
絕焚	24	長短說 長短術	30	痄	44
繕起	24	開空	30	痘	44
罷駕	24	降亡	30	瘀	45
羈屬	24	降退	30	瘦	45
舉糾	24	陳揆	30	瘉	45
苛薄	25	難勞	30	癉	45
荒嫚	25	難劇	30	髀	46
莽平	25	領屬	31	四 現代音標注問題	46
華屋	25	驚壞	31	但	46
虜暴	25	三 辭目不明	31	倔	46
術學	25	一金	31	卸	46
親弱	25	不繫舟	31	僋	47

叵	47	茵	54	行誼	61
喁 闒	47	蘅	54	被髮文身	61
喀	47	蘁	54		
嚷	48	蜎	54	# 释 义	
嚼 筊	48	蝦	55	一 概述	62
夆	48	臘	55	二 释义商榷(一)	65
夭	48	蠋	55	禊	65
奘	48	行	56	第	65
娚 旵	48	誰	56	羽杯	66
崖	48	賊 䰞	56	閶將	66
志	49	趣	56	三 释义商榷(二)	67
戉	49	蹲	57	一出	67
扛	49	踚	57	一枝	67
拎	49	這	57	一牀	67
欤	50	錫	57	一紀	67
洒	50	鏨	57	一葦	68
涑 溲	50	閆	58	一字師	68
烻	50	讌	58	一犁雨	68
熟	50	食	58	一頭地	68
爪	51	饉	58	三公	68
臭	51	鹹	58	三餘	70
犾	51	醐	58	丈夫	70
番	51	**五 复音词标注问题**	59	上襄	70
疼	52	不₂準	59	丘民門	70
瘖	52	朱提	59	久	71
癥	52	渾元	59	什	72
皠	53	漸漬	59	仰塵	72
砞	53	蛬雲	60	併	72
磬	53	蛬廉	60	保和殿	72
磴	53	蛬遽	60	倍日	73
篦	53	蛬鴻	60	傅	73
纚	53	行第	61	傳宣	73
纁	53	行窾	61	傾陷	73

儳巖 …… 73	大震關 …… 86	撒村 …… 97
八行書 …… 73	夭昏 …… 87	操 …… 98
公族 …… 74	契闊 …… 87	敗北 …… 98
冬烘 …… 74	女史 …… 87	文心雕龍 …… 98
制藝 …… 75	如 …… 89	斬衰 …… 99
勃姑 …… 75	如喪考妣 …… 89	新人 …… 99
勒停 …… 76	孫奇逢 …… 89	方鎮 …… 99
勾陳 …… 76	專任 …… 90	日記 …… 100
匏瓜 …… 76	尉律學 …… 90	昭明太子 …… 100
北 …… 76	對當 …… 90	晏嬰 …… 102
南人 …… 77	尖新 …… 91	曲江會 …… 103
南畝 …… 77	屠耆 …… 91	聞喜宴 …… 103
厝 …… 78	崇山 …… 92	望洋興嘆 …… 103
右 …… 78	崇雉 …… 92	朝發夕至 …… 103
司水 …… 78	崖州 …… 93	李紳 …… 104
司宮 …… 78	州 …… 93	某 …… 104
司城 …… 79	工夫茶 …… 93	枳句 …… 106
司倉 …… 79	唇 …… 94	校理 …… 106
司禮 …… 79	廷杖 …… 94	校綴 …… 106
同居 …… 79	弓腰 …… 94	梟首 …… 106
向風 …… 79	張致 …… 94	棘院　棘圍 …… 107
吳戈　吳魁 …… 80	彡 …… 94	欹歟 …… 107
呾 …… 80	影 …… 95	武英殿 …… 108
唐花 …… 80	影神 …… 95	歲幣 …… 108
售 …… 82	後生 …… 95	段成式 …… 108
嗟來食 …… 82	德音 …… 95	殺青 …… 109
團扇 …… 83	德人 …… 96	泥 …… 109
團案 …… 83	怠隙 …… 96	深根固柢　根深柢固
團鳳 …… 84	恩榮宴 …… 96	…… 110
团练使 …… 84	悽惶 …… 96	漢官儀 …… 110
埏 …… 84	成均 …… 97	漢儀 …… 110
報 …… 86	才 …… 97	漢官舊儀 …… 110
大匠 …… 86	打脊 …… 97	烘柿 …… 110

無慮 …… 111	饗飧 …… 123	伯 …… 136
爐火純青 …… 112	骾 …… 123	低 …… 136
牀公牀婆 …… 112	高坐 …… 124	佷 …… 136
玄武門 …… 112	鹿鳴宴 …… 124	倚魁 …… 136
珥䘽祈 …… 113	齒錄 …… 124	倨倨 …… 137
班郚 …… 114	**四 釋義商榷(三)** …… 124	倡 唱 …… 137
琫 …… 114	一切 …… 124	倫 …… 137
瓊林宴 …… 114	七不堪 …… 125	俾晝作夜 …… 138
甃 …… 114	三思 …… 125	假 …… 138
田橫 …… 115	三陟 …… 126	僞 …… 139
留落 …… 115	三推 …… 126	儳嚴 …… 139
瘦 …… 115	三隧 …… 126	兀兀秃秃 …… 139
瘵 …… 116	三衛 …… 127	六陳 …… 139
百二 …… 116	三體石經 …… 127	分茶 …… 140
知言 …… 117	下國 …… 128	刻漏 …… 140
礦 …… 117	不字 …… 128	刺史 …… 141
福 …… 117	不物 …… 128	力量 …… 141
稽稆旅 …… 118	不殆 …… 129	加 …… 141
簏 …… 119	不穀 …… 129	動 …… 141
索居 …… 119	不億 …… 130	勝 …… 142
舞勺 …… 119	世 …… 130	匍 …… 142
蔓蒿 …… 119	世講 …… 131	匏繫 …… 142
行 …… 120	中原 …… 131	參橫 …… 143
褻器 …… 120	中朝 …… 131	參辰卯酉 …… 143
詩牌 …… 120	主 …… 131	反左書 …… 143
賊 …… 120	九牛毛 …… 132	台 …… 143
車宮 …… 121	于 …… 132	吳 …… 144
重 …… 121	仁術 …… 132	吳郡 …… 144
金魚 …… 122	佗佗 …… 132	吟 …… 145
鎖穴 …… 122	伴食 …… 133	响 …… 145
長句 …… 122	估稅 …… 134	唯 …… 145
陡頓 …… 123	何其 …… 134	單注 …… 145
面首 …… 123	作 …… 135	器 …… 146

嚴飾 …… 146	廢居 廢著 …… 159	止 …… 180
四立 …… 146	心 …… 160	武 …… 181
固 …… 146	怨刺 …… 160	沫 浼 …… 181
國子祭酒 …… 147	憧憧 …… 162	瀸積 …… 183
圍 …… 147	成昏 …… 162	火雞 …… 183
地望 …… 148	打牙打令 …… 162	牛腰 …… 183
在行 …… 149	投腦酒 …… 163	牛僧孺 …… 184
執訊 …… 149	抹 …… 163	牯 …… 184
堵 …… 149	拔 …… 163	牴乳 …… 187
域 …… 149	拋 …… 165	狐疑 狼狽 …… 187
填星 …… 150	拂塵 …… 165	狼戾 …… 188
埤 …… 150	控鶴 …… 167	狼煙 …… 188
墼 …… 150	掠虛漢 …… 167	玷 刮 …… 190
壞 …… 150	挩 …… 168	琴鶴 …… 191
大火 …… 150	控 …… 168	璧水 …… 191
大經 小經 …… 151	掎 …… 168	璧池 …… 191
大成殿 …… 151	搭膊 …… 170	瑞 …… 191
大庾嶺 …… 152	操 …… 171	畜 …… 192
天荒 …… 152	攲案 …… 171	略 …… 192
天時 …… 152	放春 …… 172	畸 …… 193
天驕 …… 153	故府 …… 172	疢 …… 193
夭 …… 153	敲門磚 …… 173	疵物 …… 194
奧草 …… 153	文字 …… 173	瘫 …… 194
奸 …… 153	旬 …… 175	瘆 …… 194
委禽 …… 154	晏食 …… 175	發憤 …… 195
姦 …… 154	晏朝 …… 176	眼 …… 195
嫁棗 …… 154	晏陰 …… 177	睡 …… 195
嬌 …… 154	末殺 …… 177	碏盧 …… 196
孀雌 …… 155	格 …… 177	破 …… 196
宗伯 …… 155	桃茢 …… 179	碡 …… 196
定疊 …… 155	桯 …… 179	社長 …… 196
宮調 …… 156	楞 …… 180	祠 …… 197
小極 …… 159	楓天棗地 …… 180	神勇 …… 197

私鑄 …… 197	裹足 …… 211	鷙距 …… 229
稍 …… 197	袴褌 …… 212	黄鶴樓 …… 229
穊 …… 198	西施 …… 212	壓 …… 229
穰 …… 198	詔獄 …… 214	齊衰 …… 230
稠 …… 198	訾 …… 215	**五 义项问题** …… 230
窕 …… 198	諸子 …… 215	一日 …… 230
端居 …… 199	諸生 …… 215	三宿 …… 230
端硯 …… 199	調 …… 217	三不知 …… 230
等第 …… 201	諷一勸百 …… 218	上 …… 231
簾 …… 201	譏刺 …… 219	上行 …… 231
籲 …… 201	讀父書 …… 220	上算 …… 232
糖霜 …… 202	越騎 …… 220	不享 …… 232
紀 …… 202	趺 …… 220	丕 …… 232
統軍 …… 203	跑 …… 221	乘勢 …… 233
結果 …… 204	遊氣 …… 221	乘槎 …… 233
縣 …… 204	都鄉侯 …… 221	九百 …… 234
羊狠狼貪 …… 205	鄏 …… 221	九枝 …… 235
羹 …… 205	金葉 …… 222	乳狗 …… 235
翹心 …… 205	金櫻 …… 222	乾淨 …… 235
耀魄寶 …… 205	閉 …… 223	亂 …… 235
耐 …… 206	開成石經 …… 223	京都 …… 236
肅霜 …… 206	陋巷 …… 223	人民 …… 237
肬 …… 206	陵遲 …… 224	人間 …… 237
舞雩 …… 207	隋$_3$煬帝 …… 224	代 …… 237
芙蓉城 …… 207	集韻 …… 225	仿佛 …… 237
英烈 …… 207	雜碎 …… 225	伐 …… 238
茶槽 …… 208	青梅煮酒 …… 226	伊 …… 238
落成 …… 208	額山 …… 227	作 …… 239
蒙求 …… 210	飛 …… 227	借問 …… 240
蕃 …… 210	騰騰 …… 227	偃 …… 240
虞芮 …… 211	魁岡 …… 228	傖 …… 240
蜂起 …… 211	魚豢 …… 228	傾國 …… 242
蠶食 …… 211	鳴 …… 229	傷 …… 243

萬年	243	好	254	晚歲	264
六氣	243	媒	255	瞑	264
冒濫	243	媒人	255	曾	264
卓越	244	嫺	255	朵	265
南省	245	宣城	255	柱	265
去就	245	客家	256	梟	265
反坐	245	家	256	機警	266
叢	245	家長	256	正	267
口吟	246	實沈	256	殘	267
可	246	封	256	沙陀	268
只	246	屬耳	257	治	269
否	246	市朝	257	流水	269
君	246	崇山	257	漏	269
咄咄逼人	246	平	258	爪子	270
命	248	度	258	狼當	270
周星	248	康	259	猜	270
善文	248	彈	259	猶	272
喊	248	從良	259	王學	272
因循	249	御	259	用	272
因緣	249	悼亡	260	疥	273
回	249	慚	260	瘦	273
回互	249	戴盆望天	261	白身	274
固	250	抱	261	省	274
團頭	250	拱	262	眼	274
坐隱	252	授館	262	窈窕	274
塘圯	252	揚湯止沸	262	端	275
壽	253	據	262	糁	275
夜	253	擎	262	經	275
夜叉	253	支持	263	繒	275
大成	253	放	263	縈帶	275
大帝	254	文馬	263	能	276
大段	254	昭陽	263	脈	276
失足	254	晝	264	腆	276

腳 …… 277	父 …… 291	分攜 …… 300
臧 …… 277	知制誥 …… 291	利 …… 300
若 …… 277		剩水殘山 …… 300
荒 …… 278	书　证	劍拔弩張 …… 300
薄寒 …… 280	一　概述 …… 292	勃逆 …… 300
薪 …… 281	二　书证商榷 …… 294	勇冠三軍 …… 300
虞 …… 282	一丁 …… 294	胜 …… 300
衛 …… 282	一字師 …… 294	勢均力敵 …… 301
計較 …… 282	一刀兩段（斷）…… 295	化 …… 301
誅 …… 283	一寸丹心 …… 295	匹夫 …… 301
賄賂賕 …… 284	一枕黃粱 …… 295	千了百當 …… 301
路頭 …… 285	一揮而成 …… 296	千軍萬馬 …… 301
載 …… 285	一視同仁 …… 296	千紅万紫 …… 301
過 …… 285	一朝權在手 …… 296	升遐 …… 301
還 …… 285	七林 …… 296	半夜三更 …… 302
郢都 …… 286	不然 …… 296	南腔北調 …… 302
都大 …… 286	不共戴天 …… 296	吉人天相 …… 302
醉魚 …… 286	不謀而同 …… 296	同室操戈 …… 302
金獸 …… 287	世上無難事 …… 297	同日而語 …… 302
銀泥 …… 287	中正 …… 297	吃 …… 302
銀繩 …… 288	乞漿得酒 …… 297	名正言順 …… 302
銅獸 …… 288	五老 …… 297	各得其所 …… 302
鎮 …… 288	五香 …… 298	吹毛求疵 …… 303
長短 …… 288	人鏡 …… 298	含沙射影 …… 303
阿奴 …… 288	以訛傳訛 …… 298	含笑入地 …… 303
院長 …… 289	你死我活 …… 298	唯吾獨尊 …… 303
面 …… 289	作息 …… 298	喪心病狂 …… 303
韶刀 …… 290	依人 …… 299	喫虧 …… 303
頃 …… 290	依草附木 …… 299	嘎 …… 303
顛倒 …… 290	停刑 …… 299	噴嚏 …… 304
風聲 …… 290	先憂後樂 …… 299	團結 …… 304
六　释语表述问题 …… 291	入道 …… 299	坐以待斃 …… 304
五德 …… 291	出言成章 …… 300	坐山觀虎鬭 …… 304

坐懷不亂 …… 304	息婦 …… 309	況味 …… 314
大漢 …… 305	悅目 悅耳 …… 310	海闊天空 …… 314
奉命 …… 305	悠悠蕩蕩 …… 310	淡巴菰 …… 314
好 …… 305	意向 …… 310	清風明月 …… 315
好好先生 …… 305	惱 …… 310	渾家 …… 315
好逸惡勞 …… 305	愚鄙 …… 310	滕薛爭長 …… 315
如法炮製 …… 305	打尖 …… 310	準 …… 315
如雷貫耳 …… 306	抄撮 …… 311	滿面春風 …… 315
威信 …… 306	披星帶月 …… 311	火坑 …… 316
威脅 …… 306	掩抑 …… 311	焦頭爛額 …… 316
姬姹 …… 306	提心弔膽 …… 311	燕子樓 …… 316
子胤 …… 306	撥穴 …… 311	牀頭金盡 …… 316
孝子 …… 306	擠眉弄眼 …… 311	狐假虎威 …… 316
孤注一擲 …… 306	放下屠刀 立地成佛	班頭 …… 316
孤兒寡婦 …… 307	…… 311	珠宮貝闕 …… 317
安居樂業 …… 307	旰食宵衣 …… 311	用 …… 317
家火 …… 307	明府 …… 312	疚 …… 317
宵衣旰食 …… 307	明知故犯 …… 312	白日昇天 …… 317
寸步難移 …… 307	智量 …… 312	白衣蒼狗 …… 317
尊老 …… 307	有 …… 312	白馬非馬 …… 317
少室 …… 307	有眼不識泰山 …… 312	百發百中 …… 317
尺短寸長 …… 308	有錢使得鬼推磨 …… 312	盌注 …… 318
展樣 …… 308	朝三暮四 …… 312	眞 …… 318
山高水長 …… 308	東道主 …… 313	眼 …… 318
幽閉 …… 308	林藪 …… 313	眾口難調 …… 318
弔死問疾 …… 308	杻械 …… 313	石耳 …… 319
弱不勝衣 …… 308	枯樹生華 …… 313	窆地 …… 319
得江山助 …… 309	桑門 …… 313	終身大事 …… 319
得不償失 …… 309	欺侮 …… 313	經天緯地 …… 319
得過且過 …… 309	歌呼 …… 314	網開三面 …… 319
得隴望蜀 …… 309	殺身成仁 …… 314	綱舉目張 …… 319
心無二用 …… 309	沒掂三 …… 314	置之度外 …… 319
念念不忘 …… 309	泥塑木雕 …… 314	罪不容誅 …… 320

義居	320	鞁	326	排比	334
翻雲覆雨	320	顧此失彼	326	揮霍	334
老頭皮	320	風雲際會	327	次室	335
肆無忌憚	321	食少事煩	327	步武	335
肥馬輕裘	321	饒	327	汗顏	335
脫胎換骨	321	高山流水	327	溲	335
膽戰心驚	321	高枕無憂	327	無題詩	335
自作自受	321	高飛遠走	327	珂瑠	336
至尊	321	鬼哭神號	327	疟病	336
花團錦簇	322	**三 义证不合**	328	癟	337
落後	322	一乘	328	發節	337
落花生	323	中立	328	羨	337
蓋棺論定	323	乳哺	328	規正	338
行不得也哥哥	323	令典	328	謬論	338
見怪不怪	323	仰人鼻息	328	譏	338
設身處地	323	何許	329	鏇	339
買櫝還珠	323	初陽	329	開士	339
資本	323	便	330	領略	340
輕財好施	324	劾	330	騰騰	340
輕塵棲弱草	324	厥角	330	鹵莽	340
轉	324	反老還童	330	黃花晚節	341
迢迢	324	埴	330	**四 增书证**	341
迷魂湯	324	墟	331	一言九鼎	341
逢人說項	324	姻	331	一刻千金	341
道不拾遺	324	尊範	331	一笑置之	341
過所	325	岫	332	一得之愚	341
都知	325	崆峒	332	一誤再誤	341
酣臥	325	巾車	332	一暴（曝）十寒	341
酥胸	325	市日	333	一諾千金	342
重霄	325	市喧	333	一客不煩兩家	342
門蔭	325	常川	333	七步成詩	342
開口笑	326	張	333	三千珠履	342
露馬脚	326	打掙	333	不喫烟火食	342

不可同日而語 …… 342	古井無波 …… 346	爲非作歹 …… 350
並行不悖 …… 342	合浦珠還 …… 346	白日見鬼 …… 350
主敬存誠 …… 342	名滿天下 …… 346	白魚入舟 …… 350
久安長治 …… 342	咳唾成珠 …… 346	白雲親舍 …… 350
九牛一毛 …… 343	唾面自乾 …… 346	盲人摸象 …… 350
事半功倍 …… 343	善男信女 …… 347	直情徑行 …… 350
五光十色 …… 343	四面楚歌 …… 347	知雄守雌 …… 350
京腔 …… 343	四戰之地 …… 347	秋風過耳 …… 351
人云亦云 …… 343	因噎廢食 …… 347	精益求精 …… 351
人存政舉 …… 343	困心衡慮 …… 347	精衛填海 …… 351
今是昨非 …… 343	囮 …… 347	胸有成竹 …… 351
以手加額 …… 343	大法小廉 …… 347	膠柱鼓瑟 …… 351
仰事俯畜 …… 343	大聲疾呼 …… 347	諱疾忌醫 …… 351
倆 …… 344	天道好還 …… 347	貧賤驕人 …… 351
傀儡 …… 344	安步當車 …… 348	貽笑大方 …… 351
優孟衣冠 …… 344	家徒壁立 …… 348	阮囊羞澀 …… 351
元元本本 …… 344	察察爲明 …… 348	隨鄉入鄉 …… 352
光前裕後 …… 344	寸木岑樓 …… 348	隱惡揚善 …… 352
先入爲主 …… 344	屬毛離裏 …… 348	隻雞絮酒 …… 352
出奇制勝 …… 345	山崩鐘應 …… 348	**五 书证自身问题** …… 352
出爾反爾 …… 345	我行我素 …… 348	反₄反₄ …… 352
別風淮雨 …… 345	房謀杜斷 …… 348	下走 …… 352
別鶴孤鸞 …… 345	手足無措 …… 348	不言而喻 …… 352
前倨後恭 …… 345	搖尾乞憐 …… 349	五老 …… 353
半部論語 …… 345	有恃無恐 …… 349	便換 …… 353
南船北馬 …… 345	東海揚塵 …… 349	倩 …… 353
南轅北轍 …… 345	桃紅柳綠 …… 349	倡導 …… 354
博施濟眾 …… 345	樂此不疲 …… 349	側室 …… 354
危如累卵 …… 346	欣欣向榮 …… 349	兒郎 …… 354
厝火積薪 …… 346	水中捉月 …… 349	八愷 …… 354
反經行權 …… 346	無功受祿 …… 349	刀耕火种 …… 354
口角春風 …… 346	無出其右 …… 349	刌 …… 354
	無理取鬧 …… 350	別 …… 355

別墨	355	無告	362	祕密	373
力	355	生意	362	糜沸	373
副貳	355	白田	362	臾	373
割愛	355	神思	363	菊部頭	373
天田	355	窽尾	363	顧	374

三 参见

区	356	絞	363	三能	374
卑鄙	356	綠野堂	364	不律	374
古玩	356	群龍無首	364	圓社	374
四隩	356	羽	364	墨突不黔 孔席不暖	
四聰	356	腐	364	席不暇暖	374
堅牡	356	荒	365	志大才疏 材疎志大	
塘	357	行李	365		375
大內	357	覞	365	扼喉抚背 拊背扼喉	
委曲	357	諷一勸百	366	搤肮拊背	375
定省	357	趣	366	李德裕	375
家緣	357	酺歌	366	東坦	375
對手	358	酷濫	367	泰阶	375
廊庑	358	門中	367	涔涔	375
彪蒙	358	青瑣	367	貪	376
役	358	鯫生	368		

四 配套词 376

心唱	359			六十四卦	376
忽	360	**体 例**		冬令	376
悦	360	一 概述	369	竹林七賢	377
摧鋒陷陣	360	二 体例	371	關漢卿	378

新聞	360	九 傮 枹	371	
枹	360	侶	371	**附 录**
棱	361	光餅	371	
囊	361	導	371	本书涉及《辞源》辞目
武烈	362	席地幕天 幕天席地		笔画索引 379
水曲	362		373	选文篇目 393
沙虫	362	平決 平畫 平議	373	《辞源》编修一百年 ... 401

收 目

一 概述

旧《辞源》本是一部兼收古今中外语词和知识性条目的百科全书式辞书,为了使它成为一部解决读者研读一般古籍用的专门词典,我们进行了较大的"手术",即删去了内容为现代自然科学、社会科学、应用技术的全部条目,并把收条的下限定至鸦片战争为止。在删词的同时,又根据修订过程中陆续累积的六十万张卡片材料,增补了古籍中常见而旧《辞源》未收的新条目。下面举几个字为例:

	旧《辞源》	新《辞源》	删新词	实际增减
地	181 条	110 条	61 条	－10
草	87	93	13	＋7
行	171	167	22	＋26
护	21	35	8	－6
路	25	30	8	＋3
朝	79	108	5	＋29
总计	564	543		

经过删和补,大体保持了旧《辞源》正续编的原有篇幅。(吴泽炎)

我们对旧本的词目,或删或增,删的要有理由,即照抄古类书毫无意义的去掉;增的要有把握,即说不清楚的,虽新不取。对全书内容和文字的要求是:有错必纠,不通必改,宁缺勿滥。(刘叶秋)

贴稿新增的条目甚多,虽所增以当时流行的各科新词语居多,但其所增古汉语词语仍有部分为修订本所采纳增补。如以"果"字为例,旧本原收单字和复词共27条,贴稿新增18条,其中有6条偶见于古籍,但有4条不合修订本收词原则,未予收录,余下2条"果子局"、"果蠃",修订本都采纳增补了。(沈岳如)

知识性条目的写法,不同于语词,一般不采取举证方式,而要从确切可靠的材料中,摘取有关的主要内容，前后连贯地叙述。比如职官、人物、地名等，都分别重在其主要事迹或设置沿革。考证其经历变迁，作出简明连贯的摘要，尽可能给读者较系统、完整的专业知识。如果用举证方式，则往往流于支离破碎、眉目不清、概念不完整。

关于人名条目，同样要掌握叙述简洁、扼要的原则，对某些与文学有关的人物，更要介绍具体、叙述翔实生动。

对一般历史人物的介绍，要掌握适当的分寸，如实论述，言而有据，不可作过多的褒贬。

评介一本书，要抓住要领，避免过繁过简，也不能太浮泛，要有一定的见解。

关于地名，一般用叙述体，但对见于较早古籍（如《书·禹贡》《诗》《左传》）的远古地名，以及无沿革问题的地名、古迹，或有关语词的地名，可采用书证体。

关于其它知识性条目，如"鸱鸺"既属草木鸟兽虫鱼之类，又和语词有关。多识草木鸟兽之名，固然很好，但不能专介绍自然科学常识。

碑刻、法帖条目内容，一般应包括原称或全称、异名、碑刻朝代、书体、撰书人、立碑年份、碑文内容、与碑文有关的阴侧内容、所在地、存毁等。尤应注意吸收采择他人的考证和研究成果。对有独到之处的见解，尤宜保留。

《辞源》中还收录了一些在文献上、文学上具有重要价值或与语词有关的诗、文篇名。这类条目，一般用叙述体，但与语词有关的，也要列举书证。条目主要应包括时代、作者、诗文篇的内容、出处等等。作为语词的，并应说明其引申意义。

《辞源》所收的物名，除一般古物名外，还有与古代制度或掌故有关的物名、传说物名或古今同名而古人常用作语词的物名等。写这类条目必须注意的是，不能仅仅把它视为一个普通物件的名称。

对于古人常用作语词的物名，也必须处理得当。

知识性条目是以介绍专业知识为主，一般以叙述体为宜，但与语词有关的条目，必须联系诗文典故，使叙述增添文学色彩，使之既能帮助读者丰富各方面常识，又可促进读者的阅读兴趣。（苑育新）

《辞源》所收的地名条目大致包括山川、州郡、亭馆、园林以及一些室名、斋名等。写法上，大致可以分为三类，各有特点：一、纯地名条目。收录时尽量控制，避免过多、过滥。释文力求简明、精炼。二、是地名而又兼有某种词汇意义的。三、与古代的人事关系比较大的，诸如重大事件的场所、战争的地点等等。这些地名，有的因人而著称，有的因事而著称，有的因古人的诗文中曾经运用而著称。《辞源》注意收录这类条目，并讲究解说的方式。（郭庆山）

小型语文字典，例如《新华字典》一类，从中查不到某个生僻字，理所当然；要是从中查不到某个常用字，几乎就不可原谅。大型语文工具书中竟反而查找不到某个常用字，恐怕更是令人意想不到的事，但这样的事偏偏就出在修订本《辞源》中。

按照全书通例，修订本《辞源》中的A同B、A通B中，B分别代表正字或本字，而A则分别代表异体字或假借字。如果收录了 A 字,那么当然更应收录 B 字。但修订本《辞源》有时却恰好录 A 而弃 B。

例如:《说文》:"洶,涌也。"此字一般不单用,多见于联绵词"洶洶"或"洶涌"。洶字也作"汹"。汉《周憬功勋铭》:"弱阴侯之汹涌。"魏王粲《浮淮赋》:"滂沛汹涌。"这证明"汹"字汉魏之际已出现,而且后世通行。今修订本《辞源》:"洶,水上涌。同'汹'。"但水部查无"汹"字。又:"訑,欺诈。通'诧'。""撜,执持。通'拯'。"但是,作为本字的"诧""拯"二字却均未收录。无从对证,异体、通假关系令人难以信从。

又如:侣　同伴。同"侣"。《文选·汉王子渊(褒)〈四子讲德论〉》:"于是相与结侣,携手俱游。"

初看起来,A,同"A",使人莫明其妙。原来,"侣"字从人,吕声。《说文》:"吕,脊骨也。象形。"段玉裁注:"吕象颗颗相承,中象其系联也。"依造字之意,本当七画。但古籍刻本、楷书字形一般作上下两口,六画。旧《辞源》收归人部七画下,六画无"侣"字,没有矛盾。修订本欲以六画的"侣"字为异体,算是"于古有征"。但人部七画中却根本就没有收录"正字",这就首尾不能相顾了。

在条目的设立方面,修订时"根据本书的性质、任务,删去旧《辞源》中的现代自然科学、社会科学和应用技术的词语;……增补一些比较常见的词目,并删去少数不成词或过于冷僻的词目。"实行的结果却并不尽然,条目的增删取舍,间有不尽合理之处,以致影响到全书的综合平衡。(伍宗文)

有些语词,仅仅由于引用字数的多少不同,而作两个词条分立词目,造成重复。

冷煖自知、如人饮水、冷暖自知均引《景德传灯录》四《袁州道明禅师》(前者少引"袁州"二字),后者又引唐裴休集《黄檗山断际禅师传心法要》,皆已成型,并且相同。宜取消其中一条词目。

某些内容相同的条目,仅仅因为其中个别字的变换而呈现形式的不同,亦未作恰当处理。回山倒海、排山倒海仅首字不同。回、排二字,含义稍异,但都表现力量强大的特点,与"倒"字协调一致。因此,它们是内容相同条目,宜再作处理。

断长续短、折长补短、截长补短其中的"断""折""截"均为近义词,"续""补"亦然,所以它们是内容相同条目。而且,编者在第一条中注明:"犹言'截长补短'";在第一、二两条中均注明:"也作'断长补短'",都是征引《礼王制》作证。这说明它们有重新处理的必要。事实上,还有几种相似的书写形式:"绝长补短"——《孟子·滕文公》上;"绝长继短"——《墨子·非命》;"绝长续短"——《战国策·楚》四,均可供参考。(黄崇浩)

辞目的调整与编排。《辞源》修订本共收辞目(包括单字和复词)近 10 万条,按汉字部首 214 部编排。再次修订将对辞目作出一定的增删调整,并重新组织编排。如果用以往的手工操作方式,这么大的工作量做起来将会非常麻烦,而且容易出错,需要多次检查,耗费大量的时间和精力。利用计算机可以按照预定的设置自动排序,方便快捷地达到目的,而且不会出现差错。

相关条目的选定与订正。处理好相关的条目,是辞书编纂的一项重要内容。《辞源》修订本的相关条目分类细,头绪多,存在着不少条目分布不均衡,释义内容参差不齐等问题。用手工进行检查订正,将是一件非常头痛的事情。要是用计算机将相关条目分门别类地排列在一起,删去冗余,查漏补缺,并按各自的统一行文方式加以订正,就可以较好地解决这个问题。

互见条目的查实。《辞源》修订本中许多参见条目,由于过去是多人操作,顾此失彼,有些需要参见的条目实际上没有照应到,或者并不存在,因而出现落空的现象。再次修订《辞源》,这也是一个值得重视,亟待解决的问题。用计算机设定字段检索相关的互见条目,其效率就比人工去翻检查找,然后逐一核对落实要高得多。(史建桥)

语文辞书中有关百科性质的条目,虽未注明参见某条,但通过对校,也可以发现漏收条目的问题。如中国古代文化制度中有许多是对应关系,从辞典学的角度看对应的双方处于同一级,要么两者均收,要么均不收。如《辞源》将左丞、右丞,左师、右师,左文、右文分别收入"左""右"字下。但也不尽然,"左"字下收有左校、左都御史、左符、左巡等,而"右"字下却无相应条目,"右"字下收有右广、右内史等,而"左"字下也无相应条目。(郭康松)

二 失 收

㥛

《汉语大字典》注音为 jí,释云:"同'极'。劳累,疲倦。"《辞源》(修订本)未收"㥛"字。《说文》:"㥛,劳也。从心,𠅂声。"各种字书、韵书的释义与《说文》基本相同。如《万象名义》:"劳。"宋跋本王韵:"劳㥛。"《玉篇》:"疲力也。"《广韵》:"劳也。"《集韵》:"疲也。""倦也。""劳也。"《康熙字典》《中华大字典》《中文大辞典》都因为注音不同而分列为不同义项,是不必要的,《汉语大字典》统一为一条,简明扼要,完全正确。

"㥛"的注音与"亟""极"一样,也比较复杂。《万象名义》:"去逆反。"宋跋本王韵:"奇逆反。"《玉篇》:"去逆切。"《广韵》:"几剧切。""奇逆切。"(钜宋本《广韵》只有"几剧切")《说文》大徐本注音:"其虐切。"《集韵》有四种反切:"乞逆切;讫逆切;竭戟切;极虐切。"不难看出,这些音读与"极"是大体相同的,只是注"其虐切"者较少。《说文解字注》《说文通训定声》等已指出"㥛"是"极"的异体字,《汉语大字典》也认为是异体字。既然是异体字,就不应读不同的音。根据音变的一般规律,"㥛"应读 jí。

如同"亟""极"一样,"㥛"也有不同写法。初本当作"㥛",俗写作"㥛",又形误为"㥛"(《集韵》)、"㥛"(《字汇》、《正字通》)等。(张归璧)

蚀

修订后的《辞源》"收单字 12980 个",约相当于现今最常用汉字字数的四倍,却唯独漏收了"蚀"字。

"蚀"字见《说文·虫部》:"败创也。从虫、人、食,食亦声。"又《玉篇·虫部》:"蚀,肘力切。日月蚀也。"见用于古代典籍则更早。《庄子·至乐》:"斯弥为食醯。"陆德明《经典释文》载司马彪本"食"作"蚀"。《吕氏春秋·明理》:"其日有斗蚀。"又"其月有薄蚀"。《史记·天官书》:"日月薄蚀。"此后,"蚀"字在长期使用中意义有了引申发展,泛指损失、损伤、亏耗等,如腐蚀、剥蚀、蚀本,至今仍然是一个常用字。但是,《辞源》竟自失收。

"蚀"字为什么会蚀?由于汉字形体的发展演变,辞书的编纂者由文字学原则的部首转而采用检字法原则的部首。这样,某些字在字典中的隶属便有了分歧,当是其中的原因之一。自《说文》《玉篇》以降,《类篇》《字汇》《正字通》《康熙字典》《中华大字典》,直到旧《辞源》《辞海》、台湾《中文大辞典》,尽管都一直把"蚀"字收归虫部,但辽释行均《龙龛手鉴》已归食部。解放后编纂的一些影响较大的辞书,如《新华字典》与《现代汉语词典》的"部首检字表"、修订本《辞海》,也都归入食部。但是,"《辞源》的修订工作"系由四省(区)协作担任,而"由商务印书馆编辑部负最后定稿的责任"。"蚀"字所以在该书四卷正文、后附"四角号码索引"以及"单字汉语拼音索引"中全都"失踪",彼此协作中的阴差阳错,可能是招致失误的一个重要原因。(伍宗文)

癌

"癌"字不见于《康熙字典》等传统字书,至 1915 年才出现于《辞源》和《中华大字典》中,谓恶性肿瘤,生于身体内外,凹凸不平,硬固而疼痛。然而 1979 年《辞源》修订时,"癌"字又悄然退出。这大概是因为"癌"字来路不明,既无字书依据,又无文献用例,与《辞源》的修订宗旨——"阅读古籍用的工具书和古典文史研究工作者的参考书"相悖,于是只能作为现代医学用语编入《辞海》和《现代汉语词典》。也许正是滥觞于此,学术界才忽视了对"癌"字的探源讨流,以致错误地认为,它是一个"日译汉字",其"字形和词义都是由日本人创造","是日本造出后传入我国的"。

试问,日本是什么时候开始使用"癌"字的呢?或以为 1873 年作为英文 cancer 的译词出现于《医语类聚》里,或以为 1792 年大槻玄泽在《疡医新书》中用以翻译荷兰语 kanker。这里且不管它是对译英语还是荷兰语,单从时间而言,其"癌"字的出现落后于我国已有 600 余年。

《卫济宝书》是宋代东轩居士(1170 年)的外科专著。其中(卷七)(《四库全书》本)有"痈疽五发"之说:"一曰癌"、"二曰瘭"、"三曰疽"、"四曰瘤"、"五曰痈",且附有图示。这就是"癌"字第一次出现于我国医籍的记录。其时之"癌"是指什么呢?曰:"癌疾初发者,却无头绪,只是肉热痛,过一七或二七,忽然紫赤微肿,渐不疼痛,迤逦软熟紫赤色,只是不破。宜下大车螯散取之,然后服排浓败毒托里内外补等散,破后用麝香膏贴之,五积丸散疏风和气,次服余药。"

元代的危亦林亦承其说,其著《世医得救方》(《四库全书》本)中绘有"五发形图",谓"痈发"、"疽发"、"癌发"、"瘰发"、"瘤发"。认为:"此疾(癌)初发之时,不寒不热,肿处疼痛,紫黑色,不破,里面坏烂。二十以前者积热所生,四十以后者皆血气衰也。"

《中国医学大辞典》(商务印书馆,上海,1921)"癌"词条,又承危亦林说:"此证由热毒积于膀胱所致。生于神通、灵台二穴间。色紫黑不破,里面先自黑烂。初起不作寒热,亦不疼痛。治宜内托外散。若二十岁以外之人,由房劳积热而成者,不治。"这就是"癌"作为病名,在我国宋元时期的最早的语义,它是作为中医的"五发"之一,表示痈疽之属,与今日之"癌"不可同日而语。

从字形而言,"癌"从疒,嵒声,声中寓义。《说文》:"嵒,山巖也。"《正字通》:"巖,俗省作岩。""岩,俗字。"所以"癌"字又省形,俗作"岩"。宋代杨士瀛《仁斋直指》(《四库全书》本):"癌者,上高下深,巖穴之状,颗颗累垂,裂如瞽眼,其中带青,由是簇头,各露一舌,毒根深藏,穿孔透里,男则多发于腹,女则多发于乳,或项或肩或臂,外证令人昏迷。"明李时珍《本草纲目》(校点本,人民卫生出版社,1982)本"直指方"之说,谓"癌疮如眼,上高下深,颗颗累垂……用生井蛙皮,烧存性为末掺,或蜜水调付之。"这都是"癌"字单列,因声求义释其病征。盖自元代朱震亨"乳硬论"始有"乳岩""奶岩(妳岩)"之名。"此谓之岩者,以其溃痈有穴如嵌岈,空洞而外无所见,故名曰岩。"此释名之法本乎宋之杨氏甚明。其"岩"即取山形以喻疾也。

那么,"乳岩"("奶岩""妳岩")是什么疾病呢?朱氏盖以"疮"类视之。可见其"岩"之语义仍源乎"五发"之"癌"。"一妇人,年六十,忽左乳结一小核,小如棋子,不痛,自觉神思不佳,不知食味……此乃　岩之始,不早治,潜隐至五年十年,以后不痛不痒,必于乳下溃穿一窍,如岩穴,山脓。又五七年,虽饮食如故,洞见五内乃死。"著名医史学家范行准先生在引用朱震亨的这一病例时有言:"此案似非恶性肿瘤。"

应该承认,在古代的"癌疮"和"乳岩(癌)"病例中,可能有与现代"癌"症相似或相同者。朱震亨云:"以其疮形嵌凹似岩穴也,可因抑郁而成,隐核如鳖棋子,不痛不痒,十数年后方为疮陷,名曰奶岩,其疾不可治矣。""妇人此病,有月经悉是轻病,五六十岁后,无月经时不可作轻易看也。"范行准先生据此又言:"盖妇人年轻时多为乳痈,年老时为乳癌。"我国《辞海》"乳腺癌"条云,此症"多见于绝经期前后"。明陈实功《外科正宗》(见《中国科学技术典籍通汇》,河南教育出版社,1984)列有"乳痈乳岩论",对二疾的辨别与治疗,论述详备,有言:"乳岩中空如岩穴,边肿若泛莲,其死候也。"这大概也属"癌肿"了。因此,黄金贵先生在论及"癌"疾时指出:"祖国医学对癌肿的发现、研究,曾领先于世界各国。"

虽然如此,我国中医学的"癌"与现代西医的"癌"是万万不可一视同仁的。《辞海》"癌瘤"云:"简称'癌'。由上皮细胞所形成的恶性肿瘤。常见的有鳞状细胞癌、腺癌、未分化癌、基底细胞癌等。多发生于胃肠道、肺、肝、子宫颈、乳腺、鼻咽、皮肤等处。"实事求是地说,这一现代医学义是由日本引进的。日本在未借用"癌"之前,也有"乳岩"之说,1686年出版的《病名汇解》一书中就列有此名,其概念与我国同。"癌"呢?这是我国既有之字,且有特定含义。日本明于此,在翻译英语 cancer 或荷兰语 kanker 时，不是像翻译荷兰语 klier 那样，临时创造了一个"腺"字，而是借用我国原有的"癌"字，赋以新义，表示一个新的西医概念。日本这种借用古汉语已有词汇来对译西方新术语的造词法，刘正埮《汉语外来词词典》有大量收录。《汉语大字典》《汉语大词典》对"癌"字的释义，皆仅列"病名。恶性肿瘤"这一日本翻译的现代医学义，而且都是选用鲁迅《书信集·致许钦文（一九二五年九月二十九日）》中的同一句子为首例："（内子）本是去检查的，因为胃病；现在颇有胃癌嫌疑。"很明显，鲁迅这里的"癌"义是借日本的现代义。如此无视"癌"字数百年的意义和用法，以今概古，不能不说是辞书里的一大缺憾。

总之，"癌"字的发明权在中国而不在日本。其义项有二，一是中医病名，痈疽疔疮之属；二是日源译名，恶性肿瘤之谓。唯有如此，才还"癌"字之本来面目。（何华珍）

不～（不 0066）

不伐、不惠、不懋、不矜、不怠、不服、不臧、不暇、不友

《尚书卷》中的不伐、不惠、不懋、不矜、不怠、不服、不臧、不暇、不友等词目，《辞源》未收。（何如月）

小憩（小 0082）

《辞源》收词也不尽完备。如"小憩"一条，引用宋代苏轼的《和桃花源诗》："桃源信不逮，藜杖可小憩。"而和"小憩"意义相同的"小康""小休""小息""小愒""小安"早已出现在《诗经·大雅·民劳》中，其诗云："民亦劳止，讫可小康"；"民亦劳止，讫可小休"；"民亦劳止，讫可小息"；"民亦劳止，讫可小愒"；"民亦劳止，讫可小安"。如此丰富多样之词，《辞源》却一个未收。（王建国）

乾蘭（乾 0116） 奸蘭（奸 0733） 間闌（間 3242）

犯禁，违背规定。一释辗转。

《汉书·匈奴传上》："汉使马邑人聂翁壹间阑出物，与匈奴交易。"注引孟康："私出塞交易。"《史记·匈奴列传》作"奸蘭"，《集解》《索隐》并读作"干蘭"，释："干蘭，犯禁私出物也。"其释"犯禁"是，加释"私出物"系连带释正文误衍。这是一个联绵词。朱起凤说："奸、间古读同音，故通用。'间阑'疑即'间关'，盖辗转之意。《史》《汉》作'间阑'或作'奸蘭'，并假借用之"（《辞通》卷六第六十六页）。符定一《联绵字典》解释相同（见该书戌集第五十九页）。（彭逢澍）

亂末（亂 0119）

指末世动乱之时。卷 53《申屠蟠传》："唯蟠处乱末，终全高志。"

按："末"指末世、末季，即统称为一个朝代衰亡的时期。（王彦坤　周若虹）

仁平（仁 0164）

仁爱公正。卷 31《孔奋传》："奋既立节，治贵仁平，太守梁统深相敬待，不以官属礼之，常迎于大门，引入见母。"

按：《墨子·经上》："平，同高也。"引申则有不偏不倚、公正无私之义。他例如，《魏书·游肇

传》:"持法仁平,断狱务于矜恕。"《新唐书·王涯传》:"祖祚,武后时谏罢万象神宫知名,开元时,以大理司直驰传决狱,所至仁平。"(王彦坤　周若虹)

代舍（代 0170）

高级客舍,贵宾馆。

《史记·孟尝君列传》:"孟尝君迁之（冯骥）幸舍,食有鱼矣。五日,又问传舍长。答曰:'客复弹剑而歌曰"长铗归来乎,出无舆"。'孟尝君迁之～,出入乘舆车矣。"《辞源》已收"传舍""幸舍"条,"代舍"一词亦应收入。"传舍"是通名,"代舍""幸舍"是高低级客舍的别名。（彭逢澍）

何当（何 0187）

新旧《辞源》都收入"何当行",但却无"何当"。考何当一词,六朝时已经出现。晋干宝《搜神记》卷十六:"身远心近,何当暂忘?"陈徐陵《玉台新咏》卷十《古绝句四首》之一:"何当大刀头,破镜飞上天?"唐宋之后,诗词中更是常见。张相《诗词曲语辞汇释》361—364 页列义项五,分释为何日、何妨（或何如）、安得、何况、合当,举了很多的例,但区划尚有可议。如杜甫《画鹰》诗:"何当击凡鸟,毛血洒平芜",张氏以"合当"解之,然释为"安得"（萧涤非《杜甫诗选注》即取此义）或"何日",也未尝不可通。窃以为《辞源》宜多吸收前人研究成果,更加分析、拣选,写成新的释文,以期臻于完善;或涉猎未及,或竟予舍弃,都不免疏漏。（张涤华）

侍巾栉（侍 0204）

巾栉　巾用以拭手,栉用以梳发。巾栉指洗沐用具。《礼·曲礼上》:"男女不杂坐,不同椸枷,不同巾栉。"《左传》僖二二年"寡君之使婢子侍执巾栉以固子也。"又襄十四年"定姜曰:'……余以巾栉侍先君。'"古代贵族以侍执巾栉为婢妾的事情,旧因以侍巾栉为作妻子的谦词。《聊斋志异·武孝廉》:"妾茕独无依,如不以色见憎,愿侍巾栉。"

这条释文实际上包含了"侍巾栉"的释文,不过"侍巾栉"没有立目。若读者要查"侍巾栉",当然到"侍"的后边去查,可是查不着,一般也不会到"巾栉"中去查找释义。为了释"侍巾栉",先释"巾栉",这是顺理成章的,"侍巾栉"的释文也必然包括了"巾栉"的释文。据此,本条词目宜改立"侍巾栉",另立"巾栉",注:"见'侍巾栉'",才更为妥当。（张毓琏）

便事（便 0212）

对国家有利的事。

《史记·娄敬叔孙通列传》:"娄敬脱辚辂,衣其羊裘,见齐人虞将军曰:'臣愿见上言～'。"《说苑·君道》:"言～者,未尝见用。"（彭逢澍）

脩政（修正 0219）

《辞源》中漏收了此条目的异体"脩政"。这作为以"源"为重点的工具书来说是一失误。我们知道,古籍中"修""脩"相通。"正""政"相通。王念孙在《读书杂志》中亦作:脩政者也。（王立）

偷光（偷 0245）

"偷光"，记述了一个家贫而苦读的故事。

《西京杂记》卷二记载，东海丞人（今枣庄市峄城）匡衡自幼勤学，家贫无烛，"邻舍有烛而不逮，衡乃穿壁引其光，以书映光而读之。"后来匡衡成了西汉著名的经学家。历史上留下了匡衡说《诗》解颐的佳话。凿壁偷光的故事激励着历代学子，影响是深远的。

《敦煌曲子词·菩萨蛮》："数年学剑工书苦，也曾凿壁偷光路。"唐王播《淮南游故居感旧酬西川李尚书德裕》诗："壁间潜认偷光处，川上宁忘结网时。"赞扬的都是匡衡凿壁偷光的故事。

"借光"一词较"偷光"应用得更为广泛，可真正知道它的古老来源的却不是很多。

据《战国策·秦策》载，甘茂逃出秦国打算投到齐国去，出关的时候遇到苏代。甘茂曰："君闻夫江上之处女乎？""夫江上之处女，有家贫而无烛者，处女相与语，欲去之。家贫无烛者将去矣，谓处女曰：'妾以无烛故，常先至扫室布席。何爱余明之照四壁者？幸以赐妾，何妨于处女？妾自以有益于处女，何为去我？'处女相语以为然，而留之。今臣不肖，弃逐于秦而出关，愿为足下扫室布席，幸无我逐也。"苏代听了甘茂讲的故事，便将甘茂推荐给了齐王。

从此"借光"一词便在社会上广为流传开了：

明阮大铖《燕子笺·辨奸》："贤契高才，自当首选，老夫借光不浅。"鲁迅《故事新编·理水》："临末是一个粗手粗脚的大汉……连声说道：'借光，借光，让一让，让一让'，从人丛中挤进皇宫去了。"

现代，"借光"已成为人们挂在口头上的礼貌语言了。

新版《辞源》未列"偷光"词条，而在"借光"词条下面首列匡衡凿壁"借光"读书的故事，是将"借光"混同"偷光"了。"偷光"与"借光"是两个完全不同的典故，是两个词。我们应该还它们的本来面目，不应该将二者混同起来。《汉语大词典》便注意了它们二者的区别，分列了两个词条，这是很正确的。（李芳元）

具體（具 0316）

此词义与今义有别。在《抱朴子》中一般指事物各组成部分都齐备、全备。如《外篇·备阙》："若以所短弃所长，则逸侪拔萃之才不用矣，责具体而论细礼，则匡世济民之勋不著矣。"《外篇·正郭》："夫所谓亚圣者，必具体而微，命世绝伦，与彼周孔其间无所复容之谓也。"此词《辞源》失收，《辞海》有此义项，但收例晚至唐代，故补此二例。（董玉芝）

出入（出 0334）

上下、左右。（置数量词前表约数）

《史记·仓公列传》："臣意即以火齐粥且饮，六日气下，即令更服丸药，～六日，病已。"同传："齐中大夫病龋齿，臣意灸其左大阳明脉，即为苦参汤，日嗽三升，～五六日，病已。"（彭逢澍）

勉勸（勉 0377）

勉励；鼓励。卷10《成帝纪》："方东作时，其令二千石勉劝农桑，出入阡陌，致劳来之。"

按：《说文·力部》："劝，勉也。"《广韵·铣韵》："勉，勖也，劝也。""勉劝"义同"劝勉"，并为同义复词。后世多见"劝勉"少用"勉劝"，故《辞源》（修订本）、《汉语大词典》均收有"劝勉"条而漏收"勉劝"条。（王彦坤）

吹木屑（吹 0492）

揩油、沾光。《型世言》第15回："或是与游逸等轮流寻山问水，傍柳穿花，有时轿马，有时船只。那些妓者作娇，这两个帮闲吹木屑，轿马，船只都出在沈刚身上。"同书第33回："就一把扯着手道：'前日送来的鸡鹅还在，可以作东，怎就走去？待小弟陪你，也吹个木屑。'"（赵红梅 程志兵）

告晓（告 0496）

晓喻，告诉而使明白。卷27中之下《五行志中之下》："今雊以博士行礼之日大众聚会，飞集于庭，历阶登堂，万众睢睢，惊怪连日。径历三公之府，太常典宗庙骨肉之官，然后入宫。其宿留告晓人，具体深切，虽人道相戒，何以过是！"

按："告晓"犹"告喻"。《后汉书·马援列传》"晓狄道长归守寺舍"，李贤等注："晓，喻也。"《汉书·司马迁传》"是仆终不得舒愤懑以晓左右"，颜师古注曰："晓，告喻也。"又，同书《赵广汉传》"使长安丞龚奢叩堂户晓贼"，颜注亦曰："晓谓喻告之。"今《辞源》（修订本）、《汉语大词典》均有"告喻"词条而未见"告晓"，当属漏收。（王彦坤）

和氏（和 0502） 污 穋 鏊 帢 奏功 崇贤馆 公卿 族诛 秦二世

第500页1栏〔咼₂氏〕注云："即和氏"，而书中"和氏"并不立为词目。

第1775页3栏"洿"下注㊄云："污秽，污辱。通'污'。"又，第1720页2栏"汙"之第一读音 wū 下注云："亦作'污'。"然而书中词目不见有"污"。按：《辞海》（1979年版缩印本，以下同）"污""汚""汙""洿"并立为词目，除于"污"下详加注释外，"汙"下、"汚"下均但注："'污'的异体字"，"洿"下但注："同'污㊀'"，这样处理既全面又经济，值得效法。

第2309页2栏"稑"下注㊀云："后种先熟的谷类。也作'穋'。"而书中也不收"穋"字。按：《辞海》"稑""穋"并收，而于"穋"下注明同"稑"，就处理得当。

第3209页2栏"鏊"下注云："烧器。……也作'鏉'。"所引书证唐张鷟《朝野佥载》四及段成式《酉阳杂俎》续集四亦并作"鏉"，然而书中却无"鏉"之词目。

第976页2栏"帕"下注云："便帽。……字也作'帢''帢'。"又，第966页1栏"巾"下注㊀云："冠的一种，以葛或縑制成，形如帢。"然而书中词目也不见"帢"，何谓"形如帢"？徒增读者辗转翻查之工夫。

第721页3栏〔奏公〕注云："《诗·大雅·灵台》'鼍鼓逢逢，矇瞍奏公'。《传》：'公，事也。'

《韩诗》作'奏功',……本指功成作乐之意,后来泛称治事有成效曰奏功。"按:"公"字从八从厶会意,取背私之义,《说文》云:"平分也。"《广雅·释诂一》云:"公,正也。"今《毛传》释为"事也",当视为"功"之借字。《韩诗》作"奏功",后来泛称治事有成效曰"奏功"的"功",才是本字。旧版《辞源》(《辞海》同)以〔奏功〕立目,不收〔奏公〕条,是合理的,而修订本却反其道而行之,有〔奏公〕而无〔奏功〕甚是不妥。

第934页3栏〔崇文馆〕注云:"官署名。唐贞观十三年置。初名崇贤馆,……上元二年李贤立为太子,避讳改名崇文。"按:自贞观十三年至上元二年,36年间皆以崇贤名馆,则"崇贤馆"似亦当作词目列出,下注"见'崇文馆'。"今书中不收〔崇贤馆〕条,也不妥。又,《辞海》也只有〔崇文馆〕,不收〔崇贤馆〕,病同《辞源》。

此外,像〔公卿〕、〔族诛〕、〔秦二世〕这样的词,《辞源》也未予以收入,不能不看作它的疏漏。(王彦坤　周若虹)

和璞(和0502)和朴

(和氏的)璞玉,宝物。

《骈字类编》引《易林》:"入水求玉不见和璞,终日至暮劳无所得。"《史记·范雎蔡泽列传》:"且臣闻周有砥砨,宋有结绿,梁有县藜,楚有和朴。"前三宝,《辞源》均录,唯"和璞""和朴"不著。如不另立专条,也应在已收"和璧"条下补出。(彭逢澍)

咎異(咎0505)

灾异。卷27下之下《五行志下之下》:"能应之以德,则咎异消;忽而不戒,则败至。"卷60《杜钦传》:"如此,即尧舜不足与比隆,咎异何足消灭!"

按:《说文·人部》:"咎,灾也。"《辞源》(修订本)、《汉语大词典》皆有"灾异"词条而无"咎异",当属漏收。(王彦坤)

墳誥(墳0628)

此词在《抱朴子》中泛指古代典籍。如《外篇·任命》:"余之友人,有居泠先生者,恬愉静素,形神相忘。外不饰惊愚之容,内不寄有为之心,游精坟诰,乐以忘忧。"杨明照注:"坟诰,泛指典籍。"又《外篇·博喻》:"南威青琴,姣冶之极,而必俟盛饰以增丽;回赐游夏虽天才隽朗,而实须坟诰以广智。"此词《辞源》《辞海》《汉语大词典》等大型工具书均失载,故补录于此。(彭逢澍)

夷貊(夷0713)

蔑称四境少数民族,也称"夷狄""蛮貊""蛮夷"。

《史记·日者列传》:"盗贼发不能禁,~不服不能摄。"(彭逢澍)

奢盈(奢0725)

奢侈过度。卷10上《皇后纪上·和熹邓皇后》:"伏惟皇太后膺大圣之姿,体乾坤之德,齐踪虞妃,比迹任姒。孝悌慈仁,允恭节约,杜绝奢盈之源,防抑逸欲之兆。"

按：《尔雅·释诂下》："溢，盈也。"《篇海类编·器用类·皿部》："盈，过曰盈。""奢盈"犹"奢溢"（后一词已为《汉语大词典》收录）。（王彦坤　周若虹）

女妇（女0728）

妇女。卷87《西羌传》："并、凉之士，特冲残毙，壮悍则委身于兵场，女妇则徽而为虏，发冢露胔，死生涂炭。"

按：他例如，《魏书·失韦传》："丈夫索发，用角弓，其箭尤长。女妇束发，作叉手髻。"《北史·杨素传》："帝命平定日，男子悉斩，女妇赏征人，在阵免者从贱。"或与"丈夫"对文，或与"男子"对文，"女妇"即"妇女"甚明。（王彦坤　周若虹）

奴従（奴0732）

仆从。卷72《鲍宣传》："奈何独私养外亲与幸臣董贤，多赏赐以大万数，使奴从宾客浆酒霍肉，苍头庐儿皆用致富！"

按：史书所见"奴从"尚有《宋书·徐羡之传》一例："乔之及弟乞奴从诛。"其词大概由短语"奴从者"（以奴隶的身份跟随在身边的人）发展而来。《史记·滑稽列传》："当此之时，公卿大臣皆敬重乳母。乳母家子孙奴从者横暴长安中，当道掣顿人车马，夺人衣服。"《汉书·张汤传》："前侍御史修等四人奉使至放家逐名捕贼，时放见在，奴从者闭门设兵弩射吏，距使者不肯内。"又，"奴从者支属并乘权势为暴虐，至求吏妻不得，杀其夫，或恚一人，妄杀其亲属，辄亡入放第，不得，幸得勿治。"《汉书·元后传》："游观射猎，使奴从者被甲持弓弩，陈为步兵。"皆称"奴从者"。（王彦坤）

好道（好0734）

《西游记》中"好道"一词，在该书中屡见有"难道"的意思（副词），加强反问语气，例如：

四十一回："八戒笑道：'这厮放赖不羞！你好道捶破鼻子，淌出些血来，搽红了脸，往那里告我们去耶？'"

同上回："行者看见道：'兄弟，你笑怎么？你好道有甚手段，擒得那妖魔，破得那火阵？'"

四十七回："行者道：'他敢吃我？'老者道：'不吃你，好道嫌腥？'"

七十二回："土地婆儿道：'老儿，你转怎的？好道是羊儿风发了？'"

《辞源》第一册"好"字条下未收"好道"一词，恐怕也应该补收。《辞源》四册共收复词八万四千多条（据第四册《后记》），其中一部分词语，在古籍中出现次数甚少，有些出自不经见的、影响较小的书籍。以《辞源》的规模，收进这些词语自无可非议，只是收与不收，宜在整体上注意标准的统一平衡。（袁宾）

妆靥（妆 0737） 靥钿（靥 3364）

《辞源》于此二条下无收，而在"靥"项下释云："颊辅上之微涡。见'靥辅'。也指妇女颊上所涂之装饰物。唐李贺《歌诗编》一《同沈驸马赋得御沟水》：'入苑白泱泱，宫人正靥黄。'宋高承《事物纪原》三《妆靥》：'远世妇人妆喜作粉靥，如月形，如钱样，又或以朱若燕脂点者，唐人亦尚之。'"

按：建议《词源》补收"妆靥""靥钿"词条，并加以诠释，纵观对"靥"之释也过于笼统，应予补充。段成式《酉阳杂俎》曰："如射月者，谓之黄星靥。靥钿之名，盖自吴孙和误伤邓夫人颊，医以白獭髓合膏，琥珀太多，痕不灭，有赤点，更益其妍。诸嬖欲要宠者，皆以丹青点颊，此其始也。"又云："大历以前，士大夫妻多妒者，婢妾少不如意则印面，故有月点钱。"（马振亚）

嬷嬷（嬷 0771）

"嬷嬷"是元明清戏曲小说里很常见的一个称谓词，通常用于指称年长的妇女。大型词典《辞源》失收该词，似有缺憾。而另外两部大型工具书《汉语大词典》《汉语大字典》尽管均收入"嬷嬷"一词，弥补了《辞源》的不足，但是二书不仅在义项的排列上各有差异，而且在书证的使用上亦有乖互。（谭耀炬）

孔容（孔 0777）

道德高尚者的容貌。卷22《礼乐志》："浚则师德，下民咸殖。令问在旧，孔容翼翼。"又借代道德高尚的人。同篇："孔容之常，承帝之明。下民之乐，子孙保光。"

按："孔容"指"孔德之容"，也即"大德者之容"。语本《老子》第二十一章："孔德之容，惟道是从。"河上公注曰："孔，大也。"（王彦坤）

定治（定 0816）

安定；太平。卷48《贾谊传》："一寸之地，一人之众，天子亡所利焉，诚以定治而已，故天下咸知陛下之廉。"

按："定治"为同义复词。"诚以定治而已"之"以"当释为"使"。（王彦坤）

官耗（官 0820）

官府的开支、用费。

《史记·日者列传》："～乱不能治。"《张丞相列传》："（郸）显为吏至太仆，坐～乱，身及子男有奸赃，免为庶人。""官耗"已凝固为一个名词。（彭逢澍）

客隐（客 0830）

隐居他乡。卷39《淳于恭传》中写道："建武中，郡举孝廉，司空辟，皆不应，客隐琅邪黔陬山，遂数十年。"

按：寄居为"客"，《说文·宀部》："客，寄也。"他例如，《新唐书·张建封传》："张建封字本立，邓州南阳人，客隐兖州。"同书《窦群传》："群兄弟皆擢进士第，独群以处士客隐毗陵。"（王彦坤 周若虹）

寇侵（寇 0845）

侵犯；侵略。卷27中之上《五行志中之上》："是岁夏，匈奴右贤王寇侵上郡，诏丞相灌婴发车骑士八万五千人诣高奴，击右贤王走出塞。"卷94下《匈奴传下》："周、秦以来，匈奴暴桀，寇侵边境，汉兴，尤被其害。"卷100下《叙传下》："大汉初定，匈奴强盛，围我平城，寇侵边境。"

按：《周礼·大宗伯》"以恤礼哀寇乱"郑玄注曰："兵作于外为寇。""寇侵"为同义复词，故古书中又有"侵寇"的说法。今"侵寇"已被《汉语大词典》列为词条；而"寇侵"未收，当属遗漏。（王彦坤）

属著（属 0915）

《辞源》《辞海》未收此词。《大词典》释为："犹贯注，专注。"这实非该词本义。《释名·释形体》："耳，舐也。耳有一体，属著两边，舐舐然也。"又以《释疾病》："赘，属也。横生一肉，属著体也。""属"与"著"同义，此两处"属著"宜释作"依托、附着"，这应为该词本义。（李茂康）

岐岖（岐 0926）

修订本《辞源》中，有的单字下某义项后注明参见某词条，但相应字头之下偏偏没有收录这个复词，结果使得该项意义完全没有着落。例如：

岐（四）通"崎"。见"岐岖"。

"岐"字下列14个复词条目，却不见"岐岖"，又"崎岖"等条释文也未提及。今按：《文选·陆机〈谢平原内史表〉》："阴蒙避回，岐岖自列。"李善注："岐岖艰阻，得自申列也。""岐岖"一词，音、义、例俱全，似当收而失收。（伍宗文）

左右江（左 0956）

查《辞源》"左"字下无"左右江"。对"右江"未加详释，注明参考"左右江"，而"左右江"未收录，属明显的漏收。《辞源》中同类失误尚有不少，如"蜩"字条，没有释义，注云："见'蜩蛚'。"虫部中连"蜩"字都未收，何处找"蜩蛚"？又如"强毅"条称"又作'彊毅'。见该条"，而"彊"字下未收录"彊毅"。（郭康松）

年嫂（年 0996）

称在科考中同榜登科者的夫人。明清小说中常见。《型世言》第18回："一个王翊庵太守，……与他父亲同举进士，……次日就去拜李夫人，公子不在，请年嫂相见。"《喻世明言·沈小霞相会出师表》："老年嫂处适才已打听个消息，在云州康健无恙。"和此词同系列的"年兄""年伯""年侄"，《汉大》都收录了。却漏收"年嫂"，按编纂体例当补。（赵红梅 程志兵）

廉平（廉 1015）

廉洁、公平。

《史记·酷吏列传》："亚夫为丞相，禹为丞相史，府中皆称其～。"《吴起列传》："～尽得士心。"《田叔列传》："数岁，切直～，赵王贤之，未及迁。"相类似的词，如"廉介""廉公""廉正""廉直""廉倨""廉谨"等等，新《辞源》都收了，"廉平"一词亦应收入。（彭逢澍）

廢亂（廢 1024）

职能瘫痪，秩序混乱。卷 27 中之下《五行志中之下》："……上不明，暗昧蔽惑，则不能知善恶，亲近习，长同类，亡功者受赏，有罪者不杀，百官废乱，失在舒缓，故其咎舒也。"卷 76《王尊传》："尊以京师废乱，群盗并兴，选贤征用，起家为卿，贼乱既除，豪猾伏辜，即以佞巧废黜。"卷 83《薛宣传》："会陈留郡有大贼废乱，上徙宣为陈留太守，盗贼禁止，吏民敬其威信。"卷 90《严延年传》："时郡比得不能太守，涿人毕野白等由是废乱。"

按：上《薛宣传》例颜注曰："废乱者，政教不行也。"又《严延年传》例颜氏注曰："废公法而狡乱也。"今谓末例之"废乱"，宜作动词使动用法理解，即"使……废乱"。（王彦坤）

弄物（弄 1034）

犹言"玩物"，指供玩弄、玩赏的人或器物。卷 28 下《地理志下》："丈夫相聚游戏，悲歌忼慨，起则椎剽掘冢，作奸巧，多弄物，为倡优。"

按：《尔雅·释言》《说文·廾部》并曰："弄，玩也。""多弄物"意谓爱好玩物。（王彦坤）

式遵（式 1037）

效法遵从。卷 24《马援传》："今宜加防检，式遵前制。"

按：《说文·工部》："式，法也。"《诗·大雅·烝民》"古训是式"郑玄笺："式，法也。"他如《晋书·乐志上》："及削平刘表，始获杜夔，扬鼖总干，式遵前记。"《宋书·文帝本纪》："便可式遵成规，阐扬景业。"史书中用例颇多。（王彦坤　周若虹）

形器（形 1060）

"形器"一词，《辞源》《辞海》失收。《抱朴子》中共出现 10 次，有三种用法：(1)指人的身体形貌。如《内篇·塞难》："夫生我者父也，娠我者母也，犹不能令我形器必中适，姿容必妖丽，性理必平和，智慧必高远。"《外篇·清鉴》："夫貌望丰伟者不必贤，而形器尪瘁者不必愚。"《外篇·自叙》："高勋著于盟府，德音被乎管弦，形器虽沈，铄于渊壤，美谈飘摇而日载，故虽千百代，犹穆如也。"(2)与精神相对的物质、物体。如《外篇·疾谬》："盖信不由中，则屡盟无益，意得神至，则形器可忘。"《外篇·广譬》："澄精神于玄一者，则形器可忘；邈高节以外物者，则富贵可遗。"(3)指有形的器物。《外篇·辞义》："清音贵于雅韵克谐，著作珍乎判微析理，故八音形器异而钟律同。"（董玉芝）

形能（形態 1061）

《辞源》未收异文"形能"，其实，这两个词同一，为异文，而且古书中常用形能。《读书杂志》云："耳目鼻口形能，各有接而不相能也。"念孙案……余谓形能当连读，能读为态。……形能即形态。……《汉书·司马相如传》："吾子之态。"《史记》中亦作能。（王立）

旁皇（彷徨 1067）

义项㊀后注明："也作'仿偟''徬徨''傍偟''旁皇''方皇'。见各该条。"

按：在"人部"确有"仿偟""傍偟"这两个词目；在"彳部"确有"徬徨"这一词目；在"方部"确有"方皇"这一词目。但在单字条"旁"之下，却未见"旁皇"这一词目。（黄崇浩）

恃怙（怙恃 1107）

父母的代称。

《辞源》引唐韦缜《下邽丞韦端妻王氏墓志》："夫人少丧怙恃，终鲜昆弟。"（见《八琼室金石补正》六四）

今按：怙、恃本凭恃意，父母当为依靠对象，故得以称怙恃。《正字通》："按怙、恃二字，分言之，父曰怙，母曰恃。"合言则通称父母。作父母解的"怙恃"同素反序词"恃怙"六朝已出现。《杂宝藏经》卷五贫人以麨团施现获报缘："辅相见已，谛视形相，而语之言：'汝非某甲子耶？'答言：'我是。'问言：'何以褴褛乃至尔也？'答言：'少失恃怙，无人见看，是以困苦褴褛如此。'"《辞源》于"恃"下未收"恃怙"，当补。（颜洽茂）

感遇诗（感遇 1150）

参见"感遇诗"。

按：未见"感遇诗"这一词目。（黄崇浩）

慎弱（慎 1154）

小心懦弱。卷 34《梁商传》："而性慎弱无威断，颇溺于内竖。"

按：《说文·心部》："慎，谨也。""慎弱"之"慎"取谨慎小心之义。（王彦坤　周若虹）

惧懑（惧 1181）

恐惧而又气愤；又怕又恼。卷 46《陈宠传·子忠》："忠内怀惧懑而未敢陈谏，乃作搢绅先生论以讽。"

按：《楚辞·严忌〈哀时命〉》："惟烦懑而盈匈。"王逸注："懑，愤也。"（王彦坤　周若虹）

打合（打 1207）

《汉大》列三个义项，《辞源》未收。《型世言》中另有："从中调停"之义。第 15 回："那人开口要三千，花纹打合要五百，后来改做三百。"第 19 回："里边有个管家看他女人生得甚好，欺心占他的，串了巫婆，吓要送官。巫婆打合女人准与他，正在家逼写离书。"（赵红梅　程志兵）

拆拽（拆 1245）

《型世言》第 3 回："如今我在这行中，也会拆拽，比如小袖道袍，把摆拆出，依然时样；短小道袍变改女袄，袖也有得。"同书第 33 回，鲍雷道："可耐阮大这厮欺人，我花小官且是好，我去说亲，他竟不应承；列位去送，也不留吃这一钟。如今只要列位相帮我，拆拽他一番。若不依的，我先结识他。"排比文义，可释为：捉弄、欺骗或坑害别人。（赵红梅　程志兵）

捄世（捄世 1257）

同"救世"。

按：单字条"救"之下，未见"救世"这一词目。《左传·昭公六年》："侨不才，不能及子孙，吾以救世也。"（黄崇浩）

掠辜（掠 1267）

拷问罪行。卷8《宣帝纪》："今系者或以掠辜若饥寒瘐死狱中，何用心逆人道也！朕甚痛之。"

按：《一切经音义》九引《苍颉》曰："掠，问也，谓搒棰治人也。"《说文·辛部》："辜，辠也。""辠"即"罪"字。（王彦坤）

掠按（掠 1267）

拷问审查。卷57《刘陶传》："于是收陶，下黄门北寺狱，掠按日急。"同卷《谢弼传》："中常侍曹节从子绍为东郡太守，忿疾于弼，遂以它罪收考掠按，死狱中，时人悼伤焉"。

按：《广韵·药韵》："掠，笞也；治也。"《字汇·手部》："按，考也；验也。""掠按"与"掠考""掠治"义近（后二词《汉语大词典》已收）。（王彦坤　周若虹）

插號（插 1293）

绰号。《型世言》第7回："这徐海号明山，插号'徐和尚'"，又第16回："请了一个医生来，插号叫做李大黄——惯用大黄。"《八段锦》第5段："那人姓马，插号叫做'六头'。"

像这类失收的词语，仅笔者在《型世言》中就搜集了多例，如"周支"（应付、周旋），"管头"（铜钱），"丢儿"（钱财），"阿答"（我）等等，限于篇幅，不再一一分析。（赵红梅　程志兵）

摇夺（摇 1300）

意指因外力影响而动摇改变决心。如《内篇·道意》："患乎凡夫不能守真，无杜遏之检括，爱嗜好之摇夺，驰骋流遁，有迷无反。"此词《辞源》《辞海》失收。《汉语大词典》收有此条，但引例晚至明代李贽和清代方苞之书，故补此早期用例。（董玉芝）

撐（撐 1301）　**诧**（詫 2886）

"詑，欺诈。通'诧'。""撻，执持。通'撐'。"但是，作为本字的"诧""撐"二字却均未收录。无从对证，异体、通假关系令人难以信从。（伍宗文）

摘光（摘 1304）　**摘耀**　**摘景**

此三词《辞源》《辞海》失载，《汉语大词典》只收"摘光"一词，"摘耀""摘景"也不载。按此三词应为同义词，均为播发光芒、放射光芒义。如《外篇·备阙》："日月不能摘光于曲穴，冲风不能扬波于井底。"又《外篇·诘鲍》："若乃景星摘光，以佐望舒之耀，冠日含采，以表羲和之晷。"《外篇·广譬》："影响不能无形声以著，余庆不可无德而招，故唐尧为政七十余载，然后景星摘耀。"《外篇·诘鲍》："龟龙吐藻于河湄，景老摘耀于天路。"《外篇·博喻》："泣血之宝，仰磁碡以摘景，沈间孟劳，须楚砥以敛锋。"《外篇·辞义》："或曰乾坤方圆，非规矩之功；三辰摘景，非莹磨之力。"《说文·手部》："摘，舒也。"是"摘"字本义。引申为播发、播扬。如《全梁文》卷13简文帝萧纲《秀林山铭》："怀灵蕴德,孕宝含奇,此亦仙岫,英名远摛。"又"耀"也有光芒、光辉义。《广韵·笑韵》："耀,光耀。"如《论衡·雷虚》："当雷之时,电光时见,大若火之耀。"而"景"也有日光、亮光义。《说文·日部》："景,光也。"如《后汉书·班彪传附班固》："《宝鼎诗》：'岳修贡兮川效珍,吐金景兮敲浮云。'"李贤注："景,光也。"故"摛光""摛耀""摛景"连言,均谓播发光芒、放射光芒。（董玉芝）

教责（教 1343）

教训责备；教育批评。卷31《苏章传》："见苏桓公,患其教责人,不见,又思之。"

按：他例如,《新唐书·太宗诸子列传·庶人佑》："王,上爱子,上欲王改悔,故数教责王。"（王彦坤　周若虹）

旅助（旅 1390）

合力辅助。卷21上《律历志上》："大吕：吕,旅也,言阴大,旅助黄钟宣气而牙物也。""中吕,言微阴始起未成,著于其中旅助姑洗宣气齐物也。""南吕：南,任也,言阴气旅助夷则任成万物也。"

按：《国语·越语上》："吾不欲匹夫之勇也,欲其旅进旅退也。"韦昭注曰："旅,俱也。"又《礼记·乐记》："今夫古乐,进旅退旅。"郑玄注曰："旅,犹俱也。俱进俱退,言其齐一也。""旅助"之"旅",取意与"旅进旅退""进旅退旅"之"旅"略同。（王彦坤）

明智（明 1408）　經常（經 2434）　和睦（和 0502）　紡織（紡 2405）　冒犯（冒 0321）　妊娠（妊 0740）　何等（何 0187）

像"明智""经常""和睦""纺织""冒犯""妊娠"等词,在现代汉语中已入基本词汇,追溯它们的源头,则六朝佛经中已见其迹,例如：

《杂宝藏经》卷三龙王偈缘："能受恶骂重诽谤,智者能忍花雨象,若子恶骂重诽谤,明智能忍于慧眼。"

《杂宝藏经》卷四舍利弗摩提供养佛塔缘："王以佛发,宫中起塔,宫中之人,经常供养。"

《杂宝藏经》卷一十奢王缘："然婆罗陀素与二兄和睦恭顺,深存敬让。"

《杂宝藏经》卷一弃老国缘："臣白王言：'国有制令,不听养老,臣有老父,不忍遣弃,冒犯王法,藏著地中。'"

《贤愚经》卷三微妙比丘尼品："遂成家室,后生子息,夫家父母,转复终亡。我时妊娠,而语夫言：'今我有娠,秽污不净。……'"

《贤愚经》卷十二波婆离品："时佛姨母摩波诃波阇提,佛已出家,手自纺织,预作一端金色之毡,……奉上如来。"

这些语词,六朝佛经中所见多例,《辞源》应收而未收,似有悖于"以常见为主"的收词原则。从注意语词来源的角度而言,应当增补。

又"何等"一词,犹言"什么",佛经中见次率极高。乃是六朝人的口语。《贤愚经》卷九摩诃令奴缘品:"何等十德?一者身紫金色,……二者……"《辞源》失收,也应增补。(颜洽茂)

檢對(檢 1642)

校对;查对;核对。卷49《王符传》:"自三府州郡,至于乡县典司之吏,辞讼之民,官事相连,更相检对者,日可有十万人。"(1641)

按:《字汇·木部》:"检,校也。"他例如,《魏书·儒林列传·陈奇》:"诏下司徒检对碑史事,乃郭后,雅有屈焉。"(王彦坤 周若虹)

權盛(權 1648)

指权势显赫的高官。卷34《梁商传》:"检御门族,未曾以权盛干法。"同卷《梁冀传》:"若不抑损权盛,将无以全其身矣。"

按:"权盛"犹"权贵"。他例如《魏书·道穆传》:"仆射尔朱世隆当朝权盛,因内见衣冠失仪,道穆便即弹纠。"(王彦坤 周若虹)

欽哉(欽 1655)

谓敬奉职事。卷61《周举传》:"故光禄大夫周举,性侔夷、鱼,忠踰随、管,前授牧守,及还纳言,出入京輦,有钦哉之绩,在禁闱有密静之风。"

按:《尔雅·释诂下》:"钦,敬也。"《尚书·尧典》:"帝曰:'往,钦哉!'"孔安国传:"敕鲧往治水,命使敬其事。""钦哉"语即本此。他例如,《旧五代史·刑法志》:"燃死灰而必在至仁,照覆盆而须资异鉴,《书》著'钦哉'之旨,《礼》摽'俐也'之文,因彰善于泣辜,更推恩于扇喝。"(王彦坤 周若虹)

歸義(歸 1677)

诚心归附,弃暗投明。

《史记·南越列传》:"元鼎五年秋,卫尉路博德为伏波将军,……故～越侯二人为戈船、下厉将军……"《集解》引张晏:"故越人,降为侯。"《卫将军骠骑列传》:"故～因淳王复陆支、楼专王伊即轩皆从骠骑将军有功,以千三百户封复陆支为壮侯,以千八百户封伊即轩为众利侯。"《荀子·强国》:"君臣上下,贵贱长少,至于庶人,莫不为义,则天下孰不欲含义矣。"杨倞注:"天下皆来～也。"《滑稽列传·褚少孙补》:"于是朔(东方朔)乃肯言,曰:'所谓骀牙者也。远方当来～,而骀牙先见。其齿前后若一,齐等无牙,故谓之骀牙。'其后一岁所,匈奴混邪王果将十万众来降汉。"《惠景间侯者年表》:"及孝惠讫孝景间五十载,追修高祖时遗功臣,及从代来,吴楚之劳,诸侯子弟若肺腑,外国～,封者九十有余。"(彭逢澍)

每數(每 1693)

每每;屡次。卷41《宋意传》:"肃宗性宽仁,而亲亲之恩笃,故叔父济南、中山二王每数入朝,特加恩宠,及诸昆弟并留京师,不遣就国。"卷69《窦武传》:"武每数切厉相戒,犹不觉悟,乃上书求退绍位,又自责不能训导,当先受罪。"

按:"每数"为同义复词。数,音 shuò。(王彦坤　周若虹)

比再(比 1694)

接连;再三。卷 27 上《五行志上》:"是时,比再遣公主配单于,赂遗甚厚,匈奴愈骄,侵犯北边,杀略多至万余人,汉连发军征讨戍边。"卷 27 下之下《五行志下之下》:"日比再食,其事在春秋后,故不载于经。"卷 53《胶西于王刘端传》:"有司比再请,削其国,去太半。"

按:上第一及第三例,颜师古并注曰:"比,频也。"(王彦坤)

清猛(清 1813)

廉洁威严。卷 65《皇甫规传》:"自臣受任,志竭愚钝,实赖兖州刺史牟颢之清猛,中郎将宗资之信义,得承节度,幸无咎誉。"

按:《字汇·犬部》:"猛,威也。"《玉篇·犬部》:"猛,严也。"(王彦坤　周若虹)

灭诛(灭 1859)

消灭;铲除。卷 99 下《王莽传下》:"今胡虏未灭诛,蛮僰未绝焚,江湖海泽麻沸,盗贼未尽破殄,又兴奉宗庙社稷之大作,民众动摇。"

按:"灭诛"为同义复词。古书中或称"诛灭",意思并无不同。《周易·杂卦》"明夷,诛也"陆德明释文引荀爽云:"诛,灭也。"《国语·晋语六》"以惠诛怨,以忍去过"韦昭注曰:"诛,除也。"《汉语大词典》漏收"灭诛"词条,而释"诛灭"为"屠戮除灭",将"诛"坐实为"屠戮",未达一间。(王彦坤)

火肉(火 1908)

《辞源》未收,《汉大》谓火腿肉,也引《红楼梦》书证,此词早在宋朝洪迈《夷坚丙志》就已用,卷 11:"共坐索饭,且求火肉,火肉,乡馔也。"(赵红梅　程志兵)

为人(為 1918)

此词系魏晋以来习语。《辞源》失收,《辞海》虽收词条,但只有"男女交配"一个义项。在《抱朴子》中,多指作为一个人在体貌、品行、禀赋等方面表现出来的特征。如《外篇·广譬》:"是以秦王叹息于韩非之书而想其为人,汉武慷慨于相如之文而恨不同世。"《外篇·自叙》:"洪之为人也,□而骏野,性钝口讷,形貌丑陋……"又"洪之为人,信心而行,毁誉皆置于不闻。"《内篇·祛惑》:"尧为人长大美髭髯,饮酒一日中二斛余,世人因加之云千钟,实不能也,我自数见其大醉也。"(董玉芝)

爵任(爵 1968)

爵位。卷 44《胡广传》:"论曰:爵任之于人重矣,全丧之于生大矣。"卷 55《章帝八王传·清河孝王庆》:"今官属并居爵任,失得是均,庶望上遵策戒,下免悔咎。"

按:"任"有"职位"义。《国语·周语上》:"保任戒惧,犹曰未也。"韦昭注:"任,职也。居

非其位,虽守职戒惧,犹未足也。"今语"上任""就任"之"任",取义与此相同。(王彦坤　周若虹)

理效(理 2061)

有条理。卷 85《谷永传》:"王者躬行道德,承顺天地,博爱仁恕,恩及行苇,籍税取民不过常法,宫室车服不逾制度,事节财足,黎庶和睦,则卦气理效,五征时序,百姓寿考,庶中蕃滋,符瑞并降,以昭保右。"

按:同传下文曰:"失道妄行,逆天暴物,穷奢极欲,湛湎荒淫,妇言是从,诛逐仁贤,离逖骨肉,群小用事,峻刑重赋,百姓愁怨,则卦气悖乱,咎征著邮,上天震怒,灾异娄降,日月薄食,五星失行,山崩川溃,水泉踊出,妖孽并见,茀星耀光,饥馑荐臻,百姓短折,万物夭伤。"此"卦气理效"与"卦气悖乱"对文,义亦相反。(王彦坤)

理實(理 2061)

道理与实情。有时也偏指道理。卷 33《朱浮传》:"而今牧人之吏,多未称职,小违理实,辄见斥罢,岂不粲然黑白分明哉!"卷 49《王充传》:"充好论说,始若诡异,终有理实。"

按:"理实"史书中并不少见,他例如《三国志·魏志·王基传》:"凡处事者,多曲相从顺,鲜能确然共尽理实。"《宋书·礼志一》:"夫以圣人之才,犹三十而立,况十二之年,未及志学,便谓德成,无所劝勉,非理实也。"不知何以各种辞书全都漏收。(王彦坤　周若虹)

瑛琚(瑛 2068)

有的则因为有关的复词未录而使义项得不到印证。例如:

英 (五)似玉的美石。通"瑛"。《诗·齐风·著》:"尚之以琼英乎而。"传:"琼英,美石似玉者。"

瑛 (二)似玉的美石。《玉篇》:"于京切。美石似玉。……水晶谓之玉瑛也。"参见"瑛琚"。

既以"英"通"瑛",则"瑛"在典籍中的使用情况就有重要的参考价值。但"瑛"字下却不见"瑛琚"条。今按:汉《艳歌》:"姮娥垂明珰,织女奉瑛琚。"这和"岐岖"一样,当收录而失收,不仅使辞典自身失去了照应,而且因为涉及异体、通假等文字现象,也使读者失去了一些有用的信息。(伍宗文)

熟衣(生衣 2096)

唐代有生衣,还有熟衣。如白居易《感秋咏意》:"炎凉迁次速如飞,又脱生衣著熟衣。"又《西风》:"新霁乘轻屐,初凉换熟衣。"《辞源》生衣条引了《长庆集》,对集中的熟衣却独未收。(张涤华)

白乾(白 2155)

(干 gàn)平白;白白的。《新编五代史平话·周史》:"[郭威]走去他手中夺将剑来,白干地把那厮杀了,将身逃归邢州路去。"宋·无名氏《张协状元》第 28 出:"(末)你也不须出钱,你也不须把登科记。我赠你一本,善眼相看,各家开去休。(净)白干骗了我三文。"(赵红梅

程志兵）

省愛（省 2205）

简省爱惜。卷31《杜诗传》："性节俭而政治清平，以诛暴立威，善于计略，省爱民役。"

按："省"音 shěng。"省爱"犹"省惜"（后一词已为《汉语大词典》收录）。（王彦坤　周若虹）

私學（私 2209）

私家学说、见解。

《史记·李斯列传》："～乃相与非法教之制，闻令下，即各以其～议之。"（彭逢澍）

破爛流丢（破 2242）

形容破烂之极。《西游记》第46回："当驾官即开了，捧出丹盘来看，果然是件破烂流丢一口钟。"现代江淮方言中仍有此词。（赵红梅　程志兵）

硬證（硬 2247）

从元代起就有此词，指捏造罪证，也指捏造罪证的人。元·李行道《灰阑记》第四折："你把这因奸药杀马均卿，强夺孩儿，依赖家私，并买嘱街坊老娘，扶用硬证，一桩桩与我从实招来！"《三侠五义》第83回："因郭氏是个要犯硬证，故此将他一同解京。"（赵红梅　程志兵）

稱順（稱 2311）

符合、遵从。卷83《薛宣朱博传赞》："世主已更，好恶异前，复附丁、傅，称顺孔乡。事发见诘，遂陷诬罔，辞穷情得，仰药饮鸩。"卷97下《孝成许皇后传》："皇后其刻心秉德，毋违先后之制度，力谊勉行，称顺妇道，减省群事，谦约为右。"

按：颜师古注上前一例曰："称，副也。副其所求而顺其意也。""称"音 chèn。（王彦坤）

積賭（積 2316）

指长期赌博的人。《水浒传》第104回："那王庆是东京积赌惯家，他信得盆口真，又会躲闪打浪。"《型世言》第23回："果然，朱正查访，见他同走有几个积赌，便计议去撞破他。"《汉大》收有"积窃""积贼"，却失收了"积赌"。（赵红梅　程志兵）

窮貧（窮 2330）

贫穷。卷39《江革传》："革转客下邳，穷贫裸跣，行佣以供母，便身之物，莫不必给。"

按："穷贫"为同义复词。《荀子·大略》曰："多有之者富，少有之者贫，至无有者穷。""贫""穷"义相近，泛言则无别，故《广雅·释诂四》："穷，贫也。"（王彦坤　周若虹）

立具（立 2335）

确定而具体。卷30《艺文志》："《书》者，古之号令，号令于众，其言不立具，则听受施行者弗晓。"（1706—1707）卷76《赵广汉传》："其或负者，辄先闻知，风谕不改，乃收捕之，无所逃，按之罪立具，即时伏辜。"

按:"立"有"确定"义,《后汉书·郎顗传》:"又恭陵火灾,主名未立,多所收捕,备经考毒。"李贤等注曰:"立犹定也。"(王彦坤)

简一(简 2374)

简便单纯;简单。卷31《王堂传》:"复拜鲁相,政存简一,至数年无辞讼。"

按:"简一"犹"简单"。《管子·水地》"故水一则人心正"尹知章注:"一,谓不杂。""不杂"即不复杂,也就是"单纯;简单"的意思。他例如,《三国志·魏志·夏侯玄传》:"若省郡守,县皆径达,事不拥隔,官无留滞,三代之风,虽未可必,简一之化,庶几可致,便民省费,在于此矣。"(王彦坤 周若虹)

精习(精 2388)

精通熟习。卷81《匡衡传》:"望之奏衡经学精习,说有师道,可观览。"卷81《张禹传》:"禹对《易》及《论语》大义,望之善焉,奏禹经学精习,有师法,可试事。"按:"习"有"熟悉,熟练,熟习"之义,故熟悉法制的人称"习士"(《管子·任法》:"故圣君置仪设法而固守之,然故谌杵习士、闻识博学之人,不可乱也。"),熟练的工匠称"习工"(《尹文子·大道上》:"农商工仕,不易其业,老农、长商、习工、旧仕莫不存焉,则处上者何事哉?")熟习水性称"习水"(《史记·齐太公世家》:"桓公与夫人蔡姬戏船中。蔡姬习水,荡公。")。熟谙事理称"习事"(《史记·田叔列传》:"赵禹以次问之,十余人无一人习事有智略者。")。(王彦坤)

糧粒(糧 2393)

粮食。卷81《独行传·范冉》:"所止单陋,有时粮粒尽,穷居自若,言貌无改。"

按:"粮粒"泛称粮食,犹"马匹"泛称马、"纸张"泛称纸一般。他例如,《陈书·姚察传》:"察每崎岖艰阻,求请供养之资,粮粒恒得相继。"(王彦坤 周若虹)

纳省(纳 2407)

采纳省察。卷57《刘陶传》:"谨复陈当今要急八事,乞须臾之闲,深垂纳省。"

按:"纳省"犹"省纳"。《汉语大词典》释"省纳"为"省察采纳"(P1175),可从。(王彦坤 周若虹)

结竟(结 2424)

结案;判决。卷76《循吏传·孟尝》:"郡不加寻察,遂结竟其罪。"

按:"结竟"为同义复词。结、竟并有"结束、终了"义,用于对案件、罪行的审判,便是"判决;结案"的意思。他例如,《宋书·孝义传·孙棘》:"世祖大明五年,发三五丁,弟萨应充行,坐违期不至,依制,军法,人身付狱。未及结竟,棘诣郡辞:'不忍令当一门之苦,乞以身代萨。'"(王彦坤 周若虹)

絶卻(絶 2429)

拒绝;摒弃。卷85《谷永传》:"陛下……诚留意于正身,勉强于力行,损燕私之闲以劳天下,放去淫溺之乐,罢归倡优之笑,绝却不享之义,慎节游田之虞,起居有常,循礼而动,躬亲政事,致行无倦,安服若性。"

按:"绝却"为同义复词。"却"有拒绝、摒弃之义,如《吕氏春秋·知接》:"无由接,固却其忠言,而爱其所尊贵也。"《史记·李斯列传》:"王者不却众庶,故能明其德。"(清)吴善述《说文广义校订》曰:"却,因退却之义,故引申为……辞而不受,拒而不见之词。"(王彦坤)

绝焚(绝 2429)

灭绝;灭亡。卷99下《王莽传下》:"今胡虏未灭诛,蛮僰未绝焚,江湖海泽麻沸,盗贼未尽破殄,又兴奉宗庙社稷之大作,民众动摇。"

按:"绝焚"为同义复词,此与"灭诛"对文同意。《广雅·释诂四》:"绝,灭也。"《尚书·甘誓》:"有扈氏威侮五行,怠弃三正,天用剿绝其命。"孔传:"绝谓灭之。""焚"通"偾"。"偾"本义僵(仆倒),引申亦有死亡、败亡之义。《集韵·问韵》:"偾,《说文》:'僵也。'或作焚。"《左传·襄公二十四年》:"象有齿以焚其身",杜预注:"焚,毙也。"陆德明释文引服虔云:"焚,读曰偾。"《礼记·大学》:"此谓一言偾事,一人定国。"郑玄注曰:"偾,犹覆败也。"(王彦坤)

缮起(缮 2468)

修建。卷6《孝顺帝纪》:"秋九月辛巳,缮起太学。"卷30下《郎𫖮传》:"宜豫宣告诸郡,使敬授人时,轻徭役,薄赋敛,勿妄缮起,坚仓狱,备守卫,回选贤能,以镇抚之。"

按:"起"有"建造"义。参见上文"起作"条。(王彦坤 周若虹)

罢驽(罢 2484)

罢羸驽钝,衰老愚顽。

《史记·万石张叔列传》:"乃上书曰:'庆幸得待罪丞相,~无以辅治。"《平津侯列传》:"今臣弘~之质,无汗马之劳,陛下过意擢臣弘卒伍之中,封为列侯,致位三公。"《报任安书》:"虽~,亦侧闻长者遗风矣。""罢"通"疲","驽",劣马。但这里不是用作名词性结构,而是一个形容词了。(彭逢澍)

羁属(羁 2489)

跟踪、看管。《史记·大宛列传》:"匈奴遣奇兵击(昆莫),不胜,以为神而远之,因~之,不大攻。"同传:"其大总取~昆莫,昆莫亦以此不敢专约于骞。"(彭逢澍)

举纠(举 2594)

检举揭发。卷26《蔡茂传》:"会洛阳令董宣举纠湖阳公主,帝始怒收宣,既而赦之。"

按:"举纠"为同义复词,《玉篇·丩部》曰:"纠,举也。"故又可说"纠举",如《后汉书·肃宗孝章帝纪》:"有司其议纠举之。"同书《孝桓帝纪》:"长吏臧满三十万而不纠举者,刺史、二千石以纵避为罪。"皆其例。然文献中称"纠举"者多,称"举纠"者少(史书所见,除本例外,仅一见,即《宋书·礼志五》:"书到后二十日期,若有窃玩犯禁者,及统司无举纠,并临时议罪。"),故前者已收

入《汉语大词典》中,后者则为各种辞书所漏收。(王彦坤　周若虹)

苛薄（苛 2629）

刻薄;苛刻。卷49《王充王符仲长统传论》:"疏禁厚下,以尾大陵弱;敛威峻罚,以苛薄分崩。"

按:用刑细密深刻为"苛",寡义少情为"薄"。《汉书·成帝纪》"勿苛留"颜注曰:"苛,细刻也。"《史记·商君列传赞》:"商君,其天资刻薄人也。"司马贞《索隐》:"刻谓用刑深刻;薄谓弃仁义,不悃诚也。""苛薄"犹"刻薄"。(王彦坤　周若虹)

荒嫚（荒 2642）

荒废懈怠。卷73《韦玄成传》:"咨余小子,既德靡逮,曾是车服,荒嫚以队。"

按:"嫚"通"慢",有"懈怠"义。《淮南子·主术》:"是以器械不苦,而职事不嫚。"高诱注曰:"嫚,读慢缓之慢。"(王彦坤)

莽平（莽 2657）

形容地势平坦而且草木茂盛。卷96上《西域传上》:"乌弋地暑热莽平。"卷96下《西域传下》:"乌孙国,大昆弥治赤谷城……东至都护治所千七百二十一里,西至康居蕃内地五千里。地莽平。"按:上二例,颜师古注并曰:"(莽平,)言(谓)有草莽而平坦也。一曰莽莽平野之貌。"乌弋其地无考,乌孙国则地处今之新疆伊犁。伊犁沃野千里,草原辽阔,森林茂密,正与"莽平"义合。(王彦坤)

華屋（華 2664）

华贵厅屋,多指宫廷言。《史记·平原君虞卿列传》:"歃血于～之下。"《战国策·秦一》:"(苏秦)于是乃摩燕乌集阙,见说赵王于～之下。"(彭逢澍)

虜暴（虜 2755）

掳掠侵害。卷11《刘盆子传》:"又数虏暴吏民,百姓保壁,由是皆复固守。"

按:《广韵·号韵》:"暴,侵暴也。"他例如《宋书·自序》:"时孙恩屡出会稽,诸将东讨者相续,刘牢之、高素之放纵其下,虏暴纵横,独高祖军政严明,无所侵犯。"(王彦坤　周若虹)

術學（術 2806）

才干,学识。《史记·张丞相列传》:"申屠嘉可谓刚毅守节矣,然无～,殆与萧、曹、陈平异矣。"《后汉书·赵彦传》:"少有～。"《文选·张平子〈西京赋〉》李善题注引《后汉书》:"安帝雅闻衡～,公车征拜郎中,出为河间相。"(彭逢澍)

親弱（親 2856）

泛指家小。卷38《张宗传》:"将军有亲弱在营,奈何不顾?"

按:"亲"指双亲(父母),"弱"指弱子(小孩)。(王彦坤　周若虹)

詰狀（詰 2890）

审问情状;追问情状。卷60下《蔡邕传》:"于是诏下尚书,召邕诘状。"

按：《说文·言部》："诘，问也。""诘状"犹"问状"，犹"讯状"（后二词《汉语大词典》均已收录）。他例如，《新唐书·房玄龄传》："帝讨辽，玄龄守京师，有男子上急变，玄龄诘状，曰：'我乃告公。'"同书《薛存诚传》："江西监军高重昌妄劾信州刺史李位谋反，追付仗内诘状。"（王彦坤 周若虹）

論序（論 2904）

论述；论说。卷84《翟方进传》："博征儒生，讲道于廷，论序乖缪，制礼作乐，同律度量，混壹风俗。"

按："论序"即"论叙"。何休《春秋公羊传序》徐彦疏曰："序者，舒也，叙也。"《孝经正义》卷首"御制序并注"邢昺正义曰："序与叙音义同。"史书所见"论序"用例，尚有《后汉书·桓荣传附桓彬》："所著《七说》及书凡三篇，蔡邕等共论序其志，金以为彬有过人者四：夙智早成，岐嶷也；学优文丽，至通也；仕不苟禄，绝高也；辞隆从窊，絜操也。"《宋书·五行志一》："今自司马彪以后，皆撰次论序，斯亦班固远采《春秋》，举远明近之例也。"《汉语大词典》未立"论序"词条，而以《周书·蔡祐传》为"论叙"一词最早书证，明显偏后。（王彦坤）

變剝（變 2925）

变乱。卷84《翟方进传》："熙！为我孺子之故，予惟赵、傅、丁、董之乱，遏绝继嗣，变剥适庶，危乱汉朝，以成三厄，队极厥命。"按：《后汉书·董卓传论》："董卓初以虓阚为情，因遭崩剥之埶，故得蹈藉彝伦，毁裂畿服。"李贤注："剥犹乱也。《左传》曰：'天实剥乱'。"（王彦坤）

貢職（貢 2950）

规定进献的财物。《史记·刘敬叔孙通列传》："成王即位，周公之属傅相焉，……诸侯四方纳～，道里均矣。"同传："八夷大国之民莫不宾服，效其～。"《司马相如列传》："南夷之君，西僰之长，常效～。"《汉书·南粤王赵佗传》："愿奉明诏，长为藩臣，奉～……使为外臣，时内～。"师古曰："言以时输入贡职。"（彭逢澍）

貳雙（貳 2954）

双双；成双成对。卷22《礼乐志》："幡比翅回集，贰双飞常羊。"按：《广雅·释诂四》："贰，二也。""贰双"为同义复词。（王彦坤）

贴肉挹（贴 2956）

指直接给主管者行贿。封建时代，经过手下人给主管的官吏行贿，称为"过龙"，直接给主管行贿称"贴肉挹"，"贴肉"即直接。《型世言》第7回："况且管库时是个好缺，与人争夺，官已贴肉挹，还要外边讨个分上，遮饰耳目。"（赵红梅）

賞惠（賞 2967）

赐给好处；赏赐。卷54《杨震传》："阿母王圣出自贱微，得遭千载，奉养圣躬，虽有推燥居湿之勤，前后赏惠，过报劳苦，而无厌之心，不知纪极，外交属托，扰乱天下，损辱清朝，尘点日月。"

按："赏惠"犹"赐惠"(后一词已为《汉语大词典》收录)。(王彦坤　周若虹)

赋贷(赋 2968)

给与；施予。卷9《元帝纪》初元元年三月："以三辅、太常、郡国公田及苑可省者振业贫民，贷不满千钱者赋贷种、食。"按："赋贷"为同义复词。《汉书·哀帝纪》："田非家冢茔，皆以赋贫民。"颜师古注："赋，给与也。"又，《说文·贝部》："贷，施也。"《广雅·释诂三》："贷，予也。"(王彦坤)

起作(起 2983)

建造。《志第二十九·舆服上》："夫爱之者欲其长久，不惮力役，相与起作宫室，上栋下宇，以雍覆之，欲其长久也；敬之者欲其尊严，不惮劳烦，相与起作舆轮旌旗章表，以尊严之。"

按："起作"为同义复词。"起"有"建造"义，笔者于《〈汉书〉所见辞书未收词语考释》"营起"条已有考释，此不赘述。他例如，《魏书·文成文明皇后冯氏传》："高祖乃诏有司营建寿陵于方山，又起永固石室，将终为清庙焉。太和五年起作，八年而成。"《旧唐书·礼仪志二》："宜命有司，及时起作，务从折中，称朕意焉。"(王彦坤　周若虹)

轻悍(轻 3024)

轻浮、悍勇。《史记·吴王濞列传》："上患吴、会稽～，无壮王以填之。"同传："吴太子师傅皆楚人，～，又素骄，博，争道，不恭，皇太子引博局提吴太子，杀之。"(彭逢澍)

轻忌(轻 3024)

轻视厌恨。卷69《何进传》："硕既受遗诏，且素轻忌于进兄弟，及帝崩，硕时在内，欲先诛进而立协。"

按：《说文·心部》："忌，憎恶也。"(王彦坤　周若虹)

迫畏(迫 3050)

受胁迫而畏惧。卷10下《皇后纪·桓帝懿献梁皇后》中写道："帝虽迫畏梁冀，不敢谴怒，然见御转稀。"

按：《玉篇·辵部》："迫，逼也。"又《尔雅·释言》："逼，迫也。"邢昺疏："逼，相急迫也。""相急迫"即相要挟、相威胁义。故"迫畏"用于表主动义则为"胁迫恐吓"(其中"畏"之"恐吓"义当由"畏惧"义之使动用法引申而来)，例如《三国志·吴志·贺邵传》："百姓罹杼轴之困，黎民罢无已之求，老幼饥寒，家户菜色，而所在长吏，迫畏罪负，严法峻刑，苦民求办。"用于表被动义则为"受胁迫而畏惧"。又，史书中"迫畏"尚有"紧张畏惧"一义，如《新唐书·萧遘传》："道三峡，方迫畏不瞑，若有人谓曰：'公无恐，予为公呵御。'"其"迫"取"急迫"义(《广雅·释诂一》："迫，急也。")，与本例并不相同。(王彦坤　周若虹)

连和(连 3057)

联合，结盟。《史记·孟尝君列传》："齐襄王新立，畏孟尝君，与～。"《淮阴侯列传》："足下与项王有故,何不反汉与楚～,参分天下王之?"《汉书·高五王传》:"北使匈奴,与～。"《汉书·韩彭英卢吴传》:"项王即亡,次取足下,何不与楚～,三分天下而王齐?"《汉书·文帝纪》:"婴至荥阳,使人谕齐王,与～,待吕氏变而共诛之。"(彭逢澍)

逢擊(逢 3068)

迎击。卷94下《匈奴传下》:"郅支见乌孙兵多,其使又不反,勒兵逢击乌孙,破之。"按:《方言》卷一:"逢,迎也。自关而西或曰迎,或曰逢。"《汉语大词典》既将"迎击"立为词条,照理"逢击"也当收录;今未收,自属遗漏。(王彦坤)

道沖(道 3073)

交通要道。卷96上《西域传上》:"鄯善当汉道冲,西通且末七百二十里。"按:《玉篇·行部》:"冲,交道也。"古代交通大道往往为兵家要地,故有"要冲""冲要"之说,如《梁书·张齐传》:"巴西郡居益州之半,又当东道冲要,刺史经过,军府远涉,多所穷匮。""道冲"大概即指"道之冲要"。同类例子还有《魏书·刘文晔传》:"时慕容白曜以臣父居全齐之要,水陆道冲,青冀二城,往来要路,三城岳峙,并拒王师。"(王彦坤)

過出(過 3078)

①越过;跨越。卷27下之上《五行志下之上》:"公弟辰谓地曰:'子为君礼,不过出竟,君必止子。'地出奔陈,公弗止。"②超过;超出。卷72《两龚传》:"汉兄子曼容亦养志自修,为官不肯过六百石,辄自免去,其名过出于汉。"按:"过出"为同义复词。(王彦坤)

鄭光祖(鄭 3121)

"郑"字下在原"郑綮"(即郑五)条之外,别立"郑五"作参见条目,并增立了"郑袖""郑妪"等条,也未列"郑光祖"条。(伍宗文)

醇謹(醇 3136)

醇厚、谨慎。《史记·万石张叔列传》:"倪宽等……事不关决于丞相,丞相～而已。……(卫)绾以戏车为郎,事文章,功次迁为中郎将,～无他。"《汉书·万石君传》:"庆(石庆)～而已。"(彭逢澍)

重仍(重 3147)

频繁;接连不断。卷10《成帝纪》:"乃者,日蚀星陨,谪见于天,大异重仍。"卷81《孔光传》:"朕既不明,灾异重仍,日月无光,山崩河决,五星失行,是章朕之不德而股肱之不良也。"按:上二例,颜注并曰:"仍,频也。""重"有"重复"之义,"仍"有"频仍"之义,"重仍"为同义复词。(王彦坤)

門公(門 3231)

《辞源》修订本于"门公"一词无收。而于"门中"条下释云:"㊀谓家族内。《南齐书·王僧虔传》诫子书:'于时王家门中,优者则龙凤,劣者犹虎豹,失荫之后,岂龙虎之议?'㊁称族中死者。

北齐颜之推《颜氏家训·风操》：'言及先人，理当感慕。……感辱祖父，若没，言须及者，则敛容肃坐，称大门中；世父、叔父则称从兄弟门中；兄弟则称亡者子某门中；各以其尊卑轻重，为容色之节，皆变于常。'"

按：古代文献中"门公"犹言"家公"，而"门公""家公"二词也屡见不鲜，并释谓父。如：

《晋书·山简传》："简性温雅有父风，年二十余，涛不知也。简叹曰：'我年几三十，而不为家公所知。'"

《世说新语·言语》："谢景重女适王孝伯儿，二门公甚相爱美（二门公即两家之父，犹言两亲家）。"

在古代典籍中，以"门"为偏义组合而成的词语，也多含有"家"义。如：

《法书要录·书品论》："子真俊才，门法不坠。"
《晋书·吴隐之传》："延之弟及子为郡县者，常以廉慎为门法。"

以上二例之"门法"即"家法"。

《文选·陈情表》："门衰祚薄，晚有儿息。"
《新唐书·柳玭传》："丧乱以来，门祚衰落，基构之重，属于后生。"

上二例之"门祚"犹言"家世"。

《世说新语·赏誉》下"林下诸贤"注引《晋中兴书》："孚风韵疏诞，少有门风。"

此例之"门风"即"家法"。
综上所述可见，"门公"释作"家公"，应以成词列出，《辞源》理应补足之。另《辞源》于"门中"之释，未涉猎源流探索，且释作"族中"，似亦不确，理应纠正之。（马振亚）

長算（長 3232）
此词在《抱朴子》中意指深远的谋略。如《外篇·君道》："谋夫协思，进其长算，则人主虽从容玉房之内，逍遥云阁之端，……犹可以垂拱而任贤，高枕而责成。"《外篇·酒诫》："是以智者严隐括于性理，不肆神以逐物，检之以恬愉，增之以长算。"又"诚能赏罚允当，威恩得所，长算纵横，应机无方，则士思果毅，人乐奋命。"此词《辞源》《辞海》等也失收。（董玉芝）

長短說（長 3232） 長短術（長 3232）

策士专以利弊得失游说诸侯的一种学说或方术。

《史记·田儋列传》："蒯通者，善为长短说，论战国之权变，为八十一首。"《索隐》："言欲令此事长，则长说之；欲令此事短，则短说之：故《战国策》亦名'长短书'是也。"《史记·酷吏列传》："边通，学长短，刚暴人也，官再至济南相。"《集解》引《汉书音义》："长短术兴于六国时。行长入短，其语隐谬，用相激怒。"新《辞源》有"长短"条、"长短经"条，应引入上例补说明白。（彭逢澍）

開空（開 3237）

凿穿；开凿。卷29《沟洫志》："《周谱》云定王五年河徙，则今所行非禹之所穿也。又秦攻魏，决河灌其都，决处遂大，不可复补。宜却徙完平处，更开空，使缘西山足乘高地而东北入海，乃无水灾。"按：颜注曰："空，犹穿。"（王彦坤）

降亡（降 3268）

衰亡。卷85《谷永传》："幽王惑于褒姒，周德降亡；鲁桓胁于齐女，社稷以倾。"按：此"降"音读 jiàng。《说文·㫃部》："降，下也。"本为"从高处往下走"义，引申之则有衰减之意。（王彦坤）

降退（降 3268）

降退的原意为：贬降，黜退。卷55《章帝八王传·清河孝王庆》："乃下诏曰：'皇太子有失惑无常之性，爱自孩乳，至今益章，恐袭其母凶恶之风，不可以奉宗庙，为天下主。大义灭亲，况降退乎！今废庆为清河王。'"

按："降"音 jiang。"降退"义同"贬退"（后者《汉语大词典》已收）。（王彦坤　周若虹）

陳揆（陳 3273）

显示法度。卷21上《律历志上》："故孳萌于子，纽牙于丑……怀任于壬，陈揆于癸。"按："陈"有"显示"义。《国语·齐语》："相示以巧，相陈以功。"韦昭注："陈亦示也。"又，《尔雅·释言》《说文·手部》并曰："揆，度也。""度"有动词、名词两用，用作动词有"度量""揣度"等义，用作名词有"法度"义。"揆"与此同，如：《诗·鄘风·定之方中》"揆之以日，作于楚室"，"揆"取动词"度量"义；而《孟子·离娄下》"先圣后圣，其揆一也"，"揆"取名词"法度"义。（王彦坤）

難勞（難 3323）

艰难劳苦。卷51《庞参传》："涂路倾阻，难劳百端，疾行则钞暴为害，迟进则谷食稍损，运粮散于旷野，牛马死于山泽。"（王彦坤　周若虹）

難劇（難 3323）

困难；艰难。卷87《西羌传》中写道："朝廷不能制，而转运难剧，遂诏骘还师，留任尚屯汉阳，为诸军节度。"

按："难剧"为同义复词。《广韵·陌韵》："剧，艰也。"《后汉书·列女传·曹世叔妻》"执务私事，不辞剧易"李贤注曰："剧，犹难也。"（王彦坤　周若虹）

領屬（领 3389）

隶属，被……统率。《史记·李将军列传》："广为骁骑将军，～护军将军。"护军将军即御史大夫韩安国。《韩长孺列传》说："卫尉李广为骁骑将军，太仆公孙贺为轻车将军……御史大夫韩安国为护军将军，诸将皆属护军。"《西汉会要》云，韩安国"元光二年为护军将军，诸将皆属。"又《卫将军列传》也说到苏建、李沮、公孙贺、李蔡"皆～车骑将军"。（彭逢澍）

驚壞（惊 3468）

惊慌败逃；惊慌溃散。卷24《马援传》："羌大惊坏，复远徙唐翼谷中，援复追讨之。"卷87《西羌传·滇良》："迷吾乃伏兵三百人，夜突育营，营中惊坏散走，育下马手战，杀十余人而死，死者八百八十人。"

按：《说文·土部》："坏，败也。"《广韵·怪韵》："坏，自破也。"是自破败为坏。"惊坏"犹言"惊溃"（后一词已为《汉语大词典》收录）。（王彦坤　周若虹）

三　辞目不明

一金 0004

一斤。《战国策·齐一》"公孙闬乃使人操十金而往市卜于市"汉高诱注："二十两为一金。"《史记·平准书》"一黄金一斤"索隐引臣瓒："秦以一镒为一金，汉以一斤为一金。"

"一金"是古代货币数量，而"一斤"既可指货币，也可指他物的数量。而且书证表明"一金"的意义有多说，释义则仅采"一斤"之说。未标明"一说"字样，而直接引"一镒为一金"书证；因"一镒"又有二十两、二十四两的不同解说，以致"一金"究竟应该如何理解，不易搞清楚。其实，此目可不立，〔金〕下必有义项。（赵恩柱）

不繫舟 0074

喻漂泊不定。《庄子·列御寇》："饱食而敖游，汎若不系之舟，虚而敖游者也。"唐李白李太白诗十四寄崔侍御："宛溪霜夜听猿愁，去国长如不系舟。"

两条书证都是明喻。前一条并且同条目所具形式不完全一样。如果找不到比喻义的书证，此目不宜建立。（赵恩柱）

乘槎 0100

槎，木筏。神话传说谓天河通海，有个住在海边的人，常见每年八月海上有木筏来，他就登槎到达天河，看见牛郎织女。见《博物志》三。后来诗文中以乘槎指登天。北周庾信《庾子山文集》二《哀江南赋》："况复舟楫路穷，星汉非乘槎可上；风飙道阻，蓬莱无可到之期。"唐李商隐《李义山诗集》六《海客》:"海客乘槎上紫氛,星娥罢织一相闻。"

按:"乘槎"立目,本来自书中,今改为登槎,书证已失去作用,立目即无所凭依。此种情况,向为辞典编纂者之大忌,不知《辞源》审稿人何以视而不见?又:辞典可贵,在于释疑解惑。"槎"字尚可别作"楂""查",未予注明;"星槎"典源与此相同,不标"参见",亦属疏漏。(刘世宜)

卐(卍 0416)

卐是梵文,读室利靺蹉(shìlìmòcuō),意为吉祥之所集,佛教经典说是释迦牟尼胸前的吉祥纹,因引为吉祥标记。古印度等国用作符咒、护符的标志,被用作太阳或火的象征。在汉语文籍中,它首见于佛教经典。随着佛教的传入,发展并盛行,据平江景德寺僧宋云编撰的《翻译名义集》卷六"唐梵字体"引《华严音义》说:"案'卍'字本非是字。大周长寿二年,主人权制此文,著于天枢,音之为万,谓吉祥万德之所。"案"大周"是唐代女皇武则天的国号,"长寿二年"即公元693年。武则天发布命令,把"卐"这个梵文,在汉文里本只是一个符号的音、义固定了下来。由此"卐"进入汉字系统取得了合法地位。

"卐"在汉文里的使用,多取其字形隐喻,如"卍果""卍字巾""卍字栏杆"。

"卐"的文籍词义自然首见于佛教经文,如唐实叉难陀译《华严经·如来十身相海品》:"卐字相轮,以为庄严,放大光明,普照法界。"后来进入诗文,如宋·洪迈《夷坚丁志》说到蔡京这个大奸误国之人死后,曾开棺改殓,虽皮肉腐败已尽,独心骨上隐起一卍字。作者在《容斋随笔》里又说到这一故事,并说时人认为"是不祥之兆"——这与梵文原意恰相反了。这些"时人"大概乃系凡夫俗子,未和佛门沾边。

清李调元的书斋叫"卍斋"。他著了本《卍斋琐录》。读到卍斋命名的缘起时,他说:"五代和凝入诗云:'怀字栏杆菊半开',而苑咸诗亦有'莲花卍字总由天'句。近见朝鲜人《村居》诗,有'卍字柴门宛古文'之语,心喜之。每作书斋,辄作卍字窗棂,障以碧纱,为其宛似古文,而因以名斋也。"

从卍的形音义和其书例,它当收进辞书乃理所当然。究其收录情况,发现存在几个基本问题值得深入探讨。

(一)谁是正字。

先说收录情况的认定。《辞源》只收了"卍",这说明认为"卍"是正字。《辞海》只收了"卐",此说明认定"卐"是正字。两家正相反对。台湾省《中文大辞典》两个字都收录了,但在"卍"下注音释义,"卐"下指明与"卍"同。《汉语大词典》两个字都收了,但在"卍"下注音释义,"卐"标明同"卍"。这说明《中文大辞典》与《汉语大词典》都认为"卍"是正字。《汉语大字典》两个字都收了,都有书例,先列"卐",在"卍"下标明"同'卐'"。

刘正埮、高名凯等《汉语外来词词典》在"室利靺蹉"条说:"释迦胸部的吉祥标志,即卐。有时传写作卍。慧琳《一切经音义》认为应以右旋之卐为准。"——据此说明当以"卐"为正字。

可以无须考究正副,就事论事,据书例收录。若以此为准,应该两个字兼收,不当偏颇。至于排列先后,若按笔顺习惯,当是"卍"在前;佛教经籍认定"卐"为准,可以置而不论。

(二) 部首与笔画。

一个字归入什么部首与多少笔画相关。《辞源》将"卍"归在"十部",四画。《辞海》将"卐"归在"乙(乚)部",三画。《中文大辞典》将这两个字列在"十部",四画。《汉语大词典》和《汉语大字典》将这两个字列在"乙(乚)部",三画。

两家将这两个字列在"十部",四画。《辞源》只收了"卍",《中文大辞典》虽然两个字都收了,但以"卍"为准为正。编者大概是以"十"为根基,再加两短横两短竖成字,所以整个字是六画。这与其字的实际写法不相符合。这个字是不需要六画的。

《辞海》等三家将这两个字列在"乙部",三画。若如《汉语大词典》以"卍"为准为正,这个处理是合理的。"卍"以"乙"为基准,再加一短竖一短横再一短竖成字。"卐"作为附录。可惜《辞海》只收了"卐",不知道编者将它列在"乙部",三画,根据何在?《汉语大字典》和《汉语大词典》的部首安排采取了统一行动;处理这两字,各有千秋。《汉语大字典》对这两个字的顺序安排,从部首笔画考虑,应以"卍"为先。可是这部字典没有这么处理,说明虽然结论一致,却缺乏自觉的必然性。

(三) 书例错漏。

《汉语大字典》:卍,同"卐"。《楞严经》卷九:"即如来从胸卍字涌出宝光,其光晃晃,有千百色。"真鉴疏:"卍者,彼方万字也,如来胸前万德吉祥纹也。"《通俗篇·数目》引《华严音义》:"卍本非字,周(武则天)长寿二年(公元693年),上权制此文,著于天枢,音之为万,谓吉祥万德之所集也。"这段文字似有几处错漏,依顺序校勘商榷。

1. 《楞严经》卷九并无书证引文。这段文字出自于真鉴对《楞严经》卷一的疏文卷九。真鉴书称《大佛顶首楞严经正脉疏》。

2. 关于武则天发布诏书认定"卐(卍)"的音义一事,一般都据《翻译名义集》所引《华严音义》。《汉语大字典》据《通俗篇》。一为宋人所著,成书于1143年(南宋绍兴十三年),一是清人翟灏所著,成书于1751年(乾隆十六年),两者相较,应取前者。

3. 所引书证"周长寿二年上权制此文",诸家所引"上"字前应有"主"字,这样文意才达顺明晰。

四門博士 0566

学官名。北魏太和二十年因刘芳表请立四门博士。隋代隶于国子监,唐始合于太学,置博士六人,助教六人,直讲四人。博士管教七品以上侯伯子男的子弟以及有才干的庶人子弟。元以后不设。……

按:此条眉目不清,问题不少。(1)以"四门博士"立目,不当,应作"四门学"。因作为学官名,四门博士并无特殊之处,还有国子博士、太学博士乃至律学博士、算学博士等等,其他博士不立目,何故独出四门?且后文讲"隋代隶于国子监……",也明明指的是"四门学",而非"四门博士"。(2)北魏孝文帝迁都洛阳之初,于太和二十年虽有诏设四门学,立四门博士,但当时因"军国务殷,未遑经建"。实际始建于十年后的宣武帝正始四年。《魏书·世宗纪》:"四年夏六月己丑朔诏曰:……朕纂承鸿绪,君临宝历,思模圣规,述遵先志。今天平地宁,方隅无事,可敕有司准访前式,置国子,立太学,树小学于四门。"且建四门学之议,也非出于"刘芳表请"。据《魏书·刘芳传》,国子祭酒刘芳上表乃在宣武帝时,孝文帝早已死了。其表请的内容是鉴于"太学故址,基趾宽旷",建议把四门学与太学同置一处,而并非请始建四门学。刘芳表中所说:"又去太和二十年,发敕立四门博士,于四门置学。"乃是追述过去的事,据此而说"太和二十年因刘芳表请立四门博士",大误。(3)说"唐始合于太学",亦误。按唐代之四门学乃与国子学、太学并列的中央大学,区别在于学生门第出身有所不同(此不详说)。《新唐书·选举志上》:"凡学六,皆隶于国子监。"这六学即国子学、太学、四门学、律学、书学、算学。所以,四门学是没有也不可能"合于太学"的。(4)说"博士管教七品以上……",不妥。一则这不能只指四门博士,而应指整个四门学(馆)。二则博士、助教等的职责主要是分经教授即从事教学工作,"管"的职责则主要由国子监的监丞和主簿承担。按《新唐书·百官志三》之原文是:"四门馆 博士六人,正七品上;助教六人,从八品上;直讲四人。掌教七品以上、侯伯子男子为生及庶人子为俊士生者。"以之与《辞源》释文对照,可见致误之所在。且不把"七品以上"与"侯伯子男"断开,也错了。因"七品以上"讲的是官阶,"侯伯子男"讲的是勋阶,二者不是一码事。这在《选举志上》中讲得更为具体,即"四门学,生千三百人,其五百人以勋官三品以上无封、四品有封及文武七品以上子为之,八百人以庶人之俊异者为之"。(5)关于"元以后不设"。按宋代只于仁宗庆历年间一度设四门学,不久即废,所以从总体上来说,四门学在两宋已无足轻重了。(张虎刚)

孙心 0792

《辞源》把此条是作为一个词收录的,而实际上却应该是一个字,即愻。俞樾先生在其《古书疑义举例》中即把此作类为一字误为二字之例证。《礼记·缁衣篇》云:"信以结之,则民不倍;恭以涖之,则民有孙心。"惠氏栋《九经古义》谓:"孙心当作愻。"《说文》云:"愻,顺也。书云:'五品不愻。'"今文尚书作"训",古文尚书作"愻"。段玉裁先生的《说文解字注》中谓:"训顺之字作愻。古书用字如此。凡愻顺字从心,凡逊循字从辵。今人逊专行而愻废矣。……论语:孙以出之。恶不孙以为勇者,皆愻之假借。"

以此观之,〔孙心〕条当为〔愻〕字条。(王立)

舞象 2602

《辞源》将"舞象"收为词目。其下曰:"古代武舞名。《礼·内则》:'成童,舞象,学射御。'疏:'成童,谓十五以上;舞象,谓武舞也。熊氏云:谓用干戈之小舞也。'也用为成童的代称。"

《辞源》所云不妥。将"舞象"解释为"古武舞名",看作名词,释义有误。从《礼记·内则》文本看,其所云"舞象"不是舞名,也不是名词,而是述宾结构的动词性短语;"舞"是动词,"象"是名词。"舞象"不应当设为词目。

"象"在文献中可以用作名词,表示古乐舞名。《汉语大词典》"象"下曰:"古代舞蹈名。"《汉语大字典》"象"下曰:"古乐名。"《康熙字典》《中华大字典》"象"下皆列有"舞名"之义项。这些辞书所引语例均为《礼记·内则》中"成童舞象"句。《辞源》在内的字典辞书皆将"成童舞象"的"象"解释为"舞名"或"古乐名"是正确的,而《辞源》将"舞象"解释为"古武舞名"则是不妥的。

从文献及训诂材料看,"象"是古代乐舞名称,它可以指两种乐舞,是两种不同乐舞取名重迭,所谓异实而同名。(杨雅丽 郭小燕)

變告 2925

《辞源》《汉语大词典》皆收有"变告"。《辞源》释为"向朝廷上书告发谋叛作乱之事";《汉语大词典》释为"谓告发谋反等非常事件"。所引书证相同,即《汉书·韩信传》:"有变告信欲反,书闻,上患之。"颜师古注:"凡言变告者,谓告非常之事。"用上面两种释文去替换《汉书·韩信传》中的"变告",都会导致文句不通。为什么会出现这种情况呢?原因是"变告"本不是一个词,也不是一个词组,而是分别存在于两个连用的谓词性短语中的不同成分。包含"变"和"告"的连谓短语的一般形式是"上变告某人(或某事)",在这种连谓结构中,"变"是前一个短语中的宾语,"告"是后一个短语中的动词,如前文已出现的"上变告信欲反状","上变告子"。另如《史记·张耳陈余列传》:"贯高怨家知其谋,乃上变告之。"有时,"变"前的动词是"有",如《汉语大词典》所引"有变告信欲反",另如《史记·酷吏列传》:"及人有变告温舒受员骑钱。"不难看出,在这种句子中"变"和"告"还是分属两个连用的谓词性短语。特别是当"变"后出现"告"的同义动词时,更能证明"变告"不是一词。如《史记·黥布列传》:"上变言布谋反有端。"显然,"上变"和"言布谋反有端"是两个连用的谓词性短语,"变言"不是一回事,那么,"变告"也就不是一回事。

《史记》中仅有一例"变告"较为特殊,即《酷吏列传》:"谒居弟弗知,怨汤,使人上书告汤与谒居谋,共变告李文。"这里,"变"前没有动词,乍一看"变告"似为一个动词,但细揣文意,"汤与谒居谋,共变告李文"言张汤与谒居密谋策划,共同炮制了一封变事告发李文。名词"变"受副词"共"限制活用为动词,意为"炮制变事",与"告李文"连用构成一个连谓结构。与"上变告某"不同的是,后者是两个谓词性短语构成的连谓结构,而前者是一个动词和一个谓词性短语构成的连谓结构。

《辞源》《汉语大词典》将"变告"立目诠释,大概是因为误解了颜师古的"凡言变告者,谓告非常之事"这条注文。颜注旨在属中求别,强调"变"或"变事"不同于其他书体的特殊功用,意思是说,大凡说到用"变"告发时,指的是告发非常之事。"变告"意即"以变告"。立目者没有看出"变"是名词活用为状语,因而将"变告"误会为一词。既然"变告"不是一个词,甚至连一个词组

的资格也没有，那么应将其从《辞源》和《汉语大词典》中剔除。(张博)

齊紫 3598

齐国的紫衣。……《史记·苏秦列传》附苏代遗燕昭王书："齐紫，败素也，而贾十倍。"

按：《史记·苏秦列传》："虽然，智者举事，因祸为福，转败为功。齐紫，败素也，而贾十倍；越王勾践栖于会稽，复残彊吴而霸天下；此皆因祸为福，转败为功者也。"据此，"齐紫败素也"当为一句，中间不当点断。"紫"乃形容词之使动用法，"紫败素"即"染败素为紫色"之义。谓齐王好紫，一国皆仿效作紫衣，故齐人取败素染为紫色，价即十倍于常，亦即下文所云"转败为功"者也。《史记集解》："徐广曰：取败素染以为紫。"《史记正义》："齐君好紫，故齐俗尚之。取恶素帛染以为紫，其价十倍贵于余。"所解甚是。上海古籍出版社《战国策·燕策一》作："齐人紫败素也，而贾十倍。"多一"人"字，文意大明。而今中华书局校点本《史记》误点为"齐紫，败素也"，失之疏忽，《辞源》据此立"齐紫"一词条，则误之甚矣。台湾《中文大辞典》（第三十八册）立"齐紫败素"一条，引《史记·苏秦传》标点不误，此《中文大辞典》胜于《辞源》之处者。(董志翘)

注 音

一 概述

　　字音的标注,新、旧《辞源》有很大的不同。旧《辞源》的注音基本上采用清代《音韵阐微》的反切。旧《辞源》编纂时注音符号还没有产生,所以采用的第一种注音方式就是《音韵阐微》的反切,并标明韵部。这种改良后的反切,虽然连读二字成一音比较直捷,有利于切音,但上字必用没有辅音韵尾的开音节字(即支、鱼、歌、麻诸韵字),下字必用零声母字(即喉音字),在这些韵类中却挑不出那么多的反切上下字。为了弥补这方面的不足,旧《辞源》在采用改良反切的同时,兼用第二种注音方式,即对个别的单字以同音字加注直音。

　　新《辞源》采取的是在单字下注汉语拼音、注音字母并加注《广韵》的反切、标出声纽的注音法。《广韵》不收的字,采用《集韵》,个别的字参照其它韵书、字书的反切加以标注。这样作法的主要目的是保存古音资料,记录以《广韵》为代表的音切,同时也是《辞源》在语音方面溯源的基本任务之一。(许振生)

　　字音的标法,新旧《辞源》有很大不同。旧《辞源》全用清代《音韵阐微》的反切,不古不今,无裨实用(当时只能这样)。"修订稿"四管齐下,将汉语拼音、注音字母、《音韵阐微》和《广韵》的反切一并列出,使读者既能准确地拼出今音,又可相应地了解古音。新《辞源》继承此法而略去《音韵阐微》的反切,古今兼顾,要而不烦。

　　旧《辞源》音切失诸笼统的,新《辞源》做了区别。旧《辞源》音切有误的,新《辞源》做了订正。多余的又音,新《辞源》作了精简。旧《辞源》不问多音多义字在复词中读何音,新《辞源》在复词中做了标注。(舒宝璋)

　　《辞源》原稿(即修订稿,下同)每个字头在用拼音字母注上现代读音以后,还加注《广韵》反切。加注的条件是:只要意义相同,有几个反切就注几个反切,而不论是否为今音的来源。这个办法虽然有缺点,比如非今音来源的反切不免与今音相龃龉,但它可以让读者知道一些字的古读与今音有差别,所以还是可行的。不过原稿在实际注音中出现了不少错误。

　　《广韵》没有收的字或没有收的音,如果《集韵》或其它字书、韵书有,原稿即注《集韵》或其它字书、韵书的音。这个条例也是可行的。不过具体注音中,错误也很多。

　　原稿在注出《广韵》反切之后,还注明反切所属的声、韵、调。这样就牵涉到了语音系统问题。既然所注反切以《广韵》反切为主,语音系统当然也应该以《广韵》为根据。声调原稿注的是平上去入四声,跟《广韵》相合。韵原稿只注韵目,不注韵类,虽不详尽,终不失为一种注法。惟独声母原稿所注为黄侃考订的四十一类,与《广韵》声母系统不尽相合。第一,照二组缺俟母,俟母并入床母;第二,匣、于两母分立;第三,轻重唇音分立。俟母字少,个别音韵学家还有不同意见,不单出也可以。匣、于两纽后来的演变差别较大,暂时不加合并,也说得过去。惟独轻唇四母《广韵》反切还没有从重唇分化出来,没有理由把它们分立。因此我建议把它们并入重唇四母。

大多数字的今音可以从古反切按照语音演变规律折合出来,也有少数字的今音不能从古反切折合出来。遇到不能折合的时候,原稿有时在释义的末尾注上"古读某"一类字样,用以说明古今音的区别。

把古反切折合成今音,必须按照语音的演变规律行事,但也要适当地照顾到今天的读音习惯。原稿在这方面往往有处理失当之处。

《辞源》释义及引例的范围一般以古籍为限,普通话中的一些轻读字大多没有涉及。但由于早期白话也在引证之列,有些轻读字,特别是语助词有时仍然不免要碰到。这类字原稿大致采取注本调或附注"读轻声"字样等办法。

一字多音有两种情况:一义多音和多义多音。一义多音是纯粹的又读。这种又读就一部规模不大或规范性的词典来说,应当适当地加以简化。

文字之间的互相通假,是古代汉语中经常出现的现象。这种现象往往使一个字在本音之外,又出现一个或若干个假借音。假借音是一个字在假借为其它字的时候的临时读音,因此有的词典往往不完全予以标注。不过一方面本音和假借音之间的界限有时很难确定。有的字经常假借来表达某一个意义,因而有了一个与这个意义相应的假借音。如果这个意义从来就没有过本字,那么这个假借音也就算是这个字的一个本音了。另一方面,一些出现频率比较大的假借音往往被一些权威韵书所收录。这种收录也就是韵书作者对假借音地位的肯定。再说,在一定的上下文里,一个字假借为另一个字的时候,它就得读那个字的音,否则音义不相一致,意义的表达和理解就要受到影响。根据这些理由,我认为假借音在词典里应该一一加以标注。《辞源》原稿也是采取的这种办法,但是往往有漏注的地方。(邵荣芬)

《辞源》(修订本)(以下简称"修订本")是目前古代汉语方面最好的工具书之一,它的优点很多,但在注音方面还存在一些问题。

修订本的注音既重视今音,又特别注意古音。这是《辞源》这部工具书的性质所决定的。所注"古音"采用作为中古音代表的《广韵》音也是有道理的,这比旧版《辞源》《辞海》注音用不古不今的《音韵阐微》的反切与韵目要好得多。但是修订本的注音仍然存在不少问题,有的我以为还比较严重,所以值得提出来讨论。

修订本所注古音既以《广韵》音系(反切、四声、韵目和声纽)为标准,那末,在对《广韵》不收的字采用他书的反切或直音时,就难以顾及古音系的一致性。修订本所用他书,除了《集韵》,尚有《玉篇》《类篇》《五音集韵》《字汇》《字汇补》《正字通》和《音韵阐微》。其中《集韵》《玉篇》《类篇》的反切与《广韵》音差别还不太大,而且《集韵》等书不注声纽,唇音轻重的分别尚显露不出来。但《字汇》等书的反切则常与《广韵》音系有明显的不同。……这样,所注的"古音"不是在同一平面上的,不属一个音系,就失去了一致的标准。当然后起的字,它的读音也是后起的,故加注后代字书韵书的反切或直音也有道理,但宜在"体例"里加以说明。

对有些字,选择哪本韵书的注音,是欠考虑的。

《集韵》和《音韵阐微》,前者的分韵更接近《广韵》,但修订本不用《集韵》而用了《音韵阐微》。

除了上述的问题而外,修订本还有一些不足之处。(一)修订本未能利用《广韵校本》的成果,因而有不少可以避免的错误。(二)所引资料有些明显的错误,没有注意予以订正,而是照录。(三)有些字古代韵书、字书未收,无古音可注,修订本自然只注汉语拼音。但有些字已见于古代某部韵书字书,修订本却付阙如。(四)某些字《广韵》本有两读,由于语音变化或词义的消长,今音只有一读。注古音时两个反切及其声、韵、调都要摆上去。这就有个先后次序问题,一般应将与今音相当的或更接近的排在前边。修订本已注意到这个问题,但又常常有所忽略。(唐作藩)

《辞源》有时不注出跟传统读音不合的现代读音的问题。《辞源》在遇到一个字的现代读音跟传统读音不合的情况的时候,或采用现代读音,或采用由传统读音折合的今音,并无严格的规律。如果采用传统读音,有时在释义时附带指明现代读音。例如:"风"字的讽劝义收在 fèng 音之下,释义时说明"今音 fěng"。"汰"字的淘汰义收在 dài 音之下,释义时说明"此义今读 tài"。有时则完全不管现代读音。例如:口吃的"吃"(chī)只注 jí 音(《新华》《辞海》皆作 jī),土著的"著"(zhù)只注 zhuó 音(见"著"字条),裨益的"裨"(bì)只注 bēi 音,傧相的"傧"(bīng)只注 bìng 音,妸娜的"妸"(ē)只注 ě 音,"娜"(nuǒ)只注 nuó 音。《辞源》不注轻音。因此现在读轻音的字,《辞源》都不注现代读音。例如:苜蓿的"蓿"注 sù 不注"·xu",助词"了"注 lè 不注"·le"。后者的 lè 音未注反切,恐怕没有什么根据。《辞源》主要为阅读古书服务,理应较多地照顾传统读音。但是跟传统读音不合的现代读音,最好还是注出来,因为使用这部词典的毕竟是现代人。

不注现代读音的问题,在《辞海》里也不是没有。例如上面举过的"傧"字,《辞海》也是只注去声一音的。有些轻声字,《辞海》也没有注为轻声。例如上面举的"蓿"字,《辞海》的注音就是:"xù,旧读 sù。""蓿"的 xù 音恐怕跟《辞源》给"了"注的"lè"音一样,是从它们的轻声读音反推出来的。(裘锡圭)

大型语文辞书的审音注音,必须做到形、音、义三者贯通。义源于音,寓于形;不辨于形,不通于音,决不会了解其义。不能脱离字形、字义,片面地只根据字音材料注音。

编写大型语文辞书,对前人今人已有定论的考订成果,应予吸收,切不可陈陈相因,令读者无所适从。

有一些贯通古今、仍然活在现代汉语中的字,其现代音读源于中古音读(如系上古产生的字,其中古音读又源于上古音读),其间一脉相承,一线贯穿。

《辞源》的审音注音者为什么会把同现代音读没有对应关系的中古音切作为主切,而把应当作主切的反而作了又切? 推究其原因,可能是拘泥于辞典编纂工作中的一条审音通则:"同一义项下,如果中古有几种韵书的反切,首先应在《广韵》中选取主切。《广韵》没有的,取《集韵》。《集韵》也没有的,再从其他切韵系韵书或字书选取。"

据笔者所知,目前,辞书界已经出版的大型字、词典《汉语大字典》《汉语大词典》也和《辞源》(修订本)一样,在优选中古主切时犯了过分拘泥于"首先从《广韵》中选取主切"的错误。

《辞源》(修订本)可能受其体例的限制,注音仅列中古音切和现代音。但由此也就造成一些字现代音读音源不明的问题。

对于这类切韵系韵书中的反切与现代读音脱节,而现代音读可以从近古字书、韵书(如《韵会举要》《中原音韵》《中州音韵》《洪武正韵》《字汇》《正字通》《字汇补》《五方元音》等元明清字书韵书)的音切,注音中溯源的字,大型的历史性的字辞书注音时应标出近古韵书、字书中的音切或直音材料,以便显现出该字字音在近古语音史中的发展轨迹,从而使现代音读与近古音读一线贯通。(王建明)

《辞源》比《汉大》共少146个音节。除去轻音、现代音和方音音节等,再联系意义,实际注音不同的并不多,大致只有二十几个不同,且多是音调的不同。如《辞源》多阳平,《汉大》多上声。就这一点来说,《辞源》的注音似应重新审视。这些音的字《辞源》归入了什么音,这些音节是否应该收录,是否正确,需要进一步研究。就这二十几个《汉大》所立音的例句来看,均是在古汉语范畴,但来源的理据是什么,仍需要探明。中古演化而来的塞音、塞擦音不送气的阳平字,都是中古入声字。现代普通话中的阳平声字一部分是中古全浊声母的平声来的,这部分字今音全都送气。另一部分是从中古全浊声母的入声演化来的,这一部分今音全不送气。入声既是一个声调概念,也是一个韵类概念。入声韵是以[p][t][k]收尾的韵,与之相对应的是阳声韵[m][n][ŋ],这两个韵类是不相混的,因此不可能出现一个字既是阳声韵又是入声韵的情况。既然塞音、塞擦音不送气的阳平字是中古入声字,那么,里面就不可能有阳声韵字。

随着人们对古汉语语音认识的加深,对历时几千年的上古音、中古音以及方言音的系统进行梳理并折合成规范的现代音成为可能。虽然是最权威的工具书,《辞源》语音审定仍非十全十美,应该进一步具体考察。《汉大》成书晚于《辞源》八十年,离《辞源》(修订本)也有十年时间,审音是否后出转精,求教于大家,敬请赐教。

《辞源》(修订本)注音模式后来的辞书大都遵循,但我们认为还有许多问题需要研究:

一、注音体例。《辞源》(修订本)注音原则是:以现代汉语拼音标注,同时标明古音音韵地位。既然我们以现代汉语拼音标注,那么就要严格按照现代汉语拼音体系标注,尽量避免出现与现代汉语普通话音节不一致的音。古今音相配。标注的现代汉语拼音尽量与所标的中古音有相应的对应关系,如果有几个中古音,要考虑其如何排列问题。

二、音义搭配。汉字是形音义的结合体,一字对应一音一义,一般不会产生音义搭配关系问题,如果一个字所统辖的音、义不止一个,而且读音不同具有辨义作用,那么便会产生音义搭配关系问题。

三、特殊读音处理。通假字、异体字的等特殊注音问题,都需要深入研究,拿出可操作的方案。(乔永 徐从权)

二 注音商榷

會 1469

《辞海》"会"字第二音为 kuài,下收两个义项:

①总计。见"会计""耍会"。②姓。汉代有会栩。

第三个音为 guì,下收一个义项:盖子。《仪礼·士虞礼》:"命佐食启会。"郑玄注:"会,合也,谓敦盖也"。又词条"会稽"的"会"也注 guì 音。

按:《辞海》给"会"字注的 kuài、guì 二音,中古的反切都是"古外切"(参看《辞源》"会"字条)。古外切的今音按理应为 guì。但是《广韵》去声泰韵古外切"侩"小韵所收的字,凡是现在尚在使用的,普通话绝大部分都读 kuài,如"侩""脍""狯""郐""浍"等。只有"桧"和"刽"读 guì,(《国音》《汉语》都给"桧"、"刽"注 kuài、guì 二音。《古今字音对照手册》中,"桧"音 kuài,"刽"有 guì、kuài 二音)。会稽的"会"和当盖子讲的"会",既然本来跟会计的"会"一样也读"古外切",现在完全可以跟会计的"会"一样也读为 kuài。《辞源》就是这样处理的。在有些方言里,会稽的"会"读 guì,但会计的"会"也读 guì。可见把它们分读两音是没有必要的。附带说一下,用作姓氏的"会",《广韵》读"黄外切"(去声泰韵黄外切会小韵:"会,合也,……又姓,汉有会栩"),《康熙》则读"古外切"。《辞源》据《广韵》读 huì,似较《辞海》读 kuài 为妥。(裘锡圭)

枷 1549

《辞海》"枷"字只出 jiā 一音,义项③释曰:衣架。《礼记·曲礼上》:"男女不杂坐,不同椸枷。"陆德明释文:"枷,本又作架。"

按:椸枷之"枷"实即"架"字异体,应读为 jià,不应读枷锁之"枷"和连枷之"枷"的音。《辞源》不误。《广韵》去声祃韵古讶切驾小韵:"架,架屋,亦作枷,《礼记》曰'不同椸枷'。"上举《辞海》"枷"字义项②所引《释文》,其后原来尚有"徐音稼"一语,"稼""架"同音。(裘锡圭)

給 2427

"给"是一个极常用的字,但是它的读音却并非人人都了解,有些人凡看到这个字一律不假思索地读 gěi,这就造成了读音的不规范。

"给",《广韵·入声缉韵》注为"居立切",折合成今音,声母为 j,韵母为 i。《辞源》只收这一个读音。我们如果用吴方言读可以知道它完全保留了中古的读音,而且不论用在哪些词语里读音都不改变。其实普通话也基本保留中古的读音,只是声调已演变为上声,读成 jǐ。然而,这个读音却有许多人不熟悉甚至不知道。很多读者反映,在电视剧和电视专栏节目中常有人把"给予"(jǐ yǔ)读成 gěi yǔ。的确,这种语音错误在社会上并非少数,还有人把"供给"也读成 gōng gěi。这样的读音都是不准确的。我们知道"给"本来读 jǐ,多数常用的词语,特别是在书面语中它都应该用这个读音,如:"给予、配给、供给、补给、给养、给水站、自给自足"等。不管"给"和其他什么词素结合成词,从词义上看还都是"供应"。

至于现在常用的 gěi,那是后起的口语读音。如"给"单独成词作动词时:"我给你一本书",作介词时:"我给你买一本书"。这里都要读 gěi。有些句子如:"这件事我给忘了。"这个"给"常常为了加强语气的需要,用在口语中,当然也读 gěi 了。

《普通话异读词审音表》已明确审订为:(一)gěi(语)单用,(二)jǐ(文)。所以,要辨别什么时候可读 gěi,什么时候必须读 jǐ,还是比较容易掌握的。(尤敦明)

萑 2674

《辞海》"萑"字第二音为 tuī,释曰:通"蓷"。药草名。即茺蔚。

按:《尔雅·释草》以"蓷"释"萑"。二字音近义同,所代表的词当有同源关系,但既已分化,就不能再混为一谈了。《辞源》据《广韵》给当茺蔚讲的"萑"字注 zhuī 音,是正确的。《辞海》认为"萑"通"蓷",不取 zhuī 音,而取蓷的 tuī 音,是错误的。(裘锡圭)

䟅 2928

《辞源》(修订本)注音 jí,释云:"疲倦。《史记·司马相如传·子虚赋》:'观壮士之暴怒,与猛士之恐惧,徼䟅受诎,殚睹众物之变态。''䟅'同'䟅'。"

《汉语大字典》亦注音 jí,释云:"足相踦䟅。"未引书证。《辞源》与《汉语大字典》注音相同,释义略异。《说文》:"䟅,相踦之也。"(段注:"踦当作掎。"小徐本作"相踦䟅也"。)《汉书·司马相如传》集注苏林引郭璞云:"疲极。"《玉篇》作"䟅",云:"相踦䟅也。"切韵或云"相踦",或云"倦䟅"。这就是说,对"䟅"的释义历来就有两种。桂馥《义证》云:"谓踦䟅者,足倦相倚也。"将两种释义统一起来了。我们认为,"䟅"的本义当如《集韵》所云:"足相踦貌。"其引申义为"疲倦"。

"䟅"的读音,《万象名义》读记逆反。属陌韵见母。《玉篇》其虐、纪逆二切。其虐切属药韵群母,纪逆切与记逆反同。《文选·子虚赋》李善注引郭璞云:"䟅音剧。""剧",《广韵》奇逆切,属陌韵群母。切韵或云"奇逆反""去逆反",或云"几剧反",或音"剧",均属陌韵群母或见母、溪母。《广韵》只有"奇逆""几剧"二切,与切韵基本相同。但徐铉本《说文》用"其虐切",《集韵》则有"极虐""记逆""讫约""竭戟"四种反切,分属药韵和陌韵、见母和群母,与《玉篇》基本相同。综观各种注音,当以《万象名义》和郭璞的注音为正,今读 jí。另一个注音药韵见母或群母,今读 jué。这个注音来源于《玉篇》,被《唐韵》和《集韵》所沿用。值得注意的是,中古陌韵上古属铎韵,与药韵相近。我们怀疑,"䂂"的"其虐切"一音系记逆或奇逆反的讹误,《辞源》和《汉语大字典》不予采录是有道理的。

《汉语大字典》收"䂂"字,注音为 jù,颇值得商榷。《汉书·司马相如传》䂂作"䂂"师古云:"䂂音与剧同。"剧,《广韵》奇逆切,属陌韵群母。《字汇》䂂读竭戟切;又云:"䂂,竭戟切,音剧。"二形音同。不论是竭戟切或几剧切,都属陌韵开口三等字,今音当读 jí。剧,本来也应读 jí,但因与"勮"相混而今读 jù。勮,《广韵》其据切,属御韵合口三等见母,韵母今当读 u([y])。勮,后来都写作"剧",读音则从其据切。王力《汉语史稿》(上册)已经指出,"剧"的韵母今读[y]是一种例外。因此,我们不能因为古人说"䂂"或"䂂"等"音剧"就注音为"jù"。

"䂂"字有多种写法,又常有讹混。《说文》作"䂂"。《史记·司马相如列传》作"䂂"。按《玉篇》谷部:"䂂,谷名。"则《史记》作"䂂"为讹混。

宋跋本王韵"䢧,几剧反,相跱。"按《说文》:"䢧,晋大夫叔虎邑也。"解作"相跱",亦为误混。

《集韵》有"欿",讫逆切,释作"相跱也"。竭戟切下亦有"欿",引《方言》云:"傍也。"亦当为"䂂"的异体。

《广韵》陌韵奇逆切下收"䍃",云"倦䍃";昔韵丑亦切下亦收"䍃",云"瓶也"。《集韵》昔韵丑亦切下将"䍃"视为"䍃"的异体字,云"盛酒器"。可见"倦䍃"的"䍃",实与"䂂"误混。

《玉篇》尢部收"䞤",云:"巨逆切,倦䞤。"《字汇》尢部作"䞤",云:"竭戟切,音极,倦䞤。"䞤、䞤为一字。《字汇》几部有"䂂"及异文"䂂",云:"竭戟切,音极。郭璞曰:䂂,疲极也。"唐写本切韵残卷:"䂂,奇逆反,倦䂂。"裴本切韵:"䂂,奇逆反,倦䂂。"䞤、䞤、䂂、䂂、䂂,音义皆同。(张归璧)

邢 3098

《辞源》《辞海》都给"邢"字出 gěng 音,《辞海》释曰:古地名。亦作耿。《史记·殷本纪》:"祖乙迁于邢"。在今河南温县东。一说在今山西河津。

按:《史记》谓祖乙迁于邢,《尚书序》则谓祖乙迁于耿。旧说读"邢"为"耿",认为故地在今山西河津县。近人王国维则认为祖乙所迁之邢,应即位于今河南温县的邢丘(见《观堂集林》卷十二《说耿》)。《辞源》取旧说,给"邢"注 gěng 音是合理的。邢丘之"邢"无"耿"音。《辞海》既取王说,就不应再给"邢"字另出 gěng 音了(但可在介绍"一说"时指出旧音"耿")。(裘锡圭)

麋 3557

《辞海》"麋"字只出 mí 一音,义项②释曰:通"湄"。《诗·小雅·巧言》:"居河之麋。"陆德明释文:"麋,本又作湄。"陈奂传疏:"湄本字,麋假借字。"义项③释曰:通"眉"。《荀子·非相》:"伊尹之状,面无须麋。"

按:"麋"字既已通假为"湄"和"眉",就应该读"湄"和"眉"的音。《辞源》"麋"字条另出 méi

音,下列"通'湄'""通'眉'"两个义项,是正确的。从原则上说,在 A 字通假为 B 字的情况下,如果 A 字原来的读音跟 B 字不同,必须改读 B 字的音。有些人不同意这个原则,是没有道理的(参看盛九畴《通假字小议》,《辞书研究》1980 年 1 期)。不过,"麋"和"湄""眉"在古代倒都是同音字。《广韵》把它们都收在平声脂韵武悲切眉小韵里。按汉语语音演变的常规,"武悲切"的普通话今音应为 méi,"麋"字读 mí 是特殊情况。因此《辞海》把借为"湄"和"眉"的"麋"字读为 mí,就更显得不合理了。(裘锡圭)

三　古音标注问题

疽 2135

jū　七余切,平,鱼韵,清。

按,《广韵》七余切,依语音对应关系,今读 qū。"疽"字今读 jū,也许是从声符"且"类推的结果。明代的《字汇》"疽"音"子余切",记载了"疽"字从中古到近古的音变。《辞源》未将"子余切"标出,等于未揭示现代音读的音源。应在中古音切后补列《字汇》子余切。(王建明)

疷 2135

zhǐ　章移切,平,支韵,照。

按:此字《新华字典》《现代汉语词典》未收,但《国音字典》(1948 年出版)早已收录,定音为 zhǐ,新《辞海》同。可是 zhǐ 音并非源于《广韵》章移切("章移切"依语音演变规律,推断折合读 zhī),而是源于《唐韵》诸氏切。《广韵》有"诸氏切",但该小韵下未收"疷"字。与《唐韵》"诸氏切"音读相同(指声、韵、调均同)的《集韵·纸韵》"掌氏切"下收有"疷"字。《辞源》既以 zhǐ 为"疷"的现代音读,又取《广韵》章移切为中古音主切,这就使得"疷"的现代音读音源不明。如以《唐韵》诸氏切(或《集韵》掌氏切)为中古主切(上,纸,章),《广韵》章移切作又切(该字《说文》有)其现代音读与中古音读、中古音读与上古音读的传承关系就能一目了然。(王建明)

痄 2137

zhà　侧下切,上,马韵,庄。

按:此字《新华字典》《现代汉语词典》定今音为 zhà,《辞源》注为 zhà,不误。但它选用的中古音切《广韵》"侧下切"折合今音读 zhǎ,不读 zhà。今查《集韵·马韵》"仕下切"下有"痄"字。"仕下切"(上,马,崇)折合今音读 zhà。根据上述分析,"痄"今读 zhà,源于《集韵》仕下切。因此,应将《集韵》仕下切作中古音主切,《广韵》侧下切作又切。(《辞海》(79 年版)将 zhà 作为现代规范音,zhǎ 作为"又读",其注音方式可参。)(王建明)

痘 2138

dòu　《字汇》火透切,音豆。

按，查《字汇·疒部》，原作"大透切"，不误。即使不查字书，从音理上也可判断，"火透切"系"大透切"之误。"火"属"晓"纽，用"晓"纽做反切上字切不出"豆"字音；只有"大"字（属"定"纽）做反切上字，才能切出"豆"（dòu）音。（王建明）

瘀 2140

yū　依倨切，去，御韵，影。

按：此字现代常用，读 yū。中古有平、去二读：《集韵》平声鱼韵"衣虚切"；"瘀，积血"；《广韵》去声御韵"依倨切"，义项相同。这两个读音中，依语音演变规律，《集韵》衣虚切（平，鱼韵，影）今读 yū，也就是说，"衣虚切"是今读 yū 的中古音源。当以《集韵》衣虚切为主切，《广韵》依倨切（今读 yù）作又切。（王建明）

瘈 2141

1. 集韵征例切，去，祭韵。居例切，去，祭韵。"征例切"应补"照"字；
2. chì 集韵胡计切，去，霁韵。诘计切，去，霁韵。"胡计切"应补"匣"字；吉曳切，去，祭韵。

按：在"瘛瘲"（病名）这一义项下，与现代音 chì 相对应的中古音切是《集韵》"尺制切"（《集韵》去声祭韵"尺制切"："瘛，《说文》：'引纵曰瘛'，亦作瘈。"），应作为主切。《集韵》诘计切、吉曳切、胡计切依次作为又切。"胡计切"折合今音读 xì，"诘计切"折合今音读 qì，吉曳切折合今音读 jì。《辞源》的注音方式使得现代音 chì 音源不明。"居例切"应补"见"字；"诘计切"应补"溪"字；"吉曳切"应补"见"字。（王建明）

瘉 2141

yù　羊朱切，平，虞韵，喻。以主切，上，虞韵，喻。

按：此字现代音 yù。《广韵》羊朱切折合今音为 yú，《广韵》以主切折合今音为 yǔ。从中古的两个音切都推不出今音。"瘉"字音 yù，源于何时？经查考，元代《古今韵会举要》"瘉"音"俞戍切"，读 yù。由此推测，至迟在元代，"瘉"就由平声、上声变读为去声了。这也许是从声符"俞"类推读音的结果。为了揭示 yù 的音源，可将《古今韵会举要》"俞戍切"（代表近古语音）并列放在中古音切之后。"瘉"字中古的两个音切，与现代音读均无对应关系，应取何者为主切？笔者的意见是，应选取时代较早的音切。《说文》大徐本《唐韵》"瘉"字注为"以主切"。《唐韵》早于《广韵》，所以应将《广韵》"以主切"作主切，"羊朱切"作又切。（王建明）

瘅 2145

1. dàn dǎn 丁可切，上，哿韵。丁佐切，去，箇韵。《集韵》得案切，去，换韵。"得案切"应补"端"字。

按：此字的"劳、苦""憎恨"义的现代音读为 dàn，《辞源》不误。然而，音切排在第一行的《广韵》"丁可切"折合今音为 duǒ，与现代音 dàn 没有对应关系。有对应关系的是《集韵》去声换韵"得案切"（依语音演变规律，今音读 dàn）。查大徐本《说文》所载《唐韵》，有"丁榦、丁贺二切。"

《广韵》去声翰韵"徒案切"下收"𢠵"字,未收"瘅"字。《集韵》换韵"得案切"同《唐韵》"丁榦切"(音同,仅反切用字不同),可见,《集韵》"得案切"出自《唐韵》,《广韵》失收,《集韵》依《唐韵》收录。为表明中古音读与现代音读的传承关系,应以《集韵》"得案切"作中古主切,其他同义异读各音切均作又切。(《正字通·疒部》:"瘅,《说文》:'从疒,单声。'孙愐'丁幹、丁贺二切'。按:丹、亶、旦三声皆瘅本音,增'丁贺切',赘也。"《广韵》丁佐切,音同《唐韵》丁贺切,折合今音读 duò。)(王建明)

髀 3474

第四册"髀"字下注音曰:"傍礼切,去,荠韵,并。"

按"去"字误,应改正为"上"。(袁宾)

四 现代音标注问题

但 0192

《辞源》dán,徒干切。姓。《汉大》tán、dàn,徒干切。姓。汉有都护但钦。见《汉书·匈奴传下》。按:但,《广韵》中有三音:徒干、徒旱、徒旦,"徒干"切推出今音应为 tán,"徒旱、徒旦切"推出今音均为 dàn。"但"之"姓"义只与"徒干切"相应,与"徒旱、徒旦切"无涉。曹先擢 李青梅将"但"注为 tán。(乔永 徐从权)

倔 0231

《辞源》jué,衢物切。㈠直傲不屈。㈡突出。《汉大》juè,衢物切。性格耿直执拗,言语行动生硬不随和。

按:撅④,《汉大》解释是:同"倔₂",执拗,不随和。同是"衢物切",折合成今音一为 jué,一为 juè。入声调演变无规律可循,倔今音 jué、juè 均没多大问题,《现代汉语词典》也收了 jué、juè 二音。然具体到物韵来说,今音读平声较多,另群母入声字今音读平声的也较多,故我们倾向取 jué。曹先擢 李青梅将"倔"注为 jué。(乔永 徐从权)

卸 0244

《辞源》(修订本)注音 jué,释义有二:(1)劳累。见《广雅·释诂》一。卸亦作𠲖。《史记·司马相如传·子虚赋》:"徼𠲖受诎。"《文选·子虚赋》𠲖作"㞎",又作"㘚"。《方言》十二:"㘚,倦也。"(2)笑。通"噱"。《广雅·释诂》一:"卸,笑也。"

根据《方言》郭璞注和《万象名义》,"卸"当为陌韵字。《说文》段注引司马相如《子虚赋》"徼𠲖受诎"云:"按长卿用假借字作𠲖,许用正字作卸。苏林注《汉》曰:𠲖音倦𠲖之𠲖。当作音倦卸之卸也。"徐《笺》:"徼𠲖者,谓徼遮而掎之也。然则长卿作𠲖正用本字,段反以为假借,误矣。"实际上,卸就是𠲖的孳乳字,凡释作"劳""倦"者,既可用"𠲖",亦可用"卸",音义无别,都应读作 jí。

《辞源》"䶩"下释义(1)与"䶗"下释义几乎完全相同,所引书证都是《史记·司马相如列传·子虚赋》,一说"䶗同䶩",一说"䶗同䶗"。《辞源》的编者在无意中把"䶩"与"䶗"看成了异体字,但读音却一为 jué,一为 jí。《汉语大字典》明确指出"䶗"同"䶩",将"䶩"和"䶗"视为异体字,也是一个读 jué,一个读 jí。这两部书的编纂者都犯了自相矛盾的错误。

然而,"其虐切"(或作"极虐切")一音应如何理解？宋跋本王韵、裴本切韵、唐写本唐韵、《玉篇》《广韵》《集韵》等,都有这个注音,这也正是《辞源》和《汉语大字典》注 jué 的根据。要弄清这个读音的来历,恐怕还得同它的释义联系起来。以上几种韵书或字书对"䶩"都有一项释义：大笑。王念孙《广雅疏证》卷一云："释训云：唺唺,笑也。䶩与谷同,字本作噱。说文：噱,大笑也。"将"䶩"看成"噱"的通假字。朱骏声《说文通训定声》则视为"臄"的通假字。按《诗·大雅·行苇》传："臄,函也。"《说文》："函,舌也。"《通训定声》之"臄"当为"噱"之误。噱,《说文》："大笑也。从口,豦声。"《广韵》"其虐切",今读 jué。看来,各韵书、字书所注。"其虐切"或"极虐切",当以"䶩"为"噱"之通假字。（张归璧）

僒 0256

《辞源》jiǒng,渠殒切。困迫,通"窘"。《汉大》jǔn,渠殒切。同"窘₁"。困窘,困迫。

按：曹先擢　李青梅将"僒"注为 jǔn。（乔永　徐从权）

匼 0396

《辞源》già,乌感切、遏合切。头巾名。《汉大》qià,苦合切、鄔感切。古代的一种帽子。

按：普通话无 già。丁声树先生通过翔实的考证,认为"匼"折合成普通话读音为 kē。（乔永　徐从权）

喎 0527　闚 3256

《辞源》kuāi,喎,苦緺切；闚,苦緺切。同"喎"。见"喎"。1.嘴歪。2.偏斜。闚：门斜开。《汉大》wāi,苦緺切。❶指嘴歪。❷偏斜。按：闚,《辞源》注 kuāi,从语音史来看,完全正确。但与"喎"义同的现代汉语"歪"读 wāi。闚,《广韵》还有"玉诡切"。喎,《汉大》《现代汉语词典》《新华字典》均注 wāi。歪,《字汇》乌乖切。喎,《汉大》注音当来源于《字汇》。曹先擢　李青梅将"喎闚"注为 kuā。张企予说："《辞海》《现汉》《新华》《古今字音对照手册》均未有 kuāi（按：原误作 kāui）音节,此字似应注为 wāi,新《辞源》喎字切语同上二字,今音折合为 wāi。"（乔永　徐从权）

喀 0532

《辞源》kè,苦格切。喀喀,呕吐声。《汉大》kā,苦格切。❶呕吐声。参见"喀喀"。❷吐。❸象声词。参见"喀啦""喀嚓"。

按：喀,《辞源》注 kè,《汉大》注 kā。喀是陌韵客小韵字,《辞源》可能据此将其今音注为 kè。曹先擢　李青梅将"喀"注为 kè。（乔永　徐从权）

嚷 0555

《辞源》rǎng。喊叫。

《汉大》rǎng rāng。❶吵闹。❷叫喊。❸指喊叫声。❹杂乱。❺责备。（乔永　徐从权）

嚼 0558　笅 2352

《辞源》嚼 jué，笅 jiǎo，嚼，在爵切，笅，古巧切、胡茅切。嚼，㈠用牙磨碎食物。㈡吐。㈢辨味。㈣剥蚀。笅，㈠竹缆。㈡箫名。㈢同"佼"。《汉大》嚼 jué jiáo，笅 jiáo，嚼，在爵切，笅，胡茅切、古巧切。嚼：❶用牙齿磨碎食物；咀嚼。❷含；咬。❸剥蚀。❹干杯；喝尽。❺汉时劝酒之辞。❻吟赏；玩味。❼骂詈；唠叨。笅：❶竹索。❷排箫。

按：笅，《辞源》jiǎo，来于"古巧切"，《汉大》jiáo 既不来源于"古巧切"，也不来源于"胡茅切"。曹先擢　李青梅将"笅"的"古巧切"折合成 jiǎo，"胡茅切"折合成 xiáo。（乔永　徐从权）

夆 0645

《辞源》给本读"符容切"的"夆"字注 fēng 音。

按："夆"是浊声母平声字，应读阳平。《国音》《辞海》等注为 féng，可从。（裘锡圭）

夭 0709

ǎo，少壮而死。

按：释为少壮而死是对的，但读 ǎo 是错误的。当读 yǎo，于兆切。（王力）

奘 0724

《辞源》zàng，徂朗切。壮大。《汉大》zhuǎng，徂朗切。粗而大。

按：《辞源》zàng 与"徂朗切"相应。《集韵》有"侧亮切"，折合今音为 zhuàng。《现代汉语词典》（第 5 版）认为 zhuǎng 是方言。曹先擢　李青梅将"奘"注为 zàng。（乔永　徐从权）

婫 0760　眃 2206

《辞源》hǔn，婫，户稳切；眃，户衮切。婫，覆盖；眃，疾貌，见"眃眃"，目视不明貌。《汉大》婫 hùn，眃 yún，婫，户衮切；眃，玉分切。婫，覆盖；眃，见"眃眃"。（视不明貌）

按：婫，《集韵》有公浑、户衮二切，释义均为"女字"。《辞源》《汉大》"覆盖"义项来源于《资治通鉴》注，然《资治通鉴》注未给"婫"注音，《音韵阐微》给"覆盖"义注了"户稳切"，《辞源》取《音韵阐微》"户稳切"是经过一番斟酌的。然"户稳切"折合成今音应为 hùn。

眃，《集韵》有户衮、玉分二切，均注"眃眃"中"眃"之音，"户衮切"与"疾貌"义相应，"玉分切"与"视不明貌"相连。由此可见，《辞源》《汉大》分别选择了《集韵》不同的反切，然"户衮切"折合成今音应为 hùn。（乔永　徐从权）

崖 0936

《辞源》yá、yái，鱼羁切、五佳切。㈠边际。㈡岸边。㈢山边。《汉大》yá，五佳切、鱼羁切。❶山或高地陡立的侧面。❷岸边。❸边际、界域。❹引申为约束。❺谓人性格孤高。❻见"崖崖"。❼见"崖柴"。

按：《辞源》yái 是旧读（笔者按：《现代汉语词典》注旧读为 ái）。yái 普通话无此音节。曹先擢 李青梅将"五佳切""鱼羁切"分别折合成 yá、yí。（乔永　徐从权）

忐 1101

《辞源》tǎn。诚恳之意。读如恳到。《汉大》kěng，口梗切。见"忐₂忑"，诚恳之意。

按：忐，《辞源》未给出反切，但在"忐忑"释义中注出"读如恳到"，《汉大》给出"口梗切"。（乔永　徐从权）

戊 1183

《辞源》mòu wù，莫候切。天干的第五位。《汉大》wù，莫候切。❶天干的第五位。❷与地支相配，用以纪年或纪日。❸古代以十干配五方，戊居十干之中，因以指中央。❹指代土。参见"戊己"。

按：《辞源》《汉大》所取中古音相同，《辞源》所注普通话音 mòu 是根据"莫候切"折合而成的。（乔永　徐从权）

扛 1212

《辞源》gāng，古双切。抬举重物。《汉大》káng，虎项切。❶以肩荷物。❷担负。

按："古双切"折合今音当为 jiāng，"虎项切"折合今音当为 xiàng。《辞源》义项例句后还加了："今称用肩承物为扛，读 káng。" gāng、káng 当为例外音变。（乔永　徐从权）

拎 1241

《辞源》líng，郎丁切。用手提物。《汉大》līng，郎丁切。用手提起。

按：《广韵》青韵："拎，手悬捻物。"《集韵》："拎、撑、擓，悬捻物也，或从零从靈。"《重修玉篇》："拎，力丁切，手悬捻物也。"《佩觿》："枔、拎，并郎丁翻，上枔槛，下手悬把物。"《类篇》："拎，郎丁切，悬捻物也，或从零、从灵。"《六书故》："拎，郎丁切，悬持也，又作撑。"《康熙字典》："拎，《唐韵》、《集韵》，并郎丁切，音零。《玉篇》：'手悬捻物也'，《六书故》：'悬持也'，《集韵》或作又作。"从古代韵书来看，"拎"读 līng 是符合音变规律的。古代的"拎"与我们今天的"拎"还是有点区别的，现在的"拎"词义要比《广韵》广。古代"拎"是指现在"拎"的静止状态。

20 世纪 50 年代，陆志韦列出的"北京话音节表"也无拎 līn 或拎 līng。《普通话正音手册》收了拎 līng。1958 年《普通话正音字表》既无拎 līn 也无拎 līng。1963 年《普通话异读词审音总表初稿》中还没有出现"拎"，说明那时可能还没被普通话吸收。"拎"被普通话吸收可能是近二十来年的事。据《汉语方音字汇》（第二版重排本），武汉、成都、合肥、苏州、长沙等官话次方言、吴方言、湘方言把"陵凌灵铃零岭令另"均读为前鼻音"-n"，看来，"拎"很可能是在这些地区广泛使用后才被普通话吸收的，由于普通话本身有"in"，所以吸收"līn"并不改变其音系。

"拎"在现代汉语中使用范围很广，是普通话的常用词了。《大陆及港澳台常用词对比词典》："拎 līn 大陆规范读音为 līn，台湾规范读音为 līng"。《两岸现代汉语常用词典》："拎/līn/līng"。其凡例说"同一条目而两岸形、音不同者，以'/'为记，前为出版方所用，后为另一方所用"。曹先擢　李青梅将"拎"注为 líng。（乔永　徐从权）

欸 1653

《辞源》ēi，於改。应声。

《汉大》èi，乌开切、於改切、许介切。应答声；承诺声。

按：《广韵》与"应声"相应的音为"於改切"，《辞源》选择的中古音是正确的，然"於改切"推出今音应为 ěi。曹先擢　李青梅将"於改切"折合成 ǎi。（乔永　徐从权）

洒 1772

《辞源》xǐ，先礼切。㊀洗雪。通"洗"。多指耻辱或冤屈。㊁诧异貌。《汉大》sěn，苏很切。惊异貌。参见"洒₅然"。【洒₅然】惊异貌。

按：《辞源》取"先礼切"将"洒"注为 xǐ，似不妥，《汉大》据"苏很切"注 sěn 较妥。因为"先礼切"无"诧异貌"义，《集韵》："洒，苏很切，惊貌"，《汉大》音义搭配妥当。（乔永　徐从权）

涑 1792　溲 1853

《辞源》涑，sù、sóu；溲，sóu、sōu；涑，桑谷切、速侯切；溲，疎有切、所鸠切。涑：㊀水名。㊁洗涤污垢。溲：㊀浸，调合。㊁淘洗。㊂大小便。《汉大》涑，sù，溲，sǒu、sōu、sǒu，涑，桑谷切、相玉切；溲，所九切、疎鸠切。涑，水名；溲，浸、泡，排泄大小便，淘洗。

按：涑，《汉大》无"洗涤污垢"义项，《汉大》"水名"，与《辞源》同。《辞源》"洗涤污垢"义项，所列中古音是"速侯切"，折合今音为 sōu。曹先擢　李青梅将"涑"注为 sōu。

溲，《辞源》sóu 辖㊀㊁两义项，sōu 对㊂义项；《辞源》sóu、sōu 分别据"疎有、所鸠切"，然"疎有、所鸠切"折合今音分别为 sǒu、sōu。《汉大》所注今音正确，然中古音据《广韵》为宜。曹先擢　李青梅将"所鸠切"折合成 sōu。（乔永　徐从权）

焱 1926

《辞源》yàn、shán，延面切、尸连切。光炽盛貌、闪光貌。《汉大》yàn、shān，延面切、尸连切。光盛貌、光闪动貌。

按：《辞源》《汉大》据"延面切"折合的今音均为 yàn，差别在据"尸连切"折合的今音分别为 shán、shān。《辞源》可能据反切下字"连"将"尸连切"定为阳平，按音理当为阴平。（乔永　徐从权）

熟 1948

《辞源》shú，殊六切。㊀烹煮至可食用。㊁成熟。㊂深知。㊃熟习。㊄美善。㊅形容沉酣。《汉大》shú shóu，殊六切。❶食物加热到可以食用的程度。❷成熟，植物的果实等完全长成。❸引申为成就。❹有收成；丰收。❺经过加工或处理过的。❻指美言，好话。❼引申为美好。❽指土壤颗粒均匀疏松。❾深知；熟悉。❿精通；熟练。⓫仔细；周密。⓬表示程度深。⓭热；

暖和。⑭旧时用以称归顺的或发展程度较高的少数民族。⑮通"孰"。谁。代词。

按：熟，《辞源》只注出了文读 shú，《汉大》既注了文读 shú，又注了白读 shóu。曹先擢　李青梅将"熟"注为 shú。（乔永　徐从权）

爪 1965

《辞源》zhǎo，侧绞切。㈠覆手持取。㈡指甲和趾甲的通称。㈢动物的脚称爪。㈣器物的爪形部分。㈤掐，爪刺。《汉大》zhuǎ zhǎo，侧绞切。❶鸟兽的趾端有尖甲的脚。亦指其尖利趾甲。❷引申指器物的爪形部分。❸人的指甲。亦指手指或手。❹剪指甲或趾甲。❺用指甲掐。❻喻护卫者。❼抓，搔。❽捕捉。❾犹言傻。❿同"找"。参见"爪寻"。

按："爪"读 zhǎo，与"侧绞切"相应。从《现代汉语词典》（第 5 版）看，zhǎo 所辖义项包含 zhuǎ 所辖义项，故《汉大》宜将 zhǎo 放在第一音位置。曹先擢　李青梅将"爪"注为 zhǎo。（乔永　徐从权）

臭 1996

《辞源》给"臭"字注 jù、xù 二音，跟前者相应的反切是入声锡韵"古阒切"。

按：入声消入后，入声字的声调变化没有很严格的规律。因此，为口语中不用的入声字今音定声调，往往会遇到困难。"臭"也是口语中不用的字，不过为这个字定声调倒还不能算困难。"臭"的声母属见母，见母入声字的声调以变为阳平者居多。《广韵》收入古阒切郹小韵的字如"洬""䨴"和"郹"，现代的字典、词典都注 jú 音，《辞源》也不例外。跟这些字同反切的"臭"字，当然也应该读为 jú。《中文》也收入"臭"字，其读音正是注为 jú 的。《辞源》注为 jù，缺乏理由。"臭"的反切下字"阒"，现在读去声。但"阒"的声母属溪母，见母和溪母的入声字，声调变化的情况并不一致。我们不能根据"阒"字今音的声调来决定"臭"字今音的声调。（裘锡圭）

狨 2000

《辞源》róng，如融切。㈠猿属，大小类猿，长尾，尾作金色，俗称金线狨、金丝猴。或说即猱，语变作狨。《汉大》róng，如融切。❶动物名。即金丝猴。❷指狨皮垫鞍。❸贬词。

按：《辞源》《汉大》所据中古音相同，"如融切"折合成今音，以 róng 为宜。曹先擢　李青梅将"狨"注为 róng。（乔永　徐从权）

番 2121

fán　附袁切，平，元韵，並。兽足。"蹯"的本字。见《说文》。

蹯 fān 附袁切，平，元韵，並。

𨇤 fān 附袁切，平，元韵，並。

按：三字的关系是："番"为古字，"蹯""𨇤"为今字，"蹯"与"𨇤"为异体字。三字反切，调、韵、声既然全同，故声调应划一。（姚国旺）

豉 2138

chǐ 《集韵》赏是切,上,纸韵。

按,"赏是切"属上声,纸韵,开口三等,审纽,(《辞源》漏"审"纽,当补)依规律,折合今音应为 shǐ。《辞源》定今音为 chǐ,可能是根据《康熙字典》"豉"字条,"赏是切"后"弛上声"直音标注的。殊不知,《康熙字典》用直音法标音,有很大的局限性。即如"豉"字,根据《集韵》"赏是切"折合今音只能是 shǐ,"弛"字本是小韵(《广韵》施是切,《集韵》赏是切的小韵)领头字。"弛"依规律应读 shǐ,今读 chí 属特殊音变。《康熙字典》为中古反切折合"今"音(按,指康熙时的"今")时,经常用小韵领头字作直音标注。当小韵领头字和同小韵的其它字古今语音演变都是循着同一条路子时,直音法所标之音是准确的;但是,当小韵领头字在中古以后发生了特殊音变,它跟小韵内其它字语音演变走了不同的路子,在这种情形下,还是用小韵领头字为同小韵的其他字注音,那就犯了"以特殊代替一般"的错误。《康熙字典》编纂时代,没有拼音字母作为注音工具,直音标注法实是不得已而为之。我们今天编纂辞书,理当避免直音标注法的片面性。(王建明)

瘖 2141

mǐn 武巾切,平,真韵,明。

按,二字的注音均不合从中古到现代"平分阴阳"(平声清声母今读阴平,平声浊声母字今读阳平)这一声调演变规律。"痳"字,《广韵》力寻切,属平声来纽(次浊音),折合今音应读阳平 lín。"瘖"字,《广韵》武巾切,属平声,明纽(全浊音),今声调应为阳平,读 mín。(王建明)

癓 2146

癓 wēi 无非切,平,微韵,明。

按,"无非切"属中古平声微韵"微"纽字,《辞源》作"明"纽,误。"微"纽是次浊声母,依古今声调演变规律,今音声调应为阳平。《辞源》注音为 wēi,与《广韵》"无非切"小韵领头字"微"今北京音读相同。"微"字及同一小韵内其它各字,依规律均应读阳平。"微"字今读阴平,是北京语音在声调读法上省力化的一种趋势。《中国大辞典》编纂处编的《国音字典》(1948)以 wéi 作为"微"的主音,wēi 作为又音收录,记录了这种演变。《普通话异读词三次审音总表初稿》根据这种趋势,定"微"字的声调为阴平。尽管审音委员会已作审定,但至今北方方言区的大部分地区"微"字仍依习惯读成阳平。三十多年前,已故傅东华先生在《北京音异读字的初步探讨》一文中,曾经指出:"微字《中原》《北腔》[笔者按,《中原》即元周德清的《中原音韵》,《北腔》即元卓从之的《中州乐府音韵类编》]都收齐微韵阳平,异读阴平无据。"退一步说,即使定"微"字今音为阴平(wēi),也没有理由一定要同一小韵的"薇""癓"等字也跟着读阴平。笔者认为,在现代汉语中已经死去的古字、僻字,其现代音读只能依据古今语音演变的一般规律,没有理由要它们迁就小韵领头字在现代汉语中的特殊音变。《古今字音对照手册》定"薇"(《广韵》无非切)今音为阳平,据此,"癓"字今音依规律定为 wéi。(如果考虑到此字的声符"微"已被国家审音机构定读为

wēi,为了适应"从声符类推读音"这种现代汉字形声字读音类化的趋势,"瘍"字定音为 wēi,也可谓持之有故。)(王建明)

䟽 2182

《辞源》cē,楚革切。㈠洁净。㈡贫瘠。《汉大》zé,楚革切、侧革切。❶贫瘠。❷见"䟽䟽"。【䟽䟽】洁净貌。

按:䟽,《广韵》麦韵策小韵中有"策册"等字,它们的现代汉语读音为 cè。《汉大》zé 是据"侧革切",不误。䟽,《辞源》可注 cè 或 zé,又《辞源》只给出"楚革"一切。曹先擢 李青梅将"䟽"注为 cè。(乔永 徐从权)

砯 2245

《辞源》pìng,蒲应切。水击岩声。《汉大》pīng,披冰切。象声词。形容水激岩石声。

按:砯,《广韵》砯小韵作砯,披冰切,《汉大》据《广韵》砯,注 pīng,可取。《辞源》据《集韵》蒲应切,应注 bìng。又唐韩愈《城南联句》:"驰门填偪仄,竞墅辗砯砰",砯砰相连,砰,《廣韻》普耕切,平声耕韵滂母,与"砯"的"披冰切"同声组。(乔永 徐从权)

硔 2245

《辞源》góng,居悚切。水边大石。《汉大》gǒng,居悚切、渠容切。❶水边大石。❷弧形孔洞。

按:"居悚切"折合成今音为 gǒng,又普通话无 góng。曹先擢 李青梅、田忠侠、张企予都认为当读作 gǒng。(乔永 徐从权)

磴 2259

《辞源》tèng,台隥切。增益。《汉大》tēng。增益;增长。

按:磴,《广韵》都邓切,岩磴也。都邓切,折合今音为 dèng。《集韻》:台隥切,小水相益也。《辞源》注 tèng 有根据。《汉大》注 tēng,未给出反切,当是根据李善注,《文选·郭璞〈江赋〉》:"磴之以瀿瀷,渫之以尾閭。"李善注:"磴,猶益也。土登切。"(乔永 徐从权)

䈜 2367

《辞源》sí,息兹切。竹名。《汉大》sī,息兹切。竹的一种。

按:䈜,《广韵》之韵息兹切,折合今音当为 sī,所属思小韵中常用字"思司丝"等均读 sī。曹先擢 李青梅将"䈜"注为 sī。(乔永 徐从权)

纙 2472

《辞源》náo,尼交切、乃漙切。多而乱之意。《汉大》nǒng,乃漙切。不善,参见"纷纙",多而乱,不善。

按:《辞源》náo 据"尼交切",《汉大》nǒng 据"乃漙切"。(乔永 徐从权)

繻 2473

《辞源》rū 收"繻",注:"人朱、相俞"二切。"繻"《汉大》注 xū,又读 rú。《汉大》rū 收"莜",《辞源》未收此字。

《辞源》rū,人朱切、相俞切。㈠彩帛。㈡汉代出入关隘的帛制凭证。㈢沾湿。通"濡"。《汉大》𦈌：rú xū,古：相俞切、人朱切。彩色的缯帛,一说细密的罗。古代作通行证用的帛,上写字,分成两半,过关时验合,以为凭信。通"濡",沾湿。

按：《辞源》"rū"来于"人朱切",《汉大》"rú"来于"人朱切","xū"来于"相俞切"。《汉大》"𦈌"第 1 义项只与《广韵》"人朱切"相应,《汉大》"𦈌"第 2 义项与《广韵》"人朱、相俞"二切均相应,故《汉大》"𦈌"注了 rú、xū 二音,虽说音理没问题,但音义搭配不当。《辞源》rū,不合音理,当受反切下字"朱"致误。（乔永　徐从权）

茼 2672

《辞源》gáng,歌康切。草名。《汉大》gāng,居郎切。草,草名。

按："歌康切"折合今音为 gāng。唐作藩、田忠侠有辨析。（乔永　徐从权）

蘅 2740

《辞源》"索引""béng"收"蘅"字,正文却是"héng 户庚切,平,庚韵,匣"。《汉大》"索引"béng 下收"甯"字。《汉大》蘅在 héng 下。应是《辞源》误将"h"写成"b"。（乔永　徐从权）

蘳 2744

《辞源》huǎ,胡瓦切。花叶貌。《汉大》huī,许规切、胡瓦切。花叶貌。

按：《后汉书》注"蘳"："音胡瓦反,字从圭,并花叶貌,本作鑴,说文云：鑴,黄花也,《广雅》曰：好色也。"《辞源》引《后汉书》为书证,并用《后汉书》注立义项,取胡瓦切,音义搭配较妥。《汉大》虽列出许规、胡瓦二切,但其今音 huī 来源于许规切,音义搭配似不妥。蘳,《辞源》音义搭配较好,然按照音变规律"胡瓦切"折合成今音应是 huà。曹先擢　李青梅将"蘳"注为 huà。（乔永　徐从权）

蜎 2767

"蜎"字列二音。

第一音为 yuān,下管四个义项：

（一）蚊的幼虫,即孑孓。《尔雅·释鱼》："蜎,蠉。"注："井中小蛣蟩,赤虫,一名孑孓。"（二）姓,春秋楚有蜎渊,……（三）弯曲。《周礼·考工记》"庐人"："句兵欲无弹,刺兵欲无蜎。"（四）蠕动貌,见下。

第二音为 xuān,下辖一个义项："飞翔,通'翾',见'蜎飞蠕动'。"

下有二词,一为"蜎蜎",释为"蠕动貌",引《东山》诗句及毛传作书证；一为"蜎飞蠕动",都特别标明两个词语中的"蜎"字同为第二音,即 xuān。

显然,《辞源》对于"蜎蜎"的注音前后矛盾。

《辞源》的体例规定,每字后要注上《广韵》的反切与声纽。"蜎"字第一音 yuān 后列了《广韵》的三个反切,依次为乌玄切、於缘切、狂夼切(按,系"狂兖切"之排印错误)。第二音 xuān 后未列反切。朱骏声《说文通训定声》说,系假借为"翾"而致的,甚是。

将《广韵》及其前后的《经典释文》、唐五代韵书、佛经音义、宋元等韵图、《增韵》、《蒙古韵略》等书中的反切推成今音,"蜎"至少应有四音:(一)yuān(二)juàn(三)yuǎn(四)xuān 第四音是"翾"的假借音,不论。

对于现代辞书《辞源》来说,当然没有必要把每个义项的又音都列出。但是"蜎蜎者蠋"的"蜎"应为 yuān,这是一;依《广韵》狝韵"蜎"的狂兖切音及其注释,增 juàn 音,"蚊的幼虫"这义项应归于其下,这是二;"姓"义项似也可列于 juàn 下,因《辞源》的注音主要依据《广韵》,这是三;《周礼·考工记》中表弯曲义的"蜎"定为 yuān,还是可以的。虽然《广韵》《集韵》未载此义,但《经典释文》及《广韵》的"先代"韵书王韵皆著录。(鲁国尧)

蝦 2775

《辞源》xiā,胡加切。㊀蝦蟆。㊁节足动物之长尾者。《汉大》há,胡加切。青蛙和蟾蜍的统称。

按:há,《辞源》正文有,对应的字是:蛤,索引却无此音节。《汉大》蛤有 há、gé 两音,há 音的"蛤"同"蝦₂"。《汉大》《辞源》反切完全相同,都是"胡加切",然折合今音却分别是 há、xiā。麻韵开口二等字普通话声母多为 x,故"胡加切"折合成 xiá 较妥。曹先擢 李青梅将"蝦"注为 xiá。(乔永 徐从权)

螣 2780

《辞源》té、téng,徒得切、徒登切。㊀食禾苗害虫名。㊁传说中的神蛇。见"螣₂蛇"。《汉大》téng、tè,徒登切、直稔切、徒得切。见"螣蛇";同"蟘₁"吃苗叶的害虫。

按:螣,《辞源》《汉大》在"螣蛇"的意义上今音一致,均为 téng,在"食禾苗害虫名"意义上的今音不同,《辞源》为 té,《汉大》为 tè,所据的中古音均为"徒得切"。普通话无 té。曹先擢 李青梅将"螣"注为 dè。(乔永 徐从权)

蠋 2789

《辞源》的注音是 zhú,按例随后抄录《广韵》的反切:

之欲切,入,烛韵,照。

直录切,入,烛韵,澄。

释义是:"蛾蝶类的幼虫。《诗·豳风·东山》:'蜎蜎者蠋,烝在桑野。'传:'蜎蜎,蠋貌。桑虫也。'《庄子·庚桑楚》:'奔蜂不能化藿蠋。'疏:'蠋者,豆中大青虫。'"

在《广韵》内,"蠋"作为字头只出现两次,两个反切如上。依广韵音系,二者声异,故不同音。但这两反切,推成今音,都是 zhú。("直"是全浊澄母字,依规律,直录切今音为 zhú,自不成问题;而全清章母字今音声调是否为阳平,很难说,姑依该小韵首字"烛"而定为 zhú。)那么两部辞书在"蠋"音问题上是否已无可讨论了呢?

众多历史文献资料可以证明,今本《诗·豳风·东山》"蜎蜎者蠋"的"蠋"只能"音蜀",经书的权威性保证了此音的稳固性(如朱熹《诗集传》也注明"音蜀"),推成今音为 shǔ。之欲切是单纯词"蚼蠋"的"蠋"音,直录切是单纯词"蝍蠋"的"蠋"音。

遗憾的是,《辞源》《辞海》注音皆错。《辞源》之误在张冠李戴,未能细读《广韵》,径取"蚼蠋"(或"蝍蠋")中"蠋"音以注"蜎蜎者蠋"中"蠋"音。《辞海》不辨二者之异,混而为一,统注 zhú。连权威的《现代汉语词典》也误定"蠋"音为 zhú。(鲁国尧)

行 2799

《辞源》把"行"字的道路一义收在 háng 音之下,跟行列之"行"同音。

按:当道路讲的"行"本与行走之"行"同音,所以《经典释文》经常为行列之"行"注音,却从不为当道路讲的"行"字注音。《康熙》、旧《辞源》、旧《辞海》《国音》《汉语》《现代》等字典、词典,都给当道路讲的"行"和行走的"行"注一个音。但是有些人由于感到"行"字的道路之义跟行走之义的关系不如跟行列之义的关系密切,误把当道路讲的"行"跟行列的"行"读成了一个音。《辞源》的注音就是由此而来的。《辞海》给"行"字道路一义注的音是:"xíng,又读 háng。""又读 háng"可删。(裘锡圭)

誰 2906

《辞源》shuí,视佳切。㈠疑问代词,用以问人,也用以泛称。㈡发语词。见"谁昔"。《汉大》shuí shéi,视佳切。❶疑问代词。相当于"何"、"什么"。❷疑问代词。相当于"哪个"、"什么人"。❸副词。相当于"难道""哪"。表示反问。❹发语词。❺通"推"。推举选择。❻姓。

按:曹先擢 李青梅将"誰"注为 shuí。(乔永 徐从权)

贼 2962 鲗 3514

《辞源》zé,昨则切。贼:㈠败坏,伤害。㈡杀害。㈢指为害社会的坏人。㈣泛称盗窃之人。㈤一种专食苗节的害虫。鲗:鱼名。即乌鲗。也叫乌贼、墨鱼。

《汉大》贼₁:zéi 鲗₁:zé zéi,昨则切。贼₁:❶败坏;毁坏。❷谗毁。❸害;伤害。❹杀戮;杀害。亦指杀人者。❺祸害。❻谓对国家、人民、社会道德风尚造成严重危害的人。❼抢劫或偷窃财物的人。❽偷窃。❾诈伪;狡黠。❿邪僻不正。⓫詈词。⓬暴虐,狠毒。⓭克,制约。⓮方言。很,十分。表示程度相当高。多用于贬义。⓯一种专食苗节的害虫。鲗₁:墨鱼,乌贼鱼。

按:zé、zéi 是文白异读问题,《辞源》只注出了文读 zé,《汉大》将"贼"只注 zéi,而将"鲗₁"注 zé、zéi 二音,可能是由于"贼₁"比"鲗₁"常用。曹先擢 李青梅将"贼鲗"注为 zé,同时作了脚注:"贼,今读 zéi,白读音。"(乔永 徐从权)

趣 2989

《辞源》qū,逡须切。官名。《汉大》cǒu,仓苟切。周代掌管王马的官员。参见"趣₄馬"。

按:《汉大》cǒu,据"仓苟切",《辞源》qū,据"逡须切"。(乔永 徐从权)

蹲 3007

《辞源》dūn，徂尊切。"蹲循"，义退听之貌，犹言逡巡。《汉大》qǔn，趣允切。见"蹲₄循"、"蹲₄節"。【蹲₄循】逡巡，退让。【蹲₄節】谦退。

按：《辞源》将"蹲"注为 dūn，似不妥，《汉大》据"趣允切"注 qǔn 较妥。曹先擢 李青梅将"蹲"注为 cún。（乔永 徐从权）

蹹 3008

《辞源》tá，徒合切。践，踢。同"蹋"。《汉大》tà，他合切。踩，践踏。

按：蹹，《辞源》标中古音"徒合切"，认为与"蹋"同，蹋，《广韵》徒盍切（笔者按：《辞源》3004页标为徒蓋切，误）。《汉大》认为蹹、踏除字形外，音义均相同，故取《广韵》他合切。入声字读音演变到今音，无明显规律可循。曹先擢 李青梅将"蹹"注为 dá。张企予说："应改 tá 为 tà。《辞海》蹹注为 tà。"（乔永 徐从权）

這 3056

《辞源》zhè。代词，与"那"相对。《汉大》zhèi。在口语里，"这"单用或后面直接跟名词时，读 zhè。"这"后面跟量词或数词加量词时，常读 zhèi。（乔永 徐从权）

錫 3197

《辞源》"锡"字第一音为 xī，义项（三）释曰：

细布。同"緆"。《仪礼·燕礼》："幂用绤苦锡。"注："今文'锡'作'緆'，……"《辞海》"锡"字 xī 音下也有通"緆"的义项。

按："锡"和"緆"本是同音的入声字，《广韵》把它们都收在锡韵先击切锡小韵里。现在"锡"字读阴平（《国音》《汉语》读阳平），"緆"字在口语里已经不用，《国音》《汉语》《辞源》《辞海》等都给它注 xì 音。按照这种注音，通"緆"的"锡"就应该改读为 xì 而不应读 xī。不过，《广韵》锡小韵里现在尚在使用的"析""蜥""淅""晳""裼"等字，都读阴平，"緆"字的读音其实也未尝不可以改定为 xī。这样，通"緆"的"锡"也就不存在改读的问题了。（裘锡圭）

鑿 3222

《辞源》zuò，在各切、昨木切、则落切。㊀穿木之具。㊁打孔，穿通。㊂开拓。见"凿空"。㊃空，穴道。㊄穿凿附会。㊅精米。㊆鲜明，确实。《汉大》záo，在各切。❶凿子。❷古代黥刑刑具。❸指黥刑。❹穿空；打孔。❺引申指冲击；冲刷。❻斫，伤害。❼穿凿附会。❽指耳、目、口、鼻、心。一说指情感。❾挖掘；开凿。❿指凿井而饮。⓫指井。⓬开拓。⓭弯起手指节骨敲击。⓮更改。参见"凿行"。

按：鑿，有文白二读，《国音字典》《新华字典》（1953 年版）均注了两个音：zuó、záo。zuó 为文读音，záo 为白读音。zuò，《现代汉语词典》（第 5 版）认为是旧读。曹先擢 李青梅将"鑿"的在各、昨木、则落三切分别折合成 zuó、zú、zuò。（乔永 徐从权）

閜 3244

《辞源》xiā,许下切。㈠开阔貌。㈡大杯。《汉大》xiǎ,许下切。亦作"閕₁"。❶开阔貌。❷大杯。

按:閜,《集韵》有"虚加切",折合今音为 xiā,但义为"门闭也"。《广韵》:许下切,大裂。"许下切"与"开阔貌""大杯"等义项相关,《汉大》音义搭配较好。曹先擢　李青梅将"閜"注为 xiǎ。(乔永　徐从权)

羺 3345

《辞源》nōu,奴钩切。兔子。《汉大》nóu,奴钩切。小兔;兔。按:曹先擢　李青梅将"羺"注为 nóu。(乔永　徐从权)

食 3420

"箪食壶浆"中的"食",《辞海》(1999 年版)、《现代汉语词典》(修订本)、《新华词典》(修订本)等三部辞书的注音同为"sì"。这就怪了:"食"训"饭",为何不读"shí",而读"sì"呢?

《汉语大词典》"箪食壶浆"的注释是:"用箪装着饭食,用壶盛着浆汤。""食"字未注音。该书凡例,词目用字若为非常见音,则另注音,如同为"箪"字下词目的"箪豆见色","见"字加注"(见 xiàn)"音。"食"未单独注音,谅仍以其音为"shí"。

《辞源》《辞海》"食"训"食物"音"sì",《汉语大词典》"食(shí)"的注解②为:"饭菜,肴馔。……亦泛指食物。""箪食壶浆"《现代汉语词典》释为"用箪盛饭,用壶盛汤",《汉语大词典》释为"用箪装着饭食,用壶盛着浆汤"。"箪""壶"二字皆为名词活用为动词,"食""浆"二字仍为名词,"食"义犹"饭""饭食"或"食物",应读"shí"。《辞海》等三辞书注"食"音为"sì",似可商榷。(栾锦绣)

饉 3434

《辞源》jǐn,渠遴切。㈠菜蔬无收。㈡饿毙。"殣"。《汉大》jǐn,渠遴切。❶蔬菜欠收。❷谷物欠收。❸泛指欠收,饥荒。❹缺乏。❺通"殣"。饿死。亦指饿死的人。

按:饉,《辞源》《汉大》所取中古音一致,然"渠遴切"折合今音理应为 jìn。曹先擢　李青梅将"饉"注为 jìn。田忠侠、张企予认为当音 jǐn。(乔永　徐从权)

馘 3439

〔槀项黄馘〕此条下特别注明:"馘,音 xù。"

案:馘,《广韵》:"古获切。"当读"guó",此词似无异读。(袁庆述)

馝 3443

《辞源》pié,普蔑切。微香。见《玉篇》。《汉大》bié,蒲结切、普蔑切。微香。

按:馝在《广韵》擎小韵中,普蔑切,曹先擢　李青梅将"馝"注为 piē。(乔永　徐从权)

五 复音词标注问题

不₂准 0070

晋汲郡人。晋武帝太康二年,盗发魏襄王墓,或言安釐王冢,得竹书数十车,大凡七十五篇。

案:《辞源》于"不"字下列了四个不同的读音;第 1 音 bù;第 2 音 fǒu,释义为"同'否'";第 3 音 fōu,释义为"姓,晋有汲郡人不准";第 4 音 fū。

作为专名,"不准"的"不"应读第 3 音 fōu,而不读第 2 音 fǒu,否则便单字读音与复词前后矛盾,也与《辞源》的体例不相符。故"不₂准"应作"不₃准"才是。

《辞源修订本体例》2 说:"单字有几个读音的,分别注音。单字下复词第一字的不同读音,按单字注音的次序也相应地加以注明。"这一体例很科学,很有必要。因为词是音义结合体,文字只是记音的符号。同一个汉字记录的词,由于读音不同,表示的意义常常有转变,甚至记录另一个词(或语素),通过注明不同的读音,有助于准确地把握词义。但是在编写过程中这一体例却没有很好地遵守,如"不"字条、"行"字条等下面的有些复词便没有贯彻这一条例。(毛远明)

朱提 1508

《汉书·地理志上》犍为郡"朱提"下颜注引苏林曰:"朱音铢,提音时。"《集韵》把朱提之"朱"收在虞韵慵朱切殊小韵里("铢"字古与"殊"同音,也收在殊小韵里。慵朱切相当于《广韵》的市朱切),朱提之"提"收在之韵市之切时小韵里。《辞海》给"朱提"注 shú shí 二音,是正确的。"殊"是浊声母字,按理应读阳平。所以虽然"殊"的今音是 shū,《辞海》却把朱提的"朱"读为 shú。不过这个字其实也未尝不可以就读为 shū(殊小韵的"殳"现在一般也读为 shū)。《辞源》可能是由于没有注意到苏林用来注音的"铢"字的古音同"殊",仍然用一般的"朱"字的音来读朱提的"朱",这是不妥当的。朱提的"提"应该读什么音,《辞源》也没有交代(《辞源》"提"字有 shí 音,出自"是支切",与朱提之"提"无关)。(裘锡圭)

浑元 1838

"浑元"的"浑",《辞源》读平声,《辞海》读去声。

按:《广韵》上声混韵胡本切混小韵:"浑,浑元。"这个"浑"是全浊声母上声字,今音变读去声。可见《辞海》的注音较《辞源》有据。附带说一下,"浑一""浑沌"的"浑"(亦作"混")《辞源》也读平声,《辞海》也读去声,恐怕也应该从《辞海》。(裘锡圭)

渐渍 1868

《辞源》"渐"字有 jiàn、chán、jiān、qián 四音。"渐"字下所收词条"渐渍"的"渐",显然应该读第三音。但是这个字后所注的,却是表示第二音的"2"。这无疑是笔误或排印的错误,是《辞源》校勘工作不够细致的一个例子。《辞源》所注反切之后标出的韵目、声调和声纽,屡有明显错误(我们也发现了几例。如"靳"字音"侧角切",应属觉韵而标为药韵;"说"音"多朗切",应为上声而标为去声;"咬"音"古肴切",应为平声而标为上声)。"呵"字条甚至把义项(二)之前所列的"呼箇切"的声纽"晓"误植为"箇"。汉语拼音的注音也有一些技术性错误,如"掝"字的注音作húō,竟给一个字音标了两个调号。如果校勘工作能做得细致一些,这类错误是可以避免的。(裘锡圭)

蜚雲 2773

《辞源》"蜚"字以 fěi 为第一音,fēi 为第二音。"蜚云"条解释为浮云,但"蜚"字后不标数码"2",表示仍读第一音 fěi。按:蜚云既指浮云。"蜚"就应该读为"飞"(fēi),读为 fěi 无义。《中文》谓"蜚云"即"飞云",是正确的。(裘锡圭)

蜚廉 2773

"蜚廉"亦作"飞廉",是古代传说中的神兽名,又是古代的神名和人名。《辞海》把作人名用的"蜚廉"的"蜚"读为 fēi,作兽名用的"蜚廉"的"蜚"读为 fěi。其实后者同样应该读为 fēi。《辞海》致误的原因,跟《辞源》把"蜚遽"之"蜚"误读为 fěi 的原因大概是相同的。《辞源》把用作兽名、神名和人名的"蜚廉"之"蜚",全都读为 fěi,比《辞海》错得更厉害。《辞源》已经指出"蜚廉"亦作"飞廉"(参看"飞廉"条),可是又把二者读成不同的音,这是自相矛盾的。(裘锡圭)

蜚遽 2774

《辞源》把"蜚遽"的"蜚"也读为 fěi。

按:"蜚遽"是司马相如《上林赋》里提到的一种神兽。《汉书·司马相如传》颜注引张揖曰:"飞遽,天上神兽也,鹿头而龙身。""蜚"作"飞"。《辞源》"飞"字下"飞遽"条,也指出"飞遽"即"蜚遽"。这个"蜚"字显然也应该读为 fēi。《辞源》大概是由于看到《山海经·东山经》里当兽名讲的"蜚"读 fěi,所以把神兽名"蜚遽"的"蜚"也读为 fěi 的。其实,"蜚"和"蜚遽"是两种不同的兽,没有必要把两个"蜚"字读成一个音。(裘锡圭)

蜚鸿 2774

"蜚"的本义是一种发臭的小飞虫,音 fěi。《山海经·东山经》提到一种名"蜚"的怪兽,"蜚"也音 fěi。古书中常常借"蜚"为"飞",这种"蜚"字音 fēi。"蜚鸿"的"蜚",一般都读为 fēi。但是《辞海》"蜚鸿"条义项①却音"蜚"为 fěi,释曰:害虫名。《史记·周本纪》:"麋鹿在牧,蜚鸿满野。"司马贞《索隐》引高诱曰:"蜚鸿,蠛蠓也。言飞虫蔽田满野,故为灾,非是鸿雁也。"揣其意,盖以"蜚"为虫名,所以读上声。但是《辞海》引为根据的《史记索隐》虽然认为蜚鸿不是鸿雁而是飞虫,却并没有说"蜚"不应读为"飞"。《索隐》原文此下尚有"随巢子作'飞拾',飞拾,虫也"一句。《史记正义》反驳《索隐》说:"此云'蜚鸿满野',《淮南子》(本经篇)云'飞蛩满野',高诱注云:'蛩,蝉、蠛蠓之属也。'按飞鸿、拾、蛩,则鸟、虫各别,亦须随文解之,不得引高诱解此也。"可见《索隐》之说并非定论。而且《索隐》既然认为飞拾、飞蛩、蜚鸿都是飞虫,无疑也是把蜚鸿的"蜚"

读为"飞"的。《辞海》把"蜚"读为 fěi,毫无根据。《辞源》不误。(裘锡圭)

行第 2802

封建家族排行次第。唐人诗文中朋友之间多以行第相称。

案:"行"字条共立了 24 个义项,分隶于四个读音。第 1 音为 xíng,基本义为"行走,步趋";第 2 音为 háng,基本义为"道路""排行";第 3 音为 xìng,基本义为"行为";第 4 音为 hàng,"行行"为刚强貌。

按照《辞源》体例,"行"字下复词第一字的不同读音应按单字注音的次序相应注明,但是这个字头下的不少复词第一字的不同读音却没有按单字注音的次序相应地加以注明。比如"行第","义为"封建家族排行次第。唐人诗文中朋友之间多以行第相称","行第"的"行"应属于《辞源》的第二十义项,义为"排行,班辈",应该读第 2 音 háng,而不读第 1 音 xíng。故"行第"应作"行₂第"才是。(毛远明)

行窳 2803

器物不牢固,粗糙恶劣。《新唐书》一一二《韩思彦传》附韩琬:"俗不偷薄,器不行窳。"

案:"行窳"的"行"属于《辞源》的第二十二义项,义为"质量差,不牢实"。《周礼·地官·胥师》:"察其诈伪饰行儥慝者而诛罚之。"王引之《经义述闻》:"古人谓物脆薄曰行。"是也。根据体例,"行"应读第 2 音 háng,不读第 1 音 xíng。故"行窳"应作"行₂窳"。(毛远明)

行谊 2803

犹行义。品行,道义。《汉书》五六《董仲舒传》对策:"今世废而不修,亡以化民,民以故弃行谊而死财利,是以犯法而罪多,一岁之狱以万千数。"

案:"行谊"的"行"应属于《辞源》的第二十三义项,义为"行为"。根据《辞源》体例,"行"应该读第 3 音 xìng,而不应读第 1 音 xíng。故"行谊"应作"行₃谊"。(毛远明)

被髪文身 2820

散发不束,身上刺纹。古代东方某些少数民族的风俗。《礼·王制》:"东方曰夷,被发文身,有不火食者矣。"

案:"被"字条列了三个读音:第 1 音 bèi,第 2 音 bì,第 3 音 pī。复词"被发文身"中的"被"应读第 3 音 pī,而不应读第 1 音 bèi。根据《辞源修订本体例》2,复词第一字的不同读音按单字注音顺序注明,应作"被₃发文身"才与体例相符。"被"字下的复词"被₃发"、"被₃发冠缨"都不误,惟"被发文身"不当,说明《辞源》体例时有不贯之处。(毛远明)

释　义

一　概述

　　由于新《辞源》的修订编写者，历年来掌握了相当数量的第一手语言材料，因此对单字和复词的含义，能进行比较全面细致的分析和增订，做出比较准确的解释和合乎逻辑的表述，给读者以比较充分的可靠信息。绝大多数字、词的义项在新《辞源》中都有所增加。旧《辞源》中某些字、词的个别义项，因为重复或不合体例，新《辞源》作了适当的归并或删除。义项的顺序，新《辞源》尽量将字、词的本义放在头里，依次再列引申、比喻、通假诸义，使脉络分明。新《辞源》的释义，至少有四个特点：（一）准确精详。（二）源流并重。（三）语言简明扼要。（四）相关条目有所呼应。《辞源》"结合书证，重在溯源"。言必有据，出处翔实，是新《辞源》的主要特点之一。（舒宝璋）

　　准确的释义体现是一部辞典，特别是一部语文性辞典的科学性的最主要方面。要搞好释义，材料的准备是必不可少的。一个词的含义是客观存在的，不是由任何人主观规定的。古汉语更是如此。每个古汉语语词都有一定的历代相承的确定意义，同时也有一定的应用范围。《辞源》的任务，就是要在古代典籍所提供的丰富材料中去发现它们，把它们挖掘出来，并且使它们得到正确的而不是歪曲的反映。换句话说，就是要在丰富的、可靠的材料基础上进行研究、分析与综合，归纳出古代语词的最正确、最周密的含义。因此，《辞源》对每一个古汉语语词的解释，都要有尽可能广泛的古书材料作为立论的依据，而不能只拘泥于个别的例证。否则，就很可能得出片面的或者甚至是错误的结论。

　　《辞源》的释义，还有一个"溯源及流"的问题。所谓"溯源"，主要是挖掘词的最原始的含义。所谓"及流"，主要是寻求词的引申义和后起义。在释义中常常容易只注意"及流"而忽略了"溯源"，或者只注意了"溯源"而忽略了"及流"。有时甚至会错误地把"源"当成"流"，把"流"当成"源"。

　　要做到释义的准确，就必须克服旧字典辞书含混不清的弊病，用科学的方法、缜密的语言把词的正确含义恰如其分地揭示出来。由于历史条件的局限，旧字典辞书的编纂者还不可能运用现代语言学的知识来对词义进行精细的科学研究。他们有时不加分析地照抄旧字书、韵书的解释，或者笼统地搬用古经，往往弄得歧义横生，使读者莫衷一是。我们不能再走这条老路。这次

《辞源》的修订,在这方面虽然未能做得十分完满,但却给予了较多的注意。另外,词性也是一个很重要的问题。忽略了词性,甚至会导致释义的错误。

对于《辞源》来说,还要考虑到词义的演变与发展,即是还有一个时代性问题。一个词在某一时期有某一用法绝不是偶然的、孤立的现象,它必然要在这一时期的古籍中得到普遍的反映,我们不能离开古籍的实际材料,凭臆测去上推下联,或以今代古。旧辞书在这一方面存在不少问题。《辞源》原修订稿虽然注意到了旧辞书的这些缺点,在词义的研究方面做出了不少成绩,但仍然还有一些地方不够理想。

辞典的释义,决不仅仅是简单的分析与综合材料的工作。对材料进行分析与综合,往往离不开对不同语词的结构方式、应用范围、修辞作用、感情色彩以及它们的变化发展所进行的综合研究。因此,辞典的释义,在很大程度上可以说是一项语义学的科学研究工作。(赵克勤)

典故条目的出典,是典故的核心,是释义的根据,是词目的本源。不应当仅仅援引与词目字面相应的字句,将出典仅仅作为释义的一条书证,这样必然事典不见故事,语典不见完整的文句,也就失去了典故的特色,还会给读者造成辗转翻检的麻烦。修订本注意到典故条目的这一特点,很多条目的出典,或直引原著,或边叙边引,或综合概括,或相互参见,给读者提供了简明、完整的典故内容,改变了旧本典故出典上过于简略、语焉不详的状况。

典故词的释义比普通语词释义更为复杂、困难,主要原因在于典故词往往是义在言外,多引申变化,不像语词那样可以从用例和词目用字去分析、判断词义。旧本中有不少典故条目是述而不作的,即仅提供出典,不解释词义,甚至也没有用典例证。修订本则在查核出典、增补用典书例的同时,对大部分典故条目不但作出必要的解释,而且释义注意出典与用典书例相结合,使释义既植根于典故的内容,又与用典书例相吻合。

从出典和用典书例的结合上解释典故词义,出典是根本,释义离开了典故的出典,也就离开了根本;用典书例是依据,依据的材料越多越好。没有这个依据,或者离开了根本,就不能准确地解释典故,更不能表现出典故词义的引申、变化,甚至可能由于臆断、推测而产生错误。

典故,尤其是故事性典故,具有形象性,词义含蓄,义域宽广,使用灵活,在用例中的表现形式和具体含义又多变化。这也就为辞书释义带来了较多的困难,并相应对编者提出了较高的要求。从这个角度来看,修订本某些条目在释义上的一二不足,似乎值得一提。

一是少数条目的释义离开了出典,甚至不知有典。其二是少数条目过于拘泥词目字面义,使释文经不住推敲。

故事性典故常具有形象性、立体感,又比较含蓄,释义也应当努力体现这个特点。过分拘泥于字面,就削弱了释义对于书例的适应性,甚至弄巧成拙。(徐成志)

作为一部历史语言词典,《辞源》以解释词语为主。不论是单字释义,还是复词解说,都重在一个"源"字。即比较注重探求语源,并以语源为设立义项的基点,"由源以竟委",尽力阐明词义的源流与孳乳关系,这是由其本身的性质决定的。

《辞源》还根据词义引申的不同方式,描写因此而形成的词义运动的基本形态与一般规律,展现词义运动的层次性与多样性,从而勾画出汉语词义流变的一般面貌。大体说来,《辞源》在义项的设置与诠释方面,注意到了引申、比喻、借代、旁指、偏指、假借、通假等不同方式而引起的词义变异,并采取相应的释义方式进行描写或阐说,以显示词义演变的规律性和条理性。

　　《辞源》既注意了词语音义间的密切关系,也注意了词义的孳乳与源义的探求,这些在当时都是难能可贵的,因为词典的释义工作是比较难做的,同时也是一般辞书不容易做好的。当然由于《辞源》编写的时间较短,资料的搜集范围有限,所以从今天看来,它在释义方面也难免存在着一些疏误。尽管如此,《辞源》的收词、注音、释义等诸方面仍为现代词典的编纂开启了先路,并最终确立了现代汉语辞书的编纂体制和基本格局,因而在中国现代辞书发展史上依然具有十分重要的历史地位。(杨文全)

　　《辞源》,循名责实,它之区别于其他汉语工具书的重要特色,即在于解字释义注重于一个"源"字,并据源明流,以准确揭示一个字(词)的源流系统。但是,由于上述传统观点与方法的影响,《辞源》在本义探求与释义方面,同样存在一定程度的本义不明及由此导致的释义时源流不清、义项排列紊乱等现象。这些问题的存在与编修者不重视汉语音义关系的探究有着密切关系。(刘基森)

　　经过修订之后的《辞源》,无论是注音、释义、义项的归纳和排列,还是书证的选择、条例的完善等方面,都对旧《辞源》进行了重大的改造,使之更具有科学性、典范性。从而成为解读古籍的重要辞书。

　　一、释义不当;二、书证疏误:(一)释义与书证不合(二)增补字句错误(三)省略不加省略号(四)书证误举篇名、卷次(五)书证晚出;三、时间错乱;四、地名解释不确;五、条例不能贯穿全书:(一)复词第一字注音次序混乱(二)互参·互详缺漏(三)义项排列不当;六、文字衍、脱、讹;七、训释术语不当。(毛远明)

　　新《辞源》是一部高质量的阅读古籍专用的大型工具书,是一部内容充实、准确性高的古汉语辞典。但正如旧《辞源》因存在注音、释义、引例方面的许多失误而被新《辞源》修订过一样,新《辞源》在上述方面亦不可避免地存在某些瑕疵而有待修正。从新《辞源》存在的一些失误看,古汉语辞书的编纂应注意以下问题。一、应积极、审慎地利用古注。《辞源》释词,对古代学者的注释多有采用,但从其使用古注的情况看,个别地方尚存在有待商榷之处。1.未采纳古注而致误;2.采纳古注但忽略其随文释义之特点而致误。二、注意相关词语间的联系,对其释义应准确、一致。某些词语反映的客观事物之间具有一定的联系,这些词语的存在和其含义不是孤立的,辞书释义应该充分考虑它们之间的联系性和含义的相同点。三、应注意词目设置的合理性。《辞源》中的词目选自经过数千年积累而难以尽数的文献典籍,取自与现代人口语有较大距离的古代书面语,因此在其数以万计的庞大词目群体中,不可避免地存在极个别词目设置不尽合理的情况。

古汉语辞书释义属独立之训诂，它从浩若烟海的文献中搜寻词目，其释义可以参考古代注释家的旧注，但它必须对这些随文释义的语言材料进行理性的抽象和高度的概括，不能将这种隶属之训诂原封不动地如数搬进辞书。

从《辞源》这一典型古汉语辞书中的某些失误看，古汉语辞书编纂中应注意积极、审慎地利用古注，应避免对相关词语的释义前后抵牾，要合理地设置词目，以保证辞书释疑解惑的准确性和权威性。（杨雅丽）

立义、训释方面的问题：1.择取不当，立义致误；2.以偏概全，释义过窄；3.义例不合，释义错误；4.缺乏辨析，释义笼统；5.常识性的错误。（伍仁）

二　释义商榷（一）

禊 2283

有关辞书释义如下：

《辞源》：古代民俗，于三月上旬已日于水滨洗濯，祓除不祥，清除宿垢，称为禊……

《汉语大字典》：①古俗春秋两季于水滨设祭祓除不祥。……②洗濯……

《汉语大词典》：祭名，古人祓除不祥之祭。常在春秋二季于水滨举行……

《辞海》：祓祭，古人消除不祥之祭，常在春秋两季于水滨举行……

看来，"祓除不祥之祭"是"禊"公认的一种释义。不过，如何祓除不祥？只有《辞源》明确指出是"水滨洗濯"，"清去宿垢"。如果真的是洗濯，那么洗什么呢？

"禊"与古代的上巳节有关。晋司马彪《续汉书·礼仪志》记载："三月上巳，官人皆絜于东流水上，自洗濯祓除为大絜。"南朝宋范晔《后汉书·礼仪志上》也有："是月上巳，官民皆絜于东流水上，曰洗濯祓除去宿垢疢为大絜。"南朝梁刘昭注："谓之禊也。"《晋书·礼志下》则为："汉仪，季春上巳，官及百姓皆禊于东流水上……自魏但用三日，不以上巳也。"

"禊"许慎《说文解字》没收录。东汉末应劭《风俗通义·祀典第八·禊》解释如下："禊者，絜也……"《文选·潘安仁闲居赋》"或宴于林，或禊于祀"一句注引作：《风俗通》曰：禊者，絜也。仲春之时，于水祓除，故事取于清絜也。"《文选·颜延年三月三日曲水诗序》注引作：《风俗通》曰：……禊者，絜也，于水上盥濯也。"《南齐书·礼志上》有："三月三日曲水会，古禊祭也。……应劭云：禊者，絜也，言自絜濯也。"

综上所述，"禊"同"絜""潔"，洗濯清洁的意思，指的是"临水洗濯以去病驱邪"的祭祀活动。《辞源》解释较为妥当。（郭圣林）

第 2349

古代的"第"究竟是什么东西，现代的辞书颇有歧解。如《现代汉语词典》（商务印书馆1996

年版）："第 zǐ〈书〉竹篾编的席：床～。"《古汉语常用字字典》（修订版）从其说，云："第 zǐ 竹编的床席。"《辞源》（修订本）则说："第：竹编的床板。"与前者说法不同。究竟哪种说法对呢？我以为《辞源》的解释是正解。

《荀子·礼论》"床笫"注："笫，床栈也。"既称之为"栈"，则"笫"当指竹爿编成的栅子似的床屉子，而并不是指竹席。那么它如何会被误解为竹席的呢？这可能出于对"簀"字的误解。因为古代"笫""簀"二字同义，古人常把"笫"解为"簀"，如《国语·晋语一》："床笫之不安邪？"注："笫，簀也。"（这种例子很多，此不烦列。）而《辞源》把"簀"解为"竹席"，《现代汉语词典》把"簀"解为"床席"，这样，也就自然而然地会把"笫"解为"竹编的床席"了。但这实为误解。因为古人虽把"笫"解为"簀"，但这个"簀"字并不是指竹编的床席。试看古人的注：

《方言》卷五："床，齐鲁之间谓之簀，陈楚之间或谓之笫。"郭璞注："簀，床版也。"《左传·襄公二十七年》："床笫之言不逾阈。"杜注："笫，簀也。"孔疏："《释器》云：'簀谓之笫。'孙炎曰：'床也。'郭璞曰：'床版也。'然则床是大名，簀是床版。"由此可见，古人所谓"簀"，是指床板，而非指床席。

再看《说文》的解释："簀，床栈也。笫，床簀也。莚，竹席也。簟，竹席也。"由于床板与床席用在一起，所以《说文》将"簀""笫""莚""簟"四字放在一起解说，但其解说于"栈""席"两类分别甚严。从中可以看出，"簀""笫"决不是指竹席，而是指"床栈"。下面的例子更可以说明"簀""笫"并不是竹席。

正因为"簀"不是竹席，所以古代的训诂家从来不把"簀"解释为"竹席"，而只是将它解为"床版""床栈"（见上文），或解为"床笫"，如《礼记·檀弓上》："大夫之簀与？"注："簀，谓床笫也。"

由于"簀""笫"是床板，是床的组成部分，所以古代才用"簀""笫"来称呼床（见上文所引《方言》），但古代从来没有把床称作为"席"的。这也可以看出"簀""笫"与"席"是两类东西。

《现代汉语词典》与《古汉语常用字字典》影响极大。为免贻误后学，故不得不于此详加辨正。

总之，古人从来不把"笫""簀"解释为床席，这是值得重视的。此条释文当改为："笫 zǐ 竹绷，竹爿编成的栅子似的床屉子。"（张觉）

羽杯 2502

即羽觞，状如羽翼的酒杯。

案：《辞源》"羽觞"条下云："酒器，作雀鸟状，左右形如两翼。"同一物而解说不同。据《汉书·外戚传·班婕妤》注引孟康说，"羽觞，爵也。作生爵形，有头尾羽翼"，则"羽觞"条下释义较准确。（袁庆述）

闒將 3252

老《辞源》的释义和书证为："亡赖之称。《白头闲话》：'都人或十、五结党，横行街市间，号为闯将。'又明流寇李自成初亦称闯将。详'闯王'条。"其"闯王"条内容为："《通鉴纲目》三编：崇祯二年，马贼高迎祥自称闯王。李自成自延绥往依之，号闯将。后迎祥伏诛，贼党乃推自成为闯王。"在编写上列词条时，封建统治者及其文人，自然要把农民革命领袖与"亡（无）赖"相提并论，诬蔑为"流寇""马贼""贼党"，把"闯将"当作"贼""寇"的同义语。新《辞源》则既收录了它在历史上曾有过的贬义"结党横行的无赖"，作为第二义项；又根据农民起义的性质和特点而着重确立了第一义项并重新列举书证为："指勇猛善战所向无前的将领。明末农民大起义中，李自成和张献忠皆有闯将之称。《明史》三〇九《李自成传》：'自成乃与兄子过往从（高）迎祥，与（张）献忠等合，号闯将。"（张天望）

三 释义商榷（二）

一出 0002

㈠出生，出现。《商君书·农战》："今夫螟螣蚼蠋，春生秋死，一出而民数年不食。"

按："一出"即"出现一次。"若解作"出现"，则"六出""七出""数出"等，亦可作如此解乎？其失在于只解"出"而未解"一"。（张蓁）

仅解释了"出"，而舍弃了"一"。其实，这个义项可不建立；"一"同"而"呼应，有连接作用。（赵恩柱）

一枝 0003

枝凡条状的东西都叫一枝。

按：条状的东西亦有"二枝""三枝""九枝"，以至于"千条万枝"者，何以"都叫一枝"？应改为"凡条状的东西都可叫枝"，一枝，即指"条状物一具。"似较确当。（张蓁）

一牀 0004

古代税制。魏晋时，有户者出布帛。以一夫一妻出一疋，至北齐北周，始有一床半床之分，已娶者输绢一疋，绵八两，凡十斤，称一床，未娶者减半，称半床。参阅《通典》五《食货》五《赋税》中。

今检《通典》卷五《食货》五《赋税》中云："后魏道武帝天兴中诏采诸漏户，令输纶绵。……魏令：每调一夫一妇帛一匹，"当即《辞源》之所本。按以上《通典》所云"魏令"乃北魏之令。于曹魏司马晋之户税则不得云"以一夫一妻出帛一疋"曹魏户税见于《三国志·魏志·武帝纪》注引《魏书》："户出绢二疋，绵二斤。"晋之户税见于《晋书·食货志》，税额为"绢三疋，绵三斤"。一夫一妻出帛一疋仅为北魏之制。（李步嘉）

一纪 0004

㈠岁星（木星）绕地球一周约需十二年，所以古代称十二年为一纪。

按：这是稽古验今都失据的。从条注语意看，完全是今人的观点，但今人仍以为日月五星绕地球旋转,岂不是缺乏常识?如以为是古人的看法,则又颇有差讹。古人泥于地心说,对五星究竟是"左旋"抑或"右旋",确曾千年聚讼,然而推步它们的运行周期,则都以黄道的刻度为准,即以"行天"的进程为准,从不用"绕地球"如何来计算的。如《史记·天官书》:"岁星出,东行十二度,百日而止,反逆行;逆行八度,百日,复东行。岁行三十度十六分度之七,率日行十二分度之一,十二岁而周天。"可见"一纪"是说木星的十二年绕黄道一周,而非绕地球一周。(艾荫范)

一苇 0006

捆苇草当筏。……《诗·卫风·河广》:"谁谓河广,一苇杭(通"航")之。"疏:"言一苇者,谓一束也;可以浮之水上而渡,若浮筏然;非一根苇也。"

据疏,"一苇"就是"一束苇"。"一束",现可说作"一捆","捆"表量,不表动作。释文加了动词"捆"。"杭之"含"当筏"意,"一苇"中没有这个意义。(赵恩柱)

一字师 0008

"一字师",《辞源》释为:"指改正一个字的老师。"《辞海》不释。《汉大》释为:"谓订正一字之误读,即可为师";"亦指更换诗文中一二字的老师。"

《辞源》的释义显与所举齐己《早梅》诗例不合。齐己诗并无误字,何来"改正"?郑谷易"数"为"一",使诗意更切"早"字,乃为润色,不是改错。

《汉大》释义中的"即可为师",与内涵无涉,显属外加,应当删去。

根据已有资料,"一字师"应释为:"谓订正误读诗文一字的老师;亦指为诗文润色一二字的老师。含有称美教正者博雅、受教者虚怀的意味。"所释正确与否,有待方家教正。(黄椒)

一犁雨 0010

春雨。雨量相当于一犁入土的深度。

"一犁雨"不一定专称"春雨"。陆游《幽居初夏》诗:"妇喜蚕三幼,儿夸雨一犁。"自注:"乡中谓蚕眠为幼。"蚕已三眠,时届初夏,犹称"雨一犁",知非专指春雨。宋吴曾《能改斋漫录·沿袭》八卷"耕田欲雨刈欲晴,去得春风来者怨"条:"张文潜用其意别为一诗:'南风霏霏麦花落,豆田漠漠初垂角。山边半夜一犁雨,田父高歌待收获。'"此则指夏雨了。(张喆生)

一头地 0011

宋欧阳修《文忠集·一四九·与梅圣俞书》:"读(苏)轼书,不觉汗出,快哉快哉!老夫当避路,放他出一头地。"犹言让他高出一头。

所释不是"一头地",而是"放他出一头地"。"凵部〔出一头地〕"的释文是:"见'一头地'。"这样处理,〔一头地〕同〔出一头地〕等义,不妥。(赵恩柱)

三公 0027

㈠辅佐国君掌握军政大权的最高官员。……西汉以大司马、大司徒、大司空为三公,《文选》汉枚(叔)乘《上书重谏吴王》:"今汉亲诛其三公,以谢前过。"注:"谓诛鼂错也。错为御史大夫,故曰三公。"东汉以太尉、司徒、司空为三公。……见《汉书·百官公卿表》七上、《后汉书·顺帝纪》。……唐宋仍称三公,但已无实权。

按:此条注释中有关三公的名称、尊卑次序和对三公职权的说解都有失于笼统。究其原因乃是仍旧《辞源》之误而未改,增《汉书·百官公卿表》而未验。这从修订本《辞源》增引《文选》枚乘《上书重谏吴王》及李善注和"大司马"条下的注释中都可以看出。枚乘书中有"御史大夫"而没有"大司空",而"三公"的说解中又没有"御史大夫"。为什么唐李善却注为"错为御史大夫,故曰三公"呢? 原来,西汉初年的三公实际是指丞相、太尉、御史大夫,而不是大司马、大司徒、大司空。这一点在《汉书·百官公卿表》和《中国历代官制概述》一"秦汉"里(瞿蜕园著)都有明确说明。太尉一职是汉"武帝建元二年省。元狩四年初置大司马",至"成帝绥和元年初赐大司马金印紫绶,禄比丞相"。御史大夫也是在"成帝绥和元年更名大司空,金印紫绶,禄比丞相"的。所以,至西汉成帝时的三公名称应是:丞相、大司马、大司空,而不是"大司马、大司徒、大司空"。《辞源》"大司马"条下注:"成帝时以王根为大司马,置印绶、官属,与丞相、御史大夫并为三公"也是不准确的,因为此时已无"御史大夫"之称,而改为"大司空"了。综上所述,西汉初年及成帝绥和元年前这一历史时期,"三公"之称既不是"大司马、大司徒、大司空",而又两易其称谓,其尊卑之列都是丞相居首而不是大司马。至哀帝元寿二年,三公的称谓和尊卑之序才是"大司马、大司徒、大司空"。《汉书·哀帝纪》说得很清楚:"元寿二年五月,正三公官分职。大司马卫将军董贤为大司马,丞相孔光为大司徒,御史大夫彭宣为大司空。"这一点在《辞源》"丞相"条下注:"西汉末改称大司徒"和"司徒"条下注:"汉哀帝元寿二年改丞相为大司徒"则是正确的。

东汉三公的称谓也因时间的前后不同而有所差异,刘秀初即帝位至建武二十七年可称东汉前期,其三公名称仍然沿用西汉末年的名称,即"大司马、大司徒、大司空"。这一点在刘昭补注《后汉书·百官志》时引用《汉官仪》说得很清楚:"王莽时议以汉无司徒官,故定三公之号曰:大司马、大司徒、大司空。世祖即位,因而不改。"至刘秀建武二十七年,五月丁丑,诏曰:"昔契作司徒,禹作司空,皆无'大'名,其令二府去'大'。"注云:"朱祐奏:宜令三公并去大名,以法经典。帝从其议。""又改大司马为太尉。"(《后汉书·光武帝纪》)到灵帝兴平十三年夏六月又"罢三公官"了。(《后汉书·献帝纪》)(姚国旺)

案:上引释文所谓"西汉以大司马、大司徒、大司空为三公",不确。众所周知,秦代以丞相、国尉(太尉)、御史大夫为三公,汉承秦制,也以丞相、太尉、御史大夫为三公。只是其中丞相一职,至"哀帝元寿二年,更名大司徒。"太尉一职,至"武帝建元二年省。元狩四年初置大司马"。御史大夫一职,于"成帝绥和元年更名大司空",至"哀帝建平二年复为御史大夫,元寿二年复为大司空。"由此可知,西汉初期的"三公"当为丞相、太尉、御史大夫。中期的"三公"当为丞相、大司马、御史大夫。晚期的"三公"才是大司马、大司徒、大司空。《通典》卷十九《职官·三公》谓:"汉以丞相、大司马、御史大夫为三公。"是就西汉中期情况而言。

综上所述,可知上述释文中的"西汉以大司马、大司徒、大司空为三公"一语,应改为"西汉以

丞相（大司徒）、太尉（大司马）、御史大夫（大司空）为三公。"庶几与史实相符。（丁鼎）

三餘 0041

《三国志·魏·王肃传》"颇传于世"注引《魏略》："（董）遇言'当以三余'。或问三余之意。遇言'冬者岁之余，夜者日之余，阴雨者时之余也'。"后以三余泛指空闲时间。

按：此条有三不清楚。第一，表述《三国志》原文与注的关系不清楚。裴松之注《志》，博采群书，攟拾史实，以补陈寿的简略。因而裴氏的每一条注，总是系在某一史实之后，而不像经传的注疏，专就某句、某字作解释。这一条孤立地引出"颇传于世"一句，又说"注引《魏略》"等，显然与裴注体例不合，没有反映出《志》与注的正确关系。第二，引文不清楚。查裴氏此注云："（董）遇字季直，性质讷而好学……人有从学者，遇不肯教，而云'必当先读百遍'，言'读书百遍而义自见'。从学者云：'苦渴无日。'遇言'当以三余'。"云云。文繁尽可从略，但至少需要骦括出来，使人明确"三余"是缘何而发，不要叫人摸不着头脑。第三，解说也不清楚。董遇所说的"三余"，是指公余挤出的学习时间，虽也是"空闲"，但绝不是泛指。（艾荫范）

丈夫 0057

成年男子的通称。

这是《辞源》对"丈夫"一词第一个义项的解释。从所引《谷梁传》及《晏子春秋》例看来，这种解释是正确的。但这是以偏概全。《国语·越语上》云："生丈夫，二壶酒，一犬；生女子，二壶酒，一豚。""丈夫"指的明明是男孩儿。可见"丈夫"只是"男子"的通称，"成年"两字应删去。今福州话、厦门话、潮汕话均以"丈夫"为男子通称，可以证古。（林伦伦）

上襄 0063

最好的马。《诗·郑风·大叔于田》："两服上襄，两骖雁行。"襄，驾车的马。清王引之《经义述闻》五谓古代"上"与"前"同义，上襄是说驾车走在前面的两匹马。

今录王引之《经义述闻》"两服上襄"条如下："《郑风·大叔于田》篇'两服上襄，两骖雁行'，笺曰：'襄，驾也。上驾者，言为众马之最良也。'家大人曰：郑以上襄为众马之最良，则上襄二字意不相属。予谓上者前也，上襄犹言前驾，谓并驾于车前，即下章之'两服齐首'也。雁行谓在旁而差后，如雁行然，即下章之'两骖如手'也。上襄与雁行意正相对。若以上襄为马之最良，则与雁行迥不相涉矣。"

按：郑读"上"为"尚"，以为"上襄"犹言"驾得最好"，故以"众马之最良"释"上襄"。王氏释"上"为"前"，故以"上襄"即是前驾。但郑、王二家，都把"上襄"看成"两服"的谓语，而不认为"两服"就是"上襄"。如按此条解说，"上襄"为"最好的马"，将置"两服"于何地？岂不是重叠同义语？（艾荫范）

丘民門 0081

"丘民"这个词《汉语大词典》（以下简称《汉大》）立了两个义项，一是"丘甸之民"，引书证《公羊传·成公元年》"讥始丘使也"汉何休注"讥始使丘民作铠也"。二是"也泛指百姓",引书证《孟子·尽心下》"民为贵,社稷次之,君为轻。是故得乎丘民而为天子"及王夫之《稗疏》"丘民者,众民也"。《辞源》(修订本)则把"丘民"解释为"众民,犹言乡民、邑民、国民",引书证同是《孟子·尽心下》。《辞源》释义是沿用了《孟子·正义》的说法。《汉大》是依据王夫之《稗疏》。惜乎《辞源》与《汉大》均未就"丘民"命名的理据作出说明。为何众民(百姓、乡民、邑民、国民)要用"丘民"来指称呢?

"丘民"的最早出处是《孟子》,因而探求"丘民"命名的理据应首先依据《孟子》。《孟子·尽心下》所说"得乎丘民而为天子",那么,在《孟子》中,最早的"天子"是指谁呢?《孟子·万章上》:"舜既为天子矣,又帅天下诸侯以为尧三年丧。是二天子矣。""昔者尧荐舜于天而天受之。……匹夫而有天下者,德必若舜、禹,而又有天子荐之者。"前面说"尧荐舜",后面说"天子荐之",可知在舜之前,最早的"天子"是指尧。分析尧"得乎丘民"的原因,离不开考察尧时的重大事件——遭遇洪水。《孟子·滕文公下》云:"当尧之时,水逆行,泛滥于中国,蛇龙居之,民无所定,下者为巢,上者为营窟。"《淮南子·本经训》也说:"舜之时……四海溟涬,民皆上丘陵。"可知尧时民众避离洪水侵害,都登上丘陵居住。又《孟子·滕文公下》云洪水平治之后,"人得平土而居之",《尚书·禹贡》亦谓"是降丘宅土",《史记·夏本纪》云"于是民得下丘居土",《风俗通义·山泽》"丘"下更明白地说:"尧遭洪水,万民皆山栖巢居,以避其害。禹决江疏河,民乃下丘,营度爽垲之场而邑落之。"治好洪水后"民乃下丘"可以进一步证明,他们遭洪水时是居住在高丘上的。

上古在给人、物、时代命名时常用居地来命名。《论衡·正说篇》:"唐、虞、夏、商、周者,土地之名。尧以唐侯嗣位,舜从虞地得达,禹由夏而起,汤因殷而兴,武王阶周而伐,皆本所兴昌之地。重本不忘始,故以为号。"尧时众民为避洪水而登上高丘居住,即以所居为名,故称为"丘民"。

"尧"与"丘民"之"丘"在命名上是相通的。《说文》云:"丘,土之高也,非人所为也。""尧"从"垚",《说文》云:"垚,土高也。"又云:"陶,再成丘也。……陶丘有尧城,尧尝所居,故尧号陶唐氏。"《说文解字注笺》指出:"垚、尧古今字。""尧"与"丘"的本义是相同的,都是指"高土",即丘陵。

《孟子》所云"得乎丘民而为天子",是说尧受到民众拥戴而成为天子。"丘民"是为避洪水而居于高丘的民众,"丘民"之"丘"是指土丘大陵,而不是后来周代实行井田制时划分的田地和政区的单位"丘"与"甸"。《汉大》把"丘民"的第一个义项确定为"丘甸之民",同时在"丘甸"条下说,"丘甸"是"古代划分田地和政区的单位名称。古井田制,四丘为甸",这与"丘民"在文献中的最早用例"得乎丘民而为天子"的含义不合。另外,所引书证《公羊传》在年代上晚于《孟子》,即使义项成立,排序也有不妥。(宋永培)

久 0097

㊴覆盖。通"灸"。《仪礼·士丧礼》:"幂用疏布久之也。"注:"久,读为灸,谓以盖塞鬲口

也。"《说文》久引《周礼》"久诸墙以观其桡",今本《周礼·考工记》久作"灸"。参阅清惠栋《九经古义》10《仪礼古义下》。

按:《仪礼·士丧礼》之久,谓以疏布塞鬲口,义为覆盖。但《说文》引《考工记》之久,见《庐人》条:"凡试庐事,置而摇之,以眂其蜎也;灸诸墙,以眂其桡之均也。"注云:"灸犹柱也。"故《说文》释久,谓其"从后久之,象人两胫,后有距也。"可知《考工记》之久,犹今言倚、顶、拄。此条错误也由误解《说文》所引《考工记》,竟把《仪礼》作覆盖解的久同《考工记》作倚拄解的久误合为一。又,所引惠氏《仪礼古义》当作《周礼古义》。(艾荫范)

什 0165

(一)通"十"。见"什一"。

按,"什"与"十"不是同义词。"什"只用于十分或十倍。一般数字不用"什"。例如"七十二"不能写成"七什二"。(王力)

仰尘 0178

即承尘,今之天花板。宋王铚《闻见近录》:"丁晋公尝忌杨文公。一日诣晋公,既拜而髯拂地。晋公曰:'内翰拜时须撒地'。起,视仰尘,曰:'相公坐处幕漫天。'"

刘熙《释名》六卷释"床帐":"承尘施于上以承尘土也。"毕沅注:"今江淮谓之仰尘。"说"仰尘"就是"承尘"是不错的,但所引《闻见近录》只能证明是承接尘埃的布幕,而非天花板。天花板可以称仰尘,但仰尘并不仅限于天花板。以今验之,仰尘或布,或以纸,或以席,或以板。宋吴自牧《梦粱录》十九卷"四司六局筵会假赁":"如帐设司,专掌仰尘、录压、桌帏、搭席、帘幕……"这里所列的"仰尘"肯定不是天花板。《醒世姻缘》七回:"连夜传裱背匠,糊仰尘,糊窗户。"又四十二回:"因汪为露原做卧房的三间是纸糊的墙,砖铺的地,木头做的仰尘。"又四十七回:"糊墙壁,札仰尘,收拾的极是齐整。"例中所说的"糊仰尘"是以纸为之;"札仰尘"是以芦荻纵横扎成方横形,上覆以席;"木头做的仰尘"才是天花板。邳县既称"仰尘",也称"顶棚"或"天棚"。(张喆生)

併 0203

(二)竟,一齐。《汉书》四八《贾谊传》:"天下殽乱,高皇帝与诸公併起。"

按,解作一齐是对的;解作竟是不对的。(王力)

保和殿 0218

清宫三大殿之一。在北京紫禁城内中和殿后、乾清门前。明初建时称谨身殿,又名建极殿。天启五年重建。清顺治二年改今名。

案:清宫有"保和殿",不误。但是"保和殿"之名并不始于北京之紫禁城。北宋汴京(今河南开封)宫城内便有"保和殿"。宋孟元老《东京梦华录·大内》载:"宣祐门外西去紫宸殿,次曰文德殿,次曰垂拱殿,次曰皇仪殿,次曰集英殿,后殿曰崇政殿、保和殿。"此是一证。又,陆游《老学庵笔记》载宋徽宗《赐燕帅王安中荔枝》诗,其中有"保和殿下荔枝丹,文武衣冠被百蛮"的诗句,也可以为证。

以上二书都是宋人所著,可信程度高。关于保和殿的修建,《宋史》有明确记载,卷二十一《本纪·徽宗三》:政和三年"夏四月戊子,作保和殿。"卷二十二《本纪·徽宗四》又说:宣和元年"二月庚辰,改元,易宣和殿为保和殿"。所以《辞源》的说解应当补充、应当修正。(毛远明)

倍日 0225

一天赶两天的路程。《史记》六五《孙子吴起列传》:"倍日并行逐之。"

按:"一天赶两天的路程",是解"倍日并行",而非解"倍日"。"倍道"条"㊀兼程而行,一日行两日的路程。"将"倍日"与"倍道"作同解,显然错误。旧《辞海》"倍日"条作:"按倍日谓一日作两日用;并行,犹云兼程。"新编《辞海》"倍日"条作"一日作两日之用。"均可从。(张蓁)

傅 0247

(一)辅佐。《左传·僖二八年》:"郑伯傅王。"

按,《左传·僖公二八年》:"郑伯傅王。"注:"傅,相也。"王筠以为就是傧相。解作辅佐是不恰当的。(王力)

傅宣 0251

传达命令。《后汉书·公孙瓒传》:"令妇人习为大言声,使闻数百步,以传宣教令。"

按:释义只保留"传达"二字即可,"命令"二字是多余的。就书证来说,这是涉下文误增。(吕友仁)

倾陷 0254

注云:"阴谋陷害。《宋史》三三九《苏辙传》:'吕惠卿始谄事王安石,……及势钧力敌,则倾陷安石,甚于仇雠。'"按:注文中"阴谋"二字纯属蛇足,宜予删除。倾陷意谓(使人)倾覆陷溺,也即陷害之义。据《宋史》载,吕惠卿陷害王安石甚至到了"凡可以害王氏者无不为"的地步,多有行动,绝非仅仅阴谋陷害而已。又,《辞海·增补本》第68页补收〔倾陷〕词条,其下注文、书证一同《辞源》,也误。(王彦坤)

儳巖 0267

参差不齐。《左传·僖二二年》:"声盛致志,鼓儳可也。"《注》:"儳岩,未成陈(阵)。"指敌人未成阵列,便击鼓进攻。

按:"儳"与"纔"骤从"毚"声,可通假。"纔"今作"才"。"声盛致志,鼓儳可也",即"一鼓则盛"之意,谓鼓才击,即当进攻。"鼓儳",只从己方言,非言敌、我两方。《注》不得其解,以"儳"之训"不齐"意,又引出"儳岩"一词,而解为"未成阵",恐失之。(张蓁)

八行書 0301

释文据《后汉书·窦融传·注》引马融《与窦伯向(章)书》:"书虽两纸,纸八行,行七字,"以为是后世通称书信为八行书之始。

按：每纸八行，两纸十六行，尚不能称为"八行书"。这条书证并不确切。如嫌所引邢邵《齐韦道逊晚春宴》诗一例不够，似可加引萧统《锦带书·姑洗二月启》："聊寄八行之书，代申千里之契。"唐代八行书很流行，可用的例证更多。如孟浩然《登万岁楼》："今朝偶见同袍友，却喜家书寄八行。"温庭筠《酒泉子》四首之三："八行书，千里梦，雁南飞。"李冶《寄校书七兄》："因过大雷岸，莫忘八行书。"齐己《江居寄关中知己》："八行书札君休问"。此类可谓俯拾即是。旧《辞源》"八行书"条亦引《后汉书》云："（马）融与章书，书惟一纸，纸八行。"并云："今人称八行书本此。"改原文"两纸"为"一纸"，又以为八行书之称起于"今人"，其谬更甚。附订于此。（张涤华）

公族 0312

与公姓同义，皆谓公子。《诗·周南·麟之趾》："麟之角，振振公族，于嗟麟兮。"传："公族，公同祖也。"清马瑞辰云："毛传谓公族为公同祖亦误。公姓、公族，皆谓公子。"

案："公族"实指古代君王或诸侯的同族。毛传释"公族"为"公同祖"不无道理。除此诗之外，《诗经》里边还有他例。《魏风·汾沮洳》："彼其之子，美如玉。美如玉，殊异乎公族。"毛传："公族，公属。"郑笺："公族，主君同姓昭穆也。"

《诗经·麟之趾》篇中"公子""公姓""公族"本各自有义，它们在当时的实际语言中本来就具有不同的意义，表达的是不同的概念，诸侯之子称公子，王公的同姓称公姓，王公的同族称公族，意义甚明，不可能公子、公姓、公族表达同一个概念，因为语言的经济性原则不允许。

退后一步，即使取马瑞辰之说以为是重章复遝，用以解释《麟之趾》篇"公姓、公族，皆谓公子"有一定道理，也不应以此抹杀语言中"公子""公姓""公族"是意义不同的三个词。因为马瑞辰解说的是具体的语境义，或者说是言语作品义，而作为字典辞书解释的应是从语言中高度抽象、概括出来的意义，是语言义。更何况马瑞辰的解说未必恰当。

姑再举两例以明之。《汉书·刘歆传》："排摈宗室，孤弱公族，其有智慧者，尤非毁而不进。"《隋书·卫昭王爽传附嗣王集传》："虽复王法无私，恩从义断，但法隐公族，礼有亲亲。"

另外，掌管公族及卿大夫子弟的官职也称公族，或称公族大夫。《左传·宣公二年》："自是晋无公族。"杜预注："无公子，故废公族之官。"《国语·晋语七》："栾伯请公族大夫。"韦昭注："公族大夫，掌公族与卿之子弟。"有公族才会有公族大夫之官，益可证公族是君王、诸侯之同族。由此可见，《辞源》之公族条要修改、要补充。（毛远明）

冬烘 0325

"冬烘"一词，辞书解释不尽相同。新《辞海》释为"懵懂浅陋"，新《辞源》释为"糊涂，迂腐"，《汉语大词典》则综合此两种解释为"过迂腐，浅陋。"至于该词为何会有此词义，则均付诸阙如。

"冬烘"一词的产生，可以追溯到唐代。据说当时有个叫郑薰的侍郎主持一次科举考试。他误把一个叫颜标的考生当成了鲁公颜真卿的后代，并将他取为状元。时人作诗嘲讽他说："主司

头脑太冬烘,错认颜标作鲁公。"(见五代王定保《唐摭言》八《误放》、十三《无名子谤议》)

笔者认为,"冬烘"一词,应结合古代音韵来加在训释,才能正本溯源,准确地理解词义。

依照《广韵》,"冬"为"都宗切",平声冬韵端母;"烘"为"户公切""呼红切",平声东韵晓母或匣母。冬、烘二字的发音,声调相同,同为平声;韵部相近,冬、东二韵部紧邻,同为"通摄";但声纽却相去甚远,端母为舌头音,晓母匣母则为喉音。

"冬烘"词义当是由冬、烘二字的语音引申产生的:二字的语音具有相同、相近之处,而实则又不同;就如同颜标和颜真卿,虽有相同之处,都姓颜,而实则又毫无关系。

"冬烘"词义同语音的联系,古人已经注意到了。《避暑录话》载:崇宁(宋徽宗年号)末,安国遭谏官弹劾,说他"人材闒冗,临事冬烘"。安国口吃,"戟手跃于众曰:'吾不辞谴逐,但冬烘为何等语'"此事广为流传,人们将他"目为冬烘公"。

在这里,"冬烘公"已同其"口吃"发音紧紧联系在一起了。

根据以上分析,笔者认为"冬烘"一词,本义为肤浅,马虎,引申后才出现"迂腐,浅陋"之义。(李芳元)

制藝 0354

经义的别称。因是制举应试文章,故称制艺。也叫制义,即八股文。

按:(1)制艺又称制义、时艺、时文、四书文等,即俗称之八股文、八比文。它是明清两代科举以八股取士期间的名称。此条未标明时代,泛而失当。(2)不能说是"经义的别称"。明代定制,乡、会试第一场试"四书义"三道,"经义"四道,一共要写七篇八股文。(3)说"因是制举应试文章,故称制艺。"亦误。按制举自汉代即有之,隋唐实行科举以后,它是常科(进士科、明经科等)之外的制科,乃以天子名义诏试,考试科目与时间都不固定,"其为名目,随其人主临时所欲。"(《新唐书·选举志二》)这与明清之乡试、会试根本不同。商衍鎏《清代科举考试述录》指出:"制科始于两汉,皆由朝廷亲试,不经涉于官司,历汉、魏、六朝、唐、宋不改。惟唐之试科分为数类,有制科,有进士、明经诸科,并不相合。自元、明专用进士一科,不用制科,遂有误以进士科为制科,且更误以八比文为制举文者,是典制与名称俱失之,而不知制科实于进士外为一科也。"(张虎刚)

勃姑 0376

新版《辞源》"勃姑":"也为鸠的别名。"

按,释义含糊。鸠有祝鸠、雎鸠、鸤鸠、爽鸠、鹘鸠等多种,差别甚大。究竟是哪一种?似当为鸤鸠,即今布谷。《尔雅·释鸟》:"鸤鸠,鵠鵴"。郭璞注:"今之布谷也。"郝懿行义疏:"《六书故》云:'其声若曰布谷,故谓之布谷,又谓勃姑,又谓步姑。'按今扬州人谓之卜姑,东齐及德沧之间谓之保姑。其身灰色,翅尾末俱杂黑色,农人候此鸟鸣布种其谷矣。"《广雅·释鸟》"击谷,布谷也"王念孙疏证:"拨谷、勃姑、步姑者,布谷之转声也。"

《汉语大词典》释为"鹁鸪"，亦欠明晰，易与鹁鸠、鹁鸪定即鹨鸠、祝鸠相混。《尔雅·释鸟》："隹其，鳺鴀"。郭璞注："今鹨鸠。"郝懿行义疏："《说文》雔，祝鸠也……鹨鸠声转为鹁鸠，又转为鴔鸠，以其栖有定所，故南方有鹁鸪定之语。"（张标）

勒停 0378

注："㊀宋代官吏有罪外贬，轻则称送某州居住，稍重叫安置，又重叫编管。编管以上，追毁出身以来文字，除名勒停。"按：注文实际上并未对"勒停"作出解释，似宜于开头加上"勒令停职"一句，作为定义。（王彦坤）

勾陳 0386

"勾陈"一词释曰："星名。同'钩陈'。共六星，在紫微垣内。勾陈，即北极星。"释"钩陈"一词曰："星名。在紫微垣内，最近北极，天文家多借以测极，谓之极星。"皆以之作"极星"有欠准确。因为由于地轴的运动，北天极也在悄悄地移动着它在北天空的位置，所以不同时代的北极星是不相同的。右枢星、天乙星、太乙星、少尉星、帝星、天枢星等都曾靠近北天极，而充当过不同时期的北极星。《辞源》在"勾陈"释义后引汉代用例，在"钩陈"释义后引晋代用例，也欠准确。因为古今北极星非一，汉晋时的北极星非勾陈。又因勾陈有六星，非六星皆作极星，今之北极星也只是"勾陈一"。（徐传武）

匏瓜 0387

葫芦。《论语·阳货》："吾岂匏瓜也哉，焉能系而不食！"后以匏瓜比喻求官不得或不被重用的人。《文选》三国魏王仲宣（粲）《登楼赋》："惧匏瓜之徒悬兮，畏井渫之莫食。"

吊起来的仍然是葫芦，而不是"求官不得或不被重用的人"。通常认为这是整句用典，比喻求官不得或不被重用。（赵恩柱）

北 0389

"北"字本义，新本《辞源》释之为"败北"。这也是本义解释不当的一个字例。"北"字，甲骨文、金文、小篆均象二人相背之形。显然，"背向"即其本义。《说文》云："北，乖也。"乖者，乖违也，即二人相违背之意。许慎所释义正是"北"字的本义。"北"字由"背向"义，引申而有"背离"、"相背而去"及"败逃"诸引申义。新本《辞源》所列第一义项"败逃"，显然只可能是"北"字的引申义。《荀子·议兵》"遇敌处战则必北"杨倞注："北者，乖背之名，故以败走为北也。"这里杨倞事实上已说出了"北"字的本义与引申义的关系。

从文字形体演变关系看，"北""背"二字实为古今字关系。《战国策·齐策六》"士无反北之心"韦昭注："北，古背字。"《诗经·伯兮》"焉得萱草，言树之背"毛传："背，北堂也。"毛亨以"北"释"背"，犹韦昭以"背"释"北"，皆是视"北""背"二字为古今字关系。

从音义关系考察，"北""背"二字皆从"北"得声，古音双声，并隶帮纽，音近义通。《广韵》释"北"为"奔"，亦双声为训，义近"败逃"。

据此可明，"北"字本义当是"背向"，而非"败逃"，亦非后世假借为方位词北方之"北"。"背向"与"败逃"无疑是本义与引申义关系。

不难看出：上面考证"北"字本义时，是综合运用了形训、义训与音训各方法，从形、音、义三方面全面探讨、互相参证，以求确诂的。（刘基森）

南人 0419

金、元称汉人为南人。《金史·舆服志下》："初，女真人不得改为汉姓及学南人装束。"

按：释义不确。释义之所以不确，是因为溯源不确。"南人"一词，大约始见于《宋史·王旦传》："帝（按：指真宗）欲相王钦若，旦曰：'臣见祖宗朝未尝有南人当国者，虽古称立贤无方，然须贤士乃可。'"王钦若，宋临江军新喻（今江西新余）人，故王旦目之为"南人"。由此可知，南人者，江南之汉人也。王旦说的是实情，下面举两个例子来证实王说。晏殊，宋抚州临川（今江西抚州）人，"七岁能属文"，被目为神童，真宗召试诗赋，殊援笔立成，"帝嘉赏，赐同进士出身"。可是宰相寇准不赞成，理由是："殊，江外人。"事见《宋史·晏殊传》。这里所说的"江外人"，就是"江南人"的意思。又，宋江阶几《阶几杂志》："莱公（按：即寇准）恶南方轻巧，萧贯当作状元，莱公进曰：'南方下国，不宜冠多士'遂用蔡齐。出院顾同列曰：'又与中原夺得一状元。'"按萧贯，今江西抚州人；蔡齐，洛阳人，《宋史》均有传。由此可见，宋初已经有了南人、北人（中原人）之分。为什么宋人有此地域畛畦之见，我想主要是政治上的原因。宋继后周立国，而梁、唐、晋、汉、周五代，都在中原建国，他们自视为正统，视江南割据诸国为支流。这种长期的南北对峙局面，反映到语言中来，就有了南人、北人之分。南宋初年，秦桧向高宗建议："南人归南，北人归北。"（见《宋史·秦桧传》）这里的"南人"，也是"江南汉人"的意思。由此可见，"南人"的称呼，是汉族人率先使用的。其后，金人、元人也沿用此称，当是从汉人那里学来的，并不是他们的发明。说到这里，我想释义似乎应该改作"宋代以来对江南汉人的称呼"。原来的释义没有"江南"二字，欠妥，因为只有江南汉人才是南人，中原的汉人则不是，这从下面的书证里可以得到证明：《元史·选举志》："蒙古，色目人作一榜，汉人，南人作一榜。"（吕友仁）

南亩 0422

《诗经》里多次说到南亩，如《豳风·七月》："馌彼南亩"；《小雅·大田》："俶载南亩"；《信南山》："南东其亩。"由于南亩向阳，利于农作物生长，古人田土多向南开辟。

案：以田土向南开辟，故称南亩。其说有可取之处。但是田土为什么要向南开辟呢？《辞源》认为"南亩向阳，利于农作物生长"。其解释仅凭臆说，未必确实。

"南亩"既与古代的耕作制度相联系，又与沟垄道路有关系。《诗经》中有内证。古人田土陇亩走向当依山形水势，尤其是水势，开沟筑垄，或南北向，或东西向，一以有利于引水灌溉、农事耕作为前提，所谓"疆理天下，物土之宜，而布其利"（《左传·成公二年》文）。《诗·齐风·南山》："蓺麻如之何？衡纵其亩。"又《小雅·信南山》："我疆我理，南东其亩。"毛传："或南或东。"孔颖达疏："分我天下土宜之理，而随事之便，使南东其亩。"《诗经》本身足以证明上古垄亩走势都是根据地理环境，或东西向，或南北向，或纵或横。至于是否向阳，未必是开沟筑垄的主要根据。

再看其他典籍材料。《左传·成公二年》载：鞌之战，晋国战胜齐国，齐国求和，晋国提出苛刻条件，要"使齐之封内尽东其亩"。晋在西，齐在东，如果齐国施行南亩，沟渠道路也南北向，则于晋国进攻齐国不利，故令齐国"东其亩"。《左传》的记载是有根据的。古代确实有强国强行命令弱国改变垄亩的行为。如《韩非子·外储说右上》载：晋文公"伐卫，东其亩"。《吕氏春秋·简选》也载文公"东卫之亩"。高诱注："使卫耕者皆东亩，以遂晋兵。"其说可信。

总之，古代耕垄南亩、东亩的依据应该是山形水势之利，而不是所谓"南亩向阳"，《辞源》的解释应该修改。（毛远明）

厝 0440

（三）停柩待葬。《三国志·蜀·二主妃子传》："园陵将成，安厝有期。"按《孝经·丧亲》"卜其宅兆而安措之"清阮元校勘记："郑注本作厝。……厝措义别，而古多通用。"

按，"厝"就是葬，不是停柩待葬。葬的意义由安置的意义引申而来。《孝经》的"安措"是安葬，三国志的"安厝"也是安葬。旧《辞海》："（二）葬也。文选潘岳寡妇赋：'痛存亡之殊制兮，将迁神而安厝。'翰注：'谓迁柩归葬也。'按厝即措，置也，谓安置柩于兆穴而葬之也。今停柩待葬者亦曰厝。"这是正确的解释。（王力）

右 0462

《辞源》释作：凡在右手一方者皆称右，与"左"相对。

这种释义缺乏明晰性，让人看后还是无法弄清楚"右"是怎么回事。让我们看看 The Oxford advanced learners dictionary of Cunent English 中是怎么说的，它说："I. adj, of the side of the body which in toward the east when a person faces north"，意思是说：一个人面向北方，他东面的那一方就是"右方"。我们把两种注释比较一下，不难发现，后一种更明确，更具科学性。（王立）

司水 0464

殷代官名。为天子六府之一。即《周礼》之川衡。

按：此条缺沿革情况。据《唐六典》卷七"水部郎中"载，北周冬官府置司水中大夫。《旧唐书》卷四二"职官志一"载：天宝十一载，改水部为司水，至德二载复旧称。《通典》卷二三"职官五"亦同。（杜文玉）

司宫 0464

《辞源》只引用《仪礼》《左传》的资料，说明其为阉人之职，掌宫内事务。仍缺少沿革情况。

据《唐六典》卷一二"内侍省"载,武后光宅元年改内侍省为司宫台,神龙元年复旧称。《通典》卷二七"职官九"、《唐会要》卷六五"内侍省",所载皆同。(杜文玉)

司城 0465

此条《辞源》有两个义项,一为官名,另一为复姓。官名,只说春秋宋国避其君武公讳,改称司空为司城。然据《新唐书》卷四六"百官志一"载:龙朔二年改职方司为司城,咸亨元年复旧称。《唐会要》卷五九、《通鉴》卷二〇〇、《唐六典》卷五,所载皆同。(杜文玉)

司仓 0465

"汉有仓曹史,主管仓库,为郡的属官。北齐称仓曹参军。唐制,在府的称仓曹参军,在州的称司仓参军,在县的称司仓。"

按:司仓之称并不始于唐代。据《通典》卷二三"职官五"载:北周地官府置有司仓下大夫。《唐六典》《北周六典》等书中所载亦同。又唐代诸县置有司仓佐,并不称司仓。《新唐书》卷四九下"百官志四下"、《唐六典》卷三〇、《旧唐书》卷四四"职官志三",均有明确记载。(杜文玉)

司礼 0465

"唐高宗龙朔二年改礼部尚书为司礼太常伯,咸亨元年复旧称。"

按:唐代称司礼者并不仅限于此。据《旧唐书》卷四二"职官志一"载:武后光宅元年改太常寺为司礼寺,神龙元年复旧称。《唐会要》卷六五"太常寺"、《通典》卷二五"职官七"所载亦同。又据《旧唐书》卷四四"职官志三"载:太子东宫置司礼二人,掌礼仪参见,为内官之一。(杜文玉)

同居 0476

汉代称大家族中没有分住的兄弟及兄弟之子为同居。《汉书·惠帝纪》:"今吏六百石以上,父母妻子与同居,……家唯给军赋,他无有所与。"

按:释义不确。《辞源》释义的根据是《汉书·惠帝纪》颜师古的注。颜注说:"同居,谓父母妻子之外若兄弟及兄弟之子等见与同居业者,若今言同籍及同财也。"但颜注是错误的。关键在于没有认识到虽然分住也仍是同居。《唐律疏议》卷六:"诸同居,有罪相为隐。"《疏议》曰:"同居,谓同财共居,不限籍之同异,虽无服者亦是。"所谓"不限籍之同异",就是不管分住没有。又,同书卷十七:"诸谋反及大逆者皆斩,……伯叔父兄弟之子,皆流三千里,不限籍之同异。"《疏议》曰:"虽与反逆人别籍,得罪皆同。"可知法律上的"同居"是不管分住不分住的。《唐律》上承《汉律》,《唐律》对"同居"的解释,显然也适用于《汉律》。(吕友仁)

向风 0483

"向"谓仰慕归服,通作"乡""嚮"。"乡往"(《史记·孔子世家赞》)、"向服"(《越绝书·吴内传》)、"向慕"(《三国志·魏书·陈留王奂传》)连用,"向"并表佩服、仰慕。"向化"(《后汉书·班超传》)、"乡方"(《礼记·乐记》)、"归乡"(《诗经·商颂·长发》郑《笺》),"向"并表归服、依顺。"风"有教化、声教义。《尚书·说命下》:"咸仰朕德,时乃风。"孔《传》:"风,教也。"《战国策·秦策一》:"山东之国,从风而服。""向风"(或"乡风""嚮风")往往用于称颂明君善政,谓其教化所及,天下归心,应当注为仰慕归服教化。《管子·版法》:"兼爱无遗,是谓君心,必先顺教,万民乡风。"贾谊《过秦论中》:"秦并海内,兼诸侯,南面称帝,天下之士,斐然嚮风。"《汉书·司马相如传·上林赋》:"于斯之时,天下大说,乡风而听,随流而化。"《盐铁论·非鞅》:"诸侯敛衽,西面而向风。"以上均是,似无疑义。《辞源》于"向风"下,引南朝梁陆佐公《石阙铭》:"乃正六乐,治五礼,改章程,创法律;置博士之职,而著录之生若云;开集雅之馆,而款关之学如市;兴建庠序,启设郊丘,一介之才必记,无文之典咸秩。于是天下学士,靡然向风。"注:"闻风仰慕。"不如注为仰慕教化,因为"闻风"通常表示听到风声(如"闻风丧胆""闻风而动"等),显然于此不协。于"嚮风"下,引司马相如《上林赋》,注:"依顺,敬慕之意。"注文只释"嚮"义,未及"风"义,应作补正。于"乡风"下,引《管子·版法》《史记·留侯世家》,注:"归化。"注文如按古代词语同义互训理解,似无不妥;如按以今语释古语理解,"归化"谓归顺(参看《辞源》二册),仅相当于"向"义,亦不相应。同一词而有三种注文,互有参差,恐系数人分别注释、失于协调所致。

吴戈 0488　吴魁 0489

《辞海》:"吴戈:戈是平头戟,春秋时吴国所产的戈最锋利,古时多用来指锋利的兵器。《楚辞·九歌·国殇》:'操吴戈兮披犀甲,车错毂兮短兵接。'"《辞源》:"吴戈:盾名。一说为戟。《楚辞》屈原《九歌·国殇》:'操吴戈兮披犀甲。'《广雅·释器》作吴魁。"吴戈到底是戟还是盾呢？戟与盾是两种完全不同的武器。

《辞源》:"吴魁:大而平的盾。本出于吴,为魁帅所持。见《释名·释兵》。参见吴戈。"查刘熙四部丛刊影印明复宋陈道人刊本《释名·释兵》:"盾……大而平者为吴魁,本出于吴,为魁帅所持也。"王念孙在《广雅疏证》卷八"吴魁干瞂楯戟盾也"条中说:"盾,或作楯。《释名》云:'盾,遁也。跪其下避刃以隐遁也。'古者,盾或以木,或以革,其系以纷。""《方言》:'盾,自关而东,或谓之瞂,或谓之干,关西谓之盾。'《周官·司兵》:'掌五兵五盾。'郑注云:'五盾,干橹之属。'是盾为干、木橹、瞂之总名也。《楚辞·九歌》:'操吴戈兮披犀甲。'王逸注云:'或曰操吾科,吾科,盾之名也。吴科与吴魁同。《太平御览》引《广雅》作吴科。科、魁声相近。故《后汉书·东夷传》谓科头为魁头。《释名》云:'盾大而平者,曰吴魁。本出于吴,为魁帅所持也。'案吴者,大也。魁亦盾名也。吴魁犹言大盾,不必出于吴,亦不必为魁帅所持也。《方言》:'吴,大也。'"(丁治民)

咫 0509

(一)周尺八寸叫咫。

按,释义不明确。说文:"咫,中妇人手长八寸谓之咫。周尺也。"据此,应解作:"八寸。周以八寸为尺,叫做咫。"或者简单地解作"八寸"亦可。(王力)

唐花 0514

《辞源》(修订本)"唐花"条说:"在暖房里培育的花。"新出版的《汉语大词典》"唐花"条说:

"在室内用加温法培养的花卉。"这两种解释都认为唐花是温室花卉。而《辞海》(修订本)对"唐花"的解释则说:"亦作'堂花'。放在密室里用加温法使提早开放的花。"指明了唐花不但是温室花卉,而且是以促使花期提前为目的的。"唐花"又作"堂花"。《辞海》对"堂花"的解释同"唐花",二者的解释是统一的。而《辞源》(修订本)"堂花"条说:"温室中人工培育早开的花。"与该词典对"唐花"的解释有别,这不能不说是疏漏之处。

令人遗憾的是目前的词典对"唐花"和"堂花"的释义都不全面,犯了以偏概全的毛病。如《汉语大词典》"堂花"条说:

温室中人工培育早开的花。宋周密《齐东野语·马塍艺花》:"凡花之早放者,名曰堂花。其法以纸饰密室,凿地作坎,缏竹,置花其上,粪土以牛溲硫黄,尽培溉之法,然后置沸汤于坎中,少候,汤气熏蒸,则扇之以微风,盎然盛春融淑之气,经宿则花放矣。"清王士禛《居易录谈》卷下:"今京师腊月即卖牡丹、梅花、绯桃、探春,诸花皆贮暖室,以火烘之,所谓堂花,又名唐花是也。"清富察敦崇《燕京岁时记·唐花》:"凡卖花者,谓熏治之花为唐花。每至新年,互相馈赠。牡丹呈艳,金橘垂黄,满座芬芳,温香扑鼻,三春艳冶,尽在一堂,故又谓之堂花也。"

从该条所引的《齐东野语》《居易录谈》和《燕京岁时记》来看,说堂花是"温室中人工培育早开的花",可谓恰到好处。但是仔细一研究,就会发现这与周密《齐东野语》对于堂花所下的定义不同!周密只认为花期提前的花是堂花,却根本没有什么"温室"一类的说法。可是从《汉语大词典》"堂花"条所引《齐东野语》原文来看,周密所说的堂花确确实实是"温室中人工培育早开的花"。如此看来,《汉语大词典》"堂花"条释义似乎比周密给堂花下的定义更符合实际情况,更缜密。

其实不然!周密为文章大家,他为堂花下的定义"花之早放者"是正确而全面的;今人对堂花的释义"温室中人工培育早开的花"则是以偏概全,实不足取。词典在引用周密《齐东野语·马塍艺花》的原文时犯了断章取义的毛病,《汉语大词典》及《辞源》(修订本)"堂花"条所引《齐东野语》原文从"凡花之早放者"起,至"经宿则花放矣"止,其实周密《齐东野语》原文紧接着还有一大段重要的文字,这段文字正好为周密给堂花下的定义"花之早放者"作注脚,但《汉语大词典》和《辞源》两书的"堂花"条却都弃之不顾,未加以引用,这段未被引用的文字如下:

若牡丹、梅、桃之类无不然,独桂花则反是。盖桂必凉而后放,法当置之石洞岩窦间,暑气不到处,鼓以凉风,养以清气,竟日乃开。此虽揠而助长,然必适其寒温之性,而后能臻其妙耳。

《汉语大词典》和《辞源》的"堂花"条均未重视这段文字,而且弃之不引,于是导致了对"堂花"的释义犯了以偏概全的错误。

显而易见,周密认为提早开放的花为堂花,那么其具体方法又如何呢?从《齐东野语·马塍艺花》的全部文字可知,实际上就是通过人工控制温度的方法促使花期提前,也就是说通过人工控制温度的方法,使环境温度达到某种花卉开花时所需要的合适的温度,从而提早开花,这就是周密所说的"适其寒温之性",其法有二:

一为升温法。在自然环境的温度低于某种花卉开花所需要的温度时,将花卉放于温室中升温,从而促使其提前开花。如在严寒的冬日,将春天才开花的牡丹、梅、桃之类置于温室之中,促使其提前开花。周密《齐东野语·马塍艺花》中"其法以纸饰密室……经宿则花放矣"一段,讲的正是这种升温法。

二为降温法。在自然环境的温度高于某种花卉开花所需要的温度时,将花卉放于凉爽处,从而促使其提前开花。如在炎热的夏日,将秋天才开花的桂花置于凉爽的石洞之中,促使其提前开花。周密《齐东野语·马塍艺花》中"若牡丹、梅、桃之类无不然,独桂花则反是……竟日乃开"一段,讲的正是这种降温法。

如今所有词典在为"唐花"和"堂花"释义时,都是只言升温法,而不言降温法,遂使得对这两个词的释义失之于偏颇。其原因就是弃《齐东野语》中那一段讲降温法的文字于不顾。其实也不必过于苛求今人,因为这一失误并不自今人始,清赵翼以博学著称,尤精于考据之学,但是他在《陔余丛考》卷三十中用周密《齐东野语·马塍艺花》这段文字来解释"唐花"时,恰恰也是只言升温法那一段,而丢掉了降温法那一段。他说:"周密记马塍艺花:'凡花之早放者……经宿则花放矣。'此今之所谓唐花也。"笔者怀疑,《辞源》(修订本)和《汉语大词典》的"堂花"条之所以也只引周密这段文字是源于赵翼之说,而没有认真推敲《齐东野语·马塍艺花》全部文字的含义。清王士禛的《居易录谈》和富察敦崇的《燕京岁时记》在诠释"唐花"和"堂花"二词的意义时,亦只言升温法,而丢掉了降温法。看来今人编纂词典时,决不可不假思索地袭用前人成说,这样往往会出问题,以致以讹传讹。

综上所述,对于"唐花"和"堂花"二词,从清代诸家至当代的所有词典都解释得不全面,只言升温法,不言降温法,均与周密在《齐东野语》中对"堂花"所下的全面的定义"花之早放者"不合。笔者认为"唐花"和"堂花"二词的释义应为"通过人工控制环境温度,使开花期提前的花",庶几符合周密《齐东野语·马塍艺花》的原意。(周士琦)

售 0528

(一)卖。《诗·邶风·谷风》:"贾用不售。"

按,说文新附:"售,卖去手也。"卖去手就是卖脱手,也就是卖得出去。"不售"是卖不出去,而不是不卖。引申为卖(后起义)。刘子新论:"售药者欲人之疾。"(王力)

嗟來食 0533

嗟来食,悯人穷饿,呼使来食。(下引《礼记·檀弓下》,略)后因以嗟来之食比喻带有轻蔑性的施舍。省作"嗟来"。

"悯人穷饿,呼使来食",对于一个生活在大饥三年的饿者,在"饥不择食"的情况下,有人"呼使来食",应该是感激不尽的,怎么能谈到是"轻蔑性的施舍"呢?何况,饥者仅仅因为"呼"使来食,宁肯饿死也不"食",也未免有点太矫情了。

"嗟来食"之"嗟",并非历来注家所解释的"咨嗟愍之","悯人穷困,呼使来食"那样,而"咨

"嗟""嗟咨""嗟兹"均为叹词,以怜悯的声音"呼使来食",并不含有"轻蔑""侮辱""不敬"的意思。

或曰,"呼使来食"的"呼"是一种不敬的表示,然则,"嗟来食",毕竟不等于"呼来食",无疑,"嗟"是"呼"的声音。

朱起凤《辞通》"嗟来"条按:

《孟子》:"一箪食,一豆羹,得之则生,弗得则死。嘑尔而与之,行道之人弗受。"并引《孟子注》"嘑尔"犹"呼尔",啮啐之貌。"呼"字古与"嗟"通。《易·离卦》"大耋之嗟",《音义》云:嗟,读遭哥切。是"嗟"字古亦读"嘑"也。"尔"字古作"尒",形如"来"字近,故"嗟来"即为"嘑尔"之假。"嗟""嘑"声近,"来""尒"形讹。此为极鄙薄之声。今吾乡呼狗,犹有作此声者,语音转讹,则变为"阿六六"矣。

《辞通》又引《演繁露》:

绍兴中,秦桧专国,献佞者谓之圣相,无名子为诗,有云"呼鸡作朱朱,呼犬作卢卢。"世人呼犬,不论何地,其声皆然。(卢,或作喔,《广韵》十遇注"喔喔"吴人呼狗方言也。)今俗呼"阿六六",即"喔喔"转音。

现在北方乡间,养狗者看不见狗在何处,大声呼之,其呼亦有近"阿六六"之声者,胶东乡间则呼"阿料料",从近处唤狗前来吃食,则望着狗,以脚点地,口发"嗟嗟……"之声,狗闻声便会立即前来就食。

"嗟来食"之"嗟"系象声词,正如《释名·释言语》所谓"嗟,佐也,言之不足以尽意,故发此声,以自佐也"。狗不通人言,而对某些声音却有本能的条件反射,闻唤声当即来之。

《礼记·檀弓》中的黔敖"左奉食,右执饮",嘴里不断地发出"嗟嗟……"的声音,如同唤狗一样地召饥者来食。这是一种侮辱人的行为,故饥者宁肯饿死,也不食"嗟来之食"。(李思乐)

團扇 0580

释云:"圆扇,也叫宫扇。宋以前称扇子,都指团扇而言。《才调集·长信愁》诗:'奉帚本明秋殿开,且将团扇其徘徊。'"

按:《宋朝会要》曰:"本汉世长柄扇,宋孝武时,昭王侯鄣扇不得用雉尾,故王公以下,有朱团扇。疑自此其始也。"据此以补正《辞源》之未详之处。(马振亚)

團案 0580

科举县试初试合格的名单,不分次第团团书写,所以叫团案。覆试时,才分名次先后,叫长案。

按:"团案"当系与"长案"对比而言。"案"犹"桌",会宴时,一般于圆桌则不分上下座次,如所谓"圆桌会议",即取义于此。而长桌(即条桌)则往往有上下座次之分。引以作喻,则谓发榜时不分先后次序但书姓名者为"团案",以成绩先后列次序者为"长案"。解作"团团书写",不知是如何写法?

又"复试时,才分名次先后叫'长案'。"既然初试后不分名次是因尚需复试,那末,"复试时,才

分名次先后",又有何用？以情理推度,"长案"之定名次,当在复试"后",而不是复试"时"。（张蓁）

團鳳 0580

一茶名。也叫"凤团"。宋苏轼《分类东坡诗》十三《和钱安道惠建茶》："粃糠团凤友小龙,奴奈日注臣双井。"龙凤、日注、双井皆茶名。

按："龙凤"为"龙团"与"凤团"之合称,也叫"龙凤团",为茶之精品,宋朝专供皇宫饮用。随后,又择选制"龙凤团"茶叶中之尤精者,制为"小龙团",更优于"龙凤"。故苏诗极言安道所惠之茶,其精佳可与"小龙"为友（比美）,而视"团凤"如粃糠。注释中未提出"龙团",而又提出"龙凤",不免使人误以为是"小龙团"与"凤团"之合称。应改为"团凤、小龙、日注、双井皆茶名,而以小龙为尤精",方不至于误会。（张蓁）

团练使 0581

注云："官名。唐肃宗时置,大者领十州,并设团练副使。代宗后令刺史兼团练使。宋以团练使为虚衔。明废。"

按：这条注文虽不算短,却没有把最为关键的地方,即团练使的职掌注出,读后甚至连它是文官还是武职都不得知。其实只须在"唐肃宗时置"之后补上"于不设节度使之地区,掌本区各州军事"那么十数字,就再明白不过了。（王彦坤）

埏 0606

"埏"的音读,《广韵》《集韵》依义变有四。据异读字字音规范的原则,酌取《广韵》夷然切、式连切,折合现代音读为 yán、shān。我们就"埏"的释义问题逐项分辨,剖析。

（一）yán

旧版《辞源》：埏,（一）地际也。如"八埏",谓地之八际也。

《辞源》1979年修订本作：大地的边际。《史记》卷一一七《司马相如传》封禅书："上畅九垓,下泝八埏。"《集解》："埏,若八埏,地之际也。"

两相比较,新《辞源》的释文有所增删,接近口语。问题在于准确性。所谓"地际"的"际"固然是"边际",而"地"却并不能说是"大地"。"地"和"大地"只能说有着包容与被包容的关系,"地"是上位概念,"大地"是下位概念,它们并不等义。所谓"大地",据新《辞源》,是"广阔的地面"。"大地的边际",就是"广阔的地面"的边际。"埏"的词义如果真是这样,那么,下面诗句的"埏"就不好解了：

关张早死后主弱,典午自帝开坤埏。（元陶宗仪《辍耕录》卷二十《箕仙咏史》）

最后悉众登郊埏,红硝飞镝齐控弦。（清孙义钧《好深湛思室诗存·后定海行》,见《鸦片战争文学集》）

上述诗句中"坤埏""郊埏"的"埏",显然不能说是"广阔的地面"的边际,即"大地的边际"。"坤"是指"地"。《易·系辞上》:"天尊地卑,乾坤定矣。"所谓"坤埏"才是指"大地的边际"。"郊"是"城郊"。"城郊"何"广阔的地面"之可言。所以"郊埏"不过是城郊的"边际"而已。看来,前引旧版《辞源》对"埏"的释义是正确的。"如八埏,谓地之八际也"。只有"八埏",才能说是"地之八际"。这样,以"埏"作为词根,另行组词,诸如"坤埏""郊埏""九埏"。依"八埏"释"地之八际",其词义诠释,就会豁然贯通。显然,把"埏"释为"地之八际"或"八方之地",是把"埏"和"八埏"相混,从而以"八埏"的词义取代"埏"的词义。而把"埏"释为"大地的边际",则是对"地际"之"地"的理解,由于"八埏"词义的干扰而失准。

（二）yán

"埏"的另一词义是"墓道"。对此,大凡提及这一词义的字书、辞书都是一致的。《玉篇》《说文新附》则不载。从前人书例及注疏辨析,好像事情并非那么单一。即以《辞海》释为"墓道"的书证《后汉书·陈蕃传》而言:"民有赵宣,葬亲而不闭埏隧。"李贤注:"埏隧,今人墓道也。"这里,"埏隧"才是墓道。"隧"的本义是地道,如《左传·隐公元年》:"公入而赋:'大隧之中,其乐也融融。'"也可特指墓道,如《左传·僖公二十五年》:"晋侯朝王,王享醴,命之宥,请隧,弗许。"所谓"请隧",就是请求做墓道以埋葬。若是"埏隧"的"埏"作墓道解,而"隧"也是墓道的话,那么,"埏隧"的构词则是同义并列合成关系。而如果对"隧"作本义理解,即指地道,则"埏隧"的构词应是偏正关系,此时,"埏"就不好作"墓道"解了——"埏"只是"墓"的意思。按一般情况而言,我们对于"隧"应从本义理解才是。请看看下面的例句:

莫愁埏道暗,烧漆得千年。（唐于鹄《古挽歌》）

韬从埏道下,见宫室制度闳丽,不异人间。（欧阳修《新五代史·温韬传》）

很清楚,所谓"埏道"就是"埏隧"。由此,足证"埏隧"的构词是偏正关系,"埏"不是"墓道"。

"埏",起初指墓道;后来由于语言发展、衍化,或是单音词向复音词转化,或是部分代替全体,这样也就产生了"墓"的意义。所以,我们在给"埏"释义时,单用"墓道",不足以反映语言的实际。这里,不需要分立义项,释文作"墓道;墓"即可。

（三）shán

《辞源》1979年修订本:埏,（三）以水和土。《管子·任法》:"昔者尧之治天下也,犹埴之在埏也,唯陶之所以为。"《集韵》:"埏,和土也。"玄应《一切经音义》十三:"埏,揉也。"

《辞源》补上"以水"两个字,使"埏"的意义明晰多了。事实上,"埏"的"和土",不是干和、搅拌,是要用水的。《中文大辞典》据《老子》第十一章:"埏埴以为器。"河上公注:"埏,和也"及《荀子·性恶》"故陶人埏埴而为器",杨倞注"埏,击也",分立为两个义项,这是没有道理的。"和土"需要"击";"击"是"和土"的具体操作。两者指的是同一回事。义项分立,对于一个多义词来说,其词义应该是相对独立的;义项之间,只能存在引申、派生关系,义项与义项所包含的词义不能同一。

我们说新版《辞源》给"埏"立下"以水和土"的义项,较之旧字书明晰,是从"埏"确有这么一个意义而言的。但新版《辞源》在这个释文之后,所引书证,跟其释文并不对号。"以水和土",是一个动词性词组;而"犹埴之在埏","埏"应该是名词,用一个动词性词组来解释名词,无异于把"犁田"的"犁"说成是"犁铧"的"犁",把耕地的动作说成是翻土的农具。"埏"作名词用法,还如:柳宗元《愈膏肓疾赋》:"然臣之遇疾,如泥之外埏;疾之遇臣,如金之在冶。""处"是一个动词,所"处"的地方"埏",只能作名词理解。方以智《物理小识·金石类》更作"埏模","埏"的名词性意义就更是毋庸置疑的了。对此,我们认为旧《辞源》的处理是恰当的。

埏(二)和土也。见"埏埴"条。(三)瓦型也。《管子》:"尧之治天下也,犹埴之在埏也。"

不知究竟是根据什么,1979年版《辞源》却将旧版《辞源》的正确释义和处理,作了那样一个错误的修改。(祝注先)

报 0615

私通辈分较高的女性。《左传》宣三年:"(郑)文公报郑子之妃曰陈妫。"《注》:"汉律:淫季父之妻曰报。"

按:该义项释文仅据杜《注》所引《汉律》而定论,有欠周备。当用服虔说——《诗·邶风·雄雉》孔《疏》引服虔云:"淫亲属之妻曰报。"实际上,确如服说,古代与女性发生乱伦的性关系均可称之为"报"。《广雅·释诂一》:"报,婬(淫)也。"《小尔雅·广训三》:"男女不以礼交谓之淫,上淫曰烝,下淫曰报,旁淫曰通。"可见不仅与辈分较高的女性私通可称为"报",而且私通辈分较低的女性也可称为"报"。如《新唐书》卷二一二《藩镇传·卢龙》:"其(指卢龙节度使李匡威)弟兵马留后、检校司徒匡筹妻张,国艳。匡威酒酣,报之,弟怒,……"李匡筹之妻是李匡威的弟媳,对于李匡威来说,辈分自然较低。上述记载即可说明"报"不局限于私通辈分较高的女性,从而可证新版《辞源》的诠释不够准确、全面。(丁鼎)

大匠 0663

此条《辞源》有两个义项,一为手艺高超的木工;一为官名,即"汉时掌修建宫室之官称将作大匠。"

按:仍无沿革情况。据《通典》卷二七"职官九"载:将作大匠,魏晋以来多有设置,南朝梁陈称大匠卿,北周称匠师中大夫与司木中大夫,隋一度改称将作大监、大令,唐称大匠,天宝中又称大监,后复故。《唐六典》卷二三"将作监"所载亦同。(杜文玉)

大震関 0680

又名陇关。在今山西陇县陇山下。

案:"陇县"在陕西西部,"山西"在陕西东部,方向相反,大震关不可能在山西界。"山西"应是"陕西"之误。《中国古今地名大辞典》:"大震关,在陕西陇县西陇山下,即陇关也。章怀太子曰:'陇关,陇山之关也,今名大震关。'《元和志》:'大震关,后周置。汉武至此遇雷震,因名。'"其

说是也。《太平寰宇记·陇州》《读史方舆纪要·陕西·名山·陇坻》也载"大震关",均认为在"陕西"而非"山西"。(毛远明)

夭昏 0709

幼年死亡。短折曰夭,未名曰昏。《左传昭九年》:"寡君之二三臣,札瘥夭昏。"《疏》:"子生三月,父名之;未名之曰昏,谓未三月而死也。"

按:"短折曰夭,未名曰昏,"此析言之也;若浑言之,则凡未至老年而死者皆可谓为"夭昏"。不然,未满三月不及"名之"之小儿,焉得谓为"寡君之二三臣?"《疏》之解有隔。(张蓁)

契阔 0724

此条列义项二:㈠离合,聚散。偏指离散。引《诗·邶风·击鼓》"死生契阔,与子成说"为证。按:近人钱钟书《管锥编》据黄生《义府》卷上,谓"契,合也;阔,离也,与死生对言",驳旧注之误。又引《全北齐文》卷四魏收《为侯景叛移梁朝文》:"外曰臣主,内深骨肉,安危契阔,约以死生。"以为"安、契、生与危、阔、死各相当对,无一闲置偏枯,尤为黄说佳例。"(第一册80—81页)据此,则《击鼓》诗并非偏指离散。钱氏又说契阔本来是并列复词,后来才渐成偏义,或以契吞并阔,或以阔吞并契,各引了一些例证。其中多可采用。(同上,81—82页)又,义项㈡要约,死生相约。引繁钦《定情诗》"何以致契阔?绕腕双跳脱。"曹操《短歌行》"契阔谈䜩,心念旧恩"为证。然据上引书,繁诗的"契阔"为亲密、投分之意,曹诗的"契阔"可作亲近解(同上),《辞源》所释虽亦有据,但并不正确,钱氏已详辨之,文繁不录。(张涤华)

女史 0729

1980年修订版《辞源》第一册第729页、1980年缩印本《辞海》第1096页以及1989年版《汉语大词典》第四册第257页,均对"女史"为"古代女官"作了肯定性的释义。三书均主《周礼》的,特别是汉代经师的"女史"说,认为"女史"职掌后宫中的礼制、纠察和史书撰述工作,即如《毛诗义疏》所说,"女史彤管法如国史主记后夫人之事"。其实,《周礼》的"女史"说是一个史学悬案,需要细加辨正,而汉代经师的"女史"说,亦早为学者所批驳,证明为只不过是一种托古改制的谬说。《辞源》等三书关于"女史"的释义,给"女史"问题蒙上了一层迷雾,在学术上是不够严谨的。以下谨就其所引释例进行辨正。

一 女史建置是一个悬案

《周礼·天官·女史》记载:"女史,掌王后之礼职:掌内治之贰,以诏后治内政;逆内宫;节内令;凡后之事,以礼从。"又《春官·世妇》属下有"女史二人"。这是《辞源》等三书释"女史"为"古代女官"的第一依据。但是,这一依据是不能成立的。其理由如下:

第一,以《周礼》所载来说,天官女史与春官女史是两种性质完全不同的女史。天官女史为天官冢宰的属官,职掌王后礼仪顾问、考核后宫财务会计和书写王后在后宫颁布的命令,是"女官";春官女史为春官宗伯属官世妇的属员,职掌"起文书草",其身分郑注为"女奴晓书者",并非

"女官"。《辞源》等三书混淆《周礼》所载的这两种女史的区别,统释之为"古代女官",其本身就存在着释义与释例的矛盾。

第二,《周礼》旧传周公所撰,为儒家经典之一,对后世官制影响很大,汉唐诸儒多深信不疑。但《周礼》制度比春秋战国时代的制度还要完善,从汉代开始就引起人们的质疑。当今学者公认,《周礼》所记有实有虚,其部分记载得到地下文物如甲骨文、金文的证实,但更多的却是理想化的构想。基于上述,既然《周礼》一书本身存在问题,那么《周礼》所说的作为"古代女官"的女史,就成为一个史学悬案。《辞源》等三书根据《周礼》对这一由《周礼》引起的史学悬案作出肯定性的释义,显然是不够严谨的。

二 《史通·史官建置》中的王劭请"复置女史之班",是隋朝没有女史制度设置的例证

《汉语大词典》给作为"古代女官"的"女史"补充的另一例证是:"唐刘知几《史通·史官建置》:'隋世王劭上疏,请依古法,复置女史之班,具录内仪,付于外省。'"王劭所说的"古法",指的就是《周礼》所载以及汉代经师所说的女史制度。《汉语大词典》引此例证,目的是要说明在隋代有女史制度的设置。但它却恰恰删去了紧接其后的最重要的两句话:"文帝不许,遂不施行"。既然是"王劭上疏",而"文帝不许,遂不施行",那么《汉语大词典》所引的这则材料,倒反而成为在隋代没有女史制度设置的例证了。应该说,这是一个严重的疏漏。

三 《野获编》中的"女史"不能作为"女史"为明代"女官"的例证

《汉语大词典》给作为"古代女官"的"女史"补充的又一例证是:"明沈德符《野获编·宫闱·女秀才》:'凡诸宫女曾受内臣教习,读书通文理者,先为女秀才。递升女史,升宫官,以至六局掌印。'"但是,一者此则材料的真实性有待证实,再者此则材料既没有说明此升迁制度实行的具体时间,也没有对"女史"职责作出具体的说明,不能作为在明代"女史"为"女官"的例证。

选用《野获编》作为"女史"的例证,是不够严谨的。

四 《后汉书》等典籍涉及"女史"的记载均为引喻,并非实指

汉儒注经,在谈到"女史"问题时,只说古而不道今,他们笔下的"女史",仅仅是一种托古建制的空想。汉儒希望在皇帝后宫中设置一种监察女官,这当然可以在后宫对后妃起到监察的作用,但它同时也监察到皇帝本身的私生活和平日的言行举止,这是皇帝所绝对不能允许的,因此实际上并没有设置。这种情况反映在《后汉书》等典籍上则是,凡涉及"女史"的记载均为引喻,并非实指。

例如,《后汉书·列女传赞》说:"端操有踪,幽闲有容,区明风烈,昭我管彤。"李贤对此段赞文注曰:"妇人之正其节操有踪迹可纪者,及幽都闲婉有礼容者,区别其遗风余烈,以明女史之所记也。"对于"管彤"一词,李贤注曰:"彤管,赤笔管也。《诗》云:'贻我彤管。'《注》云:'古者,后夫人必有如女史彤管之法也。'"据李贤注,此"管彤"指"古者"(西周时期)的"女史"的记事之笔。但在此赞文中用的是比喻义,指西周时期的"女史彤管之法",即"女史之所记",亦即西周女史的记事原则。但李贤对此处"管彤"一词的理解未够准确,"管彤"一词在此应引喻《列女传》的撰述原则。

又例如，《晋书·后妃传序》叙述三国时期的后妃情况说："永言彤史，大练之范逾微；缅视青蒲，脱珥之猷替矣。"也有人认为，此处的"彤史"，是指"女史"。其实，此"彤史"指的是列女传记，用的也是引喻。此两句的大意是：三国时期后妃空谈列女传记与列女图画，但品德却越来越差。具体地说，"永言"与"缅视"相对，"永言"指经常诵读，"缅视"指经常观看。"彤史"与"青蒲"相对，"彤史"指列女传记，"青蒲"即青色的蒲团，原喻皇帝卧室，此处借喻为列女图画。《汉书·史丹传》应劭注曰："以青规地曰青蒲，自非皇后不得至此。""大练之范"与"脱珥之猷"相对，"大练之范"指后妃俭朴自律的风范，用的是东汉马皇后"常衣大练，裙不加缘"的典故；"脱珥之猷"指后妃规劝国君勤政，脱下簪珥自责，用的是刘向《列女传》中"周宣姜后"的典故。"微"与"替"相对，指衰微与改变。

以上仅举二例。类似的例证很多，但均为引喻，并非实指。

基于上述，《辞源》《辞海》《汉语大词典》"女史"条目下的"古代女官"义项的释例，大部分都是不可靠的。（郑之洪）

如 0735

（一）随从，依照。《左传·宣十二年》："有律以如己也。"

按，这是呆板地依照说文。说文："如，从随也。从女，从口。"段注："从随，即随从也。随从必以口。从女者，女子从人者也。"说甚迂曲，不可据信。《左传·宣公十二年》："有律以如己也。"注："如，从也。法行则人从法，法败则法从人。"说亦迂曲。杨伯峻注云："有法制号令者，以其能指挥三军如一人，犹如自己指挥自己。"说较通畅。（王力）

如丧考妣 0737

《辞源》释作：像死了爹娘一样悲伤。今多含贬义。语出《尚书·舜典》："二十有八载，帝乃殂落，百姓如丧考妣。""殂落"，古代多指君王的死，如南朝梁刘孝标《辨命论》中即有"（刘瓛、刘琎）相次殂落，宗祠无飨"的话，是一种比较尊重的用法，至现代才有了揶揄讽刺的口气。孔颖达疏引郭璞曰："古死尊卑同称，故《书》尧曰'殂落'，舜曰'陟方'。乃死谓之殂落者，盖殂为往也，言人命尽而往。落者，若草木叶落也。"引文中成语之义为尊重用法，而《辞源》却将之放置"今多含贬义"后，不利于读者对成语本身含义的分辨。（王立）

孙奇逢 0793

保定容城孙氏（孙奇逢及其子孙）是清代的文学世家。费密《孙征君（奇逢）先生传》云："夏峰先生有子六人，诸孙十余人，以文学世其家。"然而，一九八〇年修订版《辞源》的介绍却有不确之处，以致有的文章也沿袭其错误。《辞源》"孙奇逢"条说：

> 孙奇逢，清直隶容城人。字子泰，号钟元。明万历二十八年举人。晚年讲学于苏州的夏峰山，学者称夏峰先生。

孙奇逢卒于公元1675年，距今只三百余年，记载其生平的文献资料甚多，皆言孙奇逢讲学于苏门，而不是苏州。费密在《孙征君先生传》中，先引孙奇逢的话说："中州地广，苏门山下，姚枢、许衡讲学旧处也，吾将往焉。"继而记述说："乘车东南移，途遇一客骑而北……下马拜曰：'先生何往？'征君曰：'失家，将之苏门居焉。'客曰：'吾有别业在辉县，去苏门山十余里，愿奉先生。'……已而副使马光裕与征君宅……四方来学者无所止，遂尽举以畀征君，在辉县郊外夏峰村，学者因称夏峰先生。"

其它如魏裔介《孙征君先生奇逢传》、刘易《孙征君先生传》、龚翰《孙征君先生传》、魏象枢《征君孙钟元先生墓表》、邵廷采《征君孙钟元先生传》、方苞《孙征君传》、陈僖《孙征君先生传》及《张果中传》、林纾《畏庐诗存·偶成》《国朝先正事略·孙夏峰先生事略》、孙奇逢的门人赵御众《夏峰先生集叙》《清史列传》卷六十六、《清代七百名人传》，亦皆称孙奇逢"讲学苏门"，有的还说"居夏峰村，人称夏峰先生"。

孙奇逢讲学苏门而非苏州的最有价值的佐证，是他自己写的日谱。顺治七年（奇逢六十七岁）四月二十八日记云：西岗早发，晚抵辉县，宿薛行坞山庄。五月初二记云：曹滋甫、澄甫邀游百泉……抵清辉阁、清爽绝尘。泉水之北，东坡题苏门山涌金亭六字于石亭下，波光日映，水草缥缈，若五色云炫人心目。并有《题百泉》诗：百亩源泉汇百川，如斯不舍古今联。康民济国无穷利，天一生来自有权。（见《孙征君日谱录》卷二）

按，苏门，系指今河南辉县城西北的苏门山。百泉在苏门山下，乃卫河上源。诸泉水汇聚为巨池，长一百米，宽四十米，晋孙登啸台、彭了凡墓、宋邵康节祠、百泉书院等古迹和唐宋石刻碑铭、飞虹桥、清辉阁、湖心亭等胜景，今犹存焉。关于孙奇逢讲学苏门的文献记载如此之多，百泉古迹尚存，《辞源》的编校者倘得其一，就不至于弄错了。看来，大约对文献记载并未仔细寓目，径将"苏门"改作"苏州"，可谓"失之毫厘，差之千里"。（李知文）

專任 0873

㈠一心信任。《礼·月令》"孟秋之月"："专任有功，以征不义。"《楚辞·汉东方朔》《七谏·沉江》："齐桓失于专任兮，夷吾忠而名彰。"

"专任"义为专一任用，不必增"心"释"专"。（赵恩柱）

尉律學 0876

汉兴，萧何草律，律令为廷尉所守，称尉律。《北史·江式传》："汉兴，有尉律学，复教以籀书，又习八体，……"

仅解释了"尉律"，丢开了"学"。（赵恩柱）

對當 0881

元时俗语，即对答。当，助词，无义。

释为对答，是正确的。说"当"无义，似不妥；"对当"是近义复合词。义为对答，可能是元代

才用;这个词唐代就已出现。《伍子胥变文》:"横行天下无对当。"义为匹敌。(赵恩柱)

尖新 0895

一、释为"新而单薄",往往含有贬义。此种用法在文学批评类著作中经常出现,几成惯例。如南宋初年王灼《碧鸡漫志》卷二里批评李清照的词:"轻巧尖新,姿态百出。自古缙绅之家能文妇女,未见如此无顾藉也。""尖新"与"轻巧"并举,又以"无顾藉"作旁批,作者的鄙薄口吻如在耳际。

清人对此义项有更直接的解析。蒋敦复《芬陀利室词话》卷三"(沈)小梅词尖新"条:"小梅《蝶恋花》云:'约住海棠魂未醒,嫩寒作就春人病。'《浣溪沙》云:'获絮因风疑作雪,柳丝弄暝不成烟。夕阳红上鹭鸶肩。'元人集中名句也。如此尖新,岂不可喜。然石帚、梦窗尚须加一层渲染,淮海、清真则更添几层意思。加渲染、添意思,正欲其厚也。若入李氏、晏氏父子手中,则不期厚而自厚,此种当于神味别之。"此处以"厚"字与"尖新"对举,明确了"尖新"所具有的"新而单薄"之义。

二、释为"新而别致",往往含有褒义。此种用法在古代诗词里比较常见,一般用来形容女性美或她们的技艺。如《敦煌曲子词》之《内家娇》描写一个女子:"两眼如刀割,浑身似玉,风流第一佳人。及时衣着,梳头京样,素质艳丽青春。善别宫商,能调丝竹,歌令尖新。"又如宋代晏殊《山亭柳·赠歌者》:"家住西秦,赌博艺随身。花柳上,斗尖新。"

三、释为"新而别致",往往含有贬义。如唐代无名氏《射覆巾子》:"近来好裹束,各自竞尖新。秤无三五两,因何号一斤?"以"尖新"讽刺唐代商贸活动中的过度包装现象。又如辛弃疾《夜游宫》词:"有个尖新底,说底话,非名即利。"此处作者用"尖新"来形容那位与词人旨趣不同的不入调的名利客,讽刺意味很浓。

古汉语中"尖新"所包含的丰富趣味,如果像《辞源》那样,仅仅用现代汉语中的"新颖"一词来作解释,显然不够确切。《现代汉语词典》解释"新颖"为"新而别致"。而根据它所举的用法,如"题材新颖,款式新颖"等,显然都是褒义用法。这说明,现代汉语实际上只保留了"尖新"一词的一个义项,"尖新"与"新颖"两者之间是不能简单地划等号的。(汤振纲)

屠耆 0913

《史记》一一○《匈奴传》:"匈奴谓贤曰屠耆。故常以太子为左屠耆王。"《集解》引徐广:"屠,一作诸。"屠耆王为匈奴最高官职,分左右,汉称为左右贤王。

按:说解中的"屠耆王为匈奴最高官职"不确,有乖于史书记载。有关匈奴官职名称及其尊卑的文字始见于《史记》的《匈奴列传》,司马迁认为从冒顿开始,匈奴"其世传国官乃得而记。……置左右贤王,左右谷蠡王、左右大将、左右大都尉、左右大当户、左右骨都侯"。这部分记载也是有失于笼统的,其笼统处就是"左右贤王"和"左右谷蠡王"的排列次序。官职名称书写时的或前或后,与左右二字书写时的或前或后,这一前后次序都是职位尊卑高低的一种标志说明,这是我国史书编纂的通例之一。左贤王位尊于右贤王,右谷蠡王位卑于左谷蠡王就是遵循这一通例的,但贤王居于谷蠡王前则不这样简单明确了,因为贤王和谷蠡王各分左右二职,而右贤王并不尊贵于左谷蠡王,相反,左谷蠡王却尊贵于右贤王,这在《后汉书·南匈奴传》中是记载得清清楚楚的:"匈奴俗,……其大臣贵者左贤王,次左谷蠡王,次右贤王,次右谷蠡王,谓之四角。"这个"贵"字和三个"次"字都是表明官职高低尊卑的,这应是无疑的。如果我们用数字或更明确的文字来表示匈奴的"四角"的话,那就是首左贤王、二左谷蠡王、三右贤王、四右谷蠡王。从排列次序上看是如此,从官秩晋升上看也是左谷蠡王高于右贤王。同书载"单于安国,永元五年立。安国初为左贤王而无称誉。左谷蠡王师子素勇黠多知,……安国即立,师子以次转为左贤王。"据此,"屠耆王为匈奴最高官职"一语以引范晔氏语"其大臣贵者左贤王,次左谷蠡王,次右贤王,次右谷蠡王,谓之四角"为妥。(姚国旺)

崇山 0933

②山名。在湖南大庸县西南,与天门山相连。相传舜流放驩兜于崇山即此。

以下虽然也提到王夫之《孟子稗疏》认为驩兜所放的崇山在唐驩州境内之说,但仅将其作为或说而附录,编者显然是倾向于旧说的。其实,旧说不一定对。《书·舜典》:"流共工于幽州,放驩兜于崇山。"孔传:"崇山,南裔。"孔颖达疏:"《禹贡》无崇山,不知其处,盖在衡岭之南也。"若以放驩兜的崇山在今湖南大庸县,则为荆州近地,与孔传"南裔"、孔疏"衡岭之南"对不起来(有研究者认为,古籍中所谓"共工""驩兜"之类,实际上可能是指某个部族的名称,流放则是对整个部族的强迫迁徙。驩兜、共工都以强悍著称,对他们的强迫迁徙,当不会在荆州近地)。王夫之指出崇山当在唐驩州境内(今越南北部一带),王鸣盛《蛾述编》卷四六也主这样的意见,他们的说法是可取的。百越遥远,宜《禹贡》所无;但是我们在唐人诗中却可以找到佐证。请看沈佺期的几首诗:

《从崇山向越裳》:"朝发崇山下,暮坐越裳阴。"

《答魑魅代书寄家人》:"涨海缘真腊,崇山压古棠。"(全唐诗卷九七)

《遥闻杜员外审言过岭》:"南浮涨海人何处?此望衡阳雁几群?洛浦风光何所似,崇山瘴疠不堪闻。"(同上卷九六)

越裳即越常(亦作越棠),古国名,在今越南北部。真腊即今柬埔寨。崇山正同这些地方相邻。沈佺期是唐初人,据《新唐书》本传载,曾得罪被流放到驩州(他有《从驩州廨宅移住山间水亭赠苏使君》诗:"适越心当是,居夷迹可求。")。他经过实地考察所得出的关于放驩兜之崇山的地理位置,当是比较可信的。所以这一条释文处理,可以两说并存,但应将二王新说列在前头,使读者得到较为正确的知识。(陈增杰)

崇墉 0934

高峻的墙。古以城长三丈、高一丈为墉。《文选·谢灵运〈会吟行〉》:"层台指中天,高墉积崇雉。"

释"崇"为"高",未当。谢诗明谓"高墉积崇雉"。高墉,高峻的城墙。若再释"崇雉"为"高峻的墙",则句中"积"字即不能着落,诗句难以解通;且"高墉"、"崇雉"(高墙)意亦嫌复。《文选》卷二八李善注此句云:"《尔雅》:'崇,重也。'王肃《孔子家语》注曰:'高一丈曰堵,三堵曰雉也。'"李注训"崇"为"重",甚是。崇雉即重雉。诗谓:高墉乃由很多重雉墙积叠而成。此即所谓"崇墉百雉"之意。(陈增杰)

崖州 0936

旧州名,汉珠崖郡地,隋置临振郡,唐改为振州。宋开宝六年改为崖州,熙宁中改为朱崖军,政和中改吉阳军。明洪武初复改崖州。

案:"崖州"之名古已有之。《辞源》以为"宋开宝六年改为崖州",其说不确。查《隋书·地理志下·珠崖郡》:"梁置崖州。"《旧唐书·地理志》载:"崖州,隋珠崖郡。武德四年平萧铣,置崖州,领舍城、平昌、澄迈、颜罗、临机五县。贞观元年,置都督府,督崖、儋、振三州。……天宝元年,改为珠崖郡,乾元元年,复为崖州。"又说:"舍城,州所治。隋旧县。其崖、儋、振、琼、万安五州,都在海中洲之上,方千里,四面抵海。"

又,《旧唐书·杨炎传》载:唐德宗建中二年(781),杨炎被远贬崖州司马同正,曾作《流崖州至鬼门关》诗:"一去一万里,千知千不还。崖州何处在,生死鬼门关。"(一说是李德裕诗)后来,杨炎在"去崖州百里赐死"。又,《旧唐书·李德裕传》载:李德裕于唐宣宗大中二年(848)远贬崖州司户,并于次年死于贬所。以上各种材料都已言及崖州。

综上可见,远在南朝梁代已置崖州,并得其名。唐代崖州一直存在,尽管辖地、治所有变化。《辞源》的说解应修订。(毛远明)

州 0950

㊂地方行政单位。宋分境内为诸府、州、军、监,上属各路,下辖诸县。元明清皆有州,分直隶州与散州两类。

按:此条注释,很容易使人误以为作为地方行政单位的"州",其设置仅自宋代始。其实即使撇开秦、汉前传说中的地方行政区划"九州"及"十二州"说不谈,甚至除去西汉时期作为监察区划名的"州"不说,早在东汉末年,"州"就已经在事实上成为郡以上一级行政区划的名称了。历魏而至西晋,终于形成了以州、郡、县为三级之地方制度。南北朝新设州郡日多,往往州只辖一二郡。隋文帝统一后,干脆将郡一级废去,直接以州统县,沿至唐代,成为定制(中间唯隋炀帝及唐玄宗时曾改州为郡,不久仍复故)。唐代,全国共有300多个州。《辞源》释"州",全不说明源流,有悖该书宗旨。(王彦坤)

工夫茶 0954

广东潮州地方品茶的一种风尚。

盛行工夫茶,非独潮州。清时称"闽之汀、漳、泉,粤之潮"为工夫茶四府。(见《清稗类钞》)《辞源》在"功夫茶"条云:"清施鸿保《闽杂记》十:'漳、泉名属,俗尚功夫茶。'"亦可证。(张喆生)

庤 1007

储备。通"偫"。《诗·周颂·臣工》:"命我众人,庤乃钱镈。"

案:"庤"在这里本来就是本字本用,无所谓"通"。《说文》:"庤,储置屋下也。"《玉篇》:"庤,储也。"又说:"庤,具也。"义为储备、置备。《诗·臣工》毛传:"庤,具也。"与字书的解释正合,用不着所谓通假。《辞源》刻意求深,反而不确。

《辞源》解说字形往往颠倒古字与今字、本字与假借字的关系,使用的时候不可不慎。

廷杖 1028

是明朝皇帝处罚大臣的一种酷刑,在朝廷上杖打大臣,至有当廷而死者。据《明史·刑法志三》和顾炎武《日知录》等书的记载,它是明代特有的一种酷刑。新《辞源》该条释作:"封建帝王在朝廷上杖打大臣。"泛谓"封建帝王",就显得笼统而不确切。(陈增杰)

弓腰 1038

舞时向后弯腰如弓形。

平时向前弯腰也可称"弓腰"。"弓腰"也写作"躬腰"。元高文秀《遇上皇》二折〔梁州〕曲:"缩着肩似水淹老鼠,躬着腰人样虾蛆。"今邳县仍有"腰弓得像个虾米",均指腰向前弯。(张喆生)

張致 1048

目云:"模样、样子。贬词。也作'张志'。""引申为有派头,也作'张智'。"引有《水浒传》《小孙屠》《竹叶舟》等例。

按,此词不含贬义,本应作"章栔",原为建筑行业术语。宋庄绰《鸡肋编》卷下引李诫《营造法式》:"材名三:章、材、方桁……《史记》'居千章之萩',注:'章,材也。'《说文》'栔'注:'栔,橛也,音至。'按构屋之法,皆以材为祖。祖有八等,度屋之大小,因而用之。凡屋之高深,名物之长短,曲折举折之势,规矩绳墨之直,皆以所用材之分以为制度。材上加栔者,谓之足材。其规矩制度,皆以章栔为祖。"庄绰在引证上文后并加申说云:"今人以举止失措者,谓之失章失栔,盖谓此也。"此词引申后形体衍变多途,本随声取字,不拘一体,是俗语词使用中常有现象。如"俌峭"亦源于建筑术语,或作"逋峭""波俏""波峭",引申指人之"仪矩可喜"。由此可知,"张致"等形体的第一引申义为行为举止,本身无所谓褒贬,贬义是它的否定形式造成的。(王锳)

彣 1060

"彣"字条说:"彣,'文'本字。"其实"文"才是本字,才是初文。"文",《说文》训"错画也"。段玉裁注:"逪画者,交逪之画也。"引申为文饰,还引申为其他意义。由于"文"表示的意义过多,容易发生混淆,为了加以区别,便造出区别字"彣"表示文饰之义。可见"彣"应是"文"的后出专用字。《辞源》"彣,'文'本字"之说本末倒置,不可信。(毛远明)

影 1066

隐藏,隐现,《水浒》十六:"只见对面松林里影着一个人,在那里舒头探脑价望。"

按,"影着一个人"意即"隐着一个人", "影"是"隐"义,并无"现"义,"隐现"一语不妥。编写者似乎是看到下句"舒头探脑价望",因而将句义混揉进词义中。作"隐"解的"影",唐宋著作中即有用例,《辞源》举《水浒》例,未能得其源。《敦煌变文集》卷一《捉季布传文》:"初更乍黑人行少,(季布)越墙直入马坊门,更深潜至堂阶下,花药园中影树身。"谓隐于树身后也。同书卷二《韩擒虎话本》:"五道将军唱喏,影灭身形。"意为隐没身形。(《敦煌变文集》编者将此例"影"校改为"隐",系未谙"影"自有隐义而误校)《五灯会元》卷四"百丈海禅师法嗣":"汝诸各人自有无价大宝……汝自不识取,影在四大身中。""影"亦隐义。(袁宾)

影神 1066

㊀祖先画像。

影神不限于祖先的画像,死者画像均可称影神。元吴昌龄《端正好·美妓》:"莫不是丽春园苏卿后身,多应是西厢下莺莺的影神。"《古今小说》三十四卷:"侧边有一轴画,是义娘也;牌位上写道:'侍妾郑义娘之位。'……朝思厚看见影神上衣服容貌,与思温元夜所见的无二。"两例所说的影神,均非祖先的画像。(张喆生)

後生 1072

《辞源》第三义项似嫌义界过窄。概略地解释为"少年、小伙子",显然是说只适用于男性。由于古代"后生"用指男性的情况特别多,加之在现代汉语中,词义的发展变化使"后生"已经具有专指"男性"青年的意义,跟"小伙子"意义相当,因此这样释义容易使人产生误解,以为"后生"从古到今都只用于指称男性。实际上"后生"还可用于指称青年女性。冯梦龙《全像古今小说》中有这样的例子:

胡氏半倚着芦帘内外,答道:"后生家脸皮、羞答答地,怎到人家去趁饭?不去,不去。"(下集·289页)

胡氏是个少妇,此处不可能理解为是说"小伙子"那样脸皮薄、害羞,而是说"青年女子"那样脸皮薄、害羞。此处的"后生家"显然指的女性。另外,《喻世明言》中有"后生寡妇"的说法,《二刻拍案惊奇》中有"花朵般后生的妇人"的说法。可见,"后生"在"年纪轻"这个意义上也是可以用来描写女性的。由此可以断定,至少在明代"后生"并不是用来专指男性的。"后生"词义发展过程中的这一事实,在《辞源》这种性质的词典中,应当在释义方面有所反映。

从语文工具书使用者的角度来看,我们认为《辞源》中"后生"释义宜列四个义项:①子孙;②后辈、后一代;③年轻人(多指男性)、小伙子;④年纪轻。(李炜)

德音 1089

㊀唐宋时的一种恩诏。如唐建元二年《原免囚徒德音》,见《唐大诏令集》卷八四《政事》。

按，释义笼统。德音，实际上是唐宋时赦宥的一种。从门类上说，德音属于赦宥，而赦宥则属于刑法。唐宋时的赦宥分三种：大赦、德音、曲赦。三者各有其义。拿德音来说，《新五代史》卷二乾化二年五月丁亥："德音：降死罪以下囚。"徐无党注："德音，赦之小者。"《玉海》卷六十七："复有递减其罪，谓之德音者，比曲赦恩及天下，比大赦则罪不尽除。"《文献通考》卷一七三《刑考》："杂犯死罪减等，而余罪释之；流以下减等，杖、笞释之，皆谓之德音。"对于"德音"的解释，可谓具体而微。相比之下，就显得《辞源》的释义不够到家。究其原因，大约是事涉专门吧。（吕友仁）

德人 1089

《辞源》释"德人"为"有德之人"，引《庄子·天地》"德人者，居无思，行无虑，不藏是非美恶"为书证，有失疏漏。原因在于，庄子包括道家者流，道、德二字不能以常义释之，把"德人"笼统注为"有德之人"，等于同义反复了一遍，丝毫无助于庄子殊义的理解。

《天地》篇数言"道"、"德"之分界，"故通于天者，道也；顺于地者，德也"，"无为为之之谓天，无为言之之谓德"，"夫王（旺）德之人，素逝而耻通于事，立之本原而知通于神。""泰初有无无有无名，一之所起，有一而未形。物得以生，谓之德"。综合言之，"德"之特征有三：一、顺应天地万物之秩序；二、以无为之方式表达自身的存在；三、以浑一不别的道为本原，不被世俗的事务所牵累。概括言之，"德人"就是体道生活的人或自然无为的人。因为体道生活或自然无为，所以能"居无思，行无虑，不藏是非善恶。"（陈兴伟）

怠隙 1115

因懈怠而使敌人有隙可乘。《三国志·霍峻传》："（刘璋帅万余人）攻围峻，且一年，不能下。峻城中兵才数百人，伺其怠隙，选精锐出击，大破之。"

按，释义中的"使敌人"三字是多余的。因为"怠隙"并不含有这样的概念。再说，幸好《三国志》书证中讲的事属于敌对关系，如果换个书证讲的是别的关系，譬如主仆关系，将如何措辞呢？（吕友仁）

恩荣宴 1123

科举时代，殿试后，由皇帝亲临宣布登第名次，随即设宴招待新进士，称恩荣宴。宋设宴于琼林苑，元于翰林院，明、清于礼部，由大臣主席，预试各官均参加。

按：为新进士设恩荣宴始于元，明清沿之，有时也借用宋时俗称曰琼林宴。唐宋时均无恩荣宴，所云"宋设宴于琼林苑"者，其名为闻喜宴，而不叫恩荣宴。（张虎刚）

悽惶 1134

悲伤恐惧。

"悽惶"不含"恐惧"的意思。《醒世姻缘》四十三回："小珍哥（在狱中）替晁夫人做了一双寿鞋，叫人送了出来，晁夫人看了，倒也悽惶了一会。"守寡儿媳在狱中做寿鞋送出，婆婆看到只会感到悲伤,不会感到"恐惧"。《金瓶梅》七十八回:"'驴粪球儿面前光',却不知里面受悇惶。"元关汉卿《救风尘》二折:"不信好人言,必有悇惶事。"元白仁甫《梧桐雨》三折〔鸳鸯煞〕:"唱道感叹情多,悇惶泪洒。"元李直夫《虎头牌》二折〔唐兀歹〕曲:"土坑上弯着片破席荐,畅好是悇惶也波夫。"以上诸例,"悇惶"均不带有"恐惧"的意思。(张喆生)

成均 1185

古之大学。《周礼·春官·宗伯》:"大司乐掌成均之法,以治建国之学政,而合国之子弟焉。"……后为官设学校的泛称。宋王之道《相山集》三《奉送国上人住开先寺》诗:"我昔游成均,年少心犹童。"

按:成均乃所谓"五帝之学"。后世只作为太学、国子监,即中央最高学府和教育管理机构之代称(用例甚多,兹不举),从未用以指其他学校。"璧水"条引《梦粱录》文指出:"古者天子之学,谓之'成均',……非州县学比也。"因此,说"后为官设学校的泛称",是不对的。所引宋人王之道诗"我昔游成均",也应是指太学。(张虎刚)

才 1206

㈢方始,仅只。通"纔"。《晋书·夏侯湛传·昆弟诰》:"惟正月才生魄。"《晋书·谢安传》附谢琰:"才小富贵,便豫人家事。"

按:释义不妥。"才"的"方始"义,是"才"字本义的引申;"才"的"仅只"义,是"纔"字的假借,二者来源不同,《辞源》混而为一。《说文》:"才,草木之初生也。"段玉裁注:"引申为凡始之称。"这说明"方始"义是"才"的引申义。《说文》:"纔。帛雀头色也。一曰黑色如绀。纔,浅也。"朱骏声《说文通训定声·谦部第四》说:"假借为'才'。'纔''才'亦一声之转(朱书所举书证从略)。"《汉书·晁错传》:'远县纔至。'注:"浅也,犹言仅至也。"这说明"仅只"义是"才"的假借义。一个是引申义,一个是假借义,混而为一地进行释义,这种作法是不妥的。(吕友仁)

打脊 1208

注云:鞭背,宋元时肉刑的一种。因又作为骂人语。

按:打脊,又谓之捧脊,打脊背,古代将它作为一种肉刑,非自宋元始也。唐前期诗人王梵志在他的诗歌中,屡屡咏及打脊、捧脊。如《贫穷田舍汉》:"驱将见明府,打脊趁回来;"《有钱不造福》:"打脊眼不痛,十指不同皮。"《营营自免身》:"巧遇打脊使,穷汉每学号。"《当官自慵惶》:"衙日唱稽通,佐使打脊烂。"由此可知,至迟唐代已有"打脊"这一肉刑了。因此,本注除注文须修改外,例证亦须更换。(熊飞)

撒村 1309

说下流话或做下流动作,耍流氓。

在邳县方言里,"撒村"只指说粗话,说下流话,并不包括"做下流动作,耍流氓"。蒲松龄《俚曲》磨难曲二十八回:"这卦虽神,说出个'通'字来,这神灵也撒村起来了。"这里的"撒村"只指

"说出个'通'字",并无下流动作。又《红楼梦》七十五回:"那人接过来就说:'……舅太爷不过输了几个钱罢咧,并没有输掉了乩爬,怎么你们就不理了?'……邢德全也喷了一地饭,说:'你这个东西,行不动儿就撒村捣怪的!'"这里也没做下流动作,只是说"输掉了乩爬。""撒村"跟"撒野"不同,"撒野"才包括耍下流动作。"撒村"书证可上推至《西游记》,该书三十九回:"行者道:'说得有理。我兄弟们都进去,人多才好说话。'唐僧道:'都进去,莫要撒村,先行了君臣礼,然后再讲!'"(张喆生)

操 1318

运用。《左传·成九年》:"使与之琴,操南音。"

案:《辞源》以"运用"解释"操",不得要领。"操"为常语,是操弄、弹奏之义。《左传》之"操南音"就是弹奏南方楚地的音乐,意义甚明,不知《辞源》编者何以另出他解,反而释义不确切。

今再举两条书证以明之。《文心雕龙·知音》:"凡操千曲而后晓声,观千剑而后识器。"刘禹锡《德宗皇帝挽歌》:"操弦调六气,挥翰动三辰。"其他例还多,不赘举。(毛远明)

败北 1345

新版《辞源》"北"字第一义项注曰:"败,败逃。《左传·桓九年》:'以战而北'《荀子·议兵》:'遇敌处战则必北。'《注》:'北者,乖背之名,故以败走为北也。'"这里显然是把"败北"之"北"当作"背"的通假字了。准此,"败北"就应该如"败背";但事实并非如此。既然"败北"之"北"不能照"背"读音,自然也就不宜作"背"释义了。

能否从"北方"之"北"找出作为"败"讲的根据呢?"能。"——较《左传》更早的《尚书·武成》中有这样一段话:"戊午师逾孟津,癸亥陈于商郊。俟天休命。甲子昧爽,受率其旅若林,会于牧野,罔有敌于我师。前徒倒戈,攻于后以北。"这段话是记述的武王伐纣时"牧野之战"的情况。这是周和商决定胜负的一次大战役。根据这段叙述可知,在此战役中是武王挥戈北指,商纣南向迎战。终因商纣无道,其师"前徒倒戈",全军纷纷向后败退。当然按方向说就是向北败退了。因为这次战役是历史上有名的又是较早的一次大战役,在此战役中,商纣大败,军队纷纷向北败走,盖其后便以此作为典故了,凡是军队大败退,不问其方向如何,便统统谓之"败北"了。(康苏)

文心雕龍 1364

《辞源》"文心雕龙"条著录:"南朝梁刘勰著。十卷,五十篇。以文章雕缛成体,取战国齐人驺衍别名雕龙奭为义,故称《文心雕龙》。其书论文章之体制及其工拙。自隋唐即通行。……"

"驺衍别名雕龙奭"是错误的。案,《史记·孟子荀卿列传》载:"齐有三驺子。其前驺忌,……先孟子。其次驺衍,后孟子。……自驺衍与齐之稷下先生,如淳于髡、慎到、环渊、接子、田骈、驺奭之徒,各著书言治乱之事,以干世主。……驺奭者,齐诸驺子,亦颇采驺衍之术以纪文。……驺衍之术迂大而闳辩;奭也文具难施;淳于髡久与处,时有得善言。故齐人颂曰:'谈天衍、雕龙奭，炙毂过髡。'"裴骃《集解》转录刘向《别录》云："驺衍之所言五德终始，天地广大，尽言天事，故曰'谈天'。驺奭修衍之文，饰若雕镂龙文，故曰'雕龙'。"可见从《史记》到《别录》，司马迁和刘向都没把二驺混为一人，驺衍是"五德终始说"的创始人，是"稷下学派"的代表人物，当时受到各诸侯国的普遍礼遇，声名卓著。同时稍后的驺奭，学其一端，以文采擅名。"驺衍别名雕龙奭"未知何据？会不会是《文心雕龙》误用在先呢？《序志篇》说："古来文章，以雕缛成体，岂取驺奭之群言雕龙也。"《诸子篇》说："驺子养政于天文""邹（即驺）子之说，心奢而辞壮。"《时序篇》说："稷下扇其清风，兰陵郁其茂俗，邹子以谈天飞誉，驺奭以雕龙驰响"云云，"驺衍""驺奭"分而别之，"谈天""雕龙"两相对举、郢郭分明，也不曾误用。

至于单举"雕龙奭"来注释《文心雕龙》之名，而不及更为主要的"文心"之义，也是易于造成理解上的偏颇的。而且把《文心雕龙》框囿在"论文章之体制及其工拙"的范围内，其失在狭。《文心雕龙》作为中国古代第一部"体大虑周"的文论专著，论述所及不仅仅而且主要不是"文体"（论体制）和"文评"（论工拙）两部分，还有"文原"尤其是"文术"诸论，颇多创见，这方面的论析，前修时贤辨之已详，兹不赘述。（赵坚）

斩衰 1372

旧时五种丧服中最重的一种。用粗麻布制成的丧服，左右和下边不缝。子、未嫁女对父母，媳对公婆，承重孙对祖父母，妻对夫都服斩衰。

按：释文谓古代儿子与未嫁女均为父母服斩衰，与古代礼制不符。

首先，依古礼子不为母服斩衰。《仪礼·丧服》云："疏衰裳，齐牡麻绖，冠布缨，削杖，布带疏屦，三年者：……父卒则为母。"又云："疏衰裳，齐牡麻绖，冠布缨，削杖，布带疏屦，期者：……父在为母。"由此可知古时为母不服斩衰，而只服齐衰，只是有父在为母服齐衰杖期（一年）和父卒为母服齐衰三年的区别。又据元人龚端礼《五服图解·服义》记载，子为嫡母、继母、慈母、养母均服齐衰三年，而未云子为母服斩衰。虽然明太祖曾定制："子为父母，庶子为其母，皆斩衰三年。"但这并非古礼之常。综上所述，新版《辞源》谓子为母服斩衰不确。（丁鼎）

新人 1373

《辞源》释为"新娶的妻"，与"旧人"（前妻）相对而言。这种解释不能用来解释下列例子中的"新人"。如《水浒》第五回："（刘太公）拿了烛台，引着大王，转入屏风背后，直到新人房前。"《醒世恒言·钱秀才错占凤凰俦》："大船二只：一只坐新人，一只媒人共新郎同坐。"例子中的"新人"与"新郎"相对，指新娘子。这与潮汕方言完全相同。（林伦伦）

方镇 1384

指掌握一方兵权的军事长官，如晋持节都督、唐节度使之类。唐代方镇大者连州十余，小者三四，完全成为地方割据势力。

按：释文谓唐代方镇"完全成为地方割据势力"，不确。虽然《新唐书》卷六四《方镇表》这样说过:"方镇之患,始也各专其地以自世,既则迫于利害之谋。故其喜则连衡而叛上,怒则以力而相并,又其甚则起而弱王室。"似乎据此可以说明唐代方镇已"完全成为地方割据势力"。其实不然,因为上述引文中所说的"方镇"这一概念实际上是不周延的,就是说并不是所有的唐代方镇都"各专其地""叛上""弱王室"。考诸有关史籍,可知在唐代近五十个方镇中,只有河朔三镇和其他少数几个方镇曾经"完全成为地方割据势力",而其他多数方镇基本上是服从中央号令的,甚至一些方镇是维护唐朝政权的中坚力量。如《旧唐书》卷一六五《柳公绰传》载:"牛僧孺罢相镇江夏,公绰(时任山南东道节度使)具戎容,于邮舍候之。军吏自以汉上地高于鄂,礼太过。公绰曰:'奇章才离台席,方镇重宰相,是尊朝廷也。'竟以戎容见。"(《新唐书》卷一六二《柳公绰传》所记与此略同)如果唐代的"方镇"果真"完全成为地方割据势力",那么素以"仁孝""谨重"著称的柳公绰就绝不会以"方镇"自称。而且柳公绰在实际上也确实是一个唯朝廷之命是听的地方军政长官,终其一生从来没搞过"地方割据"。再如《全唐文》卷七四七归融《劾卢周仁进羡余状》曰:"天下一家,何非君土,所在方镇官库钱,皆陛下库缗钱也。"可见当时唐人心目中的一般"方镇",只是朝廷治下的、掌握一方军政大权的长官,而并非"完全成为地方割据势力"。

众所周知,玄宗、肃宗时期的名将郭子仪、李光弼和宪宗时期的平藩名将裴度、李愬都曾任过重镇节度使,亦即都曾任过"方镇",而他们均不曾有过分裂割据的行为,是公认的唐廷忠臣。

综上所述,可知新版《辞源》释文谓唐代方镇"完全成为地方割据势力"确属以偏概全,与唐代历史实际不符。(丁鼎)

日记 1398

《辞源》引刘向《新序》"司君之过而书之,日有记也。"作为后来称日记之始。又引陆游《老学庵笔记》:称黄庭坚有《家乘》,作为个人写日记之可考者。

按:《新序》里的日记二字尚未连用成为复词,不能认为后世的"日记"就是沿用它所定的名目。从古代的文献看,实际上的日记早在刘向作《新序》之前就已经有了。《礼玉藻》:"天子……动则左史书之,言则右史书之。"郑玄注:"其书,《春秋》《尚书》其之存者。"徐彦《公羊传疏》卷一引郑玄《六艺论》:"《春秋》者,国史所记人君动作事。左史所记为《春秋》,右史所记为《尚书》。"汉代有起居注官,即周左右史之职,由宫中女史任之。武帝时有《禁中起居注》,大约即女史所记。由此可见,别人所记的日记起源很古。至于本人的日记,据清石传金《传家宝》范仲淹、苏洵都有功过格,记每日行事的善否,这也就是日记。范、苏年辈在黄庭坚前,只可惜他们所记与黄氏的《家乘》都早亡佚,具体情况已经不能详知了。《辞源》此条,叙日记源流,尚欠准确,似须订补。(张涤华)

昭明太子 1424

南朝梁武帝(萧衍)长子,名统,字德施。天监元年立为太子,中大通三年卒,三十一岁,谥昭明。好文学,博览群书。曾招集文士刘孝威、庾肩吾等多人编撰《文选》三十卷(今本分六十卷),

辑录秦汉以来诗文,世称《昭明文选》,是我国现存最早的诗文总集。著有文集二十卷,已佚。今本《昭明太子集》,为明人所辑。《梁书》有传。

此条注释较《辞海》、旧版《辞源》及台湾商务版《辞源》为详。然关于昭明太子招集文士的解释有误。高步瀛《文选李注义疏》文选序云:"王应麟《玉海》卷五十四引《中兴书目》曰:'《文选》梁昭明太子集子夏、屈原、宋玉、李斯及汉迄梁文人才士所著赋、诗、骚、七、诏、册、令、教、表、书、启、笺、记、檄、难、对问、设论、序、颂、赞、铭、诔、碑、志、行状等为三十卷。原注曰:'与何逊、刘孝绰等撰集。'……杨慎《升庵外集》卷五十二曰:'梁昭明太子统聚文士刘孝威、庾肩吾、徐防、江伯操、孔敬通、惠子悦、徐陵、王囿、孔烁、鲍至十人,谓之高斋十学士。集《文选》。今襄阳有文选楼、池州有文选台,未知何地为的。但十人姓名,人多不知,故特著之。'步瀛案:……王象之《舆地纪胜》京西南路襄阳府古迹有文选楼,引旧《图经》云:'梁昭明太子所立,以撰《文选》。聚才人贤士刘孝威、庾肩吾、徐防、江伯操、孔敬通、惠子悦、徐陵、王筠、孔烁、鲍至等十余人,号曰高斋学士。'升庵之说殆本此。而改王筠为王囿,是也。然此说乃传闻之误。昭明太子当居建业,不应远出襄阳。考襄阳,于梁为雍州襄阳郡。《梁书》简文帝天监五年,封晋安王。普通四年,由徐州刺史都督雍、梁、南北秦四州、郢州之竟陵、司州之随郡诸军事,雍州刺史。《南史》庾肩吾传曰:'初为晋安王国常侍,至每徙镇,肩吾常随府,在雍州被命与刘孝威、江伯操、孔敬通、申子悦、徐防、徐摛、王囿、孔烁、鲍至等十人抄撰众籍,丰其果馔,号高斋学士。'是高斋学士乃简文置而非昭明置,则襄阳《文选》楼即果为高斋学士集所,亦属简文遗迹,而无关昭明选文也。大抵地志所称之文选楼多不足信。扬州文选楼今在江苏江都县东南,或云曹宪以教授生徒所居。池州文选阁在今安徽贵池县西,则后人因昭明太子祠而建者也。升庵狃于俗说,不能据《南史》是正,而反谬十学士姓名人多不知,陋矣。"(《文选李注义疏》中华书局1985年版,4—5页)是则:一、昭明《文选》与襄阳无涉;二、昭明《文选》与简文帝高斋十学士的刘孝威、庾肩吾无关。高先生驳杨慎,明晰中肯,无须赘论。晟案,杨升庵之说见《升庵外集》卷五十二《集〈文选〉文士姓名》。庾肩吾传见《南史》卷五十《庾易传》。旧《图经》今已不存,又作《旧经》(见屈守元《文选导读》,巴蜀书社,1993年版34页)。《舆地纪胜》及杨慎书并将高斋十学士的姓名弄错不少。如"江伯摇"误作"江伯操";"申子悦"误作"惠子悦","徐摛"误作"徐陵"。"王囿"《舆地纪胜》还误作"王筠"。高先生引《南史》亦误"江"名。有关《文选》编集之谬说,贻误甚久,不独升庵,清代通人汪中在其《自序》里亦称《文选》为"高斋学士之选"(《述学·补遗》)。今人骆鸿凯先生在其《文选学》一书中,已引高先生之说对此作过辨正(《文选学·纂集第一》,中华书局1989年版,9—11页)。《辞源》此条注释,亦不知据何书而下误断。

《文选》编集实情如何?今人尚有争论。现国内学人大多信从"昭明十学士"之说。认为,萧统撰集《文选》可能受到东宫官属谢举、王规、王筠、刘孝绰、张缵、王锡等人的协助。据《梁书》《南史》孝绰本传,日本古抄卷子本《文选》,萧统《文选序》旁注:"太子令刘孝绰作之云云。"《文镜秘府论·南集·集论》:"或曰:晚代铨文者多矣。至如梁昭明太子萧统与刘孝绰等撰集《文选》,自谓毕乎天地,悬诸日月。"(此话沿用唐元兢[思敬]《古今诗人秀句序》,见王利器《校注》。)据这些信息,现多认为刘孝绰乃是协助萧统撰集《文选》的主要人物。日本以清水凯夫为首的"新《文选》学派"则认为:"《文选》以刘孝绰和王筠为中心,陆襄、殷钧、殷芸三人参与协助编集。"(《日本"新文选"管窥》,见《昭明文选研究论文集》,吉林文史出版社1988年版,307页)此说饶有新意,但依萧统的学养及撰述经历,否定其在《文选》编撰中的主持者地位,似亦不可信从。《文选》编集的情况可参见屈守元《文选导读》导言第二部分"《文选》的编辑"。本文不作赘述。无论如何,《文选》的编集与刘孝威、庾肩吾无涉,《辞源》此注为误断,是可以肯定的。(刘晟)

晏婴 1431

公元前?—前500年。春秋齐夷维人。字平仲(一说谥平仲;又说平为谥,仲为字)。继其父弱(桓子)为齐卿,后相景公,以节俭力行,名显诸侯。

案:关于晏婴的字和谥,前人记载颇分歧。《辞源》倾向于取字"平仲"之说,而无谥。但又拿不定主意,便又列出旧说。晏婴是不是字平仲?到底哪一说是正确的?值得认真探讨。

讨论这个问题还得先从《史记》说起。《管晏列传》:"晏平仲婴者,莱之夷维人也。"上古之人,名与字连称者,基本规律是先字而后名。这大概就是《辞源》倾向于取字"平仲"的原因,但是晏婴谥什么?是否没有谥,或者谥已亡佚而不可考?晏婴作为春秋时齐国的名卿,没有谥是说不过去的;亡佚之说恐怕也过于简单化。或说"平仲"是谥而不是字,那么晏婴又字什么?晏婴生活的时代,一般贵族都是有名、有字、有谥的,作为一代名臣,在他生前便已受到时人的广泛赞誉,不大可能没有字。司马贞《史记索隐》认为晏婴"名婴;平,谥;仲,字"。他的说法是很有道理的,试分析如下:

"仲"本是排行,重排行明显是受宗法制的影响。用排行为字,上古有此习惯。以《左传》为例,如鲁鍼巫,字"季",称"鍼季"(庄公三十二年);晋胥臣,字"季",食邑于臼,称"臼季"(僖公三十三年);楚申侯,字"叔",称"申叔"(僖公二十八年);周宾起,字"孟",称"宾孟"。

如果名与字连称,则先字而后名。郑祭足,字"仲",称"祭仲",又称"祭仲足"(桓公五年);齐鲍叔,名"牙",称"鲍叔牙"(庄公八年);周樊皮,字"仲",称"樊仲皮"(庄公三十年);吴公子札,字"季",称"季札"(襄公十四年);楚潘党,字"叔",称"叔党"(宣公十二年)。

如果谥与字连称,则先谥而后字,也是春秋时期称谓之常例。如鲁臧孙许,字"叔",谥"宣",称"臧宣叔"(宣公十八年);鲁公子友,以排行为字,称"季子",先字后名,称"季友",谥"成",称"成季",谥字名连称,为"成季友"(昭公三十二年);晋士会,字"季",称"士季",谥"武",又称"武季",《左传·宣公十六年》:"武季私问其故。"杜预注:"武,士会谥;季,其字。"杜说是也。

根据上面的材料推断,我们认为晏平仲以排行为字,字"仲",谥"平",谥与字连称,为"晏平仲"。司马贞之说可从。(毛远明)

曲江會 1457

唐时考中的进士,放榜后大宴于曲江亭,谓之曲江会。宋人称闻喜宴。

按:唐代之闻喜宴只是新进士曲江宴会的一种,并不等于曲江宴(会)。曲江宴(会)通常指新进士在曲江的盛大游赏活动,另外还有"关宴"也在曲江举行。至于闻喜宴,《唐摭言·谦名》仅列出"闻喜(下小字注"敕士宴")",《燕翼诒谋录》也只提及"故事,唱第之后,醵钱于曲江为闻喜之饮"而已。因此,说闻喜宴"称曲江宴",不确,说曲江会"宋人称闻喜宴"尤误。又,琼林宴乃宋代闻喜宴之俗称,明清时虽也沿用,但正式名称是恩荣宴,而非琼林宴。又,《燕翼贻谋录》,"贻"应作"诒"。说"参见'曲江宴'",而查无此词目,只有"曲江会"一条。

闻喜宴 2534

[闻喜宴]唐制,进士放榜,集钱大宴于曲江亭子,称曲江宴,亦称闻喜宴。……宋太宗端拱元年从知贡举宋白议,遂明定由朝廷置宴,皇帝及大臣赐诗以示宠异,遂为故事。因曾设宴于琼林苑,故至明清赐新进士宴称琼林宴。参阅五代王定保《唐摭言》三《谦名》、宋王栐《燕翼贻谋录》一、《宋史·选举志一》。参见"曲江宴""琼林宴"。(张虎刚)

望洋興嘆 1486

"望洋兴叹"语出《庄子·秋水》。新修《辞海》和《辞源》都是把"望洋向若而叹"的"望洋"释为"仰视貌"。但笔者以为,这样解释,无论从事实、情理上看,都是讲不通的。因为海神(即"若")不用说应在茫茫大海里,而不会在天上,因而,河伯自然也只能远视"向若而叹",怎么会仰视"向若而叹"呢?就是说,在这里只有将"望洋"解释为"远望",才能跟下面的"向若"连贯起来,因为海神是在海上,河伯不可能去仰望;如果将"望洋"解释为"仰望",就跟后面的"向若"矛盾了,因为既要向上仰视,同时又要向前对着海神,这是不可能做到的。当然,如果原文没有"向若"二字,而将"望洋向若而叹'改成'望洋而叹",则"望洋"作"仰视"或"远视"解,似均无不可。但是,我们能改《庄子》原文吗?

综上所述,采用新修《辞海》"望洋"条下的第二种解释即"远视貌"来解释"望洋兴叹",似更为合适。试看《秋水》那段话的意思:秋后雨季,河水涨大,河伯就自以为大得了不得。后来顺流而东行,到了海边,看到无边无际的大海,这才感到自己的渺小,于是"始旋其面目"(转动其面目,即摇着头),"望洋向若而叹曰……"(面对海神远远地望着叹道……)。这样理解,是符合文章所描写的具体情状的。新修《辞海》《辞源》等,对此也未加具体分析,看似有所据而云,实际是离开原文,就词解词。(胡建人)

朝發夕至 1492

早上动身,晚上到达。形容路程短。证引韩愈《祭鳄鱼文》。

按:该词的修辞义有片面性。且看屈原《离骚》:"朝发轫于苍梧兮,夕余至乎县圃。""朝发轫于天津兮,夕余至乎西极。"

这固然是浪漫主义的想象,但绝不是形容路程短,而是路程长、速度快。又如:

班固《西都赋》:"玄鹤白鹭……朝发河海,夕宿江汉。"郦道元《水经注·江水注》:"或王命急宣,有时朝发白帝,暮到江陵,其间千二百里,虽乘奔御风,不以疾也。"这都不是"形容路程短",而是路程长、速度快。此外,可资证明者甚多。因此,一、该词的修辞义应予补充、修正;二、书证资料应当提前。(黄崇浩)

李绅 1520

公元?—846年。

按:本条释文中李绅生年阙如,失考。其实李绅的生年有案可稽。虽然新、旧《唐书》均不载李绅的生年,但《全唐文》卷六九四李绅《墨诏持经大德神异碑铭》云:"大历癸丑岁(公元773年),文忠公颜真卿领郡,余先人主邑乌程,余生未期岁。"据此则可推定李绅生于大历七年(壬子岁),亦即公元772年。关于这个问题,卞孝萱先生已于1960年作过考证,新版《辞源》未能参征,致有此失。(丁鼎)

某 1545

"某"字用于代替不明指或不确定的时间、事物、处所或人这一点,所收各书,均无异议。但是,用于"自称"一说,却就有些歧异了。新《辞海》认为"是在生疏人面前的自称",新《辞源》认为是"自指";二者都说是多用于传统的小说、戏曲中。《古汉语常用字字典》则不然,它认为"某"字用于自称系"谦称",且为"后起义"。

《词诠》对"某"字用于自称的解释有其独到之处。它认为,"某"字用于自称是"避讳改称","非人可自称曰'某'也。"它举了《汉书》里面的三个例子,认为这三个例子中的"某"字,都是史家避高帝讳的改称。

以"某"代替所避之"讳",大致有两种情况:一种是用在客观的叙述时,即他称时;一种是用在主观的道语时,即自称时。他称时者,"惟尔元孙某"的"某"即是;自称时者,就如《词诠》所举《汉书》的三个例子。他称时者,这里不论。自称时者,我们在韩愈的文章里也可见到类似的情况。如在《送幽州李端公序》中,韩愈写自己与今相国李藩的对话,即三次用"某"以讳李藩的自称其名。

这种在称引尊者道语自述其名时而讳之曰"某"的做法,一直到清代还在沿用,如黄宗羲《射阵介眉代辞博学宏儒书》,当其中引陈师道语自称其名时,即讳"师道"曰"某"。又顾有孝《与吴汉槎书》,其中引《孔子家语》中孔子的话:"夫陈蔡之间,丘之幸也!"也讳孔子自称之"丘"曰"某"。

但是,杨树达先生又说:"后世如《朱子语类》常自称某,此亦朱子言时自称其名,而弟子记语者讳之曰某。后人以某为自称,乃是自讳其名矣。"这段话值得商榷。其实,早在朱熹之前,即已有自讳其名而称己曰"某"者了。"臣某言"的字样在唐代的奏议中已属屡见,而书启中以"某"自代者更是不鲜。

我们再以朱熹的同时代人陈亮为例。《陈亮集》中的一些谢启、答启、贺者,亦多以"某"讳名自指者,如:

某涉世多艰,谋身大拙。(《答陈丞相启》)

伏念某少尝有志于当世,晚乃自安于一廛。(《谢郑侍郎启》)

然而更其说明问题的是陈亮与朱熹之间有关王霸义利之辩的通信。在这些有名的通信中,陈亮有时自称"某",有时自称"亮",有时"某""亮"互用。如《壬寅答朱元晦秘书》即只称"某",凡四处:

某顽钝如此,日逐且与后生寻行数墨,正如三四十岁丑女,更欲扎腰缚脚,不独可笑亦,良苦也。

但谓有补于圆转事体,则非某所知也。有不然者,却望见教,某不任至望。后来诸君子无乃又失之碎乎!论理论事若箍桶然,此某所不解也。

以上例证,尤其是"某""亮"互用的情况,充分说明了杨树达先生"非人可自称曰'某'也"的说法,以及认为后人因《朱子语类》而"竟误以某为自称,乃是自讳其名矣"的说法,都显得有点偏颇了。笔者认为,自讳其名而称己曰"某",正是称引尊者道语自述其名时为避讳而代之以"某"的意义的进一步发展变化。它的意义有点类似"吾""我""余"等第一人称代词,所不同的是"吾""我""余"等第一人称代词并不带有避讳的性质。这种以"某"自讳其名的做法,在元代的杂剧乃至明清的小说中,也是很多见的。但是杨树达先生毕竟有他自己的贡献,这就是他认为"某"字用于自称系"避讳改称"的见解。这一见解说明了,"某"字用于自称意义的缘起,可惜的是它似乎没有被后来出版的新《辞海》、新《辞源》乃至于《古汉语常用字字典》所注意。

比较新《辞海》、新《辞源》与《古汉语常用字字典》的说法,新《辞源》的"自指"说最概括,也最少错误;它的缺点是不曾将"某"字由避讳改称到自讳其名的演变脉络提示出来,从而使"某"字用于自称的意义在一些方面仍然处于混沌之中。

综合上述,笔者认为初步可以得出如下的结论:

"某"字用于自称有着两种很近似的,但却并不相同的意义。一种是史讳方面的。其略如杨树达先生《词诠》里所说,是史官或别的什么人在称引尊者道语自述其名时,为避讳而改称曰"某";一种是自讳方面的,其略如"吾""我""余"等第一人称代词;所不同的是"吾""我""余"等第一人称代词,并不带有避讳的性质。

至于以"某"讳名自指用法产生的原因,据郑振铎先生说,是因为"远古的人对于自己的名字,是视作很神秘的东西。原始人相信他们自己的名字,和他们的生命有着不可分离的关系。他们相信,每个人的名字乃是他自己的重要的一部分;别人的名字和神的名字也是如此。"从郑振铎先生的话看来,讳人与讳己是出自同一个源头的,因而也就不难理解"某"字作为一种避讳的方式,既可用于"他讳",也可用于"自讳"的缘由了。

以"某"讳名自指的用法究竟起于何时,尚难断言,但就笔者涉猎所及,《庚子山集》的谢启

里，即已不乏其例了。（刘家钰）

枳句 1550

注："弯曲的枳树枝。句，弯曲。《文选》战国宋玉《风赋》'枳句来巢，空穴来风'。按，枸木多枝而弯曲，鸟雀常来结巢于上。也作'枳枸'"。

按：这里误袭《文选》李善注："枳，木名也，枳句，言枳树多句也。《说文》曰'句，曲也'"。李善不懂从字的声音来探求词义，而望文生训。实际'枳句'是联绵词，为屈曲不能伸张之意。段玉裁说："宋玉《风赋》'枳句来巢，空穴来风''枳句''空穴'皆联绵字，空穴即孔穴，'枳句来巢'陆机诗疏作'句曲来巢'谓树枝屈曲之处鸟用为巢"。段氏指出了宋玉《风赋》例句中"枳句"是联绵词。段氏对"枳句"的解释确切无疑。（汪贞干）

校理 1558

校勘和整理书籍。《汉书·楚元王传》附刘歆："乃陈发祕臧，校理旧文。"

按：就释义来说，本来只需"校勘和整理"五字已足，这里加上"书籍"二字，实在是画蛇添足之举。被释词"校理"是联合型的，而释义所用的"校勘和整理书籍"却是一个动宾结构，这显然是不妥当的。再说，书证中的"旧文"，就是"过去的典籍"的意思，它的前面如果再出现"书籍"二字，自然难免重复拖沓。（吕友仁）

校缀 1559

将散佚的书校对整理，排列先后。《晋书·束皙传》："得竹书数十车，……文既残缺，不复诠次。武帝以其书付秘书校缀次第，寻考指归。"

按：释义似乎只保留"校对整理"四字即可。"缀"有"连接"义，这里释为"整理"也说得过去。"将散佚的书"和"排列先后"，都是多余的。"将散佚的书"已经隐含了书证中"文既残缺，不复诠次"的意思，而"排列先后"应是书证中"次第"二字的释义。一个"校缀"的释义，如此地前拉后扯，就难说是简明确切了。（吕友仁）

枭首 1584

释云："旧时酷刑，斩头而悬挂木上。《史记·秦始皇纪》九年：'卫尉竭、内史肆、佐弋竭、中大夫令齐等二十人皆枭首。'《集解》：'悬首于木上曰枭。'《后汉书·崔骃传》附崔寔《政论》：'昔高祖令萧何作九章之律，有夷三族之令，黥、劓、斩趾、断舌、枭首，故谓之具五刑。'"

按：《辞源》编者认定"枭首"之制始于汉代，然据笔者考证，此制实起源于黄帝斩蚩尤之时，据高承《事物纪原》卷十云："黄帝斩蚩尤，悬首军门，此枭首之起也。"另据《左传》云："叔孙昭子杀竖牛，投其首宁威之上。"也当为"枭首"之制。

从古文字形看，"馘"当为斩首、枭首之义，然《周礼》与所有辞书均一律释作"获取左耳"，与"取"同义，看来大有商榷之必要，"馘"之与"取""聝"，当为两字两义，一为取首，一为取耳。古代奴隶社会中，由于人力缺乏，获取之奴隶，犹如对待猎狩之禽兽一样，割取左耳，后此制废，渐改为斩首,这是不容置疑的。另有一"縣"(县)字,从系系人首,像树上用绳悬挂人头之形。由此可见,"县"字当为"枭首"义之初文。

综上所述,可以认定"枭首"之制当源于先秦或早于先秦之时,该制发展到秦汉时期,定名为枭首。故顾野王《玉篇》中则云:"枭首,秦刑也。"(马振亚)

棘院 1587　棘围 1587

【棘院】科举时代的试院。《旧五代史·和凝传》:"贡院旧例,放榜之日,设棘于门及闭院门,以防下第不逞者。"

【棘围】㈠唐、五代试士,用棘围试院,以防止放榜时士子喧噪。其后又用以杜塞传递夹带之弊。后因称试院为"棘围"。

这两条据《旧五代史·和凝传》作解,以为用棘围试院原本是为了防止放榜时士子喧噪,"其后又用以杜塞传递夹带之弊"(这其实是勉为调停之说),与史实不符。按《通典·选举典》:"礼部阅试之日,皆严设兵卫,荐棘围之,搜索衣服,讥诃出入,以防假滥焉。"又《新唐书·舒元舆传》:"元和中,举进士,见有司钩校苛切,……吏一唱名乃得入,列棘围,席坐庑下,因上书言:'古贡士未有轻于此者,……罗棘遮截疑其奸,是非所以求忠直也。'"此两例均属唐时事,在五代和凝之前,所说"荐棘围之,……以防假滥","罗棘遮截疑其奸",则列棘围贡院乃至遮隔坐席,用意本就在防止应试者(以及考场执事人员)串通传递等弊端。"棘闱""棘院""棘围""棘篱"等,唐人诗文中均有提及。至于《和凝传》所说放榜之日,设棘于门及闭院门,以防落第者喧闹,那虽与棘围不无联系,却不能作为棘围之语源和正解。(张虎刚)

歆歆 1657

盛貌。《汉书》卷一〇〇下《叙传》:"成都煌煌,假我明光;曲阳歆歆,亦朱其堂。"成都、曲阳,为王商王章的封号。

按,此王章乃王根之误。《汉书·元后传》载,汉成帝在一天里同时封他五个舅父为侯(时称"五侯"),内中即有被封为成都侯的王商和被封为曲阳侯的王根。同传又载:"曲阳侯根骄奢僭上,赤墀青琐","殿上赤墀"。此即《叙传》"朱其堂"之所本。然此乃王根所为,非王章。王章,其人其事亦见于《元后传》,非外戚之属,时为京兆尹,"刚直敢言",因弹劾大将军、阳平侯王凤,"死狱中,妻女徙合浦。"他显然不是"朱其堂"之王根。

王根何以误作王章?殆误用颜师古注所致。《叙传》在"成都煌煌"句上还有"阳平作威,诛加卿宰"之语。颜氏于此语下注:"谓王商及王章也。"指受到阳平侯迫害的两个人。《汉书·王商传》载商"以宣帝舅封",嗣父袭爵为乐昌侯,后代匡衡为相,因与王凤意见不合被免相,"呕血薨"。又载,商死后,"直臣京兆尹王章上封事召见,讼商忠直无罪,言凤专权蔽主,凤竟以法诛章"(事同前《元后传》所记)。颜氏的注并无错误,但是由于这个受到王凤迫害的王商与成都侯同名同姓,且同为显赫外戚,结果被辞书编纂者把上句的注文理解为下句"成都煌煌"的注文,连

类而及,把受王凤迫害致死的王章理解为"曲阳歊歊,亦朱其堂"之所指。(张标)

武英殿 1673

注云:"清宫殿名。"

按:"武英殿"并不专属于清,早在明代已有。明英宗时的杨溥、世宗时的严嵩,都是武英殿大学士,可为证明。明万历、天启年间太监刘若愚之《明宫史》(北京古籍出版社出版),曾几次提到了"武英殿",如"东南曰思善门。门外桥西,曰武英殿,命妇朝皇后于此。……武英殿之西南,曰御用里监,乃把总等官所居。"尤为明证。因此,《辞源》此条注文当作"明清宫殿名",方为全面。又,《辞海》"武英殿"下云:"清宫殿名",台湾《中文大辞典》〔武英殿〕注云:"清殿名",也与《辞源》同病。(王彦坤)

案:释文谓武英殿为"清宫殿名",不确切。《明会要》卷七一"殿"条载:"武英殿,在右顺门外,皇帝斋戒时所居。"据此可知,"武英殿"于明代已有。如明代权臣杨溥、夏言、严嵩等都曾任过武英殿大学士。(丁鼎)

岁币 1676

每年交纳的钱币。《宋史·食货志一》:"季世金人乍和乍战,战则军需浩繁,和则岁币重大,国用常恐不足。"

按:释义不确。问题出在以"币"字的今义释古义。《说文》"币,帛也。"这是币的本义。古人以束帛为祭祀和聘享的礼物,因此"币"就有了礼物的意思。这是"币"的引申义。作为礼物讲的币,后来就不限于束帛这一类东西。《周礼·大宰》:"四曰币贡。"注:"币贡,玉、马、皮、帛也。"这里就包括了四样东西,而其中没有一样是钱币。《吕氏春秋·权勋》篇记载晋献公假途灭虢事说:"夫垂棘之璧,吾先君之宝也;屈产之乘,寡人之骏也。若受吾币而不吾假道,将奈何?"句中的"币",就是指璧和骏马这两样礼物。到了汉代,"币"字虽然有了"钱币"义,但"币"字的"礼物"义并未死亡,而是一直为后世所沿用。礼物之中可以包括钱币,但钱币不足以概括礼物。"岁币"的"币"正是"礼物"义。历史上有名的宋辽澶渊之盟,岁币是三十万。这三十万的具体内容是:"岁输银十万两。绢二十万匹。"(见《辽史·圣宗纪》)这里的"币"就包括了银和绢两样东西。(吕友仁)

段成式 1687

公元?—863年。唐临淄人。字柯古,官至太常少卿。学问博洽。诗与李商隐、温庭筠齐名,因三人皆排行十六,故号其诗为三十六体。

按:释文以段、李、温三人诗为"三十六体",大误。《旧唐书》卷一九〇下《李商隐传》:"商隐能为古文,不喜对偶。从事令狐楚幕,楚能章奏,遂以其道授商隐,自是始为今体章奏。博学强记,下笔不能自休,尤善为诔奠之辞。与太原温庭筠、南郡段成式齐名,时号'三十六'。"《新唐书》卷二〇三《李商隐传》:"商隐初为文瑰迈奇古,及在令狐楚府,楚本工章奏,因授其学,商隐俪偶长短而繁缛过之。时温庭筠、段成式俱用是相夸,号'三十六体'。"据以上引文可知,号"三十六体"的不是段、李、温三人的诗,而是他们的文,且是指其骈文。(丁鼎)

殺青 1689

《辞源》(商务印书馆 1979 年版)和《辞海》(上海辞书出版社 1980 年修订本)都收录了"杀青"一词,并且都以《后汉书·吴祐传》及其"李贤注"作为书证。对"杀青"的解释,主要见于李贤注。人们按照《辞源》《辞海》对李贤注所作的断句来理解"杀青",总是感到既不合乎文理,也不合乎事理。例如有人撰文指出:

"众所周知,著作完成叫'杀青'。而'杀青'为何解释为'完稿',则众说纷纭,且大多语焉不详,不能自圆其说。"

依我看,"李贤注"关于"杀青"的解释,可谓简洁明了之至;之所以会引起"众说纷纭",认为它"不能自圆其说",全在于对它的断句有误。

《辞源》《辞海》均不辨文理与情理,径用《后汉书》(中华书局 1964 年版)"李贤注"的断句与标点,将"李贤注"断为:

"杀青者,以火炙简令汗,取其青易书,复不蠹,谓之杀青,亦谓汗简。"

如此断句,其中的"取其青易书"便确实难以理解。因为这"取其青"有歧义,究竟是"采用它的青皮",还是"去掉它的青色(或青皮)",的确很难确定。并且这"取其青易书",使得上下文意很难贯通,难怪别人认为它"不能自圆其说"。

我认为,"取其青"应当属上句,使上句成为"以火炙简令汗取其青",并且让"易书"独立成句。这段话中的"汗",是指从竹简中蒸发出来的水气,"取"是"从中取出"即"去掉"的意思(见《古汉语常用字字典》"取"义项②),"杀"当如《辞海》所列义项④"断绝"即"消除"的意思。将"李贤注"译为现代汉语,应当是:

"所谓'杀青',是用火烘烤竹简,使竹简中的水分蒸发出去并利用这水蒸气去掉竹皮上的青色,(这样处理后的竹简)既便于书写,又不会生蠹虫,这就叫做'杀青';(经过"杀青"处理的竹简)又叫做'汗简'。"

《后汉书》作者范晔生活的年代去汉不远,其注解者李贤则是博闻强识的唐代皇太子,他们关于"杀青"的解释,应当是可信的。使人们对"李贤注"产生疑惑或误解的原因,就在于《辞源》《辞海》这样很具权威性的大型工具书在断句上的不慎。(纪国泰)

泥 1759

义项㈥软求、软缠。引卢仝、元稹诗为例。

按:唐人用"泥",有时只是"纠缠"或"缠住",不一定是"软"。如杜甫《冬至》:"年年至日常为客,忽忽穷愁泥杀人。"白居易《对酒五首》之三:"丹砂见火去无迹,白发泥人来不休。"又《雨中听琴者弹别鹤操》:"莫教迁客孀妻听,嗟叹悲啼泥杀君。"(泥,一作诋)(张涤华)

深根固柢 1812　根深柢固 1564

《辞源》释作：言根基深固而不可动摇。与其所收"根深蒂固"条，除词形书写与书证源流略有差别外，释义完全相同。其实，"深根固柢"和"根深蒂固"不仅词形不同，构词法与词语含义也不同。"根深蒂固"是由两个主谓关系构成联合词组；而"深根固柢"则是由两个动宾关系构成联合词组，深、固皆由形容词转化为使动用法。所以含义应从"使其根本深固"来考虑，《辞源》所释不确。（王立）

漢官儀 1871

书名。1. 东汉应劭撰，……今佚。2. 宋刘攽撰，……凡三卷。

按：此条说解较旧《辞源》增补了"1. 东汉应劭撰"之语。这是优于旧版的，但对《汉官仪》这一书名的说解仍有所疏漏。应劭撰次的《汉官仪》在《后汉书·百官志》的注释中多次征引，但在本传中却称为《汉仪》，如："删定律令，为《汉仪》，建安元年乃奏之。"（姚国旺）

漢儀 1871

汉叔孙通撰。记汉代礼制，共十二篇。东汉曹褒奉命加以修订，依准旧典，杂以五经谶记之文，撰次自皇帝至平民有关冠婚吉凶终始制度，共成一百五十篇。已佚。

按：有关《汉仪》说解不妥有二：1.《汉仪》作为书名仅见于《汉书》和《后汉书》的就有多家，除此条中所提示的西汉叔孙通撰和东汉曹褒所修订的外，尚有应劭撰次的《汉仪》，如《后汉书·应劭传》载："删定律令为《汉仪》，建安元年乃奏之。"2.《后汉书·百官志》注多处引用的蔡质撰次的《汉仪》和丁孚撰次的《汉仪》，从引用的内容看多是有关官制的。（姚国旺）

漢官舊儀 1872

汉卫宏撰。……本名《汉旧仪》，……后人辗转传写，常与应劭《汉官仪》混淆为一，遂增字以别于应书。

按：汉卫宏撰次的本名《汉旧仪》见《后汉书·卫宏传》，所以改称《汉官旧仪》的原因，据笔者所见其说有二：1. 即上面所引的是因为"后人辗转传写，常与应劭《汉官仪》混淆为一，遂增字以别于应书"。2. 是因为"后人辗转传写，与应劭《汉官仪》混淆为一，遂妄增字于书名中，非其旧也"。（见旧版《辞源》）两说相较虽仅一个"妄"字之有无，但两者动机和正误却大相径庭，一是有意的，是为了不"混淆为一，遂增字以别于应书"；一是不负责任的"辗转传写，与应劭《汉官仪》混淆为一，遂妄增字于书名中"。两相比较，还是旧版《辞源》说得中允，是"妄"增，因为《汉旧仪》和《汉官仪》的不同是泾渭分明的，稍有文字知识和任事谨慎者都是不会"混淆为一"的，这对滥改古书的人也是应引以为戒的，也是对我国古代典籍的校勘所应持有的科学的态度。（姚国旺）

烘柿 1919

把柿子封藏在器皿中，促使其红熟，叫烘柿，又称澿柿子。

按：《本草纲目》"柿"条下云："生柿置器中自红者谓之烘柿，日干者谓之白柿，火干者谓之乌柿，水浸藏者谓之醂柿。"又曰："烘柿，非谓火烘也，即青绿之柿，收置器中，自然红熟如烘成，涩味尽去，其甘如蜜"。如此则自然红熟，由硬变软，稀甜如蜜者，谓之烘柿。其法但置器中即可，不必"封藏"另加"促使"。而"灪柿子"则另是一种。"灪"，《本草纲目》作"醂"，音览。今统作"溇"。李时珍曰："醂，藏柿也。水收、盐浸之外，又有以熟柿用灰汁澡三四度，令汁尽，着器中，经十余日，即可食"。如此，则烘柿自烘柿，溇柿自溇柿，两者泾渭分明，民间至今不混。谓"烘柿，又称灪柿子"非也。（邵冠勇）

在邳县"烘柿"与"灪柿子"不同。"灪"也写作"槛""醂""揽""溇"。宋佚名《西湖老人繁胜录》："酥蜜裹食，天下无比。……红柿、巧柿、绿柿、槛柿。"这里"红柿"与"槛柿"并提，可知两者有别。《本草纲目》果部，"柿"："生柿置器中自红者谓之烘柿，日干者谓之白柿，火干者谓之乌柿，水浸藏者谓之醂柿。"烘柿法已如《辞源》引《归田录》所述，至于灪柿子法，《本草纲目》又云："醂（自注：音览）柿。醂，藏柿也。水收、盐浸之外，又有以熟柿用灰汁澡三四度，令汁尽着器中，经十余日即可食。"烘柿红软，灪柿可以是红色，也可以是青色，质硬须咬食，日久亦软。蒲松龄《俚曲》禳妒咒十三回："其初在巷里撞见江城，十月里的柿子不灪，就哄（烘）上来了。"《醒世姻缘》二十一回："你可是喜的往上跳，磁的头肿得像没揽的柿子一般。"丁声树、李荣《古今字音对照手册》："溇，溇柿子。"《广韵》感韵："溇，盐渍果。"（张喆生）

無慮 1932

注（一）："不计虑。引申为大略、大概。《史记·平准书》：'天下大抵无虑皆铸金钱矣。'注：'大抵无虑者，谓言大略归于铸钱，更无他事从虑。'又《汉书·食货志下》注：'无虑，亦谓大率无小计虑耳。'参见'亡虑'"。

按："无虑"解"大略""大概"是。但云"不计虑"引颜注"无小计虑"则是望文生义。不了解"无虑"是联绵词，王念孙说："师古以'无虑'为大计是也，而又云'无小计虑'，则是以无为有无之无，虑为计虑之虑，其失甚矣。"（《读书杂志》四之十六"连语"）王引之引王念孙曰："高诱注《淮南·俶真篇》曰：无虑，大数名也。'《广雅》曰'无虑，都凡也，又曰都，大也，'都凡'犹言大凡，即高诱所谓大数名也。"又说："大氏双声叠韵之字，其义即存乎其声，求诸其声则得，求诸其文则惑矣。"（《经义述闻》三十一"无虑"条）

"无虑"又为"勿虑"，见《大戴记·曾子立事篇》。又为"无虑"，见《汉书·李广传》张晏注。又为"摹略"，见《墨子·小取篇》。又为"孟浪"见《庄子·齐物论》。又为"莫络"，见左思《吴都赋》刘逵注。以上六个词都为一声之转。

"无虑"亦可单用"虑"（见《汉书·贾谊传》）。"间"（见《史记·河渠书》）。"略"（见《汉书·外戚恩泽侯表》）。"类"（见《汉书·贾谊传》）。

《古书虚字集释》说："虑犹'大凡也'，'大氏也'。（注：虑与略古同音）字或作'间'"。又说："略犹大凡也，大抵也"又说："类犹大氏也"。（注："虑"与"类"一声之转）

《辞源》引《史记·平准书》例句中"大抵无虑"(虑音间,平声)是同义词连用,即为大抵之意,这是虚词复说,如同《庄子·逍遥游》之"而后乃今"。(汪贞干)

爐火純青 1963

"炉火纯青",是我们常用的一个成语,用来比喻功夫、学问、道德修养、技艺达到纯熟、完善的境地。关于它的来源《辞海》说:"道家谓炼丹成功时,炉火发出纯青的火焰。"《辞源》也持同样的解释。实际上,这种解释是没有根据的。《考工记》曰:"凡铸金之状,金与锡。黑浊之气竭,黄白次之;黄白之气竭,青白次之;青白之气竭,青气次之;然后可铸也"。意思是说,用铜锡合金冶铸器具,可根据火焰的颜色定时机。纯冒青气,即可浇铸了。这是因为金属加热时,由于遂发、分解、化合等作用,会产生不同颜色的气体。冶炼青铜时,原料中所附着的碳氢化合物会燃烧,产生黑浊的气体;随着炉温的升高,原料中所含的氯化物、硫化物等杂质会产生黄白、青白之气,到只冒青气之时,说明杂质基本去除,可以浇铸了。这种观察气色以判火候的方法,是匠师们在漫长的岁月中,经过无数次的生产实践,所取得的宝贵经验。再者,通行的辞书解释"炉火纯青"源出道家炼丹,还以晋人葛洪《神仙传》为据。《考工记》的成书尽管有不同说法,但其时代要远早于晋则无可否认。所以,应该说它渊源于青铜冶铸,而不是炼丹。是古代科技经验的总结,而非迷信。(倪尔爽)

牀公牀婆 1971

旧俗年终以酒祀床母,以茶祀床公,祈终岁皆得安寝。

旧俗婚礼也祀床公床母,非特年终。《醒世姻缘》四十四回:"宾相赞教坐床合卺,又赞狄希陈拜床公床母。"又四十九回:"十五日娶了姜小姐过门,……拜床公床母,坐帐牵红。"(张喆生)

玄武門 2025

宫门名。汉在南宫,唐代在紫宸殿之北。唐王朝初建,太子建成、齐王元吉与秦王世民不和。高祖武德九年六月,世民伏兵于玄武门,乘建成、元吉入朝,杀之。立世民为太子,决军国事。八月太子即位,高祖称太上皇,次年改元贞观。旧史称"玄武门之变"。

案:唐代建都长安,有两个玄武门。一处在太极宫北面。唐朝初年,长安宫城在西北隅,称西内。宫名太极宫,为皇帝居处之地。正殿叫太极殿,各种大典都在这里举行。太极宫东面是东宫,东宫正殿名嘉德殿,一名显德殿,为太子所居。西面是掖庭宫,为妃嫔所居。宫城北面为玄武门,是警卫宫廷的要害所在。玄武门外便是禁苑。

另一处在大明宫北面。《辞源》提到的"紫宸殿"是大明宫内的第三殿,其北面也有一个玄武门。唐初,喋血禁门的"玄武门之变"并不发生在大明宫紫宸殿北的玄武门,而是在太极宫北的玄武门。《辞源》失考,其解释是错误的,因为李世民发动玄武门兵变时大明宫尚未修建。兵变这天,高祖李渊正在太极宫内泛舟游赏,太子李建成、齐王李元吉入朝,行至太极宫临湖殿发觉有变,正返身欲逃,被李世民率伏兵射杀。这年八月,李渊传位给李世民,"太宗即位于东宫显德殿"。

大明宫是贞观八年(634)太宗为太上皇李渊避暑而修建的,初名永安宫。九年,始改为大明宫。因其地在太极宫的东北隅,故称东内。李渊徙居大明宫后,"太宗始于太极殿听政"。至于大明宫成为唐王朝的政治活动中心则是唐高宗以后的事。只要我们概括新、旧《唐书·高祖纪》《太宗纪》《高宗纪》,新、旧《唐书·地理志》,《唐会要·大明宫》《唐两京城坊考·西京·宫城》等便知其详。

《辞源》出错在于忽略了唐都有两个玄武门的事实,疏于考证而致误。(毛远明)

珥 2055　衈 2798　祈 2265

"珥"义项七:"祭时用鸡血涂器。通'衈'。《周礼·春官·肆师》:'以岁时序其祭祀及其祈珥。'注:'珥当为衈,刏珥者衅礼之事。'"

与此有关的"祈"字,亦可讨论。

"祈"字义项四:"通'刏'。见'祈珥'。"

"祈珥,古时杀牲取血以祭之礼。"

"祈羊,杀羊而祭。"

以上四条材料涉及"衈"的释义和"祈"的本字、本义问题。

"祈,通刏",这是郑玄的意见,不可取。"祈"的本字是"刏(刉)"。祈、刉音近通用。《周礼·秋官·士师》正作"刉珥"。《山海经·中山经》:"刉一牝羊。"《说文》:"刉,划伤也。"划伤即刺破、割破,这是刉的本义。王筠《说文句读》"刉"字注:

《广韵》八微居依切内收"刉"字,云:"刺也,划伤也。"与此"划伤"义同。

"刉"与"衈"都属于衅礼。郑玄在《周礼·夏官·小子》注文中讲了二者的区别:"用毛牲曰刉,羽牲曰衈。"刺取犬羊之血以祭叫做刉,刺取鸡血以祭叫做衈。段玉裁说:"许云'划伤'者正谓此。礼不主于杀之,但得其血涂祭而已。"(段"刉"字注,179页)因此,把"祈珥"释为"杀牲取血",把"祈羊"释为"杀羊"云云,都不确切。"杀牲取血"可改为"割(或"刺")牲取血","杀羊"当改为"割羊"。虽止一字之差,但涉及礼仪制度问题。

用羽牲之血涂祭为什么叫做"衈"呢?

《礼记·杂记》郑注:"衈,谓将刏割牲以衅,先灭耳旁毛以荐之。耳听声者,告神欲其听之。"(盈案:郑注谓"刏割牲",而不说"杀牲",亦取划伤、刺伤之义。)

《礼记·杂记》:"其衈皆于屋下"。意谓刺鸡血流于屋下以祭。可见"衈"祭并非专用于"涂器"。《周礼·春官·肆师》贾疏把这句话释为"在屋下杀鸡",亦昧于古礼。

衈祭不只是用鸡,也可用鱼。《山海经·东山经》:"祠,毛用一犬祈,衈用鱼。"

古代还用人之鼻血"衈社"。《谷梁传》僖公十九年:"用之者,叩其鼻以衈社也。"范宁注:"衈者,衅也,取鼻血以衅祭社器。"范注欠精确。钟文烝《谷梁补注》云:"范言衅器,非也。衈社者,以血衅社,谓祭社也。"

根据这些材料,《辞源》"衈"字义项七:"祭时用鸡血涂器",似可改为"祭时割刺鸡血或取其他生物之血以祭。"(何九盈)

班郢 2057

班,公输班(鲁班),古之巧匠。郢有石工,能运斤成风。以喻有绝艺的能手。

案:"郢"字的解释,出自《庄子·徐无鬼》(郢人垩慢其鼻端,若蝇翼,使匠石斲之。匠石运斤成风,听而斲之,尽垩而鼻不伤)。释义文字中以"石工"译"匠石",误。"匠,木工也"(《说文》);石,其名。上古平民无姓,以职业冠名上作称呼为通例,如庖丁、医和、巫咸、奕秋等皆是,"匠石"即一位名叫石的木匠。(袁庆述)

琫 2064

佩刀鞘上装饰。

这条释义承旧说而误,应改为"佩刀刀把上的装饰。"《说文》:"琫,刀上饰也。天子以玉,诸侯以金。"段玉裁注:"琫之言奉也,奉俗作捧。刀本曰环,人所捧握也,其饰曰琫。"("琫"字注,14页)朱骏声说:"琫者,刀颖饰也。佩刀手所握处,其饰曰琫。"(214页)《诗·大雅·公刘》:"鞞琫容刀。"王力主编《古代汉语》第二册502页:"鞞(bǐng),刀鞘上的装饰物。琫(běng),刀柄的装饰物。"

字亦作"韘"。《左传》桓公二年:"藻率鞞韘。"杨伯峻《春秋左传注》:"韘同琫,音崩,上声,佩刀刀把处之装饰。"(88页)(何九盈)

琼林宴 2080

皇帝赐新科进士的宴会。宋初,太宗太平兴国二年赐宴新科进士于琼林苑,因有琼林宴之名。

按:应说明正名"闻喜宴",因在琼林苑举行,俗亦称琼林宴。宋叶梦得《石林燕语》卷一:"琼林苑,乾德中置。太平兴国中,复凿金明池于苑北,导金水河水注之,……岁赐二府从官燕,及进士闻喜宴,皆在其间。"宋人诗文中亦多称闻喜宴,如《宋史·司马光传》:"光宝元初中进士甲科,年甫冠,性不喜华靡,闻喜宴独不戴花;同列语之曰:'君赐不可违。'乃簪一枝。"又,说"太宗太平兴国二年",亦误,应为"九年"(是年十一月改元雍熙)。《宋史·选举志一》:"太平兴国二年,御殿复试,……八年,进士、诸科始试律义十道,进士免帖经。明年,……进士始分三甲。自是锡宴就琼林苑。"(张虎刚)

氅 2088

义项三:"饰,结。"书证引李贺《出城别张又新酬李汉》:"光明霭不断(按:"断"字误。原诗作"发"。),腰龟徒氅银。"

"饰"与"结"义不相涉,这是撮合两种旧注所致。王琦《李长吉诗歌汇解》卷四327页:"氅,结也。"另一种旧注："錎，犹饰也。"王琦的释义欠妥。他认为"腰龟徒錎银"是"徒然腰佩龟纽之银印而已"，亦误。这里"龟"指"龟袋"。唐官制：三品以上龟袋饰金，四品饰银。"錎"应是饰的意思。徒然饰银与上句"光明霭不发"正相照应。（何九盈）

田横 2103

战国时齐田氏的后代。秦末，其从兄田儋自立为齐王，不久战死。儋弟荣与荣子广相继为齐王，横为相国。韩信破齐，横自立为齐王，率领从属五百人逃往海岛。刘邦称帝，遣使者往招降。横与客二人往洛阳，未至二十里，羞为汉臣，自杀。

案：此条失误有二：

其一，"儋弟荣"应为"儋从弟荣"，田荣不是田儋的同父母弟而是堂弟。《史记·田儋列传》载："田儋者，狄人也，故齐王田氏族也。儋从弟田荣，荣弟田横皆豪，宗彊，能得人。"文中明言是"儋从弟田荣"。《汉书·田儋传》与《史记》同。

当然，《史记》下文又说："章邯夜衔枚击，大破齐、魏军，杀田儋于临济下。儋弟田荣收儋余兵，东走东阿。"司马迁此处记载与前文不同，或为笔误，或为简省，不足取以为说。班固《汉书》已正史迁之失，记为"儋从弟荣收儋余兵，东走东阿"。《辞源》编者未能全面考察，乃误以"从弟"为"弟"。

其二，田横受刘邦之诏前往洛阳朝拜。因为田横过去曾与刘邦为敌，且认为原先同为诸侯王，而今反为降虏，故羞于见刘邦，在距洛阳三十里的尸乡厩置自杀。对于这一历史事件及田横其人，司马迁是欣赏和同情的，故《史记·田儋列传》记之甚详。今且摘取一段为说："未至三十里，至尸乡厩置。横谢使者曰：'人臣见天子，当洗沐。'止留。谓其客曰：'……且陛下所以欲见我者，不过欲一见吾面貌耳。今陛下在洛阳，今斩吾头，驰三十里间，形容尚未能败，犹可观也。'遂自刭。"《汉书·田儋传》抄录《史记》，文字无大异，都作"三十里"。

《辞源》以为"未至二十里"，"二十"当是"三十"之误。（毛远明）

留落 2113

注："指际遇不好，久不得提拔。《史记·卫将军骠骑传》：'然而诸宿将常坐留落不遇'。《汉书》五十五《霍去病传》：'然而诸宿将常留落不耦。'"注："留谓迟留，落谓坠落，故不谐偶而无功也。'"

按：留落，亦作"牢落"，为双声联绵词，不可分开解释。王念孙说："留落即不耦之意，耦之言遇也，言无所遇合也，故《史记》作'留落不遇'是牢落即无偶之意……牢字古读若留，故牢落通作留落，今人言流落，义亦相近也。留落双声字，不得分为两义，'留落'与'不耦'亦不得分为两义"。（《读书杂志》四之十六"连语"）（汪贞干）

瘗 2141

〔瘗〕（二）见"瘗疯"。

〔疭〕见"瘛疭"。

〔瘛₂疭〕惊风,手足痉挛。

按,"瘛疭"是同"瘛"和"疭"构成的联绵词,修订本只解释联绵词,而不解释其构成之单字,其作法似乎无可指责,但是,组成联绵词的单字并非都绝对无义,而只起标音的作用。就"瘛疭"而言,追其得义之由,仍与"瘛""疭"二字有关,段玉裁《说文解字注》:"瘛(瘛)之言掣也,疭之言纵也。"也就是说,筋脉拘急而缩为瘛,筋脉缓纵而伸为疭。惊风患者,手足时缩时伸,抽搐不止,故称"瘛疭"。可见揭示"瘛""疭"二字的细微差别,有助读者理解"瘛疭"的含义,修订本不区分"瘛""疭"二字的细微差别,对词的解释是笼统的。(伍仁)

瘝 2144

〔瘝〕家畜病,见下。

〔瘝蠡〕六畜之病。

按,《玉篇》:"瘝,瘝蠡,皮肤病。"皮日休《吴中苦雨书一百韵寄鲁望》:"手指既已胼,肌肤亦得瘝。"龚自珍《农宗》:"父有少疾瘝,寒暑湿热,不以使其子。""瘝蠡"即"瘝瘰",后单用为"瘝"。书证,例证都说明"瘝"不仅只指家畜病,亦指人的皮肤病,修订本的释义过窄。(伍仁)

百二 2168

偶阅《辞源》"百二"辞条,言有二义:(一)百分之二。引《史记·高祖本纪》"秦,形势之国,带河山之险,县(悬)隔千里,持戟百万,秦得百二焉。"原文,取《集解》"苏林曰:得百中之二焉,秦地险固,二万人足当诸侯百万人也。"以为证。(二)指山河险固之地。引《周书·贺兰祥传》檄吐谷浑文:"天鉴有周,世笃英圣,遂廓洪基,奄荒万寓。固则神皋西狱(愚按,"狱"为"嶽"之误),险则百二犹在。"又《王右丞集》五《游悟真寺》诗"山河穷百二,世界满三千。"二例以为证。所言二义皆非是。

(一)《辞源》"百二"辞条所言二义皆非是。理由:(1)它对"百二"一词的原始义,取前人注解的"百中之二"说,失当。(2)它把"百二"一词的引申义本为专指雍州险固之地臆说为泛指山河险固之地。(3)它把"百二"一词的原始义和引申义割裂和平列起来,看不出它们之间的发展线索。

(二)"百二"一词的最早出现,是见于《史记·高祖本纪》的"秦得百二焉"。其确解为"得百之二"(即百之二倍),是用来表示秦这个形势之国其河山之险在战争中所起极为突出的重要作用。

(三)"百二"一词的第一个引申义,是用"百二之势"或"百二"(这里是作为"百二之势"的省语)来直指雍州(即旧秦地)这个险固地区,如《后汉书·隗嚣传论》之言"百二之势"和《周书·贺兰祥传》檄吐谷浑文之言"百二"是也。

(四)"百二"一词的第二个引申义,是用"百二重关""百二山河"或"百二重城"来表示雍州(即旧秦地)这个险固地区的关隘、山河或城邑的具体数目,分别见于骆宾王的数对、杜甫诗、王

维诗、卢宗回诗和曹贞吉词。(李耀仙)

知言 2228

㊀有远见之言。《左传》襄十四年:"秦伯问于士鞅曰:'晋大夫其谁先亡?'对曰:'其栾氏乎?'……秦伯以为知言。"

按,"知"有"见解、见识、见地"义,但无"远"义,所以释义当改为"有见地之言"。《左传》书证讲的是预言未来的事,用"远见"为释似乎可通,但遇到讲已成事实的书证,就扞格难通了。例如《宋史·欧阳修传》:"苏轼叙其文曰:'论大道似韩愈,论事似陆贽,记事似司马迁,诗赋似李白。'识者以为知言。"这是欧阳修去世后苏轼对他的品评。又如《宋史·朱熹传》:"道之正统待人而后传……由孔子而后,曾子、子思继其微,至孟子而始著。由孟子而后,周、程、张子继其绝,至熹而始著。'识者以为知言。"这是朱熹去世后其弟子黄干对他的品评。又,欧阳修《归田录》卷二:"晏元献公(殊)喜评诗,尝曰:'老觉腰金重,慵便忧玉凉',未是富贵语,不如'笙歌归院落,灯火下楼台,'此善言富贵者也。人皆以为知言。"以上三例中的"知言",也都是"有见地之言"的意思。《辞源》此条释义不确的原因在于"失其本训"。(吕友仁)

礌 2260

"礌"义项一:"大石。同礧。"书证有庾信《拟咏怀诗》:"罗梁犹下礌。"

这条释义太宽泛。应改为:"礌石,古代战争中用礌石打击敌人。"(何九盈)

福 2283

从时贤对"福"研究的现状看,对其形体结构的分析有三种不同的观点。

1."福"是个会意字。

这种观点以左民安为代表:

🙽(甲骨文)→福(金文)→福(小篆)→福(楷书)

"福"这个字表现得极为形象,甲骨文的左上部是酒樽(酉)之形,其下是一双手,右上方是个"示"字,意思是:双手捧着酒樽在"示"前祭献。金文的左边是"示",右边是一把酒樽,省略了双手。小篆和楷书的写法与金文基本相同。"福"字的本义就是"求福",后又引申为"幸福",与"灾祸"相对。

2."福"是个形声字。

这种观点以《说文解字》为代表:"福",祐也,从示畐声。

3."福"是个会意兼形声字。

这种观点以王世征、宋金兰和古敬恒、刘利为代表,可是又有所不同。前者认为甲骨文的"福"从两手(廾)奉酒器于示前,表示以酒祭神求福,当为本义,金文、小篆省两手,从示(所祭之神主)从畗(祭祀用的酒器),畗亦声;后者认为"福"从示,畐声,声符亦兼表字义,"畐"本象形,是"腹"字的初文,"畐"有腹满义。

我们认为左民安的观点是正确的,他通过对"福"字形体的分析得出"福"是由"示""廾""畜"三个部件一次性汇集而成的会意字,本义是求福——祈求幸福。这从甲骨文的形体可以看出,整个形体的象物性极高,就连表形部件上下左右的相对位置都没有发生变化,活脱脱的一幅古人祭祀的画面。罗振玉在《增订殷墟书契考释》中说:"福"的甲骨文形体象两手奉樽于示前,或省廾,或并省示,即后世之福字。唐兰说得更为透彻,福字中的畜本像有酒的酒樽,用两手举畜,灌酒于所祭的示(祭坛)上,甲骨文中常见,是祭的一种。祭祀是古人的一种习俗、观念,古代的祭祀活动非常多,每一种都有不同的目的,不同的名称,如求子之祭为"禖",除水不祥之祭为"禊",求福之祭为"祈",酌酒灌地之祭为"祼",除丧服之祭为"禫",山川之祭为"祍",春祭为"祠",而"福"就是求福之祭。

后由"福"的本义引申为祭祀用的酒肉。唐兰认为,"福"是用手举樽灌于示上,是一种酒祭,"祭"则是用手取肉放在示上,是一种肉祭,把祭祀用过的酒拿回去送给人称为致福,把祭祀用过的肉拿回去送给人称为致胙,而后世因为往往同时送酒与肉,这两个名称就混淆了。唐兰的这段话是有道理的,为我们阅读古文献,正确理解文献中"福"的意义提供了有利的依据。

在《汉语大字典》和《辞源》中都列举了《国语·晋语二》中的一段文献:"骊姬以君命命申生曰:'今夕君梦齐姜,必速祠而归福。'申生许诺,乃祭于曲沃,归福于绛。公田,骊姬受福,乃置鸩于酒,置堇于肉。公至,召申生献,公祭之地,地坟。申生恐而出。骊姬与犬肉,犬毙;饮小臣酒,亦毙。公命杀杜原款。申生奔新城。"关于行文中"福"的解释,《汉语大字典》引用了韦昭的注释"福,胙肉也。"《辞源》虽然没有注明出处,但也作了相同的解释。我们以唐兰的解释为依据,再根据上下文的意义,认为"福"指的是祭祀后剩余的酒和肉,因为在下文中有这样的语句"乃置鸩于酒,置堇于肉",这样就不应该单指祭祀后剩余的鸩肉。《汉语大字典》还有一个例子,贾公彦疏:"诸臣自祭家庙,祭讫,致胙肉于王谓之致福。"从行文看,"福"应该只指"胙肉",不包括"酒"。

"福"大都作名词用,后又由其本义引申出一个动词,作"保佑;造福"意义讲。《说文解字·示部》:"福,佑也。"《易谦》:"鬼神害盈而福谦。"《左传·庄公十年》:"小信未孚,神弗福也。"《三国志·魏志·文帝纪》:"使死者有知,将不福汝。"《明史·太祖纪》:"若不能福民,则是弃君之命。"(王智杰)

穧 2320　稆 2307　旅 1390

穧　禾自生叫穧。

稆　野生的禾。

旅　㈧蔬谷之类不种而生叫旅。

按:"稆""穧""旅"三字通用。凡不种而生的植物邳县都谓之"稆"。北魏贾思勰《齐民要术·伐木》第五十五种地黄法:"今秋取讫,至来年更不须种,自旅生也。"又插梨第三十七:"若穧生及种而不栽者著子迟。"《本草纲目》二十七卷"野芋":"野芋形叶与芋相似,芋种三年不采成稆芋并能杀人。"(自注：稆音吕)上例地黄、梨、野芋均非禾,亦非蔬。又邳县称工艺不精没有师传的人为"稆",如"稆木匠",是又"稆"义之延伸。(张喆生)

篪 2370

《辞源》引《广雅》以为它是八孔乐器,这种说法值得商榷。段玉裁注《说文解字》,除了引《广雅》外,还引贾公彦《礼图》云九孔,郑司农注《周礼》云七孔。面对三种不同的说法,段玉裁只好说"疑不能明"。其实,慧琳《一切经音义》、今本《玉篇》、唐写本《玉篇》残卷均以为七孔;清汪宪《说文系传考异》、田吴炤《说文二徐笺异》也都认为七孔。由此看来,七孔之说较为可信。(王立)

索居 2404

散处,独居。《礼记·檀弓上》:"吾离群而索居,亦已久矣。"注:"索,犹散也。"晋陶潜《陶渊明集》二《和刘柴桑诗》:"直为亲旧故,未忍言索居。"

按:此语焉不详,应训为独身寡居。王念孙《广雅疏证》:"娃、挈、僥、介、孤、寡、索、唯、特、独也。……孤、寡、索者,《孟子·梁惠王篇》:老而无妻曰鳏,老而无夫曰寡,老而无子曰独,幼而无父曰孤。《襄二十七年左传》:齐崔杼生成及僵而寡。则无妻亦谓之寡。鳏、寡、孤,一声之转,皆与独同义,因事而异名耳。《周南·桃夭》'正义'引小尔雅云:无夫无妇并谓之寡,丈夫曰索,妇人曰嫠。'檀弓':吾离群而索居,亦谓独居也。郑注训索为散,则与离意相复,失之矣。"

清李调元《卍斋琐录》卷九:"丈夫无妇曰索,见《字汇补》。按古人谓索居即鳏居。"清李渔《比目鱼·发端》:"索居无偶,虚度好年华。"(董德志)

舞勺 2601

古代文舞的一种。《礼·内则》:"十有三年,学乐、诵诗、舞勺;成童,舞象。"注:"先学勺,后学象,文武之次也。"疏:"舞勺者,勺,籥也。言十三之时,学此舞籥之文舞也。"后称未成年时为舞勺之年,本此。

按:古代以十五为童,二十而冠为成年。所引《礼记·内则》明言十有三年舞勺,成童舞象,是舞勺之年乃指十三岁或十三四岁未成童之幼儿。故说"后称未成年时为舞勺之年,本此",不确。因即使是十五岁以上之成童,也未届成年也。又,所引《疏》文,有脱漏。(张虎刚)

蔞蒿 2708

《尔雅·释草》:"购,蔏蒌。"郭注:"蔏蒌,蒌蒿也。"邢疏:"《诗·周南·汉广》:'翘翘错薪。初生可啖,江东用羹鱼。'陆机疏云:'其叶似艾,白色,长数寸,高丈余,好生水边及泽中。正月根芽生旁茎,正白,生食之,香而脆美。其叶又可蒸为茹。'是也。《辞源》:"蒌蒿。水草名。也称蔏蒌、白蒿。"此言蒌蒿为白蒿,而蒌蒿为水草,但《尔雅》注疏中,皆未见称白蒿为水草之言词,且今人所言之白蒿亦非水生。《诗·召南·采蘩》:"于以采蘩,于沼于沚。"毛亨注曰:"蘩,皤蒿也。……公侯夫人执蘩菜以助祭,神飨德于信,不求备焉,沼沚磎涧之草,犹可以涧。"孔颖达正义曰:"言夫人往何处采此蘩菜乎?于沼池、于沚渚之傍采之也。"又曰:《释草》文。孙炎曰:'白蒿也．'然则非水菜。此言沼沚者，谓于其傍采之也。下于涧之中，亦谓于曲内，非水中也。"由此可知白蒿不是水生，非水草，故白蒿亦非蒌蒿。《辞源》所释不确。（苏袁）

行 2799

注："㈠唐宋官制，官阶高而所理职低者称行。"

按：唐宋以前，凡代理官职也得称"行"，如《魏书·崔暹传》云："为御史中尉李平所纠，免官。后行豫州事，寻即真。"这里的"行"显然只是"暂时代理"之义，绝不会是"官阶高而所理职低。"《辞源》此注未及唐宋以前"行"之用法，欠妥。（王彦坤）

亵器 2834

溲便之器。《周礼·天官·玉府》："掌王之燕衣服（按《周礼》原文为"掌王之燕服"，《辞源》引文衍一"衣"字）、衽席、床笫、凡亵器。"注："亵器，清器，虎子之属。"

释文用语及对郑玄注所作的标点均欠准确。它使人这样理解：亵器即清器，清器即虎子之类，是盛小便的器具。

虎子，又名"溲器"，确为受小便之器，犹今之尿壶。传说汉代飞将军李广善射，曾猎虎，一箭毙之，遂"铸铜象其形为溲器，示厌辱也。"事见《西京杂记》。而清器则是专受大便之器，犹今便桶。孙诒让在《周礼正义》中对此曾有考证："盖汉时名厕曰圂，故受粪便之器为清器……谓以木为函，可移徙者。"虎子与清器一受小便，一受大便；一铜铸，一木制；一像虎形，一为箱状。后代虽有变化，如虎子多改为陶瓷制品，或名称屡变，如清器又有"涧床""马桶"之名，然终各有所司。其统称谓之"亵器"，亦名"椷㮯"。《说文解字·木部·椷》："椷㮯，亵器也。"清人朱骏声解释道："受尿之器曰椷，受屎之器曰㮯。"（见《说文通训定声》）亵器包括受小便与受大便者两类，古人并不曾混淆，如唐代的颜师古在注《汉书·张骞传》时就说："兽子（即虎子，避李虎讳而改称），亵器所以溲便者也。"明确指出虎子是亵器中用以受溲溺的那种。因此，《辞源》该条目应改作"亵器，受大小便之器。"注文标点应在虎子与清器之间改用顿号，使其并列作"亵器，清器、虎子之属"即可。（李雁）

诗牌 2888

㈠称"唐人以木板题诗，称诗板。……宋人称诗牌。"

按：宋人固多称诗牌，然亦有仍称诗板的，如刘攽《中山诗话》："洪州西山与滕王阁相对，一僧尽览诗板，告郡守曰：'尽不佳'。"又《蔡宽夫诗话》云："润州甘露寺……壁间有罗隐诗板。"皆其证。可见话不能说得太肯定，灵活一些就好了。（张涤华）

贼 2962

㈣泛称盗窃之人《墨子·非乐》上："寇乱盗贼并兴。"《后汉书·百官志》："贼曹主盗贼事。"亦用为骂人之词。《三国志·周瑜传》："老贼欲废汉自立久矣，徒忌二袁、吕布、刘表与孤耳。"老贼，指曹操。

按：释义误。《辞源》所举三书证，都属上古期，而在上古期，"贼"字还没有"泛称盗窃之人"的意思。王力主编的《古代汉语》辨析说："盗，贼。用作动词时，上古'盗'字只指偷东西，'贼'字指毁害。用作名词时，'盗'字一般指偷窃东西的人，而'贼'字指乱臣。'盗''贼'二字的上古意义；跟现代意义差不多正好相反。现在普通话所谓'贼'（偷东西的人），上古叫'盗'；现在所谓强盗，上古叫'贼'。"文献证明，这番话是正确的。《辞源》所举三书证中的"贼"字，都是用作名词，是"乱臣"义，指违法乱纪、犯上作乱的人、并不是"泛称盗窃之人"。

上引《古代汉语》正确地指出了"贼"字古今词义的变化，但是还有一个问题没有解决，即这种变化始于何时。弄清楚这一点对于辞书的编写是必要的。关于"贼"字什么时候开始有了"泛称盗窃的人"的意思，笔者将用专文论述，这里只简单的说一下我考察的结果。

根据我的考察，我认为。"贼"有"泛称盗窃之人"的意思，从法律的角度上讲，始于元代。此类例证，《元史·刑法志》中就有不少，兹不赘。这里只举一个元人书中的例子。陶宗仪《辍耕录》卷二三《盗有道》："后至元间，盗入浙省丞相府，……时一侍姬见之，大呼'有贼'。相急止之，曰：'此相府，何贼敢来！'盖虞其有所伤犯也。"句中的"贼"字，已是"泛称盗窃之人"之意。"贼"字字义在法律上的这种变化，"只是表明和记载经济关系的要求而已"（马克思语。《马克思恩格斯全集》第四卷一二一页——一二二页）。而经济关系的要求，是早于法律条文的。所以，"贼"字有"泛称盗窃之人"之意，从日常生活来讲，必然在要在元代以前。具体的时间，据考察，大约始于宋代。从宋人书中我们可以找到一些例证。这里只举一例。苏轼《东坡志林》卷三《梁上君子》："近日颇多贼，两夜皆来入吾室。吾近护卫王葬，得数千缗，略已散去，此梁上君子当是不知耳。"句中的"贼"字，就是"泛称盗窃之人"之意。

如果我的考察不误，《辞源》此条似可作如下修正。一、把"泛称盗窃之人"的释义改为"乱臣"。二、在原有三书证下加上一句："后亦泛称盗窃之人"。接下再引一二适当的书证。三、"亦用为骂人之词"句可删去。（吕友仁）

車宫 3013

"古代帝王远行野宿，以车为藩而成的行宫"。"远行"完全可以不用。从史料上看，古代帝王野宿必定出现在远行的情况下，故此完全没必要加上"远行"。（王立）

重 3147

㈠严。《书·大禹谟》："罪疑惟轻，功疑惟重。"

按，此条释义未当。"重"虽有"严"义，但此例之"重"不当训"严"，而应训"厚"，指赏赐的丰厚、厚重。"重"既可训"严"，也可训"厚"，而二义实相通，均由"分量重"一义引申而来，只因搭配对象不同而具体释义有别。当指法令、刑罚、处罚之重时，其义为严苛、严酷、严重，应训为"严"，如，"陈留令曰：'秦法至重也，不可以妄言，妄言当无类，吾不可以对。'"（《史记·郦生陆贾列传》）是说秦王朝法令极严苛；"百姓怨望而诸侯有畔者，于是纣乃重刑辟，有炮烙之法"。（《史记·殷本纪》)此句中的"重"是使动用法,即使刑罚法令更加严酷、严苛;"臣闻明主不恶切谏以博观,忠臣不敢避重诛以直谏,是故事无遗策而功流万世。"(《史记·平津侯主父偃列传》)"臣愚以为陛下法太明,赏太轻,罚太重。"(《史记·张释之冯唐列传》)这些句中的"重"都是指诛罚的严酷。而当"重"指赏赐、爵禄、币贽时,其意为厚重,训"厚",如"必有重赏大功而后得见。"(《庄子·让王》)是指赏赐的丰厚;"斯曰:'斯上蔡闾巷布衣也,上幸擢为丞相,封为通侯,子孙皆至尊位重禄者,……'"(《史记·李斯列传》)指爵禄的丰厚;"齐惧,必卑辞重币以事秦。"(《史记·范雎蔡泽列传》)是指财币的厚重。《辞源》中此条之"重",是指赏赐而言,与前文之"轻"相对,其本意乃为人主者当以仁厚为本,重赏轻罚,罪责有疑问时从轻发落,而功劳有疑问时则从重行赏,亦即从宽把握。若释为"严",则其意正好相反,指论功行赏时当从严把握,与上下文及主旨不符,故当训"厚"而非训"严"。(朱惠仙)

金鱼 3159

释义之一:鲫鱼之变种。体小,多呈金红色。品种不一,供观赏。俗概称金鱼。最早书证引宋吴自牧《梦粱录·十八·虫鱼之品》:"金鱼,有银白色玳瑁色者……今钱塘门外,多蓄养之,入城货卖,名鱼儿活。"

按:释义可商。笔者认为该义项应释作:鱼名,多指金色之鱼。后指经过人工长期培养形成的鲫鱼的变种,多用于观赏。据以上书证引文可知,作为观赏类的"金鱼"的培养始于宋代,然而该词在南朝时已有出现,南朝梁任昉《述异记》:"关中有金鱼神,云周平二年,十旬不雨,遣祭天神,俄而生涌泉,金鱼跃出而雨降。"(见上海古籍出版社《四库全书》第1047册第624页)。此书证引文中"金鱼"并非宋时的作观赏用的"金鱼"。故除应修改释义外,还要补引以上书证于宋时书证之前,如此便可体现该语词释义的流变。《大词典》中语词释义之四及书证,应据此修改、补引(参见中华书局《丛书集成初编》第3121册第170页)。另《大词典》中该语词义项之四书证引文脱字,"今钱塘门外多蓄之"中"蓄之"之间脱一"养"字,应据原本补入。(刘勇)

鎖穴 3208

注云:"地名,在今湖北汉阳县北,在大别山北,相传为三国吴孙皓以铁锁断江之处。"

按:此注不甚妥。"在大别山北"以下皆宋王象之《舆地纪胜》所言,注者录王氏之言而不加注释,在读者看来,湖北汉阳县北的锁穴,怎么跑到安徽大别山去了?其实王氏这里所言之大别山,与老根据地大别山是两个地方,一在湖北,汉水经其南入江;一在安徽,与孙皓锁江处风马牛不相及。(熊飞)

長句 3224

释文云:"唐人以七言古诗为长句。"下引杜甫诗及《全唐诗话》为例证。

按:此条全用旧《辞源》,不过把《全唐诗话》改为皇甫湜《顾况诗集序》罢了。考唐人不仅称七古为长句,也称七律为长句,后一种实际上还多一些。如白居易有《重过秘书旧房因题长句》

《长句呈谢》《初冬月夜偶题长句》《闻行简恩赐章服喜成长句寄之》等，刘禹锡有《和乐天洛下醉吟长句》《酬元九侍御赠璧竹鞭长句》《和牛相公见示长句》等，杜牧有《赠李处士长句四韵》《奉和白相公……长句四韵》《咏歌圣德远怀天宝因题关亭长句四韵》等。所有这些，都是七律。此外，唐人诗题中有长句字样的也大多是七律。宋人对这一点已不了解，故强至《贾麟白睦来杭复将如苏戏赠短句》，诗是七律，而题中却说是"短句"。许印芳云："唐人皆称七言诗为长句。此题宜改正。"许说是正确的。（张涤华）

陡顿 3270

猝然变化。同斗顿。宋柳永《乐章集·雨中花慢》："把花容陡顿，怎地轻孤，争忍心安。"《朱子语类·七六·易十三》："《阴符经》说天地之乐浸，故阴阳胜。浸字最下得妙，天地间不怎地陡顿阴阳胜。"

案：《辞源》"斗顿"条下云："斗顿：顿时、突然。斗，通陡。"并引宋人赵长卿《醉乐魄》词为证。"陡顿"条下既云"同斗顿"，则二者义应相同，当从"斗顿"条下之释义。所云"猝然变化"，掺入了柳永词文中之义，不确。所引《朱子语录》中的"阶顿"，亦为"陡然""突然"之义。《朱子语类》中，此类例甚多，如：《卷四十九·论语三十一·子张篇》"不要跳越远望，亦不是纵横陡顿，只是就这里近傍那晓得处挨将去"；《卷七十一·易七·复》"不成一阳是陡顿生，亦须从分毫积起"，均是。（袁庆述）

面首 3362

面，貌之美；首，发之美。面首，谓美男子。引申为男妾、男宠。

注释本胡三省说，那是为山阴公主置男妾作脚注。"面首"原义就是"容貌"，并不单指"美男子"。唐寒山诗之四十九："低（一作氐）眼邹公妻，邯郸杜生母。二人同共老，一样好面首。"又王梵志《身体骨崖崖》诗："迎得少年妻，褒扬殊面首。"可证。（张喆生）

饔飧 3436

早餐。《孟子·滕文公上》："贤者与民并耕而食，饔飧而治。"注："饔飧，孰食也。朝曰饔，夕曰飧。"

案：赵岐注明言"朝曰饔，夕曰飧"，可见"饔飧"并非指"早餐"。《说文》"飧"字条下段玉裁注云："《小雅》传曰'孰食曰饔'，《魏风》传曰'孰食曰飧'。然则饔飧皆谓孰食，分别之则谓朝食夕食。"可知，饔、飧均指熟食，析言之则为早上吃的熟食和晚上吃的熟食。《孟子》所云，是"做熟饭"或"做熟早餐、做熟晚餐"的意思。（袁庆述）

骾 3474

㈠食留咽中。见《说文》。

按：《说文》曰："骾，食骨留咽中也。"段玉裁注："《晋语》：卜籀曰：狭以衔骨。韦注曰：骨所以鲠刺人也。忠言逆耳，如食骨在喉，故曰骨骾之臣。"《汉书》以下皆作骨鲠，字从鱼，谓留咽者鱼骨较多也。"食骨留咽中"这个"骨"字是少不得的。如果仅是"食"留咽中，则为因噎废食之"噎"矣，不成其为"骾"了。旧本《辞源》作"骨留咽中也"，省一"食"字，犹不失原义。今《新华字典》解作"骨头卡在嗓子里"，非常贴切。（邵冠勇）

高坐 3478

释云："也作'高座'，指僧人。犹言'上座'。"下引《世说新语·赏誉》刘孝标注，而文义不明，读者不易知"高坐"即"尸利密"。

按：《世说新语·言语》："高坐道人不作汉语。"刘注引《高坐别传》："和尚胡名尸黎密，西域人。"据梁僧祐《出三藏记集》卷十三、慧皎《高僧传》卷一，尸利密、尸黎密、尸梨密，都是帛尸梨密多罗的简称，意为"吉友"。西晋末来华，东晋初到建康（今南京），住建初寺。刘注又引《塔寺记》："尸密黎，宋曰'高座'，在石子冈，常行头陀，卒于梅冈，即葬焉。晋元帝于冢边立寺，因名高座。"由此可见高座原是寺名，赵宋时始谓僧人为高坐或上坐。释文似宜酌加订补。（张涤华）

鹿鸣宴 3555

科举时考试后所举行的宴会，由州县长官宴请考官、学政以及中式诸生。唐人宴时用少牢，歌《诗·小雅·鹿鸣》之章，故名。

此条释义含混不清，不知是什么考试，"中式诸生"是什么人。

按：《新唐书·选举志上》："每岁仲冬，州、县、馆、监举其成者送之尚书省；而举选不由馆、学者，谓之乡贡，皆怀牒自列于州、县，试已，长吏以乡饮酒礼，会属僚，设宾主，陈俎豆，备管弦，牲用少牢，歌《鹿鸣》之诗，因与耆艾叙长少焉。"此虽为"鹿鸣宴"之滥觞，但其内容是州县长吏与乡贡士行乡饮酒礼，而且当时似尚未定名为"鹿鸣宴"。宋仍唐制，所谓"鹿鸣宴"也是对举送入京应试的贡士的庆宴。元以后至明、清，科举实行院、乡、会（殿）试三级考试，鹿鸣宴始确定为乡试后为中式举人所设之庆宴。明代宴为学宫明伦堂；清代例应在布政司衙门，后改在巡抚衙门，以巡抚主其事，宴中歌《鹿鸣》，作魁星舞。《六部成语·恩荣宴》注："新中进士宴于礼部曰恩荣宴，新中举人宴于府署曰鹿鸣宴。"《辞源》此条释义开头所说的宴会内容大体是指明、清之鹿鸣宴。（张虎刚）

齿錄 3601

㊀科举时代，凡同登一榜者，各具姓名年龄籍贯三代，汇刻成帙，谓之齿录。亦称同年录。

按：齿录非即同年录，而为同年录之一种。同年录一般按及第名次排列，齿录则按年龄大小排列（各人姓名下注及第名次），也称同年齿录。齿者，年齿也。（张虎刚）

四　释义商榷（三）

一切 0002

㊀权宜。《淮南子·泰族》："今商鞅之《启塞》，申子之《三符》，韩非子《孤愤》，张仪苏秦之从

衡,皆掇取之权,一切之术也,非治之大本。"

按:引文当以"皆掇取之权一切之术也"为句,因误解"一切"为"权宜",而断句亦误。《汉书·平帝纪》:"吏在位二百石以上,一切满秩如真。"颜师古注:"一切者,权时之事,非经常也。犹如以刀切物,苟取整齐,不顾长短纵横,故言一切。他皆放此。"此注实欠通。"一切"既取义于整齐,则不论临时或经常,皆可使之划一,何由见得只限于"权时",而非"经常"?颜氏之失,在于强调临时。《史记·李斯列传》:"请一切逐客。"司马贞《索隐》谓:"一切,犹言一例,言尽逐之也。言切者,譬如利刀之割,一运斤无不断者。解《汉书》者,以'一切'为'权时'义,亦未得也。"刘淇《助字辨略》卷五谓:"当如《索隐》所训,犹云一概也。一切满秩,承二百石以上而言。自二百石至二千石,非一等,故云一切也。"已明确肯定司马氏之解而指出颜说之误。刘向《战国策序》:"战国之时,君德浅薄,为之谋策者,不得不因势而为资,据时而为画,故其谋扶急持倾,为一切之权,虽不可以临教化,兵革救急之势也。"文意全本《淮南》,"为之谋策者",即指商鞅、申子、韩非、苏秦、张仪等人,"为一切之权"即"皆掇取之权一切之术也。""不可以临教化",与"非治之大本"意同。新编《辞海》"一切"条③除引刘向《序》为例外,并引《平帝纪》及颜注而释为"一时权宜",其失在于未采取司马贞及刘淇之说。如解"一切"为"权宜",或"一时权宜",则"皆掇取之权一切之术也",即成"皆掇取之权,'权宜'之术也","为一切之权,"即成"为'一时权宜'之权,"通乎?"一切",即"一例",即"所有"。"请一切逐客",即"请逐一切客,"即"请逐所有客"。"皆掇取之权一切之术也"即"皆掇取之一切之权术也",即"皆掇收所有之权术也"。《宋史·欧阳修传》:"周汉以降,金石遗文,断篇残简,一切掇拾,研稽异同。""一切掇拾即"掇拾一切",即"掇拾所有周汉以降断篇残简之金石遗文"。可证"一切"置于动词"掇拾"或"掇取"之前或后,其义不变。(张蓁)

七不堪 0023

三国魏嵇康反对当时执政的司马师司马昭等。司马集团的山涛推荐他做选曹郎,在他给山涛的《绝交书》里列陈不能出仕的原因有"必不堪者七,甚不可者二"。后来诗文中把"七不堪"作为才能不称的典故。宋范成大《石湖集》二二《公退书怀》诗:"四无告者仅一饱,七不堪中仍百忙。"

按:"七不堪"是嵇康对卑琐的官场生活的揭露,后代诗文多用其原意。如唐孟浩然《京还赠张维》诗:"欲徇五斗禄,其如七不堪。"而且范成大也是说案牍劳形,公事庸碌,并没有"才能不称"的意思。(艾荫范)

三思 0032

再三思考。《论语·公冶长》:"季文子三思而后行。子闻之,曰:'再,斯可矣。'"

按:此释义有误。"三"非虚数而实数,"三思"即思考事情发展的开始、中间、结局三个阶段。书证《论语》"三思而后行"是说鲁大夫季孙行父办事谨慎,凡事总要思考其三个阶段而少有失误。魏何晏《论语集解》:"郑曰:季文子,鲁大夫季孙行父。文,谥也。文子忠而有贤行,其举事寡过,不必及三思也。"邢昺疏:"此章美鲁大夫季文子之德。文子忠而有贤行,其举事皆三思之然后乃行,常寡过咎。孔子闻之曰:不必乃三思,但再思之,斯可矣。"朱熹在《四书章句集注》中对《论语》这段话的解释是:"程子云:思至于再则已审,三则私意起而反惑矣。"剔除其理学思想的成份,单就他对"三思"的解释来看,无疑是正确的。

"三思而后行"盖春秋战国时期的成语,古籍中往往而有。《左传·哀公二十七年》:"中行文子告成子曰:'有自晋师告寅者,将为轻车千乘压齐师之门,则可尽也。'成子曰:'寡君命恒曰:无及寡,无畏众。虽过千乘,敢辟之乎?将以子之命告寡君。'文子曰:'吾乃今知所以亡。君子之谋也,始、衷、终皆举之而后人焉。今我三不知而人之,不亦难乎?"杜预注:"谋一事当虑此三变,然后入而行之。所谓君子三思。"孔颖达疏:"君子之谋也,思其始、思其中、思其终,三者尽无猜嫌,皆可举而行之,然后设言以入前人焉。"

《荀子·法行》:"孔子曰:君子有三思。而不可不思也。少而无学,长无能也;老而无教,死无思也;有而不施,穷无与也。是故君子少思长,则学;老思死,则教;有思穷,则施也。"

上引《左传》"三思"指事情的始、中、终三个阶段,《荀子》"三思"则指人生的三种情况,总之,"三思"都不是再三思考。(董德志)

三陟 0034

㈠旅途辛劳。《诗·周南·卷耳》有"陟彼崔嵬,我马虺隤"、"陟彼高冈,我马玄黄"、"陟彼砠矣,我马瘏矣"三句,故后人合称三陟。《文选》南朝宋颜延年(延之)《秋胡》诗:"嗟余怨行役,三陟穷晨暮。"

《六臣注文选》刘良注:"言登山涉险,穷尽晨暮。"刘注是对的,"登山涉险"正是颜诗中"三陟"的意思。释成"旅途辛劳",大概由于全诗末句是"劳此山川路"。(赵恩柱)

三推 0035

古代帝王为表示劝农,每年举行一次耕籍之礼,掌犁推行三周,称三推。后来历代封建王朝,皆有亲耕三推仪式,成为例行公事。

按:关于耕籍之礼的细节,先儒解说,间有参差。《吕氏春秋·孟春纪》"天子三推……"高诱注:"礼以三为文,故天子三推谓一发也。《国语》曰:'王耕一发,班三之。'班,次也。谓公、卿、大夫各三其上:公三发,卿九发,大夫二十七发也。"《周礼·天官·甸师》贾公彦疏:"云天子三推者,三推而一发;云三公五推者,五推而三发;卿、诸侯九推者,九推而五发。"两说虽有差异,而"天子三推而一发"却是一致的。其中的"发(發)"字,又作"墢",《说文》作"坺",谓"臿土曰坺",犹今所谓一锹土。三推才耕起一坺土,可见当是把耕具推动三下。"掌犁推行三周"之注显然不确。(艾荫范)

三隧 0040

㈠隧,同"遂"。远郊之地。《史记·鲁周公世家》:"鲁人三郊三隧。"《集解》引王肃:"邑外曰郊,郊外曰隧,不言四者,东郊留守,故言三也。"

按:"鲁人三郊三遂",语出《书·费誓》,司马迁采入《史记·鲁周公世家》。《书》孔疏发挥王肃语意云:"三郊三遂,谓鲁人三军。"又云:"此言三郊三遂,盖使三乡之民分在四郊之内,三遂之民分在四郊之外。乡、遂之民分在国之四面,当有四郊四遂,惟言三者,明东郊令留守,不令峙桢榦也。"由此可见,"遂"训远郊之地固然不错,但"三遂"却是指三遂之民,而不是指地区。(艾荫范)

三衛 0041

唐袭隋制,设亲卫、勋卫、翊卫三卫,每卫置中郎将一人,掌宫廷禁卫之事。

按:误。唐制,左右卫辖有亲、勋、翊三卫,左右骁卫、左右武卫、左右威卫、左右领军、左右金吾各辖一翊卫。此外,太子左右卫率府领有亲、勋、翊卫各一。唐代府兵分为内府与外府,内府指三卫所领之军府,外府即折冲府。左右卫所辖亲卫的府称亲府,勋卫有勋一府、勋二府,翊卫有翊一府、翊二府,每府置中郎将一人为长官,合称五府中郎将。其他卫各有一翊府,仍各置中郎将一人。太子左右卫率府所辖的三卫各有一府,同样称亲、勋、翊府,也各置中郎将一人。因此,称"每卫置中郎将一人"是不准确的。《辞源》释文不述三卫归属,还容易使读者产生唐十六卫之外还有并列的亲、勋、翊三卫的误解。此外,由于内府的长官为中郎将,和外府长官为折冲都尉而称其府为折冲府一样,内府在唐代也称中郎将府。所以,中郎将和府紧密联系在一起,而和卫无直接关系,其为军府(内府)的长官。决不能因为有的卫只有一府就误以为是卫的长官,否则当有的卫多于一府的时候,就很难说通了。从"每卫置中郎将一人"一句看,《辞源》编纂者将这个问题还没有搞清楚。(杜文玉)

三體石經 0051

东汉熹平四年,灵帝诏令正定《五经》文字,命议郎蔡邕以隶体书丹于碑,刻石立太学门外。因用古文、篆、隶三种字体参校,故也称三体石经。魏正始中,邯郸淳又用古文、小篆、汉隶三种字体书写石经,立于汉碑西,亦曰三体石经。

按:汉熹平石经乃蔡邕用隶字书丹刻石,是"一体石经",或曰"一字石经",而非三体石经。《辞源》此条说"也称三体石经",殆据《后汉书·儒林传·序》和《资治通鉴·汉灵帝熹平四年》文。然《儒林传·序》称:"熹平四年,灵帝乃诏诸儒正定五经,刊于石碑,为古文、篆、隶三体书法以相参检,树之学门。""参检"云云,颇为含胡,难说就是用三种字体刻石。至《资治通鉴》才明确说:"诏诸儒正五经文字,命议郎蔡邕为古文、篆、隶三体书之,刻石,立于太学门外。"但胡三省注已对此提出异议,并引宋赵明诚《金石录》之说:"石经,盖汉灵帝熹平四年所立,其字则蔡邕小字八分书也;《后汉书·儒林传·序》云'为古文、篆、隶三体'者,非也。盖邕所书乃八分,而'三体石经'乃魏时所建也。"其后清人杭世骏《石经考异》、冯登府《石经补考》及近人章炳麟《三体石经考》,均论证了熹平石经之非"三体石经"。《辞源》此条仍沿传统误说,是不应该的。

又，说"魏正始中，邯郸淳又用古文、小篆、汉隶三种字体书写石经"，亦误。按此说殆据《北史·江式传》："邯郸淳……以书教诸皇子。又建《三字石经》于汉碑西，其文蔚焕，三体复宣。"这里的行文也够含胡，难以确定石经即为邯郸淳所写。而《晋书·卫恒传》称："魏初传古文者，出于邯郸淳。〔卫〕恒祖敬侯写淳《尚书》，后以示淳，而淳不别。至正始中，立三字石经，转失淳法，因科斗之名，遂效其形。"所谓"转失淳法"，其非邯郸淳所书甚明。《资治通鉴·汉灵帝熹平四年》胡三省注进而指出："《北史》江式云：魏邯郸淳以书教皇子，建三字石经于汉碑西。按此碑以正始年中立。《汉书》云：元嘉元年，度尚命邯郸淳作《曹娥碑》。时淳已弱冠，自元嘉至正始亦九十余年。式以三字为魏碑则是，谓之邯郸淳所书，非也。"（张虎刚）

下國 0055

㊀诸侯国。《书·泰誓》："有夏桀弗克若天，流毒下国。"㊁小国。《诗·商颂·殷武》："命于下国，封建厥福。"唐《温庭筠集》四《过五丈原》："下国卧龙空寤主，中原逐鹿不由人。"

按：伪古文《泰誓·中》："惟天惠民，惟辟奉天。有夏桀弗克若天，流毒下国，天乃佑命成汤，降黜殷命。"此文以"天"与"下国"对举，所以"下国"是下土、下方的意思。《诗·商颂·殷武》："天命降监，下民有严，不僭不滥，不敢怠遑。命于下国，封建厥福。"此诗以"天命"与"下国"对举，"下国"也是下土、下方的意思。《商颂》中还有这样的用法。如《长发》："受小球大球，为下国缀旒，何天之休"；"受小共大共，为下国骏厖，何天之龙（宠）"，并是其比。又温庭筠诗，既然说"空寤主""不由人"，可见也是说"天命"归于司马氏，不是人力所可改变的。所以"下国卧龙"，犹言人间的卧龙，并不专指蜀汉"小国"。由于误解原文，遂误分成两条，且解释均不确切。（艾荫范）

不字 0067

未许嫁。古代女子许嫁叫字。《易·屯》："女子贞不字。"

按：三国吴虞翻注《周易》："字，妊娠也"。《说文》："字，乳也。"《广雅》："字、乳，生也。《易》曰：'女子贞，不字'。"可见"女子贞，不字"的"不字"，是没有怀孕、生育的意思。先儒把"不字"解释成"不肯受爱"或"未许嫁"，多半是由于把"女子贞"的"贞"误解为"贞洁、贞操"的"贞"，如《正义》谓"女子守正，不受初九之爱"，即以"守正"释"贞"。实际上，这个"贞"字同《周易》中几乎所有的"贞"一样，都是贞卜的意思。如《小畜》上九："妇贞厉。月几望，君子征凶"。《恒》六五："恒其得贞，妇人吉，夫子凶"，以"妇贞"同"君子""夫子"之"贞"对举，可见"贞"只能是贞卜，而非贞节。显而易见，"女子贞、不字"，是说如果女子占得此爻，则有不育之兆；不会是说女子贞洁不肯许嫁，更何况许嫁又不是什么不贞洁的事。（艾荫范）

不物 0068

㊀违禁的事物。《周礼·地官·司稽》："掌巡市而察其犯禁者，与其不物者而搏之。"《疏》："案《大司徒》，民当同衣服，今有人衣服不与众人同，又视占亦不与众人同；及所操物不如品式；

此皆违禁之物,故搏之也。"

按:物,法也,度也;"不物"犹言不合法度。《左传·隐公五年》:"君将纳民于轨物者也。故讲事以度轨量谓之轨,取材以章物采谓之物,不轨不物谓之乱政。""物采"之"物"指鸟兽虫鱼之类具体物;"轨物"之"物"与轨互文,也是轨的意思。又如《桓六年》:"是其生也,与吾同物",杜注:"物,类也。"按类犹义类,也是法度之意。又如《僖五年》:"民不易物,唯德繁物";《昭九年》:"文之伯也,岂能改物",又"服以旌礼,礼以成事,事有其物,物有其容;今君之容,非其物也";《定元年》:"三代各异物,薛焉得有旧",以上诸"物",并当训法度、制度。"物"也可用为动词,作"相度"解。如《成二年》:"物土之宜而布其利";《昭三十二年》:"计丈量,揣高卑,度厚薄,仞沟洫,物土方",是其证。《周礼》孔疏以衣服及所持物品等具体的"物"释当法度解的抽象的"物",实际是把原文中的"不物者"错当了"不物"。条注仍之,于是乎错了。(艾荫范)

不殆 0068

不危险。《诗·商颂》:"商之先后,受命不殆。"

按:殆,犹疑也。见王引之《经义述闻》释"学而不思则罔,思而不学则殆"条。谓商之先君汤王实受天命而无可置疑。因"天命玄鸟,降而生商"也。《史记·孟尝君传》:"必受命于天,君何忧焉?必受命于户,则高其户耳。"可见受天命则无所谓"险","不险",岂有受天命而"危险"者乎?解作"不危险",欠当。(张蓁)

不榖 0072

人们通常把"寡人"释为"寡德之人",把"不榖"释为"不善"。如《辞源》"寡人"条:"寡德之人。""不榖"条:"不善。"《汉语大词典》"不榖"条:"不善。"但是我们认为"寡人""不榖"都应当释为"孤单之人""孤寡之人"。

第一,"寡"只有"少""单"之义,不含"德"义。《尔雅·释诂下》:"希寡鲜,罕也。""鲜,寡也。"高诱注《吕氏春秋·士容》:"孤、寡,谦称也。"龚自珍《最录尚书古文序写定本》:"寡者,无二无匹最尊之词。"显然"寡"只有孤单之义而没有德之含义。《辞源》等增加了德之含义,属增义为训。且《辞源》释"寡人"为寡德之人,"寡君"为寡德之君,却释"寡兄"为少有的兄长,自相矛盾。《汉语大词典》"寡人"条只释为"古代王侯的谦称"而未提"寡德之人",从侧面表明不接受"寡德之人"的解释。所以"寡人"不是寡德之人,而只是孤单之人。

第二,释"不榖"为不善的依据是"榖"有善义,例证是《老子》:"故贵以贱为本,高以下为基。是以侯王自谓孤、寡、不榖。"但是这句话是说,因为地位低贱的人是地位高贵的人的根基,所以侯王自称孤、寡、不榖。意即君主称自己是孤单的,需要臣下的辅佐。而不是说,因为地位低贱的人是地位高贵的人的根基,侯王就说自己不好。且这一例证有异文,《汉语大词典》"不榖"条:"榖,一本作'毂'"。"毂"是车毂,没有"善"义。张双棣《〈吕氏春秋〉词汇研究》第 187 页说,"不榖"是君王自称,"榖"通"毂",毂是车毂,为辐条所凑集之处,君王是群臣所向之中心,因此以

"毂"喻王。《淮南子·主术》高诱注:"毂以喻王。"君王以自谦为美德,所以自称不毂,即不能像车毂为众辐所集那样得到群臣的拥戴,与称孤、寡类同。所以,"不毂"并非不善,而是孤单之人。

第三,根据同义聚合原则,在分析同义聚合词群中的任何一个词语时,都应该联系这个词群中的其他成员,而不是只考虑其中之一。"寡人""不毂""孤""寡""我一人""余一人""予一人"等古代王侯自谦之词构成一个同义聚合的词群。其中,"孤""寡""我一人""余一人""予一人"几个词语明显都是孤单之人之义,就是王侯自谦,说他自己是孤单之人,需要臣下的辅佐。如果"寡人"是寡德之人、"不毂"是不善,那么就与这个同义词群中的其他词语的意义不合。所以,同义聚合原则也决定了"寡人""不毂"应释为孤单之人、孤寡之人。(车淑娅)

不億 0072

㈠形容奸恶不可测。汉贾谊《新书·淮难》:"今陛下将尊不亿之人……此所谓假贼兵为虎翼者也。"

按:这是把"亿"解释成了意想、意度的"意"(今作"臆"),是不符合贾谊用这个字的含义的。贾谊在《淮难》篇中历数淮南厉王刘长僭侈无度、谋为东帝的种种不法行为,又指出在厉王流死之后,其子刘安时刻不忘父仇,竟至妄想"挟匕首以冲仇人之匈(胸)",图谋不轨,危及朝廷;文章结尾指出:汉文帝在这种情况下再晋封刘安,就是"假贼兵而为虎翼"。可见刘安的奸恶已是昭然若揭,已经指斥其为"贼"为"虎",怎么还能说他是"奸恶不可测"呢?

其实,"亿"应作"满"解。《诗经·小雅·楚茨》:"我仓既盈,我庾维亿";《易林·谦之师》:"仓盈庾亿",均为"盈""亿"互文,可见"亿"也就是"盈"。《左传·昭公二十一年》:"心亿则乐",又三十年:"盍姑亿吾鬼神",其"亿"也是满足的意思。由此可见,"不亿"即不满,也就是贪得无厌的意思。(艾荫范)

世 0077

新《辞源》"世"字条有"朝代"一义。

①"在夏后之世。"《诗·大雅·荡》

②"其当殷之末世。"《易系辞下》

这两例,被《辞源》当作显例,但《汉语大字典》中却作为"时代"解。应当说,作后一种训释是正确的。因为其中"世"字并无"王者易姓""改朝换代"的意思在内,它们讲的是一个时段,或一个朝代的一阶段,作"时""时代"解才妥帖。

作"朝代"训,超越了词义发展的阶段:我们翻检先秦以下的 20 余部著作,无一例"世"字表"朝代"。

由此可见,通常以为"唐以前'世'字不作'朝代'讲"的观点是可以成立的。

"世"字上古无"朝代"义,唐前无"朝代"义,现代亦无"朝代"义,唐至清季未发现表"朝代"用

例。各书所举例子多出于误解,都不可信。因此笔者认为:"世"字无"朝代"义,不可作"朝代"训。(曾祥委)

世講 0080

宋吕生中《官箴》:"同僚之契,交承之分,有兄弟之义;至其子孙,亦世讲之。"指两姓子孙有共同讲学的情谊。末一句不明是释"世讲"的本义,还是解说《官箴》中的语句的意义。《官箴》中的"讲",义为讲求,不是说"讲学";"同僚""交承"也不是说"同学"。"同僚"是指在一起作官的人,"交承"犹言交接、交往。所以无论是"世讲"的本义,还是《官箴》的一段话,都不能说是"有共同讲学的情谊。"(赵恩柱)

中原 0087

㈢地域名。狭义的中原,指今河南一带。广义的中原,指黄河中下游地区或整个黄河流域……唐《温庭筠诗集》四《过五丈原》:"下国卧龙空悟主,中原逐鹿不由人。"㈢内地,别于边境地区而言。《孙子·作战》:"力屈财殚,中原内虚。"

按:"中原"在上古,有时是军事学术语,意为战场,后人不解,往往误以为地理名词。"中原"是"原中"的意思。上古车战,只有在平原上才能展开,所以"中原"才能指代战场。其例如:《左传·僖公二十三年》:"晋、楚治兵,遇于中原,其辟君三舍",《史记·晋世家》作"即不得已,与君王以兵车会平原广泽,请辟王三舍",《淮南子·兵略训》:"平原广泽,白刃交接",可见上例"中原"即是战场;《国语·晋语》:"耻大国之士于中原,又杀其君以重之",盖指秦、晋韩原之战,"中原"指韩原之战场;《吴语》:"以与楚昭王毒逐于中原柏举",明言柏举,定非内地或黄河流域;《越语》:"谋之廊庙,失之中原",《商君书·赏刑》:"万乘之国不敢苏其兵中原,千乘之国不敢捍城",以"廊庙""城"与"中原"对举,更明其为战场无疑。《辞源》两解所引例句的"中原"均属这种情况。"中原逐鹿",犹言在战场上争夺政权。《孙子·作战篇》的原句是:"力屈财殚(《御览》引无后二字,当从)中原,内虚于家,百姓之费,十去其七。"不唯"中原"不能释作"内地",引文也读破句了。(艾荫范)

中朝 0088

㈣中叶。《南齐书·礼志》上:"是故中朝以来,太子冠则皇帝临轩。"

按:"中朝"是东晋以后六朝时的惯用语,专指建都洛阳时的西晋。标点本《南齐书·礼志上》还数见此词,如"中朝以来,释菜礼废,今之所行,释奠而已"、"案晋中朝元会,设卧骑、倒骑、颠骑,自东华门驰往神虎门,此亦角抵杂戏之流也","中朝"二字点校者均标以专名号。此外,《世说新语》《晋书》及《洛阳伽蓝记》也常用这个词。范祥雍校注之《洛阳伽蓝记》卷一"城内·长秋寺",亦把"晋中朝"标上专名号,并释作"中朝是称西晋都洛阳时"。(艾荫范)

主 0095

(一)家长。《左传·襄二七年》:"保家之主也。"

按:"主"当释为君主。《广雅·释诂》一:"主,君也。"释为家长是错误的。《左传》:"保家之主也。""家"是邦家的家,不是家族的家。天子诸侯称国,大夫称家。(王力)

九牛毛 0110

形容数量大。《晋书·华潭传》:"或问潭曰:'谚言:人之相去,如九牛毛,宁有此乎?'"宋苏轼《分类东坡诗》三《赵阅道高斋》:"乃知贤达与愚陋,岂直相去九牛毛?"

按:二例句皆谓人与人才能之悬殊,如九牛全身之毛与一毛相比,故皆用"相去"二字。此仍本司马迁《报任少卿书》:"若九牛亡一毛"之意。解为"形容数量大",是只解"九牛"而遗"一毛",失"悬殊"意。以解为"比喻数量悬殊",较妥。(张蓁)

于 0128

(三)取。《诗·豳风·七月》:"昼尔于茅,宵尔索绹。"

按,这是误解古注。"于"字没有取的意思。《荀子·大略》:"昼尔于茅。"注:"于茅,往取茅也。"这是释"于"为往,不是释"于"为取。(王力)

仁术 0164

㊀孟子所宣扬用来实现仁政的策略。《孟子·梁惠王》上:"曰:'无伤也,是乃仁术也。'"参见"仁政"。

仅从截引部分看,我们不得不相信这种解释,因为术者策略方法也! 其实不然。齐王不忍以牛衅钟,以羊易之;百姓以王为爱财。齐王因而困惑不解,不明白自己以羊易牛之心"诚何心"。孟子正是用"仁术"来回答齐王的疑问的,并没有进展到讲论"实现仁政的策略"的阶段。孟子认为:"先王有不忍人之心,斯有不忍人之政。"(《公孙丑》上)由不忍人之心到不忍人之政,是一个"推恩"的过程。齐王此时尚处于"不用恩"阶段,所以"恩足以及禽兽,而功不至于百姓"。如果将仁术解释为"实现仁政的策略",那么,将孟子的"不忍人之心"(即恻隐之心)与"不忍人之政"两个界限分明的概念混同起来了。

根据文意,我们认为,应将仁术解释为:"仁慈的心术。"佐证是《蕙风词话》:"唐张祜《赠内人诗》:'斜拔玉钗灯影畔,剔开红焰救飞蛾。'后人评此以谓慧心仁术。"很明显,拔玉钗救飞蛾,是仁心,而不能拔高为"实现仁政的策略"。(黄崇浩)

佗佗 0185

《史记·司马相如列传》转录了司马相如的"游猎赋"(即《上林赋》),其中有这样一段文字:

观士大夫之勤略,钧獠者之所得获。徒车之所辚轹,乘骑之所蹂若,人民之所蹈籍,舆其穷极倦㦖,惊惮慴伏,不被创刃而死者,佗佗籍籍,填坑满谷,掩平弥泽。

"佗佗籍籍"一语乃司马相如新创,三家注似乎不屑用注,但其确切的含义都颇费思索。《辞海》只收单音词"佗"未收"佗佗",更无"佗佗籍籍"。可是,在释"委佗"时却引了《诗经·鄘风·君子偕老》:"委委佗佗,如山如河。"释义为"庄重而又从容不迫的样子"。按此,"委委佗佗"则是

"委佗"的叠用,而"佗"仅是"委佗"一词的语素,"佗佗"也就不是一个具有独立意义的单词。《辞源》则设"佗佗"词条,读音为(tuó),释义为"体态优美",引例同《辞海》,引证为《尔雅·释训》:"委委佗佗,美也。"

将《诗经》中的"委委佗佗"与《史记》中的"佗佗籍籍"加以对比,尽管二者描写的对象不同,表示的状貌有别,但"佗佗"的含义是一致的,即纷繁众多貌。推其本义,段玉裁的考证剥肉见骨。《说文》曰:"佗,负荷也。"段注:"负字,盖浅人增之耳。《小雅》:'舍彼有罪,予之佗也。'《传》曰:'佗,加也。'此佗本义所在。"据此,佗佗者,加而又加也,这是本义所在。《诗经》采此本义,形容妇人发饰的繁艳奢华;司马相如亦采此本义,渲染禽兽死尸的纷乱杂沓。二者叠字成词,联词造语,用于诗赋之中,读来朗朗上口,状物惟妙惟肖,给人以丰富的想象和艺术的享受。(孔祥忠)

伴食 0186

对不称职、无所作为的人的讽刺语。《旧唐书·卢怀慎传》:"开元三年迁黄门监,怀慎与紫微令姚崇对掌枢密。怀慎自以为吏道不及崇,每事皆推让之。时人谓之伴食宰相。"

按:"伴食"的字面意思是什么?其中的典故是什么?不首先弄清楚这些,读者对"伴食"何以会有《辞源》所说的那种意思的理解,就难免是囫囵吞枣,未达个中真谛,甚至还会出错误。出错误的事是有的,这放到下文说。

"伴食"的本义,即字面意思是"陪伴吃饭"。但"陪伴吃饭"怎么会有"对不称职、无所作为的人的讽刺语"的意思?要弄清楚这个问题,就必需弄清楚"伴食"所含的典故。

"伴食"所含的典故,涉及宰相工作用餐制度。唐、五代、宋时期,凡是宰相都可以在他们的办公处享用公膳。因为宰相的办公处叫政事堂,所以这项公膳又叫做堂馔、堂食,这项公膳是出于皇帝的优礼宰相,资费由内廷供给,不用宰相的私人俸禄。《唐会要》卷五十三《崇奖》:"龙朔二年,诸宰臣以政事堂供馔珍美,议减其料。东台侍郎张文瓘曰:'此食,天子所以重机务,待贤才也。吾辈若不任其职,当即陈乞以避贤路,不可削减公膳以邀求名誉也。'"这里讲的就是宰相工作用餐制度。《通鉴》卷二二五唐代大历十二年八月,《新五代史·苏逢吉传》,《宋史·寇准传》等书也都讲到这项制度,此不赘。

明白了"伴食"所含的典故,"伴食"之所以有讽刺义也就脱然而出。就拿书证中提到的卢怀慎来说,他和姚崇同为宰相,当然也同进工作用餐。但饭是一道吃,而事情呢,多由姚崇来做,伴食而不伴事,于此可见讥讽之意。

《辞源》此条的释义,既不从字面意思释起,又掩盖了其中所含的典故,这是不妥当的。郭锡良等同志编写的《古代汉语》把"伴食"解释为"吃白饭"(该书四二七页),这在训诂上是站不住脚的,因而是错误的。这也提醒我们,在释义时,不能超越词的本义,不能忽略该词所含的典故,而直接进入该词如何使用的解说。(吕友仁)

估税 0187

商客之税。《晋书·甘卓传》："估税悉除，市无二价。"

估税，也称市估（见《梁书·侯景传》《陈书·宣帝纪》），为东晋、南朝（宋齐梁陈）税名，对入市交易的商品按其值抽税百分之四（范文澜《中国通史简编》称为"百分之四的商业税"）。《隋书·食货志》对此有概括的记述："晋自过江，凡货卖奴婢、马牛、田宅，有文券者率钱一万，输估四百入官，卖者三百，买者一百。无文券者，随物所堪，亦百分之四，名为散估。历宋、齐、梁、陈如此以为常。"（估税有契估、散估二种）所谓"估"，即估量商品之值（而抽税）。《资治通鉴·梁武帝太清二年》："辄停责市估及田租。"胡三省注："市估，应商旅之物入市者，估其直而收税。"解"估"为估量，甚确。《辞源》训"估"为"商客"，显然是望文生义而误。估税是买卖者双方所缴纳的商品税，谓之"商客之税"，也是不对的。估税是东晋、南朝增立的税目，市税之外别有估税。近人李剑农考证说："东晋以前，梁陈以后乃至北朝，均不见有估税或市估的记述。"（《魏晋南北朝经济史稿》）所以释义中应该标明这是"东晋、南朝税名"。（陈增杰）

何其 0187

"何其"在古代文献中经常出现，看似简单，容易掌握，其实不然。就拿《辞源》和《汉语大词典》的释义来说吧，二者对"何其"的解释都有失误。造成其错误的主要原因有两个方面：一是由于疏漏；二是因为把词的文意训释（具体义训释）当作词的概括义写进了词典。第二个原因也是"何其"以及与它同类的词的解释在一般词典里五花八门的根源，因此，这个问题已涉及了编纂词典时应该遵循的训释原理问题。王宁先生在《训诂学》中明确地指出："现代字词典解释的是词的概括意义……不能把文意训释的材料作为解释词义的依据。依据文意训释解释词义就会犯词义概括不足的错误。"

先看《辞源》："何其：多么。用疑问表程度。《诗经·小雅·庭燎》：'夜如何其，夜未央。'《左传·僖十五年》：'二三子何其慼也。'"《辞源》这个解释看似正确，实际上失误有三处：①它从"如何其"中拆出"何其"来，并把它当作副词"何其"解释；②对"何其"的释义片面；③举例失当。

首先，《辞源》把所选《诗经》的例句"夜如何其"中的"何其"，跟所选《左传》例句中的"何其"放在同一词条之中混为一谈，而实际上二者完全不同类。在"夜如何其"这个句子中，"如何"是古代汉语中的凝固形式，不能拆开；"其"是句末语气词，是独立的。而所选《左传》例句中的"何其"却是一个双音复词，一般作副词，也可以作代词。这只要看原诗和古人的注释就一清二楚了。《诗·小雅·庭燎》："夜如何其，夜未央，庭燎之光。君子至止，鸾声将将。"《毛诗正义》《郑笺》云："此宣王以诸侯将朝夜起。曰'夜如何其'，问早晚之辞。'其'音基；辞也。"朱熹《诗集传·庭燎》注曰："'其'音基；语助。王将起视朝，不安于寝，而问夜之早晚曰：'夜如何哉？夜虽未央，而庭燎光矣。'"郑玄和朱熹明确指出：第一，"其"是句末语气助词，相当于古代汉语的"哉"。这当然就不能与前面的"何"组合成词；第二，作为句末语气助词的"其"读作 jī，读音也与作为副词的"何其"之"其(qí)"不同。"其"作句末语气助词,《尚书》中就出现了,如《尚书·微子》:"今尔无指告……若之何其?""若之何其?"的意思就是"怎么办呢?"由此可见,《辞源》把"如何其"的"何其"看作一个词,是过于疏忽而造成的失误。

其次,《辞源》关于"何其"的释义片面,并且举例失当。第一,释义片面是指《辞源》的"何其"条只有一个适用于感叹句的义项"多么",而缺少了用于疑问句这个最常用的义项。第二,举例失当是指所举《左传·僖十五年》的例句与《辞源》所列义项"多么"不相合,因为该例句是疑问句,句中的"何其"不是"多么"的意思,而应释作"为什么"。下面我们来分析所选《左传》中的例句'二三子何其慼也'。这个例句,孤立地看似乎是感叹句,把"何其"译为"多么"还很通畅,但联系上下文来看,就会发现这个句子应是询问原因的疑问句。请看原文,《左传·僖十五年》:"秦伯使辞焉,曰:'二三子何其慼也?寡人之从君(带着晋君献公。实际上是俘虏了献公)而西也,亦晋之妖梦是践。岂敢以至?'赵岐注曰:"狐突不寝而与神言,故谓之'妖梦'。申生(献公之子,因献公听信骊姬谗言而被逼死)言帝许罚有罪。今将晋君而西以压息此语。"从原文和《赵注》来看,"二三子何其慼也",只能译为"你们几位(大夫)为什么悲愁呢?"因为下文是说明不该悲愁的原因——译作"我带着你们的国君西行,只是为了应验一下'帝许罚有罪'的梦话以消除不祥而已。哪里敢把晋君带到秦国去呢?"显然"二三子何其慼慼也?"是侧重于询问原因而不是表示程度之深,如果译作"你们几位多么悲愁啊!"就会使上下文文理不通,牛头不对马嘴。至少,这个句子就不能表达出当时外交辞令中那种把虏走别国君主说成完全是为别国着想,还装着对别国大臣的悲愁表示不能理解的微妙的语境,所以说它举例不当。这是孤立地对待所解释的语句而造成的错误。

再看,《汉语大词典》"何其"条:"①怎么那样;为什么那样。用于疑问句。《诗经·邶风·旄丘》:'何其久也,必有以也。'②多么,何等。用于感叹句。唐杜甫《义鹘行》:'用舍何其贤!'"可以看出,《汉语大词典》对"何其"的解释很全面。一是它明确了"何其"用于疑问句和感叹句,限定了使用范围;二是区分了"何其"在疑问句和感叹句中的不同作用和意义。但是义项①所释词义"怎么那样""为什么那样"不是"何其"的概括义,而是它的具体义,这个意义比"何其"的客观含义多出个"那样"的意思,这就属于文意训释。由于词义概括不足,因此这个义项不能用于绝大多数疑问句。

综上所述,《辞源》只把"何其"当作表程度的副词,仅解释为"何等""多么",而漏了它用于疑问句这个主要用法,并且举例失当,这是由于疏忽造成的失误;而《汉语大词典》把"何其"解释为"为什么那样""怎么那样",却是把"何其"的文意训释当作概括词义写进了词典,犯了词义概括不足的错误。(谢序华)

作 0194

(一)兴起。《易·乾》:"圣人作而万物覩。"(五)及。《书·无逸》:"作其即位。"(九)始。通

"乍"。《书·益稷》:"万邦作乂。"《荀子·致士》:"故士之与人也,道之与法也者,国家之本作也。"

按,《说文》:"作,起也。""作"的本义是起,但不就是兴起。词的本义一般是具体的意义,而不是抽象的意义。《击壤歌》:"日出而作,日入而息。"这种"作"字才是"作"的本义。(五)及的意义是错误的。《书·无逸》:"作其即位。"郑注:"作,起也。"(九)始,通"乍"也是错误的。特别是不能说是通"乍",并读"乍"音(zhà)。《书·益稷》:"万邦作乂。"传:"言天下由此为治本。"蔡传:"万邦兴起治功。"或者解作"为",或者解作"兴起",没有解作"始"的。《诗·鲁颂·駉》:"思马斯作。"传:"作,始也。"但是朱熹《诗集传》云:"作,奋起也。"并不解作"始"。《荀子·致士》:"国家之本作也。"杨倞注:"本作犹本务也。"也并不解作"始"。《辞源》根据王念孙之说,解"作"为"始",不可信。王念孙未言通"乍",也没有说读作"乍"音,《辞源》这样说,尤其是错误的。(王力)

伯 0197

古代妻称夫也叫伯。《诗·卫风·伯兮》:"伯也执殳,为王前驱。"

按,这是大错。《诗·卫风·伯兮》:"伯兮朅兮,邦之桀兮。"笺:"伯,君子字也。"疏:"伯仲叔季,长幼之字。而妇人所称云伯也,宜呼其字,不当言其官也。"朱注:"伯,妇人目其夫之字也。"这都可以说明,《卫风·伯兮》是伯仲叔季的"伯",是妇人呼其夫之字,并非称夫为伯。(王力)

低 0198

下,与"高"相对。

按,"低"的本义是低头(动词),与"昂(仰)"相对。《庄子·盗跖》:"据轼低头。"《楚辞·远游》:"服偃蹇以低昂兮。"司马相如《大人赋》:"低卬夭蟜据以骄骜兮。"潘岳《西征赋》:"轨踦𨂂以低昂。""低"字都用作动词。杨恽《报孙会宗书》:"奋袖低昂。"也都是低头的意思。高低的"低"是低头的引申义,是后起义。(王力)

佷 0208

(一)狠,残忍。本作"很"。《国语·晋》九:"宣子曰:'貑也佷。'对曰:'貑之佷在面,瑶之佷在心。'"注:"佷,佷戾不从人也。"补音本佷作"很"。《韩非子·亡征》:"佷刚而不和,愎谏而好胜。"本亦作"很"。

按,以"佷"为"狠",这是大错。《辞海》释为毒辣,狠,同样也是错误的。《说文》:"很,不听从也。""很、佷"都是不听话(犟)的意思,不是狠毒的意思。《国语注》云:"佷,佷戾不从人也。"这是正解。《辞海·所引后·汉书·蔡邕传》:"然卓多自佷用。"这是说董卓愚而好自用,不听蔡邕的话,自以为是。(王力)

倚魁 0229

注:"行为偏僻放荡。《荀子·修身》:'倚魁之行,非不难也。'注:'倚,奇也,奇读奇偶之

奇……魁大也。倚魁,皆谓偏僻狂怪之行。'"

按:"倚魁"又作"畸鬼",是"诡随"的倒文,俱为联绵字。刘师培《古书疑义举例补》(一)篇说:"'倚魁'即'诡随'之倒文,乃叠韵字表象者也,杨注分训失之。"这里又说:"王氏怀祖曰:'诡随,叠韵字,不得分割,诡随,即无良者,盖谓谲诈欺谩之人也'王说甚确。'诡随'即《方言》之'鬼䁏',《毛传》分训为二义,失之。"

"倚魁"亦作"畸鬼"。该书(二)篇说:"《大戴礼·文王官人篇》云:'畸鬼者不仁','畸鬼'者,即《荀子》之'倚魁','亦即《诗大雅》'诡随'之倒文也。'倚鬼'二字系表象之词。"《辞源》宜取刘说为是。(汪贞干)

倨倨 0231

㈠神气傲慢。《孔子家语·三恕》:"子路盛服见孔子,子曰:'由,是倨倨何也'?"《荀子·子道》作"裾裾",《韩诗外传》作"疏疏",汉刘向《说苑·杂言》作"襜襜",意思相同。

按:以"倨倨"与"裾裾""疏疏""襜襜""意思相同"则是,但均释为"神气傲慢"则非。许维遹《韩诗外传》集释:"案:'疏疏',读为'楚楚'。《诗·蜉蝣篇》:'衣裳楚楚'。《毛传》:'楚楚,鲜明儿。'《说文·黹部》:'黼,会五采鲜儿。'引《诗》'衣裳黼'。然则'黼,正字,'楚',借字也。'黼从''虘'声,'虘'从'且'声。'疏''楚'并从'疋'声。'疋'古读如'胥',与'且'声近得通假。……《荀子·子道篇》'疏疏'作'裾裾','疏''裾'音义相近。《说苑·杂言篇》作'襜',音异而义同。""倨""裾"均从"居"声,"倨"又当为"裾"之同音借字。"倨倨"是指其衣服绚丽,而非指其神气傲慢。正因子路盛服,故孔子问其为何着如此"楚楚"之衣也?神气之傲慢与否,与穿衣无必然联系,衣着鲜丽者,不一定神气傲慢。新编《辞海》"倨倨"条作"盛服儿",与许氏之说合,但若解作"形容衣服鲜丽",似更为明确。(张蓁)

倡 0232　唱 0526

倡(四)唱。《荀子·礼论》:"清庙之歌,一倡而三叹也。"唱(一)倡导。通"倡"。《诗·郑风·萚兮》:"叔兮伯兮,倡予和女。"释文:"本又作唱。"《荀子·正论》:"主者,民之唱也。"(二)歌,吟。唐杜甫《杜工部草堂诗笺》九《悲陈陶》:"仍唱胡歌饮东市。"

按,"倡、唱"的本义是领唱。《诗·萚兮》"叔兮伯兮,倡予和女",是说"叔伯带头唱,我来应和你们"。《荀子·礼论》"一倡而三叹",是说"一个人带头唱,三个人赞叹而应和之"。由领唱引申为倡导,又为歌唱(后起义)。《辞源》把"倡予和女"的"倡"解作倡导,是不对的。把"一倡而三叹"的"倡"解作唱,也是不对的。(王力)

伦 0234

"伦"字的本义,新本《辞源》释之为"同辈",未详何所本。"伦"字从"仑"得声。《说文》"伦,理也"。理者,谓井然有条理之意。《正字通》云:"仑,叙也。"均言"仑"字本义为"有条理"义。

从音义关系考察,汉语中从"仑"得声的字,大都含有"条理""次第"类意义。刘师培先生说:

"仑字含有'分析条理'之意。上古之时,只有仑字,就言语而言,则加言而作论;就人事而言,则加人而作伦;就丝而言,则加丝而作纶;就车而言,则加车而作轮;就水而言,则加水而作沦;是论、伦、纶、轮、沦诸字,皆由仑之本义引申也。"刘氏所论"仑"字含有"分析条理"义,即《说文》所云"理也"、《正字通》"叙也"之义。"论""伦""纶""轮""沦"诸字皆从"仑"得声,古音并隶来母文部,音同义通,此可为又一证。

可见,"伦"字本义实为"有条理"或"有次第"一类意义,而不可能是"同辈"的意思。此《辞源》释义源流误倒又一例。(刘基森)

俾昼作夜 0235

以白昼作夜间,谓晨昏颠倒。《诗·大雅·荡》:"式号式呼,俾昼作夜。"

《汉语成语考释词典》(商务印书馆1989年8月第1版)第46页:"俾昼作夜:把白天当作黑夜。《诗经·大雅·荡》:式号式呼,俾昼作夜。后用来形容晨昏颠倒,白天睡大觉不干事(多因夜间寻欢作乐)。《隋书·高祖纪下》二30:(诏曰)有陈窃据江表,逆天暴物……叔宝承风……宝衣玉食,穷奢极侈,淫声乐饮,俾昼作夜。"

按,"俾"表示"使",这是众所周知而毋庸论证的,但"俾昼作夜"中的"俾"就不表示"使"了吗?我以为还应解为"使"。把这"俾"字解为"以""把",虽似乎已成公论,其实在此是未透彻理解《诗经》而铸成的大错;至于认为"俾昼作夜"是形容"白天睡大觉不干事",那就更错了。

《诗经·大雅·荡》的原文是:"文王曰咨,咨女殷商。天不湎尔以酒,不义从式。既愆尔止,靡明靡晦,式号式呼,俾昼作夜。"毛传:"使昼为夜也。"郑笺:"愆,过也。女既过沈湎矣,又不为明晦无有止息也。醉则号呼相效,用昼日作夜,不视政事。"陆德明《释文》:"卑,必尔反,使也。本亦作'俾'。"(见中华书局1980年10月影印本《十三经注疏》第553页)

又,《韩非子·说林上》:"纣为长夜之饮,惧以失日,问其左右,尽不知也。"《论衡·语增篇》:"传语曰:'纣沉湎于酒,以糟为血,以酒为池,牛饮者三千人,为长夜之饮,亡其甲子。'……坐在深室之中,闭窗举烛,故曰'长夜'。……传者之说或言:'车行酒,骑行炙,百二十日为一夜。'"

由此可见,商纣王的"俾昼作夜",是关起门窗,点起灯烛,使白天的宫室成为黑夜,从而不分昼夜地饮酒作乐,即《韩非子》《论衡》所说的"长夜之饮",而非晨昏颠倒,所以他才会把日期都忘了。(张觉)

假 0240

㈥坚固。《诗·大雅·文王》:"假哉天命,有商孙子。"传:"假,固也。"

按:"假"字的意思,毛传训为"固",郑笺谓"坚固",说与毛传同。朱熹《诗集传》训"假"为"大",说与毛、郑异。此两说孰是孰非,我们自当择善而从。今按朱说是。乾嘉学者钱大昕早已指出:"'假'与'固'声虽相近,然'假'之训'大',则《释诂》正文。《汉书·刘向传》言孔子论《诗》,至于'殷士肤敏,裸将于京',(按亦《文王》篇中语),喟然叹曰:'大哉天命!善不可不传于子孙,是以富贵无常。不如是,则王公何以戒慎,民萌何以劝勉?'其云'大哉天命',即《诗》'假哉天命'也;云'富贵无常',即《诗》'天命靡常'(按亦《文王》篇中语)也。然则宣尼说《诗》,已训'假'为'大'矣。"这话说得很有道理,可知钱大昕是同意朱说,不同意毛、郑的。自钱氏以后,说《诗》者亦多训'假'为'大',例如陈奂《毛诗传疏》,王先谦《诗三家义集疏》等就是。《辞源》据毛、郑说,是未能择善而从。(吕友仁)

儑 0250

(一)吝惜。《后汉书》五二《崔骃传》附崔寔:"(崔)烈时因傅母入钱五百万,得为司徒。…帝顾谓亲幸者曰:'悔不小靳,可至千万。'"注:"靳,固惜之也。靳或作'儑'。《说文》:'儑,引为价也。'音一建反。"

按,"儑"解作吝惜,这是误解。"靳"可以解作吝惜,"儑"不可以解作吝惜。《说文》:"儑,引为贾也。"段注:"引犹张大之;贾者今之价字。"朱骏声曰:"谓张大其价也。""儑"就是抬价。(王力)

儳巖 0267

参差不齐。《左传·僖二二年》:"声盛致志,鼓儳可也。"《注》:"儳巖,未成陈(阵)。"指敌人未成阵列,便击鼓进攻。

按:"儳"与"纔"骤从"毚"声,可通假。"纔"今作"才"。"声盛致志,鼓儳可也",即"一鼓则盛"之意,谓鼓才击,即当进攻。"鼓儳",只从己方言,非言敌、我两方。《注》不得其解,以"儳"之训"不齐"意,又引出"儳巖"一词,而解为"未成阵",恐失之。(张蓁)

兀兀秃秃 0269

半冷不热。……简作秃秃。《元曲选》杨显之《酷寒亭》三:"张保白:'他家里吃的是大蒜、臭韭、水答饼、秃秃茶食。'"

按:"秃秃茶食"为元代回回食品,也作"秃秃麻食""秃秃麻失""秃秃么思"。还有叫"手撇面"。元忽思慧《饮膳正要》一卷"秃秃麻食"条云:"白面六斤,作秃秃麻食;羊肉一脚子炒焦肉乞马。右件,用好肉汤下炒,葱调和匀,下蒜酪、香菜末。"(原注:又称手撇面)又元佚名《居家必用事类全集·回回食品庚》"秃秃麻失":"如水滑面和圆小弹剂,冷水浸,手掌按作小薄饼儿,下锅煮熟,捞出过汁,煎炒酸肉,任意食之。"《朴通事》注解云:"秃秃么思,一名手撇面……剂法如水滑面。和圆小弹剂,冷水浸手掌,按作小饼儿,下锅煮熟后以盘盛。用酥油炒鲜肉,加盐炒至焦,以酸甜汤拌和,滋味得所,别研蒜泥调酪任便加减。使竹签签食之。"《辞源》所引《酷寒亭》张保的话,原文还有这样几句:"小人江西人氏,姓张名保,因为兵马嚷乱遭驱被掳,来到回回马合麻沙宣差衙里,……(他家里吃的是大蒜、臭韭、水答饼、秃秃茶食,)我那里吃的。"亦可旁证"秃秃茶食"是回回食品,非指"半冷不热"。(张喆生)

六陈 0306

粮食中米、大小麦、大小豆、芝麻都可以久藏,所以叫六陈。唐李益《李尚书诗集·宣上人病中相寻联句》："草木分千品，方书问六陈。"

按：李诗所言"六陈"乃六种宜久藏的中草药，不是指粮食"六陈"。宋寇宗奭云："后世不知，以柚皮为橘皮，是贻无穷之患矣。此乃六陈之一，天下日用所须。"（转引自《本草纲目·橘》三卷"黄橘皮"条）李时珍《本草纲目·神农本经名例》一卷"土地所出，真伪陈新，并各有法"："〔杲（即李杲，金真定人，号东垣老人）〕曰：陶隐居（梁人，名弘景）本草言狼毒、枳实、橘皮、半夏、麻黄、吴茱萸皆须久存者良，其余须精新也。然大黄、木贼、荆芥、芫花、槐花之类，亦宜陈久，不独六陈也。"可知狼毒、枳实、橘皮、半夏、麻黄、吴茱萸即医家所谓"六陈"。今橘皮、半夏合剂仍称二陈汤，可资旁证。至于六陈，今医家多不讲求，即医学辞典也难查到，老药工所指六陈，言人人殊，此殆《辞源》误植之因。（张喆生）

分茶 0341

宋人沿用唐人旧习，煎茶用姜盐，分茶则不用姜盐。宋杨万里《诚斋集·二·澹庵坐上观显上人分茶》诗："分茶仍似煎茶好，煎茶不似分茶巧。"

按：杨诗称分茶巧于煎茶，究竟"巧"在何处？原诗接下来写"巧"字。"怪怪奇奇真善幻。纷如劈絮行太空，景落寒江能万变。银瓶首下仍尻高，注汤作字势嫖姚。"由此看来，"分茶"应是点茶的一种技巧。宋陶穀《清异录》有两处记述这种点茶之巧，只是没有明确提到"分茶"。"其茗荈门·生成盏"云："馔茶而幻出物像于汤面者，茶匠通神之艺也。沙门福全生于金乡，长于茶海，能注汤幻茶，成一句诗，并点四瓯，共一绝句，泛乎汤表。小小物类，唾手办耳。檀越日造门求观汤戏，金自咏曰：'生成盏里水丹青'云云。"又"茶百戏"云："茶至唐始盛。近世有下汤运匕，别施妙诀，使汤纹水脉成物像者，禽兽虫鱼花草之属，纤巧如画。"陆游也有诗说到"分茶"，诗云："矮纸斜行闲作草，晴窗细雨戏分茶。"分茶而曰"戏"，其为茶艺可知。分茶至金时尚未失传。《董西厢》一卷〔赏花时〕曲："选甚嘲讽咏月，擘阮分茶。""分茶"与"擘阮"并提，可证属于一种风雅技巧，如"分茶"仅指"煎茶而不用姜盐"，那就不值得一提了。（张喆生）

刻漏 0351

古代计时的器具。用铜铸成壶，壶底穿孔，壶内竖一支刻有度数的箭形浮标；壶中的水从孔漏出而逐渐减少，箭上的度数即依次显露，这样就可知道时辰。

案：此段说明文字误处有二，其一，壶内竖的既然是"浮标"，则它与水面的相对位置将始终保持一致。壶中的水逐渐减少，则浮标亦必然随之下降，箭上的度数不可能"依次显露"。如果是观察箭上的度数与铜壶壶沿相对位置的改变来确定时辰，则应说"箭上的度教即依次隐没"；如果是观察箭上的度数与水面相对位置的改变来确定时辰，则此箭一定要固定在壶底，而不可能是"浮标"。其二，说明文字与旁边所附之刻漏图不合。说明所云，盖早期刻漏的形制，而所附之图为晚期的刻漏，依图所示，箭形浮标是置于最下面的一个受水壶内，水从上面的数个盛水壶中依次滴下，受水壶中的水逐渐增多，箭形浮标则逐渐向上浮起以显示刻度，如广州市博物馆（镇海楼）所陈列之刻漏即此种类型。这种类型的刻漏,说明文字似可改为:用铜铸成数壶,水从上面壶中均匀滴出,依次流入最下一个受水壶。受水壶中竖一支刻有度数的箭形浮标。随着受水壶中的水的逐渐增加,浮标亦逐渐浮起,上刻的度数便依次露出壶沿,这样就可知道时辰。(袁庆述)

刺史 0351

官名,秦时设刺史监督各郡。刺,检举不法;史,皇帝所使。汉武帝元封五年设部(州)刺史,督察郡国。

按:释文谓"刺史"一职始设于秦代,与史实不符。《史记》卷八《高祖本纪》:"秦二世二年,……秦泗川监平,……"裴骃《集解》引文颖曰:"泗川,今沛郡也,高祖更名沛。秦时御史监郡,若今刺史。"又《史记》卷五十三《萧相国世家》:"秦御史监郡者与从事,常辨之。"裴骃《集解》引苏林曰:"秦时无刺史,以御史监郡。"又《汉书》卷十九上《百官公卿表》云:"监御史,秦官,掌监郡,汉省。丞相遣使分刺州,不常置。武帝元封五年初置部刺史,掌奉诏条,察州,秩六百石,员十三人。"据此可知,"刺史"一职秦代尚无。至汉武帝分全国为十三部(州),始置刺史,巡察郡县,其职权相当于秦代的监御史。新版《辞源》的解释有误。(丁鼎)

力量 0372

能力,分量。宋陆游《剑南诗》五《饮酒》:"陆生学道欠力量,胸次未能和盎盎"。又五一《自述》:"筋骸衰后觉,力量梦中知。"

按:第一首诗之"力量",犹"功夫"或"功力",第二首诗之"力量"犹"精力"或"气力"。"能力"指才能智力而言,"分量"指质量重量而言,"力量"指功力精力而言,三者区别明显。"学道欠功夫",是言其"功力未足",而不是"能力"差。"力量梦中知"是说"精力"已衰,而不是体重分量减轻。(张秦)

加 0373

(一)增加。《左传·隐五年》:"叔父有憾于寡人,寡人弗敢忘,葬之加一等。"(二)超越。《史记》八七《李斯传》:"虽申韩复生,不能加也。"(三)侵陵。《论语·公冶长》:"我不欲人之加诸我也,吾亦欲无加诸人。"(四)施于,安放。《孙子·九地》:"威加于敌,故其城可拔,其国可隳。"《仪礼·乡射礼》:"乃复求矢加于福。"(五)担任。《孟子·公孙丑上》:"夫子加齐之卿相…则动心否乎?"

按,把一物放在另一物的上面叫"加"。这是"加"的本义。《左传·昭公八年》:"加绖于颡而逃。"《庄子·马蹄》:"夫加之以衡轭。"引申为把某种行为施于别人身上。《论语·公冶长》:"我不欲人之加诸我也,吾亦欲无加诸人。"朱注:"子贡言我不欲人加于我之事,我亦不欲以此加之于人。"《辞源》释作侵陵,非是。又为授予爵位于人。《孟子·公孙丑上》:"夫子加齐之卿相。""加"是被加的意思。《辞源》释作担任,非是。(王力)

动 0379

"动"字目第七义云:"不觉、不经意。"引唐高适《别杨山人》诗:"不到嵩阳动十年,旧时心事已徒然。"编者看出此例中"动"字不能作"动辄、每每"解,是正确的,但新立义项是否成立,尚可斟酌。

按,"动"字在唐宋以降的诗文中有"多"义。唐杜甫《赤霄行》诗:"丈夫垂名动万年,记忆细故非高贤。"与高适诗机杼略同,都是多(达)若干年的意思。金《董解元西厢记》六:"不恨咱夫妻今夜别,动是经年,少是半载,恰第一夜。""动"与"少"对文见义。散文中此类用法也不为罕见。《太平广记》卷九十五《洪昉禅师》:"见禅师至,叩头言曰:'我以食人故,为天王所锁。'……问其锁早晚,或云毗婆师尸佛出世时,动则数千万年。"又卷四百九十三《刘龙》:"又藏内缯绢,每匹皆有余轴之饶,使截剩物以供杂费,动盈万段矣。"宋王铚《燕翼贻谋录》卷五:"国初宦者不过十人,真宗时渐众……至元祐二年二月,又诏自供奉官至黄门,以百人为额。然流弊之久,终不能革,至宣政间,动以千数矣。"细按文义,各例中的"动"字都不表频率,不宜以"动辄、每每"义为解,也并非"不觉、不经意"之义,它只是在一次性动作中强调数多量大。"动"与"多"在语言上也不无联系:声同韵近,阴阳对转。(王锳)

胜 0381

制服。《国语·晋》四:"尊明胜患,智也。"

按:对"患"只能说"制止",或"防止",不能说"制服"。(张蓁)

匍 0387

〔匍匐〕㈠伏地而行。《诗·大雅·生民》:"诞实匍匐,克岐克嶷,以就口食。"《孟子·滕文公上》:"赤子匍匐将入井,非赤子之罪也。"㈡尽力。《诗·邶风·谷风》:"凡民有丧,匍匐救之。"

按,"匍匐"不应解作尽力。这是误解古注。《诗·邶风·谷风》:"凡民有丧,匍匐救之。"笺:"匍匐,言尽力也。"这是说,伏地而行,表示尽力,不是说"匍匐"这个词有尽力的意思。朱熹云:"匍匐,手足并行,急遽之甚也。"这是正解。(王力)

鲍系 0388

《论语·阳货》:"吾岂匏瓜也哉,焉能系而不食!"后用匏系比喻依人为生。唐李商隐《李义山文集》二《为安平公华州进贺皇躬痊复物状》:"心但葵倾,迹犹匏系。"也作"系匏"。唐欧阳詹《欧阳行周集》二《初发太原途中寄所思诗》:"流萍与系匏,早晚期相亲。"

李商隐"迹犹匏系"是代安平公崔戎说的。崔当时是华州刺史,正如引文之前的文句所说,"坐据伏熊,行驱画隼",威势显赫,绝不是"依人为生"的景况。"葵倾"是说对皇帝忠心,"匏系"则表示自愧无能。欧阳詹"流萍与系匏",如果是以流萍自况,则以系匏比所思;反之,如以系匏自况,则以浮萍比所思。从全诗看,两人均不得意于官场。此句前面有"去意自不甘,居情谅尤辛",所思者可能比自己更不得意。在《上郑相公书》中,欧阳詹曾慨叹自己"是一生不睹高衢远途矣,……其素蓄当在九泉之下矣"。所以诗中的"系匏"应该是比喻不被重用。无能和不被重用,都同《论语》在意义上相承。(赵恩柱)

参横 0446

释曰:"参星已落,形容夜深。"也有欠准确。横者,横在太空也。谓参宿运行过中天以后逐渐向西北方移动,参宿七星在移向西北方以前作南北向,而移向西北方后作东西向,故曰"横",非"已落"也。"已落"则已看不见,何"横"之有?(徐传武)

参辰卯酉 0447

释曰:"参星酉时(午后五时、六时)出于西方,辰星卯时(午前五时、六时)出于东方,因用以比喻敌对,势不两立。"亦欠准确。辰星即商星,与参星各在天一方,此升彼没,永不相见,因以喻敌对。相传高辛氏二子不睦,日寻干戈,以相征讨,因被迁于两地,分主参、商二星,(见《左传·昭公元年》),即喻势不两立,相互敌对。在十二地支中,卯表东方,酉表西方,东西相反,以喻不和,不应从时辰方面着眼。单以"卯酉",亦可喻不和,如元杂剧《陈州粜米》:"我偏和那有势力的官人每卯酉,谢大人向朝中保奏。"参辰二星总是遥遥相对,互不相见,并非酉时、卯时不可,所以不应把二星与时辰结合在一块理解。"参辰""卯酉"都可比喻"敌对""不和",二者是并列关系。(徐传武)

反左書 0450

《辞源》:"反左书,用左手反写字,为书法的一种。"《辞海(增补本)》:"反左书,以左手反写的字体,书法的一种。"《汉语大词典》"反左书"的释义与《辞海》同。

"反左书"是指书写汉字的方式方法同书写常规相反的一种书法。其"反"是与"正"相对而言。"反左书"的"左",不是指"左右手"的"左",而是指"从右至左"("先右后左")的"左",单个汉字的书写顺序是"从左到右",它却"从右至左"。"反左"是"反向其左","反左书"就是"反向其左而书",也就是"写反字",但这种写反字不是指"以左手反写的字体",而是指"用右手"逆向书写反体汉字。《辞源》《辞海》《汉语大词典》说"反左书"是书法的一种是对的,但说"反左书"是以"左手"反写的字体则恐怕不够贴切。理由是:"左手"写字一般见于右手残疾或有特殊习惯的人。凡用"左手"写字(书法)的人,其写字的方式方法与用右手写字(书法)的人全同,只不过这极个别人因特殊原因或习惯才用"左手"写字罢了。而所谓"反左书",就是用右手从右至左"写反字"。这种"从右至左"的逆向书写汉字,有两个含义,主要是:一指"运笔"走向相反。二指"部首反向",即把本应在"左边"的部首写在"左边",这样写字,不但书法"相反",而且所书之汉字,也是"反"的。(刘喜军 曾宪群 蒋南华)

台 0472

(三)何。《书·汤誓》:"今汝其曰夏罪其如台。"《史记·殷纪》作:"女其曰有罪其奈何。"如台,犹言奈何。

按,"台""何"音不近,不能相通。《史记》是译文,不足为凭。《书·汤誓》:"今汝其曰夏罪其如台。"传:"今汝其复言桀恶如我所闻之言。"蔡传:"汤又举众言,桀虽暴虐,其如我何!"皆释

"台"为我。（王力）

吴 0488

古国名。1. 周初泰伯居吴，在江苏无锡县梅里。至十九世孙寿梦始兴盛称王。据有淮泗以南至浙江太湖以东地区。传至夫差，为越所灭。公元前475年。

案：根据《史记·吴世家》《越世家》及《十二诸侯年表》，吴王夫差二年"悉精兵以伐越"，大败越军。越王勾践"十年生聚而十年教训"（《左传·哀元年》伍员语），乘吴与晋在北方争霸之机率师攻吴，"留围之三年"，于夫差二十三年灭吴。夫差二十三年即公元前473年，因此《辞源》之"公元前475年"误，应为"前473年"。《左传·哀二十二年》："冬十一月丁卯，越灭吴。"鲁哀公二十二年即公元前473年，与《史记》正合。《国语·吴语》："越灭吴。"韦昭注："在鲁定二十二年冬十一月。"也与《史记》合。

又，义项③：

大声说话。《诗·周颂·丝衣》："不吴不敖。"传："吴，哗也。"《史记》褚少孙补《孝武本纪》引《诗》作："不虞不骜。"

案："吴"有"大声说话"之义应该是有语料根据的。但是"吴"到底读什么音？记录的是什么词？要做出回答可不容易，因为其间比较搅扰、麻烦。

我们觉得"吴"应该是一个同形字，"大声说话"义的"吴"大致是"吴"的讹误，因字误造成字形相混。《汉书·郊祀志上》引《诗经》正作"不吴不敖，胡考之休"。颜师古注："吴，谨哗也。"《史记·孝武本纪》引《诗》则作"不虞不骜"。司马贞索隐："《毛传》云：'虞，哗也。'姚氏案：何承天云'虞'当为'吴'，音洪霸反。又《说文》以'吴，一曰大言也。'此作'虞'者，与'吴'声相近，故假借也。"他的意见对人有启发。

查《说文·矢部》："吴，大言也。"段玉裁注："大言即谓哗也。"《诗·鲁颂·泮水》："烝烝皇皇，不吴不扬。"郑玄笺："吴，哗也。"陆德明释文："吴，郑如字，谨也。"

《广韵·祃韵》："吴，大口。胡化切。"其说自有依据。《诗·周颂·丝衣》"不吴不敖"下郑玄笺："不谨哗，不敖慢也。"陆德明释文："《说文》作'吴'，吴，大言也。何承天云：'吴，字误，当作吴，从口，下大。故鱼之大口者名吴。胡化反。"（有版本异文，可参看《校勘记》）他指出不仅《诗经》"吴"误为"吴"，而且《说文》也是"吴"讹作"吴"。

鉴此，"大声说话"之"吴"应该另立一个音项，取《广韵》之"胡化切"，或者《史记》司马贞索隐所存之"洪霸反"，音 huà，而不应音 wú。这样既与《辞源修订本体例》2"单字有几个读音的，分别注音"相合，又分清了同形字之间的字词关系，避免了彼此搅扰。（毛远明）

吴郡 0489

《辞源》的释义是："地名。东汉顺帝时分会稽郡置，约有今江苏长江以南全部，及长江以北迤东之南通、海门诸县地。治吴。"这一释义不全面，不准确。

"吴郡"一词最初见于《史记·灌婴列传》，灌婴"渡江，破吴郡长吴下，得吴守，遂定吴、豫章、会稽郡"。《汉书》中亦有，《高祖纪》："以故东阳郡、鄣郡、吴郡五十三县立刘贾为荆王。"《高惠高后文功臣表》："博阳节侯周聚。以卒从丰，以队率入汉，击项籍成皋有功，为将军，布反，定吴郡，侯。"根据这一事实，王先谦《汉书补注》认为楚汉之际曾分会稽置吴郡，后又废，仍并入为会稽郡，直至东汉顺帝永建四年，遂又分会稽置吴郡。据《后汉书·郡国志四》记载，吴郡有吴、海盐、乌程、余杭、毗陵、丹徒、曲阿、由拳、安、富春、阳羡、无锡、娄等十三个县城。治吴。其辖区相当于今天的上海、江苏长江以南，大茅山以东，浙江长兴、湖州、天目山以东，与建德以下的钱塘江南岸。至于"长江以北迤东之南通、海门诸地"，当时属广陵郡，不属吴郡。（陈君谋）

吟 0491

注㊻云："口吃。通'唫'。《后汉书》六四《梁冀传》：'口吟舌言。'指语吃声音不清楚。"

按：这里又将《后汉书·梁冀传》"口吟舌言"之"吟"用作"吟"有"口吃"义的书证，也误。其实，所谓的"语吃声音不清楚"的意思乃是从"口吟舌言"整个短语得出来的，至于其中"吟"字，则只有"闭口"之义。说见上条。顺带提一下，《辞海》第735页"吟"下注㈠之⑤云："口吃"，引《后汉书·梁冀传》"口吟舌言"为证，而其《增补本》第217页〔口吟〕下注云："低声吟诵"，也引《梁冀传》"洞精晓盷，口吟舌言"作书证，误并与《辞源》同。（王彦坤）

呴 0501

（一）吐出。《庄子·刻意》："吹呴呼吸。"《释文》："况于反。字亦作煦。"见"呴濡"。（四）鸟鸣声。《淮南子·要略》："（齐景公）族铸大钟，撞之庭下，郊雉皆呴。"注："呴，鸣也。"

按，"呴"不是吐出，而是嘘气使温或润。《集韵》："呴，气以温之也。"《庄子·刻意》："吹呴呼吸，吐故纳新。"疏："吹冷呼而吐故，呴暖吸而纳新。"又《大宗师》："相呴以湿，相濡以沫。"疏："于是吐沫相濡，呴气相湿。"鸟鸣声当作雊鸣。通"雊"。（王力）

唯 0528

（三）以，因为。《左传·昭二十年》："唯不信，故质其子。"

按，"唯"无因为义。左传"唯不信"之"唯"仍应解作唯独，意思是没有别的原因。（王力）

單注 0536

释义作："孤单地到处漂泊。"书证引《元曲选》郑庭立《后庭花》二："他两个无明无夜，海角天涯去单注。"

按：此条中问题较多，先说释义的问题。将"单注"解作"孤单地到处漂泊"显系望文生义，估计和书证引错有直接的关系，查《元曲选》原文如下："他两个忙忙如丧家之狗，急急似漏网之鱼。他两个无明夜海角天涯去。单注他合有命，俺合妆孤。兀的不欢喜杀俺子父，快活杀俺妻夫。我则道尽今生久困穷途，永世儿陋巷贫居。"此处"单注"释作"注定"似乎更好，因元曲中"单注"不止一见，如杨景贤《西游记》第三折："你躲了休将他大道拦截。我度你个小鬼头冰清玉洁，单注着老妖精禄尽衣绝。"义为"注定老妖精禄尽衣绝"。无名氏《马陵道》第四折："道不离此处斩庞涓,我亲自的写、写。一来是孙膑的计谋,二来是主公的福分,第三来单注着那人合灭。"刘唐卿《降桑椹》第一折："这雪单注着多收五谷。"另外作者名也不妥。《后庭花》的作者一般都作"郑廷玉",或"庭玉",如明代臧懋循的《元曲选》、谭正璧《中国文学家大辞典》等著作,据谭正璧书可知郑廷玉字不详,生卒年也不详,那么作"庭立"不知出自何处。《辞源》在他处即作郑庭玉,如第二卷1066页"影占"条也引《元曲选·后庭花》例,作"郑庭玉",看来,写作"庭""廷"均可,但定不作"庭立"。估计这是排版时形近而误。(程志兵)

器 0551

(一)用具,工具。《易·系辞上》："备物致用,立成器以为天下利。"又下："弓矢者,器也。"

按,"器"的本义为陶器。说文："器,皿也。"《老子》："埏埴以为器。"《韩非子·难一》："东夷之陶者,器苦窳,舜往陶焉,期年而器牢。"用具只是引申义。(王力)

严饰 0557

释义作："盛加装饰。"书证引晋释法显《佛国记》："其城门上大张帐幕,事事严饰,王及妇人采女皆住其中。"

按:将"严饰"理解为"盛加装饰"是把"严"看作了形容词,其实"严饰"是一并列式的词语。"严"本来就有"穿戴装束"之义,佛经中多有用例。李维琦先生在《佛经续释词》中多有阐述,下引几例说明之,东汉《中本起经》："时父王饭佛,及比丘僧,严饰幢幡,极世之珍,城内整顿,炜炜煌煌。"东汉《遗日摩尼宝经》："所闻经法,随教不过。所闻者,但闻取法,不取严饰。"西晋《持人菩萨经》："其处大城,园观楼阁,父王所居,严饰庄校,悬缯幡盖,浴池莲华。"这些例子中"严饰"均是"装饰"之义。另本卷"严妆"一词释为"整齐妆束"并引《孔雀东南飞》"新妇起严妆"例也不妥,此处"严妆"并非"整齐"义,和"严饰"一样,都是"装饰、打扮"之义,讨论此词的文章很多,此不赘述。(程志兵)

四立 0560

"四立"四词,有三词有误。释"立春"曰："在农历二月初四、五日。"释"立夏"曰："在农历五月初六、七日。"释"立秋"曰："在农历八月初八、九日。"三句中的"农历"都应作"阳历"。(徐传武)

固 0572

(二)坚固。《论语·季氏》："今夫颛臾固而近于费。"《战国策·秦一》："大王之国,…东有崤函之固。"注："固,牢坚,难攻易守也。"也泛称物体坚固。

按,"固"的本义应是地势险要,难攻易守。《说文》："固,四塞也。"《辞源》所举《论语》《战国策》两个例子也都是这个意义。《周礼·夏官·序》掌固条郑注："固,国所依阻者也。国曰固,野曰险。"坚固的"固"只是引申义。(王力)

國子祭酒 0577

释云："学官。汉置博士祭酒，西晋改为国子祭酒，历代因之；掌领太学、国子学或国子监所属各学。清末改学制废。参阅《文献通考》五七《职官》十一。"

按：《辞源》释"国子祭酒"为"学官"，恐非该词命名之初衷。考《事物纪原》卷五云："孙卿在齐为三老，称祭酒；汉吴王濞为刘氏祭酒；又汉博士内聪明有威重者一人，为博士祭酒。胡广曰：'凡官名祭酒，皆一位之元长，古者得主人馈，则老者一人举酒以祭地，故以祭酒为称。'晋咸宁中，初立国子学，始置国子祭酒。"《六帖》曰："尧典克明俊德，以亲九族，九族既睦，平章百姓。周封兄弟同姓，成王时彤伯为祭酒，主亲属，秦汉因之。"又曰："高祖七年，自栎阳从长安置祭酒官。"《通典》云："《后汉书》有祭酒一人，掌录叙王国嫡庶及宗亲远近，郡国岁所上宗室名……"（马振亚）

圍 0577

《汉语大字典》《汉语大词典》以及修订本《辞海》《辞源》在"围"字条下都列有"防守"一义，所用例证，综合起来，共有四条，列举如下：

① 《说文·口部》："围，守也。"
② 《逸周书·大武》："四设围以信。"朱右曾校释："围，守也，守国以信。"
③ 《公羊传·庄公十年》："围不言战。"何休注："以兵守城曰围。"
④ 韩愈《张中丞传后叙》："当其围守时，外无蚍蜉蚁子之援。"

但是，以上这些例证中的"围"均非"防守"之义，释"围"为"防守"，实出于误解。

先看韩文例。"当其围守时"，是指驻守睢阳的张巡、许远被叛军包围的时候。"围守"连文，其义为"围困"或"包围监守"，其中的"围"仍是包围义。《史记·袁盎列传》："及晁错已诛，袁盎以太常使吴，吴王欲使将，不肯，欲杀之，使一都尉以五百人围守盎军中。"《后汉书·来歙传》："歙欲前刺（隗）嚣，嚣起入，部勒兵，将杀歙，歙徐杖节就车而去，嚣愈怒，王元劝嚣杀歙，使牛邯将兵围守之。"以上各例，"围守"均用为"围困"或"包围监守"。韩文一例亦应如此，把"围守"解作"防守"，或把其中的"围"解作"防守"都是错误的。

其次，看《公羊传》的例。《公羊传·庄公十年》："二月，公侵宋。曷为或言侵，或言伐？粗者曰侵，精者曰伐。战不言伐，围不言战，入不言围，灭不言入，书其重者也。"这段文字是《传》对经文书例所作的解释，其中，"二月，公侵宋"为《春秋》经文。何谓"粗者曰侵，精者曰伐"？据何休注文，"将兵至境，以过侵责之，服则引兵而去，用意尚粗"，这就是"侵"；"侵责之不服，推兵入境伐击之，益深用意"，这就是"伐"。所谓"战不言伐""围不言战"，是说"战"（何注："合兵血刃曰战"）比"伐"严重，"围"（何注："以兵守城曰围"）又比"战"严重，经文既已书"战"，就不必再言"伐"，既已书"围"就不必再言"战"。其所以如此，用何休的注来说："明当以重者罪之，犹律一人有数罪,以重者论之。"下文"入不言围"(何注:"得而不居曰入")、"灭不言入"(何注:"取其国曰灭")也是这个意思。把传文前后联系起来,即可看出,"战""围""入""灭"四者都是就侵伐一方的军事行动来说的,因此,"围"只能是"包围",而决不会是"防守"。何休在"围不言战"下注云:"举围为重,楚子围郑是也,以兵守城曰围。"何注既用楚子围郑为例,表明何注亦以"围"为"包围"。辞书既不详考传意,又不通观注文,而独取"以兵守城曰围"一语以证"围"有"防守"义,实有未妥。其实,何注的意思是,用军队包围城邑叫做"围"。"守"在这里义同"围守",而"围"仍是包围义。

其次,看《逸周书》的例。《逸周书·大武》云:"善侵不攻。""侵有七酌,酌有四聚三敛。""四聚:一酌之以仁,二怀之以乐,三旁聚封人,四设围以信。"朱右曾校释云:"酌,行。怀,来。旁,大也。聚,邑聚。封,封殖。围,守也。守国以信。"朱氏自序其书云:"凡所训释,悉本前儒。"其释"设围以信"为"守国以信",即明言本于《说文》"围,守也"的说解。但是,《说文》以"守"释"围","守"并非"防守",与《公羊传》何注"以兵守城"之"守"一样,也是"包围"义(说详下文),则朱氏把"设围"换作"守国",未必得其真诠。

最后,再来看《说文》关于"围"字的说解。《说文·口部》云:"围,守也。"古今很多重要辞书,如《玉篇》《广韵》《集韵》《康熙字典》《中华大字典》《中文大辞典》等,都在"围"字条下承用《说文》的这条说解,但也只是直录其训而已,并没有作进一步的申说。清代段玉裁、桂馥、王筠、朱骏声四大家注释《说文》,意见并不相同。段氏《说文注》于"围"字无说,段意如何,不得而知;桂氏《说文义证》、王氏《说文句读》举郑玄《周礼·秋官》"环人"注一例,以"围"为"防守";而朱氏《说文通训定声》则举何休《公羊传·庄公十年》注"以兵守城曰围"及《左传·襄公二十五年》注"弈,围棋"疏"以子围而相杀故谓之围棋",以"围"为"包围"。……我认为,"围"的本义是"包围"或"围绕",这从字形与古代文献两方面都可以得到验证,因此,还是朱骏声的解释正确。

总之,详核《汉语大字典》等辞书"围"字"防守"义下所列各条例证,它们都难以成立,由此可以得出结论:"围"无"防守"义。《汉语大字典》《汉语大词典》以及修订本《辞海》《辞源》等大型辞书中"围"字释义之误,是应该辨明并加以纠正的。(李光华)

地望 0589

地位与名望。唐段成式《酉阳杂俎》续集《支诺皋》下:"韦斌虽生于贵门,而性颇质厚,然其地望素高,冠冕特盛。"

按:释义误。地,不是地位,而是当地,某地。望,不是名望,而是名门大族,显贵氏姓。地望,犹言当地的名门大族。名门大族为什么称望?顾颉刚先生说:"古代命国中的大山川为望,也名山川之祭为望。"(见《秦汉的方士与儒生》第二章。顾说的根据,见《左传》哀公六年传注)一国之中的大山大川叫望,这些山川还可以得到人们的祭祀。同理,一地的名门大族也可以叫望,这些望族自然也要享受某种特权。从汉魏到隋唐,人们非常重视地望,在政治上形成了长期的士族统治的局面。就以书证中提到的韦斌来说,《新唐书·柳冲传》说:"山东则为郡姓,王、崔、卢、李、郑为大；关中亦号郡姓，韦、裴、柳、薛、杨首之。"表明韦氏是关中的望族。韦斌本人，新、旧唐书均有传。据《新唐书》本传和《宰相世系表》，韦斌的父亲是宰相，相武后、中宗、睿宗。祖父是成州刺史，曾祖父隋末为民部侍郎，高祖是北周的大司空。这就是所谓的"地望素高，冠冕特盛"附带说一下，《辞源》"望地"条的释义是"郡望及地位"，也不妥当。实际上，"望地"就是"地望"，意思一样。（吕友仁）

在行 0592

内行。……《红楼梦》十六："偏你又怕他不在行，谁都是在行的。"

按：今兰州一带方言中以"懂道理"或"明事理"为"在行"。《红楼梦》中之此句，应作如此解。因为"怕他不内行，谁都是内行的，"意欠通。如真是"内行"，就不会用"怕"字。"谁都"意即"人人都"，"人人都是内行的"，事实上亦难办到。（张蓁）

執訊 0608

㈠捉到俘虏加以审讯。《诗·小雅·出车》："执讯获丑，薄言还归。"《传》："讯，辞也。"清陈奂《诗毛氏传疏》："此释讯为辞者，谓所生得敌人，而听断其辞也。"又《大雅·皇矣》："执讯连连，攸馘安安。"

按："讯"字虢季子白盘作 ，兮甲盘、扬敦、不娶敦俱近似。陈介祺以为虢季子白盘铭之"执讯五十"，即《诗》之"执讯获丑"及"执讯连连"（见容庚《金文编》所引）。就字形观之，益象人为绳索所系缚，是俘虏之状。字所从之 ，即"允"字（不娶敦铭："女以我车宕伐厰允（玁狁）于高地"之"允"即如此作），亦即"夋"字。"夋"之转注字为"俊"，《说文》："俊，材千人也。"《北史·苏绰传》："万人之秀曰俊。"字又作"儁"，《左传·庄十一年》："得儁曰克。"《正义》："战胜其师，得其雄儁者。"如传载鲁叔孙得臣败长狄，获侨如；宋皇父败狄，获缘斯；晋、齐获长狄焚如、荣如之类。若然，则"执讯"即是"得儁"。《出车》言"执讯获丑"，丑，众也，正与"讯"字对文。所以，陈奂所说"生得敌人而听断其辞"云云，一是以今例古，二是望文生义，不宜苟从。（艾荫范）

堵 0609

（一）土墙。《诗·小雅·鸿雁》："百堵皆作。"古垣墙之制，五版直累为堵。版宽二尺，积高五版为一丈。

按，"堵"的本义是量词。墙五版为一堵。土墙是其引申义。（王力）

域 0610

（三）居住。《孟子·公孙丑下》："域民不以封疆之界。"引申为存在。《公孙龙子·坚白论》："坚白域于石，恶乎离。"

按，《孟子·公孙丑下》："域民不以封疆之界。""域"字亦是疆域的"域"作动词用。朱熹《集注》："域，界限也。"这是正解。赵岐注："域民，居民也。"这是误解，不可从。《公孙龙子》"坚白域于石"，也应解作以石为域，不应解作存在。（王力）

填星 0623

释曰:"即土星。……土星要 29.45 年才能绕太阳移行一周,约略与二十八宿的数目相符,大体上每年进入一宿,像轮流坐镇或填充二十八宿,故称填星。"填星又作"镇星"。"填"与"镇",音义皆通,古代通用。如《史记·吴王濞列传》:"上患吴会稽轻悍,无壮士以填之。"索隐:"填,音镇。"《汉书·高帝纪》:"填国家,抚百姓。"《史记·高祖本纪》即作"镇国家"。所以,"填星"之"填"决非"填充"之义。(徐传武)

墠 0629

(一)郊外的土地。《诗·郑风·东门之墠》:"东门之墠,茹藘在阪。"笺:"城东门之外有墠,墠边有阪,茅蒐生焉。"

按,这是望文生义。郑笺说"城东门之外有墠",并不是说郊外土地叫墠。毛传:"墠,除地町町者。"意思是除草的平地。这是正解。(王力)

墼 0635

㈠砖坯。

"土墼"即"土坯"。土墼与砖坯不尽相同。今俗土墼大、砖坯小;土墼和水、土、草三者入模而成,砖坯不用草;土墼根本不打算烧制,砖坯则定要烧制才能成砖。王筠《说文句读》"墼"字注:"则京师谓之土坯,吾乡谓之墼。""土墼"又简称为"坯",蒲松龄《日用俗字》泥瓦章:"瓦硵甋石填心搂,发阴还用一堞坯。"制作土墼叫"托坯"。"托坯"多自用,不一定是为窑户烧砖制坯。元佚名《冤家债主》一折:"则是人家挑土筑墙,和泥托坯。"《醒世姻缘》八十八回:"拖得坯,打得墙,狠命的当一个短工觅汉与那驿丞做活。"驿丞并非窑户,托坯当作不烧自用。

《辞源》释"墼"第二义项云:"未烧的砖坯,和炭为团叫炭墼。《后汉书》七七周纡传:'纡廉洁无资,常筑墼以自给。'"书证本身并不证明"筑墼"就是打炭墼。打炭墼一定要用未烧的砖坯搀和炭,也属可疑。明邳县人陈大声《朱履曲》有"打灰墼"(《乐府群珠》四卷),未言用来烧砖和炭作墼。清顾禄《清嘉录》"欢喜团":"欢喜,杵炭屑而范之,上下合成。圆而有匾势,炭墼之巨族也。"也没说用未烧砖。"炭墼"一词见于《梦粱录》十三卷"诸色杂卖":"供香饼炭墼,并挑担卖油。"(张喆生)

壊 0638

(一)毁败,衰败。《商君书·修权》:"蠹众而木折,隙大而墙坏。"《汉书》六三《司马迁传·报任安书》:"考之行事,稽其成败兴坏之理。"

按,"坏"的本义是房屋倒塌。《诗·大雅·板》:"无俾城坏。"《春秋·文公十三年》:"大室屋坏。"《商君书·修权》:"隙大而墙坏。"衰败是屋坏的引申义,应另立一个义项。(王力)

大火 0661

释曰:"星名。心宿中央的红色大星,即营惑星。"把"营惑星"当作"大火"则大误。"大火"是恒星，又名"心宿二"，属二十八宿东方苍龙七宿心宿中的一星，也名"火"（如"七月流火"）；而"营惑星"是五大行星之一，通作"荧惑"，因其荧荧若火，时而顺行，时而逆行，隐现不定，令人迷惑而取名，"五行说"盛行以后，又名"火星"，亦名"罚星""执法"。《广雅·释天》："营惑谓之罚星，或谓之执法。"《汉书·李寻传》："臣闻五星者，五行之精。……营惑往来亡常，周历两宫。"其中的"营惑"，即指五大行星中的"火星"。"大火"和"营惑"虽都名"火"但决非同一星，不应混为一谈。（徐传武）

大經 0673　小經 0887

【大经】㈠唐、宋科举，按诸经经文长短，分为大、中、小；唐以《礼记》《左传》为大经，《诗》《周礼》《仪礼》为中经，《易》《书》《公羊传》《谷梁传》为小经。宋以《诗》《礼》《周礼》《左传》为大经。㈢宋徽宗迷信道教，以《黄帝内经》《道德经》《周易》为大经，《庄子》《列子》《孟子》为小经。见宋吴曾《能改斋漫录》十三。

【小经】唐、宋教学和科举考试，把各种经书按其篇幅的长短分为大、中、小三级：唐以《易》《尚书》《春秋公羊传》《谷梁传》为小经；宋以《孟子》《庄子》《列子》为小经。《宋史》三〇五《杨億传》："能言，母以小经口授，随即成诵。"

此两条释义问题有三：(1)唐代教学与科举考试，把儒家九经分为大、中、小三种，确如"大经"条所说。但宋代情况不尽相同，宋初仍承唐制，而从哲宗元祐四年起则有所改变，即以《诗》《礼记》《周礼》《左传》为大经，《书》《易》《公羊传》《谷梁传》《仪礼》为中经（见《宋史·选举志一》)，只分大、中两种，不再有小经了。因此，释文不加区别，而统称"唐宋"，就不够准确、严密了。(2)说"宋徽宗迷信道教，以《黄帝内经》《道德经》《周易》为大经，《庄子》《列子》《孟子》为小经。"有误。《周易》《孟子》乃儒家经籍，不应与道家书并列。按《宋史·选举志三》："政和间，即州、县学别置斋授道徒。蔡攸上《诸州选试道职法》，其业以《黄帝内经》《道德经》为大经，《庄子》《列子》为小经。"并无《周易》《庄子》。《辞源》所说，殆据《能改斋漫录》卷十三《诏学士添大小经及增置士名入官品》条。但该条原文为："自今学道之士所习经，以《黄帝内经》《道德经》为大经，《庄子》《列子》为小经；兼通儒书，俾合为一道，大经《周易》，小经《孟子》。"可见《周易》《孟子》乃学道之士兼习之儒书，习大经者兼习《周易》，习小经者兼习《孟子》，并不是把二者规定为道书之大、小经的。(3)"小经"条径以"唐以《易》《尚书》《春秋公羊传》《谷梁传》为小经；宋以《孟子》《庄子》《列子》为小经"并提，尤为大误。前已说明，宋初之小经与唐无别，自元祐四年后已不再有小经，不能拉学道之士所习之道家小经来顶替（且《孟子》不在道经之内）。果如《辞源》所说，则所举《宋史·杨億传》之书证，就应理解为杨億小时母亲给他口授《孟子》《庄子》《列子》了；实则杨億生活在北宋初期，母亲教他读的小经只能还是唐代规定的儒家小经，而绝不会是道书。（张虎刚）

大成殿 0678

孔子庙殿名。宋元祐六年诏辟雍文宣王殿，以大成为名。宋代尊孔子为"大成至圣"，因以

"大成"作为孔庙殿名。

按：大成殿乃孔庙之正殿、享殿。以"大成"为名，始于宋徽宗崇宁初，而非元祐六年。《辞源》所以致误，殆由于未细审《宋史·礼志八》之原文。文云："元祐六年，幸太学，先诣国子监至圣文宣王殿行释奠礼，一献再拜。崇宁初，…又诏辟雍文宣王殿以'大成'为名。"明陈镐《阙里志·林庙志·至圣先师庙》更具体记载："徽宗崇宁元年，诏殿名'大成'。"至于所以取名大成，盖因《孟子·万章下》有"孔子之谓集大成"之赞语。说"宋代尊孔子为'大成至圣'，因以'大成'作为孔庙殿名"，亦误。按唐时封孔子为文宣王，宋真宗大中祥符中先后改称玄圣文宣王、至圣文宣王，终宋之世，并无"大成至圣"之称。冠以"大成"二字，加封孔子为"大成至圣文宣王"，那是后来元武宗至大元年的事。（见《元史·祭祀志五》）（张虎刚）

大庾岭 0679

五岭之一，在江西、广东交界处。古称塞上、塞岭、台岭；又名梅岭、东峤。……宋元祐间重修，蔡挺复命夹道植松，在岭上立关，名曰梅关。

案："元祐"当是"嘉祐"之误。"嘉祐"为宋仁宗年号（1056—1063），而"元祐"为宋哲宗年号（1086—1094），从仁宗到哲宗，中间隔着英宗（4年）、神宗（18年）。

查检《宋史·蔡挺传》，蔡挺在仁宗时因治六漯河无功，贬秩停官。"越数岁，稍起知南安军，提点江西刑狱，提举虔州盐。自大庾岭下南至广，驿路荒远，室庐稀疎，往来无所芘。挺兄抗时为广东转运使，乃相与谋，课民植松夹道，以休行者。"蔡抗"徙广东转运使"乃仁宗时事，"英宗立，召为三司判官"，归京，卒英宗朝。可知蔡挺大庾岭植松事是在仁宗朝。

蔡挺"元丰二年薨"。见《宋史》本传。神宗元丰二年是1079年，距哲宗元祐时至少还有七八年。换句话说，到元祐时蔡挺已死数年。显而易见，《辞源》作"元祐"是错误的。（毛远明）

天荒 0689

注："广大荒远。汉王充《论衡·恢国》：'天荒之地，王功不加兵，今皆内附，贡献牛马。'"

按：此注文误。"天荒"不是"广大荒远"的意思。《辞海》第1225页"天荒"条也引《论衡·恢国》同一书证，注云："从未开垦的荒地。……后以比喻从未出现过的事情"，其释义确凿不移。《宋史·李彦传》："凡民间美田，使他人投牒告陈，皆指为天荒，虽执印券皆不省"，可作为"天荒"指"从未开垦的（天然的）荒地"之最有力证据。（王彦坤）

天時 0689

㈠《孟子·公孙丑下》："天时不如地利，地利不如人和。"此指有利于政战的自然气候条件。

按：《孟子》原文："三里之城，七里之郭，环而攻之，而不胜。夫环而攻之，必有得天时者矣；然而不胜者，是天时不如地利也。""环而攻之"，是说从四面八方同时进攻；"必有得天时者"，是说必有一方一面得了"天时"。如以"天时"为自然气候条件，试想在"三里之城，七里之郭"的范围内，寒暑风雨，究竟有多大差异，至于有"得"与不"得"之别？所以赵岐注说："天时，谓时日干支五行王相孤虚之属。"按上古治兵,十分重视所谓"天时"之占。《周礼·大史》:"抱天时与大师同车。"注引郑司农云:"大出师,则太史主抱式以知天时,处吉凶。"按"式"或作"栻",系一种分上圆下方二盘,以星宿、干支相配合的占卜仪器,1977年尚发现于安徽阜阳县之汉汝阴侯墓,其占法经严敦杰同志考释已可得而知(关于西汉初期的式盘和占盘,考古,1978:5)。占求"天时"是一种伪科学,不独孟轲持怀疑态度,《尉缭子》中也有与孟子类同看法,其《天官》篇说:"今有城,东西攻不能取,南北攻不能取,四方岂无顺时(按即指'天时')乘之者耶?然不能取者,城高池深,兵器备具,财谷多积,豪士一谋者也。若城下池浅守弱,则取之矣。由是观之,天官时日(按亦谓'天时'),不若人事也。"这同孟子所谓"天时不如地利,地利不如人和"之说殆同一辙。(艾荫范)

天骄 0695

天骄,"天之骄子"的简称。毛泽东《沁园春·雪》有"一代天骄,成吉思汗"句,初中语文课本注:天骄,"天之骄子"的略语,汉朝人称匈奴单于为天之骄子。此注出自《辞源》。《辞源》修订本"天骄"条:"汉朝称北方匈奴为'天之骄子',简称天骄。《汉书》九四《匈奴传上》:'南有大汉,北有强胡。胡者,天之骄子也。'"

据《汉书》,"天之骄子"是匈奴自称,不是汉朝对北方匈奴的称呼。《汉书·匈奴传上》:"单于遣使遗汉书云:'南有大汉,北有强胡。胡者,天之骄子也,不为小礼以自烦。'""天之骄子"是"单于遣使遗汉书"中的话,为匈奴自称无疑。

《辞海》(1989年版)"天骄":"'天之骄子'的略语。汉时匈奴自称为天之骄子,意为天所骄宠,故极强盛,见《汉书·匈奴传》……"此释得之。(王宗祥)

夭 0709

(三)屈,摧折。《诗·小雅·正月》:"民今之无禄,天夭是椓。"

按,《诗·小雅·正月》:"天夭是椓。"释文:"夭,于兆反,又于遥反。灾也。"朱熹《集解》:"夭,祸。"当解作灾祸。《辞源》解作屈、摧折是错误的。(王力)

奥草 0726

积草。《国语》中:"民无县耜,野无奥草。"唐柳宗元《柳先生文集》二七《永州新堂记》:"有石焉,医于奥草,有泉焉,伏于土涂。"

按:《后汉书·班固传·西都赋》注:"奥,深也。""深奥"是常语。"奥草"即"深草",即"长草"。"民无县耜,野无奥草",谓民勤于耕作,则田地中无深草。"有石焉,医于奥草",谓石被深革所蔽。若解作"积草",则欠通。(张寨)

奸 0733

2. jiān。《集韵》居颜切。通"姦"。㈢犯淫,私通。参见"姦㈢"。㈣自私,诈伪。《管子·重令》:"奸邪得行,毋能上通。"

按,此条大错。《说文》:"奸,犯婬也。"《集韵》引《说文》作"犯也",无"婬"字。《集韵》是。奸淫、奸诈,古但作"姦",不作"奸"。直到近代,才写作"奸"。《辞源》引《管子》是误引。查《管子》原文作"姦",不作"奸"。《辞源》引《集韵》居颜切,亦误。查《集韵》居颜切有"豣"无"奸"。"奸"是"姦"的异体字。(王力)

委禽 0743

致送聘定的礼物。《左传》昭元年:"郑徐吾犯之妹美,公孙楚聘之矣,公孙黑又使强委禽焉。"注:"禽,雁也。纳采用雁。"

按:释义误。古代的婚姻,从通媒到成亲,共有六个步骤,即纳采、问名、纳吉、纳征、请期、亲迎,这叫做六礼,详见《仪礼·士昏礼》。《左传》所说的"委禽",杜预注本来说得很清楚,是"纳采",即六礼中的第一步。实行这一步时,所纳之雁,其性质是"采择之礼"(《仪礼·士昏礼》"纳采用雁"注),而不是《辞源》所说的"聘定的礼物"。所谓"采择之礼",其作用就像今天的介绍人传话而已,离"聘定"还差得很远。"致送聘定的礼物",那是第四步骤纳征时的事。《仪礼·士昏礼》:"纳征,玄纁束帛、俪皮。"注:"征,成也,使使者纳币以成昏礼。"古人所说的"成昏",就是今天所说的订昏。纳征,又叫纳币。币就是礼物,具体地说,就是"玄纁束帛、俪皮",即红黑色与浅红色的帛五匹,鹿皮两张。这和纳采时只送一只象征性的雁为礼大不相同。总而言之,到了婚礼的第四步骤,所纳之礼才是"聘定的礼物"。《辞源》此条的释义,是把第一步的事误解为第四步的事了。究其原因,当是没有吃透杜注。(吕友仁)

姦 0753

通"奸"。也作"奸"。㈠邪恶不正。《墨子·辞过》:"是以其民饥寒并至,故为姦衺。"《商君书·开塞》:"故以刑治则民威,民威则无姦,无姦则民安其所乐。"

按:《辞源》说"姦"通"奸"是大错。古代"奸"读古寒切,是干犯的意思,"姦"怎能通"奸"?古代姦邪的意义决不写作"奸"。即以近代而论,也只能说"奸"通"姦"(奸邪),不能说"姦"通"奸"。(王力)

嫁枣 0765

嫁接枣树。北魏贾思勰《齐民要术》四《嫁枣》:"正月一日;日出时,反斧班驳椎之,名曰嫁枣。"《注》:"不斧则花而无实,斫则子萎而落也。"

按:"反斧班驳椎之",此对"嫁枣"一词之解,甚为明白。其法即用斧背椎(槌)击树干,使表皮致伤。"班"同"斑","斑驳"是谓其伤痕有若斑点,不能使全面致伤。何以如此?《注》解释道:不用斧槌则花繁而无果实。何以要用斧背而不用斧刃?因为斫则伤及细皮,影响水分之输送,可使果实枯萎而脱落。此法之作用与现行果树栽培法中之"环状剥皮法"同,均为适当抑制水分及养分之输送,以免因枝叶及花朵繁盛而影响坐果率。解作"嫁接枣树",可谓"望文生义"。(张蕖)

嬌 0769

骄横。通骄。《文选》汉朱叔元(浮)《为幽州牧彭宠书》:"内听嬌妇之失计,外信谗佞之诔言。"《后汉书》三三《朱浮传》作"骄"。

按：《朱浮传》作"骄"是借字，故《文选》改用本字。"娇妇"即指"娇妻宠妾。"若解作"骄横"，则一切既受制于妇人，不特下句"外信谗言"无着落，且书中所提出之希望亦将落空。《韩非子·亡徵》："婢妾之言听，爱玩之智用，外内悲惋，而数行不法者，可亡也。"当为朱文所本。(张蓁)

孀雌 0772

寡居之妇女。唐《李太白诗》四《双燕离》："憔悴一身在，孀雌忆故雄。"

按：《双燕离》虽通篇以燕喻人，但字面仍当以燕解、故用"雌""雄"二字。"孀"本指"寡居之妇女"，但"孀雌"只能解为"失雄的雌鸟。"比喻只能相似，而不能等同，故对人只能叫"孀妇"。(张蓁)

宗伯 0813

"《周礼》天官之属有宫伯，掌管卿大夫士有名籍的子弟的任用、俸禄和惩奖。见《周礼·天官·宫伯》。相当于汉朝的卫尉，清朝的内大臣。"

按：误。据《周礼》卷一《天官·冢宰》："宫伯，掌王宫之士庶子凡在版者，掌其政令，行其秩叙，作其徒役之事。"林尹的《周礼今注今译》一书引金榜曰：公卿大夫子弟"其职宿卫者则谓之庶子，已命者谓之士，"其名籍由宫伯掌管。"秩叙"之意，据该书引王引之云："谓士庶子更番宿卫之次。""徒役之事"，指国中有大事时，则召集他们，供太子差遣。因此，宫伯的职责主要是负责天子警卫，总领宿卫之士。而《辞源》所释的宫伯职掌很不明确，使读者很难和后世的卫尉、内大臣这些武职宿卫官的职责联系起来。

说宫伯相当于汉的卫尉，很不准确。据《汉书》卷十九上"百官公卿表上"载：卫尉，"掌宫门卫屯兵。"《艺文类聚·职官部》引《汉官解诂》曰："卫尉主宫阙之内，……凡居宫中者，皆施籍于门，案其姓名，若有医巫傀人当入者，本官长吏为封启传，审其印信，然后内之。……其有官位得出入者，令执御者官，传呼前后以相通。""宫阙之内"的"内"，意为出入的入。可见卫尉为掌管宫门出入、保卫皇宫的军事长官，而非天子近侍警卫之任。从汉制看，光禄勋掌殿门户，主管诸郎、侍卫天子，又统辖羽林骑。辑本《汉官仪》卷二载："郎中令，属官有五官中郎将，左、右中郎将，曰三署。署中各有中郎、议郎、侍郎、郎中，皆无员。多至千人，主执戟卫宫陛，及诸虎贲郎、羽林郎皆属焉。"汉武帝太初元年改称郎中令为光禄勋。从职能上看，宫伯应相当于汉的光禄勋，而非卫尉。关于卫尉与光禄勋的职能分工，《汉旧仪》卷上说得很清楚，即"殿外门署属卫尉，殿内郎署属光禄勋。"宫伯也不相当于清的内大臣。据乾隆时所修的《历代职官表》载，清代选上三旗子弟中才武出众者，分班入值宫中，名为侍卫，置领侍卫内大臣六人统领之，其下置有内大臣六人。由于内大臣非侍卫主官，如要比较，也只能说宫伯相当于领侍卫的大臣，而非内大臣。(杜文玉)

定叠 0818

"定叠"目云："定当，料理妥当。"引宋苏轼、魏泰各一例。

按，"定当"与"定叠"同属近代语词，它本身需要解释，用它作为解释词，似有悖于"以今语释古语"的训诂原则。再者其后"料理妥当"的四字说解，实亦未确。"定叠"应是"安宁、安定"的意思。宋何薳《春渚纪闻》卷二《赤天魔王》："蒋颖叔为发运使，至泰州谒徐神公。坐定，了无言说。将起，忽自言曰：'天上也不静，人世更不定叠。'蒋因叩之，曰：'天上已遣五百魔王来世间作官，不定叠！不定叠！'""定叠"与"静"互文。宋洪迈《容斋五笔》卷八："予名竹庄之堂曰'赏静'，取杜诗'赏静怜云竹'之句也。守僧居之，频年三易。有道人指曰：'静字右旁乃争字，以故不定叠。'于是撤去元扁，而改为靓云。"又《夷坚志》支丁卷五《黟县道上妇人》："我不幸，丈夫很恶，常遭鞭箠，而阿婆性尤严暴，不曾得一日定叠。"又支庚卷五《武女异疾》："女子夜来却定叠，俟其疾作，当烦先生。"均可证。即以此解施之苏、魏二例，亦贯通无碍。又"定叠"实为另一词"宁贴（或作帖）"的转语，"定"与"宁""叠"与"贴（帖）"均叠韵，后二字且均为入声。（王锳）

宫調 0833

新版（99版）《辞海》1233页"宫调"辞条如是说：

音乐术语。中国历代称宫、商、角、变徵、徵、羽、变宫为七声，以其中任何一声为主，即可构成一种调式。凡以宫声为主的调式称"宫"（即宫调式），而以其他各声为主者则称"调"，统称"宫调"。以七声配十二律，理论上可得十二宫，七十二调，合八十四调，又称"八十四调"。但在实际音乐中并不全用，如隋唐燕乐只用七宫，每宫四调（一说为四宫，每宫七调），共得二十八宫调；南宋词曲音乐仅用七宫十一调；元代北曲用六宫十一调；明清以来，南曲用五宫四调，合称"十三调"，而最常用者不过五宫四调，合称"九宫"。比照79版、89版《辞海》，修改旧版"隋唐燕乐以琵琶四弦定为宫、商、角、羽四声，每弦上构成七调，共得二十八宫调"为"隋唐燕乐只用七宫，每宫四调（一说为四宫，每宫七调），共得二十八宫调"，两说并存，留有余地。

查89版《辞源》（笔者尚未见到99版）833页"宫调"辞条如是说：

曲调的总称。依十二律高下的次序，定宫、商、角、徵、羽、变宫、变徵为七声，是乐律之本。以宫声为主的调式称宫，如黄钟大吕之类，以其它各声为主者称调，如大石、般涉之类。以七声配十二律，可以得十二宫，七十二调，共为八十四宫调。但俗乐多不全用，如隋唐燕乐以琵琶定宫商角羽四声，每弦上构成七调，共为二十八调。宋时只用七宫十二调，见宋张炎《词源》。明人则用九宫十二调。详明沈景《南九宫谱》。但乐曲所用，只有六宫十一调，即黄钟宫、正宫、仙吕宫、南吕宫、道吕、大石调、小石调、般涉调、高平调、揭指调、宫调、商调、角调、越调、双调。今揭指、宫调、角调已失传。常用的有五宫（仙吕、南吕、中吕、黄钟、正宫）四调（大石、双调、商调、越调），合称九宫。

笔者按：北宋说唱音乐"诸宫调"中"宫调"一词有一定的曲调曲牌含义，其它地方很难有曲调的含义（参考中国艺术研究院音乐研究所《中国音乐词曲》第121—123页"宫调"词条）。《辞源》误释"宫调"为"曲调"的总称，疑是受"诸宫调"曲牌含义影响之故，但其下文释义与例证与

《辞海》比较一致,均说明"宫调"是中国古代音乐调式的总称,而决非旋律(曲调)方面的内容,故《辞源》"宫调"释义的"曲调总称"应当修正。

从两辞书"宫调"辞条的释义可发现两个问题:

1. "宫调"为中国传统音乐调式的总称,宫、商、角、徵、羽、变徵、变宫为七声名,且均可为主构成调式。

2. 例证使用燕乐、俗乐而没用雅乐,调式命名与举例不相吻合。

第一个问题是:"宫、商、角、徵、羽、变徵、变宫"为七声,那么"清角、闰"又如何归纳解释?七声是否地位平等?并且都可以作为主音构成调式?(笔者按:辞条释义"七声为主"构成调式之"主",只能理解为调式主音,即传统宫调的调头,若理解为宫音,即传统宫调的音主,则与辞条释义不符。故两辞书中"宫调"辞条释义"七声为主"建调式之"主",只能按调式主音理解。)音乐界现在教材、专著和工具书广泛使用观点是:

1. 缪天瑞《律学》第98—99页说:"音阶(主要是五声音阶)中各音,又可以轮流作为主音来构成各种调式",又说:"在中国五声音阶自古至今一直占着重要地位……常用两个变声(变宫、变徵)作为衬托或丰富五声之用",并引《左传·昭公二十五年》子太叔说:"为九歌、八风、七声、六律、以奉五声"为证。同书第140—141页引入三种七声音阶的比较,即古音阶(又称正声音阶或雅乐音阶);新音阶(又称下徵音阶或清乐音阶);清商音阶(又叫燕乐音阶或俗乐音阶);说明三种七声音阶是在五声(宫、商、角、徵、羽)音阶的基础上,加入两个变声(或称偏音)即清角(又称和)、变徵(又称中)、角、变宫中两个而成。五声加变徵与变宫为七声古音阶,即两辞书所释之"七声",五声加清角与变宫的七声新音阶和五声加清角与闰的七声清商音阶已被划在《辞海》《辞源》之外。而且《律书》再一次强调七声音阶中的五声(宫、商、角、徵、羽)与加入的两声(变徵、变宫等),在音阶的地位或作用上,是有主次之故的,五声称为正声,加入的其他声称"变声"或"偏音"。

2. 《中国大百科全书·音乐舞蹈》卷第221—224页黄翔鹏先生撰"宫调"词条说宫、商、角、徵、羽是处于七声音阶中核心地位的五声,另外两声称为变声或偏音。不同的是,由于历史上传统乐学理论对于正声音阶的重视和对其它实践中存在的音阶如新音阶等的忽视,故对于七声(这里是指正声音阶)是否可作为主音(调头)构成调式,面对燕乐八十四调的现实,黄先生解释传统正声音阶不仅五正声可作主音,而且两变声亦可作为主音(调头)构成调式,并进一步指出"古音阶的'变徵'(笔者按:变徵为调头)暗含着清商音阶的角调式,'变宫'(笔者按:变宫为调头)暗含着新音阶的角调式和清商音阶的角调式。"这种说法在一定的意义上使处于传统乐学正统地位的正声音阶在解释处于实践事实层面的清乐调式与燕乐调式找到了变通的结合部。据此,黄翔鹏先生在1986年就提出了"同均三宫"理论,它把雅乐音阶,燕乐音阶和清乐音阶放到同一律域(均)中解释,在一定意义上很好地说明了清、雅、燕三种音阶的异同关系。音乐界对这一理论的支持者众多,自然亦有异样的声音。诚然,同均三宫作为乐学解释系统尚有争议,但作为乐器操作系统的归纳无疑是很有创见的。

3. 杨荫浏《中国古代音乐史稿》(上册)42页说西周便有了古音阶(即七声雅乐),且五声占有优越地位,其引证亦为《左传》子大叔对赵简子说的:"为《九歌》、八风、七音、六律,以奉五声"。同书171—172页说,正声调是古音阶,下徵调是新调式,荀勖"笛上三调"的下徵调的流行,造成了新音阶(即清乐音阶)的确立。同书259页,更明确地指出新音阶中间半音在三级与四级之间。260页图表太簇为宫的清商调的音阶是"宫—商—角—清角—徵—羽—清羽—清宫"的结构,暗合现在"燕乐音阶"结构。这种"五正声"观念和"非只一音阶"的看法还有刘再生《中国古代音乐史简述》、金文达《中国古代音乐史》、孙继南、周柱铨主编《中国音乐通史简编》、还有民国丛书王光祈《中国音乐史》、李纯一《先秦音乐史》以及童忠良《正声论》等。此外,音乐界的基本乐理教材都用了"五正声"观念和清乐(下徵)音阶、雅乐(正声)音阶、俗乐(燕乐)音阶,如李重光《音乐理论基础》、童忠良、胡丽玲《乐理大全》、贾方爵《基本乐理》、杜亚雄《中国民族基本乐理》等。

第二个问题是两辞书释义与例举不相吻合,调式命名系统与举例不太相符。

传统宫调命名系统有四种方式:一种是声、律构词法,即为"律名十声名"法,如"黄钟与商"结合,称"黄钟商"。(笔者按:由于"之调"与"为调"的不同释意,而使"黄钟商"具有"黄钟均之商调"与"黄钟律为调头商之商调"的两种意义。)按十二律配七声应得八十四调式,如:"黄钟均"即有"黄钟宫调""黄钟商调""黄钟角调""黄钟变徵调""黄钟徵调""黄钟羽调""黄钟变宫调","南吕均"有"南吕宫调""南吕商调""南吕角调""南吕变徵调""南吕徵调""南吕羽调""南吕变宫调"等等,第二种是琴调命名系统,由于琴调命名与调弦有很大的关系,故此命名具有调弦和宫调的双重含义,且因为流派诸名相异,故不能从调名直接判断宫调属性,第三种是俗乐宫调系统,仅取律、声形式,如燕乐二十八调之命名,又与工尺谱记谱相结合,形成新的命调方式,如"工尺七调";第四种是南北曲声腔系统命名。宋元以来,从燕乐宫调基础上发展起来的系统宫调。张炎《词源》出现以后,到戏曲音乐进一步繁荣,形成了另一套名词解释,以"宫"称宫调式以"调"称非宫为主的调式,"宫"与"调"的失去统属含义,成为并列术语。以此观之两辞书"宫调"辞条可能取意于此。黄翔鹏先生在其"宫调"词条中说"宫调是中国传统乐学把音乐实践中音、律、声、调之间的逻辑关系概括起来,用以表明调性全面情况的基本理论"。并进一步指出"仅仅把'宫'理解为调高概念,把'调'理解为调式概念,只是对'宫调'的一种简单化的解释"。这一种说法,可能有一定的指正两辞书"宫调"辞条之意。从四种宫调命名体系可看出,两辞书取义第四种宫调命名系统,说明时用"律一声"命名的第一种模式,而举例时又引二、三种系统,因而使得整个辞条的解释有些松散,易使读者混淆。

综上所述,两辞书"宫调"辞条释义既与当今音乐界的共识有一定的差距,又与古代文献的记录不相吻合,如五正声观念、三音阶说。《辞海》编撰在于收古今之意,《辞源》编撰在于助读古籍文献。今观"宫调"辞义,确与编辑之意有距,似有修订必要:

一、建立五正声观念,即所谓的"奉五声",以及《乐记》中的五声伦理化,"宫为君、商为臣、角为民、徵为事、羽为物"(《乐记》乐本篇),虽有荒谬,但却与正声音阶(即雅乐音阶)的正统地位有很大的关系。

二、建立清乐、雅乐、燕乐三音阶说。虽然在传统的宫调理论中以雅乐音阶为正统,但音乐历史的发展却包容了三种音阶的音乐,故今辞条释意不能只取一端,而无视燕乐与清乐音阶的存在。当然,两辞书编意不尽相同,亦可有所取舍,但却不能放弃。

三、"宫调"概念宜取广义,既不能只取调式形态之义,更不能用"诸宫调"的曲调之义而概说,宜参考黄翔鹏先生"宫调"的概说。

四、例证尽量同系统化,丰富而复杂的宫调系统,如不小心,极易互相借代与混淆。(杨殿斛)

小極 0887

小病。《世说新语·言语》:"顾司空(和)未知名,诣王丞相(导),丞相小极,对之疲睡。"又《文学》:"中朝时,有怀道之流,有诣王夷甫(衍)咨疑者,值王昨已语多,小极,不复相酬答。"

案:"小极"是否有"小病"义,这里姑且不论。例证中的"极"应为疲困、疲惫之义而非病义则是可以肯定的,《辞源》的解释不可信。第一条书证,上文说"小极",下文说"疲睡",语意彼此应照,"极"为"疲"义已显。第二条书证,"昨已语多",故"小极",不愿回答别人的咨疑,其为疲惫之义甚明。若两例之"极"解释为"病"反而与文意不合。

"极"有疲困义,其出甚早。《孟子·离娄下》:"有故而去,则君搏执之,又极之于其所往。"《史记·河渠书》:"穿二江成都之中。"张守节《正义》引《风俗通》:"良久,有两苍牛斗于江岸,有间,辄还。流汗谓官属曰:'吾斗疲极,不当相助耶?'"《汉书·王褒传》:"胸喘肤汗,人极马倦。"前例"疲"与"极"同义连文,后例"极""倦"对举,意义相同,为困倦之义更明确。清代吴善述《说文广义校订》称:"极,又因穷极之义引为困也,病也,疲也。"他的话是可取的。正因为"极"有疲惫、疲困之义,故"疲极"常常同义连文。如《法苑珠林》卷十七:"菩萨曰:'城中男女皆疲极,孔雀众鸟又疲极。'"《太平广记》卷十引晋葛洪《神仙传·赵瞿》:"年七十余,……能负重,更不疲极。"

《辞源》疏于采取,失之。(毛远明)

廢居 1024　廢著 1025

【废居】囤积居奇,贱买贵卖。废,出卖;居,囤积。《史记·越王勾践世家》:"(范蠡)复要约父子耕畜,废居,候时转物,逐什一之利。"《后汉书·仲长统传》:"船车贾贩,周于四方,废居积贮,满于都城。"

【废著】囤积居奇,买贱卖贵。也作"废举"。《史记·货殖列传》:"子贡既学于仲尼,退而仕于卫,废著鬻财于曹鲁之间。"又《仲尼弟子传》:"子贡好废举,与时转货赀。"

除"废居""废著""废举"字异而义同外,在古典文献中"发贮"一词,亦与之同义。《汉书·货殖传》:"子贡发贮鬻财曹鲁之间。"师古注曰:"多有积贮,趣时而发,鬻卖之也。"王念孙曰:"师古说发字之义非是,'发'读为'废'。"《荀子·礼论篇》:"大昏之未发齐也。"《史记·礼书》"发"作

"废"。《尔雅·释诂下》:"废,税舍也。"《方言》:"发,税舍车也。"丁惟汾谓"发"为"废"之省文。《庄子·列御寇》:"曾不发药乎。"《列子·黄帝篇》作"曾不废药乎"。是"废""发"古字通。《史记·货殖列传》:"子贡既学于仲尼,退而仕于卫,废著鬻财于曹鲁之间。"徐广曰:"《子贡传》曰'废居','著'犹'居'也。'著'读音如'贮'。"索隐:"著音贮。"是知:发贮、废著、废居、废举,字异而义同。《辞源》未收"发贮"。《史记·平准书》:"富商大贾或蹛财役贫,转谷百数,废居居邑。"徐广曰:"废居者,贮畜之名也。有所废,有所畜,言其乘时射利也。"王念孙曰:"有所废,谓有所废置也。师古注《食货志》亦云'有所废置,有所居畜',刘(伯庄)以废为出卖,非是。"《春秋公羊宣公八年传》:"去其有声者,废其无声者。"何休注曰:"废,置也。置者,不去也。齐人语。"《广雅》《小尔雅》并云:"废,置也。"可知《辞源》的释义不妥。(宫庆山)

心 1093

㊄木的尖刺……《诗·邶风·凯风》:"凯风自南,吹彼棘心。"

按:《诗》下面的两句是:"棘心夭夭,母氏劬劳。""夭夭"是摇曳多姿的样子。"棘心"如果是枣木的尖刺,分寸长短的硬刺,如何"夭夭"得起来? 其实,"棘心"当是棘身,也就是树干。《韩非子·扬权》:"毋使枝大本小,校大本小,将不胜春风,不胜春风,枝将害心。"这里的"心"即"本",亦即树的主干。(艾荫范)

怨刺 1114

修订本《辞源》释"怨刺""怨恨讽刺"。若不与下面所引书证同观,其释义本无不可,但联系所引《汉书·礼乐志》:"周道始缺,怨刺之诗起"例句看,则值得商榷。在现存典籍中,"怨刺"一词出现以此最早,《辞源》选作首例书证完全正确,然而却与"怨恨讽刺"释义不合。因为班固所说的"怨刺之诗"是指《诗经》中的政治刺诗,这个"刺"字与今语含有嘲弄意味的"讽刺"不同。郑玄《诗谱序》说:

自是(指周懿王——引者)而下,厉也、幽也,政教尤衰,周室大坏。《十月之交》《民劳》《板》《荡》勃然俱作,众国纷然,刺怨相寻。

这段话可以看作是对上面所引《礼乐志》"怨刺之诗"最恰切的阐发,"刺怨"即"怨刺",孔颖达《毛诗正义》指出:"怨亦刺之类,故连言之。"孔安国注《论语·阳货》诗"可以怨":"怨,刺上政也。"孔颖达根据这条注文及《诗谱序》,在《诗经·击鼓》序下又申说:"怨与刺皆自下怨上之辞。怨者,情所恚恨;刺者,责其愆咎,大同小异耳。"可见,班固、郑玄、孔颖达都把"怨刺"当作《诗经》中一类诗的专称看,孔还对这类诗的内容作了界定——"自下怨上之辞",亦即孔安国所说的"刺上政"。依据前文所引郑玄举例的四首诗,还可推知,所指就是《诗序》说的"变雅"中刺时政的诗。怨、刺都是表现情感的词,二字《诗经》原文都有。"怨"字凡九见,《毛传》皆无释,《郑笺》有怨憎、怨恚、小讼等三释;"刺"字仅两见,《魏风·葛屦》"是以为刺",此"刺"《毛传》《郑笺》无释。《大雅·瞻卬》"天何以刺",《毛传》:"刺,责。"《郑笺》申述:"王之为政既无过恶,天何以责?"也释"刺"为"责"。

综观以上毛、郑、孔所释,无疑把"怨刺"理解为"怨责",即"恚恨责怨",绝不含有今语"讽刺"之意。

再以《诗经》中"怨刺之诗"证之。先看郑玄举例的四籍诗:《十月之交》大约作于周幽王六年(前776),全诗斥责垄断朝政的大臣皇父与宠后褒姒勾结,使周王朝陷于危亡境地,诗人表示要以勤政挽回天命:"天命不彻,我不敢效我友自逸";《民劳》重在正告厉王防奸安民,不可荒嬉,最后声明作诗目的:"王欲玉女,是用大谏";《板》是凡伯刺厉王的,凡伯是周公旦的后代,对周王忠心不二,因为厉王"犹(谋)之未远,是用大谏";《荡》通篇借文王申斥商纣无道,影射厉王作为,最后表达了诗人希冀厉王汲取历史教训的愿望,所谓"殷鉴不远,在夏后之世"。这四篇内容有代表性,其他"怨刺之诗"也大体相似,如《节南山》斥责太师尹氏操纵朝政,树立私党,招来天怒人怨,最后点题说:"家父作诵,以究王讻,式讹尔心,以畜万邦。"只是要追究王周围的坏人,使王受到触动,翻然悔悟,复兴周王朝。《小旻》批评朝政失误,指斥谋臣们不效法古圣贤,鼠目寸光,看不到"如临深渊,如履薄冰"的危险时局,诗人为此忧惧万分。《瞻卬》则在指斥幽王宠后褒姒"为枭为鸱"的同时,又从中引出教训,提醒王室:"妇无公事,休其蚕织。"《抑》中一面为国政混乱而忧心如焚;一面又劝告周王守礼、修德、慎行,任用贤德,以挽回天命人心,最后对周王谆谆嘱咐:"听用我谋,庶无大悔。"无须再举,"怨刺之诗"无疑皆出自卿大夫之手,他们面对周室衰微、祸乱频生,不是冷眼旁观,更不是恶语嘲讽,而是力图针砭时政,多方献策,为重振朝纲、复兴王朝而恪尽职守,显示出孤臣孽子之心。欧阳修对此曾有深刻揭示,他说:"盖刺者,欲其君闻而知过。"(《诗本义·荡》),目的则是"欲其改过,非欲暴君恶于后世也"(《诗本义·节南山》)。所以,检验《诗经》"怨刺之诗"内容,足证《辞源》释其"刺"为"讽刺"之非,《汉语大词典》直释"怨刺"为"讽刺",怨、刺二词皆误解,失之更甚。

考"讽刺"本作"风刺",最早见于《关雎序》"下以风刺上"。孔颖达《毛诗正义》指出"下以风刺上"是讲"作诗",即"以风谕箴针君上","风刺"的意思就是"感而不切,微动若风"的"谲谏",即"不直言君之过失",这显然是根据郑玄"谓譬喻,不斥言"的笺释而来。按照郑、孔对"风刺"的理解,"刺"无疑仍是前面所言"责其愆咎"之意。《文心雕龙·书记》:"诗人讽刺……事叙相达,若针之通结也。"刘勰自释"刺者,达也";讽,大约取"诵也""告也"之训。刘氏"讽刺"释意既不沿袭郑玄之说,也不与今人同。检《毛诗》,虽然《诗经》文本只有两个"刺"字,而《序》竟多达138个。其中除前已引《关雎序》一个"刺"字外,其他皆与"美"相对称,孔颖达在《甘棠》序"美召伯"下疏云"善者言美,恶者言刺",把"刺"与"美"相对。郑樵解释《孟子》"《诗》亡然后《春秋》作"的意思是"谓美刺之诗亡而褒贬之书作矣"(《诗辨妄》),视"美刺"类同"褒贬"。《春秋》褒善贬恶,犹《诗经》称善责恶(过),故后人所谓"美者可以为劝,刺者可以为惩"(惠周惕《诗说》)。通观《毛诗》,《传》释《瞻卬》"天何以刺"之刺为"责",可以看作是对包括《诗序》在内的140个"刺"字总解释。可是,今人对《诗经》本文乃至《序》的"刺"多误解同今语"讽刺",如有的径称"怨刺之诗"为"政治讽刺诗";把《序》中"美刺"之"刺"等同今语"讽刺",那更为普遍,几乎所见到的今注、今译、译释、选注之类的《诗经》读本,莫不如此,拙作《诗经选注》亦不例外。究其原因,就是因为对"刺"义古今的演变没有深考,错误地把后起之义用来解释先秦两汉古书。王力先生曾告诫"关于《诗经》的词义,当以毛传、郑笺为主;毛、郑不同者,当以朱熹《诗集传》为断,其他则当慎用,以免贻误后学"。这是非常正确的,我们应当谨记。

由于对《诗经》及《毛序》中"刺"字的误解已深,几至约定俗成,特此详辨于上,不当之处,请专家指正。(蒋立甫)

憧憧 1164

《辞源》释为"摇曳不定"。例子是《盐铁论·刺复》:"方今为天下腹居郡,诸侯并臻,中外未然,必憧憧若涉大川,遭风而未薄。"又引《晋书·后妃传》左贵嫔《杂思赋》:"夜耿耿而不寐兮,魂憧憧而至曙。"例子中的"憧憧"与"摇曳不定"不合。《现代汉语词典》释"摇曳"为"摇荡:～的灯光,垂柳～。"一般不指心理状态。证之潮汕话,"憧憧"(憧音 dong⁵)为心里烦乱不定的样子,与上引两例正合。《说文解字·心部》亦云:"憧,意不定也。"可见《辞源》释义确实有误。(林伦伦)

成昏 1186

结婚。《左传》桓三年:"会于嬴,成昏于齐也。"昏,通"婚"。

按:释义误。这是以今义释古义。上古所说的"成昏",等于今天所说的订婚,不等于今天所说的结婚。《左传》昭公三年记载齐晋缔结婚姻时说:"既成昏。"杜注:"许昏成。"可知"成昏"就是把婚事定下来的意思。就《左传》桓公三年的例子来说,这是记载鲁桓公和齐女文姜的婚事的,其中的"成昏"二字,孔颖达解释说:"此成昏,谓聘文姜也。"聘者,聘定也。就是今天所说的订婚。古人的婚礼分为六个步骤,即纳采、问名、纳吉、纳征、请期、亲迎,这叫做六礼。"成昏"属于六礼中的第四步纳征之礼。《仪礼·士昏礼》:"纳征,玄纁束帛、俪皮。"注:"征,成也。使使者纳币以成昏礼。"所谓"币",就是"玄纁束帛、俪皮"这类财礼。另外,我们就是仅仅从《左传》桓公三年经传的原文来看,这个"成昏"也只可能是订婚,而不可能是结婚。据经文传文,鲁桓公"会于嬴,成昏于齐"的时间是在当年的正月,而且,"会于嬴",是鲁桓公"会齐侯于嬴",并不是和新娘文姜"会于嬴"。到了这年七月,鲁桓公才派"公子翚如齐逆女"。所谓"逆女",也就是迎新娘。到了九月,齐侯才"送姜氏于讙(按讙,鲁地名),公会齐侯于讙。夫人姜氏至自齐"。也就是说,到了九月,齐国才把新娘姜氏送到鲁国。试想,在这种情况下,鲁桓公怎么可能在当年正月就和文姜结婚呢?(吕友仁)

打牙打令 1210

"打牙打令"目:"说唱调笑"。引金《董解元西厢记》四:"怎禁当衙门外打牙打令浑,匹似闲咭哨。""打牙指嘲戏,打令指唱小曲。"

按,引文于"浑"字断句,可商。凌景埏注本虽亦如此断,但注引另一说云:"浑字应断在下句,'浑匹似'是'浑一似'的别写,好像、简直的意思。"二者相较,另说为优。倘以"浑"字属上,则"令浑"连言,词目也应改作五字方妥。又说解中谓"打令指唱小曲",不知何据。"打令"本指一种时行酒令。唐范摅《云溪友议》卷十:"二人又为新添杨柳枝词,饮筵竞唱其词,而打令也。"又《太平广记》卷二百七十三《洛中举人》载举子送席中酒纠妓诗:"少插花枝少下筹,须防女伴妒风流。坐中若打占相令,除却尚书莫点头。""占相令"具体内容不得而知,但联系上下文看,其为酒令之一当无问题。降至元代,此词所指或许有所变化。《乐府群珠》卷一无名氏《剔银灯》曲:"折末商谜、续麻、合笙、折末道字、说书、打令,诸般儿乐艺都曾领。"但据此仅能推测"打令"为乐艺之一,未必就是"唱小曲"。(王锳)

投脑酒 1223

酒名,和肉豆脯、葱椒煮食。

按:释词语义不明。投脑酒非酒,实际上是一种杂有肉类、药料、黄酒等所煮的汤。明朱国祯《涌幢小品》十七卷"头脑酒"称:"凡冬月客到,以肉及杂味置大碗中,注热酒递客,名曰头脑酒。"今大同又名八珍汤,配料有莲藕、山药、黄芪、良姜、黄酒、煨面和腌韭菜,可资参证。(张喆生)

抹 1231

义项㊀搽,涂抹。引杜甫诗"晓妆随手抹"及苏鹗《杜阳杂编》为证。其实,杜诗的"抹"是搽粉抹脂之"抹";苏鹗所说"上试制科于宣政殿,或者词理乖谬者,即浓笔抹之至尾"的"抹"是标抹之"抹"。二义不同,观所引二例即可见。《四库提要》卷三七《苏批孟子》提要:"宋人读书,于切要处率以笔抹。故《朱子语类》论读书之法云:'先以某色笔抹出,再以某色笔抹出。'吕祖谦《古文关键》、楼昉《迂斋评注古文》亦皆用抹,其明例也。"又卷一八七《古文关键》提要:"又别一本所刻旁有钩抹之处,而评论则同。考陈孙振谓其标抹注释,以便初学,则原本实有标抹。……宋人读书于要处多以笔抹,不似今人之圈点。"元程端礼《读书分年日程》卷二引《勉斋批点四书例》有红中抹(一作黄旁抹)、红旁抹、黑抹等名目。沈括《梦溪笔谈》卷九记欧阳修深恶刘几一派好为怪险之语,及主考,得几文,乃以大朱笔横抹之,自首至尾,谓之"红勒帛"。由此可见,前人读书论文,遇精要语或乖谬处,大多用抹标出(故又称"标抹"),"抹"已成了专门用语。这一意义,《辞源》应收入,并略作说明。(张涤华)

拔 1232

《辞海》"拔"字义项之五为"突出、超出",即是动词,书证为《孟子》"拔乎其萃"和"拔萃",这是合宜的。《辞源》拔字义项之五为"超特",即形容词,书证仍为"拔乎其萃",实难使人信从。《辞源》的"超特"义又有书证《南史·江总传》的"神采英拔",即以为"英拔"是"英俊"和"超特"的联合式构词,而古语中实在没有"神采英俊超特"之类的措句。《辞源》"英拔"条却另释为:"英俊挺拔。超群出众之意。"先将"英拔"的拔字释为形容词奇特义;又释为是"挺拔"的省说;又认为是动词超(群)出(众)之义。一词三释而矛盾。

对这些词中的拔字释义的不妥还有普遍性。下面是《辞源》所收12个词的释义:

英拔　英俊挺拔。超群出众之意。
　　独拔　出类拔萃。
　　孤拔　形容山势挺立突出。
　　警拔　出众拔俗。
　　清拔　形容文字清秀脱俗。
　　峭拔　①高而陡；②形容人的性格孤高或书画用笔道劲挺秀。
　　亮拔　明达事理，才能杰出。
　　迥拔　高远挺拔。
　　藻拔　辞藻出众。
　　俊拔　俊秀出众。
　　隽拔　俊逸不凡。
　　挺拔　高出于众。

　　最简明的释义应是用另一个对等的双音节同义语素而又同结构的词来解释，上述无无有一个是如此的，这应透露着其中的拔字并没有对应的独立的释义。这些同结构的词我们称为"△拔"式构词，它们的第一语素，除"藻拔"一例外，都是形容词。释义中往往有"形容"一语，说明释者也承认它们确是形容词。但是奇怪的是多数释义要用动词性词语来说明。而这一说明是对全词而言，还是仅落实其中的"拔"字，又是含混不明的。"亮拔"先释为"明达事理"，也是动词性，又补上"才能杰出"，却透露出对"拔"字闪烁其辞的落实。书证是《颖州府君碑》"奇逸卓荦，茂才亮拔"，应是说茂才明显，无可置疑。而苏颋《授崔子源岐王府长史制》："地绪清茂，风襟亮拔。"本是说襟怀坦白，决不是说：襟怀明达事理，才能出众。可见释义中的"明达事理"及"才能出众"二者，本不在"亮拔"词义内涵之中，是释者根据其他例句的相关事理而外加给的。

　　总之，对同一构成的12例"△拔"词采用了多种解释方法，竟然没有一种是直接而简明的，始终也没有把那"拔"字的意义或作用说清楚，实际上还不敢直接作解说。

　　"△拔"词本是有规律的，释义却混乱不堪。其他辞书或古诗文注释"△拔"词大致与此相同。

　　笔者以为这种统一后缀而义虚的拔字是形容词词尾，它只有一种褒义的类义，如同"木头、专家、忽然"等词中的词尾一样。在这39例词中只有"天拔""藻拔"二者是由名词组成，其他都是形容词词干。词尾"头"可以缀成"看头、听头、兴头"而成为名词，这同"拔"使"天拔"义为天然，"藻拔"义为（文辞）华丽，是完全一样的。于此也可看出拔字的词尾性质。"△拔"式词多数词干是褒义的，如：精、警、英、清、秀、聪、巧。少数虽非褒义，但成词后是用为赞誉、喜爱的，如：迅拔、孤拔、深拔。所以词尾"拔"的作用就是以类义的褒义构词。类义带有虚泛性，没有独立性，不同于词的基本义项。

　　"△拔"式词最早见于晋代，大量产生于六朝，而且使用频繁。唐宋时期虽仿造而新增了少量的几个,但使用得却不广。全部"△拔"式词,多见于议论、清谈、典雅风格的诗文作品,俗文学作品和口语材料中几乎不见。这又说明它们显然是一种纯书面的作家文学语言词汇,而不是扎根群众语言的俗语词。也许这就是这类词语在元明清时期猛然很少使用的原因。到了现代汉语中,更只有"挺拔""峻拔""峭拔"等几个词还沿用于书面语中。

虽然许多语言都有词缀构词的方法,但不同语言的词缀可以有自己的特点。印欧语系的词缀多属构形成分,以往的研究者受此影响或以为汉语的词缀不发达,不典型。笔者以为应当抛开这种限制,就汉语词缀及其有关语言现象先一一作具体深入的研究,然后概括汉语词缀的规律和理论。本文认定拔字是词尾的刍议就是这样的一个尝试。

词缀的研究是比较薄弱的,辞书如何处理带词缀的词更未曾讨论。本文所论仅是"拔"字一例,但还有一些,如"△自""△复""△落""△持""△迟""△介"式词各有一大批,辞书或不涉及,或释义必有相互的矛盾、纷乱、差误。请参看有关文章。(刘瑞明)

抛 1234

古作"抱"字,《玉篇》始有"抛"字。

案:此条说解有两处值得讨论:

其一,从形义关系看,"抛"与"抱"本不相涉,其形、义都不相同。"抛"义为弃置,"抱"义为抱持。《诗·大雅·抑》:"借曰未知,亦既抱子。"郑玄笺:"假令人云王尚幼少,未有所知,亦以抱子长大矣,不幼小也。"可见"抱"为抱持之意。其他如《诗·氓》"抱布贸丝"、《小星》"抱衾与裯"、《左传·昭公十三年》"抱而入"、《公羊传·昭公三十一年》"抱公以逃"、《礼记·儒行》"抱义而处"、《韩非子·难势》"抱法处势则治"的"抱"均为抱持义。

据我们考察,先秦典籍中"抱"字无一例含弃置义。汉代以后开始有以"抱"表示抛义者。《史记·三代世表》:"姜嫄以为无父,……抱之山中。"不过这只是同音假借。

其二,就字书所收"抛"这个字形而言,确实《玉篇》始有"抛"字。但是"抛"的异体字却早于《玉篇》。《广雅·释诂》三有"(抛)"字,应该就是"抛"字的或体,释为"(抛),击也"。王念孙疏证:"击与投同义。"抛掷、抛弃与投掷、弃置义亦相通。《诗·小雅·巷伯》:"取彼谮人,投畀豺虎。"毛传:"投,弃也。"《广雅·释诂》一:"投,弃也。"王氏疏证:"《方言》:淮汝之间谓弃曰投。"《战国策·秦策》:"扁鹊怒而投其石。"高诱注:"投,弃也。"都可以证明。又,《玄应音义》三引《埤苍》、十六引《字林》并有"抛"字,释义与《广雅》同。

《广雅》《埤苍》《字林》三书都在《玉篇》之前,故"《玉篇》始有'抛'字"的说法站不住脚。(毛远明)

拂麈 1235

古代以驼鹿尾为拂尘,因称拂尘为麈尾,或省作麈。

案:麈尾并非拂尘。拂尘为侍女之类的人手持以拂去尘埃的东西,而麈尾形如树叶,上端为圆形,下端靠柄处通常是平的,有点像现代的羽扇,是魏晋以及后代一些名士手执以助清淡的一种器具,现日本正仓院尚保存有数柄唐代麈尾的实物。敦煌莫高窟一〇三窟东壁"维摩变"壁画中,维摩洁手持的即为此物(见《敦煌壁画》,文物出版社1959年版)。传世唐代孙位之《高逸图》中所绘的阮籍,所持者亦为此物。从形制、用途、持有者的身份三方面来看,麈尾与拂尘是绝然不同的两种东西。(据白化文先生《麈尾与魏晋名士清谈》,白文载《古代礼制风俗漫谈》,中华书局1983年版)。释义文字似可改为:麈尾,有点像现代的羽扇,上端为圆形,下端靠柄处为方形,魏晋间名士喜执之以助清谈。(袁庆述)

麈尾是魏晋清谈家经常手执的一种道具。由于它距今年代久远,加上一般人又很难看到它的实物,故人们往往望文生义,把麈尾与马尾拂尘看作是一类东西。新编高中语文第四册《林黛玉进贾府》,编者对其中"拂尘"一词的解说是:"形如马尾,后有持柄,用以拂拭尘土,或驱蝇蚊,俗称'绳甩子',古时多用麈(zhù)兽之尾制成,所以又称麈尾。"这样,就把麈尾和拂尘等同起来了。这种说法源于《辞海》和《辞源》。1979年版《辞海》在"麈尾"条下注云:"拂尘。魏晋人清谈时常执的一种拂子,用麈的尾毛制成。"1983年修订本《辞源》也作了类似的诠释:"古以麈尾为拂尘,因称拂尘为麈尾。"

麈尾盛行于魏晋,到宋代已失传,而《红楼梦》成书于清朝。这个历史事实就足以证明:《红楼梦》中提到的"拂尘"根本就不可能是麈尾。

麈尾和拂尘迥然不同,两者在形制、价值、功能等方面都是有区别的。

一、形制不同。麈尾用鹿的尾毛制成,而拂尘的原料多是麻和葛。麈尾的形状,有点像现代的羽扇(可不是扇),陈代徐陵在《麈尾铭》中说它"员(圆)上天形,平下地势"。这就是说,它的上部是圆的,如天空;它的下部靠柄处则为平直状,如平地。而拂尘却形如马尾。至于持柄,麈尾的略短,大多很华丽,有镶玳瑁檀木柄,有镶牙漆木柄……显示出贵族用具的风格。《晋书·王衍传》记载,大清谈家王衍"每捉玉柄麈尾,与手同色。"王衍常用的是白玉柄麈尾。他的手和玉柄同样白皙温润,有一种病态美,历来为名士所称道。而拂尘的柄稍长,用竹或木制成,比较朴素。

二、价值不同。据说,麈是一种大鹿,麈与群鹿一起走,麈摇动尾巴,有指引群鹿走向的作用。因此,"麈尾"一词有领袖群伦之义。手执麈尾者,是那些善于清谈的大名士,一般人是没有这个资格的。在这一点上,它有点像某些外国帝王和总统手持的"权杖",起显示身份的作用。《陈书·张讥传》记载,陈后主造了一个玉柄麈尾,认为当时配拿它的只有清谈家张讥,就把它赐给了张讥。大名士王濛病重时,在灯下转动麈尾看来看去,长叹不已。王濛死后,另一名大名士刘惔把犀麈尾纳入棺中。可见麈尾与名士是息息相关、生死与共的。

东晋开国元勋、大名士王导在《麈尾铭》中说:"道无常贵,所适惟理。谁谓质卑,御于君子。"谁敢说麈尾"质卑"呢?它掌握在名士手里,就身价百倍。

手执麈尾者,一般是名士,但也有例外。一些虽非名士但够某种领袖资格的人也可以拿。这算是一种变通,有点像现代某些大学发"名誉博士"学位的味道。据《晋书·石勒记》载,石勒出身贫苦,后来成为一个军阀。王浚是贵族名士出身,军阀中的老前辈,他派人远道送给石勒一柄麈尾。这是给予石勒一种新身份的表示。石勒把它挂在墙上,对之下拜,以示谦虚不敢当。从此也可看到麈尾在显示人物身份方面所起的作用。而拂尘则是侍女一类人侍候公子时拿的东西,其价值根本是无法与麈尾相比拟的。

三、功能不同。魏晋清谈实际上是一种逐渐形成的正规学术讨论,其主要内容是以老庄哲学为核心的某些问题。主要采取"主""客"问难的方式。在辩论时,"主"与"客"都必须手执麈尾作道具,以助谈锋。《晋书》和《世说》记载,孙盛与殷浩谈论很久,端上饭来也顾不得吃,彼此大甩麈尾,尾毛落在饭上,最后吃不成。《陈书·张讥传》记载,陈后主在钟山开善寺使清谈家张讥"竖义"(大约是竖佛经中之义),取麈尾未至,临时找松枝代替。可见,麈尾是清谈必备的工具,所谓"君子运之,探玄理微"(东晋许询《白麈尾铭》),有似教员上课之教鞭,乐队指挥的指挥棒。而拂尘的作用却与此完全不同,它仅仅是用于拂拭尘土,驱赶蚊蝇。

结论很清楚:名士、清谈、麈尾三者是紧密联系的。麈尾与拂尘有本质上的区别,不能混为一谈。(王垂基)

控鹤 1265

宿卫近侍之称。唐武后圣历二年置控鹤府,以张易之为监。

按:控鹤府的设置时间有误。《通鉴》卷二〇六圣历元年二月条胡三省注:"是年置控鹤监以处近倖。"同卷圣历二年正月条载:"是年置控鹤监丞、主簿等官,率皆嬖宠之人,……以司卫卿张易之为控鹤监。"胡三省注曰:"先已置控鹤监,今方备官。"在这里,圣历元年所置控鹤监的监为官署名,其他史籍称为府,以张易之为控鹤监的监为官名。可见控鹤府置于圣历元年,次年才为其配齐官员。另据《旧唐书》卷七八"张行成传附张易之传"载:"圣历二年,置控鹤府官员,以易之为控鹤监内供奉。"《旧唐书》卷六"则天皇后纪"载:圣历"二年春二月,……初为宠臣张易之及其弟昌宗置控鹤府官员。"以上资料皆记为圣历二年置控鹤府官员,而不是置控鹤府,可见控鹤府先前已经设置了,证明《通鉴》及胡三省的说法是可靠的。《辞源》将配置官员的时间误为设置官署的时间。(杜文玉)

掠虚汉 1268

指腹内空虚,拾人唾余的人。《景德传灯录》十九"文偃禅师":"若是一般掠虚汉,食人涎唾,记得一堆一担骨幢(董),到处逞驴唇马嘴。"

按,"掠虚"一词,唐宋佛教文献中习见(《辞源》未收),是"凭空作为,虚妄"的意思,如《敦煌变文集》卷五《无常经讲经文》:"为人却要心明了,莫学掠虚多事了。"("多事"原误作"多帝",今改正,校详拙作《敦煌变文校补(一)》,载《西北师院学报》1984年增刊《敦煌学研究专辑》)《五灯会元》卷十五"雪峰存禅师法嗣":"说法神通变现,声应十方,一任纵横,汝还会么?若不会,且莫掠虚。"上述"掠虚汉"一语所出之《景德传灯录》卷十九"文偃禅师"中亦有"掠虚"用例:"汝欲得识么？向这里识取。若不见,亦莫掠虚。""掠虚"皆"凭空作为,虚妄"义。"掠虚汉"实即谓"虚妄汉"。《五灯会元》卷十五"雪峰存禅师法嗣":"问:'万机丧尽时如何?'师曰:'与我拈佛殿来,与汝商量。'曰:'岂关他事?'师喝曰:'这虚妄汉!'"《辞源》所引"掠虚汉"也应理解为虚妄汉,并无"拾人唾余"之类的意思。《辞源》释"掠虚汉"释为"腹内空虚、拾人唾余的人",也是编写者把《景德传灯录》该例下文的句义羼杂进一个词语之中了。(袁宾)

挒 1271

整饰。通"两"。《左传·宣十二年》:"御下,两马掉鞅而还。"《释文》引徐邈:"或作'挒'"。《周礼·夏官·环人》"掌致师"注引《春秋传》作"挒马"。

案:《左传》之"两马",杜预注:"两,饰也。""饰"是一个多义词,在本例中到底是什么意义?孔颖达疏认为是刷饰,其实不如解释为整饰为好。俞樾平议:"两,排比之也。一车有四马,两马在中曰服,两马在旁曰骖。《诗》曰'两服齐首','两骖如手',皆言其整齐也。是时车右入垒,而车在垒外留待之,故御者下车排比其马,使两骖两服不致傹互不齐,亦示闲暇之意也。"他的说解是可取的。

"两"是古字,"挒"是后出专用字,二字之间为同源关系。《辞源》说是"挒,通'两'",颠倒了关系。既然"挒"已是专用之本字,又如何"通"呢?"通"是通假还是通用呢?反而把问题搞复杂了。我们觉得,如果一定要说明二字之间的关系,只须注明"挒,古作'两'"就清楚了。(毛远明)

挜 1271

㈠推开。

"挜"也写作"亚"。掩门谓之"亚"。宋蔡伸《友古词·如梦令》:"人静重门深亚。"《董西厢》"挜""亚"互用。一卷〔中吕调·香风合缠令〕:"不道措大连心,要退身,却把个门儿亚。"同书八卷·双声叠韵·第三曲:"朱扉半挜,蓦观伊向西厢下。"字又写作"砑"。元郑廷玉《忍字记》二折〔骂玉郎〕曲:"俺这里人静悄不喧哗,那堪独扇门儿砑。"清袁于令《西楼记》五出〔探春令〕曲:"特邀殊丽共寻花,见朱扉低亚。"以上诸例大多以掩门烘托寂静,如释为"推开"也与"深""低"等词不配。(张喆生)

掎 1272

支撑,通"倚"。《诗·小雅·小弁》:"伐木掎矣,析薪扡矣。"疏:"掎者,倚也。谓以物倚其巅峯也。"

案:《诗经》"伐木掎矣"中的"掎"并不训支撑,《辞源》的解释是错误的。毛传:"伐木者掎其巅。"郑玄笺:"掎其巅者,不欲妄踣之。"二说并没有什么错误,只是仍然隔着一层,如何"掎其巅",使树"不欲妄踣"?意义并不明确。其关键在于没有把"掎"的具体含义讲出来,给后人留下疑点。

孔颖达疏对"掎"字的解释就离谱了,但也还仍然只是含糊其词而已。《辞源》不取毛、郑,而取孔疏,并且直以支撑释之,大误。《说文·手部》:"掎,偏引也。"与《诗经》相印证,甚确。《诗》的意思是说,伐木时用绳子拴住树颠,拖向一边,控制树倾倒的方向,以防乱倒,正是"偏引"之义。《诗》的下文"析薪扡也",即毛传所谓"析薪者随其理"。诗歌以伐木析薪的顺理不乱反衬周幽王的听谗而理乱,于义甚畅。马瑞辰《毛诗传笺通释》:"今伐木者惧其猝踣,其木杪多用绳以牵曳之,即伐木者掎巅之遗制。"其说是也。

"掎"之"偏引"义可以用同源词来证明。从"奇"声的字大多有偏侧、倾斜之义。例如:

倚,斜靠。《说文》"倚,依也。"斜靠必倾侧、偏斜。《字汇·人部》:"倚,偏侧也。"又为偏颇,偏向一边。《礼记·中庸》:"中立而不倚。"孔颖达疏:"中正独立而不偏倚。"

崎,是倾侧不正之貌。《高唐赋》:"盘石险峻,倾崎崖隤。"倾与崎同义连文。《晋书·卫恒传》载崔瑗《草书势》:"抑左扬右,望之若崎。"

寄,依托,依附,与偏侧之义也相通。《广雅·释诂》:"寄,依也。"

椅,有靠背的坐具,以其可偏倚而得名。

犄,从旁牵制,常"犄""角"连用,多作"掎"。

畸,本义为倾侧不规则的田,又有偏邪之义。《广雅·释诂》:"畸,衺也。"《荀子·天论》:"畸则不可为。"杨倞注:"畸者,谓偏也。"

輢,车厢两旁可供斜靠的木板,也可插兵器。《周礼·考工记·序官》郑玄注引郑司农"著戈于车旁倚也"。

踦,《说文》训"一足也"。一足跛行,则倾侧不正,引申为偏侧。《战国策·赵策四》:"齐、秦非复合也,必有踦重者矣。"踦重,意为偏侧于一边。

觭,《尔雅·释畜》:"角一俯一仰,觭。"陆德明释文引樊光注:"倾角曰觭。"引申而有偏向、偏重之义。上文引《战国策》"踦重"一本作"觭重"。

陭,古陂名,以其为倾斜的大坡,故名。义又为倾斜不正。《说苑·建本》:"夫本不正者,末必陭。"又,梯子也称陭,以其倾斜上登而得名。

諅,斜邪不正的话。《集韵·支韵》:"諅,语相戏。"《字汇·言部》:"諅,妄语。"

齮,侧齿咬物,见《说文》"齮"下段玉裁注。

掎与"攲、攲、槟"等也应是同源词。攲,倾斜不正。《广韵·支韵》:"攲,不正也。"唐刘商《袁德师求画松》:"柏偃松攲势自分。"松攲指松树倾侧、斜出。攲,倾斜。《说文》:"攲,顷也。"《广韵》:"攲,倾也。"槟义为寄生枝。《广韵·支韵》:"槟,木别生也。"

从语音上看,以上从"奇"声的字都属歌部,韵相同;犄、掎、踦、畸属见母,觭、槟、崎属溪母,輢属群母,陭、倚、椅属影母,齮属疑母,都是舌根音,声母相近,语音上有联系,应该无问题。

攲、攲属溪母,支部;槟属群母,支部。支、歌,古音常通转。

掎与顷、倾也应同源。《说文》:"顷,头不正也。"段注:"引申为凡不正之称。"《诗·周南·卷耳》:"不盈顷筐。"陆德明释文:"《韩诗》云:顷筐,欹筐也。"即一端高、一端低的斜底筐。顷为偏斜之义。后又作"倾",其倾斜、倾侧之义沿用至今。

由于这些词的语音相同相近,意义相通,都含有倾斜、倾侧、偏向一边的词义成分,它们都应该是同源词。

总之,"掎"应该依《说文》解释为偏引、拖向一边,而不应该解释为支撑。《汉语大字典》释"掎"为"牵引,拉住",《汉语大词典》释为"牵引,拖住",都以《诗·小雅·小弁》为书证,大体不差。但是,仍未触及"偏侧""偏引"的意义核心,不如《说文》之确凿不移。

《辞源》误解《诗经》,并据以立训,不可从。同时,认为"掎"通"倚",而事实上"倚"也不得训"支撑"。故此义项应当删去,书证可纳入义项㊀。（毛远明）

搭膊 1298

㊀一种盛财物的布袋,中间开口,两头有袋,可搭在肩上,故名搭膊。小的也可挂在腰带上。《京本通俗小说·错斩崔宁》:"却见一个后生,头戴万字巾,身穿直缝宽衫,背上驮了一个搭膊,里面却有铜钱。"㊁一种束衣的腰巾。《水浒》五:"上穿一领围虎体挽绒金绣绿罗袍,腰系一条称狼身销金包肚红搭膊。"

显然,《辞源》认为搭膊有盛物用和束衣用两种,即同名异物。盛物用者以宋代话本《错斩崔宁》为例,束衣用者以明代小说《水浒传》为例。殊不知《错斩崔宁》中也有束衣用的搭膊。原文为:"〔静山大王〕身穿一领旧战袍,腰间红绢搭膊裹肚,脚下蹬一双乌皮皂靴。"同样,《水浒传》里的搭膊也可盛物而非仅用以束衣。如第二回:"只见王四搭膊里突出银子来,李吉寻思道:这厮醉了,那里讨的许多?何不拿他一些。也是天罡星合当聚会,自然生出机会来。李吉解那搭膊,望地下只一抖,那封回书和银子都抖出来……却说王四一觉睡到二更方醒来,看见月光微微照在身上,王四吃了一惊,跳将起来,却见四面都是松树。便去腰里摸时,搭膊和书都不见了。四下里寻时,只见空搭膊在莎草地上。"王四的这条盛有书信和银子的搭膊肯定不是搭在肩上的,因为李吉必须先解开它才能行窃,而王四酒醒后不去摸别处却直去腰间里摸,说明它正是束在腰上的。那么是否是《辞源》所说的那种"小的可挂在腰带上"的搭膊呢?恐怕不是。如果真是那种"中间开口,两头有袋"的小搭膊,李吉径直去袋子里掏银子即可,何必解下它来。既已解下,则应连同小搭膊一齐偷走,何必非抖出银子再拣呢?看来这条搭膊很难随身藏起来——太大了。而且王四醒来后"只见空搭膊在莎草地上",可见李吉解下的是搭膊而不是挂搭膊的腰带。结论自然出来了:盛物用的搭膊与束腰用的搭膊本是一件东西。

无独有偶,明清小说里还有"搭包"一词,《辞源》释作"盛财物的布袋,同'搭膊'㊀。"并举出《红楼梦》第二十四回中的倪儿"从搭包内掏出一包银子"为证。很明显,这是认为"搭包"与那种盛物用的搭膊相同而不同于束衣用的搭膊。但《儿女英雄传》第四回却有如下描述:"身上穿着件月白棉绸小夹袄,上头罩着蓝布琵琶襟的单紧身儿,外面系一条河南褡包。"褡包,同"搭包",恰恰也可扎在腰间作束衣之用。搭膊与搭包音通义同。

其实,搭膊本是一种较常见的束衣用物,兼有随身盛物之用。宋明以来多为皂吏、公差人役或平民所用。明俞汝揖《礼部志稿·士庶巾服》载:"皂吏公使人穿盘领衫,戴平顶巾,系白褡膊。"(褡膊同"搭膊")这些人平日常在外奔波,携物较多时如像以往那样揣于袖筒或装以箱匣、裹以包袱囊袋,则多有不便。因制长带,筒形可盛物,平日束腰间不易丢失,若盛物较多——如崔宁那十五贯铜钱,则可负于肩上或斜搭在臂膊上,故名"搭膊""搭包"。正因它有携物方便的特点,故武人尤爱用之。既保住了东西随身不失,又扎住了衣衫,令人轻快利索,更重要的是腾出了双手,便于舞刀使棒,骑马射箭。如施耐庵就在《水浒》里让山寨小头目陈达"系一条七尺攒线搭膊",较常人所用更精美些罢了,而那九纹龙史进竟是"腰系皮搭膊"(第二回)。既是皮制,《辞源》释为"束腰巾"也不甚准确。

然而确实有这样一种东西,如《辞源》所说,它"中间开口,两头有袋,可搭在肩上……小的也可挂在腰上"。只是它的名字应是"褡裢"而不是"搭膊"。该词《辞源》已收。(李雁)

操 1318

义项③"运用。《左传·成》九年:'使与之琴,操南音。'"

按:《辞源》以"运用"释"操",乃皮傅之说。"操"为常语,是操弄、弹奏之义。《左传》之"操南音"就是弹奏南方楚地的音乐,意义甚明,不知《辞源》编者何以另出他解。今再举两条书证。《文心雕龙·知音》:"凡操千曲而后晓声,观千剑而后识器。"刘禹锡《德宗皇帝挽歌》:"操弦调六气,挥翰动三辰。"其他例还多,不赘举。(汉忠)

欹案 1333

可躺着看书的斜榻。相传汉末曹操初作欹案。南朝梁刘孝绰《昭明太子集·序》:"犹临书幌而不休,对欹案而忘怠。"宋周邦彦称为倚书床。参阅元陆友《研北杂志》下。

欹案,如字面所示,即欹侧倾斜之案。古人几案本是平面的,读写须伏案而坐,疲倦时便凭几小憩。魏晋以后,胡床之类的坐具渐兴起,其中有颇似今之躺椅者,可端坐亦可倚卧。然倚于其上必不能伏案而读,欲读则必以手持卷,令人易怠,遂有欹案应运而生。人倚于座,将书置于倾斜的案面上,对案而读,既可免去伏案之苦,又省了持书之劳,故云是"对欹案而忘怠"。如像《辞源》所说是读书人躺在上面的斜榻,则应说是倚欹案或卧欹案,不应说对欹案了。元陆友《研北杂志》记:"曹公作欹案,卧视书。周美成又谓之倚书床。"可见宋人尚还了解欹案的形制,周邦彦将其称之为"倚书床",是书倚于其上,而非人倚于其上。至于附会成曹操创制,不知何据,但也透露出它是随着魏晋时坐具之变化而产生的。

唐宋以来,坐具渐渐高大起来,欹案不再适用,遂为一种专用于托书的几架所替代,即"懒架",又名"懒几"。宋高承《事物纪原·舟车帷幄》引陆法言《切韵》说:"曹公作欹架(按,即欹案),卧视书。今懒架即其制也。"懒架虽源于欹案,但又与之不同。区别在于欹案虽能与坐卧具配套使用,却毕竟本身不是坐卧具,二者是可以分开的两种东西。而懒架则是将坐卧具与可托书之几架合为一体的新式家具。《宣和遗事》前集云:"(李)师师先寝,天子倚着懒架儿暂歇。"又黄庭坚的《题〈校书图〉后》云:"唐右相阎君粉本《北齐校书图》,士大夫十二员……其一仰负懒几,左右手开书。"前例证明其可以倚卧,后例证明倚卧在上面还可读书——身边侍从为之翻书。如此懒散地读书,因得"懒架""懒几"之名。

至明清之际,人们已不太清楚欹案与懒架之间的差异了。明胡侍《真珠船·卧视书》:"欹案之制不传。沈括《忘怀录》有欹床,云如今倚床,但二向施档齐高,令曲尺上平。若臂倚左档,则右档可几;若臂依右档,则左档可几……或枕档角欹眠,无不便适。其度坐方二尺,足高一尺八寸,木制藤绷,或竹为之,又云尺寸随人所增损。余意欹案之制,或当不大殊。"所谓欹床、倚床,从其描述来看,也是将坐卧具与几案合为一体的家具,当属懒架、懒几之类,与欹案并不一样。胡侍上述考辨虽洋洋洒洒,却始终没搞清这一点。所以他最后下结论的口吻是不太肯定的,隐约中竟还有些许怀疑和商榷的余地。至《辞源》干脆将欹案与床榻混为一谈了。

又,《辞源》复收有"欹案"条,书证与"敧案"条同。释文却作"即懒架,亦称曲几……参见曲几、懒架。"欹案与懒架之不同,前已备述。至于曲几,查《辞源》并未收录该条,要人如何参见?按,曲几,即以屈曲盘节之木材制成之几案,亦名"曲木几"。北周庾信《奉极穷秋寄隐士》诗:"自然曲木几,无名科斗文。"宋邵雍《初秋》诗:"曲几静中隐,衡门闲处开。"以曲木为几,本取其自然怪诞、鬼斧天工之美,与欹案自不相干。或以曲、欹义近,几、案相似,因附会成文,尤误(需指出的是,这一错误在最新出版的《汉语大辞典》"懒架"条中亦曾出现)。(李雁)

放春 1337

春时草木生发。《管子·小问》:"桓公放春三月,观于野。"注:"春物放发,皆曰放春。"(按:注为唐人尹知章注)。引文中间不逗为好。"方""放"古字通用,"放春"即"方春"。《尚书·尧典》:"方命圮族"。《汉书·傅喜传》引作"放命圮族"。《汉书·朱博传》亦引作"放命圮族。"《荀子·子道篇》:"不放舟。"杨倞注曰:"放,读为方。"王念孙《读书杂志》八曰:"桓公放春三月观于野,洪(筠轩)云:"放古字通方,尹注非。"可知"放春"即"方春"。此"方"字,正是《诗·小雅·正月》"民今方殆"之"方"。也正是《汉书杨敞传附杨恽书》"恽家方盛时"之"方"。"方春"为当春之意。《辞源》释放为"放发"之放,未妥。(宫庆山)

故府 1340

旧府。《左传》定元年:"子姑受功归,吾视诸故府。"

按:释义误。问题出在没有吃透旧注而率然释义。杜预对"吾视者故府"的注解是:"故事。"这是对这一整个句子的解释,不是对"故府"一词的解释。但深入地想一想,也会得到正确的解释。"求故事"是什么意思?就是查对一下从前的有关典章制度。如果想到这一步,"故府"

的含义也就到了呼之欲出的地步了。杨伯峻《春秋左传注》说："故府,盖藏档案之所。"说得很对。宋谢枋得《叠山集》卷一《上丞相留忠斋书》："某自丙子(1276)以后,一解兵权,弃官远遁,即不曾降附。先生出入中书省,问之故府,宋朝文臣降附表即无某姓名。如有一字降附,天地神祇必殛之。"句中的"故府",也是"藏档案之所"的意思。(吕友仁)

敲門磚 1352

科举时代,士人读书应试,以取功名,名成而弃所学。犹如用砖敲门,既入门,即弃砖,故称敲门砖。明田艺蘅《留青日札摘抄》四《非文事》："又如《锦囊集》一书,……抄录七篇,偶凑便可命中,子孙秘藏,以为世宝。其未得第也,则名之曰撞太岁,其既得第也,则号之曰敲门砖。"……清代又径称八股制义文字为敲门砖。

按:"敲门砖"之喻,原本就指八股时文,并非至清始然。所引明人《留青日札摘抄》中提到的《锦囊集》,即供应试者揣摩仿效的一种八股文选本,所谓"抄录七篇"的"七篇",指的也正是八股制义文字。这是因为明代定制,科举考试头场考四书义三道,经义四道,这七篇八股文章写得好不好,是能否中式的关键。所以,在明清两代,"七篇"(或"七作""七题")已成为人所能详的八股文的代称。顾炎武《日知录·经义论策》说:"至〔洪武〕十七年,命礼部颁行科举成式,第一场四书义三道、经义四道……徒以记诵之多,书写之速而取其长,则七篇不足为难,而有并作五经二十三篇如崇祯七年之颜茂猷者,亦何裨于经术,何施于国用哉!"明阮大铖《燕子笺·驼泄》："这样七篇簇锦,定然高中无疑。"可见,"敲门砖"之诮,指的本是"八股无用论",而并非"读书无用论"——如释义所说"读书应试,以取功名,名成而弃所学"。古人是并不反对读书、特别是读圣贤之书的。至如鲁迅曾把尊孔读经说成是"敲门砖",那则是后人的借用发挥,并非"敲门砖"之本义。(张虎刚)

文字 1356

新、旧版《辞源》释"文"为"字"时,都以《孟子·万章上》的"说诗者不以文害辞"作例证,我认为这不妥当。因为先秦是不以"文"称字的,这个"文"不是指字,前人把先秦古籍中的一些"文"字释为"字也"实属误解。

"文",甲骨文作"𠁑",铜器铭文作"𠚌",象人身上刻有花纹形。《礼记·王制》："东方曰夷,被发文身,有不火食者矣。"孔《疏》："文身者,谓以丹青文饰其身。"朱芳圃先生《殷周文字释丛》说："考文身为初民普遍之习俗,吾族祖先自无例外。"可见"文"的本义不是指"字"。《尔雅》《说文》《玉篇》《释名》和《广韵》都没有释"文"为"字",《康熙字典》释"文"为"字"时所举的例证也不是先秦的。我查阅了《论语》《孟子》《礼记》《孝经》《老子》《庄子》《墨子》《荀子》《韩非子》《尚书》《逸周书》《周易》《春秋》《左传》《国语》《竹书纪年》《穆天子传》《吕氏春秋》《战国策》《山海经》《诗经》《楚辞》等古籍,"文"字在这些古籍中共出现过一千八百六十多次,其中曾被前人解为"字也"的只有下列十次(按:前人都以此作为先秦以"文"称字的证据):

①《左传·隐公元年》:"有文在其手曰'为鲁夫人'。"
②《左传·昭公元年》:"有文在其手曰'虞'。"
③《左传·闵公二年》:"有文在其手曰'友'。"
④《左传·宣公十二年》:"夫文,止戈为武"。
⑤《左传·宣公十五年》:"故文,反正为乏。"
⑥《左传·昭公元年》:"于文,皿虫为蛊,谷之飞亦为蛊;在《周易》,女惑男、风落山谓之蛊,皆同物也。"
⑦《国语·晋语》:"夫文,虫皿为蛊。"
⑧《礼记·庸中》:"子曰:……今天下车同轨,书同文,行同伦。"
⑨《论语·卫灵公》:"子曰:吾犹及史之阙文,有马者借人乘之,今亡矣夫。"
⑩《孟子·万章上》:"说诗者不以文害辞。"

这十个例子可分为五类,即例①②③为一类,例④⑤⑥⑦为一类,其余各单独为一类。下面,让我们看一看这些"文"是不是指字:

例①的"文",新版《辞源》和《辞海》都已释为"纹理",纠正了前人解为"字也"的错误。例②③的"文"与例①同类同义,无疑也是指"纹理"。可见三个"文"不是指字。

例④⑤⑥⑦的"文"被前人解为"字也",至今还没有谁提出过疑问,其实认真分析一下就会发现,这也实属误解。例⑤⑦的"文"与例④⑥同类同义,都是指"典籍",例⑤的"故文"可译为"所以在典籍中",例⑦的"夫文"可译为"在典籍中。"因此,这四个"文"也都不是指字。

例⑧的"文"前人解为"字也"虽是对的,但这话不是孔子说的。梁启超说:"盖《礼记》本汉儒所裒集之丛篇,杂采诸各家著述耳。"(见《古史辨》第四册《荀卿及"荀子"》)何异逊也说:《礼记》"多非孔子之言,凡子曰者多假托。"(《十一经问答》)孔子生活在春秋时代,那时王室势力衰弱,诸侯各恃力逞强,战争频繁,天下大乱,"除了秦国还继承西周文字,北方的大国如齐跟晋,南方像徐跟楚,都有过很高的文化,虢、郑、鲁、卫、陈、宋、邾、莒、滕、薛,几乎各有各的文字。"(唐兰《中国文字学·文字的变改》)哪里谈得上"书同文"呢?显然这话是秦并天下以后的人所伪托的,这当然不能作为先秦以"文"称字的例证。

例⑨"子曰:吾犹及史之阙文,有马者借人乘之,今亡矣夫。"这话,至今还没有谁解通过。我觉得,古今大家们之所以争论不清,是由于他们把"阙文"错误地理解为"谓古之良史,于书字有疑,则阙之以待知者"(《辞源》)所造成的。新版《辞海》释"阙文"说:"缺而不书或脱漏的文句。陆机《文赋》:'收百世之阙文,采千载之遗韵'。"又钱锺书《管锥编》说:"陆机《文赋》:'收百世之阙文,采千载之遗韵','韵'与'文'互文一意,谓残缺不全与遗留犹在之诗文,乃指篇章,非指风格也。""机意祇谓于前人撰作,网罗放失,拾坠钩沈;'阙文''遗韵'犹后世曰'古逸'耳。"李善正是用"子曰:吾犹及史之阙文"来注《文赋》的,因此我认为孔子说的"阙文"是指"脱漏的文句"(按:"文句"之"文"是指篇章)。这样理解,使古今大家们争论不清的问题得到了解决。由此可见,"阙文"之"文"也不是指字。

那么,就只剩下例⑩的一个"文"字了。我们从语言的社会性看,显然,"不以文害辞"的"文"不可能是指"字"。那么,它是指什么呢? 赵岐《孟子注》说:"文,诗之文章,所引以兴事也。"刘大杰先生主编的《中国文学批评史》也说"文是文采"。我认为这种解释是正确的可见例⑩的"文"也不是指字,先秦是没有一个以"文"来称字的例子的;而金兆梓先生又说过,先秦找不出一个用"字"来称字的例子(见《国文法之研究》),所以,我认为"文"或"字"称字是在秦《琅玡台刻石》中出现了"文字"这个名称以后才开始的,许氏《说文·序》"仓颉之初作书,盖依类象形,故谓之文"云云,实不可信。

那么,先秦是以什么来称字的呢? 谢无量先生《中国大文学史》说:"民之生也,既有言语则有名;有名则有字形。故《字源》谓字起于太昊时,而神农以下颇有作书者,要之名必先于字。"唐兰先生《古文字学导论》也说:"当许多简单图形和语言结合而成为文字的时候,所谓文字,只是些实物的形状,所代表的语言,也只是实物的名字。"因此,文字产生之初,并没有被命名为"文"或"字",而是被称为"名"。先秦古籍中,除了极少数以"言"或"书"指字外,其余还都是以"名"来称字的。可见"古曰名,今曰字"的说法是可信的,这也是先秦不以"文"称字的佐证。

所以,我认为先秦是不以"文"称字的,《辞源》释"文"为"字"时以孟子的"不以文害辞"作例证是不妥当的。(周绍恒)

旬 1403

㊅云:旬,"通'均'。《易·丰》:'遇其配主,虽旬无咎'。"

此说不确。"旬无咎"一语始见于甲骨文字,其例多至数以百千计。盖殷人以十干(甲、乙、丙、丁、戊、己、庚、辛、壬、癸)一周为一旬。"旬无咎"这类卜辞都是在"癸日"进行占卜的,就是说在这一旬的最后一天占卜下一旬的吉凶祸福。如:《菁》5:"癸丑卜,争贞:旬无咎?"《粹》1429:"癸子卜贞:旬无咎?"《遗》198:"癸未卜,宾贞:旬无咎?""癸卯卜贞:旬无咎?""癸酉卜贞:旬无咎?""虽旬无咎"之"虽"是带有自谦语气的语词,应读为"唯"。汉帛书《周易》此"虽"字正作"唯";《秦公钟》铭:"余虽小子,穆穆帅秉明德";《左传·文公十七年》:"虽敝邑之事君,何以不免?"均可资佐证。此"虽"字,王念孙释之为"句中语助"(《经传释词》卷三),王力先生也认为"它是类似词头的东西"(《汉语史稿》350页)。据此,《易·丰》初九:"遇其配主,虽旬无咎,往有尚"的意思是:筮遇此卦,与其女主人相遇,十日之内不会有灾祸,且往而得赏。《辞源》袭用旧说,误。(言之)

晏食 1430

《汉语大词典》:谓晚食时,约在酉时之初。《淮南子·天文训》:"〔日〕至于曾泉,是谓蚤食;至于桑野,是谓晏食。"《辞源》释文及书证与《汉语大词典》同。

案：古人记时概念较为模糊，时段的划分也复杂多样。或分为十大时段，如《左传·昭公五年》云："日之数十，故有十时。"即把一昼夜分为鸡鸣、昧爽、旦、大昕、日中、日昃、夕、昏、宵、夜中等十个时段；或分为十八时段，如汉简中有夜半、夜大半、鸡鸣、晨时、平旦、日出、蚤时、食时、东中、日中、西中、餔时、下餔、日入、昏时、夜时、人定、夜少半等记载。大约在汉武帝太初改历以后，历法愈加精密，人们逐渐将一昼夜的时间整理为十二时段，即夜半、鸡鸣、平旦、日出、食时、隅中、日中、日昳、晡时、日入、黄昏、人定，然后用十二辰分别表示这十二时段。十二时、十二辰与今之24小时相对应，可列表如下：

十二时：夜半；鸡鸣；平旦；日出；食时；隅中；日中；日昳；晡时；日入；黄昏；人定

十二辰：子时；丑时；寅时；卯时；辰时；巳时；午时；未时；申时；酉时；戌时；亥时

24小时：23点至1点；1点至3点；3点至5点；5点至7点；7点至9点；9点至11点；11点至13点；13点至15点；15点至17点；17点至19点；19点至21点；21点至23点

《汉语大词典》释"晏食"为"晚食时，约在酉时之初"，"酉时之初"即"日入"之初，大致相当于今之下午5时之初，即古人吃晚饭之时。但就其书证来看，是《淮南子》根据太阳运行的位置把一昼夜分为15个时段。"晏食"在"蚤食"之后，此时太阳运行刚至东方之桑野（《淮南子·地形训》云："八殥之外，而有八纮，亦方千里。自东北方曰和邱，曰荒土；东方曰棘林，曰桑野。"），未至"隅中"，更未及"日中"，岂能谓此"晏食"为"酉时之初"乎？

《淮南子》此文以"蚤食""晏食""餔时"三词对举，分明在标指古人三个不同的时段。"蚤食"即"朝食"，古人往往用"食时"表示。"食时"就是古人吃早饭之时。古人一般一日两餐，吃早饭的时间大约在今每天7—9时。这个时段用地支命名，称之为辰时。"餔时"是太阳运行至"正中"之后，历"小还"而至的一个时段。《说文》云："餔，日加申时食也。"玄应《一切经音义》卷十四引《三苍》曰："餔，夕食也。"字或作"晡"，《玉篇》云："晡，申时也。""餔"或"晡"与十二时段之申时相当，在"酉时"之前一个时辰。《淮南子》此节文字中的"晏食"在"蚤食"之后，未及"隅中"、"正中"，在"餔时"之前四个时段，与十二时段记时法对应，当在"食时（辰时）"过后未至"隅中（巳时）"这一时段之间，离酉时还有三个多时辰，其时太阳刚运行到东南方向，在今上午9点左右，因此不能以《淮南子》此节文字证实"晏食"为"谓晚食时，约在酉时之初。"《辞源》及《汉语大词典》对"晏食"的解释是错误的。（赵宗乙）

晏朝 1431

《汉语大词典》：①[—zhāo]黄昏。《礼记·礼器》："质明而始行事，晏朝而退。"《辞源》释为"日落时"，例证与《汉语大词典》同。

孙希旦《礼记集解》云："晏朝，谓夕时也。"此当为《汉语大词典》及《辞源》所本。但我们从复合词的构词方式看，孙希旦释"晏朝"为"夕时"是没有理据的。笔者所见不博，未见"晏"字在古籍中有黄昏或晚上的意思，"朝"字也绝不能解释为"黄昏"或"晚上"，那么"晏"与"朝"组成一个复合词又怎么能表示出"夕时",也就是"黄昏"或"晚上"这个意义来呢?

其实,孔颖达在《礼记正义》中对"晏朝"已有明确解释。他在上引《礼记》这段话的疏文中说,子路"正明之时而始行事,朝正向晚礼毕而退。""朝正向晚"实际上就是"晏朝"的最好注解。"朝正向晚"当即过了"朝"之"正中"而将至"食时"的这一段时间。孔颖达释"晏朝"为"朝正向晚"是有理据可讲的,我们释"晏朝"为"朝时之暮"也是有理据可讲的。"食时"在今每天 7—9 时左右,用地支命名,称之为辰时。子路"质明而始行事,晏朝而退",此"质明"当指"平旦"时分,以十二辰标记,"平旦"在"寅"时,其始大致在今凌晨 3 点。子路从凌晨 3 点举行祭礼,到早晨 7 点之前结束,和往日"逮闇而祭,日不足,继之以烛",致使"虽有强力之容、肃敬之心,皆倦怠矣"的情形相比,可以称得上"敬而能速"了。(赵宗乙)

晏阴 1431

㊀安静无事。指夏至静憩。《礼·月令》仲夏之月:"是月也,日长至,……百官静,事毋刑,以定晏阴之所成。"参阅清孙希旦《礼记集解·月令·仲夏》。

按:王引之《经义述闻》"百官静事毋刑以定晏阴之所成"条,于此言之颇详(此不备举),足征"晏阴"就是阳和阴。所谓"安静无事"、"指夏至静憩",只可作"百官静,事毋刑(径)"的注脚,似不可以之来释"晏阴"。(艾荫范)

末殺 1500

"末杀"有"扫灭""勾销"等义,亦作抹杀、抹煞。《释名·释姿容》:"摩娑,犹末杀也,手上下之言也。"此谓"摩娑"之名源于末杀。《辞源》以此条为例证释"末杀"有"用手摩弄"义。实则"用手摩弄"乃"摩娑"之义,与"末杀"无涉。(李茂康)

格 1566

来,至。《书·舜典》:"光被四表,格于上下。"

案:"格"字条列了十五个义项,其中有"来,至"之义,没有问题。但是,把"来,至"义作为第一个义项则不恰当。

《辞源修订本体例》4 说:"多义词的解释一般以本义、引申、通假为先后。"这种排列方式能反映词义的系统性,是恰当、合理的。一个词产生之初总是单义的,随着社会的发展,词义演变,出现一词多义现象,这是语言发达的标志之一。引申是造成一词多义甚至多词的基本原因。

当然,从理论上讲,"多义词的解释一般以本义、引申、通假为先后",这个提法是不大科学的。多义词是一个词具有多个意义,而所谓通假,从根本上说,则不是同一个词所具有的意义。把"本义、引申、通假"放在同一个平面上,视为一词多义是不恰当的,根本错误在于没有分清字和词的界限。

具体说来,引申和假借,其性质有根本的不同。引申是词义演变,由一义生发出他义,二义之间有或亲或疏的意义联系;假借从本质上讲是文字使用上的同音借用,即借某一个字去记录另一个同音的词。本义、引申义处于一个层面,假借义处于另一个层面,两个层面彼此之间没有意义联系。不过,字典辞书编纂以字词立目,以义项为最小的单位,同一词目的义项按"本义、引申、通假为先后"编排,其做法又是合理的。

由于词从单义向多义演变不是杂乱无章的,而是成系统的、有规律的,因此,理清多义词各意义间的关系有利于展示词的发展脉络、揭示词义运动的规律、掌握词义系统。因此《辞源》的这条体例十分重要,这项工作的好坏直接体现该辞典的水平。

总体上说来,《辞源》在这方面作了许多努力,是此前的旧辞书所不可企及的。但是在具体词的义项排列方面却做得还很不够。义项排列不恰当也许是《辞源》的最大缺陷之一。以"格"字条为例可以说明不少问题。

"格"的本义应该是树木的长枝条。《说文》:"格,木长貌。"司马相如《上林赋》:"夭蟜枝格,偃蹇杪颠。"庾信《小园赋》:"草树混淆,枝格相交。"此义《辞源》漏收,使"格"的"支架""栅栏""框格"等义失去来源,无所归属。

训"格"为"来,至"乃是假借,本字是"各、徦、假"。清徐灏《说文注笺》:"各,古格字"。杨树达《积微居小学述林》:"各,亦来也"。甲骨文二五六、前五·二四·四、佚六六五等片中的字形可以证明其说。商代《宰椃角》铭文:"王在东门,夕,王各。""王各"即王来,出土文献提供了实际用例。

"徦"是"各"的加旁专用字。《方言》卷一:"徦,至也。"卷二:"徦,来也。周、郑之郊,齐、鲁之间曰徦。"《诗·大雅·抑》:"神之格思。"毛传:"格,至也。"陈奂《毛诗传疏》:"格,即徦之假借字。"其说是。甲骨文粹一〇六二片有"徦"字。

"假"与"徦"为异体。《说文》:"假,至也。"《玉篇》:"假,来也。"李富孙《辨字正俗》:"《易》《书》《诗》《礼》,凡'假''格'字,传、注并训'至',训'来',皆'假'之叚借字。今经典作'格''假',而'假'字废。"他的说法是符合事实的,汉简、汉碑中均有"徦"字。

综上可见,《辞源》把"格"的假借义放在首条是很不合适的。

又,义项⑮:

打击;抗拒。《逸周书·武儆》:"穷寇不格。"

案:"格"在文献用例中有击打义没有问题。《逸周书》"穷寇不格",孔晁注:"格,斗也。"《后汉书·陈宠传》:"断狱者急于箠格酷烈之痛。"李贤注:"格,击也。"文献材料都可以证明。但是其"打击"义属于文字假借,本字当为"挌"。《说文·手部》:"挌,击也。"段玉裁注:"凡今用格斗字当作此。"其说甚确,出土文献有明证。

《睡虎地秦墓竹简·法律答问》66:"求盗追捕罪人,罪人挌杀求盗,问杀人者为贼伤人,且斗乎?"从秦简材料可见,"挌"字在先秦已经使用,证明《说文》收载是有所本的,只是专字"挌"并没有通行,后世仍然用假借字"格"来记录其击杀义。《辞源》没有补出专用字"挌"已不妥当,又把假借义放在义项⑮,没有按照"本义、引申、通假为先后"来排列,义项的内部关系显得比较混乱,并宜纠正。(毛远明)

桃茢 1568

有些词语,在古注中已有正确恰切的解释,《辞源》释义时引用古籍语例,但未采用古人随文释义时对该词语的精当解释,以致出现失误。

如《辞源》释"桃茢"云:"桃枝编成的扫帚。茢,苕帚。古人迷信,谓鬼畏桃木,用以扫除不祥。《左传·襄二九年》:'乃使巫以桃茢(liè)先祓殡。'《周礼·夏官·戎右》:'赞牛耳桃茢。'"依《辞源》所释,"桃茢"为偏正短语,所指为一种用具,即苕帚,用桃枝束成。实则"桃茢"为二物,指桃枝和苕帚。《辞源》释义有误。《左传·襄二九年》该句下孔疏云:"桃,鬼所恶。茢,萑苕,可扫除不祥。"又云:"茢是帚,盖桃亦棒也。"今人杨伯峻先生《春秋左传注》将原文标点为:"乃使巫以桃、茢先祓殡。"沈玉成先生译文为:"于是就让巫人用桃棒、苕帚先在棺材上扫除凶邪。"以上所释甚确。此言鲁襄公至楚,遇楚康王死,楚人强使鲁襄公为康王行赠衣之礼。鲁人为维护君主尊严,去时使巫执桃枝和苕帚扫除不祥。这实为君临臣丧之礼。楚人过后方知受辱,故《左传》云:"楚人弗禁,既而悔之。"

《辞源》所引《周礼·夏官·戎右》之语,是记述戎右在盟誓杀牲取血时所执之事。戎右,古官名。负责掌管君主戎车之事,与君同车,在车之右,执戈盾。并充任军中使役。郑玄注:"桃,鬼所畏也。茢,扫帚,所以扫除不祥。"贾疏曰:"杀牲取血,旁有不祥,故执此二者于血侧也。"贾公彦疏以"此二者"指称"桃茢",说明其所指不为一物。

从《辞源》所引《左传》《周礼》语例下郑玄、孔颖达、贾公彦诸位大师的故训看,"桃茢"当指两物,即桃枝和苕帚;"桃茢"为并列结构的名词性短语。《辞源》释"桃茢"未能采纳古注而致误。

"桃茢"在《礼记》中凡二见。《檀弓下》曰:"君临臣丧,以巫祝桃茢执戈,恶之也。"郑注曰:"桃,鬼所恶。茢,萑苕可扫不祥。"此言君吊臣丧,以桃枝和萑苕编束的苕帚扫除不祥。《玉藻》曰:"膳于君,有荤,桃,茢;于大夫,去茢;于士,去荤。"此言天子、诸侯、大夫之臣为其君献熟食之礼。郑注曰:"膳,美食也。荤、桃、茢,辟凶邪也。""荤,姜及辛菜也。桃,桃枝也。茢,葵帚也。"郑玄以为,荤指姜一类辛辣之菜,桃是桃枝,茢是以芦苇扎束的苕帚;"荤、桃、茢"是三物。臣献君熟食,献于天子、诸侯,三物并用;献于大夫,减去苕帚,用姜、桃枝二种;献于士,"又去荤,唯余桃耳"(孔颖达疏)(同上)。若"荤、桃、茢"非三物,岂可一一去之,至士"唯余桃耳"?

可见,诸多古注注释"桃茢"观点一致,认为"桃茢"是两物。"桃"指桃枝,我国风俗,相传桃枝有驱鬼避邪之功用;"茢"为苕帚,多以萑苇编束。《辞源》若能积极采纳故训,则所释当不致讹误。(杨雅丽)

桯 1581

㊂屋柱。同"楹"。《元曲选》关汉卿《窦娥冤》四:"怎不容我到灯影前,却拦截在门桯外!"

训"桯"为"楹",是没有问题的。但以之释"门桯"则未允。你想,"门屋柱"怎么讲法?邳县称木器主要结构的杠木为桯,如榨桯、车桯、门桯。《集韵》青韵:"桯,说文床前几,一晓碓梢。汤丁切。""碓梢"大概就是水力碓舂上的直杠。《说文》"桯",段注云:"考工记盖桯,则谓直杠。"《广雅》八卷上:"桯,几也。"王念孙疏证云:"桯,郭璞音刑。桯之言经也,横经其前也。床前长几谓之桯,犹床前长木谓之桯。"可知"桯"为木器上直、长之木。元佚名《盆儿鬼》二折〔迎仙客〕曲:"蚤将这阔脚板,把门桯踏破。"又三折〔庆元贞〕曲:"扭身疾便入房内,被门桯绊我一个合扑地。"又四折〔红绣鞋〕曲:"不是俺怕将他门桯蓦。"(臧晋叔音汀)又元佚名《桃花女》楔子:"〔正旦云〕……你倒坐着门限上,披散了你头发,……(唱)……坐着门桯,披着头梢……""门桯"可"踏破"、可"绊"、可"蓦",可与"门限"互文,可证门"桯"非"屋柱",实即门限。门框下边的横木叫"桯",门框上边的横木也叫"桯"。《醒世姻缘》七十七回:"不好!一个人扳着门上桯打滴油哩!"又八十回:"这小珍珠用自己的裹脚拧成绳子,在门背后上桯上吊挂身死。"蒲松龄《日用俗字》木匠章写作"承"。"替木过木有两样,上承下承总一般。"邹县音汀,源于《集韵》汤丁切。鲁中南音承,源于《方言》五卷:"榻前几,江沔之间曰桯"。郭璞注:"今江东呼为承,桯音刑。"(张喆生)

楞 1607

㊄凶猛。《古今杂剧》元关汉卿《四春园》三:"批头棍大腿上十分楞,不由他怎不招承。"

"楞"如作"凶猛"讲,放在《四春园》例句中,显得别扭,缺少动词。"楞"即"棱",《集韵》登韵:"棱、楞,卢登切。"在邹县读阴平,是"打"的意思。蒲松龄《俚曲》磨难曲十四回:"我保他钱粮轻,加二五大戥称;……我保他捶粮大板棱;……下乡来两眼圆睁。""棱"与"轻""称""睁"叶,可知"棱"读阴平。"大板棱"即"大板打"。《醒世姻缘》也有此用法,该书八十九回:"你气头子上棱两棒槌,万一棱杀了,你与他偿命?我与他偿命?"又九十六回:"昨日就叫他尽力棱了一顿。"(张喆生)

枫天枣地 1609

古迷信,认为把有瘿瘤的枫树作车盖,把大雷击倒的枣树作车身,便能得到风雷之神的庇护,就叫"枫天枣地"。宋陆佃《埤雅·释木·枫》:"旧说,枫之有瘿者,风神居之,……故造式者以为盖也;以大霆击枣木载之,所谓'枫天枣地',盖其风雷之灵在焉,故能使马骇车覆也。"

《埤雅》中对"枫天枣地"的意思本来讲得很详细,也很清楚。但在这里却只用"旧说"以下数句,已有断章取义之弊。特别是误解了其中"式"的意思,以为它通"轼",加以末有"马骇车覆"之句,便以为是车盖车身了。殊不知"式"还通"栻",是一种占卜之具,犹后世的星盘,因以枫木为盖、枣木为盘,故称。早在唐初,张鷟(文成)在《龙筋凤髓判》中就用了这个词。其卷四"太卜袁纲善卜"条云:"枫天枣地,观倚伏于无形。"明陈继儒《枕谭》中"枫天枣地"条引《六典三式》云:"六壬卦局,以枫木为天,枣木为地。"所以这一条,可以说是望"式"之文而生的义。(胡昭镕)

止 1661

㊀至,临。《诗·小雅·采芑》:"方叔莅止,其车三千。"这儿的"止"应该是虚词。至、临是"莅"的意思。原诗下面的"师干之试。方叔率止,乘其四骐,四骐翼翼。""方叔率止"同"方叔莅

止"句式一样;如果"茝止"的"止"是至、临,则"率止"的"止"也应该是至、临义,显然不合。(赵恩柱)

武 1669

hū。通帍。系冠之带。《礼记·玉藻》:"居冠属武。"又:"缟冠玄武。"(按:该条列武之第二音读,第九义项。)

按:《辞源》此条,纯系照抄新《辞海》之误。为节省篇幅,误说已录之于上,不再重抄。兹为纠其误,试行伸论于下:

查所引《玉藻》两例,第一例"居冠属武",郑玄只注"燕居冠","著冠于武"。至于"武"为何物,则未作进一步说明,更不曾涉及其音读通假,引以为证,已属全然落空。至于第二例"缟冠玄武",郑玄虽有注,但非"系冠之带",乃:"武,冠卷也。"据陆德明《音义》:"卷,起权反。"则"卷"读quān,亦即"卷"假为"圈"。则"冠卷"即"冠圈"。

但"冠圈"究为何物?古制难明,今人仍难索解。幸《辞源》"玄冠"条附有一图,恰好可释此疑。所谓冠卷,实即帽檐。图绘一斗笠形之帽,并有线条分指纰、武、緌、缨在帽上部位。另引黄以周《礼书通故》诠释语四句:"冠两旁谓之纰,外施檐谓之武。所以固武曰緌,所以固冠曰缨。"武之谓何? 释语既明白扼要,图形亦爽朗清晰。惜《辞源》编者各自为政,而最后审定者复缺乏通盘考虑,以致有用之证,未克发挥作用,而错误之说,反据之不舍。

总上所述,此条似应为:

武冠卷(圈)。即帽檐。《礼记·玉藻》"缟冠玄武。"郑玄注:"武,冠卷也。"陆德明《音义》:"卷,起权反。"即卷quān,读为圈。清黄以周《礼书通故》云:"外施檐谓之武。"其形制可参阅本书"玄冠"条附图。(刘世宜)

沫 1747 浅 1802

大渡河和青衣江是流经四川中西部的两条河流。

大渡河史称大渡水、沫水,载于《汉书·地理志》(下称《汉志》)和《说文解字》(下称《说文》)。青衣江史称青衣水,按通行的说法,仅见于较晚的《水经》及《水经注》。

大徐本《说文》沫篆之外另有浅篆,二篆云:"沫,水出蜀西徼外,东南入江。从水末声。""浅,水出汶江徼外,东南入江。从水戋声。"据典籍,沫水是今大渡河无疑。浅水则通常认为亦指大渡河。段玉裁《说文解字注》改浅为"渽",说它即是《汉志》之"渽",渽水即今之大渡河。段氏沫篆下注云,沫水即浅水,浅、沫二篆两列之,"盖许(慎)有未审"。段氏于浅篆下注文长达八百六十五字,引典籍多达十三种,并参以今之地理考证,似乎翔实有据。《辞源》《辞海》同字条并从之。然详考段注及所引典籍,则段说有误,今辨之。

资料(一):《汉志》蜀郡青衣(县)下云:"禹贡蒙山溪,大渡水东南至南安入渽。"蜀郡汶江(县)下云:"渽水出徼外,南至南安东入江。过郡三,行三千四十里。"

汶江，地名，汶即今岷字。汉汶江县即今阿坝州南部地区。因隶汶江县下，"渽水出徼外"即渽水出汶江县境外不远处。考之地理，青衣江发源的邛崃山脉正位于汶江境外不远处。汉南安县治即今乐山市，渽水在乐山附近有大渡水来会并入于江（即今之岷江），所言与今大渡河、青衣江会于乐山之西再东入岷江相符。则班固之大渡水、渽水当是分指大渡河和青衣江。

资料（二）：《水经》卷三十三《江水一》说："大江又东，南过犍为武阳县。青衣水、沫水从西南来，合而注之。"又卷三十六说："青衣水出县西蒙山，东与沫水合，至犍为南安县入于江。""沫水出广柔徼外，东南过旄牛县北，又东至越西灵道县，出蒙山南，东北与青衣水合，东入于江。"

《水经》只称青衣水、沫水，考所言二水发源及流经之地，则《水经》之青衣水乃青衣江，沫水乃大渡河无疑。

资料（三）：《水经注》卷三十三《江水一》说："江水又东，南经南安县西。……县治青衣江会，衿带二水矣，即蜀王开明故治也。……县南有峨眉山。有濛水，即大渡水也，水发蒙溪，东南流与渨水合。（渨）水出徼外，经汶江道，吕忱曰：'渽水出蜀，许慎以为涐水也。从水，我声'，南至南安，入大渡水，大渡水又东入江。"卷三十六："昔沫水自蒙山至南安而溷崖……""（青衣）县有蒙山，青衣（水）所发，东迳其县，与沫水会……"

《水经注》称大渡水、濛水、沫水，称青衣水、涐水，然则位于南安县南的濛水是大渡河无疑，与大渡水会于南安的涐水则应是青衣江。至少它确凿地说明大渡水、涐水是两条不同的河流。另外，《汉志》和《水经注》皆不言沫水或大渡水经汶江县（道），却皆言渽（涐）水出汶江徼外或迳汶江道，同样说明了这一点。

资料（四）：《说文》涐、沫二字（见前引）。段氏于沫篆下注曰："不言何县者，未审也。"其实，不言沫水出何县，并非许慎未审。"水出蜀西徼外"，言其源远出于蜀郡西部之外，而非蜀郡内某县之徼外。大渡河发源于冰雪覆盖的青藏高原，许慎时不能探及这样遥远的地区，以"出蜀西徼外"言之是正确的。许书涐、沫二篆两列，正是指两条不同的河流，并非未审。

涐与洓义同，篆文字形相似，本为一字而讹为二字，段氏已明之。然段氏定本篆为从水才声之字却非是。《汉志》作从水哉声之字，《说文》作涐，《水经注》作涐，段氏之渽仅见于《集韵》《类篇》。段氏不以从水哉声之字为正篆，盖因其与涐字形不甚似，大徐不致把二形互讹，难申从水哉声字为正篆之说。尽管段氏称他的洓字为"此许字之佚见于古籍者"，但以宋代之书改《说文》的做法是站不住脚的。桂馥、王筠即仍以洓为正篆。《字林》："渽水出蜀，许慎以为涐水也"（见前《水经注》引文），则《说文》本作涐甚明。王筠说《汉志》之渽乃涐之误，则是很可能的，字典《说文》在字形上当比《汉志》更可靠。《广韵》有涐和从水哉声字，而无段氏之洓，此《说文》本作涐之又一力证。总之，段氏定《汉志》之渽与《说文》之涐为一字，甚是；而以渽为大渡河，与沫水意义重复，则非。

新版《辞源》以涐为字头，《汉志》之渽字见于说解中，不收段氏之洓字，但其说解从段说。新版《辞海》以渽和洓字为字头，于沫字说解中谓涐字为《汉志》之渽字之误，全抄段说。详两书涐、沫、渽及大渡河等字条下。《汉语大字典》同类字条亦有类似错误。（周及徐）

瀸積 1904

指被杀者多,尸体堆积。《公羊传·庄公十七年》:"齐人瀸于遂。瀸者何,瀸积也,众杀戍者也。"注:"瀸者,死文,瀸之为死,积死非一之辞,故曰瀸积。"

"积"非堆积之"积"。"瀸积"即"渐渍"。《礼记·曲礼》:"四足曰殰。"(今本"殰"为"渍"。)郑玄注曰:"渍谓相瀸汙而死也"。孔颖达疏曰:"四足曰渍者,牛马之属也。若一个死,则余者更相染渍而死。"引《公羊庄二十年》:"夏,齐大灾。大灾者何?大渍也。大渍者何?痾也。"(今本"渍"作"瘠"。)何休注曰:"痾者,民疾疫也。然此云渍,彼云瘠,字异而意同也。"《汉书·袁盎晁错传》:"且夫起兵而不知其势,战则为人禽,屯则卒积死。"王念孙曰:"积,读为渍,渍死,病死也。此言边地寒苦,戍卒不耐其水土,则生疾病,相渐渍而死也。渐渍即瀸积。"《公羊庄十七年》:"齐人瀸于遂。"传曰:"瀸者何?瀸积也,众杀戍者也。"何休注曰:"瀸之为死,积死、非一之辞也,故曰瀸积众多也。以兵守之曰戍,齐人灭遂,遂民不安欲去,齐强戍之,遂人共以药投其所饮食水中,多杀之。"此正为更相染渍而死之证。陆德明《释文》:"积,本又作渍。"殰、渍、积、瘠,并字异而义同。可知"瀸积"即"渐渍"。"积"释为"堆积"之"积"尤为不妥。(宫庆山)

火雞 1912

《汉语大词典》"火鸡"条设两义项:①驼鸟的古称。②吐绶鸡的通称。

按,第一义项是毋庸置疑的,李时珍《本草纲目·禽四·驼鸟》下记载得清清楚楚。第二义项似误。吐绶鸡无火鸡之称,已详上条。本义项下所列两条书证也站不住脚。书证一:《明史·外国传五·三佛齐》:"〔洪武三年〕入贡黑熊、火鸡、孔雀、五色鹦鹉、诸香、苾布、兜罗被诸物。"此条所记,与李书《禽四·驼鸟》所引明郑晓《吾学编》当为一事。其文云"洪武初,三佛齐国贡火鸡,大于鹤,长三四尺,颈足亦似鹤,锐嘴,软红冠,毛色如青羊,足二指,利爪,能伤人腹致死,食火炭。"而李书恰认定此条为驼鸟。书证二:明马欢《瀛涯胜览·旧港国》:"又出一等火鸡,大如仙鹤,圆身簇颈,比鹤颈更长,头上有软红冠,似红帽之状……好吃炽炭,遂名火鸡。"此条所记,与三佛齐国仍是一事。《旧港国》第一句话就是"旧港即古名三佛齐国是也。"所记火鸡,文有省略,现予补足:"(似红帽之状),二片,生于颈中,嘴尖,浑身毛如羊毛,稀长,青色,脚长,铁黑爪甚利害,亦能破人腹,肠出即死"。就其特态、特性看,仍是驼鸟。

《大词典》本条致误之因可能是受新版《辞源》之影响,本条从义项到书证大体据《辞源》。(张标)

牛腰 1979

"牛腰"目云:"牛的腰部。"引唐李白《醉后赠王历阳》诗:"书秃千兔毫,诗裁两牛腰。""多指书卷量大如牛腰。宋周紫芝《竹坡诗话》二:'绍兴兵至姑溪,诗帖两牛腰,并与山谷墨妙,为之一空。'"

按,"牛腰"为一种卷轴,以篇幅长、容量大而得名,乃借喻成词而非实指"牛的腰部"。宋岳珂《桯史》卷十三《范碑诗跋》条:"牛腰轴虽大,诗之者惟此三人。"可为确证。李白诗及《竹坡诗

话》中"牛腰"可以数计,显然也应作如是解。(王锳)

牛僧孺 1980

公元 779—847 年。唐鹑觚人,字思黯。……新、旧《唐书》有传。唐杜牧《樊川集》七有《唐故太常少师奇章郡开国公赠太尉牛墓志铭》并《序》。

案:此条释文失误有二:其一,释文所定牛僧孺生卒年有误。《全唐文》卷七二〇李珏《故丞相太子少师赠太尉牛公神道碑铭》并《序》和唐杜牧《樊川(文)集》卷七《唐故太子少师奇章郡开国公赠太尉牛公墓志铭》并《序》,俱谓牛僧孺卒于大中二年(公元 848 年),年六十九。由本年逆推六十九年,则为唐德宗建中元年(公元 780 年)。因此,牛僧孺的生卒年应为公元 780—848 年,修订版《辞源》当据以改正。其二,释文所标杜文篇名有误。检《樊川(文)集》卷七,知此文篇名应为《唐故太子少师奇章郡开国公赠太尉牛公墓志铭》并《序》。且考诸唐代有关文献,不见有"太常少师"一职。释文中所标"太常少师"可以肯定为"太子少师"之讹。另,"奇章郡开国公牛"下脱一"公"字,当补。(丁鼎)

牯 1985

母牛。见《玉篇》。俗亦称阉割过之公牛为牯牛。

案:"牯"字《说文》不载,字书首见于《玉篇》,释为"牝牛也"。后世的语文辞书大都承用不疑。今择其要罗列如下:

《康熙字典·牛部》:"牯,《玉篇》:'牝牛。'《集韵》:'牛名。'"

《中华大字典·牛部》:"牯,牝牛,见《玉篇》。"

《辞海》:"牯,母牛。"

台湾三民书局《大辞典》:"牯,母牛。《玉篇》'牯,牝牛。'"

《汉语大字典·牛部》"牯"字条,义项[1]:"母牛。《玉篇·牛部》:'牯,牝牛。'"

《汉语大词典·牛部》:"母牛。《玉篇·牛部》:'牯,牝牛。'俗称阉割过的公牛。亦泛指牛。"

以上辞书将"牯"解释为"母牛",都不可信。"牯"实为公牛。查检旧字书,《广韵·姥韵》:"牯,牯牛。"语焉而不详。"牯"与"㹀"音义同。《尔雅·释兽》:"绝有力欣㹀。""欣"字疑衍,见郝懿行《尔雅义疏》。《玉篇》:"㹀,牛有力。"《广韵·麻韵》:"㹀,牛绝有力。"公牛比母牛有力,故名。只是各书解释仍然不清楚。

从同源词的角度看,"牯(㹀)"与"羖、羯、羖、豭、麚"同源,均指雄性动物。"羖"是黑色的公羊。《说文·羊部》:"羖,夏羊牡曰羖。"《尔雅·释畜》:"夏羊牡羭,牝羖。"今本《尔雅》与《说文》意义相反,当是字误,应该改为"夏羊牡羖,牝羭",详参《说文》"羭"下段玉裁注和郝懿行《尔雅义疏》。

《急就篇》卷三:"羜、羖、羯、羠、羱、羝、羭。"颜师古注:"羖,夏羊之牡也。"《史记·秦本纪》:"吾媵臣百里奚在焉,请以五羖羊皮赎之。"五羖羊皮就是五张黑公羊皮。"羖"之异体作"羝",见

《干禄字书》。《玉篇·羊部》《广韵》字又作"羖",并是异体字。"豭"是公猪。《说文》:"豭,牡豕也。"《左传·隐公十一年》载,郑伯"使卒出豭"。孔颖达疏:"豭,谓豕之牡者。"又《定公十四年》:"盍归我艾豭。"字又作"猳"。《广韵·麻韵》认为是"豭"的俗字,可从。《吕氏春秋·本味》:"雟以牺豭。"苏轼《朱亥墓志》:"进承其颐,视如豚豭。""麚",是公鹿。《说文·鹿部》:"麚,牡鹿也。"《尔雅·释兽》:"鹿牡,麚。"郝懿行疏:"其牡曰麚,亦犹牡豕名豭也。"其说甚是。《广韵·麻韵》:"麚,牡鹿。"

"牯(羖)、羖(羖、羖)、豭(猳)、麚"古音同属见母,鱼部,意义相通,均指雄性动物,它们无疑是一组同源词,雄性是贯穿各词的词义核心。公牛为"牯",亦为"羖";公羊为"羖",亦为"羖、羖";公猪为"豭",亦为"猳";公鹿为"麚"。正因为其同源,有时可以通用。《六书故》:"羖,牡羊也。牡牛亦曰羖牛,犹羖羊亦曰牡羊也。"《尔雅翼·释兽》:"羖,而音又通于'牯',故《本草》羖羊条注称牯羊,'牯'乃牡之名。"

《说文》不载"牯"字,但载了一个"㸹"字,解释为"特牛也"。特牛即大公牛。《诗·鲁颂·閟宫》:"白牡骍刚。""刚"应是"㸹"的假借字。"㸹"与"牯"古音同属见母。㸹,阳韵;牯,鱼韵,韵可对转。应该说这两个字也是同源字。《本草纲目·兽部·牛》:"牛之牡者曰牯,曰特,曰㸹,曰犅。"李时珍已经说得够清楚了。

还有一个"牙"字,古音也属鱼部,与"牯"也应同源。《本草纲目·兽部·豕》称豕之"牡曰豭,曰牙"。清西崖《谈征·名部下·牙猪》:"牙猪,牙即豭之音转也。"他的认识有道理。今四川方言仍以"牙"为雄性畜牲之通称,如公猪称牙猪,公狗称牙狗。

语文辞书也有不错的。《广韵·姥韵》:"牯,牯牛。"语焉而不详,或者有误字。《广韵声系》说:"牯牛,《切韵》作牡牛。"《切韵》不误。又,《正字通·牛部》:"牯,俗呼牡牛曰牯。"《正字通》是一部注重实用的语文工具书,作者采集民间口语为说,甚是。

方言是古语的活化石,今四川方言称公牛为牯牛。衡阳方言也称公牛为牯牛,未成年的公牛称牛牯子,并且移畜称为人称,女婿称郎牯子。福建、广东方言"牛牯"与"牛母"相对,前者为雄性,后者为雌性。有趣的是湖南、广东、江西一带方言还有"猪牯、狗牯、羊牯"的称谓,也是指雄性动物。"牯"已经成了雄性哺乳动物的标识词。《汉语大字典》援引了《正字通》之说,但是仍不敢相信"牯"之为公牛,乃解释为"俗指阉割过的公牛"。《汉语大词典》也说:"俗称阉割过的公牛。亦泛指牛。"其实,无论是否阉割,公牛一律应称"牯"。至于"泛指牛"之说,从所举例证看也不可信。

至于母牛则称"牸",称"犁",称"㹀"。《左盦外集·名物溯源续补》:"牝牛亦为牸牛,牝马亦为牸马,而牝豕名豝,巴、字,亦一声之转。""犁"《玉篇》作"騇",释为"牝牛也"。也作"㹀"。《集韵·祃韵》:"騇,《尔雅》:'牝曰騇。'或从牛。"《正字通·牛部》:"㹀,盖牝之通称。㹀即牝牛,非专指马言。"《本草纲目·兽部·牛》:"(牛之)牝者曰犁,曰㹀。"今四川话仍称母牛为犁牛。范成大《四时田园杂兴》诗:"牯犁无瘟犊儿长,明年添种越城东。""牯"与"犁"反义并举,"牯"为公牛,

"𤙰"为母牛,是"牯"作公牛解的又一铁证。

词是呈类聚状态的,又是互相对立、互相补充的。表示性别不同的词各呈类聚状态,同时表雄性和雌性动物的词则既是对立的,又是互补的,从而构成有序的词汇系统。

"牝"与"牡"字形相近,古籍中常常相混。如"羒",《尔雅》说是牡羊,《玉篇》说是牝羊;羖,《说文》说是牡羊,《尔雅》说是牝羊,诸如此类。其中必有一误。《古汉语常用字字典》:"羖,黑色的公羊。"不误。又,"羭,黑公羊"。则沿今本《尔雅》误。牯字条《玉篇》之失可能是字误。《切韵》去《玉篇》之时代不远,以"牯"为公牛,必定是时语的记录,可靠性不容怀疑。(毛远明)

《辞海·牛部》:"牯(gǔ 古),母牛;也指阉割过的公牛。又泛指牛。"《辞源》《汉语大词典》《汉语大字典》大致相同。这个注释显然是错误的:"牯"系指公牛,也泛指猪、羊、狗等畜兽之雄性者;无所谓阉不阉,也无所谓"泛指牛",牯就是牯。

《说文》无"牯"而有"羖";"羖"或作"羝","牯"依"羝"造,见于《玉篇》。《说文》给"羖"作的注释是:"夏羊(黑羊、绵羊)牡曰羖。"因此,"牯"自然也是"牡"而非"牝"。《广雅·释兽》云:"吴羊(白羊、山羊)牡一岁曰牯䍮。"《尔雅翼·释兽》云:"羖,而音又通于'牯',故《本草》'羖羊'条注称'牯羊'。'牯'乃牡之名。"《正字通·牛部》:"俗呼牡牛曰牯。"这些解释都是切实的。

牯、𤙰之分别为牡、牝,在各地方言里也是明明白白的。我调查了一下浙江、江苏、山东、江西、湖南、四川若干地方的方言,大体都有"牯牛(牛牯)、羊牯、猪牯(野猪牯)、犬牯"的说法;"牯"之为"公",绝无疑义。浙西南山区遂昌的方言里还称母牛为"𤙰牛",公牛之未阉者叫"骚牯",阉过者叫"犍牯",公黄牛叫"黄牯",公水牛叫"水牯"。方言口耳相传,如此一律,其承古性是毋庸置疑的。

当今处于权威地位的四大辞书之所以会共同存在如此荒唐的颠倒,是因为迷信《玉篇》等字书和远离民间生活,不事考核。宋本《玉篇·牛部》云:"牯,姑户切,牝牛。""牝,畜母也。"就事论事,它是始作俑者。《康熙字典》、旧版《辞源》(1915)相继盲目照抄,后者还妄加了"俗谓牡牛之去势者曰牯牛"一句,于是又引出另一个错误。四大辞书或先或后,无非陈陈相因;而《辞海》的编纂诸公在写这个词条的时候可能也曾受到客观的"冲击",因而未免举棋不定,结果就写成了苏模棱式的三项注释。

其实,《玉篇》同时又云:"𤙰,疾利切,母牛也。"而别无指公牛之字,已经自证其误。宋代之书已多用"牯"字,《广韵》和《集韵》的编撰者有鉴于《广雅》之言和现实资料,对此已经有所觉察;但最终还未能摆脱《玉篇》(可能也包括讹本《说文》)的影响,因而只好含糊其辞。《广韵》说:"牯,牯牛。"《集韵》说:"牯,牛名。"等于白说。可惜这些可疑的资料均未引起当代辞书编纂者的注意。

《玉篇》去《说文》不远,其书也多因《说文》,何以会把"牯"弄成"牝牛"的呢?这很有可能是由于误袭《尔雅·释畜》"牡羭、牝羖"和《说文》讹本的缘故。

对于这个问题,现代辞书中,唯有《现代汉语词典》的注释是对的,曰:"牯牛:公牛。"这件事其实并不怎样复杂,大概也未必会造成多大危害;但在"方法"上却确实具有典型意义,事出有

因,发人深省。(周云汉)

牴乳 1986

公羊产乳。比喻不可能发生的事。《汉书·苏武传》:"乃徙武北海上无人处,使牧牴,牴乳乃得归。"注:"牴,牡羊也。不当产乳,故设此言,示绝其事。若燕大子丹乌白头,马生角之比也。"

案:释义当作"牴乳,公羊产子。"《说文》:"乳,人及鸟生子曰乳,兽曰产。"此析言之,浑言则兽产子亦谓之乳。《汉书·酷吏传》引民谣曰:"宁见乳虎,无直宁成之怒。"颜注云:"猛兽产乳,养护其子,则搏噬过常,故以喻也。""产乳"为同义词连用,产即乳,均为产子之义。《辞源》所引书证中的两个"乳"字,均为此义。说解以"乳"之今义释"乳"之古义,误。(袁庆述)

狐疑 1999　狼狈 2001

《辞海》:"狐疑:谓遇事犹豫不决。《离骚》:'欲从灵氛之吉占兮,心犹豫而狐疑。'《汉书·文帝纪》:'方大臣诛诸吕迎朕,朕狐疑。'颜师古注:'狐之为兽,其性多疑,每渡冰河,且听且渡,故言疑者,而称狐疑。'"《辞源》:"狐疑:俗传狐性多疑,因以指多疑无决断。《楚辞》屈原《离骚》:'心犹豫而狐疑兮,欲自适而不可。'《史记·文帝纪》:'元年诏:方大臣之诛诸吕迎朕,朕狐疑,皆止朕。'参阅北齐颜之推《颜氏家训·书证》。"

《辞源》:"狼狈:(一)兽名。唐段成式《酉阳杂俎》十六《广动植·毛》:'或言:狼狈是两物。狈前足绝短,每行常驾两狼,失狼则不能动,故世言事乖者称狼狈。'俗谓互相勾结为非作歹者为'狼狈为奸'。"《辞海》:"狼狈:比喻彼此勾结。如狼狈为奸。按:旧说,狼狈两兽名。狈前脚绝短,每行必驾两狼,失狼则不能动。见段成式《酉阳杂俎·广动植》。"

狐疑、狼狈皆为双声字。清代王念孙在《广雅疏证》中批评说:"《史记·淮阴侯列传》云:'猛虎之犹豫,不若蜂虿之致螫;骐骥之踯躅,不如驽马之安步;猛贲之狐疑,不如庸夫之必致也。狐疑、犹豫、踯躅,皆双声字……后人误读狐疑二字,以为狐性多疑,故曰狐疑……以上诸说,具见于《水经注》《颜氏家训》《礼记正义》及《汉书注》《文选注》《史记索隐》等书。夫双声之字,本因声以见义,不求诸声而求诸字。故宜其说之多凿也。"

王引之在《经义述闻·通说上》中以"无虑"为例进行论证,云:"家大人曰:凡书传中言无虑者,自唐初人已不晓其义,望文生训,率多穿凿,今略为辨之。高诱注《淮南子·俶真篇》曰:'无虑,大数名也。'《广雅》曰:无虑,都凡也。又曰:都,大也。都凡,犹言大凡。'即高诱所谓大数名也。《周髀算经》曰:'无虑后天十三度十九分度之七。'赵爽注曰:'无虑者,粗计也。'意亦与大数同。宣公十一年《左传》释文曰:'无虑,无虑叠韵字也。《汉书·食货志》:天下大氏无虑,皆铸钱矣。'颜师古注曰:'大氐犹言大凡也。无虑亦谓大率无小计虑耳。'《赵充国传》:'亡虑万二千人(亡与无同)。'注曰:'亡虑,大计也。'案师古以无虑为大计,是也。而又云:无小计虑则凿矣。"

王引之的论述告诉我们:无虑是双声叠韵字,从字音解为"都凡""大计"是正确的;从字义解为"无小计虑"就错了。"其意即存乎声,求诸其声则得,求诸其文则惑矣。"胡适先生给《辞通》写的序言说:"'因声求义'是《辞通》指示我们的最重要的方法。"《辞源》《辞海》等书的误释,就是由于没有很好地研究清代人的训诂学成果,忽略了双声叠韵字"因声求义"的方法,没能舍弃汉唐注释家的旧说,"求诸其文,遗惑当世"。(丁治民)

按:"狼狈"是联绵词,不可分开解释。"狼狈"本来写作"剌𧿁"见《说文·𧿁部》。亦作"狼跟""蹎跟",见《一切经音义》卷五十八《僧祇律》三十四卷。又作"赖跟"见《龙龛手鉴》足部。又作"躐跟",见《集韵》去声十四泰韵。凡六种字形,音义俱极近,义为"行不正也",用此义解"狼狈为奸"甚当,引申为"行为艰难",解"进退狼狈"亦确。《辞源》所释实误。(汪贞干)

狼戾 2001

"①以狼性喻人之贪暴凶残《战国策·燕一》:'夫赵王之狼戾无亲,大王之所明见知也。'"

按:"狼戾"不应拆开解释。《说文通训定声》注"狼戾"说:"《广雅·释诂》(三):'狼、戾也。'又(四)《淮南览冥》:'狼戾不可止'注'犹交横也'。《孟子》'乐岁粒米狼戾'。又《长笛赋》'乍跱蹠以狼戾'注'乖背也'。按亦双声连语。"王念孙《读书杂志》四之十六"连语"说"凡连语之字皆上下同义,不可分训,说者望文生义,往往穿凿而失其本指。……如训狼戾,则曰狼性贪戾"。王氏于此处注:"《严助传》'今闽越王狼戾不仁'。师古曰'狼性贪戾,凡言狼戾者谓贪而戾'。念孙案师古以狼为豺狼之狼,非也。狼亦戾也,《广雅》曰:'狼戾,狠也。'又曰:'狼,很戾也。'是'狼'与'戾'同义。《燕策》曰:'赵王狼戾无亲。'《淮南要略》曰:'秦国之俗贪狼狼戾。'贪狼皆两字平列,非谓如狼之戾,如狼之贪也……不知双声之字不可分为二义。"(汪贞干)

狼煙 2002

查《现代汉语词典》《辞海》及《辞源》等词典辞书,对"狼烟"一词的释义大体相同。举《辞源》的释义为例:

狼烟:狼粪之烟。……相传古之烽火用狼粪,取其烟直而聚,虽风吹不斜。此释义语本《酉阳杂俎·广动植》上的"狼粪烟直上,烽火用之"一说。

《酉阳杂俎》系唐代段成式撰,笔记体。是一本"或录秘藏,或叙异事"的闲书,其记录"多可供考证,资谈助",不可尽信为实。其对"狼粪烟"之说,以"小心求证"的目光审之,颇多令人生疑且不合日常事理之处。

《辞源》中"烽燧"词条是这样解释"烽火"的:

烽燧:即烽火。古代边防报警的两种信号。白天放烟叫"烽",夜间举火叫"燧"。《墨子·号令》:"与城上烽燧相望。昼则举烽,夜则举火。"《史记》一一七《司马相如传·喻巴蜀檄》:"夫边郡之士闻烽举燧燔,皆摄弓而驰,荷兵而走。"索隐引韦昭:"烽,束草置之长木之端,如挈槔,见敌则烧举之。燧者,积薪,有难则焚之。烽主昼,燧主夜。"从释义所引古文可知,古代边防报警的信号有两种——烽烟和燧火。白昼报警用烽烟,夜间报警用燧火。而烽烟之烟系由"束草"烧之而生。与狼粪并无半点干系。

说到狼这种野生动物，其生活习性简而言之是：群居、肉食、凶狠。

因其肉食，其经消化后排出粪便的成分中，少有可供燃烧的物质。据研究者调查，一种以二十多只为一群的土狼，可以在不到三十分钟的时间，把一头约五百磅重的成年食草动物"啃得只剩下地上的一滴血"。这种土狼"吃的骨头非常之多，以至于拉下的粪便看上去像白垩（其主要成分是碳酸钙）"。这种狼粪干了以后就像石灰岩渣，真用来做燃料，若不说它绝对烧不着的话，只说一旦敌军突袭而来，一时半刻间要在烽火台上将这等白垩狼粪燃着并捣鼓出又浓又直的烟来，其操作难度恐怕不下于"蜀道之难"。

据研究者介绍，狼系群居动物，一般以十数只或数十只不等为一群，在一定范围的觅食区域活动。因受"生物食物链"平衡趋向的限制，一定的地域范围所存活的狼群数量必定是有限的。再加之狼的体形类犬，至多只能算是一种中型的肉食者。由此，决定了其食量其粪量必定有限。据此可推导出如下公式：

某边地狼粪总量＝只数×群数×狼均产粪量

对于采集狼粪的具体操作过程而言，野狼吃荤不吃素的肉食（凶残？）性、其活动的隐蔽性、其排粪的具体时间和地点、其粪量的大小及采粪时的季节、天气好坏等，再加上从采集点到狼粪仓库往返路程的远近，以及狼粪加工成料率的高低等等，最终都会影响狼粪总量的最终的收得率。

还是唐代司马贞所撰《史记索隐》中的释义可信："烽，束草置之长木之端，如挈槔（即升高杠杆的一头），见敌则烧举之。"草，是一种较之牛粪更易收集、贮藏并更易引燃的既理想又实用的生烟燃料。古代烽火台多建于荒野边地，登台四眺，恐怕多半是荒草满目而难觅狼粪，或至少也是下得烽火台来，风吹草低才能见得三两点狼粪。彼等穿军装的农夫或农家子弟，恐怕也多半会舍狼粪而取野草以备不时之需。而这种野草，很可能就是一种被称为"稂"的那种野草。

稂，音 lang，平声，读同狼。汉代许慎撰《说文解字》即收有此字，从草写作"莨"，而从禾则写作"稂"，并释为"禾粟之莠生而不成者"。意思是：稂或莨长得像禾穗而无其实。实际上，稂很可能就是民间俗称的"狼尾草"。

这样一种被多种古典文献记载的具有盖房子、织袋子、编草鞋，甚至荒年充饥等多种用途，且与禾黍伴生争长的野草，在一个以农耕为主要生活来源的古代农业社会中，较之狼粪定然会更为农民及其子弟所熟悉，而古代中国军队的兵员来源，主要就是这些农民及其子弟。至于束稂草烧之以生浓烟的全套操作技艺，则根本不用等到他们成年后再从新兵营的军训中演练学成，恐怕早已在其童年稚齿时光，即已在农舍的炊房灶间熟视亲历，且能熟练掌握其全套操作要领并终生不会生疏遗忘。一旦他们登上四下荒草的烽火台，将这种农家生活中惯习之生烟技艺熟能生巧地运用于军事行动，完全是顺理成章舍此其谁的合情合理之选择。

行文至此，似乎可以理直气壮地宣告：以狼尾草束之桔槔头，烧而举之，生出的报警烽烟，当名正言顺地呼之为"lang 烟"、书之为——稂烟。

那么，"粮烟"何以变成"狼烟"呢？

首先，"粮"与"狼"形近音同，极易口头传讹或笔下窜误。

其次，极有可能因俗众加上雅众的好奇喜异心态所促成。

再者，古代中国盛产诗文，历千百年造就的美文修辞之传统深入民心。"狼烟"较之"粮烟"，以美文修辞"欲穷千里目，更上一层楼"的审美期待之目光和趣味品评，其审美效果最起码是更上了至少一层楼。较之"粮"，"狼"之形象，放进凶蛮的入侵者、残酷的厮杀、血染的沙场这样杀气腾腾的场景描述中，更易引发创作和阅读时的艺术联想；而"狼烟"一词，与大漠、胡骑、刁斗、羽檄、铁马金戈等语词组合，会更利于营造定格边塞征战之特写镜头的审美意象。因而，作为入文入诗的修辞首选，定然是非"狼烟"莫属。孰顾诗篇文章中"狼烟"四起之时，却正是"粮烟"被冒名取代之日。以"粮烟"之实在之真，终不敌"狼烟"之虚拟之美，最终"狼烟"藉名篇佳句扬名古今，而"粮烟"因功实名俗深埋青史而不为人识。如此"真"与"美"之争，令人不知该喜该忧？（柯秋先）

玷 2053　刮 0346

"玷"义项一："玉的斑点。引申为过失、缺点。《诗·大雅·抑》：'白圭之玷，尚可磨也；斯言之玷，不可为也。'《释文》：'《说文》作刮。'"这里涉及"刮"字的释义，下面一并讨论。

"刮"："缺点。'玷'的本字。《说文》引《诗》：'白圭之刮。'今《诗·大雅·抑》作'白圭之玷'。"

《辞源》认为"刮"是"玷"的本字，这是对的。段玉裁已指出："刮、玷，古今字"（段"刮"字注，182页，上海古籍出版社）。这里要讨论的有两点：(1)刮的本义是什么？(2)"白圭之玷"的"玷"是什么意思？

《说文》："刮，缺也。"这是刮的本义。所谓"缺"并非缺点的意思，乃"亏缺""缺损"之意。《辞源》释为"玉的斑点"，尤为不确。"白圭之玷"的"玷"，正是用的本义，古代的注释家几乎没有异议。

  毛传：刮缺也。

  郑笺：玉之缺尚可磨鑢而平。

  正义：白玉为圭，圭有损缺，犹尚可更磨鑢而平。

  诗集传：盖玉之玷缺，尚可磨鑢使平。

其他一些训诂资料也可以为证。《礼·缁衣》引《诗》"白圭之玷"。注："玷，缺也。言圭之缺尚可磨而平之，言之缺无如之何。"《汉书·韦玄成传》："玄成复作诗，自著复玷缺之艰难。"注："玉缺曰玷。"《后汉书·李王邓来列传赞》："款款君叔，斯言无玷。"注："玷，缺也。"

将"玷"的本义释为"玉的斑点"，并非始于《辞源》。《广韵·忝韵》多忝切收有三个 diàn 字：

  玷：玉瑕。

刮：斫。

鈂：《说文》，缺也。

所谓"玉瑕"，就是"玉的斑点"。上文已指出：刮、玷乃古今字。因玉缺曰玷，后人造了一个从玉旁的"玷"字，与"玉瑕"义不相涉。鈂与刮亦为同义关系。段玉裁"鈂"字注："刀缺谓之刮，瓦器缺谓之鈂。《诗》云：'白圭之刮'，引申通用也。"刮、玷、鈂三字同源，《广韵》的释义不得要领。（何九盈）

琴鹤 2065

琴鹤相随。喻清高。《全唐诗》六七四郑谷《赠富平李宰》："夫君清且贫，琴鹤最相亲。"

"琴鹤"，就是指琴与鹤。释为"琴鹤相随"，已不太妥切。又据前句有"清且贫"，遂断定为比喻清高，也可以说是望文生义。郑诗是赠给富平李县令的（宰，非李某之名，是对县令的称呼），李某官居七品，为五斗米折腰，不能称之为"清高"，而从全诗的内容来看，郑谷是在称颂李某的为官清廉。清高、清廉，还是有很大区别的。（胡昭镕）

璧水 2075

指太学，即"泮池"，也称"璧池""璧沼"。……宋吴自牧《梦粱录》十五《学校》："古者天子之学，谓之'成均'，又谓之'上庠'，亦谓之'璧水'，所以养育作成天下之士类，非州县学比也。"

璧池 2076

学宫前半圆形的水池。

按：说璧水即"泮池"，误。璧水、璧池指"辟雍"，泮水、泮池指"泮（頖）宫"，二者不同。《礼记·王制》："天子命之教，然后为学。小学在公宫之南；大学在郊：天子曰辟雍，诸侯曰頖宫。"是则辟雍为西周天子之大学，其所以称为辟雍，是因四周有水，形如璧环。《白虎通·辟雍》："天子立辟雍何？所以行礼乐、宣德化也。辟者，璧也，象璧圆又以法天，于雍水侧，象教化流行也。"泮宫则为诸侯国之大学，其所以称为泮宫，是因为有水半环之。《诗·鲁颂·泮水》郑玄笺："泮之言半也，半水者，盖东西门以南通水，北无也。"《白虎通·辟雍》："诸侯曰泮宫者，半于天子宫也。……半者象璜也，独南面礼仪之方有水耳。"因此，后世沿用古称，以辟雍指中央最高学府——太学、国子监；而以泮宫指地方官学。如明清时之州、县学宫即称泮宫，并有如璜之半圆形水池，称泮池或泮水，生员（秀才）入学习称"入泮"或"游泮"（而从无称"入璧""游璧"者）。显然，《辞源》说"璧水"即"泮池"，是把太学和州县学混为一谈了。而所引《梦粱录·学校》文也明明指出了"璧水，……非州县学比也。"何得自相牴牾！同样，"璧池"条说是"学宫前半圆形的水池"，也弄错了。半圆如璜的水池是泮池，圆如璧形的水池才是璧池。（张虎刚）

璫 2076

"璫"："屋椽头装饰。"书证引《史记·司马相如传》："华榱璧璫。"

"瑲"究竟为何物,《史记》司马贞《索隐》列举了两种不同的意见。

  韦昭曰:"裁玉为璧,以当榱头。"司马彪曰:"以璧为瓦当。"

《汉书·司马相如传》颜师古注也列举了两种意见:

  璧瑲,以玉为榱头,瑲即所谓璇题、玉题者也。一曰,以玉饰瓦之当也。

  《后汉书·班彪传》及《文选·上林赋》《西都赋》注,均采用韦昭的说法,以"瑲"为"榱头"。新编《辞海》合二说为一:"屋榱头的装饰,即瓦当。"按"榱头"又名"榱题""榱头","瓦当"乃筒瓦之头,有圆形及半圆形,《辞海》合而为一,显然不当。
  《说文》新附收有"瑲"字,释为"华饰也。"郑珍说:"瓦当,与《韩子·外储说》'玉卮无当,瓦卮有当'同作底解,知古止作'当',俗因以璧为之,增从玉。"(《说文新附考》卷一,7页)可证"瑲"乃"當"的分别字。筒瓦有当,榱头根本无所谓当。另外,"华榱璧瑲",本是分写二物。"华榱"指雕画的榱头,"榱"在这里实指榱题;"璧瑲"即班固《西都赋》的"裁金璧以饰瑲",也就是用圆形的璧装饰的筒瓦头。
  韦说欠当,司马彪的意见是正确的。中华书局出版的《两汉文学史参考资料》在《上林赋》的注文中也取司马彪说。这条注文很明确,现抄录于下:
  瑲,古代宫殿屋顶所用的筒瓦的前端,通称瓦当;璧瑲,指用玉嵌饰瓦当。(何九盈)

畜 2111

  "畜"字义项三:"限制"。书证为《孟子·梁惠王下》:"畜君何尤?"朱熹《四书集注》释"畜君"为"畜止其君之欲"。"畜止"即"限制"。但赵岐释为"臣悦君。"《孟子》也说:"畜君者,好君也。"杨伯峻《孟子译注》将"畜君"译为"喜爱国君"。可取,因此这个义项应改为"取悦,讨好"。(何九盈)

略 2117

  ⑧稍微。《世说新语·任诞》:"宣武(桓温)欲求救于(袁)耽,……试以告焉,应声便许,略无慊吝。"
  按:释"略"为"稍微"意是错误的,这里的"略"作为程度副词用应是"一点儿""全""了"的意思,这从下述几个方面都可得到说明。
  ① 从所引文字看。"应声便许"和"略无慊吝"是一个事物的两个方面,"应声便许"侧重在"有","略无慊吝"侧重在"无"。"应声"者,随声也,言其疾,如《史记·司马相如列传·子虚赋》:"弓不虚发,应声而倒。""慊吝"者,怀疑,有所顾忌也。"应声便许"即"略无慊吝"的具体形象刻画,意思是:随声就许诺了,全无怀疑和顾忌。如说解"略"为"稍微"意,岂不是与"应声便许"龃龉不合吗?

② 从引文出处看。此段文字摘引自《世说新语·任诞》,主要是写袁耽的"任诞",即放纵旷达,不为时俗礼法所拘。引文中以"……"代表的而被略去的两句话、七个字实际是很重要的。即"耽时居艰,恐致疑"。"居艰"亦称"丁艰""丁忧",指旧时遭父母之丧的守丧。封建社会的诸多礼法中,丧礼是占有重要地位的一礼,父母死后,子女要在家守丧三年,不能婚娶,不能赴宴,不能应考,做官的也要辞职回家"居艰"。"桓武欲求救于耽"的又是什么事呢?是"戏",或称"樗蒱",以掷骰决胜负的博戏,因为"桓宣武少家贫,戏大输,债主敦求甚切,思自振之方,莫知所出",后来他才想到向"俊迈多能"精于此术的袁耽求救。但袁耽当时正"居艰",所以他担心"致疑",不得不"试以告焉",出乎意料的是袁耽"应声便许,略无慊吝"。一个因为"戏大输"的人向一个"居艰"的人求救,求的人尚"恐致疑",而被求者尚在"居艰"的人却"应声便许,略无慊吝",通过这些言行两相比较,袁耽的任诞、通脱、放纵不拘的形象跃然纸上,这一"略"字能说解为"稍微"吗?

③ 刘孝标注引《郭子》文较简短,但重点也很突出,今转引如后,亦可证"略"解为"稍微"不确。《郭子》曰:"桓公樗蒱,失数百斛米,求救于袁耽。耽在艰中,便云:'大快。我必作采,卿但大唤。'即脱其衰,共出门去。觉头上有布帽,掷去,箸小帽。既戏,袁形势呼祖,掷必卢雉,二人齐叫,敌家顷刻失数百万也。"

④ "略"作"全""了"解,在魏晋时期是较普遍的,如《水经注·三峡》:"自三峡七百里中,两岸连山,略无阙处。重岩迭嶂,隐天蔽日,自非亭午夜分,不见曦月。"正因三峡两岸之山全无阙处,所以才有"隐天蔽日,自非亭午夜分,不见曦月"的景象。又如刘孝标注引《典论》"常自叙曰(据余嘉锡校"常"应作"帝"):'戏弄之事,少所喜惟弹棊略尽其妙'"《世说新语·巧艺》则作"文帝于此戏特妙"。《博物志》则作"善弹棊"。"略尽其妙"即"特妙"意,也就是"善"的意思。又如《世说新语》中的"许侍中、顾司空俱作丞相从事,尔时已被遇,游宴集聚,略无不同"。(《雅量》)"王汝南既除所生服,遂停墓所。兄子济每来拜墓,略不过叔,叔亦不候。济脱时过,止寒温而已。后试问近事,答对甚有音辞,出济意外。济极惋愕,仍与语,转造精微。济先略无子姪之敬,既闻其言,不觉懍然,心神俱肃,遂留共语,弥日累夜,济虽儁爽,自视缺然。"这里的几个"略"字也都是"皆""全""了"解,绝无"稍微"意。(姚国旺)

畸 2125

"畸"义项一:"零片土地。"引《说文》"畸,残田也"为证。"残田"是指"田形不正,不整齐",并非"零片土地"。段玉裁说:"残田者,余田不整齐者也。"《广雅》卷二:"畸,衺也。"王念孙《疏证》:"《说文》:'畸,残田也。'亦田形之不正者也。"(何九盈)

疢 2133

"疢"义项二:"嗜好成癖。"书证引《左传》襄公二十三年:"季孙之爱我,疢疾也;……疢之美,其毒滋多。"

"疢"与"疾"同义,都是疾病的意思。这里用作比喻,意谓季孙"常志相顺从,身之害。"与"嗜好成癖"毫不相干。

"疢疾"也可以组成"疢疾"。《孟子·尽心上》:"人之有德慧术知者,恒存乎疢疾。"朱熹注:"疢疾,犹灾患也。言人必有疢疾,则能动心忍性,增益其所不能也。"(何九盈)

疵物 2137

非议世间的事物。《后汉书》八三《逸民传叙》:"或垢俗以动其概,或疵物以激其清。"《注》:"梁鸿、严光之流。"

以"疵物"为"非议世间的事物",此释未能首肯。《逸民传》记的是"不事王侯,高尚其事"的逸民,他们"或隐居以求其志,或曲避以全其道,或去危以固其安,或静已以镇其躁",审其人,度其事,均"甘心畎畆之中,憔悴江湖之上",以远离世俗为高,隔绝人事为尚。尽管逸民有逸民的苦衷,但既称逸民,从史传的传统看,就不能过于超出洁身自好的范围。以"非仪"著称的《后汉书》另有《党锢传》《独行传》等,非逸民之其人其事。

今按:疵,病也;物犹物务之物,事也。《后汉书·陈宠传》:"是时三府掾属专尚交游,以不肯视事为高。宠常非之,独勤心物务,数为(司徒鲍)昱陈当世事宜。"三府掾属虽非逸民之流,然汉末风气恶浊尚清,仕宦亦"以不肯视事为高"。而"不肯视事"正是历代高士的主要特征之一。考梁鸿、严光事迹,严光躬耕垂钓,以"唐尧著德,巢父洗耳"自许,光武侧席相求,终未屈志相从。梁鸿"霸陵山中以耕织为业,咏诗书弹琴以自娱,仰慕前世高士,而为四皓以来二十四人作颂",后避朝廷征求,易名改姓,"与妻子居齐鲁之间,有顷又去适吴",为人赁舂,穷愁潦倒,但一生清高,未尝稍变初衷。以此言之,"疵物"之释,当取"以物务为病"或《庄子·天地》篇"耻通于事"为长。与之对举的"垢俗"也正是"以世俗为辱"的意思。(陈兴伟)

瘴 2143

"瘴"字释义为"足气病。"用词不当,容易使人误以为是"脚气病"。

《玉篇》:"瘴,足气不至,转筋也。"朱骏声《说文通训定声·履部》:"瘴,……今俗所谓转筋。""足气病"当改为"脚转筋"。(何九盈)

足气病。《说文》:"瘴,足气不至也。"〔五代南唐〕徐锴《说文系传》:"今人言久坐则足瘴也。《高士传》曰:'晋侯与亥唐坐,瘴,不敢坏坐'也。"今本《高士传》作"痹"。

按,《玉篇》:"瘴,足气不至,转筋也。"《正字通》:"瘴,俗谓脚冷湿病。"从修订本和笔者所引书证、例证看。"瘴"指的是人体下肢因风、寒、湿侵入,经络阻塞不畅,或久坐血脉不活,麻木抽筋的病状、修订本用"足气病"释"瘴",不仅没有说明问题,而且会使人误解成是当今因细菌感染而引起的脚气病。(伍仁)

瘳 2145

"瘳"义项二:"减损。"书证为《国语·晋语二》:"君不度而贺大国之袭,于己也何瘳?"

《辞源》的释义取自韦昭的注解。韦注："瘳，犹损也。"但韦注不可信，"瘳"并无"损"义。"瘳"的本义为病愈，引申为益处，好处。"于己也何瘳"，意为对自己有什么好处。《左传》昭公十三年："其何瘳于晋？"杜注："差也。"杨伯峻说："差即病稍痊可之差，意谓……于晋有何好处。"（《春秋左传注》1361页）其说甚是。（何九盈）

發憤 2154

（一）勤奋。《论语·述而》："发愤忘食，乐以忘忧。"唐李白《李太白诗》五《白马篇》："发愤去函谷，从军向临洮。"释义与书证两不相合，未为的论。

孔子一生勤奋好学，所谓"学而不厌"是也，所谓"韦编三绝"是也。因勤奋而忘食，固然高山景行，令人钦慕，但揆之情理，验之时语，似乎均有不协。清人刘宝楠《论语正义》云："发愤忘食者，谓好学不厌几忘食也。乐以忘忧者，谓乐道不忧贫也。"串其大意，与"勤奋"之义相近，但刘宝楠在此并未一一落实词义，同为他在《述而篇》"不愤不启，不悱不发"句下已经点明："下篇夫子言'发愤忘食'，谓愤于心也。"何谓"愤于心"呢？《正义》说："《方言》：愤，盈也。《说文》：愤，懑也。二训义同。人于学有所不明，而仰而思之，则必兴其志气，作其精神，故其心愤愤然也。""愤"以气盈气懑为义，与今"憋闷"相当。《文选》载晋成公子安（绥）《啸赋》："舒蓄思之悱愤，奋久结之缠绵"，用义准确，可以援之以为"发愤"之参证。发，启、开也。发愤，在《论语》里当是"解开憋闷"的意思。学有所思，思有未解，未解而蓄愤于心，一旦豁然舒展，悟其真谛，不啻人生一大快事，故而几于忘食可也。

至如李白《白马篇》，当以"气盈于心"之引申为义，《辞海》释为"下决心；立志"，极是。（陈兴伟）

眼 2213

（一）目，眼睛。《庄子·盗跖》："比干剖心，子胥抉眼，忠之祸也。"

按，"眼"与"目"在上古不同义。"目"是今所谓眼睛，"眼"是今所谓眼球（眼珠子）。眼是目的主要组成部分。戴侗《六书故》云："眼，目中黑白也。易曰：'为多白眼。'合黑白与匡谓之目。"这是"眼"的正确解释。《释名·释形体》："眼，限也，童子限限而出也。"童子也就是眼珠子。子胥抉眼，是挖出眼珠子。阮籍能为青白眼，也讲的是眼珠子。大约到唐代以后，"眼"才变为"目"的同义词。（王力）

睡 2217

（一）睡觉。《汉书》四八《贾谊传·陈政事疏》："将吏被介胄而睡。"（二）倦而闭目，瞌睡。《史记》六八《商君传》："（秦）孝公既见卫鞅，语事良久，孝公时时睡，弗听。"

按，说文："睡，坐寐也。"坐寐就是坐着打盹，瞌睡。《左传·宣公二年》："坐而假寐。"注："不解衣冠而睡。""睡"的本义是坐着打盹，应为第一义。引申为睡觉，则是后起义。《辞源》所举的例子"将吏被介胄而睡"不合适。被甲胄而睡正是不解衣冠而睡，是假寐，不是睡觉。睡觉的意义大约产生在唐代以后。杜甫彭卫行："众雏烂漫睡，唤起霑盘飧。"（王力）

礝盧 2248

用弓发射打鸟的石箭头。书证为《战国策·楚策四》："方将修其礝卢,治具矰缴。"

这条释义不妥,与书证中的"礝卢"意思不符。"礝"和"卢"本为两物。礝是石箭头,卢是黑弓。可参阅王力主编《古代汉语》第一册 112 页关于这句话的注释。(何九盈)

碫 2254

释义为"砺石"。

这条释义是以《说文》《广雅》《玉篇》对"碫"的解释作为根据的。但砺石是指磨刀石,碫并非磨刀石。段玉裁认为《说文》"碫(应作碫),厉石也"乃"碫,碫石也"之误。他说:"段与厉绝然二事,碫石、厉石必是二物。""是则碫石者,石名","此石可为椎段之椹质者。"又《诗经小学》:"毛云碫是锻石,《说文》云碫是厉石,其说不同,而毛为是。"《诗·大雅·公刘》郑笺:"锻石,所以为锻质也。"锻,本亦作碫。我以为《辞源》的释义应取段注、郑笺。(何九盈)

碔 2260

"碔"的释义:"砺石。"应依《玉篇》《广韵》《集韵》释为"黑砥石"。"砥""砺"虽云同类,但毕竟有别。(何九盈)

社長 2263

古乡官,即里正。《全唐诗》十顾况《田家》:"县帖取社长,嗔怪见官迟。"元代,凡十家立一社,择一人作社长,位低于里正。《元史·刑法四·捕亡》:"诸奴婢背主而逃,……邻人、社长、坊里正知不首捕者,笞三十七。"参见"里正"。

这条解释,除所引《全唐诗》词义不明外,其所言元代的情况有两处错误:

第一,元代"凡十家立一社"之说不能成立。社是元代的地方基层组织,从渊源上讲承袭于金代,而又有较大的发展,具有自己的特点。至元七年(1270)二月,元世祖在建立司农司的同时,颁布了立社法令。法令规定:"诸县所属村疃,凡五十家立为一社,不以是何诸色人等并行入社。令社众推举年高通晓农事有兼丁者立为社长。如一村五十家以上,只为一社。增至百家者,另设社长一员。如不及五十家者,与附近村分相并为一社。若地远人稀不能相并者,斟酌各处地面,各村自为一社者听,或三村或五村并为一社,仍于酌中村内选立社长。"(《通制条格》卷十六,《田令》。又见《元典章》卷二十三,《劝农立社事理》条)。可见,元代社制原则上是以五十户为一社。而《辞源》作者认为"凡十家立一社",大概是混淆了元代社与甲的区别。至元十三年(1276),陈天祥在兴国(今湖北阳新)"命以十家为甲,十甲有长,弛兵禁以从民便"。(《元史》卷一六八,《陈天祥传》)这种"十家为甲"的制度只在元代部分地区实行过,并且时间很短。

第二,社长和里正是两码事,不能混为一谈。乡都设里正,村社置社长,制社和里制是两个自成系统的地方基层组织。从所主管的事务上讲,二者各有分工,里正主要负责催办差役、征收赋税和维持地方社会治安,而社长的主要职责是"劝农",即督促本社社民的农业生产、管教不努力劳动的"游手好闲之辈"。元朝政府立社的初衷,就是为了尽快恢复因战乱而遭到严重破坏的农业生产,以稳定社会秩序,巩固蒙古贵族的统治。当然,后来社长的职权范围也有所扩大,"诸论诉婚姻、家财、田宅、债负,若不系违法重事,并听社长以理谕解,免使妨废农务,烦扰官司。"(《通制条格》卷十六)但"劝农"却一直是社长的主要职掌。另外,里正是由官府派差,摊派的原则是其家田地资产的多寡,"粮多极等上户殷富者充里正。"(《元典章》卷二十六,《编排里正主首例》条)而社长至少在原则上则是由社民推举,标准是"年高通晓农事有兼丁者",并不依资产状况摊派,二者在产生途径上也是有区别的。(杨毅)

祠 2267

"祠"义项二:"祈祷。"书证有《周礼·春官·小宗伯》:"祷祠于上下神示(祇)。"

这条释义只适应于"祷"字,与"祠"义不符。《小宗伯》的注文对"祷""祠"已有辨析:"求福曰祷,得求曰祠。"所谓"得求曰祠",是指对神的酬谢,报答。故义项二应改为"酬神,还愿。"(何九盈)

神勇 2272

勇力绝人。《南史·梁宗室始兴王传》:"吏人叹服,咸称神勇。"宋苏辙《栾城集·孟德传》:"孟德者,神勇之退卒也。"

这个释义,也好像正确:"神",神奇;"勇",勇力。神奇的勇力,自然是勇力绝人了。然而,在这两个书证中,都不能释为"勇力绝人",而且错得厉害。《南史》中的梁始兴王萧憺,并不以勇力著称,而是个办事精明果决的人。传说中有一次他所统治的地方洪水暴涨,许多人被淹,萧憺出重赏募善水者打捞,救活数千人,所以"吏民叹服,咸称神勇",即称颂他英明果断。至于《孟德传》中的"神勇",则是指宋王朝的禁军——神勇军,孟德并不是一个勇力绝人的武士,而是从神勇军里跑出来的逃兵。(胡昭镕)

私铸 2295

私人铸铁或铸钱。历代铁、钱皆由官府铸造,私铸有罪。

按:说"历代铁、钱皆由官府铸造,私铸有罪",这话说过了头,与历史事实不尽合。拿秦代来说,研究者认为:"始皇的统一币制,只是货币单位的统一,而不是货币铸造发行权的统一。半两钱并不由国家统一铸造,甚至政府是否铸造钱币,也无从知道。"(彭信威《中国货币史》第一章第二节)至于汉初,据《史记·平准书》记载,"更令民铸钱",文帝时,"令民纵得自铸钱。故吴,诸侯也,以即山铸钱,富埒天子;邓通,大夫也,以铸钱财过王者。"上述事实表明,在秦代和汉初,私铸是国家明令允许的,并不犯罪。(吕友仁)

稍 2307

(二)小。见"稍事"。引申为稍微、略为。《史记·周勃世家》:"勃恐,不知置辞。吏稍侵辱之。"(三)逐渐。《史记·项羽纪》:"项王乃疑范增与汉有私,稍夺之权。"(四)甚,颇。《文选》南朝梁江文通(淹)《恨赋》:"紫台稍远,关山无极。"唐李白《李太白诗》三《前有樽酒行》之一:"落花纷纷稍觉多,美人欲醉朱颜酡。"

按,"稍"字用作副词,唐代以前都是逐渐的意思。《周勃世家》"吏稍侵辱之",是说狱吏们渐渐欺负他,不是说略为欺负他。恨赋"紫台稍远",是越去紫台越远,仍是渐的意思,不是甚的意思。李白诗"落花纷纷稍觉多"是渐觉多的意思,不是甚觉多的意思。"稍"字当略为讲,大约在宋代以后。朱熹《送郭拱辰序》:"世之传神写照者能稍得其形似,正得称为良工。"至于当甚字讲,则从来不曾有过。(王力)

穖 2319

"穖"的释义:"禾穗的粟粒。"书证有《吕氏春秋·审时》:"得时之禾,……疏穖而穗大。"

"穖"的意义前人已有不少考证。王筠《说文句读》"穖"字注:"穖,吾乡谓之马,其疏密各有种族,秋分稀马,密马是也。"

所谓"马",就是禾穗的分支。程瑶田《九谷考》云:"禾采成实,离离若聚珠相联贯者谓之采。"禾穗的分支如聚珠相联贯,显然非单颗的粟粒。详说可参阅陈其猷先生的《吕氏春秋校释》1786页。(何九盈)

穰 2320

"穰"义项一:"黍茎的内包部分。"书证引《说文》:"黍梨已治者。"

王筠据玄应《一切经音义》引《说文》,改为"穰,黍治竟者也。"他说:"治者,击其穗以下其粒也;竟者,尽也。未治时为穗,治之既尽,所余者为穰。"据此,"穰"的释义似应改为"已脱粒的穗子"。(何九盈)

穋 2321

"穋"义项二:"选择"。书证有《楚辞·招魂》:"稻粢穋麦,挐黄粱些。"王注:"穋,择也。择麦中先熟者。"

《辞源》的释义是以王逸的注文作为根据的。但王注并不可信。"稻、粢、穋、麦",四个名词并列,都是指粮食。将"穋"释为动词"选择",文意扞格不通。洪兴祖补注已不取王说。洪注:"穋,音捉。稻处种麦也。"蒋骥《山带阁注楚辞》:"穋麦,麦之先熟者。一云:'稻下种麦也'。"蒋氏将穋、麦合为一物,亦不妥。陆侃如、高亨等人的《楚辞选》释"穋"为"麦的一种"(114页)。可信。其实,"穋"就是早收的麦稻等谷物,义项二应与义项一合并。至于作"择也"解的应是"擆"字,见《广雅·释诂》。王念孙据王逸注,认为"穋与擆通",并无其他语言资料可证。(何九盈)

窕 2328

"窕"义项一:"放肆。见《说文》。"义项二:"细"。书证有《左传》昭公二十一年:"小者不窕。"

这两个义项均可议。《说文》:"窕,深肆极也。"所谓"深肆",并非"放肆"之意。段玉裁说:"窕与窘为反对之辞,……凡此皆可证窕之训宽肆。""宽肆"就是宽绰的意思。训"窕"为"放肆",

盖始于郭璞。《尔雅·释言》："窕，肆也。"郭注："轻窕者好放肆。"郝懿行已指出郭注不当。郝说："窕者，下文云：'闲也'。'闲'有宽意，与深远意近。故《说文》云：'窕，深肆极也。'既言深，又言肆者，义本《尔雅》。郭云'轻窕者好放肆'，盖读窕为佻，《释文》因之，而云：'窕，吐彫反。'此皆误矣。"（《尔雅义疏》）桂馥《说文解字义证》也指出："肆即深肆，郭注臆说也。"段玉裁亦讥之为"真愦愦之说。"

"窕"亦无"细"义。《左传》"小者不窕"，段玉裁的解释是："谓虽小而处大，不使多空廓之处也。"（《说文解字注》）其说甚是。这个"窕"字还是宽绰、空旷的意思。故义项二可与义项一合并。（何九盈）

端居 2343

"端居"目云："犹言平居。"

按，此说未妥，除释义方式与"定叠"目同样有以古释古之弊以外，义亦欠安。"平居"是平素、平时的意思，"端居"却是安居、深居（谢交游、少外出）的意思；前者是一个浑成的词，后者为习惯性词组：二者不能互训。《中国语文》1983年第5期李崇兴《词义札记》该条已指出此说之误，不过举例多为韵文，兹增缀散文二例于后。《太平广记》卷四百八十七《霍小玉传》："（李生）因谓玉曰：'皎日之誓，死生以之。与卿偕老，犹恐未惬素志，岂敢辄有二三？固请不疑，但端居相待。'"宋刘斧《青琐高议》别集卷一《西池春游》："（生）乃别姬曰：'吾往不过逾月，子但端居掩户。'"（王锳）

端砚 2343

我国历史上著名的文房四宝之一的端砚，从唐代开始就闻名于世，到现在已1350多年历史。何谓端砚？根据1981年的《辞源》修订本"端砚"条的注释是"以广东德庆端溪产石所制之砚，自唐以来，即为人重，唐刘禹锡《刘梦得集》四《唐秀才赠端州紫石砚，以诗答之》诗中已有'端州石砚人间重'之句，李贺《歌诗编》三《杨生青花石砚歌》有'端州石工巧如神'之句。入宋名益盛，鉴别之法，亦渐以精密"。

但我认为《辞源》"端砚"条的注释似有混淆不清之处。因为在同本《辞源》相隔一页"端州"条注释是"端州、地名。隋以高要郡置，后改为信安郡，唐复为端州，宋废。今为广东高要县。境东南有端溪，出砚石，所制砚称端砚"。从以上注释说明同一本《辞源》，二个端溪，二个端砚产地。一在德庆，一在高要，究竟以那一条为依据？我认为端砚历史悠久，中外知名，搞不清楚，会引为笑柄，目前正在兴修方志，辨别清楚，很有必要。

一　历史上德庆的端溪和端溪县

广东历史上最早有端溪和端溪县之名，是从西汉开始。根据《汉书》记载：汉武帝元鼎六年（公元111年）苍梧王赵光，桂林郡监居翁、降汉，是年十月，平吕嘉叛乱，遂定越地。设置南海、苍梧、郁林、合浦、交趾、九真、日南、珠崖、儋耳九郡。在苍梧郡境内，广信县以东沿江增设端溪，高要二县。广信县治在今梧州与封川之间,端溪县治在今德庆县城。以县治地,当端溪水口而命名,这是广东历史上的端溪县。当时的端溪县是包括今天的德庆、郁南、云浮、罗定、信宜等县大部分地方,但不包括高要县。高要县是另外设立,端溪县经历几个朝代,到晋朝穆帝永和七年(公元315年)分苍梧郡地置晋康郡,端溪县和元溪等县(今悦城)属晋康郡,而高要县则属高要郡。

到隋高祖开皇九年(公元589年)撤销晋康郡置端州,端溪县和高要县属于端州。

到唐高祖武德五年(公元622年)端溪县又从端州析出,设置南康州,后改康州。

到宋高宗绍兴元年(公元1131年)以康州为宋高宗封地,升康州为府,大概以其德而致庆为名,改名德庆府,德庆之名从此开始。端溪县属德庆府。

到明太祖洪武九年(公元1376年)改德庆府为德庆州,撤销瑞溪县,端溪县之名从此而废。

从以上历史说明,端溪从置县到撤销1487年至今天2100多年与高要县,都不是同一个县,各有各的建制。

二 历史上高要的端溪和端砚

根据《汉书》记载,汉武帝元鼎六年,平定南越,设置高要县,与端溪县同属苍梧郡。

南北朝时,梁天监六年(公元507年)高要升为高要郡,并置广州都督府于高要郡。

隋朝文帝开皇九年(公元589年)废郡置州叫端州。端州之名,主要是由于西江发源于云南,汉代叫郁水,隋唐时代在广西上游,会合柳江后叫黔江,会合郁江后叫浔江,在梧州会合柳江后进入广东叫西江。根据道光肇庆府志记载:"西江即郁水,自广西梧州苍梧县流入封川,……在封川县曰锦水,在德庆州曰大江,在高要县曰端溪,异名而同源也。"《元丰九域志》《新定九域志》卷九"端州:端溪,州以此溪名"。

原来德庆县城东有条小溪水流入西江的端水又叫端溪早已为西江在高要一段的端溪所代替,故高要一段西江,隋唐以来都叫端溪。其次在隋文帝开皇九年废郡置州,端溪县治的晋康郡与高要县治的高要郡,同时撤销,端溪县与高要县同时属端州,故废郡置州时,以端州命名。

同时考察,唐朝初期,朝廷大臣,诗人名士,被贬来西江地区及端州高要的也不少,这些人以其亲历其境的诗歌著作都可证实,如武则天时代著名诗人宋之问被贬来泷州,他是先到端州驿,又是高要县治的治地,然后初入西江溯江而上,由泷江口(南江口)入泷江,过蛮洞到达泷州(罗定)的,故其诗有《发端州初入西江》及《至端州驿见杜五、沈三、阎五、王二题壁,慨然成咏》。杜五即杜审言,大诗人杜甫之祖父,沈三即诗人沈佺期,阎五,即阎朝隐,王二即王无竞,这一般同时被贬南来的朝廷大官和知名人士,先到端州驿再分赴各地的。又如唐德宗时代诗人杨衡有《经端溪峡中》和《游峡山寺》二首诗以及其中"端溪弥漫驶,曲河潺湲流"之诗句,都是描写游端溪峡和登临峡山寺的情景,端州的端溪峡就是高要的羚羊峡,据唐《元和郡县志》端州、高要县记载"羚羊峡在县东水行三十里。"峡山寺就在羚羊峡山上,是建于唐代的古寺。这二首诗指的都是高要的端溪,不是指德庆的端溪。就以《钦定四库全书·端溪砚谱提要》说"考端砚,始见李贺诗"来考证,李贺是唐朝著名诗人,生于唐德宗时代(公元 790 年)卒于唐宪宗时代(公元 817 年),他的《杨生青花紫石砚歌》"端州石工巧如神,踏天磨刀割紫云"的诗句中,端州青花紫砚的产地,应该是指端州治地的高要端溪,不是指康州治地的端溪县的端溪。又根据宋《元丰九域志》记载,"端州、高要郡、军事、治高要县"。"土贡银一十两,石砚一十枚"。"康州晋康郡,军事、开宝五年废入端州,寻复置,治端溪县"……"土贡、银一十两。"这里指的向朝廷进贡的端砚是高要的端溪砚。而查《元丰九域志》、道光《肇庆府志》、康熙《德庆州志》、光绪《德庆州志》均没有康州、端溪县产端溪石并有青花紫石砚的记载。仅光绪《德庆州志·食货志第五·物产》篇有简略的记述:"金星石出德庆州,其色如漆,而密排金星,坚润者亦能发墨,今以砍伤石脉禁工开采。"故我认为,李贺指的端州石砚,应该是高要县境东南端溪所产的端州石砚。而当时德庆属康州,亦可能有石制砚,但不是历史上传统的端砚。从以上事实证明《辞源》"端砚"条的注释是不清楚的,而"端州"条的注释是符合历史事实的。(曾特)

等第 2353

唐代进士经京兆府考而取者。唐李肇《国史补》:"京兆府考而升者,谓之等第。"

这个释义是错误的。在唐代,进士是经过殿试合格才录取的,不是在京兆府考取的。所谓"等第",就是经京兆府考试解送到朝廷应殿试的士子名单。五代王定保《唐摭言》对此言之甚详:有京兆府列等第而落第者,有名列等第之末而为状元者,有为等第后久方及第者,有为等第而罢举者。之所以误为"唐代进士经京兆府考而取者",除了因对唐代的科举考试制度不清楚之外,就是拘泥于《国史补》中的"升"字,以为"升"就是考取了进士。(胡昭镕)

篪 2370

《辞源》引《广雅》释有八孔。其实非也。从更多证据中表明,篪有七孔。《宋本玉篇》释管有七孔也。《吕览·仲夏》云:调竽笙壎篪。注:篪以竹大二尺,长二寸,七孔,一孔上伏横吹之。《周礼·笙师》:掌教歙竽笙埙籥箫篪……注:篪,七空。

由这几例实证可知,"篪"作为一种乐器应有七孔,而非八孔,《辞源》所释非也。(王立)

籁 2380

"籁:㈠管乐器。《说文》谓为三孔龠。按籁为乐管中虚部分,中虚故能发声……㈡从空穴中发之声。《庄子·齐物论》:'地籁则众窍是已,人籁则比竹是已,敢问天籁。'也泛指声音。《全唐诗》一四四常建《题破山寺后禅院》:'万籁此都寂,但余钟磬音。'"

《汉语大词典》《古汉语常用字字典》《汉语成语考释词典》等辞书的说法大致相同,可见"籁"在古代的引申义指声音已成公论。但纵观"籁"的例证,这种解释似乎还值得商讨。

《说文》:"籁,三孔龠也。"指一种三孔的管乐器。但管乐器一下子引申指声音似嫌突兀。《辞源》等都引《庄子》为例,我们不妨看看《庄子》成玄英疏:"地籁则窍穴之徒,人籁则箫管之类,并皆眼见,此则可知。惟天籁深玄,卒难顿悟,敢陈庸昧,请决所疑。"成玄英把"籁"与"窍穴""箫管"视为同类,认为是一种"眼见"之物。《康熙字典》从其说,认为:"凡孔窍机括皆曰籁。"我以为将"籁"解为"孔窍"甚确。正因为"籁"指孔窍,所以《庄子》才说"地籁"是"众窍","人籁"是"比竹"(大地的乐孔便是地上众物的孔窍,人的乐孔便是并列的竹管)。

至于"万籁俱寂",应是指各种物体的孔窍都寂静无声,而非指"各种声音都静下来"。其中"没有声音"实是"寂"字之义,与"籁"无关。而作为声音义例证的元代赵孟頫诗:"风林发松籁,雨砌长苔衣。"其中"籁",与"衣"对文,也当指孔窍而非指声响。"发松籁"是指"使松树的孔窍发出声音"而非指"使松树的声音发出来",因为"松树",本无声音。其中"发出声音"实是"发"的含义而并不是"籁"的意义。(张觉)

糖霜 2391

熬制成的糖。古有饧,乃煎米蘖而成。三国吴孙亮使中藏吏取交州所献甘蔗饧。至唐太宗遣使至摩竭陀国取熬糖法,诏扬州取蔗作沈。以后遂有糖霜之名。宋苏轼《苏文忠诗合注》二四《送金山乡僧归蜀开堂》:'冰盘荐琥珀,何似霜糖美。'指红糖霜。黄庭坚《在戎州作倾答梓州雍熙长老寄糖霜》诗云:"远寄糖霜知有味,胜于崔子水晶盐。"指糖霜,即今白糖。

按:霜糖与饧虽质相当,但究非一物,以之并列而释恐非当。饧系用麦芽或谷芽熬制而成之饴糖,是乃吾国之土产,糖霜则系舶来品,该词始见于宋代。宋王灼《糖霜谱》云:"唐大历间,有僧号邹和尚者,不知从来,跨白驴,登撒山,结茅以居。一日,驴犯山下黄氏庶田,黄请偿于邹,邹曰:'汝未知窨蔗为糖霜,利当十倍。'试之果信。"宋洪迈《糖霜谱序》:"糖霜之名,唐以前无所见。大历中,有邹和尚者,始来小溪之繖山,教民黄氏造霜之法。遂宁王灼作谱七篇。"又明张岱《夜航船》云:"灯草寸断,收糖霜重间之为佳。""糖霜用新瓶盛贮,以竹箬纸包好,悬于灶上,两三年不溶。"(马振亚 王惠莲)

纪 2399

基址。《诗·秦风·终南》:"终南何有,有纪有堂。"注:"纪,基也。"

案:毛传释"纪"为"基"是错误的,清代王引之《经义述闻》卷五"有纪有堂"条早有论证。他说:"终南何有,设问山所有之物耳。山基与毕道仍是山,非山之所有也。"他以全部《诗经》之例考之,如山有榛、山有扶苏、山有枢、山有苞栎等,"凡云山有某物者,皆指山中之草木而言"。他进一步指出,《诗经》中"凡首章言草木者,二章、三章、四章、五章亦皆言草木,此不易之例也"。如丘中有麻、丘中有麦、丘中有李、南山有台、北山有莱,南山有桑、北山有杨,南山有杞、北山有李,南山有栲、北山有杻,南山有枸、北山有楰等。要是《终南》一诗首章言木,而二章却言山,则既与首章不合,又与全部《诗经》之例不符。因此,王氏指出:"'纪'读为'杞','堂'读为'棠',条、梅、杞、棠皆木名也。'纪''堂'假借字耳。"

为了进一步论证其说,王氏举了大量的古书异文材料。如《左传·桓公二年》:"杞侯来朝。"《公羊》《谷梁》并作"纪侯"。《桓公三年》:"公会杞侯于郕。"《公羊》作"纪侯"。《广韵》"堂"字下引《风俗通》:"堂,楚邑,大夫伍尚为之,其后氏焉。"即《左传·昭公二十年》中的棠君尚。"棠"字下说:"吴王阖闾弟夫槩奔楚,为棠溪氏。"《左传·定公五年》作"堂溪"。《潜夫论·志氏姓》:"堂溪,溪谷名也。"《史记·齐世家·索隐》引《管子》有"棠巫",今《管子·小称篇》作"堂巫"。异文材料说明"纪"通"杞","堂"通"棠"。

还有一个铁证,《白孔六帖·终南山类》引《诗经》正作"有杞有棠"。王氏认为:"唐时齐、鲁诗皆亡,唯韩诗尚存,则所引盖韩诗也。且首章言'有条有梅',二章言'有纪有堂';首章言'锦衣狐裘',二章言'黻衣绣裳';条梅纪堂之皆为木,亦犹锦衣黻衣之皆为衣也。自毛公误释纪堂为山,而崔灵恩本'纪'遂作'屺',此真所谓说误于前,文变于后者矣。"

王氏的论证是充分的、有力的、科学的,结论是可靠的。毛诗多用假借字,而三家诗多用本字,这条规律段玉裁曾多处指出,详《说文》"蒿""翱"等篆下段氏注。段氏与王氏之说正相吻合。今将假借字改本字读之,可谓涣然冰释。《辞源》修订时应该吸收这一成果,而不应仍沿毛传致误。

《辞源》在释义中曾多处引用王念孙父子的研究成果,如209页"佻佻"条,旧注训"独行貌",《辞源》引《经义述闻》训为"美好貌"。2416页"终风"条,引用《经义述闻·终风且暴》说"终当训既,即既风且暴之意"。诸如此类,兹不详举。但是在训释"纪"字条时却没有采纳王氏之说,实属遗憾。如果说是在修订中的一时疏漏,则这样的疏漏实在不应该,因为这一论证很确凿、很精彩。如果说修订者认为旧注是对的,并否定王氏的论证,则似乎更无道理。(毛远明)

統軍 2423

官名。唐北衙禁军有左右龙武军、左右神武军、左右神策军,号六军。各军置统军一人,……见《新唐书·百官志四上》

按:误。《新唐书》的确在以上六军条目下注明统军各一人,而左右羽林军条目下无注统军设置。粗看明确无误,然仔细查阅,该书还载:"兴元元年,六军各置统军。"又曰:左右神策军,贞元"十四年置统军,品秩同六军。"意即左右神策军统军品秩与六军统军相同,可见这里所说的"六军"并不包括左右神策军,且其置统军也晚于"六军"。那么"六军"指哪些军队呢?《新唐书·百官志四上》没有说明,这正是其疏漏与矛盾之处。另据《旧唐书》卷44"职官志三"载:"六军统军:兴元元年正月二十九日敕,左右羽林、左右龙武、左右神武各置统军一人,秩从二品。"《唐会要》所载亦同。《新唐书》卷50"兵志"载:左右羽林、左右龙武、左右神武军,"总曰北衙六军。"《文献通考》卷58"职官十二":"六军者,左右龙武、神武、羽林。"《辞源》撰稿者没有仔细分析《新唐书·百官志四》的史料,又无查对其他史籍,难免不出错误。

又,统军设置并不自唐代始。最迟北魏时已有设置,为领兵将领。《魏书》卷64"郭祚传":"宜命一重将,率统军三十人,领羽林兵一万五千人,……"同书卷65"邢峦传"载:"统军韩多宝等率众击之。……遣统军李义珍讨晋寿。"北齐、北周皆有设置,至隋代统军地位下降,成为从八品的小军官,据《隋书》卷28"百官志下"载,炀帝时便废去不置了。唐初,又恢复统军名号,如尉迟敬德降唐后任右一统军。李渊太原起兵时,置左、右六军,以李建成率领左三统军,李世民率右三统军(见《旧唐书》卷一"高祖纪")。据《旧唐书》卷42"职官志一"载:建唐以后,秦王府、齐王府各置左右六护军府及左右亲事府,每府皆有统军若干人。另据《新唐书》卷50"兵志"载:武德六年改称骠骑将军为统军,(《新唐书·百官志四上》记为武德七年。)贞观十年又改称统军为折冲都尉,为折冲府长官。可见唐代置统军者并不限于北衙诸军。(杜文玉)

结果 2424

第三义项:现钱。《水浒》二十:"宋江又问道:'你有结果使用么!'阎婆答道:'实不瞒押司说,棺材尚无,那讨使用?'"

按,把"结果"释为"现钱",殊误。此例"结果"是"发送"的意思。("使用"用作名词,含"费用"义,下举《红楼梦》第一例中的"使用"亦然,可证)《水浒》中相同的用例共有两处,另一处是:"阎婆道:'恁地时却是好也,深谢押司。我女儿死在床上,怎地断送?'宋江道:'这个容易。我去陈三郎家买一具棺材与你,作行人入殓时,我自分付他来。我再取十两银子与你结果。'"(二十一回)"与你结果"意谓给你作发送费用。《红楼梦》中亦有两例可以为证:"贾母又道:'我所剩的东西也有限,等我死了做结果我的使用。余的都给我伏侍的丫头。'"(一〇七回)"才刚二老爷叫我去,说老太太的事固要认真办理,但是知道的呢,说是老太太自己结果自己,不知道的都说咱们隐匿起来了,如今很宽裕。"(一一〇回)"自己结果自己"意谓用自己的钱发送自己。诸例"结果"皆"发送"义。(袁宾)

縣 2457

《辞源》释义,对古注多有采取。古注是训诂学家针对文献上下文语境,对词语含义的解释,它充分顾及特定语境对词语含义的规定性。《辞源》参阅古注,有时未能详审之,因而导致失误。

读为 xuán,是"悬"的古字。《辞源》"县"下第五义项为:"秤锤,称量。《礼·经解》:'衡诚县,不可欺以轻重。'疏:'县谓秤锤。'"《辞源》引古注解释"县",但未能准确理解孔疏之义,故释义有误。此"县"非指秤锤,应是"悬"的古字,意思指悬垂。以下依据该句所处之语境分析之。

《礼记·经解》云:"礼之于正国也,犹衡之于轻重也;绳墨之于曲直也;规矩之于方圆也。故衡诚县,不可欺以轻重;绳墨诚陈,不可欺以曲直;规矩诚设,不可欺以方圆;君子审礼,不可诬以奸诈。"儒家认为,礼乃治国之根本,安社稷、治民众、正风俗、经人伦必须以礼为准则,如同欲知轻重必得有衡(即称,是称量物重的器具),取直必得有绳墨,画方圆必得有规矩。此以衡、绳墨、规矩之理比喻治礼。文中使用排比句式,分句间结构一致,语势连贯。其中"衡诚县"与"绳墨诚陈""规矩诚设"是相同句式;"衡""绳墨""规矩"都是名词性成分充当主语;"诚"是状语,是三个排比项中共有的提携语;"县""陈""设"是动词作谓语。郑注曰:"衡,称也。县,谓锤也。陈、设,谓弹画也。"孔疏曰:"县,谓称锤。"可以认为,郑玄、孔颖达的注解并无不妥,足以帮助读者疏通文意。"县,谓锤也","县,谓秤锤",应理解为"县",是就秤锤而言,指以衡称量物体重量时须在秤杆上悬垂秤锤,并游移之,使之清楚准确地称出物之重量。行文中以"县""陈""设"对举,都是动词,"县"即悬挂、悬垂。

又《中华大字典》"县"下第四义项云:"锤也。《礼记·经解》:'故衡诚县,不可欺以轻重。'"此亦属未能充分顾及古注随文释义之特点而致误。(杨雅丽)

羊狠狼贪 2492

像羊和狼那样凶狠贪婪。《史记·项羽纪》:"因下令军中曰:'猛如虎,狠如羊,贪如狼,彊不可使者,皆斩之。'"

案:凶狠如羊。于义不通,史籍中似亦未见到言羊之凶狠者。所引《项羽本纪》之"狠如羊",他本《史记》作"很如羊",中华标点本亦作"很如羊"。且"狠""很"两字本通。《庄子·渔父》:"见过不更,闻谏愈甚谓之很。"《国语·吴语》:"令王将很天而伐齐。"注云"很,违也。"《说文》:"很,不听从也。"羊性执拗,喜违人命,故"很如羊"谓不听命令,执拗如羊。如此,正可与"猛如虎""贪如狼"并列。(袁庆述)

羹 2501

(一)和味的汤。《诗·鲁颂·閟宫》:"毛炰胾羹。"《左传·隐元年》:"小人有母,皆尝小人之食矣,未尝君之羹。请以遗之。"

按,羹是肉,不是汤。《尔雅·释器》:"肉谓之羹。"《太平御览》引《尔雅》旧注:"肉有汁曰羹。"《仪礼·士昏礼》释文引《字林》:"臐,肉有汁也。"可见羹是带汁的肉。《左传·隐公元年》:"颍考叔…有献于公。公赐之食。食舍肉。公问之。对曰:'小人有母,…未尝君之羹。'"前面说"肉",后面说"羹",可见羹就是肉。《后汉书·陆续传》:"因食饷羹,识母所自调和…母尝截肉未尝不方,断葱以寸为度,是以知之。"这也可见羹就是肉。桂馥云:"古之羹有二。一为肉臛,仪礼脀臐膮是也;一为肉汁,太羹湆不和是也。"这两种羹都不是汤。(王力)

翘心 2513

犹悬想。《南齐书·王融传》上疏:"北地残氓,东都遗老,莫不茹泣吞悲,倾耳戴目,翘心仁政,延首王风。"

按,"悬想"是凭空想象的意思(见《现代汉语词典》"悬想"条释义);在古代汉语中,《辞源》第二册"悬想"条列两条义项:(一)挂念,(二)猜想。把"翘心"释为"悬想",不很准确。我以为释"向往,想望"较好,"翘心仁政,延首王风"两句对仗,"翘心"与"延首"(亦含"向在"义)系同义对举。《敦煌变文集》卷五《长兴四年中兴殿应圣节讲经文》:"亦如我皇帝翘心真境,志信空门。修持三世之果因,敬重十方之佛法。""翘心"也是"向往,想望"的意思,可以为证。(袁宾)

耀魄宝 2515

引例作"汉甘德石申《星经》上《天皇》",则误。甘、石皆为战国时天文学家,一为齐人,一为魏人，皆有天文著作，已佚，后人辑为《星经》，题作"汉甘公石申著"，虽吸收了汉人的成果，但亦不应标二人时代为"汉"。（徐传武）

耐 2522

㊀ 古代一种剃去颊须的刑罚。二岁刑。通"耏"《汉书·高帝纪》七年："春，令郎中有罪耐以上，请之。"又举《功臣表》书证云：终陵齐侯华毋害"耐为司寇"。

按：说耐是"二岁刑"，欠考。《汉书·文帝纪》："有耐罪以上，不用此令。"注引苏林曰："一岁为罚作，二岁刑以上为耐。'"又《后汉书·光武纪》七年"耐罪亡命"注："《前书音义》曰：'一岁刑为罚作，二岁刑以上为耐。'"又《隋书·刑法志》梁制："刑二岁以上为耐罪。"可知耐罪是二年以上的罚作之刑。如果说得更具体点，就是二岁到四岁的罚作之刑，犹如今之二至四年的徒刑。《辞源》第二书证"耐为司寇"，这个司寇罪就是二岁罚作之刑，因为卫宏《汉旧仪》说："司寇，皆作二岁。"又《汉书·惠帝纪》："皆耐为鬼薪、白粲。"注引应劭曰："鬼薪、白粲，皆三岁刑也。"还有城旦舂，是四岁罚作之刑，也见于《汉书·惠帝纪》注。至于五岁以上的刑罚，就另有名目了。（吕友仁）

肃霜 2541

注："露凝为霜，《诗·豳风·七月》：'九月肃霜，十月涤场'，传：'肃，缩也。霜降收缩万物。'"

按：不可单解"肃"和"霜"。王国维《观堂集林》（一）"肃霜、涤场说"说："'肃霜、涤场皆互为双声，为古之联绵字，不容分别释之。肃霜犹言肃爽，即天高气清之意，涤场犹言涤荡，则肃清之义……九月肃霜'谓九月之气清高颢白而已，至十月则万物摇落无余矣。"洪诚《训诂学》中"论述分训联绵词为单音词的误例"举"肃霜、涤场"例，肯定了王国维氏的解释，指出了毛传之误。向熹《诗经词典》注"肃霜"亦取王国维氏说，不取《毛传》。"肃霜"宜解为"天高气清"。（汪贞干）

肱 2546

《辞源》释作：手臂从肘到腕的部分，泛指手臂。引自《诗·小雅·无羊》："麾之以肱，毕来既升。"《论语·述而》："曲肱而枕之。"

这种解释值得商榷。《说文解字·手部》："手，拳也。"段玉裁注："今人舒之为手，卷之为拳，其实一也。故以手与拳二篆互训。"《说文解字·肉部》："臂，手上也。"又《又部》："厷，臂上也。肱，厷或从肉。"可见，上肢分为手、臂、肱。手之上为臂，臂之上为肱。则臂指前臂，肱指上臂。《说文解字》中没有专指胳膊（包括上臂和前臂）的字，因此，肱和臂后来都可以用来泛指胳膊。古代多用肱泛指胳膊。《书·益稷》："帝曰：'臣作朕股肱耳目。'""帝庸作歌曰，勑天之命，惟时惟几。乃歌曰：'股肱喜哉！元首起哉！百工熙哉！'"（《尚书正义》卷五，33页）由以上书证可知，古代上肢分为肱—臂—手，下肢分为股—胫—足，因此，手和足相对，"手足"常连用；肱、股相对，也常连用，而股肱的肱，也足证用的是本义。《荀子·王制》："材技股肱健勇爪牙之士，彼将日日挫顿竭之于仇敌：我今将来致之，并阅之砥砺之于朝廷。"而《辞源》里所引"麾之以肱""曲肱而枕之"中的"肱",只能解释为泛指胳膊。因为,"麾之以肱",朱熹集注中云:"但以手麾之,使来则毕来,使升则既升也。"用手去麾羊,只能说用整个胳膊挥动,不能说上臂不动,仅用下臂。而"曲肱而枕之",不论是上臂还是下臂都不能弯曲,能弯曲的是整个胳膊,因此,"曲肱"也只能解释为"把胳膊弯起来"。根据这种分析,《辞源》"手臂从肘到腕的部分"的释义似不确切。(王立)

舞雩 2602

古代求雨祭天,设坛命女巫为舞,故曰舞雩。

案:行舞雩之祭的坛亦名舞雩。《论语·先进》:"浴乎沂,风乎舞雩,咏而归。"何注引包咸云:"浴乎沂水之上,风凉乎舞雩之下,歌咏先王之道以归夫子之门。"此"舞雩"明显为祭坛之名。《辞源》释义后所引书证中之苏轼诗"我欲归休瑟渐希,舞雩何日着春衣",正本于此。(袁庆述)

芙蓉城 2618

芙蓉城,四川成都的别称。五代后蜀孟昶于宫苑城上,尽种芙蓉,花开如锦,因有锦城之称。

案:四川成都"有锦城之称"并不始于后蜀,而是早已有之。锦城得名的由来也不是因为"孟昶于宫苑城上,尽种芙蓉,花开如锦"的缘故。《辞源》的说解虽然有据,但是并没有找到源头,自然也就算不得精审。

四川古称蜀,蜀人种桑、养蚕、织锦有悠久的历史。许慎《说文》认为"蜀"字是桑中蚕。西汉扬雄的《蜀王本纪》说:"蜀之先名蚕丛。教民蚕桑。"他的《蜀都赋》又说:"尔乃其人,自造奇锦。"可见织锦技术已很可观。汉代又在成都专设锦官,管理织锦事,故称成都为锦官城,简称锦城,这才是成都被称为锦城的真正由来。

其实就以《辞源》"锦官城"条的解释便足可证明此条说解的错误。《辞源》"锦官城"条:"锦官谓主治锦之官,因以为城名,在今四川成都市南。成都旧有大城、少城,少城在大城西,即锦官城。见晋常璩《华阳国志·蜀志》。简称锦城,又称锦里。《水经注》三三《江水》:'文翁为蜀守,立讲堂,作石室于南城。永初后,学堂遇火,后守更增二石室,后州夺郡学,移夷星桥南岸道东;道西城,故锦官也。言锦工织锦则濯之江流,而锦至鲜明,濯以他江,则锦色弱矣。遂命之为锦里也。'后人泛称成都为锦官城。唐杜甫《杜工部草堂诗笺》十八《春夜喜雨》:'晓看红湿处,花重锦官城。'"其说已详,兹不复赘。

下面仅再提供几条书证,作为锦城之名不始于后蜀的佐证。

任豫《益州记》:"锦城在州南,蜀时故宫也。"庾信《奉和赵王途中五韵》:"锦城遥可望,回鞍念此时。"李白《蜀道难》:"锦城虽云乐,不如早还家。"又《登锦城散花楼》:"日照锦城头,朝光散花楼。"(毛远明)

英烈 2638

英伟节烈。唐张说《张燕公集·扬州刺史姚文贞公碑》:"将以宠宗臣,扬英烈。"又李白《李太白集·赠张相镐》:"英烈遗厥孙,百代神犹王。"

以"英伟"释"英",以"节烈"释"烈",是常见的,所以谓"英烈"为"英伟节烈"似乎说得过去(其实,"英伟"和"节烈"连在一起也搭配不当)。但是,无论张说的碑文或李白的诗,都不是讲"节烈",而是讲"杰出的功业"。在现代汉语中,"烈"组成的词,最常见的是"烈士""猛烈"等。在古代,"烈士"却不是指坚守节操而牺牲生命的人,曹操诗《龟虽寿》中的"烈士暮年,壮心不已",就是指积极建立功业的人。(胡昭镕)

茶槽 2652

茶碓。宋范成大《石湖集》二四《立春》诗:"彩胜金幡梦里,茶槽药杵声中。"

按,《说文解字·石部》:"碓,舂也。"清人王筠句读曰:"杵臼任手,碓则任足。"故知碓本指脚踏的舂捣用具。将茶槽释作茶碓,误。茶槽为碾磨用器,而非舂捣用器。古之茶饮,是预将茶叶制成茶砖,称"茶饼"或"团茶",欲饮用时需先将其碎成茶末,然后或入汤瓶中烹煮,或投碗盏内点注。碎茶之具不外乎舂捣用的茶臼和碾磨用的茶碾、茶硙等。其中茶碾为槽形,用一轮轴(碢)在槽中反复滚压,即可将槽内茶碾作细末。其形制如今之药碾子而略小。明代的朱权在《臞仙神隐》一书中说:"茶碾……愈小愈佳。"1987年陕西扶风县法门寺地宫曾出土一唐代茶碾,长27.7厘米,宽5.6厘米,高7厘米。槽形,由槽身、槽座及用以闭合槽身的盖板组成。槽身底部呈弧形,便于碾碢来回运行。同时出土有与其配套使用的碾碢和茶罗(筛茶末所用)(见《文物》1988年第10期),均为银制品。宋徽宗《大观茶论》云:"〔茶〕碾以银为上,熟铁次之,生铁者……有黑屑藏于隙穴,害茶之色尤甚。"可见茶碾本为槽形,故又称"茶槽"。《辞源》所列书证中是将茶槽与药杵对举的,而碓、杵相类,遂望文生义,误释作茶碓。(李雁)

落成 2675

《辞源》"落"字义项九释云:"古代宫室建成时举行的祭礼。《左传·昭七年》:'楚子成章华之台,愿以诸侯落之。'注:'宫室始成,祭之为落。'疏:'以其言落,必是以酒浇落之。'参见'落成'。"《辞海》"落"字义项九,基本相同。《辞海》"落成"条目释文:"《诗·小雅·斯干序》郑玄笺:'宣王于是筑宫庙群寝,既成而衅之,歌《斯干》之诗以落之。'落,古代宫室筑成时举行的祭礼。后因称建筑工程告竣为'落成'。"《辞源》"落成"条目出宋人书证,源已见"落"义项九,故不重出。

古代汉学家训释"落"的"祭"义、"衅"义,早为清代训诂大师王念孙、王引之所否定,见《经义述闻·春秋左传下·愿与诸侯落之》。

释"落"为"祭"的唯一根据是《左传》杜预注、孔颖达疏,可是这并不符合古代礼制。《礼记·杂记下》:"成庙则衅之……路寝成,则考之而不衅。衅屋者,交神明之道也。"郑玄注:"言路寝者,生人所居。不衅者,不神之也。考之者,设盛食以落之尔。《檀弓》曰:'晋献文子成室,诸大夫发焉'是也。"《礼记》及郑注说得非常明确:庙新成必衅之,因这屋与神明相交,尊而神之。生人所居之屋成,不用神之,不衅,也就无祭了,于是设盛馔,同宾客共始其成。上面《檀弓》说的是生人所居的宫室,正类如"楚子成章华之台"事。孔颖达看到了这点,但对杜注的疏中强为之说:"以其言落,必是以酒浇落之,虽不如庙以血涂其上,当祭中霤之神以安之。"孔疏是借用隋庾蔚之的《礼论钞》之说:"落,谓与宾客燕会,以酒食浇落之,即欢乐之义也。"此为穿凿附会无疑。

《国语·楚语上》:"灵王为章华之台,与伍举升焉,曰:'台美夫!'对曰:'……今君为此台也,国民罢焉,财用尽焉,年谷败焉,百官烦焉,举国留之,数年乃成。愿得诸侯与始升焉,诸侯皆距无有至者。'"这与《左传》所载是同一件事,"愿得诸侯与始升焉"就是指"愿以诸侯落之"。《左传·昭公七年》下文云"楚子享公于新台",即与"诸侯落之"的事。又《哀公十七年》:"卫侯为虎幄于藉圃,成,求令名者而与之始食焉。"这也是"落之"一类事。在共始其成时,常宴请宾客。校读对照,释作"祭"是没有根据的。

《诗·小雅·斯干序》:"斯干,宣王考室也。"郑玄笺:"考,成也……宣王于是筑宫庙群寝,既成而衅之,歌《斯干》之诗以落之。此之谓成室。宗庙成,则又祭祀先祖。"陆德明释文:"落之,如字,始也。或作乐,非。"郑玄在这里又说明宗庙成则衅之,祭祀先祖;宫室成,宣王歌《斯干》之诗以始其事。"衅"与"落"分明是两码事。陆释文直接训"落"为"始"。"落成"中的"落"的"始"义,甚显豁。《辞海》"落成"条释郑笺"落"为"古代宫室筑成时举行的祭礼",与郑玄原意忤,是不确切的。

《汉语大字典》"落"义项⑫释云:"古代宫室新成时的庆祝祭礼。"引例与《辞源》同,惟仅引杜注。接着引王引之《经义述闻》"落"为"始"义的考释,与释义、杜注前后龃龉。

《尔雅·释诂》:"落,始也。"《尔雅》归纳概括了先秦的经义,训"落"为"始"。陆德明《经典释文》也特别指明"落"的"始"义。杨伯峻先生《春秋左传注》中对"落"字的释解,完全引用王念孙、王引之之说,不采用杜注。宋吴曾《能改斋漫录·辨误》:"以予观之,'夕餐秋菊之落英',非零落之落。落者,始也。故筑室始成谓之落成。"土木方兴,开始营建叫经始,建造告竣始成叫落成,如今泛谓建筑物,不限于房屋。

另外,"落成"中"落"解作"衅"义也误。如上所述,宗庙建成则衅,以牲血祭之。这不叫"落","落"无"衅"义。《辞源》义项十释文云:"古代用牲血涂新铸的钟。《左传·昭四年》:'叔孙为孟钟,曰:"尔未际,飨大夫以落之。"'注:'以豭猪血衅钟曰落。'"《辞海》义项八基本相同,未引注。《汉语大字典》"落"义项⑬释作:"古代重要器物初成时用动物的血涂抹。"引例与《辞源》同。上例中的《左传》文,王引之指出注误,明确"落之之事,享也,非祭也。"杨伯峻注云:"落与衅不同。古代凡器用,如钟、鼓之类,及宗庙,先以猪、羊或鸡之血祭之,曰衅(《孟子·梁惠王上》谓以牛衅钟,乃特例,详焦循《正义》)。然后飨宴,则名之曰落,犹今言落成典礼。衅不必享,落则享客。"亦否定了杜氏旧注。所谓享,指宴飨,宴请,实际上是同宾客共始其成的具体内容之一。这是与"落成"的涵义近似的。后世新屋落成时用诗文等形式祝贺歌颂,可以说是古时共始其成的较为文明的发展。宋王安石《张侍郎示东府新居诗因而和酬》之一:"自古落成须善颂,扫除东阁望公来!"《说郛》二六引元□□《东园友闻·丘真人》:"东平富人新居落成……富人以礼致真人,将冀一言,以颂其居。"

由此可见,辞书所列"落"的"祭""衈"两个义项都是虚假的,也无其他实例。这是囿于旧注以及沿袭了旧辞书罗列的义项而造成的。"落成"的语源《左传》"愿以诸侯落之","落"为"始"义,释作"祭礼"是因袭的误解。(张子才)

蒙求 2693

唐李瀚撰。⋯宋陈振孙《直斋书录解题》、晁公武《郡斋读书志》著录皆以瀚为唐人,《四库提要》以瀚为五代晋人。清末杨守敬在日本得卷子改装本古抄《蒙求》,及后来敦煌出土《蒙求》卷子本书前表序皆唐人所撰,则瀚当为唐人。

按:《蒙求》撰人,旧时著录或曰李瀚,或曰李翰,或曰唐人,或曰五代晋人。经近人余嘉锡详考,确知为唐代李翰,其人两《唐书》均有记载,《新唐书》附《文艺·李华传》,《旧唐书》附《文苑·萧颖士传》(见《四库提要辨证》卷十六)。此条断为唐人,是;但名作"瀚",则误。(张虎刚)

蕃 2714

"蕃"下注:"㈧附属。通'番'。《周礼·秋官·大行人》:'九州之外,谓之蕃国。'"按:《周礼》将天子所在京都以外地方依远近分九等,叫"九服",外围的三服是夷服、镇服和藩服(也作蕃服),已经超出九州之外,合称"蕃国"。究此"蕃国"之"蕃",当与"藩服"之"藩"取意相同。《说文·艸部》云:"藩,屏也。"《〈逸周书·职方〉注》云:"藩服,屏藩四境也。"则"藩服"之"藩"用其本义,意为屏障。"藩服"居九服之表,为四境之屏障,因称"藩服";"蕃国"也居九州之外围,为四境之屏障,故此称为"蕃国"。又《说文·艸部》云:"蕃,草茂也",则"蕃国"之"蕃"不用本义,但为"藩"之借字。如此说来,《辞源》若将《周礼·大行人》之"蕃国"作为"蕃"下第㈦义项"屏障。通'藩'。"之书证,倒是很合适的,今以为"蕃"有"附属"义之书证,可就错了。

又《辞海》"蕃"注:"㈠(fān)通'番'。古时对外族的通称。《周礼·秋官·大行人》:'九州之外,谓之蕃国。'"以《大行人》中"蕃国"之"蕃"证明"蕃"有"古时对外族的通称"一义,也不妥。"蕃"有"古时对外族的通称"一义,毋庸置疑,而且此义极有可能就是从上古的"蕃国"一词引申来的。《〈尚书·周官〉正义》曰:"《周礼》九服,此惟言六者,夷、镇、蕃三服在九州之外,夷狄之地,王者之于夷狄,羁縻而已,不可同于华夏,故惟举六服。"可见蕃国是古少数民族居住之区域。既然古少数民族居住之区域称为蕃国,经过词义的引申,"蕃"成为对外族的通称,也就不难理解了。要之,《周礼·大行人》"蕃国"的"蕃",乃取屏障之义,至于"蕃"有"古时对外族的通称"一义,则是"蕃国"一词引申来的,其义大概始见于中古,其字也写作"番"。

又《辞源》对"蕃"的注释列有"附属"一义(所引用的唯一书证经过上面的分析已经站不住脚),却未列"少数民族的、外国的"一义,也不应该。像《隋书·礼仪志四》:"群臣及诸蕃客并集,各从其班而拜。"《新唐书·孔戣传》:"蕃舶泊步,有下碇税。"其中之"蕃"就只能用"少数民族的、外国的"一义去解释,若用"附属"义就讲不通。(王彦坤)

虞芮 2754

春秋时虞国和芮国。《诗·大雅·绵》："虞、芮质厥成。"《史记·周纪》："于是虞、芮之人有狱不能决,乃如周。入界,耕者皆让畔,民俗皆让长。虞、芮之人未见西伯,皆惭,相谓曰:'吾所争,周人所耻,何往为?只取辱耳。'遂还,俱让而去。……"

按:《春秋》一书所记史事,从鲁隐公元年(公元前 722 年)迄鲁哀公十四年(公元前 481 年),后世因称这一历史时期为"春秋"时期。据上述释文所引《史记》之文,再据《尚书·西伯戡黎》孔颖达《疏》引汉伏生《尚书大传》曰:"文王受命一年,断虞、芮之质。"又引郑玄云:"纣闻文王断虞、芮之讼,……始恶之。"知上引《诗经》和《史记》中所谓的虞、芮二国是指西伯(周文王)时期的国名。而周文王是殷商末年(公元前十一世纪)的诸侯,他在世时间早于春秋时期三百多年,因而不当谓虞、芮是春秋时期的国名。实际上虞、芮二国从殷末建立后,一直到公元前七世纪才先后为晋、秦所攻灭。因此,应该说它们是殷、周时期的国名,才符合历史实际。(丁鼎)

蜂起 2768

《辞源》释为"群蜂并飞",其实亦应释为"如群蜂之并飞"。故能引申出"众多"之义。(袁庆述)

蚕食 2795

蚕食桑叶。比喻逐渐侵吞。

案:"蚕食"并非"蚕食桑叶",而是"如蚕之食(桑叶)",方能引申出"逐渐侵吞"之义。"蚕",名词,作状语以修饰动词"食",后方凝固为双音词。

与此类似的还有"蛇行",《辞源》释为"伏地爬行"当释为"如蛇之行"。其义除开"伏地爬行"以外,还包含有"曲折而前"的意思,如柳宗元《小石潭记》中形容小溪"斗折蛇行",所强调的就不是"伏地",而是"曲折而前"。(袁庆述)

裹足 2827

"裹足"的本义很浅近,《辞源》释之云"缠裹其足",无疑是对的。关于它的引申义,几部辞书的释义值得商榷。《辞源》释云"引申为止步不敢向前"。《辞海》云"停步不前"。江苏人民出版社 1981 年版的《成语词典》"裹足不前"释"裹足"为"形容停步不前"(其他各种版本的成语词典释义均大同小异,兹不具录)。各书引例皆为李斯《谏逐客书》:"使天下之士,退而不敢西向,裹足不入秦。"这其实是望文生义,李斯之文,亦载于《文选》,五臣注刘良曰:"言虽裹足以欲游秦而不得入。"刘注是对的,只是未引起学人注意。李斯极言逐客之危害,说真正有学问的人,虽然已裹好腿,做好长途跋涉的准备,打算入秦有一番作为,但如今由于逐客令的下达,却"不得入",这对于想建立霸业的秦国来说,是多么地不利呵!《吕氏春秋·爱类篇》《淮南子·修务训》皆载楚欲攻宋,墨子闻之,自鲁往,"裂衣裳裹足",日夜不休而至于郢,见楚王救宋,这说明古人远行,多凭步走,因此须"裹足",这近似后代的绑腿了。王维《送秘书晁监还日本诗序》:"于是稽首北阙,裹足东辕。"正是说裹足东行,而不是"不敢向前"。唐人对"裹足"一词的用法,对我们认识它的

含义是有帮助的。(肖旭)

褡裢 2833

同"褡膊"。《金瓶梅》四九:"那胡僧直竖起身来,向床头取过他的铁柱杖,背上他的皮褡裢,褡裢内盛着两个药葫芦,下的禅堂,就往外走。"

《辞源·衣部》释褡膊也说"又称褡裢",均将二者看作是同物异名。上面已将搭膊一物分成二件东西,这里又将二件互不相干的东西当成了一物。褡膊与褡裢二者语音既不相通,所指亦不复相同,其间更无演变上的承接痕迹。宋洪皓《松漠记闻》卷上曾记回鹘商人为避夏人盘剥,把货物装入毛连中,用骆驼贩至燕地。原注曰:"毛连,以羊毛缉之,单其中,两头为袋,以毛绳或线封之。有甚粗者,有间以杂色毛者则轻。"以其为用毛织成的中间相连的囊袋,故称"毛连"。因其本为以骆驼贩商货所用,故形体较大。中原多用马驮物,有捎袋,不用毛连。或因商贾常在庙观中打尖住宿,其制式初多为僧人、道士所接受,其形渐小,搭于肩上以携物,遂演为"褡裢"。上所引《金瓶梅》中的胡僧,本非中原人物。他如《古今小说》卷十九《杨谦之客舫遇侠僧》:"去自家褡裢内取出十两赤金子,五六十两碎银子,送与杨公做盘缠。"又《红楼梦》第一回:"〔甄士隐〕将疯道人肩上的褡裢抢过来背上,同那疯道人飘飘而去。"后亦广为民间所用,亦称"褡子",今北方乡间犹时时见之。清蒲松龄《聊斋俚曲集》中收有一曲《俊夜叉》,其中有句云:"胡朋接过褡子去,殷勤替他上了肩。"须有人帮着上肩,可知容物之多。要之,褡裢与褡膊的区别在于:前者只用以盛物,后者既可盛物,又可束衣;前者仅可肩负,其小者方可挂在腰带上,而后者既可搭在肩上,也可扎于腰间,且以扎于腰间更常见。笔者恐囿于目力,为此又着意翻检了元明以来的一些杂剧和话本,尚未见诸如"腰上系一条褡裢"的说法,故知褡裢与褡膊是不能混为一谈的。(李雁)

西施 2842

一 近百年来各类辞典对西施命运的两种不同说法

1915年商务印书馆《辞源》"西施"词条注为:西施为"春秋越苎萝村西鬻薪之女,有姿容。越王勾践败于会稽,范蠡取西施献于吴王夫差。吴亡,西施复归范蠡从游五湖。或云吴亡,沉西施于江,以报鸱夷。"对此不同的二说,《辞源》结论是"未知孰是?"

然而,2002年商务版《辞源》却肯定地说:吴亡后,"西施归范蠡,从游五湖而去。其事散见于《吴越春秋·勾践阴谋外传》《越绝书》《吴地记》等。明梁辰鱼有传奇《浣纱记》,即以西施故事为题材。"这也许是经历了八十多年,新《辞源》此条目的注者认为找到了证据,只保留了一种说法。

1979、1989、1999年的三版《辞海》与2002年《辞源》的说法基本一致,只是少举了一个《吴地记》为证。

只有1997年版《汉语大词典》继承了1915年《辞源》的说法,并作了补充。对"西施归范蠡"

之说,补入了"见《吴越春秋·勾践阴谋外传》"。也许这是参考了《辞海》之说吧。另外,却明确地提出了"吴亡后,越沉西施于江"之说。在前《辞源》"沉西施于江"之前加了一个"越"字。这一字可重千斤啊! 可惜后面没举出证据来。

《吴越春秋》为东汉人赵晔所撰;《越绝书》则为东汉人袁康所撰,此书又名《越绝记》。

为了求证"西施从范蠡入五湖"之说,笔者反复查阅了中国大陆版《丛书集成·吴越春秋》和《四库全书·吴越春秋》,又查阅了中国台湾版《四库全书·吴越春秋》,对这三者除重点阅读《勾践阴谋外传》外,也认真地阅读了其他部分。然而却只看到越献西施、郑旦给吴王夫差之事,至于吴亡后的西施下落,这三个版本都未提到。

《越绝书》呢,我们也查阅了中国大陆版和中国台湾版,同样无一处说是"吴亡后西施从范蠡游五湖而去"。

《吴地记》则为唐人陆广微撰,是一本吴地地方志,其中记载了浙江嘉兴市(县)的一些地名及典故。《四库全书·吴地记》确有一段关于西施的记载:

> 县(笔者按:即嘉兴)南一百里,有语儿亭。勾践令范蠡取西施以献夫差,西施于路与范蠡潜通。三年始达于吴,遂生一子。至此亭,其子一岁,能言,因名语儿亭。《越绝书》曰:"西施亡吴国后复归范蠡,同泛五湖而去。"

大概2002年版《辞源》所说"西施归范蠡,从游五湖而去"之说"见《吴地记》"即指此段,此外别无他处有记载。可惜的是,正如前面所说,《越绝书》中根本无此记载,因此陆广微之说也就自然成了"无源之水,无本之木",所谓"见《吴地记》"也就不能说明"西施亡吴国后复归范蠡,同泛五湖而去"是有据可依了。

况且,《吴越春秋》《越绝书》均为东汉人所撰,在先秦典籍中找不到根据,又有何可证其可靠呢?

二 "越沉西施于江,以报鸱夷"才是西施的不幸结局

前面说过,1915年《辞源》关于西施的另一说法是:"吴亡,沉西施于江,以报鸱夷。"《汉语大词典》则在"沉西施于江"前加了一个"越"字,说明此事为越国人所为。

有不少人认为,《国语》《左传》《史记》中都没有记载西施其人,因而西施其人是后人杜撰出来的。的确,"西施归范蠡从游五湖"之说,《国语》《左传》《史记》中是找不到的,故可以否定。可是,对于"越沉西施于江,以报鸱夷"之说却不能否定,因先秦典籍中是有记载的,明人杨慎在《丛书集成·丽情集·西施》中指出:早在《墨子·亲士第一》就有关于西施的记载。其文为:

> 比干之殪,其抗也;孟贲之杀,其勇也;西施之沉,其美也;吴起之裂,其事也。

墨子,《辞海》说约公元前468年—前376年,《辞源》说约公元前478年—前392年。吴则亡于公元前476年。照前说,吴亡后8年墨子生;照后说,吴亡前2年,墨子生。墨子一生周游天下,见闻广博。因此,相对而言,吴亡后西施的下落,《墨子》所记载的正确性决不亚于《左传》《国语》,反而更比《史记》可靠(只是孟贲之杀,发生于公元前306年,墨子早已亡故,疑为后人所加。这一点丝毫不能影响墨子这段话的真实性)。

墨子在这里把西施和历史上几个被冤杀的人用类比方法放在一起,这说明是实有其事。这有力地证明了西施在吴亡后的悲惨结局。这一点,在《吴越春秋·逸篇》中也得到了证实:

吴亡后,越浮西施于江,令随鸱夷以终。

《逸篇》这段话,《四库全书·吴越春秋》以及《丛书集成·吴越春秋》都没有记载,是在《随庵徐氏丛书》中保存。其作者不知是谁？这里的"浮",是指把西施装入皮袋抛入江中令其漂流自溺。正因为如此,晚唐著名诗人皮日休在《馆娃宫怀古五绝》(其五)中才吟道:"不知水葬今何处？"这正是诗人抒发自己对这位古代美人被冤死后连坟墓也无从寻觅的悲惨命运的同情哀叹之声。

三 杜牧对《吴越春秋·逸篇》引文的误解以及我们应持的态度

明人杨慎《丽情集·西施》指出:"西施在吴亡后随范蠡泛五湖之说"最早出自杜牧《杜秋娘》诗,他写道:"西子下姑苏,一舸逐鸱夷。"这正是杜牧误解了《吴越春秋·逸篇》"吴亡后,越浮西施于江,令随鸱夷以终"一段话所造成。

正如前面所说,《逸篇》中的"浮",其实即承《墨子·亲士第一》的"沉",亦即《东周列国志》中"越夫人潜使人引出,负以大石,沉于江中"。杜牧也许没有读到《墨子》这段话,却把《逸篇》中这段话与《史记·货殖列传·范蠡》中的范蠡在吴亡后辞官"乘扁舟,浮于江湖,变名易姓,适齐,为鸱夷子皮"连到一起,把范蠡"浮于江湖"与《逸篇》"浮西施于江"混为一谈,更把范蠡自称"鸱夷子皮"当做《逸篇》中"令随鸱夷以终"的"鸱夷(伍子胥)",于是写下了"西子下姑苏,一舸逐鸱夷"的错误诗句。这一误解影响甚为深远。

到了宋代,大词人苏轼则受杜牧影响,在《水龙吟·小舟》词中咏出了"五湖闻道,扁舟归去,仍携西子。"秦观受师尊影响在《望海潮·秦峰》中唱道:"泛五湖烟月,西子同游。"直到南宋著名爱国词人辛弃疾在《摸鱼儿·望飞来》中也写道:"谩教得陶朱,五湖西子,一舸弄烟雨。"

梁辰鱼《浣纱记》是不是受了杜牧、苏轼等人的影响,我们无从下断语。

为了对广大读者和观众负责,笔者认为《辞海》《辞源》《汉语大词典》理应严肃认真对待这一史实而作审慎的修改。(胡昭著)

诏狱 2886

奉诏令关押犯人的牢狱。《史记·杜周传》:"廷尉及中都官诏狱逮至六七万人,吏所增加十万余人。"

按：释义误。什么是诏狱？《宋史·刑法志》有段话："诏狱，本以纠大奸慝，故其事不常见。神宗以来，凡一时承诏置推者，谓之制勘院；事出中书，则曰推勘院。狱已乃罢。"这里虽然说的是宋制，但典章制度是相因的，所以也可以用来说明问题。从上面的引文可知，诏狱乃是"一时承诏置推者"。说得更明白点，就是临时禀承皇帝诏令而进行审理的案件。《明史·刑法志》说："锦衣卫狱者，世所称诏狱也。"而锦衣卫是直接听命于皇帝的特务机构。"诏狱"的"狱"，是案件之意，不是牢狱之意。"狱"字常作案件义解，毋需多加证明。例如人们常说的文字狱、冤狱，就是此意。自古以来，狱讼是由有关职能部门如秋官、大理、廷尉、刑部等按照当时的法律程序审理的，皇帝不直接插手。诏狱是汉武帝的创造，它表明君权的加强。杜周是汉武帝时的酷吏，书证中所说的"诏狱"，正是皇帝下令所立的专案。（吕友仁）

訾 2893

㈤足。《荀子·非十二子》："以不俗为俗，离纵而跂訾者也。"注："訾读为恣。离纵谓离于俗而放纵，跂訾谓跂足违俗而恣其志意。皆违俗自高之貌。"㈥放纵。通"恣"。《淮南子·氾论》："故小谨者无成功，訾行者不容于众。"

按，义项㈤据《荀子·非十二子》训"訾"为"足"，不确。此"訾"历来说解不一，其解要之有四：1. 即上文所引注文中杨倞之说，"訾"为"恣"之假借字；2. 杨倞还有一说："跂訾，谓跂足自高而訾毁于人。"则"訾"与"呰"同，为"诋毁"义，与"毁"同义连用。3. 思量。郝懿行曰："訾训思也，量也。"4. 为叠韵字。王念孙曰："《荀子》云'离縰而跂訾'，'离縰''跂訾'亦叠韵字。"（王念孙认为"纵"为"縰"之误字）②以上四种说解均无释"足"者，且据引文可知，编者采用杨倞第一说，"訾读为恣"，亦即"訾"通"恣"，放纵之意，故实与义项㈥同，因而不当分立，应删去义项㈤。编者以"足"释之，盖因"跂"为"跂足"义，而"訾"居"跂"后所致。（朱惠仙）

诸子 2901

诸妾姓之子。《左传襄十九年》："齐侯娶于鲁，曰颜懿姬，无子，其侄鬷声姬生光，以为大子。诸子：仲子、戎子。"注："诸子，诸妾姓子者。"

据宋王应麟《困学纪闻》说，《左传》这条的"诸子"应释为"诸姬妾"。这是确切的。《左传》此段末句应是："诸子仲子、戎子，戎子嬖。"意为齐侯的众姬妾中有仲子、戎子两人，而戎子最被宠爱。即使依晋杜预的注，也不应照"子"的字面释为儿子。杜注的意思是：诸子，指众妾中的姓子者。因为杜注还有一句："二子皆宋女。"宋女，即宋侯的女。春秋时宋侯就是姓子。（胡昭镕）

诸生 2902

自秦汉流行"诸生"称谓，两千年来一直沿用；但在不同的历史时代，其表示的对象和范围都有差异，而《辞海》《辞源》的注释既未能准确地把握住"诸生"的底蕴，又未能全面切当地反映出这一变化过程。

《辞海》解释如下：

诸生　①谓许多儒生。《汉书·叔孙通传》："臣愿征鲁诸生，与臣弟子共起朝仪。"也指在学的许多弟子。韩愈《进学解》："晨入太学，招诸生立馆下。"②明、清两代称已入学的生员。

《辞源》解释如下：

诸生　㊀众儒生。《史记·曹相国世家》："参尽召长老诸生，问所以安集百姓。"

㊁众弟子。唐韩愈《昌黎集》十二《进学解》："国子先生晨入太学，招诸生立馆下。"

㊂明清时经省各级考试录取入府、州、县学者，称生员。生员有增生、附生、廪生、例生等名目，统称诸生。

两书大同小异，至少有三点应予订正。

第一，"诸生"之"诸"，不是用来界定人数的，而是用来界定学派、学业的。注为"许多"显然错误，释作"众"亦嫌含糊，应释为"各"。《辞海》引例《汉书·叔孙通传》，源于《史记·刘敬叔孙通列传》，后面的文字为："于是叔孙通使征鲁诸生三十余人"，其意为征召鲁地各派儒生三十余人；如释为"许多儒生"，则与"三十余人"重复，语句不通。《辞源》引例《曹相国世家》："尽召长老诸生"，意为尽召年长的各家学者，"尽"与"诸"对应，"诸"作"各"讲。

第二，将"诸生"释为"许多弟子"肯定不当，释为"众弟子"也不确切，应释为各业生徒；若以师生关系而言则谓"各科弟子"。韩愈《进学解》中的"招诸生立馆下"，是身为学官的韩愈晨入太学，召集各科弟子在学馆下肃立训示。这里的"诸"是用来界定学业、科目的。《新唐书·选举志上》表述得十分明白："凡博士、助教，分经授诸生，未终经者无易业。凡生，限年十四以上，十九以下；律学十八以上，二十五以下。"唐代称学生为"生徒"，简称"生"。所谓"诸生"则指国子学、太学、四门学、律学、书学、馆学及地方学校的各类专业的学生；所谓"分经授诸生"就是教师（学官）分专业向各科弟子授业，并规定没有学完本专业的不能改学其它专业。这是唐代整体的教育法规，从专业到年龄都有明确规定，"凡生"皆须遵守。很显然，将"诸生"释为"许多弟子"则缩小了语义范畴。另外，汉代的"诸生"指"先生"，通常不含弟子；唐代的"诸生"恰恰不指"先生"，而特称"弟子"，显然分属两个义项。（宋袭唐制，亦称学生为生徒，但更多直称"学生"，亦称各业学生为"诸生"。）《辞海》将二者并列于同一义项，又以"也指"（按：应"后来则称"）连接，就会引出既指"先生"同时又指"弟子"的歧义。

第三，明清时期的"诸生"则是一种资格和身份，即经过院试正式录取从而获得生员身份的人（实际上不一定都在学）。它不仅包括地方学校的各级生员，而且包括国学六堂监生。《明史·选举志一》："府、州、县学诸生入国学者，乃可得官，不入者不能得也。""天下初定，诏择府、州、县学诸生入国子学。"此二例指的是地方学校的各级生员。"改应天府学为国子学……分六堂以馆诸生，曰率性、修道、诚心、正义、崇志、广业。学旁以宿诸生，谓之号房。""六堂诸生有积分之法，司业二员分为左右，各提调三堂。"此二例又指国学六堂监生，相当于高等院校学生。《辞源》的界说只圈定以"府、州、县学者"，将国学监生——诸生的精华这一块切掉，此误一。国学监生分六堂教学，地方学校生员则分附生、增生、廪生三个等级，依次递升，严格有序；如颠倒为"增生、附生、廪生",犹如将一、二、三年级表述成二年级、一年级、三年级,将初、中、高三级表述成中、初、高三级那样,不符合教学规律,表述失序,此误二。"例生"是就学生来源而言,即指由纳票或纳赀取得生员资格的人,它同贡生(由地方学校选拔充贡的生员)、官生(有一定资格的官员荫子入学的生员)等属于同一性质;而附、增、廪则表示地方学校生员的三个学籍等级,将这两类不同性质不同系列的概念并列为同一"名目",造成逻辑上的混乱,此误三。

综上所述,"诸生"是一个源远流长的称谓。它既有历史的连贯性,用以称书生,读书人;又有明显的时代性,"诸"与"生"所指的范围和对象因时而异。鉴于此,"诸生"的义项应为:㊀秦汉时泛指各家学者或各派儒生。㊁唐宋时称各业生徒或各科弟子。㊂明清时统称经过院试正式录取的各级生员。(孔祥忠)

調 2905

迁转。《史记·张释之传》:"以赀为骑郎,事文帝,十岁不得调,无所知名。"

按:释义误,钱大昕《潜研堂文集》卷二三《与一统志馆同事书》有一段文字专论此"调"字,今摘录如下:

执事于"韦安石举明经,调乾封尉"一条,疑有脱讹,委令检照元文。盖以初任之官,不当言更调,意其曾历他官故尔。愚考《汉书》,张释之事文帝十年,不得调;匡衡射策甲科,调补平原文学,小颜注并训"调"为"选"。《广韵》"调"读去声者训"选",《集韵》又训为"试",乃知古人所云"调"者,只是试选之义。略举唐史数事证之。苏弁擢进士,调奉天主簿;杜正伦秀才高第,调武骑尉;刘从一擢进士宏词第,调渭南尉;徐彦伯对策高第,调永寿尉;狄仁杰举明经,调汴州参军;宋务光举进士及第,调洛阳尉;张柬之中进士第,始调清源丞……皆初任而云"调",与《韦安石传》文不异。稽之字书,"调"亦无"更换"之意。改调、降调之名,《明史》始有之,唐以前未之有也。

按,这是钱大昕回答一统志馆总纂官的一封信。看来这位总纂官当时对"调"的字义已不甚了了。通过周密的证论,钱大昕指出了"调"的确切含义。这样使用的"调"字,是"选"义,"试"义。说得更明白一点,是除、授、任命之义。不是"更调"义,即不是《辞源》所说的"迁转"义。钱大昕的结论是令人信服的。试想,这些人始得功名,尚未居官,"迁转"何从说起?钱大昕在二百年前已经解决了的问题,今天又不得不重新提起,这是让人感到遗憾的。

这里补充一点,即"调"字的这种用法,不但唐代以前如此,宋代也是这样。下面是摘自《宋史》的几个例子:

《黄庭坚传》:"举进士,调叶县尉。"

《王应麟传》:"淳祐元年举进士,调西安主簿。"

《苏轼传》:"嘉祐二年,试礼部。丁母忧。五年,调福昌主簿。"

《马默传》:"登进士第,调临濮尉。"

《赵瞻传》："瞻举进士第,调孟州司户参军。"

例中的"调"字,都是"选"义,即除授、任命之意。如果理解为"迁转",那就错了。（吕友仁）

讽一劝百 2910

"讽一劝百"或作"劝百讽一"。《辞源》修订本释为："谓以一事讽谏而有劝戒多事之功。"把"劝"释为"劝戒",我认为是值得商榷的。

第一,从词条来源看,这样解释,恰与原意相径庭。本词条原出《汉书·司马相如传赞》："扬雄以为靡丽之赋,劝百而讽一。"意思是讽谏的只有一条,而劝诱、怂恿、纵恶却有百项。扬雄具有这样的认识,是有一个过程的。年青时,敬慕司马相如赋作的弘丽温雅。"每作赋常拟之以为式。"但到晚年,"辍不复为"。认识根本转变的原因,除对赋家地位类似倡优有所不满外,大有感于赋作无补于规谏,甚至还有反作用。汉成帝好广宫室,出于美意,创作了《甘泉赋》以为讽谏,结果是"皇帝不觉,为之不止。"这使他深深感到这种靡丽之赋不过是少年人的文字游戏。"劝百而讽一"正是扬雄后期在这种认识支配下对汉赋作用的否定性评断。又从对"讽""劝"二字的运用来看,在论及汉赋时,扬雄都是把它们当作对立概念使用的,界限很分明。如《法言·吾子》篇云："或问:'吾子少而好赋?'曰:'然。童子雕虫篆刻。'俄而曰:'壮夫不为也。'或曰:'赋可以讽乎?'曰:'讽乎!讽则已。不已,吾恐不免于劝也'"。这里最末几句话的意思是说作赋不能达到讽谏的目的,那就难免陷入劝诱、怂恿、纵恶的境地。

第二,从以后的运用来看,这样解释,也与历来古人的正确理解相背谬。班固与扬雄观点相反,他认为扬雄是在开玩笑。他说："扬雄以为靡丽之赋,劝百而讽一,犹骋郑卫之声,曲终而奏雅,不亦戏乎?"可见,班固是从反面意义上理解"劝百而讽一"的,班固与扬雄时隔不远当是没有错的。刘勰与扬雄的观点大体相同。他认为扬雄对司马相如赋作的看法是正确的。在《文心雕龙·杂文》篇中更是直接用了,"讽一劝百"一语来批评后汉至西晋太康时期的"七体"大赋的无用乃至有害。其文云："自恒麟'七说'以下,左思'七讽'以上,枝附影从,十有余家,或文丽而义暌,或理粹而辞驳。观其大抵所归,莫不高谈宫馆,壮语畋猎。穷瑰奇之服馔,极蛊媚之声色。甘意摇骨体,艳辞动魂识。虽始之以淫侈,而终之以居正,然讽一劝百,势不自反。"此中"讽一劝百"正与《司马相如传赞》中的"劝百讽一"相同。"劝"字作劝诱、怂恿、纵恶解,自不待言。

此外从词条的内部构成来看,这样解释,就会导致用词的重复和逻辑的混乱。因为"讽"字本来就含有"劝戒"的意思。"劝"字作"劝戒"解,则"讽""劝"相同。"劝百讽一"怎能说得通呢?

当今众多学者对于"劝"字亦是从贬义上理解的。如赵仲邑先生译"然讽一劝百,势不自反"一语如下:"可是讽谏的只有一条,而劝诱的却有百项,势必使读者自己回不过来。"

如此看来,一九四七年《辞源》正续编合订本第十五版对"劝百讽一"的解释倒是透彻淋漓且又切合原意的,不妨抄录如下,以飨读者:

"……世称著书行文,不能使人警诫,反使人放纵者,多用此语。言劝人为恶之处凡百,而婉讽人勿为恶之处仅有一。喻其益不偿害也。"(黄新亮)

譏刺 2920

讽刺。《汉书·梅福传》:"是时成帝委任大将军王凤,凤专势擅朝,而京兆尹王章素忠直,讥刺凤,为凤所诛,王氏浸盛。"

按:此条书证中的"讥刺"说解为"讽刺"是不妥的。据《辞源》的说解"讽刺"的含义是"以婉言隐语讥刺人",而此条书证的"讥刺"的含义应为"郑重的(或严肃的)、尖锐的批评、指责"。"讥"侧重于严肃、郑重的批评,"刺"为"諫"的通假字。《说文》:"諫,数谏也。"段玉裁注说得很清楚:"谓数其失而谏之。凡讥刺字当用此。""刺"偏重于尖锐,一条一地数说其过失。这从下面几个方面都可以得到确切的说明。

1. 从编者引用《梅福传》的内容看。《汉书》作者说得很明白,"京兆尹王章素忠直",意思是平素刚直敢言,这一特点在《汉书》中多次提及。如《王章传》说他"在朝廷名敢直言"。"成帝立,征章为谏大夫,迁司隶校尉,大臣贵戚敬惮之"。在"赞曰"中说他"刚直守节,不量轻重,以陷形戮"。《元后传》载:"京兆尹王章素刚直敢言"、"自(王)凤之白罢(王)商后遣定陶王也,上不能平。及闻(王)章言,天子感寤,纳之,谓章曰:'微京兆尹直言,吾不闻社稷计。'"不难想象,如果按《辞源》把这一书证中的"讥刺"理解为"讽刺",那又怎么能够说明王章的"素刚正直言"与"直言"呢?

2. 从"讥刺"的具体事看。关于这一事件在《汉书·元后传》中的记载是最为详尽的,其内容主要有三件大事。

① 定陶共王是汉成帝的同母弟,元帝在位时曾有意立他为太子,后因事未果。成帝即位后和其母、太后都承先帝意待共王甚厚,"赏赐十倍于它王,不以往事为纤介"。成帝即位数年还"元继嗣",又经常患病,所以"共王之来朝也,天子留,不遣归国"。并且对共王明白说出:"我未有子,人命不讳,一朝有它,且不复相见,尔长留待我矣。"此后成帝病"益有瘳,共王因留国邸,且夕侍上,上甚亲重。"可是大将军王凤却以为"不便共王在京师",于是借口日蚀事向成帝进谗"宜遣王之国"。由于王凤"专势擅朝",成帝也"不得已于王凤而许之",只能在定陶共王"辞去,之国"时,成帝与定陶共王"相对泣而决"。对这样一件大事王章则认为,"灾异之发,为大臣颛政者也。今闻大将军猥归日蚀之咎于定陶王,建遣之国,苟欲使天子孤立于上,颛擅朝事以便其私,非忠臣也。"并且在天子召见时当面向成帝谏说。

② 王章在成帝面前郑重、严肃、尖锐指责王凤的第二件事情是,"前丞相乐昌侯(王)商,本以先帝外属,内行笃,有威重,位历将相,国家柱石也",只是因为"其人守正,不肯诎节随凤委曲",结果"卒用闺门之事为凤所罢,身以忧死,众庶愍之"。

③ 第三件事是王凤明明知道其妾之妹张美人早已嫁人,按当时的礼俗根本不可能"配御至

尊",可是他却借口"宜子"就"内之后宫",然而直到现在(指王章在成帝前揭露此事时)听说张美人还没有"任身就馆"。在向成帝进谏时王章并明确指出:"羌胡尚杀首子以荡正世,况于天子而近已出之女"呢?

正如王章所言,"此三者皆大事",又是"陛下所自见"的,而且是"天子召见章,延问以事","上辄辟左右"的时间、地点,怎能设想一个"刚直守节,不量轻重","在朝廷名敢直言"的大臣,所谈的是"以婉言隐语讥刺人"的"讽刺"呢?

3. 表示郑重的、严肃的、尖锐的批评、指责这一意义的"讽刺"还常用一个"讥"来表达,到魏晋时期还常常这样使用。如编者所引用《汉书·梅福传》的一段文字,在同一著作的《冯奉世传》就作"是时,成帝舅阳平侯王凤为大司马将军,辅政八九年矣,时数有灾异,京兆尹王章讥凤颛权,不可任用。"又如曹操的《军策令》:"孤先在襄邑,有起兵意,与工师共做卑手刀。时北海孙宾硕来候孤,讥孤曰:'当慕其大者,乃与工师共做刀耶?'"还有《后汉书·杨终传》载"鲁文公毁泉台,《春秋》讥之"等都是。

"讥刺"这一意义还可写做"刺讥",如《盐铁论·疾贪》:"《春秋》刺讥,不及庶人,责其率也。"意思是《春秋》严肃、郑重批评的不涉及普通百姓,而是责备其为首的。(姚国旺)

讀父書 2924

犹言承父遗教。《礼·玉藻》:"父没而不能读父之书,手泽在焉尔。"《史记·八一·廉颇蔺相如列传》附《赵括》:"蔺相如曰:王以名使括,若胶柱而鼓瑟耳。括徒能读其父书传,不知合变也。"

案:所引《礼记》此段话下郑注云:"孝子见亲之器物,哀恻不忍用也。"孔疏云:"此孝子之情。父没之后而不忍读父之书,谓其书有父平生所持手之润泽存在焉,故不忍读也。"此处之"读父之书"与"承父遗教"风马牛不相及。所引《史记》,只是说赵括死读其父马服君赵奢之书而不知权变。其父曾云:"兵,死地也,而括易言之。使赵不将括即已,若必将之,破赵军者必括也。"其母亦曾云:"父子异心。"可见赵括正是未能"承父遗教"。蔺相如所言"括徒能读其父书传",也根本不是说赵括能"承父遗教"的意思。(袁庆述)

越騎 2985

注云:"汉武帝置屯骑、步兵、越骑、长水、射声五校尉。"

按:据《汉书·百官公卿表上》,汉武帝初置八校尉,不是五校尉。《辞源》〔校尉〕下注:"汉武帝初置八校尉,即中垒、屯骑、步兵、越骑、长水、胡骑、射声、虎賁,……"那是对的。此处注误。(王彦坤)

跌 2994

《玉篇·足部》:"跌,仆也。"本义为摔倒,跌倒。《释名·释姿容》:"拜,于丈夫为跌,跌然诎折下就地也。"可见古代称男子拜曰跌。(李茂康)

跑 2994

《说文》未收此字。《玉篇·足部》："跑，蹴也。"即践踏，踩。《释名·释天》："雹，跑也。其所中物皆摧折，如人所蹴跑也。"此言受冰雹击打之物皆毁坏、折断，如同人踩踏过一样。"蹴跑"义为踩踏，"蹴"与"跑"同义。《大字典》在释"跑"的义项之一"刨"时，以《释名》此条为例，这显然未弄清"蹴跑"之"跑"的准确含义。（李茂康）

遊氣 3071

㈠犹喘气。《元史》一五七《郝经传·东师议》："遗黎残姓，游气惊魂，虔刘劘盪，殆欲殄尽。"

"游气"是残喘，形容只有一丝气息。《清平山堂话本》李元吴江救朱蛇："其蛇长尺余，如瘦竹之形。元见尚有游气，荒忙止住小童：'休打'。"也作"油气""悠气"。《金瓶梅》三十八回："我这两日只有口油气儿，黄汤淡水谁尝着来？"《醒世姻缘》九回："使手摸了摸口，冰凉的嘴，一些悠气也没有了。"加重语气作"游游一口气"。蒲松龄《俚曲》千古快·四联："十数个人来往北逃，只剩游游一口气，好像死了好几遭。"今邳县也可说成"悠游一口气"。（张喆生）

都鄉侯 3112

注云："官名。……"

按：都乡侯并非官名，乃是爵名。〔乡侯〕注云："爵名。……"不误，可资比较。（王彦坤）

鄖 3118

《辞源》："郧县，属湖北省，本郧子国。"

《辞源》编撰者的意思是：郧县古属郧子国，其县名也因郧子国而来。这显然是错误的，因为古代郧子国（也叫郧国，下同），地处湖北安陆，绝非在湖北郧县。

首先，我们看汉代许慎和清人段玉裁的解释。许慎《说文解字》："郧，汉南之国，从邑员声。"湖北郧县地处汉水中游，说不上是汉南，可见许慎认为郧国不在郧县。那么汉南在什么地方呢？清人段玉裁说："今湖北德安府城即故郧都也。汉水自西北而东南，德安在汉水之北，而云汉南者，汉水下游，地势处南也。"又据《中国古代史教学参考地图集》：清代的德安府即指今湖北安陆。可见汉代许慎和清代段玉裁都认为古郧子国在今湖北安陆。

其次，看晋人杜预的解释。"郧"作为国名，不见于《春秋》，在《左传》中出现了八次，其中《左传·桓公十一年》（公元前701年）"郧人军于蒲骚"句中"郧"，是出现最早的一次，杜预对这里"郧"的解释是："郧国在江夏，云杜县东南有郧城。"查《中国古代史教学参考地图集》，西汉至西魏时代的云杜县即今湖北京山县。京山县与安陆紧邻。可见晋代杜预和汉代许慎、清人段玉裁一样认为郧子国在湖北安陆。

第三，我们再看今人对郧国的解释。杨伯峻《春秋左传注》：郧，"在今湖北省沔阳县境，然据《括地志》及《元和郡县志》，则在今安陆县，恐今安陆县一带皆古郧国。"《汉语大字典》："郧，古国名……在今湖北省安陆县。"杨伯峻是当今训诂大家,《汉语大字典》是由湖北、四川两省学者编撰而成,他们的意见与汉代许慎、清人段玉裁、晋代杜预的说解完全一致。

至此,结论是很清楚的了:古鄙子国地处安陆是古今学者的共识,"郧县"词条必须修订。事实上,郧县得名汉代"郧关",而"郧关"实指"洵关",这在拙文《"郧阳"语源与司马迁》(载《十堰职业技术学院学报》2001年第1期)一文中有详细的论述。由此,"郧县"词条,应当是:"郧县,属湖北省,本汉代郧关(洵关)。"

《辞海》(1999年版,缩印本,第550页):"鄙,古国名,在今湖北安陆市,一说在湖北郧县。"

鄙国在安陆而不在郧县,这是确信无疑的,理由如上,所以《辞海》中"鄙"词条应删去"一说在湖北郧县"七字。这种说法毫无道理,不能算作一说,否则,是误导读者。

《辞源》初版于1915年,《辞海》初版于1936年,《辞海》把鄙国在郧县的说法也列为一说,显然是受到了《辞源》的影响。那么,《辞源》的错误,又是怎样产生的呢？应当说,《辞源》的错误是由编撰者昏昏然的态度造成的。《辞源》在解释"鄙"时说:"鄙,春秋国名,故地在今湖北安陆县。"在解释"郧县"时却说:"郧县,属湖北省、本鄙子国。"就是说,《辞源》的编撰者把鄙国和鄙子国当作两个古国,认为鄙国在安陆,鄙子国在郧县。这显然是错误的。鄙国和鄙子国实际是一个古国。古时封国有公、侯、伯、子、男五等爵位,子爵国的国名常常带"子",鄙国属子爵,所以又称为鄙子国。这样例子不少,比如属子爵的麋国、弦国,有时也称为麋子国、弦子国。台湾出版的《中文大辞典》明确指出:湖北安陆,"春秋时鄙子国也。"所以《辞源》编者的错误,一是把本来是一个古国的鄙国和鄙子国,错误地认为两个古国;二是望文生义,将"郧县"的"郧"错误地与鄙子国连在一起。作为权威辞书的编撰者,这两个错误实在不应该发生。(王一军)

金葉 3160

酒名。宋朱敦儒《樵歌》中《好事近》词:"只愿主人留客,更重斟金叶。"

按,此解非是,"金叶"的全称为"金蕉叶",在宋词中均指杯而不指酒,上例亦然。详见《诗词曲语辞例释》增订本该目。(王锳)

金櫻 3164

石榴的别名。……《本草纲目》三六《木》三金樱子:"金樱当作金罂,谓其子形如黄罂也。石榴、鸡头皆像形。"

按:五代吴越王钱镠改石榴为金罂。引书误以金樱子证石榴,实属千虑之失。《本草纲目》谓金樱子又名刺梨子、山石榴、山鸡头子。李时珍对此解云:"金樱当作金罂,谓其子形如黄罂也。石榴、鸡头皆象形。又杜鹃花、小檗并名山石榴,非一物也。"所说"石榴、鸡头皆象形",是指金樱子所以名山石榴、山鸡头子,是因它很像石榴和鸡头子。对金樱子的形状,李时珍继续写道:"山林间甚多。花最白腻。其实大如指头,状如石榴而长。其核细碎而有白毛,如营实(蔷薇)之核而味甚涩。"可证"金樱子"不是"石榴"。今医家用金樱子治久痢遗泄。(张喆生)

閉 3236

襦之一种。《吕氏春秋·君守》:"鲁鄙人遗宋元王闭。"《释名·释衣服》:"反闭,襦之小者也。却向着之,领反于背,后闭其襟也。"

按:《吕氏春秋·君守》:"鲁鄙人遗宋元王闭,元王号命于国:'有巧者皆来解闭',人莫之能解。儿说之弟子请往解之,乃能解其一,不能解其一。且曰:'非可解而我不能解也,固不可解也'。问之鲁鄙人,鄙人曰:'然,固不可解也。我为之而知其不可解,今不为而知其不可解也,是巧于我。'"高诱注:"闭,结不解者也。"如此,则鲁鄙人所遗宋王之"闭",乃"结不解者",当是一种用于智力测验的东西,非"襦之一种"明矣。此旧本《辞源》已误。只要查对一下原文,便不难发现其误。然而新编《辞源》仍其旧,未能正之,实为憾事。(邵冠勇)

開成石經 3240

唐大和七年二月,命唐元度覆定石经字体,十二月命于国子监两廊创立石九经,并《孝经》《论语》《尔雅》,共一百五十九卷,开成二年十月告成。宋元祐中迁于今西安府学,明嘉靖间地震倒损,王尧惠集阙字别立小字于旁为碑。参阅清成瓘《篛园日札》五《读史随笔·文字之书及石经刻字》。

此条行文粗疏,舛误严重。按:"唐元度"应为"唐玄度",清人避康熙玄烨名讳,改"玄"为"元",不宜从。且建议创立石经并主其事者,乃郑覃,而非唐玄度。《旧唐书·文宗纪下》:"〔开成二年冬十月〕宰臣判国子祭酒郑覃进《石壁九经》一百六十卷。时上好文,郑覃以经义启导,稍折文章之士,遂奏置五经博士,依后汉蔡伯喈刊碑列于太学,创立《石壁九经》,诸儒校正讹谬。上又令翰林勒字官唐玄度复校字体,又乖师法,故石经立后数十年,名儒皆不窥之,以为芜累甚矣。"又据《郑覃传》,当时参与校定九经文字的"诸儒"为周墀、崔球、张次宗、温业(《新唐书》作"孔温业")等,唐玄度不在内。唐玄度作为翰林勒字官只是奉命"复校字体"而已,且"又乖师法",质量不高(按唐玄度撰有《九经字样》一书)。又,说"宋元祐中迁于今西安府学",这个"今",指哪朝哪代?"王尧惠集阙字别立小字于旁为碑",不词。按清杭世骏《石经考异》卷上《唐石经》云:"嘉靖乙卯,地震,《石经》倒损。西安府学生员王尧惠等按旧文,集其阙字,别刻小石,立于碑旁,以便摹补。"这就不难懂了。(张虎刚)

陋巷 3267

狭窄之街巷。亦指贫家所居之处。《论语·雍也》:"贤哉回也!一箪食,一瓢饮,在陋巷,人不堪其忧,回也不改其乐。"回,颜渊。

按:巷,古有居室之义。陋巷,犹陋室。王引之《经义述闻》卷三一《通说上》"巷"条对"陋巷"有细致考证:

古谓里中道为巷,亦谓所居之宅为巷。故《广雅》曰:"衖,尻也。"(尻,今通作居)衖、巷古字通。……《论语·雍也篇》:"在陋巷。"陋巷谓狭隘之居。……即《儒行》所云:"一亩之宫,环堵之室也。"……而《孟子·离娄篇》亦言:"处穷闾厄巷。"间,亦居也,故穷闾或曰穷巷。《秦策》曰:"穷巷堀门、桑户棬枢之士。"……《韩诗外传》曰:"穷巷白屋。"《史记·陈丞相世家》曰:"家乃负郭穷巷,以弊席为门。"则巷为所居之宅又明矣。今之说《论语》者以陋巷为街巷之巷,非也。

按:王氏之说甚是。新版《辞源》第965页"巷"字条即采王说,将《论语·雍也》中的"陋巷"置于"居住的宅子"这一义项之下,甚确。惜未能参征王氏的考证成果,将"巷"解为街巷之巷,失考。(丁鼎)

陵迟 3279

注:"①缓慢的斜坡。《荀子·宥坐》:'三尺之岸,而虚车不能登也。百仞之山,任负车登焉。何则?陵迟故也……②衰落……①②同'陵夷',参阅唐颜师古《匡谬正俗》八'陵迟'。"

按:此注初看似可通,细审词义之源则有大歧。此处注《荀子》"陵迟故也""陵迟"为缓慢的"斜坡"源于杨注而误,杨倞注:"陵迟,言丘陵之势渐慢也。"这里把"陵"解"丘陵","迟"解"慢"虽也解得通,实系偶合罢了。实际"陵"是假借字,本字为"夌",并非丘陵,"夌迟"即"陵夷",并无迟慢义。《说文》:"陵,大阜也"。段注:"……陵夷也,皆夌字之假借也,文部曰'夌越也。一曰夌徲也,夌徲即陵夷也。"如此"陵(夌)夷"是不能照字面来解的。王念孙《读书杂志》四之十六"连语"下说:"陵夷"不能解释为"若邱陵之渐平""念孙案师古以陵为丘陵,非也,陵与夷皆平也……《史记·高祖功臣侯年表》曰:'始未尝不欲固其根本而枝叶稍陵夷衰微也。'陵夷衰微四字平列,陵夷不可谓如陵之夷,犹衰微不可谓衰之微也,陵夷之为陵迟,犹逶夷之为逶迟,故王肃《家语》注曰:'陵迟犹陂陀也……'又案《说文》'夌,夌迟也'其字作'夌',不作'陵',则非丘陵之陵益明矣"。新《辞源》解"陵迟"取师古说有误,应取王念孙说,王氏肯定"陵迟"犹"陂陀"(除上述王肃注外,又《诗大车序》'礼义陵迟'疏'犹陂陀也'),陂陀《辞源》注"倾斜貌",则"陵迟"应训为倾斜貌,它是一个形容词,而不是名词"缓慢的斜坡"。用"倾斜貌"注《荀子》"陵迟故也"之"陵迟"则是恰切的,这样解是正本清源的,至于解《史记》"陵夷衰微"之"陵夷",则引申为"颓替""衰落"为妥。(汪贞干)

隋₃炀帝 3286

公元589—618年。即杨广,一名英。文帝次子,仁寿四年即位。在位十四年,……大业十二年南巡至江都,沉湎酒色,无意北归,十四年为禁军将领宇文化及等缢杀于宫中。

案:《北史·隋本纪》载:杨广"开皇元年,立为晋王,拜柱国、并州总管,时年十三"。又,"八年冬,大举伐陈,以上为行军元帅"。又,(义宁二年三月)"上崩于温室,时年五十"。开皇元年为581年,当时杨广已十三岁,以此推之,炀帝当生于569年。开皇八年为588年,这年伐陈,杨广已作行军元帅,如生于589年,则当时尚未出生,岂不笑话?义宁二年为618年,炀帝游幸江南,被部下宇文化及所杀,时年50岁,以此上推,也应生于569年。《隋书·炀帝纪》所记相同。

《辞源》以隋炀帝589年始生,绝不可从,"589"应是"569"之误。(毛远明)

集韻 3308

旧题宋丁度等撰，凡十卷。平声四卷，上、去、入各二卷。书成于治平四年，至司马光始奏上。

案：释文谓《集韵》"成于治平四年，至司马光始奏上"。实疏于深稽。

关于《集韵》的纂修经过，该书卷首的《韵例》明确记载："先帝时令陈彭年、丘雍因法言韵就为刊益。景祐四年，太常博士直史馆宋祁、太常丞直史馆郑戬建言：彭年、雍所定，多用旧文，繁略失当。因诏祁、戬与国子监直讲贾昌朝、王洙同加修定，刑部郎中知制诰丁度、礼部员外郎知制诰李淑为之典领。"又，宋王应麟《玉海》卷四五"景祐《集韵》条"载："景祐四年翰林学士丁度等承诏撰，宝元二年九月书成上之，十一日进呈颁行。"此外，宋晁公武《郡斋读书志》和陈振孙《直斋书录解题》均谓《集韵》为丁度等人所撰。据此，基本上可以断定《集韵》一书是由丁度等人于宋仁宗景祐四年（1037年）奉诏修撰，至宝元二年（1039年）撰成奏上。

能够支持《集韵》"书成于治平四年，至司马光始奏上"的唯一根据是：相传为司马光所作的《切韵指掌图·自序》云："仁宗皇帝诏翰林学士丁公度、李公淑增崇韵学，自许叔重而下凡数十家，总为《集韵》，而以贾公昌朝、王公洙为之属。治平四年予得旨继纂其职，书成上之，有诏颁焉。"其实，这段文字并不能证明《集韵》"成于治平四年，至司马光始奏上。"首先，据清代学者邹特夫和陈澧等人考证，认为所谓司马光作《切韵指掌图》一事，殊不可信。因而其《自序》也就不可信据。其次，据宋仁宗庆历元年修成的《崇文总目》（清钱东垣辑本）卷一"小学类"著录："《集韵》十卷丁度等撰。"可证上引《切韵指掌图·自序》所谓"治平四年予得旨继纂其职，书成上之，"是不可信的。试想庆历元年（1041年）修成的《崇文总目》已著录《集韵》十卷，说明其时《集韵》已修成，何劳司马光于26年后即英宗治平四年（1067年）再继纂奏上呢？1988年出版的《中国大百科全书·语言文字卷》"《集韵》"条即认为：《集韵》一书于"仁宗宝元二年（1039年）完稿。"甚是。《辞源》当据正。（丁鼎）

雜碎 3314

㈠以牛羊猪肠胃肝肺等杂肉煮成的杂脍。清李斗《扬州画舫录》九《小秦淮录》："先以羊杂碎饲客，谓之小吃。"

按："杂碎"泛指牲畜内脏，不管是生的还是熟的，也不管是整个儿的还是切碎的。如《西游记》七五回："老孙保唐僧取经，从广里过，带了个折叠锅儿，进来煮杂碎吃。将你这里边的肝、肠、肚、肺，细细儿受用。"此例说明"杂碎"应该是生的，要是熟的，何需再煮？就像我们现在说的"煮肉吃""煮水饺吃"一样。也许有人用"煮稀饭喝"来反驳这一结论。不错，"稀饭"确实是煮熟以后才叫作"稀饭"的，但当我们看了下面聊斋俚曲的例证，把这两个例证结合起来进行分析，这种反驳就变得没有意义了。"把那肚皮又夹起，两个又把肠子填，当中又使一条线。收拾上头蹄杂碎，到家中好去殓棺。"（《寒森曲》四［耍孩儿］）"头蹄杂碎"本是对牲畜而言的，但因赵恶虎是个恶霸,作恶多端,作者显然是把他当作牲畜来写了。赵恶虎被开膛以后,肠子是整个淌出来的,收尸时又是被整个填入肚子的,更谈不上"煮熟"一说,但仍被称作"杂碎"。(董绍克)

青梅煮酒 3357

"青梅煮酒"这一词语,始见于北宋,晏殊《诉衷情》词云:"青梅煮酒斗时新,天气欲残春。"苏轼《赠岭上梅》诗云:"不趁青梅尝煮酒,要看细雨熟黄梅。"后来,明代的章回小说《三国演义》又两次说到"青梅煮酒":第二十一回:"(曹)操曰:'适见枝头梅子青青,……今见此梅,不可不尝。又值煮酒正熟,故邀使君小亭一会。'玄德心神方定,随至小亭,已设樽俎:盘置青梅,一樽煮酒。二人对坐,开怀畅饮。"第三十四回:"(刘)表曰:'吾闻贤弟在许昌,与曹操青梅煮酒,共论英雄。'"随着《三国演义》中曹操、刘备青梅煮酒论英雄故事的广泛流传,"青梅煮酒"这一词语也广为人知。

然而,"青梅煮酒"是什么意思?究竟该怎样解释呢?《辞源》(修订本)解释说,是"古代一种煮酒法",并引晏殊《诉衷情》和苏轼《赠岭上梅》作例证。《汉语大词典》(第11册第538页)解释为"以青梅为佐酒之物的例行节令性饮宴活动。煮酒,暖酒。"并引晏殊《诉衷情》和《三国演义》第三十四回刘表之言作例证。笔者认为:《辞源》的解释是错的,《汉语大词典》的解释也不完全正确。

《辞源》说"青梅煮酒"是"古代一种煮酒法",但怎样"煮"法,却没有说,从字面来看,似乎是把"煮"字看成动词,指用青梅来煮酒。如果"青梅煮酒"是"一种煮酒法",那么就不能把它分开来说,事实上,古人常把它分开来说,如"不趁青梅尝煮酒","盘置青梅,一樽煮酒"等。能够分开来说,可见"青梅煮酒"应是两种东西,不是"一种煮酒法。"此外,就《辞源》所引晏殊《诉衷情》"青梅煮酒斗时新,天气欲残春"两句的含意来看,也表明"青梅煮酒"是两种东西,不是"一种煮酒法"。"青梅煮酒斗时新"的"斗",是比赛、竞胜的意思,要比赛、要竞胜,当然要两种或两种以上的东西才能进行,一种东西是无法相互"斗"的,"一种煮酒法"更不能说"斗"。晏殊还有一首《诉衷情》云:"芙蓉金菊斗馨香,天气欲重阳",说的是芙蓉、金菊两种花"斗"(比赛)馨香时,已经要到重阳节了。"芙蓉""金菊"明显是两种花。这两句所用句式、手法和"青梅煮酒斗时新,天气欲残春"完全相同,可作"青梅煮酒"是两种东西的旁证。

笔者认为,"青梅煮酒"从字面来看,就是指青梅和煮酒,这个词语由"青梅"和"煮酒"两个名词并列构成。青梅是很常见的果木。"煮酒",《汉语大词典》说是"暖酒",把它看做词,这是对的。但是,我们从其所引例证"青梅煮酒斗时新"和"吾闻贤弟在许昌,与曹操青梅煮酒,共论英雄"中,无论如何也看不出"煮酒"有"暖酒"的意思("煮"字也没有"暖"的含义)。笔者认为,煮酒是一种酒名,和唐代诗人经常提到的"烧酒"这个名称差不多,因为"煮"和"烧"意思相近,并且,古代的粮食酒是用煮烂的黍,加上曲蘖(酒母)发酵而过滤的,有个烧煮的过程,根据这点,泛而言之,古代的粮食酒,一般都可称作"烧酒"或"煮酒"。

青梅和煮酒既然是两种东西，那么古人为何常常把它们联系起来，说成"青梅煮酒"这一词语呢？主要有两个原因：一是从时令上着眼，青梅长成之日，也正是煮酒新熟之时，即暮春时节，既可以之表示时令，也可描写尝青梅、品煮酒的节令性尝新宴饮活动。像晏殊《浣溪沙》："青杏园林煮酒香，佳人初试薄衣裳"以及上文所引晏殊《诉衷情》和《三国演义》中的两段，所写正是如此。二是青梅既可作下酒的果品，又可助饮醒酒，消食解酒。梅性酸，具有消食解酒的功用。《本草纲目》卷二十九《梅》条就说："消酒毒，令人得睡。""生津、止渴、清神、下气、消酒。"因此，古人饮酒时常食梅。鲍照《代挽歌》诗就说："忆昔好饮酒，素盘进青梅。"周邦彦《花犯》词也说："相将见，翠丸荐酒。"翠丸即青梅。这样，古人就自然而然地把青梅和煮酒放在一起，创造出"青梅煮酒"这一词语。（胥洪泉）

额山 3395

注云："即额黄。古代妇女施于额上的黄色涂饰。唐《温庭筠集》一《照影曲》：'黄印额山轻为尘，翠鳞红稚俱含嚬。'"

按：细玩温庭筠诗意，额山似指额头。"黄印额山"意谓将黄色印在额头上，以为装饰。这与点梅花妆有点相仿。现代有些方言似还将额头称"额山"，不知注者将"额山"注作"额黄"另有何据。（熊飞）

飞 3415

⊗中药的一种炮制法。即研药物为细末，置水中漂去浮于水面的粗屑。《政和证类本草》五"伏龙肝"引《雷公炮炙论》："取得后，细研，以滑石水飞过两遍，令干。"

释文正好说反。中药须水飞的药品，多属金石类。《雷公炮炙论》规定要水飞的，只有石钟乳、芒硝、黄石脂、雄黄、石膏、磁石、伏龙肝（灶心土）、白垩等。这些药物研细置水中，粗屑只能下沉，不能上浮。水飞法的全过程是：药品研细后纳入水中，搅匀，倾出，弃去沉淀的粗屑，候水药混合液澄清，去水令干。（张喆生）

腾腾 3464

目云："奋起或迅疾刚健貌。"引唐白居易《答州民》诗："唯拟腾腾作闲事，遮渠不道使君愚。"及唐罗隐《途中寄怀》诗："不知何处是前程，合掌腾腾信马行。"

按，此解与该词的实际含义正好相反，"腾腾"多状动作之迟缓悠闲，所引二例中下文"作闲事""信马行"可证。其他韵文中亦多有上述用法，具见拙撰《诗词曲语辞例释》增订本该目，今但增一散文用例以为佐证。唐李复言《续玄怪录》卷四《李卫公靖》："于是上马腾腾而行，其足渐高，但讶其稳疾，不自知其云上也。"意言先缓后疾，故句中以渐字过渡。（王锳）

按：此条释文殊误。唐人多用腾腾，有三义最常见：1)悠闲，略等于"悠悠"，如白居易《答元八郎中杨十二博士》："谁能抛得人间事，来共腾腾过此生？"又《戏赠萧处士清禅师》："又有放慵巴郡守，不营一事共腾腾。"韩偓《过江口》："联翩半世腾腾过，不在渔船即酒楼。"《辞源》所引白居易《答州民》诗,亦此义。2)迟缓,如翁承赞《华下霁后晓眺》:"花畔水边人不会,腾腾闲步一披衫。"杜荀鹤《长安道中有作》:"子细寻思底模样,腾腾又过玉关东。"《辞源》所引罗隐诗亦此义。此义与悠闲义近。3)瞢(或"懵")懂,如韩偓《腾腾》:"八年流落醉腾腾。"皮日休《卧病感春寄鲁望》:"鸟皮几上困腾腾,玉柄清羸愧不能。"白居易《东院》:"有时闲酌无人伴,独自腾腾入醉乡。"此三类的例子,唐诗中不胜枚举,但均无"奋起或迅疾刚健"义。此外,韦庄《对梨花赠皇甫秀才》:"腾腾战鼓正多事",腾腾摹写鼓声,但极少见。(张涤华)

魁冈 3498

"魁冈"一词,《辞源》释作"指北斗星的河魁、天冈二星",则误。这里的"河魁、天冈",指的是星命家所说的月内凶神,而非北斗星的二星。如《协纪辨方书》引《历例》所说的:"阳建之月,前三辰为天冈,后三辰为河魁,阴建之月反是。"当此之日,诸事宜避。观《辞源》释"魁冈"引嵇康和《资治通鉴》二例,恰是指的星命家所言的月内凶神,犯之行事不吉。和"魁冈"同义的还有"魁罡"一词,《辞源》释曰:"星名,指河魁与天罡。"下引二例,第一例引三国吴国杨泉的《物理论》:"岂有太一之君,坐于庶人之座;魁罡之神,存于匹妇之室?"这里的"魁罡之神",正是前面说的星命家所说的月内凶神,释文中应予说明。但第二例引的是汤显祖《紫钗记》:"同吉魁罡,走马升帐。"这又非星命家所说的月内凶神了,而是指的主将设置军帐的方位,和李白《司马将军歌》"身居玉帐临河魁,紫髯若戟冠崔嵬",以及宋代张淏《云谷杂记》"戌为河魁,谓主将之帐宜在戌也"中的"河魁"义同。(徐传武)

鱼豢 3504

释文云:"撰《魏略》三十八卷,纪传体,至魏明帝止。其书已亡。就《三国志·注》《世说新语·注》及类书所引,材料至为繁富,列传多以传主品格学行分类标目,有儒、清公、游说、纯固、勇侠、苛吏、知足等,尤为特色。"

按:此条看似详赡,其实讹误甚多。考鱼豢所撰有《魏略》三十八卷、《典略》五十卷,见《旧唐书·经籍志》,实二书。《隋书·经籍志》著录《典略》八十九卷,盖合二书为一。《魏略》有纪志、列传,是正史;《典略》则标目繁多,巨细毕载,是杂史。《魏略》只记曹魏事,至明帝止,故以《魏略》为名。《典略》所记,不限于魏,故有孔子见南子、子贡对齐景公,以及苏秦、张仪、汉光武、严子陵等事。其分类标目,除《辞源》所举外,尚有佞幸、西戎(一作西域)等目,见钱大昕《三国志考异》卷十五、姚振宗《三国艺文志》卷二。又,儒宗,《典略》以董遇、贾洪、邯郸淳等七人为《儒宗传》,《辞源》脱"宗"字。清介,《典略》以常林、吉茂等四人为《清介传》,《辞源》误"介"为"公"。《隋志》未分别《魏略》与《典略》,《新唐志》缺著《典略》,《太平御览》又直称《魏典略》,因之杭世骏《诸史然疑》遂谓二书为一书,实考之未审。对于这一问题,侯康《补三国艺文志》、章宗源、姚振宗二家《隋志考证》已经加以辨明,惜《辞源》未能采取。(张涤华)

呜 3523

㊀抚弄。《世说新语》"惑溺"："儿见（贾）充喜踊，充就乳母手中呜之。"

按："呜"有"吻"义，也写作"歍"。《说文》歍："一曰口相就也。"王筠注："今人抚育小儿，往往歍之。"《广韵》屋韵："噁，歍噁，口相就也。"《玉篇》噁："声类云呜噁也。"金董解元《西厢记》五卷〔梁州三台〕曲："抱来怀里惜多时，贪欢处呜损脸窝。……恣恣把觑了可喜冤家，忍不得恣情呜喝。"又同卷〔风吹荷叶〕曲："只被你箇多情姐，噁得人困也，怕也！痛怜呜损腶脂颊。"曲文中"呜""呜喝""噁"互用，可证"呜"有"吻"义。元宋方壶《南吕·一枝花》套·蚊虫："厮呜厮咂，相抱相偎。"（《太平乐府》八）"厮呜厮咂"是说蚊子叮人，而不是指蚊虫"抚弄"人。这里不妨把《世说新语》完整抄录如下："贾公闾（充）后妻郭氏，酷妒。有男儿名黎民，生载周。充自外还，乳母抱儿在中庭。儿见充喜踊，充就乳母手中呜之。郭遥见，谓充爱乳母，即杀之。"按情理贾充吻儿比"抚弄"儿更易引起郭氏疑妒，郭恨不深决不会杀乳母。释"呜"为"吻"则较"抚弄"更为合理。（张喆生）

鷙距 3546

猜疑而止。《管子·小问》："夫牧民，不知其疾则民疾……止之以力，则往者不反，来者鷙距。"注："鷙，疑也。距，止也，闻其役烦，则疑而止也。"这个释义是根据尹知章的注文做出的。实际《小问》原文的"鷙"为"驚"字之误。"驚""距"义皆为止，言来者止而不前之义。《说文》："驚，马重貌也。"桂馥谓"马重而陷，陷则益重"。《说文》："樊，驚不前也。"（今本"驚"讹为"鷙"）。《史记·秦本纪》"晋君弃其军与秦争利，还而马驚。"《史记·晋世家》："惠公马驚不行。"索隐曰："谓马重而陷之于泥。"《太玄·玄错》："进欲行，止于驚。"（今本"驚"讹为"鷙"）。段玉裁曰："驚，駐。"《广雅》："駐，止也。""距"本作"歫"。《说文》："歫，止也。"是"驚""距"义皆止也。清人王念孙曰："世人多见鷙，而少见驚，故驚讹为鷙。尹氏（知章）不能釐正，而训鷙为疑，既不合语意，又于古训无征，斯为谬矣。"戴望《管子校正》已引此证。《辞源》未能参正，致有此误。（宫庆山）

黄鹤楼 3574

条下释"一说蜀费文祎登仙，尝驾黄鹤憩此"。"祎"（yī）应为"伟"（wěi）之误。按《三国志·蜀书·费祎传》载："费祎，字文伟。"后主时曾为黄门侍郎。诸葛亮《出师表》称："侍中、侍郎郭攸之、费祎、董允等，此皆良实，志虑忠纯，是以先帝简拔以遗陛下。"宋陆游《入蜀记》卷五亦称："黄鹤楼，旧传费祎飞升于此……"且《辞源·费祎》条下释："字文伟。与许叔龙、董允齐名。"据此，《辞源》称"费文祎登仙"应为"费文伟登仙"之误，当予以匡正，以便修订时勘误。（陈麟德）

黶 3586

㊀黑记。皮上的小黑点。

在方言里，"志"和"记"不同，皮肤上生来就有的深色的斑叫"记"，皮肤上所生有色的小疙瘩叫"志"。"记"也写作"痣"，"志"也作"痣"。《水浒》十二回："（杨志）生得七尺五六身材，面皮上老大一搭青记。"称"青记"为"一搭",可知不是小黑点。人称杨志为"青面兽",想来面上的青记还很不小,决非一个小黑点儿。明陈实功《外科正宗》黑子第一百一:"黑子,痣名也。……宜细铜管将痣套入孔内,撚六七转,令痣入管,一拔便去。"可证"痣"只是一个小点,若是"记"就无法纳入细铜管。《醒世姻缘》(木刻本)十一回:"说那神道有二尺长须,左额角有一块黑癣。"亦可证"癣"为成片的斑。(张喆生)

齊衰 3598

丧服名。为五服之一,次于斩衰,以粗麻布做成。因其缉边缝齐,故称齐衰。为继母、慈母服期衰三年,为祖父母、妻、庶母服齐衰一年,为曾祖父母服齐衰五月,为高祖父母服齐衰三月。

按:释文所谓"为继母、慈母服期衰三年",殊为不通。"期"者,周年之谓也,既云"期衰",又云"三年",令人不知所云。揣摩上下文意,"期衰"当是"齐衰"之讹。不过,即使依文意将"期衰"改为"齐衰",依然与古制不太符合。考《仪礼·丧服》,为母服丧,有父在为母服齐衰期年和父卒为母服齐衰三年的区别,并云:"继母如母,……慈母(指抚养自己的庶母)如母。"准此,可知为继母和慈母服丧也当有齐衰期年和齐衰三年的区别,而不能只说是"齐衰三年"。因此,应据《仪礼·丧服》将"父卒为母"和"母为长子"作为齐衰三年之服的丧例。如此,庶几与古礼相符。(丁鼎)

五 义项问题

一日 0002

㈠昼夜。

按:此解欠全面。"日"有时与"昼"义同,与"夜"对文,仅指"一个白天",即从天亮到天黑的一段时间。如"夜以继日""日日夜夜"等。《荀子·修身篇》:"夫骥一日而千里,驽马十驾,则亦继之矣。"此"一日"即指"一个白天",而非"一昼夜"。(张綦)

三宿 0035

《辞源》"三宿"义项有三天的路程,三天三夜,留宿三夜(引申为留恋)三个义项,而《尚书卷》的"三宿"释为前进三次。《顾命》曰:"王三宿,三祭,三咤。"宿,通"肃",徐行向前。可补充《辞源》"三宿"的义项。(何如月)

三不知 0043

注云:"《左传》哀二十七年:'文子曰:吾乃今知所以亡。君子之谋也,始、衷、终皆举之,而后入焉;今我三不知而入之,不亦难乎?'意思是自始至终完全不知。后指事事不知为三不知。《红楼梦》五五:'一个是拿定了主意:不干己事不开口,一问摇头三不知。'在小说戏曲中,有时当作突然解。《醒世姻缘》二五:'正好好的,三不知又变坏了。'"

这个注有三个问题:

(一)"自始至终完全不知"与作"事事不知"不是并列关系,后者是前者的引申。

(二)作"突然"等意义讲的"三不知"与"事事不知"解的"三不知",无论从性质、意义、构成哪一方面看,都有明显区别,义项应该分列。

(三)作"突然"等意义解的"三不知",并不首见于《醒世姻缘》;且这类"三不知"亦非"突然"一义所可囊括。

请看下面的例子:

(1) 关汉卿《鲁斋郎》题目正名:"三不知同会云台观,包待制智斩鲁斋郎。"
(2) 杨文奎《儿女团圆》二〔骂玉郎〕曲:"三不知逢着贵客,……我用两手忙加额。"
(3) 缺名《陈州粜米》三〔搽旦王粉莲赶驴上云〕:"……他两个差人牵着个驴子来取我,三不知我骑上那驴子,忽然的叫了一声,丢了个橛子,把我直跌下来。"
(4) 《金瓶梅》十三:"那西门庆三不知正进门,两个撞了满怀。"
(5) 《警世通言》卷三十一:"(曹)可成欣慕殿监生荣华,三不知又说起。"
(6) 《玉娇梨》八:"到次日,清晨起床,恐怕苏友白见亲事不成,三不知去了,便忙忙梳洗了,亲到寺中来请他。"
(7) 《平妖传》十二:"贾道士不便冲撞,只得忍耐,过了几日,三不知又问起来。"
(8) 《何典》四:"三不知六事鬼走来,看见雌鬼绷开两只软腿,只管低头看,心中疑惑。"

这八例,(2)(5)(6)(7)(8)五例解作突然是可以的,但(1)与其解作"突然",不如解作"意料不到"或"出乎意料";(3)(4)不如解作"匆忙""急忙"。这样或许更确切些。这三个意义有联系,放在一个义项下是可以的;但愚以为应当分列出来,仅言"有时当作突然解",未免嫌笼统了点。(熊飞)

上 0058

"上"字目字头列"高处、上等、在先"等十一个义项。按,此外"上"还有特指上任的用法,唐宋笔记中极普遍。唐张文成《朝野佥载》卷二:"周地官郎中房颖叔除天官侍郎,明日欲上。其夜有厨子王老夜未起,忽闻外有人唤云:'王老不须起,房侍郎不上,后三日李侍郎上。'"例多无须赘举。直到今天,"上"这一义项作为词素义尚沿用不衰,可谓其来有自。(王锳)

上行 0059

本条除了《辞源》所列两个义项之外,宋元语言还指上市集买货回来卖。《梦粱录》卷十三:"更有儿童戏耍物件。亦有上行之所。"《古今小说·史弘肇龙虎君臣会》:"史弘肇道:'那里去偷只狗子,把来打杀了,煮熟去卖,却不须去上行。"今潮汕农村地区仍谓上市集货卖为"上行",可

作佐证。（林伦伦）

上算 0063

因"上"作形容词用有"上等"义，如果是指主体本身"上算"，那么，便是指"上策""高超的计谋。"《周书·异域传论》："举无遗策，谋多上算。"又因"上"可作动词用，如果指让客体"上算"，那么，便是"上当""中人圈套"义。《儒林外史》十五"马二先生恍然大悟：'他（洪憨仙）原来结交我，是要借我骗胡三公子，幸得胡家时运高，不得上算。'"（张天望）

不享 0068

《辞源》释为诸侯不来朝，《汉语大词典》释为诸侯不来朝和不行享献之礼两义，《尚书卷》除以上诸义之外，还有不祭祀、不能享有禄位两个义项，可补《辞源》《汉语大词典》之缺。（何如月）

丕 0080

《词诠》以"助词，无义"解释"丕显（不显）"中的"丕（不）"，并举例如下："◎戎有良翰，不显申伯。《诗·大雅·崧高》◎不显不承，无射於人斯。又《周颂·清庙》◎不显成康，上帝是皇。又《执竞》◎丕显文武。又《文侯之命》◎丕显哉！文王谟；丕承哉！武王烈。《孟子·滕文公》引《书》◎惟乃丕显考文王克明德慎罚。《书·康诰》◎公称丕显德。又《洛诰》◎公称丕显之德。《逸周书·祭公》◎奉扬天子之丕显休命。《左传》僖二十八年 ◎昧旦丕显。又昭三年。"

《词诠》此说源于王引之《经传释词》："'不'，弗也；'否'，不也；'丕'，大也；而又为发声与承上之词。若皆以'弗'与'大'释之，则《尚书》之'三危既宅，三苗丕叙'，'我生不有命在天'……《毛诗》之'否难知也'，'有周不显，帝命不时'……皆文义不安矣。"俞樾《古书疑义举例》"助语用不字例"也认为此"真空前绝后之学"。

王氏只认定"不"的否定词用法，《经传释词》"不丕否"条下有"不，弗也""不，否，非也""不，否，无也""不，毋也，勿也"。除此之外而于经传中发现不能以否定意义解释的"不"时即以"助词无义"释之。所以，"不显，显也。""'不'为语词"，而他又认为："《玉篇》曰：'不，词也。'经传所用，或作'丕'，或作'否'，其实一也。"所以"丕显"中的"丕"也为语词，无义。其实，"不"为象形字，它的本义是"萼柎"（《甲骨文字典》"不"条下："象花萼之柎形，乃柎之本字。《诗·小雅·棠棣》：'棠棣之华，鄂不韡韡。'郑玄笺云：'承华者曰鄂，不当作柎。柎，鄂足也。古音不柎同。'王国维、郭沫若据此皆谓不即柎字，可从。卜辞假为否定词，经籍亦然，用其本义者仅《棠棣》一见。"）它的否定用法都是假借义。

《汉语大字典》"丕"条下云："《说文》：'丕，大也。从一，不声。'按：金文丕不从一，不、丕原为一字，后分化。"《汉语大词典》"不"条下："⑥通'丕'。大。《诗·周颂·清庙》：'不显不承，无射於人，斯。'段玉裁曰：'丕与不音同，故古多用不为丕。如不显即丕显之类。'"可见，"不""丕"最早本是一字，后来在字形和用法上有了分化，但在早期的文献中没有十分严格的区别，因此，"不"有"丕"的"大""乃"等义，而金文及上古文献中的"不显"即"丕显"，为当时习用的赞美之词。《尚书词典》《汉语大字典》皆以"大"释"丕显"之"丕",《古代汉语虚词通释》《古代汉语虚词词典》认为是副词,用在动词或形容词前,表示程度之甚,可译作"很""大大地"等。

《辞源》[丕显]条下云:"丕本为语词,后人承用为大义,因以丕显作大明解。"这样的解释非常牵强。首先,"丕"本身就有"大"义,《说文》已如是说,典籍中亦有用例,如《书·大禹谟》:"嘉乃丕绩。"为何非要说它"本为语词",再"承用为大义"?其次,最早"不""丕"同形,《甲骨文字典》"不"的释义有四项,分别为:一、否定词;二、语词,用于句尾表疑问之语气;三、人名;四、方国名,没有作为"无义语词"的义项。"丕本为语词"之说不知从何而来。而"丕显"至少在西周时就已是常用的通语,管燮初《西周金文语法研究》统计"不显"作为并列式复合形容词有50次,《金文大字典》"显"条下所列五十余条铭文中除一例外全为"不(丕)显"连用。再次,查《金文大字典》,除有"丕(不)显"例外,还有"不秠",句例与"丕(不)显"同,如:

敢对扬天子丕显休(康鼎) 丕显皇祖考(番生殷)

敢对扬天子丕秠休(长田盉)丕秠孔皇公(班殷)

敢对扬天子丕显鲁休(大克鼎)

对扬天子丕秠鲁休(师奎父鼎)

关于"秠",《金文大字典》云:"……古并重字通常都是单体字意义的加重,如《说文》九篇'豩,二豕也。'《说文》四篇'皕,二百也',等等,都是原字的加倍义,'秠'当为二丕,为丕之加重。"显然,"丕"不可能是无义的语词,因此,相同结构中"丕(不)显"和"丕(不)秠"的对文显示出这里的"丕(不)"也不是语助无义,而有实在的"大"义。(姚徽)

乘势 0100

本条《辞源》有两个义项:指"利用权势"或"趁着时势",当词组用。但在潮汕话中,"乘势"是个双音节词,常用在动词前面作修饰语。意谓乘机、顺便。这个义项可在近代汉语中找到例证。如《水浒》第四十四回:"朱富道:'……却才李大哥乘势要坏师父,却是小弟不容他下手。'"又六十九回:"董平当晚领军入城,其日使个就里的人,乘势来问这个亲事。"可见,《辞源》是漏收了一个义项。(林伦伦)

乘槎 0100

乘槎一典,除《博物志》所记不知名之某人曾见牛郎织女外,亦为张骞出使时所睹。杜甫曾多次运用。但旧版《辞源》《辞海》均未能确指。至多亦不过云:"或谓此人即张骞。"作一大致交代而已。至于新版《辞源》《辞海》,则有意回避,更无只字道及。笔者查之不得,曾有一小诗致慨:"河源久谓与天通,岂料张骞事凿空。不信少陵三致意,竟无痕迹在其中!"嗣后读书随时留意,果于前代类书中见之:

《太平御览》卷五十一地部十六"石"上引《荆楚岁时记》云:"张骞寻河源,得一石,示东方朔。朔曰:'此是天上织女支机石,何因至此?'"(按:此乃佚文,今本失载);又宋初吴淑《事类赋·职官部行人司》亦云："博望乘槎，天河可至。"下附小注：《汉书》："汉武帝封张骞为博望侯。"《博物志》："张骞使大夏。寻河源，乘槎至一处，见一妇人，曰：'此天河也。'"（按：今本《博物志》无骞事。此乃吴淑所见佚文。）吴氏《事类赋》及小注，并见黄葆真所辑《增补事类统编》卷三十七。惜两书所载，详略互有不同。而经过原委，亦尚欠明晰。不久，又读宋胡仔《苕溪渔隐丛话》前集杜少陵六，则记载甚明，始稍释此憾。胡文云："〔《荆楚岁时记》〕直曰：张华《博物志》云：'汉武帝令张骞寻河源，乘槎经月而去。至一处，见城郭如官府。室内有一女织。又见一丈夫牵牛饮河。骞问：'此是何处？'答曰：'可问严君平。'君平曰：'某年月日客星犯牛女。'所得支机石，为东方朔所识。"大概此典，北宋人犹及见之。但其时《岁时记》已与《博物志》互混，故清人冯皓注李商隐《海客》，即全用胡氏此文，并迳将书名标为《岁时记》。鄙见以为今日辞典编纂，亟宜将三项佚文糅合，俾张骞乘槎借喻出使之典故，得以索隐钩沉，明其始末。至于用例，亦不甚难。兹姑以时代先后为次，择举其早中晚三例于下：北周庾信《哀江南赋序》："况复舟楫路穷，星汉非乘槎可上；风飚道阻，蓬莱无可到之期。"唐杜甫《有感五首》之一："乘槎断消息，无处问张骞。"清徐继畬《乘槎笔记序》："英吉利、法郎西，……咸有使臣居京师，办中外交涉。欲得重臣游西土，……〔斌君友松〕遂于清同治丙寅乘槎以行。"（湖南人民出版社《走向世界丛书》本）上述诸例，可增列为义项一。释：借喻出使。

另外，尚有一事，不惮缕述者，则庾赋所用出使典故，清倪璠注庾集，未能指明。鄙见以为此典确系信借骞以自况。盖信本梁臣，痛其使北遭国破而不能返，乃发为此赋。如此用典，方贴切而不可移易；亦必如此用典，方见其家国之悲，身世之痛。杜甫谓其"暮年词赋动江关"，良非虚誉。至于新《辞海》"乘槎"条，引杜甫诗"乘槎动要津"，谓"喻入朝做官"，则显误！按杜用乘槎，均喻出使。如《有感》："乘槎断消息，无处问张骞。"《赠王侍御契》："伏柱闻周使，乘槎有汉臣。"《夔府咏怀》："途中非阮籍，槎上有张骞。"《秋兴》："奉使虚随八月槎。"无一不然。其所以致误者，则在于不悉唐人凡带京职为幕僚者，均可称为使臣。如钱起《送裴迪侍御使蜀》、刘长卿《送张侍御使岭南》皆其例。此说出梁曼云所著之《杜园说杜》。详见上海古籍本郭曾忻《读杜札记》344至345页。郭谓此为梁之创解，信然。

再者，文人用典，大多只取一点因由，借资生发。故乘槎①引书，于"八月槎""支机石""犯斗还""成都卜"等字面，均不应删去。俾读者检而可索，一役毕功。好在条目主次已分，详略不妨互剂。（刘世宜）

九百 0103

第一义："宋人讥讽痴呆、精神不足的人为九百。"此目吸收了张相《诗词曲语辞汇释》的解说，是正确的。但何以"九百"能表此义？似应作进一步的探讨。按，"九百"或作"九佰""九陌"，本指钱陌不足。《汉书·食货志》："仟佰之得。"颜师古注："仟谓千钱，佰谓百钱。"《南史·梁简文帝后论》："初，武帝末年，都下用钱，每百皆除其九，谓为九百。"宋沈括《梦溪笔谈》卷四："今之数钱,百钱谓之陌者,借陌字用之,其实只是百字,如什与伍耳。唐自皇甫镈为垫钱法,至昭宗末乃定八十为陌。汉隐帝时,三司使王章每出官钱,又减三钱,以七十七为陌,输官仍用八十。至今输官钱有用八十陌者。"于此可窥见从萧梁至赵宋钱币流通制度之一端。关于"九百"语源,宋人多有论及者,但均不得要领。唯朱彧《萍洲可谈》卷三云:"盖俗以神气不足为九百,岂以一千则足耶?"虽"九百"本指除九当百,非指一千而言,但此说已接近此词真诠,可惜未达一间。由钱陌不足引申为精神不足乃至痴呆、癫狂之义正属情理中事。之所以只有"九百"而无"八百""七百"之类,大概与古人偏爱为九之数不无关系。(王锳)

九枝 0104

㈠指一干九枝的花灯。

㈡指妇女钗头上的花朵饰物。

按:应立义项为:"指一干九枝之物,"然后分别引例以释"九枝花灯"及"九枝花朵",方合释词原则。若引一例,即为立一义项,则无穷尽。(张蓁)

乳狗 0116

(一)幼狗。《荀子·荣辱》:"乳狗不远游,不忘其亲也。"(二)育子的母狗。《资治通鉴·周纪》一威烈王二三年论:"譬如乳狗搏人,人得而制之。"

按,乳狗就是育子的母狗,不应歧为二义。幼狗的义项是不能成立的。《荀子·荣辱》:"乳彘触虎,乳狗不远游,不忘其亲也。"不忘其亲只是惦念其子的意思。乳彘是育子的母猪,乳狗自当是育子的母狗。(王力)

乾淨 0117

本条除了有《辞源》所说的"干脆、直截了当"的意思之外,还有"彻底、完全"的意思,既可放在名词前面当形容词,也可用在形容词前面当副词。如《警世通言·苏知县罗衫再合》:"朱婆叹口气道:'没处安身,索性做个干净好人。'""干净好人",彻底的好人。《西游记》第十八回:"老高,你空长了许大年纪,还不省事。若以貌取人,干净错了。""干净错了",完全错了。这个义项至今仍保留在潮汕话中。(林伦伦)

亂 0119

《说文》云:"亂,治也。从乙。乙,治之也。从𤔔。""𤔔",原象两手整理丝结,本身就具有"纷乱"和"治理"两义;再加上"乚"(乙),"治"的意思更为明显。《左传·庄公十年》:"吾视其辙乱。"这是用"纷乱"义。《书·泰誓》:"予有乱臣十人。"这是用"治理"义。此句意思为:"我有十个善于治国的大臣。"

用"乱"组成的复音词,义分褒贬的有:

    乱臣→善治之臣。   乱政→败坏政治。

      →作乱之臣。   →治理国事。

"纷乱"与"治理",两义既对立又统一。可知,古人在发展词义时运用了朴素的辩证法。

用比喻、借代等修辞手法发展词义,也可能义分褒贬。(张天望)

京都 0155

金代文宗时赵秉文在北京路任职期间作有《北都雪望》《北都小雪》诗二首,此北都是指何城?诸辞书虽列出了中国历史上的几个"北都",却没有金代北都。除赵秉文的二首诗外,金代蔡圭《江城子》词及其序也可证金确有"北都"之称谓。其序云:"王温季自北都归,过余三河,坐中赋此。"词中又云王温季"千里归来"(而后返今河北正定)。故赵秉文、蔡圭这三首诗词中的"北都"显然与距金三四百年前五代、唐时的北都(今太原)无关。《中国古代诗歌欣赏辞典》中《北都雪望》(钱元凯赏析)称此北都为金代上京会宁府(今黑龙江阿城市南白城),但未能说出依据。金上京的别称应是上都(蔡松年《诗庚戌秋还自上都饮酒于西岩》)。清代《承德府志》已将赵秉文《北都雪望》《北都小雪》诗录入(即把金北都看作金北京,旧辽中京地,清代属承德府),只是未作北都考注。

赵秉文在北京路任职期间,确曾到过东北,有《东京见梅》《辽东》《长白山行》诗(赵所到之处似在长白山西南端,即辽宁省最东端一带,距上京会宁府尚有千余里)为证,但不见有他的会宁府景物诗及其他相关诗句,即无法得证赵秉文到过金上京。《中国历史大辞典》称:"金贞元元年(1153年),因中京大定府在新迁都城中都大兴府(今北京西南隅)之北改称北京。"此北京又为金五陪都之一(另四陪都是西京大同府、东京辽阳府、南京开封府、上京会宁府)。更何况"京"与"都"本来义可相近,相互代用(如称元上都作上京、金上京作上都),所以从地理位置和名称的关联上说,北京最具条件称"北都"。蔡圭《江城子》词序中言王温季从北都"千里归来"到三河(今河北三河县),《建炎以来系年要录》卷九:"中京者,在燕山(府)之北千里",而三河在燕山府东百里,这样从距离上讲也基本相符(宋、辽时《续谈助》言"中京南到幽州九百二十五里",《乘轺录》记"中京南至幽州九百里",作为诗词,可以将此里程概写为"千里")。故金代北都当指陪都五京之一——北京(大定府,今内蒙古宁城县大明城)。

单字释义较为翔实的《汉语大字典》(1993年,汉语大字典编辑委员会)中"京""都"二字条目释义,都未涉及可以指陪都及相关的"京""都"二字可相互代用的问题。而古籍中"京""都"二字同义的实例很多,以元代尤甚,如称元陪都上都城(今内蒙古正蓝旗上都城址)为上都的有张养浩《上都道中》诗、范玉壶《上都》诗等;也有称此城为"上京"的,如许有壬《上京十咏并序》诗、张翥《上京秋月》诗、马祖常《上京翰苑书怀》诗等。金代亦有将"京"与"都"字相互代用的一些实例,如前述赵秉文将金陪都五京之一北京别称北都(赵秉文《北都雪望》《北都小雪》诗)。

上述古籍中所指都是在该城为陪都的前提下,"都""京"二字可相互代用。《汉语大字典》《辞源》等辞书中既没有写出"京""都"可以指陪都的释义,也没有指出在做为陪都的前提下,"都"与"京"字可以相互代用的实例,笔者认为应予以补充。(胡廷荣 孙永刚)

人民 0158

有"奴隶"义,见《周礼·地官·质人》:"掌成市之货贿、人民、牛马、珍异,凡卖买者质剂焉。"郑玄注:"人民,奴婢也。"两书均未收录。(陈增杰)

人间 0160

魏晋南北朝时多指"仕途""政事",《汉语大词典》亦无此义项(今人的专书亦未论及)。如《世说新语·捷悟》:"世子嘉宾出行于道上,闻信至,急取笺,视竟,寸寸毁裂,便回还更作,自陈老病,不堪人间,欲乞闲地自养。宣武得笺大喜,即诏转公督五郡,会稽太守。"《南齐书·萧宝义传》:"建武元年,为持节、都督扬南徐州军事、前将军、扬州刺史。封晋安郡王,三千户。宝义少有废疾,不堪出人间,故止加除授,仍以始安王遥光代之。"《南齐书·宗测传》:"测少静退,不乐人间。……州举秀才,主簿,不就……诏征太子舍人,不就。"《全梁文》卷四十六陶弘景《与亲友书》:"畴昔之意,不愿处人间,年登四十,毕志山薮。"《南史·颜延之传》:"湛及义康以其辞皆不逊,大怒。……于是延之屏居不豫人间者七载。"又,"人间"由"政事"引申之,可以指涉及政事的人——朝廷大臣。如《世说新语·识鉴》:"郗超与谢玄不善,苻坚将问晋鼎……于是朝议遣玄北讨,人间颇有异同之论,唯超曰:'是必济事。'"此说朝臣对谢玄意见不一,唯郗超保其必胜。(蒋宗许)

代 0170

(二)世代,时代。《论语·八佾》:"周监于二代。"指夏与殷。

按,时代和世代应分为二义。时代指朝代,这是上古的意义,例如"夏商周三代";世代指世系相传的辈数,这是唐以后的意义,例如"祖孙三代"。后者在上古只称"世",不称"代"。(王力)

仿佛 0175

新修《辞源》第 2 册 1067 页"彷佛"条下说:"大概相似。同'仿佛'"。商务印书馆《古汉语常用字字典》"仿"字下云:"〔仿佛〕好像,似乎"。《说文解字》:"仿,相似也";"佛,见不审也"。

由上可知,"仿佛"一词除"似乎、好像"一意外,尚有"见不审"即"看不清""看不真切"的意思,可引申为"隐隐约约""影影绰绰""若隐若现"等。又据《中华大字典》:"仿佛"也作"怳欻","怳,虎晃切,音恍,养韵。通恍,冲漠难状也。《老子》:'道之为物,惟怳惟忽。'""怳,欻本字","欻,许勿切,音颭,物韵……。七、通惚,茫昧貌。韩愈诗:'指画变怳惚。'注:当作恍惚,借用欻字。"按:"仿"和"恍""佛"和"惚"叠韵,"仿佛"或由"恍惚"转化而来。故"仿佛"本意也有"恍恍惚惚、模模糊糊、似是而非"之意。这样,李白诗"登高望浮云,仿佛好旧丘",就可解释为"登高远望空中的浮云,隐隐约约好像旧丘一样",扬雄赋"犹仿佛共若梦",就可解释为"犹恍恍惚惚,就好像在梦中一样",陶渊明《桃花源记》中的"山有小口,仿佛若有光",就可解释为"山上有个小洞,隐隐约约好像有光亮似的"。可见,这里的"仿佛"跟"如""若",不但不重复,而且各有其着落,各有其作用,非常精练,非常逼真,把那种隐隐约约、恍恍惚惚、若隐若现、似是而非的情状和感觉,写得出神入化、再真切不过了。

总之,新修《辞源》和《古汉语常用字字典》在"仿佛"这个词条下,(1)未列入"见不审貌,引申为隐隐约约、影影绰绰、若隐若现"这一义项;(2)未列入"通怳欻,当作恍惚";特别是(3)在"好像、似乎"这一义项下,举"仿佛如旧丘"、"犹仿佛共着梦"为例,不妥。(胡建人)

伐 0178

此条《辞源》属于自身之失误。它释"伐"有七种意思,而却该有第八义。这第八义恰就在〔伐〕字头下所收的词目中出现,即〔伐德〕。《辞源》引《诗经·小雅·宾之初筵》:"既醉而出,并受其福;醉而不出,是谓伐德"。此"伐德"为败坏道德之义,以此推之,"伐"有败坏之义。《说文》云:"击击,从人持戈,一曰败也。"段注攴部曰:败者,毁也。《广雅·释诂》云:"伐,败也。"《谷梁传·隐公五年》:"斩树木,坏宫室曰伐。"王念孙在《读书杂志》中亦云:伐,败也。以上数例均有败坏、毁坏之义,因此,我们可以说"毁,败"可作为〔伐〕字的第八种释义存录。(王立)

伊 0181

一些词典的"伊"字释义如下:

⑦你。南朝刘义庆《世说新语·品藻》:"勿学汝兄,汝兄自不如伊。"《汉语大词典》

⑤第三人,人称代词。《世说新语·品藻》:"王僧恩(祎之)轻林公(支遁)。蓝田(王述)曰:'勿学汝兄,汝兄自不如伊'。"《辞源》

这两本权威性的大型工具书都用同一例证材料训释"伊"字作人称代词的用法,然所指人称却截然不同,孰是孰非?

查《世说新语》,兹录原文于下:

王僧恩轻林公。蓝田曰:"勿学汝兄,汝兄自不如伊。"(刘孝标注:"僧恩,祎之小字也。王氏世家曰:'祎之,字文邵,述次子。少知名,尚寻阳公主,仕至中书侍郎。年未三十而卒。'")

文中的"汝兄"即王坦之。据《晋书·列传第四十五·王湛》记载:"(坦之)弱冠与郗超俱有重名。时人为之语曰:'盛德绝伦郗嘉宾,江东独步王文度。'"("文度"是王坦之的字)再从史传文字的记述上看,记兄的多而详,记弟的少而极略。可以推断:王祎之是难出其兄之右的。而据《世说新语·文学》中"有北来道人,好才理。与林公相遇于瓦官寺,讲小品。……此道人语屡设疑难。公辩答清析,辞气俱爽。此道人每辄摧屈"的材料可以看出:林公并非浪得虚名的等闲之辈。那么王坦之亦轻视林公的可能性是存在的(早在三国时期,曹丕在《典论·论文》中就发出了"文人相轻,自古而然"的慨叹),而且将"伊"训为"他(指林公)"也更合乎文意。

再则,文中既称"汝兄",则"汝"为第二人称代词,那么同句中又何必改用"伊"称"你"?我们知道:"汝"在古代作第二人称代词的用法要比"伊"字来得普遍,更为通行。例如:

"江左殷太常父子,并能言理,亦有辩讷之异。扬州口谈至剧,太常辄云:'汝更思吾论。'"《世说新语·文学》

在这个同是父教子的语言环境中,父即以"汝"称呼儿子,作第二人称代词用。

而且,在《世说新语》记载的人物对话中,凡涉及到第二人称,称呼对方时,多用"汝""卿""子""足下""君""先生"等,并无用"伊"称代的另一例。例如:

①贼既至,谓巨伯曰:"大军至,一郡尽空。汝何男子,而敢独止?"《德行》
②元礼问曰:"君与仆有何亲?"《言语》
③王叹曰:"卿天才辈出,若复小加研寻,一无所愧。"《文学》
④顾劭尝与庞士元宿语。问曰:"闻子名知人。吾与足下孰愈?"曰"陶冶世俗,与世浮沉,吾不如子。论王霸之余策,览倚仗之要害,吾似有一日之长。"《品藻》
⑥奉高曰:"……先生何为颠倒衣裳?"《言语》

相反,在同一部《世说新语》中,却出现了"伊"称代第三人称,作"他"讲的例子。如:

诸葛恢大女适太尉庾亮儿,次女适徐州刺史羊忱儿。亮子被苏峻害,改适江彪。恢儿娶邓攸女。于时谢尚书求其小女婚。恢乃云:"羊、邓是世婚。江家我顾伊,庾家伊顾我。不能复与谢裒儿婚。"《方正》

这里的"伊"只能作第三人称代词讲,前一个"伊"指江家,后一个则指庾家。如果当"你"讲,则文意变得难以理解。

综上所述,笔者认为:《辞源》的注解、引用是正确的,而《汉语大词典》却引用失当,注解有误。

按:"伊"在古代确有指代第二人称之用法。吕叔湘先生并在《近代汉语指代词》中说:"在金元人的曲文里,伊字常作你字用。……甚至宋人词里的伊字也有该作你讲的也未可知。"还列举了大量的例证材料。尹君的《文言虚词通释》更把"伊"始作第二人称代词用法的时代上推至五代,并以温庭筠《新添声杨柳枝》中"井底点灯深烛伊,共郎长行莫围棋"一句为例。笔者则认为:早在敦煌变文中即已出现这种特殊用法,此不赘。(于其)

作 0194

《辞源》有十个义项,但没有一个解释下面例子中的"作":白居易《送李校书趁寒食归义兴山居》诗:"到舍将何作寒食,满船唯载树栽归。"张说《奉和圣制初入奉川路寒食应制》诗:"今岁随宜过寒食,明年陪宴作清明。"《云溪友议·韦皋》:"因作生日,节镇所贺,皆贡珍奇。"但征之潮汕方言,却迎刃而解:"作"为"过、庆贺"之意,"作节""作生日"之说,犹存潮汕闾巷之中,出于妇孺之口。周密《武林旧事》卷三云:"(冬至)三日之内,店肆皆罢市,垂帘饮博,谓之做节。""做节"同"作节",犹今言过节。(林伦伦)

借问 0227

㈠向人询问。三国魏曹植《曹子建诗》:"借问叹者谁,言是客子悲。"

㈡假设的询问语。晋陶潜《陶渊明集》二《悲从弟仲德》:"借问为谁悲,怀人在九冥。"

按:二诗之"借问"皆当为"假设的询问语",无需强为区分,另立义项。新编《辞海》解"借问"为"请问",明白了当,可从。(张蓁)

偃 0239

《说文》:"偃,僵也。"即仰,仰卧。段玉裁注:"凡仰仆曰偃,引申为凡仰之称。"《释名·释形体》:"颊,鞍也,偃折如鞍也。""偃折"即弯曲,"偃"与"折"同义。《广雅·释诂一》:"折,曲也。"《礼记·玉藻》:"古之君子必佩玉……周还中规,折还中矩。"郑玄注"折还"为"曲行也"。"偃"也有"弯曲"义,古称半弦月为偃月,称作战时部署成半月形的营阵为偃月营,均可为证。(李茂康)

伧 0249

唐徐坚《初学记》卷十九"奴婢"条下载有汉代王褒的《责髯髯奴辞》,文中有一段形容须髯奴毛发胡须的文字,其言曰:

岂若子须,既乱且赭,枯槁颓瘁,劬劳辛苦。汗垢流离,污秽泥土。伧嗫穰擩(音而),与尘为侣。无素颜可依,无丰颐可怙。动则困于总灭,静则窘于囚房。薄命为髭,正著子颐。为身不能庇其四体,为智不能御其形骸。獭须瘦面,常如死灰。曾不如犬羊之毛尾,狐狸之毫牦。

其中"伧嗫穰擩"一语,颇不经见于古书旧籍,其下除"擩"字下注云"音而"外,别无他释。检寻辞书字典,有误引此语作为"伧"字之例者,亦有误取"伧嗫"而以为一词者,要皆以未了此语之构成所致。今谓此语当即"伧穰""嗫擩"结合之一式,或以交错组合而求变化,或竟因"嗫""擩"互倒而致讹误。唯如此解,其义乃洞然可晓。今特援举数例,为作考辨于下,兼以匡正几种辞书之失。

古语中"伧穰""嗫擩"均为联绵词,不容分别释之。"伧穰"与"抢攘"同,《说文》作"枪攘",义为乱貌、不安貌或匆遽貌。他书又作"伧攘""伧囊""獊囊""戕囊""伧儜"等,皆与"抢攘"相同,异文虽多,实为一词。《汉书·贾谊传》"本末舛逆,首尾衡决,国制抢攘,非甚有纪,胡可谓治?"注:"苏林曰:抢音济济跄跄,不安貌也。晋灼曰:抢音伧。吴人骂楚人曰伧。伧攘,乱貌也。师古曰：晋音是。伧音仕庚反，攘音女庚反。"是知二字为叠韵连语，义为乱貌或不安貌。《庄子·在宥》："之八者，乃始脔卷獊囊乱天下也。"《释文》："獊音仓，崔本作戕。囊如字。崔云戕囊犹抢攘。"成玄英疏："㚟，匆遽貌也。"是知浑言则谓之"乱貌"，而"不安貌"言其制度无序；"匆遽貌"言其劳碌忙乱，析言略有小别耳。故《集韵》庚韵于抢字（锄庚切）、攘字（尼庚切）下并云："抢攘，乱貌。"或以形容社会动荡、动乱等，如柳宗元《吊屈原文》："支离抢攘兮，遭世孔疚。"于公义《为李晟收西京露布文》："丑类抢攘。"亦有形容杂草秽乱者，《说文》草部芊下云："芊蓁，艸乱也。从艸，争声。杜林说，芊蓁，艸貌。"《集韵》耕韵芊（锄耕切）下、蓁（尼耕切）下并曰："芊蓁，艸乱也。"又可形容音乐之杂乱，如刘禹锡《竹枝词引》："其卒章激讦如吴声，虽伦狞不可分，而含思婉转，有湛濮之艳。"而《责髯奴辞》中的"伧穰"，则是形容须髯奴胡须毛发纷乱纠缠，亦为"乱貌"之一端。或又造"鬇鬡"以当其义。《集韵》庚韵鬇鬡（尼庚切）下曰："鬇鬡，发乱貌。或从襄。"又于耕韵鬇（锄耕切；中茎切）下曰："鬇鬡，发乱。"今按，联绵词本无定字，唯取音近而已。其作"伧穰"或"抢㰮""伧攘""伧囊""獊囊""戕囊"者，皆与"抢攘"同。盖此本为阳部叠韵之词，后世音变而转入庚韵或耕韵，则又以"伧停""鬇鬡""芊蓁"等为之，其义则与"抢攘"等无大差异。

文中的"嗫嚅"亦即"嗫嚅""嗫呢"，皆为双声连绵词。其义盖为言语时口颊蠕动之委琐貌。东方朔《七谏·怨世》："改前圣之法度兮，喜嗫嚅而妄作。"王逸注曰："嗫嚅，小语谋私貌也。"洪兴祖《补注》曰："嗫，如叶切；嚅，如朱切。"《玉篇》口部嗫（而涉切）下曰："嗫嚅，多言也。"嚅（汝俱切）下曰："《坤苍》云，嗫嚅，多言也。"按"小语谋私貌"与"多言"义虽有别而亦复相关，所谓"小语谋私貌"乃私相议论、窃自商量之貌，其言虽不可闻而其口颊蠕动则可得而见。此即与"多言"之貌相似，盖皆取义于"颞颥"一词。《玉篇》页部颞（仁涉切）字、颥（仁于切）字并云："颞颥，耳前动也。"（《广韵》颥字注、《集韵》颞字注同。）《集韵》颥（汝朱切）字下云："耳穴动谓之颞颥。"其字又作"嗫呢"。《古文苑》王延寿《王孙赋》："嚼咂唼而嗫呢。"章樵注："咂音忍；唼音冉；嗫之涉反；呢音儿。并口动貌。"按章氏四字分释非是，当云"咂唼、嗫呢，并口动貌"。因二词皆为双声连绵词，嗫字亦当从《广韵》音"而涉反"。凡人窃语而可见者为口腮耳颊之动，故"小语谋私貌""多言貌"皆得以形容口动、耳动之"颞颥""嗫呢"以状之。嚅字之所以音而者，亦因二字双声之故也。（《切三》虞韵日朱反下"嗫嚅，多言。"所释之"嚅"字即从口、从需作。又《切三》《刊》《王一》《王三》《唐韵》等颞字注中颞颥之"颥"亦均从页，从需作。）

前述已证《责髯奴辞》之"伧嗫穰嚅"当即"伧穰嗫嚅"，且与"伧攘嗫嚅"音义全同。两个联绵词之结合，以"伧攘嗫嚅"之类为正例，可以"AABB"式表示。而作"伧嗫穰嚅"者，则变为"AB-AB"式，而终非正例。其所以如此，有二种可能。一为交错组合以求其变，如此则因修辞效果而有意为之者。今考先秦两汉群书所载，似此者唯见一例。《荀子·大略》有"蓝苴路作，似知而非。"王念孙认为"苴作"当即"狙诈"，其言曰："《诸侯王表》'秦据势胜之地，骋狙诈之兵。'应劭曰：'狙，伺也。因间伺隙出兵也。狙音若蛆。'念孙案，应分狙诈为二义，非也。狙诈叠韵字，狙亦诈也。《荀子·大略篇》'蓝苴路作，似知而非。'杨注引赵蕤注《长短经·知人篇》曰：'姐者，类智而非智。'苴姐并与狙同。狙诈者有似于智,故曰'蓝苴路作,似知而非'。作即诈字也。《月令》曰:'毋或作为淫巧,以荡上心。'郑注曰:'今《月令》"作为"为"诈伪"'是也。《叙传》曰'吴孙狙诈,申商酷烈。'狙诈同义,酷烈同义,是其明证矣。"今按"狙诈"确乎古代习见之叠韵连语。如扬雄《法言·问道》有"狙诈之家曰:'狙诈之计,不战而屈人兵,尧舜也。'曰:'……衒玉而贾石者,其狙诈乎!'"《汉书·宣帝纪》有"骋狙诈之兵"。《后汉书·王允传论》有"伺间不为狙诈"。《三国志·蜀志·郤正传》有"狙诈者暂吐其舌"。皆其例。汪荣宝、朱起凤并以王念孙之说为是,则《荀子》之"苴作"即为"狙诈"。而言"蓝苴路作",则亦为"ABAB"之构成方式,与"伧嚷穰擩"略同。"蓝路"二字为来纽双声,倘可证二字为联绵词,"ABAB"之结构方式,即可成立。然"蓝路"之语,既不见于古籍,扬注已云"未详其义",朱起凤亦谓"惟'蓝路'二字,不知作何解耳"。故"蓝路"是否联绵词,未可遽定。而联绵词是否有"ABAB"之交错组合方式,亦终不可定论矣。若"伧嚷穰擩"非即"ABAB"之构成,则"嚷""穰"必为"穰""嚷"二字之误倒,而使"伧嚷""穰擩"终不成词矣。

辞书有关之误可见以下数端,现分别条辨于后。

一 误为"伧"字增加义项。

《辞源》"伧"字第一个义项为:"粗野,鄙陋。"而引例则为"《初学记》十九汉王褒《青鬚髯奴辞》:'伧嚷穰擩,与尘为侣。'"按"伧嚷穰擩"乃"伧攘""嚷擩"之别构,义为须髯毛发纷乱、口腮耳颊蠕动之貌,乃奴者猥琐之状,并无"粗野,鄙陋"一义(说已见前)。是《辞源》所立义项既误,而又误以联绵词释单字。所引篇名中,又误"责"为"青",徒使读者不知所云矣。而台湾天成出版社《文史辞源》此条因全抄《辞源》,故所误全同《辞源》。《汉语大词典》此条除引篇名不误外,所误亦与《词源》相同。

二 误以"伧嚷"列为词条。

台湾版《中文大辞典》"伧"字下列有"伧嚷"词条。其云:"伧嚷,委琐也。《骈雅·释诂上》:'伧嚷,委琐也。'黄香《责须髯奴辞》:'伧嚷穰擩,与尘为侣。'"按"伧嚷穰擩"断不可拆为"伧嚷"与"穰擩",此既拆之,则误已甚。而谓出自《骈雅》者,则诬古人也。《骈雅·释诂》原文作"伧嚷穰擩,委琐也。"其说本不误,断取其前而舍弃其后,其误只在词典之编纂者。又将《责髯奴辞》之"擩"误引作"擩",直可谓鲁莽灭裂也。

综前述以论之,《责鬚髯奴辞》之"伧嚷穰擩",即"抢攘""嚷擩"之别构,其义与"伧攘嚷擩"相同。辞书中凡有据以为"伧"字增加义项者,或列"伧嚷"为一词条者皆误。(杨军)

倾國 0254

同是指主体使客体——别人、别物——倾,由于倾的对象不同,也可能产生褒贬两义。如指让"全国"的人倾(倒),则转而指代"绝色美女。"唐李白《清平调》之三:"名花倾国两相欢,长得君王带笑看。"尽管这实际上是讽刺,但其词义是褒赞的。如果指让"国家"倾(覆),那就真是贬词

了。《史记·项羽本纪》:"汉王乃封侯公为平国君,匿不复见。曰:'此天下辩士,所居倾国,故号为平国君。'"(张天望)

傷 0255

此条列义项四,即创伤、妨害、忧伤、丧祭。按:尚有一义应收入。《诗·齐风·鸡鸣》:"匪鸡则鸣,苍蝇之声。"孔颖达《正义》:"今夫人之在君所,心常惊惧,恒恐伤晚。"伤,过也。又,杜甫《曲江二首》之一:"且看欲尽花经眼,莫厌伤多酒入唇。"伤亦"过"意。伤多,即过多。李商隐《俳谐》:"柳讶眉伤浅,桃猜粉太轻。"伤、太对文。齐己《野鸭》:"长生缘甚瘦,近死为伤肥。"甚、伤对文。词义尤显。宋强行父《唐子西文录》记唐庚语:"(诗)律伤严,近寡恩。"今人谓吃得过多为伤食,也都是此义。伤的这一意义,前人多误解,如上引少陵句,仇兆鳌《杜诗详注》就说:"伤多,伤于酒也。"杨伦《杜诗镜铨》也说:"言莫以伤多而不饮也。"解释都未切合。近人也有讲错了的。这正是一般读者读古籍时疑难所在,就《辞源》的性质和任务来说,是应该提出并加以解决的,可惜这方面《辞源》做得也很不够。(张涤华)

萬年 0268

(万)此条收词既有"万岁",也有"万年"。"万年"义项之一"犹万岁";"万岁"义项之二"犹万年"。至于义项之三,"万年"缺。"万岁"则收有"死的讳称"一义,并举有书证"吾虽都关中,万岁后吾魂魄犹乐思沛",此见于《史记·高祖本纪》。汉末当权者曹操,事实亦有如是嘱,只是不用"万岁",而用"万年"。

"顾我万年之后,汝曹皆当出嫁。"此即出自曹操的《让县自明本志令》,译成现代汉语即:"等我死了以后,你们这些人都应当改嫁。"

《辞源》于"万年"下失收表"讳称"这一义项,恐不妥。(贺永松)

六氣 0306

根据《素问·至真要大论》,释风、热、湿、火、燥、寒为中医六种病因,又称"六淫"。这种说法,至今仍沿用。可是书中只有风、湿、火三字下收列相关义项。(伍宗文)

冒濫 0321

《辞源》和《汉语大词典》均收有"冒滥"一词,前者释义为"假冒而滥行",后者释义为"不合格而滥予任用"(例见原书)。两书所释大同小异,都将"冒滥"当作一个类似词组的松散结构来解释,"冒""滥"释义有别,而且,按《汉语大词典》所释,二者的施受关系也不一致。似可辩。

考察冒、滥两词的意义,虽然各自的本义不同,但其词义系统部分相同,在有些义项上二者为同义词。如"滥"的本义是指水泛滥、漫溢,"冒"的本义是蒙冒(或以为"帽"的古字),但引申之后,"冒"也可指水的泛滥、漫溢,并有淹没义。如《汉书·王商传》:"自古无道之国水犹不冒城郭。"宋叶适《绍兴府新置二庄记》:"越之西皆海也,水怒防失,冒宝盆,驟白杨市,两县间荡为沧溟。"在此意义上"冒""滥"为同义词。又"滥"引申有虚妄失实的意思,如《左传》昭公八年:"民听滥矣。"注："滥，失也。"又有假充的意思，《文选·北山移文》："世有周子，……偶吹草堂，滥巾北岳。""滥巾"即假充隐士。成语"滥竽充数"的"滥"也是此义。"冒"引申也有假充义，常见，如：冒名、冒姓、冒籍。今语冒充、冒牌、假冒之"冒"，也都是这个意思。那么在虚妄失实、假充的意义上，"冒"与"滥"也是同义词。由此推论，"冒滥"连用，当是一个近义联合的复合词。从两书所引及其它文献用例来看，它是假充、名不副实地充任（或领受）之类的意思。它的词性为动词，作谓语时，受事通常是官职、名位、爵赏之类。准此，则《辞源》和《汉语大词典》的释义是不甚准确的。

另外，"冒"与"滥"还均有"贪"义，在此意义上二者也是同义词。先看"冒"。《书·泰誓》"沉湎冒色"孔疏："冒，训贪也。"《左传》文公十八年："贪于饮食，冒于货贿。"贪、冒对文，杜注："冒亦贪也。"郦道元《水经注·耒水》："(横流溪)俗亦谓之贪泉，饮者辄冒于财贿。"贪、冒可互为诠注。正因贪、冒同义，故又可复合为一词，如《左传》哀公十一年："若不度于礼，而贪冒无厌，则虽以田赋，将又不足。"《隋书·杨素传》："素贪冒财货，营求产业。"宋程颐《辞免西京国子监教授表》："伏念臣才识迂疏，学术肤浅，……岂敢贪冒宠荣，致朝廷于过举？"

"滥"也有"贪"义，如《吕览·权勋》："虞公滥于宝与马，而欲许之。"注："滥，贪也。"《淮南子·俶真训》："声色不能淫也，美者不能滥也。"注："滥，觍也。"觍即贪羡之义。嵇康《答向子期难养生论》："使动足资生，不滥于物，……此所以用智遂生之道也。"不滥于物，言不贪物也。"滥"与"贪"义同，故可复合为一词，如《水浒传》第八十三回："谁想这伙官员，贪滥无厌。"贪官也称之滥官，如《水浒传》五十八回："滥官害民贼徒，把我全家诛戮！"《三国演义》第二回："今日朝廷降诏，正要沙汰这等滥官污吏。"据清人程穆衡《水浒传注略》，滥官为宋时口语，可见"滥"有贪义确是语言事实。

要之，"冒"与"滥"均有贪义，那么作为复合形式的"冒滥"从道理上讲也应有贪义，至少是有可能。下面一例我们即认为如此。元好问《邓州新仓记》："廪人之制非不具备，而有司或不能奉承。精粗之不齐，陈腐之不知；……冒滥之不究，请托之不绝，一隙所开，万奸乘之。"作者罗列了仓库管理的种种弊病，"冒滥之不究"是其一。"冒滥"，人民教育出版社《古代散文选》注为"贪污挥霍"，大抵得之。但注者似乎也将冒、滥分释，而以"挥霍"释"滥"，则又失之一隅。如上所辨，我们以为"滥"与"冒"同义，这里都是贪污的意思。如此说成立，则可为《辞源》《汉语大词典》对"冒滥"的解释补充一义。至于《辞源》在"冒"与"滥"下均不列"贪"义，这一缺憾则已由《汉语大词典》补之。（陈建初）

卓越 0417

《辞源》释此词之义为"超越出众"，《汉语大词典》《辞海》分别释作"高超出众""优秀出众"，与《辞源》所释基本相同。此类之释，疑为"卓越"引申义。《释名·释姿容》："超，卓也，举脚有所卓越也。"《释名疏证补》："举足高而度越人前。""卓"之义为"高"，"越"为度过，跨过。"卓越"本指一种具体动作，义为"高抬腿跨过"。（李茂康）

南省 0421

唐尚书省在大明宫以南,因称南省。《新唐书》一六三《孔戣传》:"(韩)愈嗟叹,即上书言:'臣与戣同在南省,数与戣相见。'"

案:此条释文漏略义项,考唐李肇《国史补》卷下有云:"旧说吏部为省眼,礼部为南省。"又,《宋会要辑稿·选举·亲试》:"(雍熙二年三月十五日)是日,诏殿前不合格、南省已奏名进士内文采可取者,许令再试。"其中的"南省"即是指负责科举考试中的"省试"(礼部试)的"礼部"。据此可知,"南省"不仅可指称尚书省,而且还可特指尚书省的"礼部"。(丁鼎)

去就 0444

目云:"去留、进退。"仅此一义。按,"去就"在唐宋金元之际尚有"体面、礼貌、规矩"与"着落"等义,诗文剧曲中都不为罕见。详见《敦煌变文字义通释》该目、吕叔湘先生《笔记文选读》所录《鸡肋编·迪功郎》注、拙文《元曲通假字、俗语词考辨》"去秋"目。(王锳)

反坐 0449

《辞源》:"反坐,诬告别人,被讯明治罪称反坐。"《辞海》:"反坐,法律用语,指按诬告别人的罪名,对诬告人施行惩罚。"《汉语大词典》:"反坐,旧时指把诬告的罪名所应得的刑罚加在诬告人身上。"

把被诬告的罪名(甲)所应得的刑罚加在诬告人(乙)的身上(如"诬告他人杀人者,以杀人罪反坐")等等,称之为"反坐"恐不贴切,"反坐"应是"背向正面(反向)而坐"的意思。

"反"有"背"义(即"违背""违反""背叛"、"反对"之意)。《说文通训定声》:"《周礼·匡人》'使无敢反侧'。注:'犹背违法度也。'《管子·七臣》'七主好佼反而行私'。注:'背理为反。'"这话的原意是:"这七个主持事务的臣子好狡辩,背道义而谋私。"

《仪礼·射礼》(《十三经注疏》):"主人阼阶上拜,送爵荐脯醢,使人相祭……宾礼辞许,司正告主人,遂立于楹间以相拜。主人上再拜。宾西阶上答,再拜,皆揖就席。司正实觯降自西阶中庭,北面坐,奠觯光,退少立,进坐取觯光,反坐不祭,遂觯光。拜。执觯光洗。北面坐奠于其所。"

这里的"反坐不祭"的"反坐",就是指"背向正面(反向)而坐"。"反坐不祭",犹言"坐的方向不对,不能祭先祖或宗庙。"

由此可见,"反坐"的古今词义都有"背向正面(反向)而坐"之意。法律上的"反坐",意指由原告变成了被告,即走向了反面的意思。而《辞源》《辞海》《汉语大词典》及《现代汉语词典》等均未明确说出此义。(刘喜军 曾宪群 蒋南华)

丛 0454

"丛"在《辞源》中有四个义项,但还不完全。潮汕方言谓花草竹木之一棵为一丛,作量词,这个义项似也应收录。《真诰·运象篇》:"小道直入其间,有六丛杉树。"梁简文帝《梅花赋》:"草木万品,庶草千丛。"白居易《买花》诗:"一丛深色花,万户中人赋。""丛"义均与潮汕话相同。(林伦伦)

口吟 0456

注:"低声吟叹。《后汉书》六四《梁冀传》:'洞精矘眄,口吟舌言。'唐白居易《长庆集》六《酬吴七见寄诗》:'口吟耳自听,当暑忽翛然。'"

按:《梁冀传》之"口吟",并非"低声吟叹"之义。此"吟"通"噤"或"唫",当读 jìn,不读 yín,同《史记·淮阴侯列传》"虽有舜禹之智,吟而不言,不如喑聋之指麾也"之"吟"、《墨子·亲士》"臣下重其爵位而不言,近臣则喑,远臣则唫"之"唫"一样,都是闭口的意思。"口吟舌言"字面上的意思是:口张不开,而靠舌头在口中喃喃而语。用来形容梁冀说话结巴,含糊不清。至于白居易《酬吴七见寄诗》中"口吟"的"吟"则当读 yín,释为"低声吟叹"是对的。要之,《梁冀传》中的"口吟 jìn"与白诗中的"口吟 yín"实际上并不是一个词。(王彦坤)

可 0461

《辞源》释有七种义:许可、合适、可以、大约、正当、痊愈、转折连词。

事实上,尚有第八义,即古何字通可。《战国策·韩策》曰:"夫为人臣者,言可必用,尽忠而已矣。"《史记·陆贾传》:"何乃比于汉。"《说苑·奉使篇》:何作可。王氏念孙云:余谓可,即何字也。石鼓文为"淇鱼佳可"。《尔雅·广逸注》曰:"佳可,读作维何,古省文也。"王引之在其《经义述闻》中亦云:古何字通作可。由此可见,"可"应有其第八义,即何之通假。(王立)

只 0469

"只"有两个义项:㈠语气词。㈡衹,仅仅。但"只"还可用做指示代词,犹现代汉语的"这、此"。《庄子·徐无鬼》:"请只风与日相与守河。"裴学海《古书虚字集释》云:"只,是也,此也。"《红楼梦》第五十九回:"只话倒是,他只里淘气的可厌。""只话"这话;"只里",这里。今潮汕话仍以"只"为这,如"只个人"、"只块(这里)"等等,可以证《辞源》之失漏。(林伦伦)

否 0485

(五)秽浊。《易·鼎》:"鼎颠趾,利出否。"

按,《易·鼎》:"鼎颠趾,利出否。"王弼注:"否,谓不善之物也。"不善之物就是恶,与臧否的"否"同义,不应另立秽浊一义。(王力)

君 0486

《辞源》中未收"群也"之义。王引之在其《经义述闻》中说道:"君,通群。君臣,通群臣。"《广雅·释言》云:"君,群也。"《韩外传五》又《春秋繁露深察名号》谓:"君者,群也。"《白虎通号》:"君之为言群也"。《白虎通·三纲六经》:"君下之所归心也。"《周书·谥法》云:"从之成群曰君。"《周书·太子晋》曰:"侯能成群谓之君。"《春秋繁露灭国》:"君者不失其群者也。"《荀子·王制》谓:"君者,善群也。"上述各例"君"均有"群"之义,说明"君"确该有"群也"之义。(王立)

咄咄逼人 0500

"咄咄逼人固是晋人常语"(钱锺书《管锥编》第四册《全齐文》卷八),后人说解分歧,致辞书训释各异。《中文大辞典》以"惊怪其逼人太甚"与"惊叹其近似而逼真"两义解之,修订本《辞源》解作"形容气势使人惊惧",《汉语大词典》分作"形容出语伤人,使人难以忍受"和"形容本领赶上或超越前人,令人赞叹"两义。

之所以异解若是,当是对此语内涵未悉。试作臆解如次。晋人凡三见此语,《世说新语·排调》:"桓南晋与殷荆州语次……次复作危语。桓曰:'矛头淅米剑头炊。'殷曰:'百岁老翁攀枯枝。'……殷有一参军在坐,云:'盲人骑瞎马,夜半临深池。'殷曰:'咄咄逼人!'仲堪眇目故也。"《全晋文》卷二十四王羲之《杂帖》:"十一月四日……致书司空高平郗公足下。……献之字子敬,少有清誉,善隶书,咄咄逼人。"《全晋文》卷八王僧虔《条疏古来能书人名启》:"太原王濛……子修,善隶行,与羲之善,故殆穷其妙。……子敬每省修书云:'咄咄逼人!'"我觉得,以上三例全是以自我为基点的赞叹语,其意思原本无别,但后人强生分别耳。咄咄,赞叹声,逼,迫近。无须分疏。此语关键在一"人"字。人,究竟指谁?人,有时候就是指的自己,吕叔湘先生说:"人或人家指别人,大率是指你我以外的第三者,……但也可以拿'你'做主体,指你以外的别人,那么'我'也在内;有时候,意思就是指的是'我'"(《汉语语法论文集·说代词词尾'家'》,社科出版社,1955年)。这种声称"人"而实指我的现象在六朝十分常见,如《世说·文学》:"庾子嵩读《庄子》,开卷一尺许便放去,曰:'了不异人意!'""了不异人意"犹言"全与我同"。《赏誉》:"王平子与人书,称其儿'风气日上,足散人怀'。""足散人怀"即"使我开心"。又:"客曰:'公昨如是,似失眠。'公曰:'昨与士少(祖约)语,遂使人忘疲。'""使人忘疲"当然是使我忘疲。《假谲》:"女乃呼婢云:'唤江郎觉!'江于是跃来就之,曰:'我自是天下男子,厌,何预卿事而见唤邪?既尔相关,不得不与人语。'""我""人"对举,其义尤明。所以,"逼人"也就是逼我,即迫近了我,和自己方驾并轨,在情势上自身已无优势可言。前三例正是如此。卫夫人《与释某书》是因为"释某"向其求字,因自己"奉敕写《急就章》不得与师书",故叫"释某"转求弟子羲之,盛赞羲之书法"咄咄逼人",赶上了自己;王羲之《杂帖》例是为儿子献之求郗昙女,称誉献之书法已与自己等齐;王僧虔启言王献之高度评价王修书法,言其"咄咄逼人",因为王修与羲之情笃,师羲之书,穷尽羲之书法之妙故然。《排调》篇记殷浩等作"危语",殷之参军本无预其事,耳闻思动,妙语天成,情不自禁冲口而出。殷浩眇目,意随境生,顿觉其危岌岌乎殆哉,于是油然叫好,深赞参军的"危语"比己辈所言更危,己辈已相形见绌。揆之情理,作为下属的参军,何至如《汉语大词典》所谓"出语伤人"? 之所以发生这样的误解,除对词义领会隔膜外,还有篇名《排调》的关系。大凡以为"排调"都是言语调侃,其实,该篇所记除调侃外还有另一方面的内容,即其中人物有令人可笑处。如五九:"顾长康啖甘蔗,先食尾。人问所以,云:'渐至佳境。'"顾并非说笑话,而是解释何以不同常人的原因。在旁人看来,顾之痴憨甚是可笑(顾之痴,《晋书》多载,不赘引),故列入"排调"。

"咄咄逼人"之人指自己(或己辈),我们意外发现了一条有力的证据,苏轼《书过送昙秀诗后》有云:"三年避地少经过,十日论诗喜琢磨……从此期师真似月,断云时复挂星河。仆在广陵作诗送昙秀云:'老芝如云月,炯炯时一出。'今昙秀得来惠州见余,余病,已绝不作诗。儿子过粗能搜句,时有可观,此篇殆咄咄逼老人矣。"(见《苏轼文集》卷六十八"题跋"。中华书局 1986 年版)此文与以上诸例如出一辙,苏轼把儿子苏过送昙秀的诗与自己送昙秀诗比较,褒扬儿子该诗足与自己相侔。为了来得亲切且与上下语体风格一致,于是把"咄咄逼人"换成了"咄咄逼老人"。至少,它可以说明,苏轼是把"咄咄逼人"看成是一个与自己相比的赞叹语的。

从字面分析,"咄咄逼人"的潜在意义即如上论。而在实际的语境中,作为常语,其结构意义已经淡化,成为了纯粹的赞叹语,犹言好啊、的确不错、真不错之类。在后来,"咄咄逼人"的意义发生变化转移,如辞书所引唐宋以后的例子便是。则又当作别论了。(蒋宗许)

命 0501

"命"有"任命"之义。《韩非子·亡征篇》:"出军命将太重,边地任守太尊,专制擅命,径为而无所请者,可亡也。""命将"谓任命的将领。韩愈《祭鳄鱼文》:"今与鳄鱼约,尽三日,其率丑类南徙于海,以避天子之命吏。""命吏"指任命的官员。《宋史·李纲传》:(中丞颜岐奏曰:)"李纲为金人所恶,虽已命相,宜及其未至罢之。""命相"即任命为宰相。《宣和遗事·前集》:"入品用荫,如命官法。"所谓之"命官法",当指封建王朝任命官吏之法典。"命"之"任命"义虽由"差使""命令"之义引申而来,但毕竟不同于差使、命令。如上"命相""命官法"之"命"就不能用"差使""命令"作解释。今《辞源》第 501 页 3 栏"命"下但收"差使"、"命令"义,不收"任命"义,此其疏漏。(王彦坤)

周星 0506

目云:"岁星,岁星十二年在天空中循环一周,因此把十二年叫周星。"

按:此外"周星"还可指一周年,即岁星运行一个躔次所需的时间。宋文天祥《过零丁洋》诗"干戈寥落四周星"即属此种用法。唐五代散文中亦多有用例,参见拙撰短文《"周星"注释补议》(《中学语文教学》1985 年第 5 期)。(王锳)

善文 0529

本条只有"善于写文章"一义。

按:善文,又是书名,晋杜预撰,凡五十卷,《隋书·经籍志》著录。此书虽佚,然是一部比萧统《文选》还早的总集,也比较著名。本书第二册 1361 页"文集"提到了宋范泰撰的《古今善言》二十四卷。若准此例,则《善文》更值得一提。(张涤华)

哕 0551

㈠干呕。

金元以前"哕"指"干呕",明以后"哕"即有呕吐的意思,已属"有物有声"。《本草纲目》主治第三卷:"牛脬、鹿角:小儿哕痰,同大豆末涂乳饮之。"蒲松龄《日用俗字》饮食:"醋酒烧酱为下品,还有吃多哕一滩。"《俚曲》写作"哕"。《富贵神仙》六回:"两个解子放倒头就似泥块一样,臭杀人那一个哕了一床。"《儒林外史》六回:"严贡生坐在船上,忽然一阵头晕上来,两眼昏花,口里作恶心，哕出许多清痰来。""哕"在鲁中南又引申为"喷吐"的意思。《醒世姻缘》六回："计氏望着那养娘，稠稠的唾沫猛割丁向脸上哕了一口。"（张喆生）

因循 0568

目云："守旧而不知变更。"仅此一义。

按，此词在唐宋之际尚有蹉跎、延误之义。《太平广记》卷一百七十八《试杂文》引《摭言》："后至调露二年，考功员外刘盈之奏，议加试帖经与杂文，文高者放入策。寻以则天革命，事复因循。"此言事情延误未果，与守旧不变义正相反对。唐牛僧孺《玄怪录》卷三《吴全素》："卜得行日，或头眩不能去，或驴来脚损，或雨雪连日，或亲故往来。因循之间，遂逼试日。"宋魏泰《东轩笔录》卷十四："文正叹曰：'贫之为累亦大矣，倘因循索米至老，则虽人才如孙明复者，犹将汩没而比见也。'"《夷坚志》甲卷七《周世亨写经》："庆元初，发愿手写经二百卷，施人持诵。因循过期，遂感疾。"均可为证。（王锳）

因缘 0568

目列三义：①机会。②依据（名词）。③梵语尼陀那的意译，后泛指原因、缘故。

按，"因缘"此外尚可用做动词，表凭借、凭靠义，与第二义项同一义位而用法小异。唐刘𬤇《隋唐嘉话》卷上："赵公宴朝贵，酒酣乐奏，顾群公曰：'无忌不才，幸遇休明之运。因缘宠私，致位上公。人臣之美，可谓极矣。'"宋邵伯温《邵氏闻见录》卷七："公见周祖，为建议律条繁广，轻重无据，吏得以因缘为奸。"实则此义东汉已然。东汉王充《论衡·恢国》："谷登岁平，庸主因缘以建德政。"参见程湘清《〈论衡〉中联合式双音词在现代汉语中的变化》（《中国语文》1984 年第 6 期）。（王锳）

回 0568

"回"字目列"环绕、掉转、返回、违背、邪僻"等九义。

按，此外尚失收"购买"一义。《夷坚志》三辛卷八《马保义文淡》："（王）又问之曰：'近日曾做得好弓否？'对曰：'述而不作。'王云：'此后结果，欲回一两张。'对曰：'做得中使，便当纳来，何敢望回。'"《古今小说》卷三十三《张果老种瓜娶文女》："'问大伯买三文薄荷。'公公道：'好薄荷，《本草》上说凉头明目，要买几文？'韦义方道：'回三钱。'公公道：'恰恨缺。'韦义方道：'回些个百药煎。'"文中"回"与"买"屡互见。又此义实为"交换、改换"义之引申。《齐书·张岱传》："手敕岱曰：'大邦任重，乃未欲回换。'""回"与"换"同义叠用。《太平广记》卷二百四十四《李德裕》："谓禹锡曰：'吾于此人不足久矣，其文章何必览焉。但以回吾精绝之心，所以不欲看览。'"另该书中收有"回易"一词，亦为由同义语素构成的联合式合成词，并可佐证。（王锳）

回互 0569

目云："回环交错。"仅此一义。

按，因"回"有"换"义，故"回互"尚有互换、讳避之义。宋周煇《清波杂志》卷二："客有言表章所用字,有合回互处,若'危乱倾覆'之类……哲宗尝书郑谷《雪》诗于扇,'乱飘僧舍茶烟湿',改'乱飘'为'轻飘'。"又同页"回向"目云:"见迴向。"然 3053 页"迴"字下未见此目。(王锳)

固 0572

《辞源》释作:"坚固,稳固,固执,鄙陋,副词,通锢等几种,却漏失一个借义:固,婣同。

《逸周书·蔡公篇》:"女元以嬖御固庄后。"

王念孙案:固读为婣,《说文》:婣,嫷也。《广雅》作媢,云嫉,妎,妒也。是婣与嫉妒同义。言汝母以宠妾,嫉正后也。婣,作固,犹嫉,通作疾。下文曰:女无以嬖御士,疾庄士大卿士。疾亦固也。缁衣引此作母以嬖御人疾庄后,是其证(见《读书杂志》)。(王立)

團頭 0580

注云:"行帮头目。《水浒》二五:'地方上团头何九叔他是个精细的人,只怕他看出破绽,不肯敛。'"

按:这条注有两点值得考虑:

一、"团头"一词,不当首见《水浒》。就我所知,最少在唐五代时就已见于书面文字,如唐戴孚《广异记》就说:

"(包)直为里长团头,身常在县,夜归早出,实不知。"(见《太平广记》卷三七九《梅先》)

《水浒》一般认为它成书于元末明初,《广异记》被收入《太平广记》,最少在宋以前就已定形,从时代看,它远较《水浒》为早。

二、"团头"是否即"行帮头目",值得商榷。从《广异记》及《水浒》这两条引文来看,"团头"恐不是"行帮头目"。

我们知道,在俗语言中,地方行政组织的长官是可称"某某头"的,如乡长可称"乡头"(如王梵志诗《当乡何物贵》:"文薄乡头执,余者配杂看。"见《王梵志诗校辑》)、里正可称作"里头"(应劭《风俗通义》第九:"其后饮醉形坏,但得老狗,便扑杀之。推问里头,沽酒家狗")。由此我怀疑《水浒》中这个"团头",或亦如"乡头""里头"一般,指地方行政组织的长官。因为《广异记》中"里长团头"连书互文,性质当同;《水浒》传中亦言"地方上团头",这不都明显地指地方行政组织的领事人吗?

那么,"团"到底又是一个什么样的组织形式呢?

从《辞源》来看,"团"下共列五大义项:

(一)圆。(二)揉合、聚集。(三)军队编制单位名。(四)宋人称市肆曰团。(五)量词。

这五个义项,似都与《广异记》和《水浒》中"团头"这个"团"不相称。

据我所知,"团"在宋以前既可作正规军队编制单位(如《辞源》本条下引例),也可作地方武装编制单位,如:

《旧唐书·僖宗纪》七〇一页:

（乾符）五年春正月丁酉朔，沙陀首领李尽中陷遮虏军，太原节度使窦瀚遣都押衙康传圭率河东土团二千人屯代州。

"团"也可以为其他单位。如《册府元龟》卷四八六"邦计·户籍"下云：

（开皇三年），左仆射高颎……请遍下诸州，每年正月五日，县令巡人各随便，延五党共为一团，依样定户上下，帝从之。

这个"团"由五党（隋百家为党）组合。它既不是正规军事编制单位，也不是地方武装编制单位，很可能是作为一种临时地方行政组织的单位出现的。

纵观两《唐书》，唐代地方组织，县以下有里、乡、邻、保等。百户为里，五里为乡，两京及州县之郭内分为坊，郊外为村。里及坊，村皆有正，以司督察。四家为邻、五邻为保，保有长，以相禁约。（见《唐书·职官志二·户部》，《大唐六典·尚书·户部》同）

正式把"团"作为地方行政组织，大约是五代时事。《册府元龟》卷四八六"邦计·户籍"下云：

周世宗显德（954—959）五年十月，命左散骑常侍艾颖等三十四人使于诸州简定民租。明年春……又诏诸道州府，大率以百户为团，每团选三大户为耆老。凡夫家之有奸盗者，三大户察之；民田之有耗登者，三大户均之，仍每及三载，即一如之。

周代的"团"，与唐代的"里"相当。唐以百户为里，周以百户为团，因此，《广异记》"里长团头"连语，就不使人感到不解了（关于《广异记》所属问题，虽各家均题作唐戴孚，但从现存《广异记》的情况看，似有五代人作品，《梅先》很可能就是其中一例）。

《水浒》故事形成于南宋，其成书虽较晚，但宋代的典章文物，风土人情保留尚多前贤有不少论述，兹不赘言。"团头"亦当系宋代特有的东西。

太祖立国，虽多承周代之制，但作为地方行政单位的"团"，似没有保留下来。不过，作为地方武装编制单位的"团"，却一直没有取消。如《宋史·兵六·保甲》就言：

　　（元丰）三年，大保长艺成，乃立团教法。以大保长为教头，教保丁焉。凡一大保相近者分为五团，即本团都副保正所居空地聚教之。

又，《宋史·兵志四·乡兵一》"河北、河东强壮"下云：

　　至康定初，州县不复阅习，其籍多亡，乃诏二路补选，增其数；为伍保，迭纠游惰及作奸者。二十五人为团，置押官；四团为都，置正副都头各一人。

另据《兵志六·乡兵三》，建炎以后，湖北诸郡都有义勇，其编制单位也有"团"每十户为一甲,五甲为一团,甲皆有长,择邑豪为总首。

这三处所提到的"团",都是地方武装的编制单位,其领事者一般以在地方上有点影响或地位的人(邑豪)担任,主要责任是"迭纠游惰及作奸者"。《水浒》里提到的那个"团头何九叔",他的身份当与此相去不远。如果他不对地方负有"迭纠游惰及作奸者"这个责任,西门庆、王婆和潘金莲谋死武大是不用担心他看出破绽不肯敛的。

另外,据耐得翁《都城纪胜·诸行》下记载,在城市中亦有称作"团"的组织,"如城南之花团,泥路之青果团,江干之鲞团,后市街之柑子团是也"。《情史》卷二还载杭之丐户也有自己的组织"团",这些"团"的领头人物,似都可以称为"团头"。从表面上看,这些"团"很像"行帮组织",但我以为,它们很可能仍是一种伍保形式只不过这种形式带有城市经济的特点(即按行业划分组织)罢了。

综上所述,"团头"作为一种编制单位的领头人物,至少有两个义项:

(一)地方行政组织之一的长官,其职责相当乡、里长。

(二)地方武装编制单位之一的长官。

附带说一句,"团头"一词,还不止此两义,请看下例:

(1)孙光宪《北梦琐言》卷五:

(唐)乾符后,宫娥皆以木团头,自是四方效之。

(2)《元刊杂剧三十种·气英布》三〔脱布衫〕:

那时节丰沛县里草履团头,早晨间露水里寻牛。

这两例中的团头,都是指用东西将头围裹起来,"团"是动词,与上面的"团头"词性、用法是完全不同的。陆澹安先生《戏曲词语汇释》在把团头释为"旧时地保、仵作、叫化头之类,都称团头"之后,即引《三十种》此例,恐亦不妥。(熊飞)

坐隐 0596

"坐隐"在潮汕话中有"一定""肯定"的意思,作副词用。这个义项《辞源》漏收。《荡寇志》第七十六回:"他那孙儿虽武艺不曾学全,看他使出来的,也不是个寻常家数。将来这副品格,坐隐是个英雄。"由此可见,近代汉语也存在这个义项,而非潮汕方言所仅有。(林伦伦)

塘坳 0621

池塘或低洼地。唐杜甫《〈杜工部诗史补遗〉二〈茅屋为秋风所破歌〉》:"高者挂罥长林梢,下者飘转沈塘坳。"宋陆游《〈剑南诗稿〉十七〈题斋壁〉》:"隔叶晚莺啼谷口,唼花雏鸭聚塘坳。"

案:释"塘坳"为"池塘或低洼地",由于"池塘"与"低洼地"之间意义差别很大,放在同一个义项并不合适。两条书证"下者飘转沈塘坳"与"唼花雏鸭聚塘坳"是否都有"池塘或低洼地"之义呢?如果不是,那么哪一个是"池塘"义,哪一个是"低洼地"之义呢?可见表达并不明确,需要查阅者重新审视,使用起来不方便。

另一方面，"低洼地"的表述也有不明确处，到底是什么样的低洼地、什么地方的低洼地并不清楚，关键是"塘"表示什么意义没有弄清楚。实际上，"塘"既有池塘义，又有堤坝义。《说文新附·土部》："塘，堤也。"《庄子·达生》"被发行歌而游于塘下"的"塘"是堤坝之义无疑。塘坳则既可以是池塘，也可以是堤坝坳下之处。

因此，正确的做法是分立两个意项，书证分属各义项。池塘义用宋陆游《〈剑南诗稿〉十七〈题斋壁〉》："隔叶晚莺啼谷口，喋花雏鸭聚塘坳。"堤坝低洼地义用唐杜甫《〈杜工部诗史补遗〉二〈茅屋为秋风所破歌〉》："高者挂胃长林梢，下者飘转沈塘坳。"这样词义清楚，书证也不搅扰。

《汉语大词典》"塘坳"条取《辞源》立说，也未当，详彼条。（毛远明）

壽 0643

（一）长久。《诗·小雅·天保》："如南山之寿，不骞不崩。"《庄子·人间世》："是不材之木也，无所可用，故能若是之寿。"（二）年纪长，寿命。《书·洪范》："九，五福，一曰寿。"《楚辞·屈原·天问》："延年不死，寿何所止？"

按，（一）（二）应并为一个义项。"寿"的本义是活的岁数大，长命。《说文》："寿，久也。"那是声训，不能照搬。（王力）

夜 0656

（二）夜间行走。《初学记》四唐苏味道《正月十五夜》诗："金吾不禁夜，玉漏莫相催。"

按，这是误解古书。"金吾不禁夜"不必解作金吾不禁夜行，而可以解作金吾不禁之夜。这个义项应取消。（王力）

夜叉 0656

本佛经中用语，是古印度梵语的汉语译音。曾另译作"阅叉""药叉"等。作为形容词，其义近似"勇健"（褒），又为"凶暴丑恶"（贬）。作为名词，是指佛经中一种形象凶恶的鬼，此鬼为天龙八部神众之一。在我国，既用它比喻丑恶凶暴的人。唐张鷟《朝野佥载》二《泽州百姓为尹正义王熊歌》："尝逢饿夜叉，百姓不可活。"又用它作农民起义者的称号。明施耐庵《水浒传》中孙二娘号"地壮星母夜叉"。

像"夜叉"这样的音译词数量极少，意译词则较多。严格地说，意译词不是外来词。但古汉语中确实有部分词，在翻译佛经过程中成了褒贬同形词。（张天望）

大成 0664

《辞源》有四个义项，即一、大功告成；二、古乐九变为大成；三、学问、事业大有成就；四、北周宣帝年号。另据《唐六典》卷二一"国子监"载：初置大成二十人，开元二十年减为十人，"取贡举及第人、考功简聪明者"，学业成后，"上于尚书吏部试、登第者加一阶，放选。其不第则习业如初，每三年一试。若九年无成，则免大成，从常调。"《旧唐书》卷四四"职官志三"、《新唐书》卷四八"百官志三"均有记载。据此则应增加一个义项，此条立五个义项最好。（杜文玉）

大帝 0667

天帝。《公羊传》宣三年"帝牲不吉。"《注》:"帝,皇天大帝也,主总领天地五帝群臣也。"

按:亦可作皇帝的尊号。《唐会要》卷一"帝号上"载:"谥曰天皇大帝,庙号高宗。"《旧唐书》卷五"高宗纪":"史臣曰:'大帝往在藩储,见称长者;暨升宸扆,顿异明哉。'"据此则此条少一个义项。(杜文玉)

大段 0667

目云:"唐宋人指重要、主要、完全、仔细等。"引唐张固《幽闲鼓吹》、宋苏轼、朱熹各一例。说解用词虽多,仍嫌未尽妥帖。

按,"大段"作为副词常表"大大、十分、非常"等义。《太平广记》卷一百五十一《崔造》:"(赵山人)又谓崔曰:'到虔州后,须经大段惊惧,即必得入京也。'"宋庄绰《鸡肋编》卷下:"只如鸡卵一物,以其混沌未分,必有大段要急之处,不得已隐忍而用之。"宋张邦基《墨庄漫录》卷六引米芾《杂书》:"吾家多小儿作草字,大段有意思。"宋洪迈《夷坚志》三辛卷六《胡婆现梦》:"若积恶者,到便打缚送狱,与县道不异。那里大段怕人!"如此之类,均不宜以"重要、主要"等义为解。即以该条原举苏轼、朱熹而论,也宜释为"十分""非常"。(王锳)

失足 0711

举止不庄重。《礼表记》:"君子不失足于人。"宋王安石《临川集》六六《礼乐论》:"不失足者行止精也。"比喻失败、堕落、丧失节操,如言"一失足成千古恨"。《聊斋志异·聂小倩》:"卿防物议,我畏人言,略一失足,廉耻道丧。"

这条释文中的本义和比喻义两个义项均值得斟酌。自唐以来,不少古籍中的"失足"一词的词义,这两个义项无法概括。如唐温庭筠《干䐑子·王诸》:"陈氏曰:实不为崔氏所挤,某失足坠于三峡……"又如明瞿佑《剪灯夜话三申阳洞记》:"生往来穴口,顾盼之际,草根柔滑,不觉失足而坠。"这两个"失足"的意义相同,都指步行不慎而跌跤。由此可知"失足"的意义从唐代起已经有了变化。这一变化了的词义,辞书也应予收列。另发现与"失足"只隔一页的"失脚",释为"举步不慎而跌倒"。这完全适用于解释"失足"。不同的词目具有相近或相同的释文是正常现象,不必回避,只要各引各的书证即可。因此,我建议在"失足"的释文中加注"㊀同'失脚'",引用唐温庭筠《干䐑子·王诸》为书证,就比较健全了。(张毓琏)

好 0734

(一)美,善。《诗·郑风·叔于田》:"不如叔也,洵美且好。"

按,美与善不是一回事。美是"好"的本义,善是引申义,不能混为一谈。"好"释为美还不够明确,必须释为貌美,才不至于令人误解。《说文》:"好,美也。"段玉裁改为"媄也"。《说文》:"媄,色好也。"段云:"好本谓女子,引申为凡美之称。"《方言》二:"自关而西,秦晋之间,凡美色或谓之好。"(王力)

媒 0762

注云：(一)说合婚姻的人；(二)中介。引申为导致、招引的原因。(三)见"媒蘖"。

按：媒的义项或不止此。晋潘岳《射雉赋》云："盱箱笼以揭骄，眄骁媒之变态。"徐爰注："揭骄，志意肆也；箱笼，竹器，盛媒者也。"宋鲍照《雉朝飞操》："雉朝飞振羽翼，专场挟雌恃强力；媒已惊，翳又逼，蒿间潜彀卢矢直。"《太平广记》卷四五六"司马轨之"（出《异苑》）云："司马轨之……将媒下翳，此媒雉，野雉亦应。"江总《雉子斑》："麦龙新秋来，泽雉属徘徊。依花似胁妒，拂草乍惊媒。"唐陆龟蒙《鹤媒歌》云："君不见荒陂野鹤陷良媒，同类同声真可畏。"（明高启亦写有《鹤媒歌》，略）

此数例中的"媒"，都指鸟媒，其义与注所列者不相及，因此，建议"媒"下增补一义"鸟媒。捕鸟时用来引诱他鸟的一种经过驯化了的野鸟（如雉、鹤等）"。（熊飞）

媒人 0762

诸辞书均释为：婚姻介绍人。释义过窄。《初刻拍案惊奇》卷一五："次日，陈禄穿了一身宽敞衣服，央了平日与主人家往来得好的陆三官人做了媒人，引他望对湖投靠卫朝奉。"卷一九："小娥就在埠头一个认得的经纪家里，借着纸墨笔砚，自写了佣工文契，写邻人做了媒人，交与申兰收着。"这里的"媒人"不限于介绍婚姻的人了，而可指"介绍人，引荐人，中间人"。（赵红梅）

嫋 0766

〔嫋嫋〕(一)微细貌。《楚辞》屈原《九歌·湘夫人》："嫋嫋兮秋风，洞庭波兮木叶下。"(二)轻盈柔美貌。《文选》晋《左太冲(思)·吴都赋》："蔼蔼翠幄，嫋嫋素女。"(三)悠扬。宋苏轼《经进东坡文集事略》一《前赤壁赋》："余音嫋嫋，不绝如缕。"

按，悠扬一义应删。《前赤壁赋》"余音嫋嫋"，仍是长弱貌。惟其长弱，所以不绝如缕；如果余音悠扬，就不会不绝如缕了。（王力）

宣城 0827

注云："县名。1.汉置。属丹扬郡。……故城在今安徽宣城县东。……2.属安徽省。汉丹扬郡宛陵县，东汉置宣城县。晋为宣城郡治所，唐为宣州治所。……"

按：此条注文可以指摘之处有三：(1)县名之下分两义项，所指之地，以今论则同属于安徽省，以古论则无安徽省可言，今一云"属丹扬郡"，一云"属安徽省"，殊为不类。(2)"晋为宣城郡治所"一语，说明"宣城"也曾作为郡名，今注文但云"县名"，实是疏漏。(3)第1义项之下所言"故城在今安徽宣城县东"，误。当改为"故城在今安徽宣城县西（或：南陵县东）"。查《中国历史地图集》第二册《西汉时期·扬州刺史部》，西汉之宣城县在今青弋江东岸，居于南陵、宣城两县之间。旧版《辞源》谓"故城在安徽南陵县东四十里"，《中国古今地名大辞典》谓"故城在今安徽南陵县东四十里青弋江上"，并是。（王彦坤）

客家 0831

汉末建安至西晋永嘉间,中原战乱频繁,居民南徙,北宋末又大批南移,定居于粤、湘、赣、闽等省交界地区,尤以粤省为多。本地居民称之为客家。(以下略)

按:该词除上述义项之外,还有个义项,就是指租赁他人房屋居住的人。如:"徐氏说:'咱分开了,你去做你的去罢,我外头叫个客家媳妇子来,给我支使。'"(《翻魘殃》三)又如:"您老达,您老达,曾在俺家当客家。你买了两间屋,就估着天那大。"(《磨难曲》十九[呀呀油])这一义项应予补入。(董绍克)

家 0836

(一)家族,家庭。《诗·周颂·桓》:"克定厥家。"笺:"能定其家先王之业。"

按,这里遗漏了一个重要的义项,即卿大夫的封邑。天子诸侯曰国,大夫曰家。《论语·季氏》:"丘也闻有国有家者,不患寡而患不均,不患贫而患不安。"《孟子·梁惠王上》:"王曰:'何以利吾国?'大夫曰:'何以利吾家?'"(王力)

家長 0838

《辞源》释为"一家之长",语焉不详,很容易使读者把它与现代的"家长"等同起来。"家长"在潮汕话中有两音两义:读"长"为 ziang², 义同普通话;读"长"为 dion², 则指旧时行铺的经理。后一义项是从近代汉语中保留下来的。旧时的富贵人家往往婢仆成群,婢仆、雇工、商店伙计往往称其东家、财主或经理为家长。如《东墙记》剧·楔子:"老者,俺家长来此投宿。"《警世通言·金命史美婢酬秀童》:"只见家里小厮叫做秀童,吃得半醉,从外走来,见了家长,倒退几步。""家长"的这个意思,《辞源》无疑应予收录说明。(林伦伦)

實沈 0859

分两个义项,一为星次名,二为神话中人名,是参宿之神。应该把神话中人名作为第一个义项,因为参宿所在的星次取名为实沈,就因为实沈是参宿之神,主参。见《左传·昭公元年》。(徐传武)

封 0868

①指帝王分给诸侯的土地,也指帝王把土地或爵位赐给臣子。

按:《说文》:"封,爵诸侯之土也。"两书都沿用《说文》的说法,以之为本义。《说文》对这个字本义的分析是否正确?是可以研究的。其实,"封"的初义是"培土壅本"。理由是:①从字形看,甲文作⌿,金文作⌿,(参见徐中舒主编《汉语古文字字形表》),均象培土壅本状。②《左传·昭公二年》:"宿敢不封殖比树。"《国语·吴语》:"今天王既封植越国。"韦昭注:"封植,以草木自喻。壅本曰封。"是其古证。③章太炎曰:"〔封〕盖本以土培树,……引伸为封诸侯,乃孳乳为邦国也。……其他封墓、封山皆从封树引伸。"(《文始》六)这是很精辟的见解。④词义的产生、演变和发展,总是从具体到抽象,由人类自然生产活动然后进至社会人事活动。"语言是从劳动中并和劳动一起产生出来的,这是唯一正确的解释。"(恩格斯《自然辩证法》)生产用语是社会用语的源泉。"封"字的"培土壅本"这个最初义正是从自然生产活动中产生出来的;而"分赐土地、封建诸侯",显然是比较后起的意义(那是至少在原始社会解体之后才始有的)。从"培土壅本",词义扩大,指一般的堆土、积土(《周礼》郑注:"聚土曰封。"),孳乳为"起土界"(划分区域;疆界)、聚土筑坟(也指坟墓)、筑坛祭天(也指祭坛);用来指分赐给诸侯的领地(或爵禄名号),再引申为比较抽象的"丰厚、大、闭塞"诸义。"封"字义项虽多,但其孳乳演变的脉络仍是十分清晰可寻的。《辞源》《辞海》以分封诸侯土地为其本义,而将"培土"或"堆土"置于第⑤或④义,就显得本末倒置、源流不辨了。(陈增杰)

属耳 0916

是"贴近对方而听"义。如是附耳于墙壁,即为"窃听"义。《新五代史·梁太祖纪》:"天子(唐昭宗)与(崔)胤计事,宦者属耳,颇闻之。"如是附耳于当面谈话者,即为"认真倾听"义。《东观汉纪·马援传》:"尤善述前事,……皇太子诸王听者,莫不属耳忘倦。"老《辞源》只收"窃听"一义,显然是疏漏。(张天望)

市朝 0968

"市朝"一词,除兼含"市"和"朝"义外,在多数场合都用作偏义复词,或偏"市"义,或偏"朝"义。偏"市"义的,除上述三例外,又如《管子·山至数》:"君分壤而贡入,市朝同流。"(郭沫若等《管子集校》引马元材曰:"市朝即市场。")《抱朴子·逸民》:"设令吕尚居周公之地,则此等(指逸民)皆成市朝之暴尸,而沟涧之腐鲊矣。"(古代的市是刑人陈尸之所。所谓"刑人于市,与众弃之。")偏"朝"义的,指朝廷、官府,如陶潜《感士不遇赋》:"闾阎懈廉退之节,市朝驱易进之心。"《旧唐书·隐逸传赞》:"结庐泉石,投绂市朝。"(标点本 5135 页)苏轼《灵壁张氏园亭记》:"使其子孙开门而出仕,则跬步市朝之上;闭门而归隐,则俯仰山林之下。"(《苏东坡集》卷三二)朱熹《答汪尚书》:"今身在山林,尚恐不能自主,况市朝胶扰之域,当世大人君子至是而失其本心者踵相寻也。"(《朱文公文集》卷二四)等都是(此一义项,诸辞书均未收列)。

新《辞源》该条已置《史记》例于"市集,市列"义下,是对的。但下引司马贞《索隐》来申明其义:"市之行列,有如朝列,因言市朝耳。"则系附会。索隐之说,望文生义,不足为训。其误盖亦不明"市朝"为偶词偏义所致。若果如索隐说,则市朝或偏指朝,又作何解?是否也可以倒过来说"朝之行列,有如市列,因言市朝耳"? 显然是不妥当的。《辞源》引此,实为蛇足。

两书均漏收"指朝廷,官府"这个常见义。(陈增杰)

崇山 0933

"山名"下,当有三义:

① 舜放驩兜之处。见《书·舜典》
② 即嵩山。《国语·周语上》:"昔夏之兴,融降于崇山。"韦昭注:"融,祝融也。夏居阳城,

嵩高所近。"

③ 狄山的异名。《史记·司马相如列传》："历唐尧于崇山兮，遇虞舜于九疑。"张守节正义引张揖曰："崇山，狄山也。《海外经》曰：'狄山，帝尧葬于其阳。'"北魏郦道元《水经注·瓠子河》："尧葬狄山之阳，一名崇山。"

《辞源》只有第一义，余二义均阙然失收（《辞海》该条未立目）。（陈增杰）

平 0990

㈥丰年。《汉书·食货志》上："再登曰平，余六年食；三登曰太平，二十七岁，遗九年食。"

"平"解"丰年"，甚感无据。考之《汉书·食货志》，似有断章照应不周之嫌，现将原文节录如下：

此先王制土处民富而教之之大略也。……故民皆劝功乐业，先公后私。……民三年耕余一年之畜，衣食足而知荣辱，廉让生而争讼息，故三年考绩。三考黜陟。余三年食，进业曰登。再登曰平，余六年食。三登曰太平，二十七岁，遗九年食。然后王德流俗，礼乐成焉，故曰如有王者，必卅（三十年）而后仁。

细审文义，班固重在阐述"先王制土处民富而教之"之治国大略，附带阐述了考绩官吏的程序和标准。三年耕余一年之畜，九年共余三年之粮。家余三年之粮，谓之"进业"。"进业"当与"失业"对举，人奉其业，世无游民，自是富而后教、劝功乐业的基础。这个基础是天下大化三个台阶中的第一个，称之为"登"，"登"是"成"的意思，不是丰收。《辞源》释"平"为丰收，很可能受到"登"的误导。"再登"为第二个台阶，连续十八年，共余六年粮，称之为"平"。"平"占第三个台阶"三登曰太平"的"太平"相对，"太平"是大家乐，"平"显然不能解作"丰收"而是"安乐"的意思。

《辞源》"平"下列有两个读音。十五个义项，但远未齐备。古籍中一些常见的释义如和、易、安、乐、静等均未收入，不免是个缺憾。（陈兴伟）

"平"于古书中每作"评"用。《后汉书·梁冀传》："十日一入，平尚书事"，即评议（这里有议决的意思）尚书台事务。《三国志·魏志·杜畿传》："大事当共平议"，"平"亦通"评"。如此之例甚多，兹不赘举。而今《辞源》第990页2栏"平"注不及此义，实不应该。（王彦坤）

度 1007

"度"有"递"的意思，在唐、宋、元、明历代文学作品中拥有相当多的用例，是这个词在古籍中习见的意义，略举数例如下：

《敦煌变文集》卷二《韩擒虎话本》："单于闻语，遂度与天使弓箭。"
《大唐三藏取经诗话》下"到陕西王长者妻杀儿处第十七"："长者取刀度与法师。"
《清平山堂话本》雨窗集上《戒指儿记》："（尼姑）将此事从头诉说，将戒指儿度与那张远。"
《水浒传》第二十回："那新官取出中书省更替文书来度与府尹。"

《辞源》第一册"度"字条下列有十一个义项,其中第八项"通镀"和第九项"姓,汉有度尚",是不太常见的用法。我并不反对设立这两个义项,因为这对阅读古籍也有帮助。可是比较起来,"度"的"递"义在古籍中的出现频率显然高于上述第八第九两项,是不应该遗漏掉的。(袁宾)

康 1011

"康"字的本义,《辞源》释为"安乐",殊属不当。考诸汉语音义系统,汉语里从"康"得声的字,如"糠、穅、漮、𫐐"等字,大都含"空""虚"之义。古音"康""空"二字一声之转,音近义通。《说文》"漮"下云:"水虚也。"《经典释文》《尔雅音义》引《说文》均作"水空也"。"空""虚"异文同义,此"康""空""虚"三字于古音近义通之证。

今湘方言谓水不满缸、谷未满仓、油未满瓶,都称 kāng,说"kāng 了一截",然未详其字。今陕西西安方言,谓贮藏已久的萝卜空了心,说"萝卜康(kang)了"或谓之"漮心萝卜",正是"康""空"二字音义相通之古音痕迹。

考证于古经传,亦然。《诗·宾之初筵》"酌彼康爵"郑笺:"康,空也。"《谷梁传·襄廿四年》"谷不升谓之康"晋范宁注:"康,虚也。"此古训,"空""虚"义同,"虚"亦"空"也。"康"或作"漮",《尔雅·释诂》"漮,虚也"郭璞注引《方言》云"漮之言空也"。可明"康"字本义,实当为"空虚"。即新本《辞源》"康"下所列第五义项"空虚",而不可能是今所列第一义项"安乐"。考察"康"字本义的基本引申脉络,大致历经了"空"→"广"→"宽",而后始有表示"舒适""安乐"类引申义。新本《辞源》误将引申义"安乐"列为"康"字第一义项,视之为本义,却将"空虚"的本义置于第五义项,视为引申义。显然,这是源流倒置之误。(刘基森)

弹 1055

注云:(一)弹弓。(二)弹丸。圆形,用弹弓发射。

按:在宋明时代,禽卵称作"蛋",似皆写作"弹"(参《南京大学学报》一九七九年第一期许政杨文)。《元曲选》关汉卿《救风尘》:"嘴卢都似跌了弹的斑鸠。"《金瓶梅》五二:"苍蝇不钻无缝的鸡弹。"皆是。故吾以为,弹(dàn)下似当补义项(三):

禽卵。现通作"蛋"。《齐东野语》卷十六:"乃以凫弹数十,黄白各聚一器⋯⋯以白实之,再蒸而成。"(熊飞)

從良 1081

注云:(一)封建社会奴婢皆有籍,被释或赎身为平民,叫从良。(二)旧时妓女属乐籍,出籍嫁人,称从良。

按:《四游记·西游志传》第十八回云:"猪妖受戒拜三藏,从今改过已从良。"义为向善,与上例二义皆不符,亦宜补列。(熊飞)

御 1083

㊀驾驭车马。㊁治理,统治。㊂侍奉。㊃进用、奉进。㊄女官,侍从的近臣。㊅封建社会指

与皇帝有关的事物。㋷抵禦。通"禦"。

按：上述七个义项未能赅备"御"字的全部含义。在古典文献中，"御"还有一项常用义，指与女子同居，发生性关系。如《左传》宣公三年载："郑文公有贱妾曰燕姞，……文公见之，与之兰而御之。……生穆公，名之曰兰。"《礼记·内则》曰："礼始于谨夫妇，……故妾虽老，年未满五十，必与五日之御。"郑玄《注》曰："五十始衰，不能孕也，妾闭房不复出御也。此御谓侍夜劝息也。"刘向《新序·杂事二》："罢去后宫不能御者，出以妻鳏夫。"蔡邕《独断》卷上云："御者，进也。凡衣服加于身，饮食进于口，妃妾接于寝，皆曰御。"《诗·大雅·生民》："不康禋祀，居然生子。"孔《疏》曰："姜嫄御于帝喾而有身。"《新唐书》卷二一五《突厥传》上载刘贶论汉代和亲曰："奈何以天子之尊，与匈奴约为兄弟，帝女之号与胡媪并御，蒸母报子，从其污俗？"不言而喻，上述引文中的"御"字均是指男女交合而言。新版《辞源》所立"御"字的七个义项均不足以解释上述引文中的"御"字，当另立义项。（丁鼎）

悼亡 1135

晋潘岳妻死，赋《悼亡诗》三首，后因称丧妻为悼亡。《文选·南朝宋颜延年（延之）〈宋文皇帝元皇后哀策文〉》："抚存悼亡，感今怀昔。"《文苑英华》三〇一唐孙逖《故程将军妻南阳郡夫人樊氏挽歌》："白日期偕老，幽泉忽悼亡。"

案："称丧妻为悼亡"应该没有问题，如孙逖《故程将军妻南阳郡夫人樊氏挽歌》"幽泉忽悼亡"的"悼亡"便是此义。但是"悼亡"的原义只是悼念死者。如《风俗通义·过誉》："《春秋》诸侯朝觐会遇，大夫亦豫其好。《礼记》曰：'大夫三月葬，同位毕至。'此言谨终悼亡，不说子弟当荐宠拔也。""悼亡"一词由泛指悼念死者，到特指悼念亡妻，又引申为丧妻，词义演变的脉络是清楚的。

下面讨论《文选·南朝宋颜延年（延之）〈宋文皇帝元皇后哀策文〉》："抚存悼亡，感今怀昔。"虽然这是悼念元皇后的哀策文，但是例中的"悼亡"并不是悼念亡妻，更不是"称丧妻"，而是悼念亡者的意思。"抚存"与"悼亡"并举，慰问存者，悼念亡者，语义甚明。《辞源》的处理是错误的。

正是由于《辞源》缺脱"悼念死者"这个义项，使得书证与释义不合。正确的做法应该是分立成两个义项，并分属书证。谨例示如下：

［1］悼念死者。《风俗通义·过誉》："《春秋》诸侯朝觐会遇，大夫亦豫其好。《礼记》曰：'大夫三月葬，同位毕至。'此言谨终悼亡，不说子弟当荐宠拔也。"《文选·南朝宋颜延年（延之）〈宋文皇帝元皇后哀策文〉》："抚存悼亡，感今怀昔。"

［2］晋潘岳妻死，赋《悼亡诗》三首，后因称丧妻为悼亡。《文苑英华》三〇一唐孙逖《故程将军妻南阳郡夫人樊氏挽歌》："白日期偕老，幽泉忽悼亡。"（毛远明）

惭 1156

目云："羞惭。"其下"惭愧"及1147页"愧"字目解说亦同。

按,"惭""愧"二字及复音词"惭愧"尚有"多谢、多承"义,张相《诗词曲语辞汇释》卷六、《敦煌变文字义通释》第四篇该条下所举唐宋例证甚夥。实则此种用法六朝已肇其端。《文选》卷十六江淹《恨赋》:"乃有剑客惭恩,少年报士……"晋干宝《搜神记》卷二十《董昭之》:"惭君济活,若有急难,当见告语。"(王锳)

戴盆望天 1197

比喻手段与目的相反。《汉书·六二·司马迁传·报任安书》:"仆以为戴盆何以望天。"汉焦延寿《易林·十六·小过之蛊》:"戴盆望天,不见星辰。"《后汉书·四一·第五伦传·上》疏:"戴盆望天,事不两施。"为汉时谚语。

案:此段说明文字误处有二。其一,所引书证中《司马迁传》此处下颜注引如淳说云:"头戴盆则不得望关,望天则不得戴盆,事不可兼施也。言己方有所造,不暇修人事也。"此说正与《辞源》所引《后汉书·第五伦传》疏之义相合。再联系司马迁文中所言,"故绝宾客之知,忘室家之业,日夜思竭其不肖之才力,务壹心营职,以求亲媚于主上",正是说个人之事与对君主尽忠尽责这两件事不能同时进行的意思,而不是"比喻手段与目的相反"。其二,所引《易林》之文,与所引《史记》《后汉书》疏之文形相似而义不同,这才是手段与目的不统一的意思,宜另立义项。(袁庆述)

抱 1241

"抱"虽古已有之,但《说文》的正体字中不收,而是作为"捊"的重文列在"捊"下,原义应是聚集、聚拢。可是,"抱"在古籍中并不用于这个意义,而是常用于怀抱义或抛弃、抛掷义。用于怀抱义是"襃"的借字,用于抛弃义,据清人惠栋的意见,可能是方言,读音为 pāo(也有人认为,读如"抛"的"抱"是"摽"的借字)。《史记·三代世表》:"姜嫄以为无父,贱而弃之道中,牛羊避不践也;抱之山中,山者养之。"裴骃集解:"抱,普茅反。"司马贞索隐:"抱,普交反。"这两个反切切出来的音正是今"抛"字的读音。"抱之山中",应理解为把他抛弃在山中。《尉缭子·制谈第三》:"将已鼓,而士卒相嚣,拗兵、折矛、抱戟,利后发战,有此数者,内自败也。""抱戟"与"拗兵""折矛"对文,应为"抛戟",即弃戟的意思。上两例的"抱"是抛弃义。抛掷义如《战国策·魏策三》:"以地事秦,譬犹抱薪救火也。薪不尽则火不止。""抱薪救火",只能理解为抛掷柴薪去救火。如果理解为抱着柴薪去救火,不但会引火烧身,自身性命难保,而且"薪不尽则火不止"也无法理解了。《史记·李将军列传》:"广佯死,睨其旁有一胡儿骑善马,广暂腾而上胡儿马,因推堕儿,取其弓,鞭马南驰十余里。"这句话中的"因推堕儿",《汉书·李广传》改为"因抱儿"。《史记会注考证》引《汉书》中相应的话后说:"'抱'读为'抛',与'推堕'义同。"

《集韵》已注意到"抱"的抛弃义和怀抱义有着不同的读音,分别把它们收在不同的韵目下。表示抛弃的"抱",作为"抛"的异体字收在平声爻韵,并与"抛"放在一起,解释为"弃也,或作……抱"表示怀抱义的"抱"收在去声皓韵,解释为"怀也"。但经重新修订的《辞海》《辞源》在"抱"下都不收"抱"的抛弃、抛掷义。后出的《汉语大字典》《汉语大词典》在"抱"下都增添了这个义项,

且书证也比较丰富。(洪成玉)

拱 1251

《辞源》收八个义项,《汉大》收九个义项,以收单字为主的《汉语大字典》也收九个义项。但《型世言》中有一义,即"奉承",诸辞书均未收录。该书第十五回:"先时在馆中,两个人把后边拱他,到后渐渐引他去闯寡门、吃空茶。"(赵红梅 程志兵)

授馆 1278

为宾客安排行馆。《国语·周》中:"定王使单襄公聘于宋,遂假道于陈,……善宰不致饩,司里不授馆。"《周礼·秋官·环人》:"掌送逆邦国之通宾客,……舍则授馆。"

按:此义项阙失,应立当塾师一义项,书证《杜十娘怒沉百宝箱》:"只说在京城授馆,并不曾浪费分毫。"

此义于明清近代颇常见,清严有禧《漱华随笔·贺相国》:"先中宪赤贫诸生,授馆四十年,每岁正月六日始,至十二月二十四日止,一领青衣直布,坐处方方一块蓝色。"刘宝楠《论语正义·后序》:"先君子少受学于从端临公,研精群籍,继尔授馆郡城,多识方闻缀学之士。"(董德志)

扬汤止沸 1291

播扬开水,使沸腾暂时停息。比喻非治本之道。《吕氏春秋·尽数》:"夫以汤止沸,沸愈不止,去其火,则止矣。"《三国志·魏书·董卓传》:"卓未至,进败。"注引《典略》卓上表:"臣闻扬汤止沸,不如灭火去薪。"

按:此条义项阙失,应立"救危存亡"一义项,书证引《三国志·魏书·刘廙传》:"魏讽反,廙弟伟为讽所引,当相坐诛。太祖令曰:'叔向不坐弟虎,古之制也。'特原不问,徙署丞相仓曹属。廙上疏谢曰:'臣罪应倾宗,祸应覆族。遭乾坤之灵,值时来之运,扬汤止沸,使不焦烂,起烟于寒灰之上,生华于已枯之木。'"(董德志)

据 1318

有四个义项:㈠靠,依托。㈡处于,占有。㈢抓拿。㈣作为凭证的书面文件。唯独没有道出本义:拄,为了支持身体而用棍杖等顶住地面。《说文解字·手部》:"据,杖持也。"段玉裁注:"谓倚杖而持之也。仗者,人所据,则凡所据者为杖。据或作据。"今潮汕方言仍谓拄拐杖为"据拐杖",可证《辞源》之失。(林伦伦)

擎 1321

此条立有"举、向上托"义项,但用来解释下列各例却不甚恰当:《世说新语·纰漏》:"婢擎金澡盘盛水,玻璃碗盛澡豆。"试想,"金澡盘盛水",其重量不轻,婢女岂能将其"举"起来或"向上托"呢?这里的"擎"用潮汕话来解释则顺理成章:端,用两手端。如"擎面盆(端脸盆)"等。"擎"潮音白读作 kia^5。再看《世说新语·汰侈》的又一例子:"婢子百余人,皆绫罗绔罗,以手擎饮食。""擎饮食",端饮食。《朝野佥载》卷五:"宇文朝华州刺史王罴,有客裂饼缘者。罴曰:'此饼

大用功力,然后入口。公裂之,只是未饥,且擎却。'""擎却",端走。可见"擎"有端义,《辞源》应补。(林伦伦)

支持 1332

设立两个义项:(一)支撑,援助;(二)对付。其中释"对付"义举元曲中用例为书证,系近代俗语词。然而在近代白话作品中,"支持"除了有"对付"义外,还有"安排,照应"义,后者的使用并不少于前者,比如《醒世恒言》一书中即有不少用例:

> 卷十八:"喻氏先支持酒肴出去。"
> 卷二十七:"老妪支持他睡下,急急去汲水烧汤,与承祖吃。"
> 卷三十五:"颜氏母子哭了一回,出去支持殓殡之事。"

又如《警世通言》卷十六:"两个主管,各自出门前支持买卖。"

以上各例"支持"均以释"安排,照应"为妥。"支持"的"安排,照应"义和"对付"义是两个有引申联系的义项,《辞源》似不应顾彼失此。(袁宾)

放 1336

义项㊀恣纵,放任。《书·武成》:"归马于华山之阳,放牛于桃林之野。"

按:孔颖达疏:"指其所往谓之归,据我释之则云放。放牛、归马,互言之耳。"据此,则"放牛"之"放",是释放的意思,与"恣纵、放任"的解释不切合,可移置于义项㊁下,作为书证。又按:"放"的意义很多,一些比较冷僻的自可不收,但有二义唐人常用,似宜列入。一是"让"(或"任让")义,如白居易《自戏三绝句》之一《心问身》:"放君快活知恩否? 不早朝来十一年。"又之三《心重答身》:"世间老苦人何限,不放君闲奈我何!"一是"尽量"义,如白居易《雪中晏起偶咏所怀》:"怕寒放懒不肯动,日高眠足方频伸。"又《四年春》:"近日放慵多不出,少年嫌老可相亲?"此外,尚有放狂、放醉、放娇之类,亦多由"恣纵"义引申而来,释为"尽量",较为切合。(张涤华)

文馬 1359

毛色有文采的马。《左传·宣公二年》:"宋人以兵车百乘,文马百匹以赎华元于郑。"注:"画马为文四百匹。"五代丘光庭《兼明书》三《文马》:"文马者,马之毛色自有文采,重其难得;若画马为文,乃是常马,何足贵乎?"

按:文马,除此普通名词外,尚有专门名词,即:犬戎有神马名文马。见于多种古籍。《辞源》收词,既以古文史为主,于此例,自应毋使遗漏。应增列为义项一。原《左传》及《兼明书》两例,则递移作义项二。(刘世宜)

昭陽 1424

岁时名,太岁在癸曰昭阳,即癸年。《淮南子·天文》:"子在癸曰昭阳。"北周庾信《庾子山集》一《三月三日华林园马射赋》:"岁次昭阳,月在大梁。"

案:古岁时(岁阳)名"昭阳"有两种含义(或两种用法),这条释文只解其一,漏解其二。

所谓"太岁在癸曰昭阳",只是《尔雅·释天》和《淮南子·天文》的说法,而《史记·历书》所载之《历术甲子篇》却以太岁在辛为"昭阳"、太岁在癸为"尚章"。《历术甲子篇》中的七个辛年全以"昭阳"称之。如其中"昭阳作鄂四年"下,司马贞《索隐》曰:"昭阳,辛也,……作鄂,酉也,四年。"张守节《正义》曰:"四年,辛酉岁也。"由此可知,上述释文释义不全,应补足。(丁鼎)

昼 1435

"昼"潮音 dao³,指中午,如"日昼"。《辞源》无此义项,疏漏。《左传·昭公元年》:"君子有四时:朝以听政,昼以访问,夕以修令,夜以安身。"《国语·鲁语》下:"士朝而受业,昼而讲贯,夕而习复,夜而计过。"朝、昼、夕、夜犹今言早、午、晚、夜。"昼"指中午无疑。《广韵》去声宥韵亦云:"昼,日中。"今粤方言以上午为"上昼";下午为"下昼""昼"也是中午,可作佐证。(林伦伦)

晚岁 1437

㈠迟熟的庄稼;㈡年老时。

按:唐陈子昂《送东莱王学士无竞》诗有"孤松宜晚岁,众木爱芳春"之句,"晚岁"之义是"一年将近的时节",即隆冬。所以,"晚岁"应另置一义项。(黄崇浩)

暝 1447

潮音 men⁵ 或 men³,指夜晚。如"三更半暝"。"暝"的这一义项在古汉语中常见,但《辞源》却未收。《文选》谢灵运《石壁精舍还湖中作》诗云:"林壑敛暝色,云霞收夕霏。""暝色"即"夜色"。方干《滁上怀周贺》诗:"暝雪细声积,晨钟寒韵疏。"《辞海·语词分册》释"暝"为"夜晚"。《太平广记选·陈鸾凤》:"(陈鸾凤)知无容身处,乃夜秉烛炬,入于乳穴嵌孔之处……三暝后返舍。""三暝"即"三夜"。"暝",古字只作"冥"。《诗·小雅·斯干》:"哙哙其正,哕哕其冥。"笺:"正,昼也;冥,夜也。"以上各例中的"暝(冥)"都作"夜"解,与潮汕方言合。据此,《辞源》应把本义项补上。(林伦伦)

曾 1467

"曾"字的本义,《辞源》释为"高举貌",此亦不当。王力先生《同源字典》将"曾""增""層(以下作'层')"三字归为一组同源词。所谓"同源",即指音义同出于一个语源的字。"曾""增""层"三字并从"曾"得声,古音同在蒸部,音近义通,此音训之常理。"增""层"二字既含"增加""增高"义,据此以推,其语根"曾"亦必含"增多""增高"义。汉语里,从"曾"得声的字,除"增""层"二字外,尚有"橧"(柴薪增多义)、"赠"(表示财物增多)、"憎"(表示积怨增多)、"嶒"(山势增高)、"譄"(言语增多)、"矰"(矢上增绳)、"罾"(增高鱼网)、"甑"(增高之蒸具)等,均含有"增加""增高"义,它们共同的语根都是"曾"。可明"曾"字的本义当为"增加"义,断不可能是"高举貌"。"曾"字大抵由"曾"(增多)这一本义出发,引申始有"增高"之义。再引申方有"高举"义。继而引申之,才有表示形容词意义的"高举貌"。其引申系列应当是比较清楚的。

新本《辞源》将"曾"字本义释为"高举貌",又将"增""层"二义分列为第三、第八两个义项,从词义源流关系观之,正是由于本义不明导致的义项排列紊乱。(刘基森)

朵 1511

此条《辞源》收有"量词"义项,但只举了个指花儿的例子。潮汕方言还以"朵"为成串而生的果子的量词,如"一朵龙眼(荔枝、葡萄)"等。此种用法也为古汉语所有,晋嵇含《南方草木状》卷下云:"(龙眼)肉白而带浆,其甘如蜜,一朵五六十颗,作穗如葡萄。"可见,《辞源》又漏收了一个义项。(林伦伦)

柱 1545

《辞源》《辞海》都漏释了"柱"通"祝",作"断"义。《荀子·劝学篇》:"强自取柱,柔自取束。"王先谦《荀子集解》引唐代杨倞注曰:"凡物强则以为柱而任劳,柔则见束而约急,皆其自取也。"清代王引之批评说:"杨说强自取柱之义,甚迂。柱与束相对为文,则柱非为屋柱之柱也。柱当读为祝。哀公十四年《公羊传》:'天祝予'。十三年《谷梁传》:'祝发文身。'何、范注并曰:'祝,断也。'此言物强则自取断折,所谓太刚则折也。《大戴记》作'强自取折'。是其明证矣。《南山经》:'招摇之山,有草焉。其名曰祝余。祝余或作柱荼,是柱与祝,通也。'"

《辞海》《辞源》漏释"柱"通"祝",作"折断"义,使当代学者在解释《荀子·劝学篇》:"强自取柱,柔自取束"时,产生错讹。如《中国古代科技成就》对这句话的解释就是"强度大的材料用来作柱子,柔软的材料,用来捆束东西。"

"柱"通"祝"作"折断"解。王念孙始论于《读书杂志·荀子第一》。王引之又论于《经义述闻》,王先谦三论于《荀子集解》。《辞源》《辞海》是不应该漏释的。(丁治民)

枭 1584

文献中由表示"诛杀"意义范畴的"枭"参与构成的很多句子,其中的"枭"只能讲成"悬挂(首级)示众",若按照《汉语大词典》解释的"斩首悬以示众"义和《辞源》解释的"杀人而悬其头于木上"义去理解,龃龉难通。例如(例句所出自文献后的数字为该例句在文献中的页码。文献版本见文末所附参考文献):

无尊上,非圣人,不孝者,斩首枭之。(《公羊传·文公十六年》"大夫相杀称人"东汉何休注2275)

毅等传送玄(桓玄)首,枭于大桁,百姓观者莫不欣幸。(《晋书·桓玄传》304)

玄追军至,佺期与兄广俱死之,传首京都,枭于朱雀门。(《晋书·杨佺期传》257)

杀之(侯景),……传首西台……及景首至江陵,世祖命枭之于市。(《梁书·侯景传》96)

在这些句子中,"枭"的前面已有词语清楚地表示或提示斩首这个动作业已完成,"枭"完全不包含"斩首"义或"杀人"义;它们只能讲为"悬挂(首级)示众",如此解释涣然冰释。

这类句子中的"枭"应理解为"悬挂(首级)示众"是目睹枭首之刑、清楚地知道"枭"之所指的古代诸多权威注释家明确指出了的。南朝裴骃《〈史记〉集解》和唐张守节《〈史记〉正义》注解第(19)例中的"枭"均曰:"悬首于木上曰枭。"唐司马贞《〈史记〉索隐》和颜师古《〈汉书〉注》注解第(20)例中的"枭"也分别说:"枭,悬首于木也";"枭,悬首于木上。"唐李善《〈文选〉注》注解第(21)例中的"枭"引东汉服虔或应劭的《〈汉书〉音义》亦云:"悬首于木上曰枭。"此外,明梅应祚《字汇·木部》释"枭"亦云:"以头挂木上。今谓挂首为枭。"

"枭"应释为"悬挂(首级)示众"而不应释为"斩首悬以示众"或"杀人而悬其头于木上",还可以由"悬挂(首级)示众"义的来源来进一步证明。据我们的研究,"悬挂(首级)示众"义是从"枭"的"枭鸟"义衍生出来的。由于古人认为枭是长成后即食其母的恶鸟,故在每年五月大规模地灭枭,并盛行分裂枭躯后悬挂枭骸在树木上示众(借以惩戒世人),而上古汉语有"子之""器之""子其民"等一类结构,"子之"就是"像爱抚子女那样爱抚他们","器之"就是"像使用器皿用其特定功能那样用人的特长","子其民"就是"像对待子女那样对待那些百姓",因此"枭××头"和"枭首"最初的意义就是"像悬挂枭骸在树木上示众那样悬挂(××)首级在树木上示众",而"枭××头"和"枭首"又常常被古人省略成"枭××"和"枭",故"枭"亦有此义,此义的缩略就是古代注释家所说的"悬首于木上",即今天我们所说的"悬挂(首级)示众"。可见"枭"释为"悬挂(首级)示众"信而有征,释为"斩首悬以示众"或"杀人而悬其头于木上"则无理据可言。

《汉语大词典》认为"枭"又泛指斩和杀,并将释义"亦泛指斩,杀"附于义项"③斩首悬以示众"之下,亦失当。"枭"在古籍中除了表示悬挂首级示众外,还常常被用来特指斩首,因此"枭"有独立的特指义项"斩(首)"而不是泛指斩。例如:

布与官、顺等皆枭首送许(许昌),然后葬之。(《三国志·魏书·吕布传》)

祖挺身亡走,骑士冯则追枭其首。(《三国志·吴书·吴主传》)

祖令都督陈就逆以水军出战。蒙(吕蒙)勒前锋,亲枭就首。(《三国志·吴书·吕蒙传》)

贼党能枭送季龙首,封赏亦同之。(《晋书·元帝纪》)

这些例句中的"枭"都只能理解为"斩(首)"。它们显然都不是泛指斩。而"枭"的"斩(首)"义在这么多的不同时代的例句中出现,显然它是一个独立的义项,不能把它附于"斩首悬以示众"义之下。

最后有必要指出的是:"枭"的"斩(首)"义既为古籍中的常用义,则《辞源》和《辞海》亦当收列。

现在把以上所述作一简短总结:辞书要准确全面地解释表示"诛杀"意义范畴的"枭",必须为之设立两个独立的义项,义项的解释和排列顺序应为:(1)"悬挂(首级)示众"。(2)"斩(首)"。(胡运飙)

機警 1640

注云:"机敏警觉。"

按：下面数例，其义非注所可囊括。

《世说新语·言语》：丞相（指王导）因觉，谓顾（和）曰："此子琰瑑特达，机警有锋。"

《世说旧语·排调》：锺毓为黄门郎，有机警。

《游仙窟》：于时五嫂遂向果子上作机警曰："但问意如何，相知不在枣（谐早）。"

《国史补》卷下：初，诙谐有贺知章，轻薄自祖咏，诨语自贺兰广、郑涉；近代咏字有肖听，寓言有李行，隐语有张著，机警有李舟、张彧，歇后有姚岘，叔孙羽，讹语影带有李直方、独孙申叔，题目人有曹著。

这四例中的"机警"，都是名词，非形容词，指一种类似隐语的语言表达形式，常利用谐音，双关等修辞手法出之。这种表达形式，六朝以迄于唐似都很盛行，以至出现了像陈徐陵、隋候白、唐李舟、张彧这样的机警（也作机捷、捷讯、机俊等）名人。因此，"机警"当添一义项。（熊飞）

正 1662

《辞源》漏收"长也"之义，论据如下：

王念孙在《读书杂志》中云："《墨子》：'正天下，长天下也。'"《周礼·太宰》："而建其正。"《宰夫注》："正辞于治官。"又《仪礼·大射仪注》："小臣师正之佐也。"《左氏·昭公廿八年传注》："舜典乐之君长。"《诗经·云汉传》："先正百辟卿士也"。疏：正者，长也。《礼记·王制》："卒有正"。注：正，亦长也。《书·说命下》云："昔先正保衡。"《诗经·鸤鸠》："正是四国。"《诗经·节南山》："覆怨其正。"《诗经·雨无正》："正大夫离居。"其"正"均为"长也"之义。（王立）

《水浒传》一书中的"正"字有"究竟，到底"的意思（副词），有强调疑问语气的作用：

十七回："何清道：'我也诽诽地听的人说道，有贼打劫了生辰纲去，正在那里地面上？'"十八回："吴用道：'却怎地慌慌忙忙便去了？正是谁人？'"二十八回："武松问道：'却才听得伴当所说，且教武松过半年三个月却有话说，正是小管营要与小人说甚话？'"四十三回："娘道'我儿，你去了许多时，这几年正在那里安身？……我如常思量你，眼泪流干，因此瞎了双目。你一向正是如何？'"

这样的例子在同书中还有不少，而《辞源》第二册"正"字条未载此义。古典名著中出现频率颇高的词义未能在较大型的古代语文词典中得到反映，我认为是不够妥当的。（袁宾）

残 1684

"残"字是一个形声字，"从歹、戋声"。新本《辞源》释其本义为"凶残"，实属大谬。考之古音，从戋得声之字，大多含有"小"义。宋人王圣美"右文说"谓："戋，小也。水之小者曰浅；金之小者曰钱；歹之小者曰残；贝之小者曰贱。如此之类，皆以戋为义也。"对此，还可以补充：皿之小者曰盏；丝缕之小者曰线；竹简之小者曰笺；木简之小者曰牋；屋宇之小者曰栈；酒器之小者曰醆；小饮曰饯；薄削曰划；水点之微细者曰溅等，无不皆本源于"戋"音所含之"小"义。

据形分析之,亦然。"残"字的形符是"歹",考甲骨文歹字也象残破不全之形,自然亦含有"小"义。故《辞源》"残"下第一义项(本义义项)实当换用其第五义项"残缺"或直释为"小""少"等义,而不当是"凶恶"。(刘基森)

沙陀 1736

《新唐书·沙陀传》载:"沙陀,西突厥别部,处月种也。始突厥东西部分治,乌孙故地与处月、处密杂居,有大石碛(按,当属戈壁沙漠)名'沙陀',故号沙陀突厥云。"《辞源》《辞海》(含1999年版)乃至更为详尽的《汉语大词典》《中文大辞典》(台湾版)等对此条释义均与《新唐书·沙陀传》类同,详者只是多出姓和姓名条。《辞源》云沙陀部称谓的来源,"……唐贞观中居金莎山南,蒲类海以东,以其地有大碛(按属沙漠)名沙陀,因以为部族名。"又云五代时李存勖、石敬瑭、刘知远,皆出于沙陀族。这一释义本身并无不妥,但自宋、辽及其后"沙陀"词的含义多向地貌方面扩展(也属又还原于沙漠),上述辞书对此均忽视。兹举例考略如下:

1. 指沙漠(古代常称沙碛;也指沙漠的一种——沙地,其固定和半固定沙丘比例较大)。公元1020年,北宋宋绶使辽,他过辽中京(今宁城大明),经今辽宁省建平县到敖汉旗境中部香山子馆后"涉沙碛,过白马淀,九十里至水泊馆"(宋绶《契丹风俗》)。此沙碛即今敖汉旗境北部的科尔沁沙地。公元1068年苏颂到达此沙碛时,有《和过神水沙碛》诗。神水,辽土河一段的别称,即今老哈河响水瀑布(乾隆帝曾赐名"玉瀑")及其以东约10公里一段的称谓。因其瀑布水流冲撞,亦称"冲冲水""撞撞水",此沙碛在其南侧。其诗云:"沙行未百里,地险已万状。"十年后他再到此地有后使辽诗《沙陀路》,可见当时沙碛与沙陀是可以相互代用的。彭汝砺使辽写于此地的《沙陀逢正旦使》及《大小沙陀》诗二首,称此段土河北、南部的沙地为大、小沙陀。苏辙《虏帐》诗有"虏帐冬住沙陀中"句,称辽主冬季行在处广平淀周围为沙陀,此即上述"大沙陀",今亦属科尔沁沙地。蒙古国初丘处机西行至张北转北上时,将今内蒙古正兰旗北浑善达克沙地也称作"大沙陀",其《至鱼儿泊》(按,此湖即今赤峰市北克什克腾旗境达里诺尔)诗序云:"三月朔,出沙陀至鱼儿泊。"诗曰:"沙陀三月尚凝冰。"上述"沙陀"都属于固定和半固定沙丘占比例较大的沙地。这类沙陀,古籍中还可找到许多(如元代塞北的合兰真沙陀等)。

2. 指草地上有沙丘的地貌(多为固定沙丘)。元代许有壬写于元上都附近的《上京杂咏》诗云:"西风吹野韭,花发满沙陀。"这是说草地(此类草地冬季可能露些沙)一些沙丘上长着的许多野韭正在开花。此类沙丘多是草地上固定的甚至是古老的沙丘,夏秋时节其上可长草。

3. 其他有沙丘的地方河道旁等地。宋代苏颂使辽诗《使回蹉榆林侵夜至宿馆》(榆林馆在今建平县惠州北十里榆树林村附近)云:"使辽兼道趣(趋)南辕,朝出沙陀暮水村。"诗中所云沙陀即指河道旁局部沙丘,位于今赤峰敖汉旗南部孟克河沿岸。元人刘秉忠《过界墙》有诗句"短衣蓬鬓沙陀路,一岁三番过界墙"。这是指往返元大都途中所经有沙丘或沙地的地方。

"沙陀"的"陀"字,也同"坨",指成块的或成堆的东西(《汉语大字典》),故"沙陀"用在地貌上即指沙堆、沙丘,今多写作"沙陀(子)"。因沙漠(包括大面积沙地)中多见"沙丘"这类"沙陀"地貌,故古人将沙漠(包括沙漠的一种——固定沙丘比例较大的大面积沙地)或有沙丘分布的一些地方泛称"沙陀"。沙陀部的名称即由于其附近有"沙陀"(沙漠)而得名。

由上述可见许多古诗中的"沙陀"语与沙陀部族并无直接关联。至少在唐以后,沙陀一词已多在地貌上使用,元上都地区诗中使用地貌含义的"沙陀"词更多。可以说,宋代及其以后的古籍中,具地貌含义的"沙陀"要多于指部族含义的"沙陀"。明清以后,北方渐将地貌含义的部分"沙陀"词演化成"沙陀子"(此处"坨"与"陀"同,"子"字无实义)。如河北省平泉县有沙陀子乡(村),宁城县县城北侧有沙陀子村,赤峰市中部有"北沙陀子""白沙陀"等地名。通辽地区和东北地区也有沙陀子地名。诚然,"沙陀"一词多见于与塞外相关的古籍文献中,由于历史条件所限,也或塞外历史地理、文化研究相对薄弱等原因,致使近现代辞书在编辑过程中出现上述疏漏或不足。历史在发展中变化,一些历史地理名词的内涵也可能发生演变,作为一民族部落名词的"沙陀",《新唐书》等已明言它源于沙漠(按,今新疆哈密地区伊吾县,属"二百里戈壁"东南部)。其后来释义扩展到地貌方面,其实也属于还原又回到沙漠或与沙漠相关的本来地貌上。(胡廷荣　孙永刚)

治 1768

潮音 tai⁵,意谓"宰杀",如"治鸡""治狗""治猪"等。这个义项是从古汉语中保留下来的。《晏子春秋·内篇·谏下》:"景公走狗死。公令外共之棺,内给之祭。晏子闻之,谏。……公曰:'善。'趣庖治狗,以会朝属。"注云:"庖,庖人;治,宰也。"《说文解字·刀部》:"劋,楚人谓治鱼也。"宋俞文豹《吹剑三录》云:"治音持,俗言治鱼,治鸡。"《广韵》平声之韵"治"音"直之切"。澄母之韵平声。潮汕话多读舌上音为舌头音,如"澄持翅柱槌锤虫"等均读 t 声母。又读之韵字为 ai 韵母,如"滓柿使驶"等,故"直之切"与潮音 tai⁵ 合。今厦门话亦然,可作佐证。但是,《辞源》"治"字 chí 音之下不收此义项。无论是稽之古籍,还是证之方言,似应补收。(林伦伦)

流水 1787

《辞源》列两个义项,《汉大》列六个,但近代汉语常见的一个义项却漏收了,即"赶快、立即"之义项。《初刻拍案惊奇》卷二十:"却只有那婆子看着,恐怕儿子有甚变卦,流水和老儿两个拆开了手,推出门外。"《型世言》第二十一回:"蓝氏见了,流水跑下楼来。两个听得响,丢手时蓝氏已到面前。"(赵红梅　程志兵)

漏 1874

《辞源》此条第三义项为"泄漏"。潮汕有些地区则还有套出别人的机密话或欺骗人之意,潮音读 lao²。潮汕方言所保留的这个词义可以在近代汉语中得到印证。《水浒全传》第二十七回:"武松道:'我见阿嫂瞧得我包裹紧,先疑忌了。因此特地说些风话,漏你下手。'"又一一五回:"段恺曾说:'此人惯使流星锤,回马诈输,漏人深入重地。'"很明显,《辞源》的"漏"释义有疏漏。

(林伦伦)

爪子 1965

愚钝的人。《古今杂剧》缺名《村乐堂》梧桐叶："兀那爪子也,你不要言语,我与你这枝金钗儿。"

按:"爪子"确有一义指"不慧之人",但《村乐堂》里所说的"爪子"似属另一义。邠县称西北方音为"爪",操西北方音的人为爪子,如"关西爪子"。后又扩大凡操不同语音的人均可称"爪子"。《村乐堂》中被称作爪子的人,上场时自报:"洒家是个关西汉,岐州凤翔府人士。"接着又被骂做"爪驴、爪子、弟孩儿、爪畜"。元关汉卿《单刀会》(元刊本)一折〔金盏儿〕曲:"上阵处三绺美须飘,将五尺虎躯摇,五百个爪关西簇捧定个活神道。""五百个爪关西"是指关羽率领的关西大汉,无贬义。清唐英《十字坡》:"孙二娘白:'啐,你这瞎眼的爪牛羊,燥燥老娘多少脾!'"孙二娘骂的是剧中货郎,货郎是陕西人。《醒世姻缘》四回:"晁大舍道:'那位相公像那里人声音?'典书回说:'爪声不拉气的,像北七县里人家。'"《儿女英雄传》三十二回:"他就侉一声爪一声的道:'吾叫"梆子头",难道你倒不叫"喷嚏"吗?'"以上诸例,均可证"爪"指"语音不正"而言。又唐贺知章"少小离家","乡音无改",生子请明皇赐名。明皇谓宜名"孚"。"久而谓人曰:'上何谑我耶?我实吴人,"孚"乃爪下为子,岂非呼我儿为爪子耶?'"(见《太平广记》二五五卷"贺知章")贺知章把"吴人"与"爪子"联系起来,可知"爪子"与语音有关。《仁恕堂笔记》谓:"甘州称不慧之人曰爪子。"亦引《唐书》贺知章为子请名事,亦一说也。(张喆生)

狼当 2002

狼狈,败坏。

案:"郎当(狼当)"亦可用来表程度之甚,如《朱子语类》中,《卷三十六·论语十八·子罕篇上》:"不惟见得颜子善学圣人,亦见圣人曲尽诱掖之道,使他欢喜,不知不觉得到气力尽处。如人饮酒,饮得一盃好,只管饮去,不觉醉郎当了。"《卷六十九·易五·坤》:"不早辨他,直到得郎当了,却方辨,划地激成事来。"《卷七十八·尚书一·纲领》:"司马迁亦不曾从安国受《尚书》,不应有一文字软郎当地。"这数例之"郎当"都是"很""厉害"之义,当另立义项。(袁庆述)

猜 2004

"猜"的古今常用义是"怀疑,猜忌",因而词典往往用此义释复词"猜×"之"猜"。例如"猜害、猜虐、猜暴、猜刻"诸词,《汉语大词典》并释其中"猜"为"猜忌"或"疑忌";又如"猜忍"一词,台湾《中文大辞典》释为"性多疑而残忍",修订本《辞海》释为"猜忌狠毒",《汉语大词典》释为"疑忌残忍"。这些解释,孤立地看各条,似并无不当;而综合考察,并与有关的词条比较,则殊觉未安。

《说文》:"猜,恨贼也。"怎样理解这一训释,千百年来众说纷纭。徐锴注云"犬性多猜害",而何谓"猜害",未言其详。段玉裁、朱骏声都说本谓犬,假借或转移以谓人;张舜徽认为"犬不能群,相得则斗,因引申为凡猜忌之称",申说比段、朱明确。但是,他们的说解不仅都嫌牵强,而且都囿于"猜"的常义,避开了"贼"字。徐灏怀疑"贼"为衍文,而《韵会》引《说文》却只作"猜,贼也"。王筠在"恨贼"之间逗开,推断"许君为恨不足尽猜之情,故申之以贼,为其必有所贼害也",算是搔着了痒处。至马叙伦始分其为"恨也""贼也"二义,并认为两者"皆非本义,亦非本训",而"'贼也'者,或借为残。猜音清纽,残音从纽,同为舌尖前破裂摩擦音"。

《说文》:"残,贼也。"依《韵会》所引《说文》,则"猜""残"正可互训。二字古音不仅声母发音部位相同,韵母读音也相近。上古"青"声字在耕部,"戋"声字在元部。《方言》卷三:"东齐之间婿谓之倩。"郭璞注:"今俗呼女婿为'卒便'是也。"钱绎笺疏:"'卒便'即'倩'之合声,缓言之则为'卒便'矣。""便"乃元部字,是"青"声字与元部字可通之证。验以文籍,"猜"之训"残",信而有征。汉仲长统《昌言·理乱篇》云:

秦政乘兼并之势,放虎狼之心,屠裂天下,吞食生人,暴虐不已,以招楚汉用兵之苦,甚于战国之时也;汉二百年而遭王莽之乱,计其残夷灭亡之数,又复倍乎秦、项矣;以至今日,名都空而不居,万里绝而无民者,不可胜数,此则又甚于亡新之时也。悲夫!不及五百年,大乱三起,中间之乱,尚不数焉。变而弥猜,下而加酷,推此以往,可及于尽矣。

"弥猜"与"加酷"并言,"猜"义断非"猜忌、嫌恶"之类可释。细玩文意,其训为"残"即残忍,可谓确凿不移。

唯其如此,它跟"忍、贼、虐、暴"等以义同义近而结合为复词,实在理所当然。下面试以"残"与它们结合而成的复词进行比较:

猜忍 《史记·孙子吴起列传》:"鲁人或谓吴起曰:'起之为人,猜忍人也。'"

残忍 《三国志·魏志·董卓传》:"卓性残忍不仁,遂以严刑胁众。"

贾谊《新书·道术》:"恻隐怜人谓之慈,反慈为忍。"《左传·文公元年》载楚令尹子上谓商臣"蜂目而豺声,忍人也",极谏不可立为太子而成王不听。后来商臣果然迫不及待发动宫廷政变,其父"请食熊蹯而死",不许,迫其自杀,做了楚穆王。鲁人谓吴起"猜忍",根据有二:一是"其少时,家累千金,游仕不遂,遂破其家。乡党笑之,吴起杀其谤己者三十余人";二是"齐人攻鲁,鲁欲将吴起。吴起取齐女为妻,而鲁疑之。吴起于是欲就名,遂杀其妻"。这些事实,正如太史公所评"刻暴少恩"。传中明言"乡党笑之""谤己""鲁疑之",则绝非吴起"猜疑"别人。"忍人""猜忍人",语有轻重而其义则一,"猜忍"即"残忍"。

猜贼 《史记·伍子胥列传》:"太宰嚭……因谗曰:'子胥为人刚暴,少恩,猜贼。'"

残贼 《越绝书·吴人内传》:"纣为天下,残贼奢侈。"

《左传·昭公十四年》:"杀人不忌曰贼。"又《大戴礼记·曾子立事》:"杀人而不戚焉,贼也。"伍子胥曾"掘楚平王墓,出其尸,鞭之三百",此举不仅其好友申包胥认为"无天道之极",就连他自己也承认这是"倒行而逆施"。难怪其父在世时就曾对人说他"为人刚戾忍訽",真是"知子莫如父"。后来太宰嚭谗其"猜贼",当即残忍狠毒,而跟"疑忌"之意无涉。

猜害　《世说新语·假谲》："王敦举兵图逆,猜害忠良。"
残害　《后汉书·赵彦传》："[劳丙]攻没琅邪县,残害吏民。"

前例之"猜",近年出版的专书词典及译注本都释为"怀疑"或"嫌恶,忌恨"。但既然已明火执仗起兵造反了,复言其"怀疑并且陷害忠诚贤良的大臣",实有悖情理。《晋书》本传谓其"还屯武昌,多害忠良";又载明帝诏指其"诛戮大臣……傍滥无辜,灭人之族","天下骇心,道路以目";"史臣"评其"蜂目既露,豺声又发,擅窃国命,杀害忠良"。凡此种种,不啻为"猜害"一词最好的注脚。

大约因为"猜"的"推测、疑忌"之义后世终于占了主导地位,其"残"义遂隐,以至不仅近世少用,而且各大型语文工具书,如新《辞源》《辞海》《汉语大字典》《汉语大词典》等,"猜"字下都失收此义。（伍宗文）

犹 2006

"犹"字目收有"尚且、仍然、庶几"三种虚词用法。

按,此外"犹"尚可作范围副词,表只、仅、独义。《太平广记》卷六十六《谢自然》条："因食新稻米饭,云'尽是蛆虫'……自此犹食柏叶,日进一枝。七年之后,柏亦不食。"又卷三百三十七《李感》："童隶闻呼急起,见李生毙,七窍流血,犹心稍暖耳。"另韵文中此类用法亦多,参见《诗词曲语辞例释》该目。（王锳）

王學 2047

明王守仁学派的简称,也称为阳明学派、姚江学派……。

按：释文漏略义项,未尽其义。"王学"一词除了可指称王守仁学派以外,还可以指称经学史上的王肃学派。东汉经学大师郑玄合今、古文而集大成,遍注群经,影响甚大,世称郑学。三国魏人王肃善贾逵、马融之学,而不喜郑学,于是他站在纯古文学的立场上遍注群经,专门反对郑《注》,成为与郑学分庭抗礼的一大学派。后世因称王肃学派为"王学"。如《晋书》卷七五《荀崧传》载荀崧于元帝时上疏说："世祖武皇帝应运登禅,崇儒兴学。……贾、马、郑、杜、服、孔、王（肃）、何、颜、尹之徒,章句传注众家之学,置博士二十九人。"这里无疑是将王肃学派作为"众家之学"中的一学。又如《旧唐书》卷一〇二《元行冲传》载元行冲于其所著《释疑》一文中说："子雍（王肃字）规玄（指郑玄）数十百件,守郑学者时有中郎马昭上书以为肃谬。诏王学之辈占答以闻。又遣博士张融案经论诘,融登召集,分别论处,理之是非,具《圣证论》。王肃酬对,疲于岁时。"据此可知古人明确以"王学"指称王肃学派。再如清马国翰在其所辑《圣证论》序中说："孔晁说党于王（肃）,则晁王学辈之首选也。"也是将王肃学派称为"王学"。凡此种种,皆足以说明"王学"这一词条应增补"王肃学派"这一义项。（丁鼎）

用 2100

义项二："效劳,出力。"书证引《商君书·靳令》："六虱成群,则民不用。"

这个"用"字与义项一"使用"并无不同,"不用"即不愿意被使用。《靳令》还有"六虱不用,则兵民毕竞劝,而乐为主用。"这两个"用"字也是"使用"的意思。"六虱不用"即不使用六虱。

"用"的义项五:"器用"。书证为《书·微子》:"今殷民乃攘窃神祇之牺牲用,以容将食,无灾。"从标点到释义均有问题。正确的标点应在"牲"字下逗断。"用以容","将食无灾"为两个句子。屈万里《尚书今注今译》的译文是:

现在殷的人民,居然顺手偷窃祭神用的整个的纯色的牲畜,而政府竟宽容(他们),取去吃了而没有一点灾殃。

这个译文大体上是正确的,但"用"字为何义,不清楚。有的注家认为这个"用"字"指用刑,宾语省略。"不可信。裴学海《古书虚字集释》认为这个"用"字可释为"犹",意为"犹见宽容而食之无灾也。"(85页)在各种说解中,裴说为优。(何九盈)

痎 2133

两日一发的疟疾。通"痎"。《左传·昭二十年》:"齐侯疥,遂痁。"疏:"疥当为痎,痎是小疟,痁是大疟。"

按,此义项建立不当,所引孔颖达的疏证实不可信。孔氏之说本源于梁元帝、袁狎和颜之推,早为陆德明所驳。《经典释文》:"疥旧音戒。梁元帝音该,依字则当作痎。《说文》云:'两日一发之疟也'。痎又音皆。后学之徒荃以疥字为误。案《传》例,因事曰遂,若痎,已是疟疾,何复言遂痁乎?"清儒段玉裁、王引之、焦循、沈钦韩、苏舆、邵瑛及今人杨伯峻都力主陆氏之说。王引之《经义述闻》:"疥字古音在祭部,痎字古音在之部,二部之字绝不相通,若果是痎字,无由误为疥也。颜之推、孔颖达以读痎为是,皆由昧于古音,故为曲说所惑耳。"邵瑛《群经正字》:"验今之疟症,无不以单日为轻,间日、间二日为加重,往往缠绵岁月,不能粹愈,若以疥为痎,则本是二日一发极重之疟,转而为连日频发之疟,病势渐轻,何以云期而不谬,诸侯之问疾者皆至乎?"杨伯峻《春秋左传注》:"《晏子春秋·内谏上》作'疥且痁',明疥是疥,痁是痁,两病同时有,非因此疾转彼疾。"总之,无论从音义上说,还是从文意上说,"疥当为痎,痎是小疟,痁是大疟"之说纯属无稽之谈,不宜苟从。(伍仁)

瘿 2148

"瘿"字义项二:"咽喉病。"书证为《吕氏春秋·尽数》:"轻水所,多秃与瘿人。"

这条释义可能是以高诱的注解为根据。高诱释"瘿"为"咽疾",但"咽疾"并不就是今之"咽喉病"。

《说文》:"瘿,颈瘤也。"《淮南子·地形》:"险阻之气多瘿。"高诱注:"上下险阻,气冲喉而结,多瘿咽也。"《释名·释疾病》:"瘿,婴也,在颈婴喉也。"《三国志·魏书·贾逵传》注引《魏略》:"(贾)逵……乃发愤生瘿,后所病稍大,自启愿欲令医割之。"(481页)这些瘿字都是指颈部的肿

瘤。因为是肿瘤，故可"令医割之"。高诱所谓的"咽疾"也应理解咽喉之肿瘤。义项二应与义项一合并。（何九盈）

白身 2156

指没有官职出身的人。唐时节度幕职，多由长官辟署，历久始奏朝廷授官。授官而未通朝籍者亦称白身。

按："白身"一词在古代除了"指没有官职出身的人"以外，有时还可指"阉人"，即指男子去势者。如《唐会要》卷六五《内侍省》载："宝历二年十一月诏，朝官及方镇之家不得私置白身。"《册府元龟》卷一六八《却贡献》载："（大和）四年二月，尚书左丞王起进亡兄播银壶瓶百枚，……私白身三人。有诏止令受银瓶、刀剑、器物及马，其白身却还。明日重进，复不受。旋使中使就宅宣：'白身三人不用进来。'"同上书卷一六九《纳贡献》载："（长庆）二年十二月，韩弘孙绍宗进亡祖白身口五人，马十匹，……"据上所引，知"白身"亦称"私白身"。又据《新唐书》卷二〇七《吐突承璀传》："是时，诸道岁进阉儿，号'私白'。"可知"白身"或"私白身"，亦即阉人，均是指为皇宫或贵族官僚家庭服务的阉人。"白身"的这一义项当补立。（丁鼎）

省 2205

列义项八，却无记忆义。

按：此义唐、宋人常用。如熊孺登《送马判官赴安南》："省得蔡州今日事，旧曾都护帐前闻。"李商隐《中元作》："曾省惊眠闻雨过，不知迷路为花开。"李昌符《远归别墅》："马省曾行处，连嘶渡晚河。"此唐人作，"省"都训"记"。陈师道《示三子》："儿女已在眼，眉目略不省。"姜夔《湘月》："鲈鱼应好，旧家乐事谁省？"此宋人作，"省"也都训"记"。由省组成的复词，有"省记"或"记省"，义亦同。《辞源》均未收。（张涤华）

眼 2213

㈠目，眼睛。《庄子·盗跖》："比干剖心，子胥抉眼，忠之祸也。"

按："眼"的初义是"眼球"，不是"目"，"目"是后起义。"子胥抉眼"的"眼"，也正是"眼球"义。关于这一点，王力《汉语史稿》曾专门论及："'眼'在最初的时候，只是指眼球。例如：'聂政大呼，所击杀者数十人，因自皮面，抉眼，屠肠，遂以死。'（《战国策》）'子胥抉眼'（《庄子·盗跖》）……这样，它是和'目'有分别的。后来由于词义的转移，"眼"就在口语里代替了'目'。"（该书四九九页）分析得很明白，可惜《辞源》此条失于参考。（吕友仁）

窈窕 2327

叠韵寄义。有些叠韵寄义的联绵词，义分褒贬。叠韵寄义。用在《诗·周南·关雎》的"窈窕淑女，君子好逑"句中，是说女子美好；用在《古诗为焦仲卿妻作》的"云有第三郎，窈窕世无双"句中，是说男子美好。而用在《后汉书·曹世叔妻传》的"入则乱发坏形，出则窈窕作态"句中，则是指女人"矫揉造作，妖冶卖弄"。（张天望）

端 2342

《辞源》第一义释作："事物的一头,一方面。"《辞源》在其体例中指出："多义词的解释一般以本义、引申、通假为先后。"故该词条位列第一的应是本义,但我认为该本义不确,应释为"端正"。《左传·昭公元年》："吾与子弁冕端委。"服注："礼衣端正无杀,故曰端。"(《春秋左传正义》卷四十一、319页)《周礼·春官司服》："其齐服有玄端素端。"注："端者,取其正也。"《礼记·祭义》："以端其位。"注:端,正也。《荀子·成相》："水至平,端不倾。"《广雅》:端,正也(1661页,"端"条)。

端与褍,同音,是同源词。《说文解字》："褍,衣正幅。"《玉篇》："褍,正幅衣也。"字本作端。可见,端本义是端正,是有根据的。段注："用为发耑、耑绪字者,假借也。"可见,确定本义仅凭字形是不够的,重要的是从语音上推求,还应该从古文字、古文化、古代史等方面做综合考证,凡此种种也都离不开文献资料,只有这样才能作出有根据的判断。(王立)

糁 2393

《辞源》第四义项释为"溅"。但不能用来解释如下两例,《聊斋志异·婴宁》："至舍后,果有园半亩:细草铺毡,杨花糁径。"又《聊斋志异·锦瑟》："又出药糁其创。""糁"潮音读 sam²,谓敷撒粉末状的或零碎的东西。如讲："涂下湿湿,糁撮沙落去(地上湿湿的,撒些沙子下去)。""糁药散(敷药粉末儿)。"等,其义正好与《聊斋》中的"糁"合。《辞源》的"溅"应补充为"溅、敷撒"。(林伦伦)

經 2434

"经"字目列十三义,均为实词。按,此外"经"尚可用作时间副词,与"曾经"之"曾"略同。六朝已然,唐宋习见。《南齐书·周山图传》："义乡县长风庙神姓邓,先经为县令,死遂发灵。山图乞加神位辅国将军。"《玉台新咏》卷八刘缓《敬酬刘长史咏名士悦倾城》："经共陈王戏,曾与宋家邻。""经"与"曾"互文。又卷九梁简文帝《和萧侍中子显春别四首》："故人虽故昔经新,新人虽新复应故。"《太平广记》卷三百八十九《舒绰》引《朝野佥载》："此地经为粟田,蚁运粟下入此穴。"宋李心传《旧闻证误》卷四："本朝母后经垂帘者,例称山陵。"均可证。(王锳)

緧 2451

《说文》："緧,马纣也。"即套车时拴在牲畜股后的皮带。《大字典》《辞源》等均仅释此义。《释名·释天》："秋,緧也,緧迫品物使时成也。"此"緧"通"遒"。《说文》列"遒"为"逎"之重文,释作"迫也"。《释名·释姿容》："蹴,遒也,遒迫之也。"迫即遒迫,"緧"之义为"迫,迫促"。(李茂康)

縈带 2456

旋曲的带子。《后汉书》五九《张衡传·应间》："弦高以牛饩退敌,墨翟以萦带全城。"《文选·晋陆士衡赠交趾公真诗》："高山安足凌,巨海尤萦带。"

按:张衡《应间》之"萦带",具有典故义,应与陆诗用为一般语词相区别。须增立义项一。

（按时代先后为序，张早于陆。）至于陆诗，则其诠释与引证，均仍可保留，作义项二。又：《应间》既列为典故义，则诠语当改为："战国时墨翟救宋典故。公输盘为楚王造云梯，将以之攻宋，墨翟以带为城，以楪为械，模拟设防之状坚拒。公输九战而九不胜。楚王乃罢兵。详见《墨子·公输》。"

又：墨翟止楚攻宋，除《公输》所记外，亦载于《战国策·宋策》《吕氏春秋·爱类》以及《淮南子》之《修务》《兵略》《道应》等处，并可供参阅。

再次，此"萦带"一词，尚可指代城垣，或借喻坚守。如《文选·三国魏陈琳〈为曹洪与魏文帝书〉》："且夫墨子之守，萦带为垣，高不可登；折箸为械，坚不可入。"《北史·王罴王轨传论》："设萦带之险，修守御之术；以一城之众，抗倾国之师。"《隋书·虞世基传》："拒飞梯于萦带，耸楼车于武冈。"唐司空图《解县新城碑》："浮罂或渡，萦带是虞。"（刘世宜）

能 2556

"能"有"善于""擅长"之义。《荀子·劝学》："假舟楫者，非能水也，而绝江河。"杨倞注："能，善也。""能水"并不只是说一般的能游水，而是说善于游水。《宋史·萧贯传》："（萧贯）俊迈能文，尚气概。""能文"并不只是说一般的会作文，而是说擅长作文。今犹称善于办事为"能干"，善于办事者为"能手"，口才绝好为"能言善辩"，"能"并取"善于""擅长"之义。"能"之此义虽从"能够、胜任"之义引申而来，然已由量变而至质变，具有不同的概念。今《辞源》"能"下但有"能够，胜任"之义，未收"善于，擅长"之义，也属欠缺。（王彦坤）

脉 2558

第二义项为"脉息、脉搏"。应补一义项：号脉、看病，作动词用。《三国志·华佗传》："佗脉之。"《世说新语·术解》："（于法开）既来，便脉。云：'君侯所患，正是精进太过所致耳。'"又："良久乃云：'小人母年垂百岁，抱疾来久。若蒙官一脉，便有活理。'"由此可见"脉"在汉魏六朝常用如动词，潮汕方言至今保留这种用法，可以证古。（林伦伦）

腆 2564

㈣挺，抬起。……又关汉卿《陈母教子》二："你只好合着眼无人处串，谁看你腆着脸去街上走？"

按："腆"作"挺，抬起"讲是不错的，但"腆着脸"则不能一概释作"抬起脸"。"腆"有"厚"义。"腆着脸"是"厚着脸皮"的意思，形容人不知羞愧。所引《陈母教子》句后，还有一句是："我看你羞也那是不害羞。"由于他厚着脸皮在街上走，所以斥他为不知羞愧。元石君宝《秋胡戏妻》三折〔煞尾〕曲："这厮睁着眼觑我骂那死尸，腆着脸看我咒他上祖。"《醒世姻缘》十七回："那日曹快手……要与晁老脱靴遗爱。那晁老也就腆着脸把两只脚伸将出来，凭他们脱将下来换了新靴。"晁本贪官，县民恨不得其速去，今反要效法前人脱靴留作纪念，真是不知羞耻，所以说他"腆着脸"。今河南方言尚有此语，也当作"厚着脸皮"讲。李准《李双双小传》："他躺了一会，腆着脸爬

起来到案板前看了看切好的面条说：'这就够我吃了，我自己也会下。'"（张喆生）

脚 2566

㈠人和动物的行走器官。《墨子·明鬼下》："羊起而触之，折其脚。"

按："人和动物的行走器官"，换言之，就是"足"。其实，"脚"的本义是胫，即小腿。《墨子》书证中正是用的本义。"足"是"脚"的后起义，关于这一点，王力《汉语史稿》也有专文论及："《说文》：'脚，胫也'。"可见"脚"的本义是小腿。例如：

羊起而触之，折其脚。（《墨子·明鬼下》）

乳间股脚。（《庄子·徐无鬼》）

孙子膑脚，兵法修列。（司马迁《报任安书》）

但是，到了中古，"脚"在基本词汇中已经代替了"足"。这里有一个典型的例子：

潜无履，王弘顾左右为之为造履。左右请履度，潜便于坐伸脚令度焉。（《晋书·陶潜传》）

说得也很明白，可惜没有参考。（吕友仁）

臧 2578

义项有六。而第一义项为"善"，第二义项为"奴隶"，亦恐不妥。

这不仅是一个义项排列问题。因为《辞源》"重在溯源"，对"多义词的解释一般以本义、引申、通假为先后"。而臧字的本义不可能是"善"，"善"所表为抽象义，这只能是引申义。臧字的"奴隶"义，应视为本义。

《辞源》所以视"臧"的本义为"善"，其原因除忘了"由具体到抽象，由个别到一般，是本义发展为各种引申义的基本方式"（郭锡良《古代汉语》）外，似也由于拘泥《说文》的解释，以致未能吸取近人的研究成果所致。因为已故近人杨树达先生就曾纠正《说文》这一误说。杨氏在其《积微居小学述林·释臧》中云："甲文臧字皆象以戈刺臣之形，据形求义，初义盖不得为善。以愚考之，臧当以臧获为本义也。""……战败者被获为奴，不敢横恣，故臧引申有善义。许君以后起义为初义，故与形不合。"（贺永松）

《说文》云："臧，善也。"《诗·邶风·雄雉》："不忮不求，何用不臧。"后来，在方言中被当作"奴"的贱称。《荀子·王霸》："如是，则虽臧获不肯与天子易势业。"《注》："臧获，奴婢也。（扬雄）《方言》谓荆淮海岱之间，骂奴为臧，骂婢为获。燕齐亡奴谓之臧，亡婢谓之获。""获"，同理同证（省去了褒义证），也义分褒贬。（张天望）

若 2630

"若"字本义，《辞源》未收。《说文》："若，择菜也。从艸右。右，手也。"这就是"若"字的本义。《辞源》中列举的"选择"是其近引申义，"顺从"是其远引申义；其它若干用法，则是其假借义。

"若"可用作"及"。《说文注》："若，又兼及之也。"《词诠》："若，（四）外动词，及也。"并举了

《礼记·檀弓》中的两个句子作为书证：

1. "丧礼，与其哀不足而礼有余也，不若礼不足而哀有余也；敬不足而礼有余也，不若礼不足而敬有余也。"

2. "虽然，则彼疾，当养者孰若妻与宰？"

上述两例中的"若"都可释作"及"。可见"若"有"及"义，不知《辞源》为何未收？

"若"还可作语气副词"似乎"，表示估量语气。《助字辨略》："若，疑词，犹似也。"《词诠》："若，（三）传疑副词。"并引述上述说法以作证，可见二人见解相同。

"若"还可作代词"其"。《词诠》："若，指示代名词，用与其同。"古书中用例也很多。此义《助字辨略》未收，《辞源》也未收。

"若"还可作远指代词"彼"。《助字辨略》："又《魏志·高堂隆传》：'今无若时之急，而使公卿大夫并与厮徒共供事役，闻之四夷，非嘉声也。'若时，犹云向时、彼时也。"此义《词诠》《辞源》均未收。

"若"还可作语气助词。此义《辞源》虽然收了，但比较笼统，仅曰："助词。无义。"我认为应像《词诠》那样加以细分，以便读者掌握。（1）句首语气助词。无义（2）句中语气助词。无义。（3）句尾语气助词。作形容词或副词尾。（杜道德）

荒 2642

"荒"字义项各辞书分列多少不一，书证处理也不尽相同。

台湾《中文大辞典》"荒"字有 29 个义项，现照录"大""宽广""治"三个义项如下：

⑯大也。《诗·周颂·天作》："大王荒之。"《传》："荒，大也。"《书·益稷》："惟荒度土功。"《传》："以大治度水土之功故。"

⑲宽广也。《诗·周颂·天作》："大王荒之。"《疏》："荒者，宽广之义。"

㉔治也。《正字通》："荒，治也。"《诗·周颂·天作》："大王荒之。"《集传》："荒，治也。"

《辞源》(修订本)"荒"有 11 个义项，其中：

⑥推广，扩大。《诗·周颂·天作》："天作高山，大王荒之。"

《辞海》(1989 年版)"荒"有 14 个义项，其中：

⑩大。《诗·大雅·公刘》："豳居允荒。"

《汉语大字典》"荒"有 19 个义项，其中：

⑫扩大；开拓。《诗·周颂·天作》："天作高山，大王荒之。"《毛传》："荒，大也。"《汉书·叙传下》："偪上并下，荒殖其货。"颜师古注："荒，大也。"宋陆游《稽山行》："千里亘大野，勾践之所荒。"

不难看出，《中文大辞典》所列"荒"字三个义项，除训"大"一项另举有《尚书·益稷》"惟荒度土功"伪孔传为书证外，其余书证完全相同，不过释义取舍不一，或从《毛诗传》，或从孔《疏》，或从《诗集传》；《辞源》书证引《诗》同《中文大辞典》，不引《毛传》，只是义项稍作变通，以"推广、扩大"隐括其意；《辞海》书证不同于各书，但义项"大"仍采《毛传》；《汉语大字典》书证引《诗》同《中文大辞典》，并补充二例，其释义变通胜于《辞源》。可见，《辞源》等三书除未收"荒"之"治"义，释义均源于故训，与《中文大辞典》相同。各书在处理义项及书证方面的优劣比较分明。

这里只讨论"荒"字究竟有没有"治"义。当然，要回答这个问题，必须首先弄清楚《诗》"大王荒之"，《尚书》"惟荒度土功"之"荒"究竟该怎样解释？

虽说"诗无定解"，但某一字词在具体语境中，意思应当是确定的。同是"大王荒之"的"荒"，不可能既训"大"（或"宽广"），又训"治"。实际上，宋人对《毛传》、孔《疏》所释"大王荒之"即表示怀疑，从反训入手而另谋新解。洪迈《容斋三笔》卷十一《五经字义相反》条曰："治之与乱、顺之与扰、定之与荒、香之与臭、遂之与溃，皆美恶相对之字，然五经用之或相反。如……'荒度土功''遂荒大东''大王荒之''葛藟荒之'之类，以'荒'训定也。"洪氏所释近是。与此同时，朱熹《诗集传》曰："荒，治也。言天作岐山而大王治之。"严粲《诗缉》亦曰："治荒为荒，犹治乱为乱也。今谚言开荒，即始辟之意也。"清方玉润亦追步宋人，《诗经原始》卷十六说："荒，治也。辅氏广曰：治荒谓之荒，犹治乱谓之乱也。"晚近杨树达先生也说："荒者，《晋语》引此诗及《毛传》并训为大，《朱子集传》训为治。按《朱传》说是也。《说文一篇下艸部》云：'荒，芜也。'芜谓之荒，垦治芜秽亦谓之荒，古名动同辞之通例也。"这些见解无疑是很精辟的，《毛传》、孔《疏》训"荒"为"大""宽广"是不可信的。

《尚书·益稷》："启呱呱而泣，予弗子，惟荒度土功，弼成五服。"伪孔《传》曰："禹治水过门不入，闻启泣声不暇子名之，以大治度水土之功故。"孔颖达《疏》："《孟子》称禹治水三过其门而不入，……以其为大治度水土之功故也。训荒为大，治谓去其水，度谓量其功，故治度连言之。"显然，伪孔《传》训"荒"为大，另增"治"弥缝，实不足据，故洪迈要"以荒训定也"。清牟庭也不信伪孔，他说："'荒度土功'，谓荒茫谋度敷土之功也。伪孔《传》云'大治度水土之功'，此训'荒'为大，非矣。"但他以"荒读为慌"，以"荒茫谋度敷土之功"释"荒度土功"，未免失之迂曲。

我认为"惟荒度土功"之"荒"仍当训治，意即治理。洪迈认为"大王荒之"之"荒"，与"惟荒度土功"之"荒"同义，甚是。朱熹以降诸人释《诗》"大王荒之"之"荒"为治，则《尚书》"惟荒度土功"之"荒"也当训治。"惟荒度土功"，意思是竭尽全力治理谋划（《尔雅·释诂》："度，谋也。"）水土之事。

同时，我们还可以从历代文献典籍中找到一些"荒"训治的用例。例如：

①《尚书·吕刑》：王享国百年，耄，荒度作刑，以诘四方。

孙星衍《尚书今古文注疏》曰："荒者，《诗传》云：'治也。'言耄而治事。……言王享国日久，老而治事，当度善作刑，以谨四方也。"孙说极是。牟庭也认为"'荒度作刑'与《皋陶谟》'荒度土功'同意。"前已论述"荒度土功"之"荒"当训治，则"荒度作刑"之"荒"也当训治。

②《列子·杨朱》：鲧治水土，绩用不就，殛诸羽山；禹纂业事雠，惟荒土功，子产不字，过门不入。

此与《尚书·益稷》所记禹治水土事完全相同。史传鲧禹父子先后相继治水，"（禹）荒土功"犹"鲧治水土"。"荒"当训治，于此甚明。

③汉荀悦《申鉴·政体》：圣汉统天，惟宗时亮，其功格宇宙。粤有虎臣乱政，时亦惟荒圯湮。

明黄省曾注："治荒曰荒。""虎臣乱政"，"时亦惟荒圯湮"，前后互文。"乱政"，治政也。（《尔雅·释诂》："乱，治也。"）此"荒"应为动词，"荒圯湮"，治圯湮也。

综上所述，"荒"有治义是毫无疑问的。徐世荣《古汉语反训集释》说："荒，芜废不治也。（又）扩大而治也。"但未能举出有力的证据，故本文特为申详之。今之其他学者仍有昧于"荒"可训治，或囿于经传，误解《诗》《书》，曲为之说。例如，"惟荒度土功"，或谓"荒，大"，译作"因为我用全力忙于治理水土的事情"，译文与注释龃龉；或谓"荒之言忙也"，译作"只忙着考虑治理水土之事"；或谓"荒，迷乱沉溺"，"惟荒土功，意思是专心平治水土"（"专心"应是"惟"之对译）。依其所释，则"治理""平治"为凭空添加的，与伪孔《传》同为增字解经，以罅其漏。假如抽掉上述译文中的"忙于""忙着"，"用全力治理水土""只考虑治理水土"，文从字顺，明白晓畅；若抽掉"治理""平治"，则有损文意。这恰好证明"荒"之训治，确不可易。

由此可见，《中文大辞典》所收"荒"之"大"义书证不当，而"宽广"义可归入"大"义，不必析出；"治"义当补书证。《汉语大字典》释义之"开拓"，实即严粲所谓"始辟"之意。《辞源》等三书立项、释义及书证都存在不同程度的缺陷，未收"荒"之治义，当据补。（蒋宗福）

薄寒 2717

收义项二：1)逼迫的寒气；2)轻寒。

按：尚有一义，即马名。张籍《苏州江岸留别乐天》："清管曲终鹦鹉语，红旗影动薄寒嘶。"《全唐诗》卷三八五题下注云："一作白居易诗，题云：《武丘寺路宴留别诸妓》诗。"白诗作"骏"，《玉篇》："骏，蕃中马也。"（《广韵》作"蕃中大马"。）薄寒即骏。《辞源》3453页已收骏，则薄寒应作为参见条。（张涤华）

薪 2718

《康熙字典》在"薪"字下列出了一个义项："草亦曰薪"。近出《中文大辞典》《中文形音义综合大字典》与新《辞海》等均于"薪"下列有"草"义，而新《辞源》却付之阙如。集汉语字书之大成的巨著《汉语大字典》（1986—1990）亦将"薪"之"草"义排除在外（见第五册3306页），《汉语大词典》因之。权威的词书不收这个义项，因而有辨明的必要。

这里说明一下：本文所言之"草"作艸。《说文》释为"百草"，即"草本植物的总称"。下面所涉及的野草、水草、芦苇、蒌蒿等大小粗细不同的各种草以及庄稼秸秆、藤萝等等，通称为"草"。

考之字书，文献典籍及古注等，可以明白：在古代汉语中，"薪"有"草"义乃是客观存在。

《说文》："薪，荛也。""荛，薪也"。二字互注同义。先看"荛"训。《玉篇》："荛，草薪也。"《诗·板》"询于刍荛"传云："刍、荛，薪采者"，《释文》引《说文》"荛，草薪也"。颜师古注《汉书·贾山传》《扬雄传》，并云："荛，草薪。"《说文》段注本径作"荛，草薪。"并注云："据古注引《说文》加'草'字"。《左传·昭十三年》"淫刍荛者"之下《释文》又云："草薪曰荛"；孔颖达正义（简称孔疏）引《说文》："荛，薪也"，与今本说文同；但后文云："刍者，饲牛马之草也；荛者共（供）燃火之草也。"朱骏声《说文通训定声》指明："草曰荛曰薪；木曰樵曰薪。"

《易·系辞下》："古葬者，厚衣之以薪，葬之中野，不封不树。"《说文》："葬，藏也。从死在茻中。一其中，所以荐之。"张舜徽《说文约注》（简称《约注》）指明：此乃"用草覆荐之而已。"《易》文之"薪"指厚加垫盖之草。

《诗·周南·汉广》："翘翘错薪。言刈其蒌"。传："草中之翘翘然"。将"薪"视为"草"。下面孔疏引陆玑曰："（蒌）其叶似艾白色，长数寸，高丈余。好生水边及泽中。正月根芽生旁茎，正白，生食之香而脆美。其叶又可蒸为茹。"此物称为蒌蒿。陈奂《毛氏传疏》（简称陈疏）云："据此，则蒌蒿嫩时可食，老则为薪。'高丈余'，正与诗'翘翘'合。"蒌蒿草属，而称薪，可知"薪"有"草"义。

《左传·僖公五年》："晋侯使士蒍为二公子筑蒲与屈，不慎置薪焉。"探下文可知"其置薪，乃有意为之"，意在使之不固，便于摧毁。那么所置者必为草。若置木材，犹不失其坚。再者，筑城取土，必去其草，草在旁者正多，将其置之版中，托辞"不慎"，不悖事理。如以木材置之其中，则何以言"不慎"？所以"置薪"即"置草"；释为"木材"则误。

《礼记·月令·季冬》："乃命四监，收秩薪柴。"之下注："四监，主山林川泽之官也。"山林之木伐之为柴，泽、薮之萑蒲刈之为薪，薪以燃火。柴以给爨。"薪柴"对举，一为草薪，一为木薪。

俞正燮曾指出郑注"大者可析为薪,小者合束曰柴"之误。明言:"薪为草,柴为木。"(《癸巳类稿二·薪义》)今之解者将此"薪"释为"大木""块柴"乃因郑玄之误而误。

《周礼·地官·委人》:"以式法共祭祀之薪蒸木材。"郑玄注:"薪蒸给炊及燎。粗者曰薪,细者曰蒸。木材给张事。"不确。薪、蒸、木、材为四物对举。薪、蒸为草料而有粗、细之分,木、材有大木和散材(柴)之别。薪、蒸给炊。柴以给燎。唯大木则"张事"。郑玄不知"薪"之"草"义,有关之注屡误。孔疏则因郑玄之误而误。今注又因循其误而再误。

《荀子·礼论》:"属茨倚庐,席薪枕块,是吉区忧愉之情发于居处者也。"《墨子·节葬下》:"垂涕处倚庐,寝苫枕凷。"两相对照可知"席薪"与"寝苫"(睡草垫)对文同义。《仪礼·丧服》"居倚庐,寝苫枕块。哭,昼夜无时。"贾公彦疏:"外寝苫者,哀亲之在草。"可见"席薪"之"薪"指草与草席。《宋史·胡寅传》"卧薪尝胆"之"薪"义正同此。解作柴、柴草均误。

《史记·河渠书》:"背负薪寘决河。是时东郡烧草,以故薪柴少。""柴"为连及,"草""薪"同义。堵堤坝缺口为何用草?《集解》引如淳曰:"树竹塞水决之口,稍稍布插接树之,水稍弱补令密,谓之楗。以草塞其里乃以土填之,有石,以石为之。"

总之,"薪"有"草"义,毋庸置疑。薪之为草,具体言之,指可供燃烧及使用的草料。俞正燮云:"古草木通称薪,今草木通曰柴。究之,柴从木,是木薪也;薪从草,是草柴也。各有本义,今灯草尚称灯薪,其义最正。"(朱维德)

虞 2753

《说文》:"虞,驺虞也,白虎黑文,尾长于身。""虞"本兽名,因假借作"娱",故有"乐,欢乐"之义。《孟子·尽心上》:"霸者之民,驩虞如也。"朱熹《孟子集注》:"驩虞,与欢娱同。"《释名·释州国》:"吴,虞也。太伯让位而不就归,封之于此,虞其志也。"此"虞"应释为"安慰,慰藉",这一意义乃"欢乐"义之引申。(李茂康)

衞 2808

明代于天下要害之地设立卫所,驻兵戍守,防地系一郡者称"所",系几郡者称"卫"。"卫"以驻地之名为名,后遂相沿成为地名,如"天津卫""山海卫""宣府卫""威远卫"等等,并是。《辞源》"卫"下此义失收。(王彦坤)

計較 2874

笔者翻检《中文大辞典》,"计校"条下如是说:

犹计较也。谓争辨是非。《汉书·贾谊传》:"妇姑不相说则反唇而相稽。"注:"稽,计也,相与计校也。"《三国志·魏志·孙坚传》:"夜驰见术,画地计校。"《三国志·魏志·王粲传》:"计校府库。"《三国志·吴志·诸葛瑾传》:"子瑜,卿但侧耳听之,伯言常长于计校,恐此一事小短也。"《唐书·窦怀传》:"天子而计校瓦木,杂厕工匠间,使海内何所瞻仰乎?"韩愈《病鸱》诗:"计校生平事。"

修订本《辞源》同条则为:

算计,谋略。《三国志·吴·孙坚传》:"坚夜驰见(袁)术,画地计校。"又《诸葛瑾传》孙权与瑾书:"伯言常长于计校,恐此一事小短也。"

《汉语大词典》从"校计"第②义项("计校"所在卷尚未见)"犹计校"下所引书证看,"计校"似只有"争辨"一义。

修订本《辞源》和《汉语大词典》的书证与释义,显然根植于《中文大辞典》。然而,《中文大辞典》"计校"条下则是一笔糊涂账。而特别是义项的归纳,更是大谬特谬。"计校"条下,除①②例是"争辨是非"外,例③⑤是"核算""盘算"的意思;例④是"谋划""计谋"的意思;例⑥原诗云:"屋东恶水沟,有鸥堕鸣悲。……群童叫相召,瓦砾争先之。计校生平事,杀却理亦宜。"说想起鸥平生的凶残,真是死有余辜。其"计校"犹言"思量""念及"。

诸辞书于"计校"一义模糊,是对其发展脉络未能备悉。计,《说文·言部》:"会也,算也。"这个意义多见于先秦典籍,无必要赘说征引。校,《说文·木部》:"校,木囚也。"即刑具,古代罪犯所带枷械之类的总称。至于"校"何以有计算之义,朱骏声《说文通训定声》以为是"覈"的假借字。其实未必。窃以为,此仍是"校"义的引申,盖古代刑具视囚犯罪行轻重而各别,也就是说,给罪犯施"校",需根据刑法计量而后次第以别,意犹今之量刑。"校"的"计算"义,亦早已有之,如《荀子·王霸》:"闇君必将急逐乐而缓治国,故忧患不可胜校。"杨倞注:"校,计。"今语正作"不可胜计"。《史记·平准书》:"京师之钱巨万,贯朽而不可校。"

从上文可知,"计""校"都有"核算""算计"的意义,当汉末魏晋,在复音词与日递增的趋势下,它们亦未能免俗,聊以同义复合的形式构成一个双音词,表示"计算"之义。而"谋划、计谋""争辨是非""思量、考虑"等等均是这一意义的引申。(蒋宗许)

诛 2892

㈠杀戮。㈡讨伐。㈢治除。㈣惩罚。㈤责备,责求。

按:"诛"字的五个义项做这样的排列是修订版对旧《辞源》修订重新安排的。旧《辞源》的排列次序是:㈠讨也。㈡杀也。㈢罚也。㈣责也。㈤治也。㈥伤也。不难看出,两书的最大差异是在本义的确定上。两者孰优孰劣?平心而论,还是以"讨"做为"诛"字的第一个义项为确。首先从"诛"字的形体构造看,《说文》隶属于"言"部,释为"讨"也是有道理的。虽然由于它在解释词义时使用了"互训"的方法,给我们带来一些误解,但是它注意到了"诛"和"杀戮"两者的巨大差别,这无论如何是不能抹杀的,一生一死是显而易见的,尽管"诛"字在古代典籍中也常作"杀戮"解。在这一点上,《释名》训为"罪及余曰诛",《广韵》释为"责也",《说文通训定声》和《说文解字约注》都沿袭《说文》之训"讨也",《经籍籑诂》释为"谴责、责问",可以说都是注意到了这一巨大差异,这样说是不为过分的。至朱骏声认为"诛"假借为"殊"才有"诛杀也"的意义是否恰当姑置勿论,但他进一步指出"诛""杀"二字在本义上的差异,还是难能可贵的。

其次，从古代典籍中"诛"字单用而做非"杀戮"解的例证也是屡见不鲜的。除《辞源》所列举的外，如："七曰废，以驭其罪；八曰诛，以驭其过。"（《周礼·春官·太宰》）"故不教而诛，则刑繁而邪不胜；教而不诛，则奸民不惩；诛而不赏，则勤励之民不劝；诛赏而不类，则下疑俗险而百姓不一。"（《荀子·富国》）"舜流共工于幽州，放驩兜于崇山，杀三苗于三危，殛鲧于羽山，四罪而天下咸服，诛不仁也。"

再者，古代典籍中"诛""杀"连用时，有时中间加并列连词"而"，或者不加，但都表示两个动作，而且是"谴责""责备""讨伐"意在前的例证，更是有力的说明，如《韩非子·内储说下》中的"令尹大怒，举兵而诛郤宛，遂杀之"，"王因诛夷射而杀之"，"周以苌弘为卖周也，乃诛弘而杀之"。这些"诛"字显然都不是"杀戮"意，只能解释为"讨伐""谴责""处分"。至于《史记·项羽本纪》中的"沛公至军，立诛杀曹无伤"的"诛"则是"宣布罪状"了。

从修订本《辞源》在"诛"字下选列"诛求""诛茅""诛意""诛论""诛敛""诛心之论"六个词条，除"诛茅""诛论"外，其余四例中的"诛"都不做"杀戮"解，这也是例证之一吧。

了解了"诛"字的本义为"谴责""责备"而不是"杀戮"，对于阅读古代典籍是很有帮助的，这也才是符合《辞源》"结合书证，重在溯源"的宗旨吧。（姚国旺）

贿赂 2963　赇 2964

现代汉语中有"贿赂"一词，古汉语中贿、赂常分别使用。

贿、赂词义接近，一般说来一是表赠送的礼物，作名词；二是赠送礼物作动词。《说文》云："贿，财也。""赂，遗也。"王力《古代汉语》说，"赂"字较多用作动词，"贿"字较多用作名词，原因就在于此吧！

不论是《古汉语常用字字典》还是王力或郭锡良《古代汉语》教材，都说上古"贿""赂"均不作现代意义上的"贿赂"解，现代的"贿赂"在上古叫做"赇"。

笔者认为这种说法值得商榷。在上古汉语中，"贿""赂"（特别是"赂"）不乏用作"贿赂"解的例证：

（1）《左传·昭公六年》："锥刀之末，将尽争之。乱狱滋丰。贿赂并行，终子之世，郑其败乎！"

（2）《国语·晋语一》："骊姬赂二五，使言于公。"

（3）《史记·孝文本纪》："群臣如张武等受赂遗金钱，觉，上乃发御府金钱赐之，以愧其心，弗下吏。"

（4）刘向《新序》："师旷曰：'群臣行赂，以采名誉，百姓侵冤，无可告诉。'"

以上四例，或贿、赂连用，或"赂"字单用，看不出它们同现代的"贿赂"有何不同。

段玉裁《说文解字注》"赂"后按语："以此遗彼曰赂，如道路之可往来也，货、赂皆谓物，其用之则有公私、邪正之不同。"

段玉裁在这里道出了"赂"字的深刻内涵：财物则一，用之则二：有公私、邪正之分。用之公、正，这不能叫"贿赂"；用之私、邪，不叫"贿赂"又叫什么呢？现代"贿赂"一词含义不就是这样的吗？

至于"赇"，按《说文》所释，乃"以财物枉法相谢也。"段注："枉法者，违法也，法当有罪。而以财求免，是曰赇。"从"赇"的运用看，确是如此：

(1)《史记·滑稽列传》"……又恐受赇枉法，为奸触大罪，身死而家灭。"

(2)《汉书·刑法》"吏坐受赇枉法。"

由此看来，"赇"属"贿赂"，但不是现代汉语全部意义上的贿赂。说现代的"贿赂"在上古叫做"赇"，亦似不确。（李芳元）

路頭 2997

路子，方向。

案：唐宋间，"头"作方位词，本可表"前面""旁边"之义，王锳《诗词曲语辞例释》（中华书局80年版）已有考证，不赘述。故"路头"可指路之前面，路之旁边。《朱子语类·卷六十三·中庸二·第十六章》："有人行淮甸间，忽见明灭之火横过来当路头。"《风俗通义·怪神》："汝南汝阳彭氏墓路头立一石人，在石兽后。"（就此书证而言，"头"的这种用法似非唐宋间始有。）

路头还可指岔路口，如《朱子语类》中，《卷二·理气下·天地下》："度，却是将天横分为许多度数。会时是月日在那黄道赤道十字路头相交处厮撞着。"《卷十·学四·读书法上》："关了门，闭了户，把定了四路头，此正读书时也。"《卷三十四·论语十六·述而》："'这须知是个生死路头。'因以手指分作两边去，云：'这一边是死路，那一边是生路……'"

此数义似乎均可另立义项。（袁庆述）

載 3022

"载"潮汕方言也常用来作量词，如"只船载载米（这只船满载着一船米）。"此义项也见于近代汉语，如《醒世恒言·徐老仆义愤成家》："阿寄这载米，又值在巧里，每担长了二钱，又赚了十多两银子。"又"（阿寄）遂装了一大载米至杭州。"《辞源》无此义项，应补。（林伦伦）

過 3078

"过"有"探望""访问"之义。如《史记·魏公子列传》："侯生又谓公子曰：'臣有客在市屠中，愿枉车骑过之。'"《史记·田叔列传》："会贤大夫少府赵禹来过卫将军，将军呼所举舍人以示赵禹。"《魏书·高遵传》："沙门道登过遵"。诸"过"并同此义。又《后汉书·马援传》："援间至河内，过存伯春。""过存"为同义复词，也取"探望""问候"的意思。《辞海》《古汉语常用字字典》"过"下皆列入"访；探望"义项，甚是。《辞源》"过"下未收此义，当补。（王彦坤）

還 3093

"还"有"包，担保"的意思，在明、清著作中比较常见，《辞源》亦失载。下面略举数例：

《警世通言》卷二十四："玉姐道：'若写得不公道，我就扯碎了。'众人道：'还你停当。'"

《醒世恒言》卷三十六："掠贩的劝慰道：'不必啼泣，还你此去丰衣足食，自在快活！强如在卞家受那大老婆的气。'"

汤显祖《紫钗记》第十七出"前腔"："多娇，还你个夫人县君，七香车载了。"

《官场现形记》第八四："大家都是自己人，还他便宜就是了。"（袁宾）

郢都 3105

春秋楚都。1.楚文王十年自丹阳迁此。至昭王十年，吴师入郢，楚迁都于鄀。故址在今湖北江陵西北。参阅《水经注·沔水》。2.楚文王迁郢，后九世平王立别宫，亦称郢。故址在江陵东北。参阅《资治通鉴·三·周赧王十六年》。

案："郢都"有二义。一义为专名，即《辞源》所云之"春秋楚都"。此郢亦被称为"纪郢"（见《史记·楚世家》）、"南郢"（见《越绝书·吴内传第四》、《新序·卷四》）、"哉郢"（见安徽寿县出土之"鄂君启节"、湖北江陵望山一号楚墓出土之竹简、湖北荆州天星观一号楚墓出土竹简），其故址在今湖北江陵西北十华里，考古学界称之为纪南城遗迹。一义为通名，《越绝书·吴内传第四》云，"郢者何？楚王治处也"，可见凡楚都均可名之曰郢。楚国从文王到考烈王，都城凡六迁，其中有史籍明确可考者五次，除《辞源》所说的这次外，其余四次所迁之都亦皆名之曰郢。昭王十二年（公元前五○四年），因避吴迁于鄀，为北郢（见宋人罗泌《路史·国名记》），故址在今湖北宜城附近。惠王之初，（公元前四八八年左右），迁都于鄢，称为鄢郢（见《战国策·楚策三》《九思·遭厄》王逸注），故址在今河南鄢陵附近。顷襄王二十一年（公元前二七八年，已属战国时期），迁都于陈邑。改其曰郢。称郢陈（见《史记·秦始皇本纪》）、陈郢（见淮南市征集到的楚量器上的铭文）、东郢（见《九章·哀郢》洪兴祖补注），故址在今河南淮阳。考烈王二十二年（公元前二四一年），迁都于寿春，名之曰郢（见《史记·楚世家》，安徽寿县发现的楚铜量上的铭文、江苏无锡出土的"郳陵君王子申豆"等铜器上的铭文），故址在今安徽寿县西南。（详细论证，另见专文）。可见"郢都"并非专指"春秋时期"的楚都，亦并非专指湖北江陵之"郢"。（袁庆述）

都大 3109

只收官名一义。

按：尚有语词义，唐人常用。如元稹《和乐天题王家亭子》："都大资人无暇日，泛池全少买池多。"杜荀鹤《别四明钟尚书》："都大人生有离别，且将诗句代离歌。"褚载《云》："尽日看云首不回，无心都大似无才。"张相《诗词曲语辞汇释》释为本自、元来，似亦不甚贴切。（张涤华）

醉鱼 3137

中毒假死而能复苏的鱼。最早书证引宋朱弁《曲洧旧闻》三："土人不善施网罟，冬积柴水中为槮以取之，以擣泽蓼杂煮大麦撒深潭中，鱼食之辄死，浮水上，可俯掇，久之复活，谓之醉鱼云。"

按：释义可商，该语词只列出唯一义项，笔者认为释义未全。南朝陈江总《三日侍宴宣猷堂曲水》诗："醉鱼沉远岫，浮枣漾清漪。"显然，该书证早于宋代，而且其中"醉鱼"也不是"中毒假死而能复苏的鱼。"为有助于理解该词在原诗中之义，现摘引江总《三日侍宴宣猷堂曲水》诗如下：

上巳娱春禊，芳辰喜月离。

北宫命箫鼓，南馆列旌麾。

绣柱擎飞阁，雕轩傍曲池。

醉鱼沉远岫，浮枣漾清漪。

落花悬度影，飞絮不碍枝。

树动丹楼出，山斜翠磴危。

礼周羽爵遍，乐阕光阴移。

这首诗描写的是春季祭礼的盛况，在诗人笔下那"懒洋洋的鱼"仿佛和诗人一样沉醉于良辰美景。故笔者以为诗中的"醉鱼"应为："懒洋洋的或少动的鱼"，应将此释义并引文一同列于第一义项比较妥当。《大词典》中该语词也未收此书证，也应据此补入（参见广陵古籍刻印社《汉魏六朝百三名家集》第 5 册第 251 页）。（刘勇）

金兽 3163

释义作：门上的金色铺首，饰为虎形。唐人避李渊（高祖）祖李虎讳，称虎为兽，故曰金兽。最早书证引《全唐诗·五四八·薛逢〈宫词〉》。

按：释义不全。"金兽"一词，早在南朝时已有。南朝梁元帝《玄览赋》："类金兽以封建，非桐珪以锡处。"此引文中"桐珪"为帝王封拜的符信，根据赋体的语法结构，"金兽"可理解为"金兽符或金虎符"之义。查唐杜佑《通典·职官十三》："梁封爵亦如晋宋之制，诸王皆假金兽符第一至第十九。"（见浙江古籍出版社《通典》第 180 页）。故以上书证（梁元帝）引文中"金兽"可指代"金兽符"。《辞源》中该语词未列出该义项及书证，应据此补入。《大词典》中也未收该义项及书证，也应据此补入（参见广陵古籍刻印社《汉魏六朝百三名家集》第 4 册第 298 页）。（刘勇）

银泥 3183

谓银饰的衣裙。最早书证引唐李贺《歌诗编·四·月漉漉篇》。也用作裙饰。最早书证引唐白居易《长庆集·五四·武丘寺路宴留别诸妓》。

按：释义未全。"银泥"一词，南朝已有。南朝梁吴均《饼说》："细如华山之玉屑，白如梁甫之银泥，既闻香而口闷，亦见色而心迷。"这里描述的是"饼"的色、香、味、形等。该书证中"华山、梁甫"皆为山名，多为封禅之所。这里的"银泥"可理解为：银白色的泥，言其珍贵。应将此义项及书证一并补入。《大词典》中该语词也未收该义项及书证，应据此补入（参见广陵古籍刻印社《汉魏六朝百三名家集》第 5 册第 70 页）。（刘勇）

銀繩 3185

闪电,电光。最早书证引《文苑英华·三四九·唐·顾云〈天威行〉》:"金蛇飞状霍闪过,白日倒挂银绳长。"

按:释义不全。该语词早在汉时已有。汉班固《白虎通封禅》:"或曰封者金泥银绳,或曰石泥金绳,封之以印玺。"古时"封禅"为帝王祭天地的大典,以此报天地之功德。"金泥、石泥"为封印时用水银和金、石粉调制的泥;"金绳、银绳"则为用金、银等金属制成编连策书的绳索。古代帝王以此来表其文治武功,以传后世。故应补入该释义及书证,以体现该语词释义的流变。《大词典》中未收该词,应参照此补入(参见中华书局《丛书集成初编》第 238 册第 142 页)。(刘勇)

銅獸 3186

状如兽头之铜制门饰。最早书证引元王逢《梧溪集·二〈塞上曲〉之一》:"月黑辉铜兽,风高啸紫驼。"

按:释义不全。该语词南朝时已有,南朝梁萧子显《南齐书·祥瑞志》:"二年,越州南高凉俚人,海中网鱼,获铜兽一头,铭曰:'作宝鼎,齐臣万年子孙承宝'。"由此可见,这里的"铜兽"非门饰之类的东西,而应是"兽状铜鼎",应将此义作为第一义项列入,并补引以上书证。《大词典》中该语词也缺此义项及书证,也应据此补入(参见中华书局《南齐书》第 2 册第 366 页)。(刘勇)

鎮 3206

北魏初年为防御柔然侵扰,沿北边设置沃野、怀朔、武川、抚冥、柔玄、怀荒六军镇,驻兵戍守,史称"六镇"。此后直至宋代,凡边要形胜之地多设"镇","镇"于是也被用来称呼军队镇守的地区。《北齐书·尉景传》:"魏孝昌中,北镇反",北镇指魏之北方六镇,"镇"即用"军队镇守地区"之义。今犹言"军事重镇",义也同此。《辞源》"镇"下注㊄但云:"古时九服之一。……后引申为方镇,镇守。"方镇"指掌握一方兵权的军事长官"(见《辞源》1384 页 3 栏〔方镇〕注),也即镇将,镇守则"指军队驻扎在军事上重要的地方防守"(见《现代汉语词典》〔镇守〕注),均未及"军队镇守地区"之义,也当补上。(王彦坤)

長短 3227

白居易《即事寄微之》诗云:"饱暖饥寒何足道,此身长短是空虚。"罗隐《遣兴》诗亦云:"何堪离乱后,更入是非中。长短遭讥笑,回头避钓翁。"张相《诗词曲语辞汇释》释"长短"为反正、总之。证诸潮汕方言,正好吻合。如:"长短囉是着去一下(反正都得去一下)。"《辞源》"长短"条无此义项,是明显的疏漏。(林伦伦)

阿奴 3261

此条《辞源》释为"尊长称卑幼之词。1.兄称弟。2.祖称孙。3.帝称后。"从潮汕方言看来,本条释义起码有两处错漏:一是"阿奴"还有"父母称子或儿子自称"的义项;二是"尊长称卑幼之词"不妥,似应加"或卑幼自称"。稽之古籍,亦信而有征。《世说新语·容止》:"王敬豫有美形,问讯王公。王公抚其肩曰：'阿奴恨才不称。'"余嘉锡笺疏引李慈铭云："乃（王）导自谓其子之语。"又《世说新语·识鉴》："周伯仁冬至举酒赐三子……。周嵩长跪而泣曰：'……唯阿奴碌碌，当在阿母目下尔。'""阿奴"，儿子对父母自称。（林伦伦）

院長 3269

第一义："唐时称翰林院学士承旨为院长。《新唐书》一百三十二《沈既济传》附沈传师：'翰林缺承旨，次当传师，穆宗欲面命。辞曰："学士、院长，参天子密议，次为宰相，臣自知必不能。"'又，外郎御史遗补亦相呼为院长。参阅唐李肇《国史补》下。"其第二义云："宋时对军吏节级之称。"引《水浒传》。按，称翰林学士承旨为院长之例，于史无征。以上引文中沈传师之语意谓学士与院长同参天子密议，同为股肱之臣，非谓学士即院长。"学士"与"院长"为并列结构而非偏正结构，引文标点正确而编写者理解有误。唐赵璘《因话录》卷五："御史台三院……吏察主院中入朝人次第名籍，谓之朝簿厅。吏察之上，则馆驿使。馆驿使之上，则监察使。监察使同僚之冠也，谓之院长。台中敬长，三院皆有长。"可见"院长"实指御史台三院（台院、殿院、察院）的长官，李肇所谓"外郎御史遗补相呼为院长"，所指已有扩大，宋代则进一步用之于法治机构大理寺的隶卒。宋洪迈《夷坚志补》卷八《临安武将》："向巨源为大理正，其子士肃，因出谒，呼寺隶两人相随——俗所谓院长也。"《水浒传》中州县狱吏狱卒也可称院长，当是以上用法的再扩大。于此可见，"院长"之下原列第一、第二两个义项之间，本有引申关系。这种世俗的引申用法实为一种尊称，与称手工匠人为"待诏"，称强盗为"太仆""太保"，可谓同出一辙。（王锳）

面 3362

《尚书》版本流传过程中的复杂多变及今、古文学派的门户之争，使《尚书》之解读众说纷纭，不同的学者见仁见智，对具体篇章字句的解释不同也是很自然的，故而在利用古疏古注时，要广参众说，慎重考究，择善而从。例如对《召诰》"相古先民有夏，天迪从子保，面稽天若"中的"面"，孔传曰："禹亦面考天心而顺之。"郑玄曰："面犹回，向也。"释"面"为"向、面向"。《辞源》《汉语大字典》均采用此证此说。王引之在《经义述闻·尚书下》曰："天非人比，不可以言面。面，当读为勔，《尔雅》曰：勔，勉也。面稽天若者，勉力上考天心而顺之也。……古字多假借，后人失其读矣。"仔细推敲，似以王说为长，故采纳。因而《尚书卷》中"面"有四个义项

① [动]用同"勔"，努力，勉力(3)。《召诰》：相古先民有夏，天迪从子保，～稽天若，今时既坠厥命。今相有殷，天迪格保，～稽天若，今时既坠厥命。《立政》：谋～，用丕训德。

② [动]向，面向(2)。《金滕》：为坛于南方，北～。《周官》：不学墙～，莅事惟烦。

③ [名]前面(2)。《顾命》：大辂在宾阶～，缀辂在阼阶～。

④ [名]当面(1)。《益稷》：汝无～从，退有后言。

其中第一个义项《辞源》《汉语大字典》均失收,惟《汉语大词典》有。(何如月)

韶刀 3379

犹唠叨。

邳县谓人说话、做事忽高忽低有些戆拙为"韶刀"。也可以重叠说成"韶韶刀刀"。"韶刀"也写作"韶叨""韶道"。《金瓶梅》三十回:"玉楼道:'我也只说他是六月里孩子。'金莲道:'这回连你也韶刀了!我和你怎算,他从去年八月来,又不是黄花女儿,当年怀,入门养。一个后婚老婆,汉子不知见过了多少,也一两个月才坐胎,就认做是咱家孩子?'"这里玉楼只说一句话,根本没有"唠叨",只因账算得不精确,所以金莲说他韶刀。又六十二回:"你看韶刀!哭两声丢开手罢了,一个死人身上,也没个忌讳,就脸拄着脸儿哭!"这里的"韶刀"也不指"唠叨",是指对着死人脸哭,这么做太过分了。又五十四回:"紧自常二那天杀的韶叨!不禁的你这淫妇儿来插嘴插舌。"《醒世姻缘》八十五回:"这大舅真是韶道,雇个主文代笔的人,就许他这们些银子。"《儒林外史》五十三回:"你看依妈也韶刀了,难道四老爷家没有好的吃,定要到国公府里才吃着好的?"以上诸例中的韶刀,都指说话做事没有准儿。元王元鼎《商调·河西后庭花》套:"走将来涎涎邓邓冷眼睃,杓杓答答热句儿浸。"(《词林摘艳》七卷)曲中的"杓杓答答"疑即"韶刀"的重叠。"杓"有"傻义"。(张喆生)

顷 3382

第三义:"副词,近来、刚才。""顷年"目云:"近年。"

按,"顷"作时间副词,还可指已过去很久的一段时间,义同"往""昔","顷年"犹言"昔年""往年"。除《诗词曲语辞例释》所列韵文用例之外,略增散文数例:鲁迅校《岭表录异》卷上:"顷年自青社之海归闽,遭恶风所飘,五日夜不知行几千里也,凡历六国。"《太平广记》卷四百九十八《李回》引《摭言》:"某顷岁府解,蒙明公不送,何事今日同集于此?"《夷坚志》乙卷二十《天宝石移》:"顷因大水,碑失,今复在县桥下。"(王锳)

颠倒 3399

《清平山堂话本·快嘴李翠莲记》:"分咐你少则声,颠倒说出一篇来。"《西厢记》第三本第二折:"几曾见寄书的颠倒瞒着鱼雁。"两例中的"颠倒",《辞源》无一义项能释得通,但用潮汕方言读来("颠倒"潮音 ding^1 do^3),却是口语味十足。"颠倒"乃是"反倒""反而"之意。据此,《辞源》应补上这个义项。(林伦伦)

风声 3409

有"风尘"(旧指娼妓的生活)义,见宋王谠《唐语林·补遗三》:"(牛僧儒)从容谓牧(杜牧)曰:'风声妇人若有顾盼者,可取置之所居,不可夜中独游,或昏夜不虞奈何?'"又同条下云:"与官妓朱良别,因掩袂大哭。赡(李赡)曰:'此风声贱人,员外何必如此?'"(上古版235页)《辞海》未收。(陈增杰)

六　释语表述问题

五德 0139

秦汉方士以金、木、水、火、土五行相生相剋的道理来附会王朝的命运,称五德。有以相剋为说的,汉初人据邹衍说认为秦以周为火德,汉以水德王;有以相生为说的,刘同《三统历》以为秦为水德,称汉以火德王,但虚妄则一。

案:释文中"汉初人据邹衍说认为秦以周为火德"一语,颇有问题。如果秦、周之间的"以"字是动词(认为),则"汉初人据邹衍说认为秦以(认为)……"云云,颇有叠床架屋之失,不若径改为:"秦人据邹衍说以(认为)周为火德。"如果秦、周之间的"以"字是连词(与),则"汉初人据邹衍说认为秦以(与)周为火德"一语便与史实大相径庭。考诸《史记·历书》和《汉书·律历志》等有关文献可知,汉人虽曾先后认为周为"火德"和"木德",但却从来不曾认为秦为"火德"。而且汉初人先据五行相胜说,认为汉以水德剋周之火德;后又承认秦为水德,并认为汉以土德剋秦之水德。至于说汉王朝为"火德",则是王莽时期的新创造。因此应将上引释文中的"秦以(与)"二字删去,方能不悖于历史实际。(丁鼎)

父 1968

注⑯云:"称从事某种行业的人的通称。"按:此句有语病。改正之法,或者不用首字,或将最后三字删去。(王彦坤)

知制诰 2229

官名,唐初以中舍人或前行正郎为之,掌外制。

按:考诸有关文献,未见唐有"中舍人"之职,释文中"中舍人"当为"中书舍人"之讹误,即在"中"后脱一"书"字。《新唐书》卷四七《百官志·中书省》:"舍人六人,正五品上。掌侍进奏,参议表章。……以久次者一人为阁老,判本省杂事;又一人知制诰,颛进画,给食于政事堂;其余分署制敕。"又《唐六典》卷九《中书省·中书舍人》所载与此略同。据此可知唐时为知制诰者,当是"中书舍人",而非"中舍人"。(丁鼎)

书　证

一　概述

旧《辞源》有不少条目没有注明出处，新《辞源》尽可能予以增补。

为了方便读者，新《辞源》举书证来源，一般都写明作者的时代、姓名、书名、卷次和篇名。除非众所周知的书篇，始酌情省略；确实无考的项目，才暂付阙如。

有些条目，旧《辞源》缺乏书证，新《辞源》悉为补上。

为了溯源，新《辞源》的书证，在可能范围内，尽量用更早一些的。

旧《辞源》有的书证与释文抵牾，新《辞源》酌情更换，宁可晚些，但要准些，以免其枘凿难合。

插图和表格是辞书必不可少的辅助手段。插图能将某些难以用文字表达清楚的事物，通过直观，以传达给读者。（舒宝璋）

《辞源》所引书证标点失误，原因很多，有因引文不足所致，有因不明语义而致，有因不明语法而致。有些是援引之书本无标点，编者加工处理时失误；有些则是援引之书本身误点，编者采用时未加辨析，因循原误。

书证者，顾名思义，乃用书例来证明义项的释义也。故书证与释义必须密合，否则，书证即失去了证成释义的意义。反过来，释义亦成了误释，将会给查阅者以错误的指导。

辞书编写时，有时数条词意义相关，且用同一书证，书证见于一处，其他词条下用"参见"来表示，此乃节约篇幅、减少重复的好办法。然互参条目必须前呼后应，方能达到这一目的，若前后失照应，则使查阅者如坠五里云雾。《辞源》中亦有此类情况。（董志翘）

关于书证迟后问题，各种辞书都不同程度地存在。本来书证迟后算不上有什么错误，但是像《辞源》以及后出的《大字典》《大词典》重在追溯源流，因此，按照理想应该使用某词、某义最早出现的书证，至少是时代接近的书证，以证明词语的源流演变。由于汉语词汇异常丰富，词义演变十分复杂，要理清一个个词的发展脉络并不是一件容易的事。而汉语词汇史的基础研究又很薄弱，专书的、断代的、专题的甚至个案的研究还很不够，词的产生、发展、词义演变的线索还不够清楚，情况还不够明白，可供辞书编写者采用的材料并不多，因此要做好这项工作，难度肯定是很大的。尽管如此，我们还是应该努力去争取做得更好些。事实上，这方面也有部分研究成果，只是还没有被全面吸收并反映到辞典中去。（毛远明）

书证之于词典,实其性命之所系。法国《小拉鲁斯词典》编者曾谓"无书证之词典,无异一架骷髅。"英国《牛津词典》编者亦以拥有丰富资料,譬之为秘密武器而自豪。均非过甚之言。盖非库藏雄厚,则殊难用宏而取精。鄙见以为佳证之选,典范性、互注性、排他性三者均不可缺。何谓典范性?即今所倡之语言规范化。且书证自书中摘出,能独立成句,文字简洁。因辞典之特征在于用最少之语言,提供最多之信息。否则,其特征即无由体现。何谓互注性?即诠释语与被释语同在句中,亦即义备句中,词因句释。如《汉语大词典·羊部》征求意见稿,有"义儿"一条,书证原引《三国志平话》卷上:"当日太师领军兵五十余万,左有义儿吕布。"笔者以为此证只能点明"义儿"出处,而无助于其假子之释义。曾建议改用元人无名氏《神奴儿》第三折:"眼见得这神奴儿不是他那亲生嫡养的,因此上把他勒杀了,莫不是个义儿么?"句中"不是亲生嫡养的",即"义儿"之最好注脚。所谓互注性,即属此类。何谓排他性?即此词之意义,极为明确,绝无误解之可能。又词典之撰,乃述而不作,甚且以述代作,故例句中除释却此词外,亦不宜再有他词有待释疑解惑。以下试准此三性,就《辞源》该条所引诸例,稍加申述。(刘世宜)

　　《辞源》的特点"重在溯源"。《修订本》在探索语词的源头方面,作出了巨大成绩,其中有一条重要经验,即注意从意义上引源,而不单从形式上引源;或者说:注意寻绎书证材料在概念上的关联性和共同性,而不拘束于字面上形式固定和相同。这种形式服从内容的指导思想,无疑是正确的。试比较〔望尘莫及〕一词在新旧《辞源》中的不同书证,就很清楚这一点:

　　旧《辞源·南史》:"王琨为吴兴太守,欲召吴庆之为功曹。答曰:'走素无人世情,直以明府见接有礼,所以奔走岁时。若欲见吏,直是蓄鱼于树、栖鸟于泉耳。'不辞而退。琨追谢之,望尘不及矣。"

　　新《辞源·庄子·田子方》:"颜渊问于仲尼曰:'……夫子奔走绝尘,而回瞠若乎其后矣?'"

　　很明显,后者的书证并非成文定型,但确实包含有"望尘不及"的概念,当然是该词的本源。这个例子是颇具启发性的。

　　笔者所见,自然有限。但也发现《辞源》中某些语词的源头还应进一步上溯:有些是成文定型的书证;有些虽未定型,但的确含有该词的含义。(黄崇浩)

　　《辞源》是一部阅读古籍用的工具书,其编纂原则是在释义的基础上结合书证,溯源及流。这就需要一方面为释义提供出处尽可能早的书证,以探其源,一方面又要列出若干后代不同时期的例证,以索其流。原修订本《辞源》在这方面做了大量的工作,有许多义例皆精的条目。但是,它也存在不少不尽人意的地方,有些始用例并非是该词该义出现最早的书证,显示后来源流发展的例证也显得不够。

　　究其原因,是由于当时条件的限制,语料的搜集还不够全面和深入。所以,在《辞源》的再次修订中,充分地占有语料和有效地采集、整理语料,是实现"溯源及流"这个目标的必要前提。

　　1. 提供书证的文献范围要扩大,数量要增加。
　　2. 选取书证的方式技术要更新,效率要提高。

3. 标示书证的出处体例要统一,版本要一致。

再次修订《辞源》,应该重视解决这个问题。首先要对书证的出处做一番梳理,书同而名不同的要做到统一;版本不同的要进行核对、调整,使其一致。其次,对新增语料的出处要注意和已有书证的出处相衔接,不致造成新的分歧。

《辞源》是一部供查阅古汉语词语典故以及中国古代文物典章制度的工具书,这样的性质决定了它除了要注意吸收古汉语词汇的研究成果以外,还要注意吸收中国古代文化各个方面的研究成果,这对于《辞源》百科方面的辞目,特别是中国古代名物制度的辞目的修订,是很有用处的。

1. 注意收集学术界对《辞源》修订本的内容进行批评、质疑、考释等方面的文章,以及对其他辞书的内容进行批评、质疑、考释,而对《辞源》的修订具有参考价值的文章。2. 注意收集学术界对古代汉语某些具体词语作出考证、诠释的文章或著作。3. 注意收集学术界对中国古代文化进行研究的文章或著作。(史建桥)

二 书证商榷

一丁 0001

一个成年男子。唐白居易《长庆集》三《新丰折臂翁》诗:"无何天宝大征兵,户有三丁点一丁。"

谨案:中国古代称一个成年男子为一丁的时代可能很早,今考《宋书》卷六《孝武帝纪》(标点本118页)孝建三年五月条记:"夏五月辛酉,制荆、徐、兖、豫、雍、青、冀七州统内,家有马一匹者,蠲复一丁。"上《宋书》中的"一丁"即一个成年男子义。《宋书》所记为诏令,时间是孝建三年即公元456年。《辞源》所引白居易《长庆集》著作时代应在唐穆宗长庆年间即公元821年至824年。(李步嘉)

一字师 0008

于光远先生在《"一字师"和"半字师"》一文(《咬文嚼字》1996年第五辑)中,说"一字师"的最早发明者也许是唐朝李相,并指出《辞源》《辞海》《汉语大词典》(以下简称《汉大》)"三部词典都没有明确地说明'一字师'何人最早使用"。其实,除《辞海》外,它们都提到了"唐李相",《汉大》还把他作为第一(最早)书证举出。那么,为什么它们都没有明确指出"李相"是第一个发明"一字师"的人呢?笔者猜想,大概有两个原因:一是局限于已掌握的资料,不好说死,因而《汉大》采取了近似于先生"也许"的办法处理,把"李相"置于第一书证;其二,是尚未闹清"李相"到底是个怎么样的人物,所以《辞源》采用了一笔带过的手法处理,而《辞海》则干脆不提他了。

"李相"是不是第一个使用"一字师"的人呢?据已掌握的资料看,回答是肯定的。此公何许人也? 他姓李,名绅,而不是"相"。他就是和李德裕、元稹合称"三俊"的中唐著名诗人李绅(公元772年? —846年),就是脍炙人口的《悯农》诗"谁知盘中餐,粒粒皆辛苦"的作者。他是无锡人,唐宪宗元和初登进士第,文宗大和七年迁太子宾客、分司东都(洛阳),武宗会昌元年拜相(见新旧《唐书》本传)。《唐摭言·切磋》开头说的"大居守(留守京都的官职)李相(宰相)"就是他。"一字师"的雅事,大概就是产生在大居守(分司东都)的任所上的。

再看清陆以湉《冷庐杂识·一字师》所载:"李绅吏正叔孙婼之婼读为'敕昝反'之误。""李相"指的是"李绅",这是一个很好的佐证。

叔孙婼事,见《春秋·昭公七年》:"叔孙婼如齐莅盟。"陆德明释文:"敕略反。"《汉大》据《唐摭言》谓:"'婼'应读'敕略切',李误为'敕暑切'。"但据南唐何晦《摭言》和《冷庐杂识》载,则李误读为"敕昝切"。(黄椒)

一刀兩段(斷) 0011

清梁同书《直语补证》谓出《五灯会元》(南宋释普济所辑),沪版、江版《成语》引同。《辞源》引《朱子语类》。《汉语成语溯源》谓出《续传灯录》卷三(按:《续传灯录》为明释园极居顶编,北宋末年释惟白所辑之书称《建中靖国续灯录》,这里或指后者)。

按:更早的书例为北宋张载《张子语录·后录下》。(陈增杰)

一寸丹心 0011

出杜甫诗"丹心一寸灰"。字面相同例,《辞源》及沪版、江版《成语》均引南宋杨万里《新除广东常平之节感恩书怀》诗。

按:已见北宋王安石《蜡烛》诗:"一寸丹心如见用,便为灰烬亦无辞。"(《宋文鉴》卷二七)(陈增杰)

一枕黄粱 0013

清袁枚《小仓山房诗集·三七·梦》:"古今最是梦难留,一枕黄粱醒即休。"详"黄粱梦"。

按:此语之源放在"黄粱梦"条下交代,故这里从省,只剩下例证的问题。语源出自唐人(沈既济《枕中记》),例证取清代中叶袁枚的诗作,实在太晚了。这个成语宋代已是数见不鲜了。例如:

(1) 回头万事何有,一枕梦黄粱。(李光:水调歌头·罢政东归十八日晚抵西兴;全宋词;787下栏)

(2) 麟阁功名身外事,墙阴不驻流光促。更休论、一枕梦中惊,黄粱熟。(毛开:满江红·怀家山作;全宋词,1365上栏)

(3) 二十年前,黄州竹楼,共醼好春。记淮堧江表,群贤毕集,清明上巳,二美相并。一枕黄粱,满头白发,屈指旧游能几人。(李曾伯:沁园春·送乔宾王;全宋词,2822下栏)仅从《全宋词》中就拈得三个例证,最后一例且是四字成文者。(毅夫)

一挥而成 0014

也作"一挥而就",引《警世通言·俞仲举题诗遇上皇》。早见于《三国演义》七十一回:"文不加点,一挥而就"。(李一华)

一视同仁 0014

引唐代韩愈《昌黎集·十一·原人》:"是故圣人一视而同仁",又《元曲选(萧德祥〈杀狗劝夫〉一)》。字面相同早见于宋代朱熹《朱子语类·卷二十·论语(有子曰其为人也孝弟章)》:"虽贵乎一视同仁,然不自亲始也不得。"(李一华)

一朝权在手 0016

引《中兴闲气集·上·朱湾〈奉使设宴戏掷龙筹〉诗》:"一朝权入手",又明代顾大典《青衫记·承璀授阃》。字面相同而早于《青衫记》见宋代陈元靓《事林广记·卷九·警世格言》:"一朝权在手,堪作令行人。"(李一华)

七林 0021

书名。晋傅玄撰。集《七发》一类作品而加以品评。见《太平御览》五九〇《七辞》。

谨案:检《太平御览》卷五九〇《七辞门》载挚虞《文章流别论》,末曰:"傅子集古今七篇而论品之,署曰《七林》。"此当为《辞源》之所本。考《艺文类聚》卷五七《杂文部·七门》(上海古籍出版社点校本)亦载挚虞《文章流别论》,其文与《太平御览》所引略同。末云:"傅子集古今七而论品之,署曰《七林》。"按《艺文类聚》编于唐初,《太平御览》成书于北宋太平兴国年间,《辞源》当引《艺文类聚》为妥。(李步嘉)

不然 0070

其第一义,选用了《荀子·性恶》中的"孟子曰'人之性善。曰:'是不然。'"而《诗经·大雅·板》里已有:"出话不然,为犹不远"。可见"不然"一词出在《荀子》以前,且意义与《辞源》"不然"条的第一义相同。(王建国)

不共戴天 0075

出《礼记·曲礼上》"父之仇,弗共与戴天"。字面相同例,《辞源》引南宋李心传《建炎以来系年要录》。《常用成语探源》文谓:"稍早于李心传的有《朱子语类》卷五五'如不共戴天之仇'。"按:已见苏轼《代侯公说项羽辞》:"且号为举大义,除残贼,拯万民,终之有不共戴天之仇,何面目以视天下。"(《苏东坡集》续集卷九)(陈增杰)

不谋而同 0076

事前没有商量,彼此意见或行动相同。宋苏轼《东坡集》二十四《居士集序》:"士无贤不肖,不谋而同曰:'欧阳子,今之韩愈也。'"

按:此条书证晚出,溯未及源。田忠侠的《〈辞源〉考订》一书中已指出其"语源书证过迟",且引《文选·晋·刘越石(琨)〈劝进表〉》。较《辞源》所引书证《东坡集》把"书证时代提前了七百六十余年"。据我所见,尚有早于刘琨作品的书证。《三国志·魏书·张既传》裴松之注引《魏略》:"(阎)行谏(文)约,不欲令与超合。约谓行曰:'今诸将不谋而同,似有天数。'"

鱼豢仕魏至郎中,他的《魏略》记事止于魏明帝(227—239年)朝,那么,他生活的时代比刘琨(270—319年)早四五十年。据此,"不谋而同"一词的语源书证还可以至少再提前近半个世纪。(董德志)

世上無難事 0080

引明代马佶人《荷花荡》传奇下十:"正是世间无难事,只怕有心人",又《西游记》二回。早见于宋代陈元靓《事林广记·卷九·警世格言》:"世上无难事,人心自不坚",又元代关汉卿《绯衣梦》四:"常言道:世上无难事,厨中有热人。"(李一华)

中正 0084

第二义,选用的例句是《离骚》和《管子·五辅》中的。《管子》是后人伪托之作;而《易·乾文言》早就有"刚健中正,纯粹精也"的话,其中已有"中正"一词。(鲜于煌)

乞漿得酒 0115

引宋代曾慥《类说》卷三十五引《意林》及李石《续博物志》卷一。早见于唐代张文成《游仙窟》:"乞浆得酒,旧来神口,打兔得麞,非意所望"。(李一华)

五老 0131

《辞源》:"五老:神话传说中的五星之精。《竹书纪年·陶唐氏》:'择良日,率舜等升首山,遵河渚,有五老游焉,盖五星之精也。'《文选》南朝梁任彦升(昉)《宣德皇后令》:'五老游河,飞星入昂。'"《辞源》认为"五老"一词,源出《竹书纪年·陶唐氏》。但检索和考证《竹书纪年·陶唐氏》,发现《辞源》所引"择良日,率舜等升首山。遵河渚,有五老游焉,盖五星之精也",并非原文,乃后人所释之注文。其文出自沈约的《宋书·符瑞志》,见《宋书·志·符瑞上》:"归功于舜,将以天下禅之,乃洁斋修坛场于河、洛,择良日,率舜等升首山,遵河渚。有五老游焉,盖五星之精也。"查《聚学斋丛书》第三集,张宗泰校补《竹书纪年》"帝尧陶唐氏"原文为:"五十年,帝游于首山,乘素车元驹。"无《辞源》所引之文。又查《四库全书》本《竹书纪年》,其提要曰:"所注唯五帝三王最详,他皆寥寥,而五帝三王皆全抄《宋书·符瑞志》语。(沈)约不应既著于史,又不易一字移而为本书之注。然则此注亦依托耳。自明以来,流传已久,姑录之以备一说。其伪则终不可掩也。"

我们在《四库全书》本《竹书纪年》中,查到了《辞源》所引之文字。又查《丛书集成》本《竹书纪年》,洪颐煊《校正竹书纪年序》曰:"今本《纪年》注中有明见于《宋书·符瑞志》者则削之,其可信者存之。"我们查阅《丛书集成》本《竹书纪年》,《辞源》所引之文又被删掉了。

以上三种版本的《竹书纪年》,明确告诉我们《辞源》所引之文,并非《竹书纪年》之原文,而是沈约注释时补入的注文。沈约和任昉(彦升)都生活在齐、梁两朝,《宋书·符瑞志》和《宣德皇后令》到底哪一个成文在先呢?我们也应该考证清楚。

沈约在永明六年(488)二月完成《宋书》的《纪》《传》部分，上奏书说："所撰诸志，须成续上。"可知《宋书》八志是永明六年后成书。又据《宋书》的《符瑞志》改"鸾"鸟为"神"鸟，是避齐明帝萧鸾之讳；《律历志》改"顺"为"从"，是避梁武帝父亲萧顺之之讳；《乐志》改"邹衍"为"邹羡"，是避梁武帝萧衍之讳。可知，八志成书在梁武帝继帝位之后。任昉的《宣德皇后令》是撰写于萧衍称帝之前。宣德皇后是南齐世宗萧长懋的妻子，她用皇后令劝萧衍接受齐和帝萧宝融的封赏，由梁公、相国、加九锡，再进封梁王，肯定是在萧衍称帝之前。所以，《宋书·符瑞志》成文在后，《辞源》之引源不确。（丁治民）

五香 0135

《辞源》释云："青木香之别名。也作五木香。《政和证类本草》六《木香》引《图经》：'又古方主痈疽五香汤中亦使青木香，青木香名为五香，信然矣。'"

按：《本草纲目》及《三洞珠囊》并云："五香者，即青木香也，一株五根，一茎五枝，一枝五叶，叶间五节，故名五香。"又五香别名五木。明张岱《夜航船》及《珠囊隐诀》并云："正月一日取五木煎汤以浴，令人至老发黑。"《岁华纪丽》："四月八日八字之佛爱来五香之水乃浴。"（马振亚　王惠莲）

人镜 0160

书证为《后汉书》十六《寇恂传》、唐元稹《长庆集》四五《崔郾授谏议大夫制》。当代之以《书·酒诰》："古人有言曰：'人无于水监，当于民监。'"注："监与鉴通。"《国语·吴》："申胥（伍子胥）进谏曰：'……王其盍亦鉴于人，无鉴于水？'"注："鉴，镜也。"《墨子·非攻》中："古者有语曰：'君子不镜于水，而镜于人。镜于水，见面之容；镜于人，则知吉与凶。'"（黄崇浩）

以讹传讹 0167

引《红楼梦》五十一回。从语源可引宋代王柏《鲁斋集·卷六·默成定武兰亭记》："讹以传讹，仅同儿戏，每窃哂之"。（李一华）

你死我活 0193

引《元曲选·缺名〈度柳翠〉一》及《水浒》四十九回。早见于《五灯会元·卷五十六·台州国清简堂行机禅师》："大海只将折箸搅，你死我活。"（李一华）

作息 0195

注云："工作和休息。"（下首引唐白居易诗，略）

按：白诗不当首见。《玉台新咏·古诗为焦仲卿妻作》云："昼夜勤作息，伶俜萦苦辛。"本诗作者失名，故写作时代不可确考。但他写东汉末建安年间事，又被南朝人徐陵收进《玉台新咏》，至少是六朝人所作，比白诗要早大几百年（还过这里的"作息"用法稍异，为偏义复词，有作无息）。（熊飞）

依人 0201

按：新版引唐李建勋《白雁》诗"幽独依人切"，又引《旧唐书·长孙无忌传》"譬如飞鸟依人，"作为书证。《辞源》以"源"名书，《出版说明》中也说"结合书证，重在溯源"。既然如此，那么，引书就宜尽量搜求始见例或较早的例句借以指明词语的来源。即如"依人"，《说文》四上佳部"雀"下的说解就有"依人小鸟也"的话。《说文》是编词典必须参考的主要字书，成书时代又远较李建勋诗和《旧唐书》为早，舍此取彼，岂非失之眉睫之前？"依人小鸟"已成成语，后来习用，也应收入。（张涤华）

依草附木 0202

引《全唐诗·五代王周〈巫庙诗〉》："依草与附木"，又《建中靖国续灯录·十九·广鉴禅师》。字面相同早见于《景德传灯录·卷二十五·天台山德韶国师》，"如此见解，唤作依草附木。"（李一华）

停刑 0235

停止执行刑罚。《晋书·刘聪妻刘氏传》："娥时在后堂。私敕左右停刑。"明、清两代，每于庆典节礼日及其他一定时间，有停刑的规定。

按"停刑"一词，可能始见于《晋书》。但停刑的规定，却是肇自上古，历代沿用，不得只言"明、清两代"。《左传》襄公二十六年："赏以春夏，刑以秋冬。"《礼记·月令》："仲春之月，去桎梏，毋肆掠。"注："肆，谓死刑暴尸也。掠，谓搒治人。"《后汉书·章帝纪》元和二年："律，十二月立春，不以报囚。《月令》冬至之后，有顺阳助生之义，而无鞫狱断刑之政。朕咨访儒雅，稽之典籍，以为王者生杀，宜顺时气。其定律，无以十一月、十二月报囚（按：即处决犯人）。"《唐律疏议》卷二十九："依《狱官令》，从立春至秋分，不得奏决死刑，违者徒一年。"并且还规定："若于断屠月，谓正月、五月、九月，及禁杀日，谓每月十直日（月一日、八日、十四日、十五日、十八日、二十三日、二十四日、二十八日、二十九日、三十日），于此月日，亦不得决死刑。"宋代除了沿用唐代的规定外，还规定：每逢皇帝生日也要停刑，见《宋史·刑法志》。以上事实说明，停刑的规定，绝非限于"明、清两代"。实际上，明、清两代的规定，倒是承袭了前代的做法。（吕友仁）

先憂後樂 0280

引宋代范仲淹《范文正公集·七·岳阳楼记》："先天下之忧而忧，后天下之乐而乐乎！"又《宋史·范仲淹传论》。字面相同早于《宋史》见宋代王十朋《梅溪后集·卷十五·读岳阳楼记》诗："先忧后乐范文正，此志此言高孟轲"。（李一华）

入道 0285

当道士。五代王定保《唐摭言》八《入道》："蒋曙，中和初，……因应天令节，表请入道，从之。"

案：出家当道士称"入道"，六朝已有用例。《洛阳伽蓝记·城南高阳王寺》："及雍薨后，诸妓悉令入道，或有嫁者。"《资治通鉴》载，梁简文帝大宝二年，侯景"以太子妃赐郭元建，元建曰：'岂有皇太子妃乃为人妾乎！竟不与相见，使听入道'"。又，唐玄宗《送贺知章》："遗荣期入道，辞老竟抽簪。"诸例都比《唐摭言》要早。（毛远明）

出言成章 0336

也作"出口成章"，引《警世通言·王安石三难苏学士》。早见于元代马致远《青衫泪》四："爱他那走笔题诗，出口成章。"（李一华）

分携 0342

离别。引宋王之道诗及吴文英词。

按，此词唐诗已习见。唐李频《岐山下逢陕下故人》诗："三秦一会面，二陕久分携。"（王锳）

利 0348

《辞源》最早的义项为锋利，引自《孟子·公孙丑下》："兵革非不坚利也。"作为最早意义，其实非也。《周易·蹇彖辞》有云："利西南，不利东北。"传曰：利西南，往得中也。由此可知，《辞源》所找的义项并非最早。引文亦非源头。（王立）

剩水残山 0364

引《元诗选·陈樵〈鹿皮子集·陈氏山林春日杂兴〉》。早见于宋代辛弃疾《稼轩词·贺新郎》："剩水残山无态度，被疏梅、料理成风月。"（李一华）

剑拔弩张 0367

引南朝（梁）袁昂《古今书评》。从语源可引《汉书·王莽传下》："省中相惊传，勒兵至郎署，皆拔刃张弩。"（李一华）

勃逆 0376

就是悖逆。

《辞源》引唐窦忻《刘元尚墓志》："北庭使刘渔躬行勃逆，委公斩之。"（见《金石萃编》九十）

按：《说文通训定声》："勃，假借为悖。《庄子·外物》'妇姑勃溪'，司马注：'反戾也。'"《礼记·月令》"毋悖于时"注："悖，犹乱也。"则勃、逆同义，组成复音词，意谓犯上作乱。《杂宝藏经》卷九不孝子受苦报缘："昔迦默国鸠陀扇村中，有一老母，唯有一子，其子勃逆，不修仁孝。"可证六朝已见用例。而其正式"悖逆"则早见于先秦典籍，文繁不录。（颜洽茂）

勇冠三军 0377

引汉代李陵《答苏武书》："义勇冠三军"，又梁代丘迟《与陈伯之书》。早于丘迟书的见《三国志·魏志·荀彧传》："颜良文丑勇冠三军，统其兵，殆难克乎"。（李一华）

胜 0381

胜过，超过。唐杜甫《杜工部草堂诗笺》十一《北征》："平生所娇儿，颜色白胜雪。"

案："胜"的这一义项先秦就有用例。《尚书·五子之歌》："予视天下愚夫愚妇，一能胜予。"《论

语·雍也》："质胜文则野，文胜质则史。"这个意义后代一直沿用，《辞源》用例过晚。（毛远明）

势均力敌 0382

引《宋史·苏辙传》："及势钧力敌，则倾陷安石，甚于仇雠。"字面相同而早于《宋史》见宋代朱熹《朱子语类·卷四十七·论语（公山弗扰章）》："只是当时六国如此强盛，各自抬举得个身已如此大了，势均力敌。"（李一华）

化 0388

《辞源》引源自《庄子·逍遥游》："北冥有鱼，其名为鲲……化而为鸟，其名为鹏。"《老子》："我无为而民自化。"

在《周易·系辞传》中有云："化而裁之谓之变，化而载之存乎变。"释文曰：裁，本又作财。崔憬曰：陈阴阳变化之事而裁成之。裁亦载也。化而载之，犹言化而成之。

由此看出，《辞源》引源非源。（王立）

匹夫 0395

义项㈠书证为《韩非子·有度》，义项㈡书证为《孟子·梁惠王下》。当以以下三证代之：㈠《左传·桓公十年》："匹夫无罪，怀璧其罪。"《国语·晋》四："国君而雠匹夫，惧者众矣。"㈡《国语·越》上："吾不欲匹夫之勇也，欲其旅进旅退，进则思赏，退则思刑。"（黄崇浩）

千了百当 0409

《辞海》无例，《辞源》引《朱子语类》；实已见北宋张载《张子语录·后录下》："圣人发愤忘食，乐以忘忧。发愤便忘食，乐便忘忧，直是一刀两段，千了百当。"（陈增杰）

千軍萬馬 0410

《辞源》、沪版《成语》引《南史·陈庆之传》"千兵万马避白袍"，字面相同例引元郑廷玉《楚昭公》二。

按：已见唐赵元一《奉天录》卷四："流血积尸之地，宁分父母之容；千军万马之下，孰察妻孥之状。"（丛书集成本 32 页）（陈增杰）

千紅万紫 0410

引元代赵文《青山集·八·意行》诗。早见于宋代辛弃疾《稼轩词·水龙吟》："人间得意，千红万紫，转头春尽。"（李一华）

升遐 0412

㈠称帝王的死。《三国志·蜀先主传·章武三年》："今月二十四日奄忽升遐，臣妾号啕，若丧考妣。"

按：《吕氏春秋·本味》："常山之北，投渊之上，有百果焉，群帝所食。"汉高诱注："群帝，众帝先升遐者。"（艾荫范）

半夜三更 0415

引清代李玉《清忠谱·上·就逮》。早见于金代董解元《西厢》卷四："半夜三更不知是甚人特来到？"（李一华）

南腔北調 0427

《辞源》引清代赵翼《檐曝杂记一·庆典》："每数十步间一戏台，南腔北调，备四方之乐。"定型式早见于明代徐渭《徐渭集·补编·青藤书屋图》："几间东倒西歪屋，一个南腔北调人。"（李功成）

吉人天相 0473

引元代方回《桐江续集·二一·老而健贫而诗自志其喜》诗"释怨恩须报，天终相吉人"，又明代杨珽《龙膏记·开阁》。字面相同早于《龙膏记》见《元曲选·无名氏〈桃花女〉一》："你只管依着他做去，吉人天相，到后日我同女孩儿来贺你也。"（李一华）

同室操戈 0477

《辞源》引清代江藩《宋学渊源记·序》："为宋学者，不第攻汉儒而已也，抑且同室操戈矣。"定型式可上溯至清初孔尚任《桃花扇·第十八出争位》："一个个眼睁睁同室操戈盾，一个个怒冲冲平地起波涛。"（李功成）

同日而語 0477

证引《汉书》四五《息夫躬传》。注："又作'同年而语'。"证引北齐颜之推《颜氏家训·勉学》。当上溯。《战国策·赵》二："苏秦从燕之赵，始合纵，说赵王曰：'……夫破人与破于人也，臣人与臣于人也，岂可同日而言之哉！'"贾谊《新书·过秦》："试使山东之国，与陈涉度长絜大，比权量力，则不可同年而语矣。"（黄崇浩）

吃 0478

第三义项："表示被动，如同被。"举《京本通俗小说·碾玉观音》一例。

按，照过去的说法，《京本通俗小说》系宋代话本集，然近年来海内外学术界已对《京本通俗小说》的版本问题提出重大怀疑，有些学者认为这是一部伪书。因此，出自该书的句例能否真实地反映宋代语言，还有待进一步证明。但是"吃"用如"被"，早在变文中已有用例，如：

黄羊野马揿枪拨，鹿鹿从头吃箭川（穿）。（《敦煌变文集》卷一《王昭君变文》，101页，人民文学出版社1957年版，下同）"吃箭穿"意即被射穿。（袁宾）

名正言順 0483

引《论语·子路》："名不正则言不顺，言不顺则事不成"，又《三国演义》七十三回。字面相同早于《三国演义》见元代郑德辉《倩女离魂》二："待小生得官回来，谐两姓之好，却不名正言顺"。（李一华）

各得其所 0483

引《周易·系辞下》，又释义，"后指都得到适当的安置"，引《汉书·东方朔传》："是以四

海之内元元之民各得其所"。按:此义项更早用于《战国策·秦策三》:"万物各得其所"。(李一华)

吹毛求疵 0493

引《韩非子·大体》:"不吹毛而求小疵",字面相同引《汉书·中山靖王传》。早于《汉书》的有西汉王褒《四子讲德论》:"吹毛求疵,并施螫毒,百姓征彸,无所措其手足"。(李一华)

含沙射影 0496

江版《成语》引晋干宝《搜神记》卷十二"其名曰蜮,一曰短狐,能含沙射人",及南朝宋鲍照《苦热行》"含沙射流影"。沪版《成语》引鲍照诗及白居易《读史》诗"含沙射人影"。《辞源》亦引白居易诗。

按:与词目字面相近之例,可引欧阳修《扬州谢上表》:"矧利口之中人,譬含沙之射影。"(《欧阳文忠公集》四六集卷一)又,《春秋·庄公十八年》"秋,有蜮"晋杜预注:"蜮,短狐也,盖以含沙射人为灾。"(上海人民版《春秋左传集解》第 169 页)杜预,西晋人。这条材料比东晋干宝的《搜神记》要早。(陈增杰)

含笑入地 0496

引《旧唐书·温大雅传》。早见于《后汉书·韩昭传》:"长活沟壑之人而以此伏罪,含笑入地矣"。(李一华)

唯吾獨尊 0528

引《五灯会元·十七·佛释迦牟尼》:"天上天下,唯吾独尊"。早见于唐代《敦煌变文集·卷四·太子成道经一卷》:"天上天下,唯我独尊。"(李一华)

丧心病狂 0532

《辞海·语词分册》、沪版《成语》《辞源》均引元赫脱等撰的《宋史·范如圭传》。

按:朱熹《直秘阁赠朝议大夫范公神道碑》:"公(指秦桧)不丧心,不病狂,奈何一旦至此,若不改图,必且遗臭万世矣。"(《朱文公文集》卷八九)实为《宋史》所本。(陈增杰)

喫虧 0539

释文引陆游《夏日》诗和孔尚任《桃花扇·守楼》为书证,均嫌晚。考杜牧《隋苑》:"却笑喫亏隋炀帝,破家亡国为谁人?"已有"喫亏"一语。牧之此诗,又见李商隐集,题作《定子》,"却笑"句作"喫虚",然注云"一作喫亏。"(张涤华)

嘎 0547

㊀语尾助词。《红楼梦》一〇四回:"宝玉道:'就是他死,也该叫我见见,说个明白,他死了也不抱怨我嘎!'"

按:"嘎"就是"什么",是个疑问代词,在这里表示任指,而不是"语尾助词"。该词在聊斋俚曲中经常使用,意义与此例相同。如:"他师傅令着范梏到了那里,也没说嘎,就出来了。"(《翻魇殃》七)又如:"万岁呼嗄就是嗄,两贴赢了六钱银。"(《增补幸云曲》六[耍孩儿])另外,从书证的时间来看,也以选用聊斋俚曲为宜。(董绍克)

喷嚏 0548

注云:"鼻受刺激,急剧发气作声。"

按:此例不当首见,《因话录》卷四"角部之次谐戏附"云:"上又与诸王会食,宁王对御坐喷一口饭,直及龙颜。上曰:'宁哥何故错喉?'幡绰曰:'此非错喉,是喷嚏。'"此事又见《谐噱录》,文全同,仅"上"作"玄宗"。二例皆出自唐人著述,较宋洪迈为早。(熊飞)

團結 0580

《注》首引司马光《资治通鉴》及《涑水纪闻》例。

按:《旧唐书·睿宗纪》云:"(先天)二年,春正月,敕江北诸州团结兵马,皆令本州刺史押掌。"关于"团结"一词,《旧唐书》屡屡可见。(熊飞)

坐以待斃 0597

引清代朱佐朝《后渔家乐传奇二》。从语源可引南朝(宋)刘义庆《世说新语·方正》:"君性亮直,必不容于寇雠。何不用随时之宜,而坐待其弊邪?"又《资治通鉴·卷二八八·后汉隐帝乾祐二年》:"若以此时翻然改图,朝廷必喜,自可不失富贵,孰与坐而待毙乎!"(李一华)

坐山觀虎鬪 0597

引《红楼梦》十六回:"坐山看虎斗。"从语源可引《战国策·秦策二》:"今两虎净(争)人而斗,小者必死,大者必伤。子待伤虎而刺之,则是一举而兼两虎也"。(李一华)

坐懷不亂 0597

释文为:"传说春秋时鲁国柳下惠夜宿郭门,遇到一个没有住处的女子,怕她受冻,抱住她,用衣裹住,坐了一夜,没有发生非礼行为。见《荀子·大略》。"查《荀子·大略》只有"柳下惠与后门者同衣而不见疑,非一日之闻也"的记载。这"后门者"是不是"没有住处的女子","同衣"是不是指"抱住她,用衣裹住",都是令人怀疑的。杨倞注曰:"后门者,君之守后门,至贱者。子夏言'昔柳下惠衣之敝恶与后门者同,时人尚无疑怪者。'言安於贫贱,浑迹而人不知也。"

按:杨注,《辞源》的说法则全然出自于想象。从《荀子》文前后看,杨注是不误的,因为其前是:"子夏贫,衣若悬鹑。人曰:'子何不仕?'曰:'诸侯之骄我者,吾不为臣;大夫之骄我者,吾不复见。'"紧接着即言柳下惠此事,所以卢文弨注以为"与后门者同衣","盖即《毛诗·巷伯篇》故训传所云'妪不逮门之女,而国人不称其乱'也"的说法,郝懿行认为是"似失之"的,因为柳下惠妪不逮门之女事与荀文前后不接。

查"坐怀不乱"用例几乎都在明代以后,明以前没有发现一例言"坐怀不乱"的。所以笔者认为此成语的形成或与陶宗仪的《南村辍耕录》有关。在该书卷四"不乱附妾"条载:"柳下惠夜宿郭门,有女子来同宿,恐其冻死,坐之于怀,至晓不为乱。"陶宗仪此说所本或为《诗·小雅·巷伯》毛传的"柳下惠妪不逮门之女"。所以引源当引《诗·小雅·巷伯》毛传,再附以陶宗仪的构制,这样才较确当。(王光汉　万卉)

大漢 0673

义项㊂"身材高大的人",书证引宋岳珂《桯史》、元杨瑀《山居清话》,也都嫌晚。杜荀鹤《友人赠舍弟依韵戏和》诗:"不觉裹头成大汉,昨来竹马作童儿。"则唐时已有此称。(张涤华)

奉命 0717

接受使命。《三国志·蜀·诸葛亮传》:"亮曰:事急矣,请奉命求救于孙将军。"谨案:考《史记》卷九一《黥布列传》(标点本 2601 页)记随何进劝说黥布反楚归汉,末云:"故汉王敬使使臣进愚计,愿大王之留意也。"淮南王(黥布)曰:"请奉命。"《汉书》卷三四《韩彭英虞吴传》(标点本 1884 页)所记同。(李步嘉)

好 0734

第五义项:"甚,很"。举《红楼梦》一例。

按,所举书证时代太晚。"好"作甚词用,宋、金、元、明著作中皆有大量用例(详拙作《近代汉语"好不"考》,载《中国语文》1984 年第 3 期),而敦煌文学作品中的一例可能是最早的用例之一:

者汉大痴,好不自知,恰见宽纵,苟徒过时。(《敦煌变文集》卷三《燕子赋》,250 页)

"好不"意即"甚不,很不"。(袁宾)

好好先生 0735

不分是非,到处讨好,但求相安无事的人。引《儒林外史》第六回。

按,此词元曲已见,且当时并不一定含贬义。《曲江池》第三折:"哎,怎不叫你元和猛惊,那里是虔婆到也,分明子弟灾星。这一场唱叫无干净,死去波好好先生!"此系正旦李亚仙唱词,玩其文意,不过说郑元和乃一忠厚老实的软弱书生而已。关于此词由来,清翟灏《通俗编》卷十一《好好先生》引《谭概》云:"后汉司马徽不谈人短,与人语,美恶皆言好。有人问徽安否,答曰好。有人自陈子死,答曰大好。妻责之曰:'人以君有德,故此相告,何闻人子死反亦言好?'徽曰:'如卿之言,亦大好。'今人称好好先生本此。"其后作者翟灏并加按云:"《后汉书》本传云'佳',此易为'好',非典则。然俗语实由此也。"翟灏此说是有道理的,意义相合仅字面不同者,可以看作语源。参见刘洁修《成语》第二章(商务印书馆 1985 年版)。(王锳)

好逸恶勞 0735

证引《后汉书》八二下《郭玉传》。当上溯至《韩非子·心度》:"夫民之性,恶劳而乐佚。"佚,同逸。(黄崇浩)

如法炮製 0737

引清代文康《儿女英雄传》第五回。早见于宋代晓莹《罗湖野录·卷四·庐山慧日雅禅师》:"若克依此书,明药之体性,又须解如法炮制。"(李一华)

如雷贯耳 0737

引《水浒》六十二回。早见于元代郑廷玉《楚昭公》四:"久闻元帅大名,如雷贯耳。"(李一华)

威信 0749

证引《汉书》八三《薛宣传》。当上溯。《荀子·儒效》:"故君子不爵而贵,无禄而富;不言而信,不怒而威。"《礼表记》:"君子隐而显,不矜而庄,不厉而威,不言而信。"《韩诗外传》卷四:"达乎民心,知刑敬之本,则不怒而威,不言而信。"《礼祭义》《淮南子》内篇《泰族》亦有可证者。(黄崇浩)

威胁 0749

证引《史记》八六《荆轲传》。

按:司马迁写《荆轲传》,几乎是一字不易地照录《战国策·燕》三的有关部分,自然也包括了该词条所征引的书证文字。故书证当以《战国策·燕》三为妥。(黄崇浩)

娅姹 0759

注云:"(一)明媚、美丽的样子。唐黄滔《黄御史公集》二《赠郑明府诗》:垂柳五株春娅姹,鸣琴一弄水潺湲。'(二)象声词。

按:黄诗不当首见。张文成《游仙窟》云:"余遂止之曰:'既有好意,何须却人?'然后逶迤回面,娅姹向人。"此"娅姹",非象声词,当是作"明媚、美丽的样子"讲的。"娅姹向人",意即为女主人把自己美丽的容颜转过来对着人(指男主人公等)。黄滔、查谭正壁先生《中国文学家大辞典》,知其生活的年代约在唐昭宗光化(公元898—901)末前后,而张文成卒于开元二十八年(公元740),比黄海早一百多年,此注引例似应改换《游仙窟》例。(熊飞)

子胤 0774

《辞源》引《仪礼》丧服篇"夫妻伴合也"唐孔颖达疏:"《郊特性》云:'天地合而后万物兴焉。'是夫妇半合,子胤生焉,是半合为一体也。"

按:《说文》:"胤,子孙相承续也。""子胤"就是子息,六朝已成词。《杂宝藏经》卷七罗汉祇夜多驱恶龙入海缘:"祇夜多……尔时求欲出家,父母不听,而语子言:'我家业事重,汝若出家,谁继后嗣?吾当为汝取妇,产一子胤,听汝出家。'"文意极明,毋需辞费。(颜洽茂)

孝子 0783

引用了《诗经·魏风·陟岵序》中的"陟岵,孝子行役思念父母也。"其实,《诗经·大雅·既醉》里就已有"威仪孔时,君子有孝子。孝子不匮,永锡尔类。"之语。(王建国)

孤注一掷 0790

引《晋书·何无忌传》:"刘毅家无儋石之储,樗蒲一掷百万",及《元史·伯颜传》:"我宋天下,犹赌博孤注,输赢在此一掷尔。"早于《元史》而字面相同例见宋代辛弃疾《九议》:"于是乎'为国生事'之说起焉,'孤注一掷'之喻出焉"。(李一华)

孤兒寡婦 0790

引《后汉书》及《晋书·石勒载记下》。从语源可引战国（楚）宋玉《高唐赋》："孤子寡妇,寒心酸鼻。"（李一华）

安居樂業 0808

《辞源》引自《汉书·货殖传》："各安其居而乐其土,甘其食而美其服。"在《老子》一书中第八十章有这样的话："使人复结绳而用之,甘其食,美其服,安其居,乐其俗,……"不过,不同的版本也不一样,有的作"安其俗,乐其业",有的则作"乐其俗,安其居"。但不管怎样,其结构、意义与《汉书》中的记载一样,源头却早了许多。而作为完整的成语样式,有文可据的应是《后汉书·仲长统传》："安居乐业,长养子孙,天下晏然,皆归心于我矣",可以看出《辞源》引源有误。（王立）

家火 0837

指日用器物。同"傢伙"。《水浒》二八："武松把那璇酒来一饮而尽,把肉和面都吃尽了。那人收拾家火回去了。"也作"家伙"。清李玉《人兽·关豪逐》："家中一些家伙也没有,倒也干净得紧。"

按：尽管"家火""家伙""傢伙"三者实为一词,但《辞源》还是分别举出了书证。从"家火"二字举《水浒》"家伙"二字举李玉《人兽关·豪逐》、"傢伙"二字举《儒林外史》来看,其书证似有按字源排先后的意思。即使如此,"家伙"二字的书证仍有可商之处。聊斋俚曲中"家伙"的写法已经出现。如："子正说：'这是套言了。小弟还有几件家伙不曾收拾,就此告别。'"（《襄妒咒》三）同样从源上考虑,"家伙"二字用此书证更为合适。（董绍克）

宵衣旰食 0841

引《旧唐书·刘蕡传（太和二年对策）》。早见于唐太宗李世民《命皇太子监国诏》："宵衣旰食,忧六宫之未安；寒心销志,惧一物之失所。"（李一华）

寸步難移 0867

引清代李玉《清忠谱·戮义》。早见于唐代《敦煌变文集·卷五·维摩诘经讲经文》："吾缘染患,寸步难移"。（李一华）

尊老 0877

按：义㈠"对父母的敬称"第一条书证来自《南史》。这个词在汉末已出现,应劭《风俗通·穷通》："家上有尊老,下有弱小。"（赵恩柱）

少室 0893

山名,在河南登封县北,嵩山西。东太室,西少室,相距七十里,总名嵩山。因山有石室得名。参阅戴祚《西征记》（《说郛》）《嘉庆一统志》二零五《河南府》一《嵩山》。

谨按：《辞源》释少室之山,书证用戴祚《西征记》及清《一统志》。按《汉书》卷六《武帝纪》（标点本 190 页）："其令祠官加增太室祠",句下颜师古引韦昭曰："嵩高山有太室,少室之山,山有石室，故以名云。"《史记》卷一一《孝武本纪》（标点本474页）："礼登中岳太室"句下《集解》引韦昭注略同。又《史记会注考证》卷二八《封禅书》（上海古籍出版社影印本799页）"命曰嵩高邑"，句下《正义》引韦昭注："嵩高有太室，嵩高，总名也。"韦昭为三国吴人，《三国志》卷六五有传。戴祚为西晋人，韦昭在前，戴祚在后，韦、戴释嵩高、少室、太室其义略同。（李步嘉）

尺短寸长 0903

语出《楚辞·卜居》"尺有所短，寸有所长。"字面相同例，《辞源》引宋卫宗武诗。

按：卫宗武，南宋末年人。用例早见苏轼《定州到任谢执政启》："尺短寸长，今以乏人而授。"（《苏东坡集》后集卷十四）（陈增杰）

展样 0911

《辞源》：气度恢宏。《红楼梦》六七："难为宝姑娘这么年轻的人，想的这么周到，真是大户人家的姑娘，又展样，又大方，怎么叫人不敬奉呢？"

按：聊斋俚曲里已有"展样"一词，如："反转星星人四个，按上一张镢头床，破矮桌安上也不展样。"（《翻魇殃》十一[耍孩儿]）既称"辞源"，用此书证更为合适。（董绍克）

山高水长 0925

《辞源》作：喻人品节操高洁，影响深远。所引为宋范仲淹《范文正公集》七《桐庐郡严先生祠堂记》："云山苍苍，江水泱泱，先生之风，山高水长。"由于没有释出本义，所以也没有引出更早的唐刘禹锡的《望赋》："龙门不见兮，云雾苍苍，乔木何许兮，山高水长。"这个引例的"山高水长"没有人品节操高洁的意思，而是山川阻隔之义。应该将[山高水长]分作两个释义，本义在前，喻义在后，分别加以引源：本义引《望赋》；喻义引《范文正公集》。这似是《辞源》的失误。（王立）

幽閉 1001

①"囚禁"，《辞海》引《旧唐书·李光弼传》，《辞源》引《三国志·蜀志·秦宓传》；实已见汉蔡邕《琴操·拘幽操》："无辜桎梏，谁所宜兮；幽闭牢阱，由其言兮。"（陈增杰）

吊死问疾 1042

书证为《淮南子·修务》和《史记》六六《伍子胥传》。当上溯至《国语》。《吴》：（越）王曰："越国之中，死者吾葬之；老其老，慈其幼，长其孤，问其病：求欲报吴。"又，《越》上："（越王）于是葬死者，问伤者，养生者；吊有忧，贺有喜；送往者，迎来者……"汉晁错《论贵粟疏》："今农夫五口之家，其服役者不下二人，其能耕者不过百亩，百亩之收不过百石。……又私自送往迎来，吊死问疾，养孤长幼在其中。"《韩诗外传》卷三："（商）汤乃斋戒静处，夙兴夜寐，吊死问疾，赦过赈穷。七日而谷亡。"卷三又："宋人闻之，乃夙兴夜寐，吊死问疾，戮力宇内。三岁，年丰政平。"后三例均已定型，晁文尤为名篇，足可征引。（黄崇浩）

弱不胜衣 1047

引《红楼梦》三回。早见于宋代《新编五代史平话·晋史·卷上》："近因入侍，栉风沐雨，病

势日增,弱不胜衣,尫羸愈甚。"(李一华)

得江山助 1080

证引《新唐书·张说传》。当上溯。南朝梁刘勰《文心雕龙·物色》:"然屈平所以能洞鉴风骚之情者,抑亦江山之助乎?"(黄崇浩)

得不偿失 1080

江版《成语》引苏轼《和子由除日见寄》诗:"感时嗟事变,所得不偿失。"《辞源》引《后汉书·西羌传》"得不酬失"及《三国志》"得不补失"。沪版《成语》引《左传·襄三年》:"楚子重代吴,既归,而吴来伐。君子谓之所获不如所亡也。"从上三书所引,可见该成语的演变之迹。今按:其语出于《墨子·非攻中》:"计其所得反不如所丧者之多。"(诸子集成本第83页)《墨子》成书稍早于《左传》,而且例证与词目字面扣得更紧。固定格式例,诸辞书均缺,可引陆游《方德亨诗集序》:"淫于富贵,移于贫贱,得不偿失,荣不盖愧。"(《渭南文集》卷十四)(陈增杰)

得過且過 1080

《辞源》、沪版《成语》引元关汉卿《鲁斋郎》四。

按:语已见陆游《杂咏》四首之三:"得过一日且一日。"(《剑南诗稿》卷七四)(陈增杰)

得隴望蜀 1080

《辞源》引《东观汉记·隗嚣传》"人苦不知足,既平陇,复望蜀"及李白《古风》"得陇又望蜀"。

按:字面相同例已见《晋书·食货志》:"及得陇望蜀,黎民安堵。"(中华书局标点本780页)(陈增杰)

心無二用 1097

引北齐刘昼《刘子·专学》:"由心不两用,则手不并运也。"字面相同例:《古今小说·葛令公生遣弄珠儿》:"自古道心无二用,原来申徒泰一心对着那女子身上出神去了,这边呼唤,都不听得,也不知分付的是甚话。"(李一华)

念念不忘 1105

引明代王世贞《鸣凤记传奇·忠佞异议》。早见于宋代苏轼《东坡志林·卷一·谢鲁元翰寄暖肚饼》:"以念念不忘为颂。"(李一华)

息婦 1124

注云:"子妇。后来通作'媳妇'。见宋吴曾《能改斋漫录》五'息妇新妇'。"

按:称子妇为"息妇",唐已有之,非起自宋也。《太平广记》卷一二二"陈义郎"(出温庭筠《乾䐑子》)云:"郭氏以自织缣一匹,裁衣欲上其姑,误为交刀伤指,血沾衣上,启姑曰:'新妇七八年温清晨昏,今将随夫之官,……此衫子,上有剪刀误伤血痕,不能浣去,大家见之,即不忘息妇。'"此"息妇"。就是结婚已七八年的新妇郭氏对其姑(大家)自称。吴曾《漫录》"息妇新妇"条首引王得臣《麈史》例,谓时人称新妇作息妇。王氏乃北宋末人,较《乾䐑子》作者温庭筠晚二百多年,

"息妇"一词之"源",不当止溯至《漫录》或《麈史》。(熊飞)

悦目 1125　悦耳 1125

书证均以汉刘向《说苑·修文》为首。当上溯至秦李斯《谏逐客书》:"所以饰后宫、娱心意、悦耳目者,必出于秦而后可,则是宛珠之簪、傅玑之珥、阿缟之衣、锦绣之饰不进于前,而随俗雅化、佳冶窈窕赵女不立于侧也。"(黄崇浩)

悠悠荡荡 1129

引《雍熙乐府·六·王廷秀〈粉蝶儿·怨别〉》。早见于宋代朱熹《朱子语类·卷四十七·论语(阳货·饱食终日章)》:"若是悠悠荡荡,未有不入于邪僻。"(李一华)

意向 1142

《注》首引《南齐书·庾杲之传》例,略。

按:《世说新语·赏誉》:"郗司空家有伧奴知及文章,事事有意,王右军向刘伊称之。刘问:'何如方四(郗愔)?'王曰:'此正小人有意向耳,何得便比方四?'"(熊飞)

恼 1147

义项㊀引逗,撩拨。引杜甫、王安石诗为例。并说:"唐人用'恼',常作戏谑义。"

按:这里有两个值得考虑的问题:一是引逗、撩拨义还有较早的书证,如姚秦鸠摩罗什译《妙法莲华经·观世音菩萨普门品》:"若三千大千国土,满中夜罗刹欲来恼人",即是一例。二是唐人用恼,固然常作戏谑义,但也多并无戏谑意味的,如白居易《病中早春》:"膻腻断来无气力,风痰恼得少心情。"又《老慵》:"近来渐喜知闻断,免恼嵇康索报书。"这是招惹义。又《赠梦得》:"寻花借马烦川守。弄水偷船恼令公。"又《醉中得上都亲友书以予停俸多时忧问贫乏偶乘酒兴咏而报之》:"自能抛爵禄,终不恼交亲。"这是烦扰义(犹今语"麻烦")。仅就白诗来说,就可发现不少例证,若兼采他家,所得自然会更多。此等处,《辞源》如能多加搜寻,对义项的区分和释文的充实是肯定很有好处的。(张涤华)

愚鄙 1151

《辞源》引唐吴兢《贞观政要》卷十"慎终"贞观十三年魏徵上疏:"臣诚愚鄙,不达事机。"

今按:《贤愚经》卷一梵天请法六事品:"王与左右,合掌白言:'唯愿大师垂矜愚鄙,开阐妙法,令得闻知。'"慧琳《一切经音义》卷二十二:"愚,无所知也,亦钝也。"鄙有粗陋的意思,合起来就是笨拙浅陋。佛经中"愚鄙"是"愚鄙之人"的意思。其实汉代已成复音词。《汉书》王莽传:"虽性愚鄙,至诚自知。"《后汉书》齐武王演传:"然愚鄙之见,窃有未同。"(颜洽茂)

打尖 1208

旅途中休息或进饮食。《红楼梦》十五:"那时秦钟正骑着马随他父亲的轿,忽见宝玉的小厮跑来请他去打尖。"

按:"打尖"一词聊斋俚曲中已经出现。如:"晌午打了一回尖,登程行到日衔山。"(《富贵神

仙》三［银纽丝］）从时间上计，用此书证更为合适。（董绍克）

抄撮 1219

义项㊀"摘录"。引《三国志·曹爽传·注》桓范抄撮《汉书》中诸杂事为《世要论》为书证。

按：刘向《别录》云："《左氏传》三十卷，左丘明授曾申，申授吴起，起授其子期，期授楚人铎椒。铎椒作《抄撮》八卷，授虞卿；虞卿作《抄撮》九卷，授荀卿；荀卿授张苍。"（孔颖达《春秋左传正义》卷一引）据此，则《抄撮》原是书名。《汉书·艺文志》："《虞氏微传》二篇，赵相虞卿"。虞卿，赵孝成王相，铎椒当亦同时人。二人作《抄撮》，摘录旧文，其事远在桓范之前。《辞源》征引不及，未免疏失。（张涤华）

披星带月 1236

引《元曲选·缺名〈冤家债主〉一》。早见于唐代吕岩《七言绝句》："击剑夜深归甚处，披星带月折麒麟。"（李一华）

掩抑 1272

注云："低沉。"（下列白居易《琵琶行》例，略）

按：白诗不当首见。陈陆琼《梁父吟》："临淄佳丽地……掩抑随筝转，和柔会瑟张转扇屡回指，飞尘亟绕梁。"陆诗亦用于形容音乐的，其意义、用法一如白诗，当以此为先。（熊飞）

提心吊膽 1290

引《二刻拍案惊奇》卷二十一。早见于《西游记》十七回："一个个提心吊胆。"（李一华）

撥冗 1311

《辞海》引《红楼梦》，《辞源》引明《三报恩》传奇；实已见宋戴复古《癖习》诗："逢人共作亡何饮，拨冗时观未见书。"（见《宋诗钞》）（陈增杰）

挤眉弄眼 1322

引《水浒传》三十回。早见于元代王实甫《破窑记》一："挤眉弄眼，俐齿伶牙，攀高接贵，顺水推船。"（李一华）

放下屠刀 立地成佛 1339

引《景德传灯录·二五·法安济慧禅师》："抛下操刀，便证阿罗汉果"，《五灯会元·十九·东山觉禅师》："颺下屠刀，立地成佛"，又引明（误为'宋'）彭大翼《山堂肆考·征集一·释教成佛在罗汉之先》："放下屠刀，立地（应为'便'）成佛"。早于《山堂肆考》字面相同的有宋代朱熹《朱子语类·卷三十·论语（雍也·哀公问弟子章）》："佛家所谓放下屠刀，立地成佛。"（李一华）

旰食宵衣 1404

引唐代白居易《长庆集·十二·附陈鸿〈长恨歌传〉》。早见于南朝（陈）徐陵《徐孝穆集·卷十·陈文皇帝哀册文》："勤民听政，旰食宵衣。"（李一华）

明府 1409

《辞源》云："唐人称县令为明府。"《辞海》云："唐以后则多专用以称县令。"(其说系据《宾退录》)说法也欠全面。晋干宝《搜神记》卷十三："忽有大水欲没县,主簿令干(吏)入白令。令曰：'何忽作鱼?'干曰：'明府亦作鱼。'遂沦为湖。"(中华书局七九年版162页)则县令称"明府"唐之前即有,并非限于唐。(陈增杰)

明知故犯 1413

引清代钱大昕《十驾斋养新录·十六·律诗失粘》。从语源可引《五灯会元·卷三十二·台州黄岩保轩禅师》："师曰：'知而故犯。'"(李一华)

智量 1443

《辞源》引《元曲选》王晔《桃花女》第三折："老夫周公,昨日使了个智量,着彭祖拿了那红酒去,谢了任二公,随后着媒婆去说亲。"

今按："智量"一词,六朝佛经已见其例。《贤愚经》卷六富那奇缘品："时婢怀妊,十月已满,生一男儿,其愿满足,故因字其儿名富那其,端正福德,……虽复禀受长者遗体,才艺智量,出过人表,然是厮贱婢使所生,不及儿次,名在奴例(列)。"文中说富那奇谋略过人,以五钱买得牛头栴檀香木,转售给国王夫人治病,得金万两,证明他"宜于钱财,善能估贩,种种治生,倍获盈利",可见"智量"就是计策、谋略。(颜洽茂)

有 1475

第二义项："表示存在、发生……后引申为活着,还在。"引申义举《元曲选》一例。按,该引申义在变文中即已使用。如：

昔有之日,名振飨(响)于家邦,上下无嫌,刚柔得所。起为差充兵卒,远筑长城,吃苦不襟(禁),魂魄飯于蒿里。(《敦煌变文集》卷一《孟姜女变文》,34页)

"昔有之日"犹言昔在世之日。(袁宾)

有眼不識泰山 1479

引《水浒》二回及《二刻拍案惊奇》卷三十三。从语源可引晋代刘伶《酒德颂》："静听不闻雷霆之声,熟视不睹泰山之形。"(李一华)

有錢使得鬼推磨 1479

引《古今小说·临安里钱婆留发迹》。从语源可引晋代鲁褒《钱神论》："'有钱可使鬼',而况于人乎?"(李一华)

朝三暮四 1491

引《庄子·齐物论》,释义,"后常用来指变化多端或反复无常",引《朝野新声太平乐府·四·元乔吉〈山坡羊·冬日写怀〉曲》。后起义早见于《弘明集·卷八·梁刘勰〈灭惑论〉》："所谓朝三暮四而喜怒交设者也。"(李一华)

東道主 1531

释文:"后泛指主人",引明代王世贞《弇州山人四部稿·一二四·复杨都督书》。早见于唐代李白《李太白集·卷十·望九华赠青阳韦仲堪》诗:"君为东道主,于此卧云松。"(李一华)

林藪 1537

书证有四,最早者为汉蔡邕《蔡中郎集》七《荐皇甫规表》。均非该词的本源书证,按,《吕氏春秋·安死》有:"于是乎聚群多之徒,以深山广泽林薮,扑击遏夺。"这比原有四种书证要早得多。(黄崇浩)

杻械 1538

《辞源》引唐杜甫《草堂诗笺》二二"草堂":"眼前列杻械,背后吹笙竽。"

今按:这个词六朝佛经已见用例。《杂宝藏经》卷一弃老国缘:"天神又复化作一人,手脚杻械,项复著锁,身中火出,举体焦烂。"《集韵》:"杻,《说文》:'械也,或从丑。'"《说文》:"械,桎梏也。"《一切经音义》卷一:"拘罪人曰桁械,谓穿木加足曰械,大械曰桁。"细分之则在手曰杻,在足为械,就是手铐、脚镣,合言之则谓桎梏。佛经中乃引申用为动词,这个词还有一个同素反序变式"械杻",如苏轼《杨康功有石状如醉道士为赋此诗》:"君命囚岩间,岩石为械杻。"(颜洽茂)

枯樹生華 1548

《辞源》引自《三国志·魏·刘廙传》上疏:"臣罪应倾宗,祸应覆族,遭乾坤之灵,值时来之运,扬汤止沸,使不燋烂,起烟于寒灰之上,生华于已枯之木,……可以死敌,难于笔陈。"其实这一成语更早见于《汉书·五行志》:"昭帝时,上林苑中大柳树断仆地,一朝起立,生枝叶……又昌邑王国社有枯树复生枝叶。"它应是"枯树生华"的本源。(王立)

桑門 1570

注首引《后汉书》卷四二例,略。

按:东汉张衡《西京赋》:"展季桑门,谁能不营。"李善注:"桑门,沙门也。《东观汉记》制楚王曰:以助伊蒲塞桑门之馔。"(熊飞)

欺侮 1655

《辞源》引宋陆游《剑南诗稿》卷二石首县雨中系舟戏作短歌:"悲哀秦人真虎狼,欺侮六国囚侯王。"

按:这个词的起源也很早。《逸周书》邓保解:"欺侮群臣,辛苦百姓。"又《北史》邵贺传:"戴天履地,中有鬼神,勿谓冥昧可以欺侮。"《杂宝藏经》卷二迦尸国王白香象养育父母并和二国缘:"王得白象,甚大欢喜。即时庄严,欲伐彼国。象语言王:'莫与斗诤,凡斗诤法,多所伤害。'王言:'彼欺凌我。'象言:'听我使往,令彼怨敌,不敢欺侮。'"据此,可证此词至少在六朝已经习用。(颜洽茂)

歌呼 1657

证引《史记·曹相国世家》。当以李斯《谏逐客书》为早："夫击瓮扣缶，弹筝搏髀，而歌呼呜呜快耳者，真秦之声也。"（黄崇浩）

歌唱呼号。《史记·曹相国世家》："相舍后园近吏舍，吏舍日夜歌呼。"就原用书证而言，这样解释是可以的。但还有更早的文句未被引用。李斯《谏逐客书》："夫击瓮叩缶，弹筝搏髀，而歌呼呜呜快耳者，真秦之声也。"这个"歌呼"似无呼号意。如果释作"歌唱呼啸"，则既适用于原用书证，也适用于此例。（赵恩柱）

殺身成仁 1689

出《论语·卫灵公》"有杀身以成仁"。字面相同例，《辞源》引唐李德裕《三良论》，《汉语大词典》试写稿引唐刘知几《史通》，沪版《成语》缺例。

按：已见晋常璩《华阳国志·蜀志》："先主怒曰：'统（庞统）杀身成仁，非仁者乎。'"（四部丛刊缩印本 3 卷 21 页）（陈增杰）

没掂三 1742

《注》首引明汤显祖《牡丹亭》例，略。

按：没掂三，金元习语，《董西厢》卷一〔伊州衮〕："忒昏沉，忒粗鲁，没掂三，没思虑，可来慕古。"《王西厢》二本《楔子》："我从来斩钉截铁常居一，不似您惹花拈草没掂三。"它如《迎上皇》《肖淑兰》等元杂剧皆用之，编者弃而不用，不知何故。（熊飞）

泥塑木雕 1760

引《儒林外史》六回。早见于《元曲选·无名氏〈冤家债主〉四》："有人说道城隍也是泥塑木雕的，有什么灵感在那里？"（李一华）

况味 1765

为"境况和情味"，举两条宋代诗句例。变文用例如下：

长思道行，每想英聪。修书而无雁可凭，显恋而有梦频诧。不知别后，况味如何。（《敦煌变文集》卷五《维摩诘经讲经文》，608 页）

此"况味"亦"境况""情味"义。（袁宾）

海阔天空 1807

《辞源》引唐刘氏瑶《暗别离》"海阔天高不知遥"；"也作'天空海阔'"，引清顾炎武《答（李）子德》书。台湾省编《成语典》引《儿女英雄传》第二六回、《石点头》卷三。沪版《成语》缺例。按：已见宋吴文英《朝中措》词："秋深露重，天空海阔。"（《梦窗词丙稿》卷四）（陈增杰）

淡巴菰 1813

即烟草。原产西印度群岛，我国据西班牙名译为淡巴菰。又名金丝醺。干其叶，点燃吸之有烟，故又称烟草。相传明万历时移植于福建漳州莆田等地。参阅清王士慎《香祖笔记》三、王端履《重论文斋笔录》一。

按：淡巴菰又作"淡婆古"、"谈巴菰"、"担不归"、"孖菰烟"，原为西印度群岛太诺语 tobaco，为一种状似雪茄的烟叶卷，一种丫形的烟管，安的列斯群岛的印第安人用以由鼻孔中吸烟。后由西班牙人将此名转指为植物本身，可能最初来自图皮语，taboca，芦苇；另一说认为淡巴菰来自波斯语 tomoaco。

另据明崇祯间《笔记丛书》记载关于淡巴菰进入中国之史实，书中云："吕宋国出一草曰淡巴菰，一名曰醺，以火烧一头，以一头向口，烟气从管中入喉，能令人醉，且可避瘴气。有人携漳州种之，反多于吕宋，载入其国售之。今莆中亦有之，俗名金丝醺，叶如荔枝，可毒头虱，根作醺。"根据郑振铎先生考证，记淡巴菰之进入中国，当以此书为最早云。（马振亚　王惠莲）

清风明月 1822

引《南史·谢譓传》："有时独醉，曰：'入吾室者但有清风，对吾饮者唯当明月。'"早于《南史》见南朝（梁）刘勰《文心雕龙·物色》："况清风与明月同夜，白日与春林共朝哉。"（李一华）

浑家 1838

第一义项为"全家"，举宋代《唐诗纪事》和《石湖集》中两例。按敦煌本王梵志（初唐民间诗人）诗中已屡见作"全家"解的"浑家"一语，如：

官职莫贪财，贪财向亡亲。得即浑家用，遭罗唯一身。法律刑名重，不许浪推人。一朝图圄里，方始忆清贫。（据张锡厚编《王梵志诗校辑》卷三，99页，中华书局，1983年）

作"全家"解的"浑家"，在变文中也有处用例。（袁宾）

滕薛争长 1863

出《左传·隐十一年》"滕侯、薛侯来朝，争长"。《辞源》"后即用为争长之义"，引南宋方岳《春日杂兴》之八"先后笋争滕薛长"。

按：稍早于方岳，杨万里《看笋》诗："笋如滕薛争长，竹似夷齐独清。"（《千首宋人绝句》卷十）刘克庄《汪荐文卷题跋》引汪荐诗："斗蚁滕薛争长，狎鸥晋郑寻盟，"（《后村大全集》卷一〇一）均为恰当之例。（陈增杰）

準 1863

第六义："抵押、折价。"引唐韩愈《赠崔立之评事》诗。按，《文选》卷四十任昉《奏弹刘整》："寅第二息师利，去岁十月往整田上，经十二日。整便责范米六斗哺食。米未展送，忽至户前，攘拳大骂，突进房中，屏风上取车帷準米去。"任昉南齐人，所撰此文时代较韩愈早约三百年。（王锳）

满面春风 1873

《辞源》、沪版《成语》引元王实甫《丽春堂》剧，江版《成语》引元贾仲名《金安寿》剧。按：已见宋陈与义《寓居刘仓廨中晚步过郑仓台上》诗："纱巾竹林过荒陂，满面春风二月时。"（《瀛奎律

髓》卷二六)(陈增杰)

火坑 1909

《辞源》《汉大》都有"指极端悲惨境地"之义,所引最早例证都是《红楼梦》中的用例。元时即有例,《刘知远诸宫调》十一:"儿夫肯发慈悲行,救度三娘离火炕,再三告:早来取我。"《衣袄车》四折:"狄青在火炕中逃了性命。"(赵红梅　程志兵)

焦头烂额 1937

释义,"比喻处境十分狼狈窘迫",引清《龚自珍全集·五辑·与吴虹生书八》。这一义项早见于宋代《新编五代史平话·唐史·卷上》:"臣切见朱全忠乃黄巢余孽,阴狡祸贼,异日必为朝廷患。夫救焚者,销之于曲突徙薪之时者易为力,若及燎原而后扑之,则焦头烂额矣。"(李一华)

燕子楼 1957

先引白居易《燕子楼诗三首·序》述关盼盼居楼不嫁事,再作辨正云:

白《序》言张尚书,未著名,言盼盼,未著姓。旧传张尚书为张建封,清汪立名撰《白香山年谱》考为建封子愔事。

事实上,在汪立名之前好几百年,宋代陈振孙已于《白文公年谱》中指出:

燕子楼事,世传为张建封。按:建封死在贞元十六年,且其官为司空,非尚书也。尚书乃其子愔,《丽情集》误以为建封耳。此虽细事,亦可以正千载传闻之谬。

关于这段史实,朱金城先生所著《白居易年谱》(一九八二年上海古籍出版社)考之甚详。朱《谱》并且进一步指出,关于这条记载,汪立名《年谱》"实即陈振孙《白文公年谱》,而非汪氏新谱。"(见该书第 30 页)可见《辞源》修订本〔燕子楼〕条,于史料有所辨正,较旧版进了一步;而辨正之中未能"穷源",仍难差强人意。(邓长风)

枕头金尽 1971

引唐代张籍《张司业集·一·行路难》诗:"君不见床头黄金尽,壮士无颜色",字面相同引宋代刘克庄《和竹溪遣兴诗》。稍早于刘克庄的有陆游《剑南诗稿·卷十四·夜从父老饮酒村店作》:"床头金尽何足道,肝胆轮囷横九区"。(李一华)

狐假虎威 1999

引《战国策·楚一》,《宋书·恩倖传序》:"狐籍虎威",元代方回《桐江续集·十八·梅雨大水》诗。字面相同早见于宋代《新编五代史平话·晋史·卷下》:"一朝反噬无遗孽,堪笑妖狐假虎威。"又龚熙正《释常谈》有狐假虎威篇。(李一华)

班头 2057

注云:"头目,首领。"下首引关汉卿《南吕一枝花·不伏老》例,略。

按:关散曲例不当首见。《旧唐书·韦安石传附子陟传》云:"时朝臣立班多不整肃,至有班

头相吊哭者,乃罢陟御史大夫。"当换此例为"源"。(熊飞)

珠宫贝阙 2059

出屈原《九歌·河伯》"紫贝阙兮朱宫"。字面相同例,《辞源》引元张野《玉漏迟·和人中秋韵》词。

按:已见宋陆游《木山》诗:"珠宫贝阙留不得,忽出洲渚知谁推。"(《剑南诗稿》卷四)(陈增杰)

用 2100

义项⑧指吃、喝。引《儒林外史》"掩门用饭"为例。按:这个书证太晚。考先秦时代已称食为用。如《易·井》:"井泥不食。"虞翻注:"食,用也。"《战国策·卫策》:"始君之所行于世者,食高丽也。"高诱注:"食,用也。"《老子》第二十章:"而贵食母。"河上公注:"食,用也。"俞樾《群经平议》卷六引用了这些例证后说:"古谓用为食,亦谓食为用。"这个说法是对的。此外,俞氏未引的还有《韩非子·外储说》:"孔子御坐于鲁哀公,公赐之桃与黍。哀公请用,孔子先饭黍而后啗桃。"此例中,"用"为食义尤为明显。又《说文》五下亯(享)部:"亯,用也。从亯,从自。自,鼻也。……鼻闻所食之香而食之,是曰享。今俗谓吃为用是也。"说与俞同。(张涤华)

疧 2132

㈠病,久病曰疧。《说文》作"痑"《释名·释疾病》:"疧,久也,久在体中也。"

按:《尔雅·释诂下》:"疧,病也。"《韩非子·显学》:"无饥馑疾疧祸罪之殃,独以贫穷者,非侈则惰也。"《韩非子》是战国时期的作品,《尔雅》成书于西汉初年,比《说文》《释名》都要早,《说文》无"疧"字,并不能证明先秦无"疧"字,《说文》漏收秦汉时代的字不在少数,"疧"字就是一例。(伍仁)

白日昇天 2166

引《魏书·释老志》。早见于晋代葛洪《抱朴子·内篇卷四·金丹》:"作此太清丹小为难合于九鼎,然是白日升天上之法也。"(李一华)

白衣蒼狗 2167

《辞源》"同'白云苍狗'",引南宋张元干、刘克庄例。

按:已见北宋秦观《寄孙莘老少监》诗:"白衣苍狗无常态,璞玉浑金有定姿。"(《淮海集》卷八)(陈增杰)

白馬非馬 2167

引《战国策·秦》:"夫刑名之家,皆曰白马非马也。"可直接引用《公孙龙子·白马》:"白马者,马与白也,马与白非马也。故曰白马非马也。"(李一华)

百發百中 2175

《辞源》引自《史记·周本纪》:"楚有养由基者,善射者也。去柳叶百步而射之,百发而百中。"而《战国策·西周策》中有这样的记载:"夫射柳叶者,百发百中,而不以善息。"将《战国策》当作成语[百发百中]的源头应是合理的。(王立)

盌注 2187

目云："宋时杂手伎之一,俗称'弄盌注'。"又 1588 页"椀珠伎"目："古杂技,相当于今舞盘弄椀之戏。《旧唐书·音乐志》二:'又有弄椀珠伎、丹珠伎。'"按,"盌注"即"椀珠",来源甚早,并非起自唐宋。清翟灏《通俗编》卷三十一"弄椀珠"条引《通典》云："梁有玩椀珠伎。"又"舞盘"条云："《晋书·乐志》:'柸柈舞,手按柸柈反复之。'《通典》:'盘舞汉曲也,至晋加之以柸。张衡《舞赋》云:历七盘而纵蹑……'""柸柈"即"杯盘"。(王锳)

眞 2208

第六义："肖像,摹画的人像。"引《景德传灯录》十四："因门僧写真呈师。"按,《太平广记》卷二百一十《敬君》引汉刘向《说苑》："齐敬君善画,齐王起九重台,召敬君画。君久不得归,思其妻,逐画真以对之。"此外,"真"既可指画像,又可指塑像。《太平广记》卷九十三《道林》："开锁,见有金数千两。后卖一半,买地造菩提寺,并建道林真身。"宋欧阳修《归田录》卷一："内中有玉石三清真像,初在真游殿。既而内大火,遂迁至玉清昭应宫。"二例中"真身""真像"均为塑像,故可建可迁。(王锳)

眼 2213

唐和唐以后诗人写春景或夏景,有时用一"眼"字,使诗篇增色不少。这里略举几例。

唐元稹《长庆集》卷十五《生春》诗之九："何处生春早,春生柳眼中。新芽才绽日,茸短未含风。"李商隐《李义山诗集》卷五《二月二日》诗："花须柳眼各无赖,紫蝶黄蜂俱有情。"五代南唐李煜《虞美人》词："风回小院庭芜绿,柳眼春相续。"元顾德周散套《黄钟·原成双·忆别》："梅腮褪,柳眼肥,雨丝丝开到荼蘼。"眼,即叶芽;柳眼,即柳树叶芽。又宋范成大《石湖居士诗集》卷三《余杭道中》："桑眼迷离应欠雨,麦须骚杀已禁风。"杨万里《诚斋集》卷三四《桑茶坑道中》诗之四："桑眼未开先著椹,麦胎才苞便生须。"陆游《剑南诗稿》卷七四《初春》："土膏动后麦苗长,桑眼绽来蚕事兴。"以上指桑叶芽。还有以眼喻槐叶芽的,如范成大《石湖居士诗集》卷六《五月闻莺》之二："老尽西园千树绿,却怜槐眼正迷离。"从以上诗句可以看出,写叶芽而不用"芽(牙)",除了要照顾平仄关系外,还有修辞方面的原因。用一眼字更为蕴藉生动,它活画出叶芽扑朔迷离、似睡还醒之态,从而使诗意更浓。过去读到这些诗句,以为用"眼"字是唐代诗人的独创,后来翻阅《齐民要术》,才知北魏时即已有人这样用过。《栽树》篇云："凡栽树,正月为上时,二月为中时,三月为下时;然枣鸡口、槐兔目、桑虾蟆眼、榆负瘤〔散〕,自余杂木鼠耳虻翅各其时。——此等名目皆是叶生形容之所相似。"农民通过长期的生产实践,摸索出树木的生长规律,并用若干形象生动的比喻概括出树木移栽的适宜时间,便于人们记忆。以眼喻叶芽,《齐民要术》是否就是源,尚不得而知;但书证大大提前了,这是确定无疑的。(顾绍柏)

眾口難調 2215

引《梨园乐府·上·元邓玉宾〈中吕粉蝶儿〉曲》。早见于《五灯会元·卷四十二·庐山开先

善遑禅师》:"羊羹虽美,众口难调。"(李一华)

石耳 2233

固著石面的苔藓类植物。唐皮日休《皮子文薮》十《过云居院玄福上人旧居》诗:"龛上已生新石耳,壁间空带旧茶烟。"参阅宋王质《林泉结契》三《石耳》。

按:石耳,地衣类苔藓植物,可食用。《吕氏春秋》:"常山之北,投渊之上有百果焉,群帝所食。箕山之东,青岛之所有甘栌焉,江浦之桔,云梦之柚,汉土石耳,所以致之。"《注》:"石耳,菜名。"《明一统志》:"南康府土产石耳。"(马振亚　王惠莲)

窣地 2328

第二义项:"犹言拂地。"举《宋史》(元人编撰)和《元人小令集》各一例。按此语在变文中习见,如:

含风白发,窣地长衫。(《维摩碎金》,见《敦煌变文论文录》附录,857 页)

这例"窣地"亦"拂地"义。(袁宾)

终身大事 2417

引《红楼梦》五四回。早见于《二刻拍案惊奇》卷二:"草草送了终身大事,岂不可羞!"(李一华)

經天緯地 2437

引《国语·周语下》:"经之以天,纬之以地,经纬不爽,文之象也",又《周书·静帝纪(诏)》。字面相同早于《周书》见北周庾信《庾子山集·卷九·拟连珠》:"盖闻经天纬地之才,拔山超海之力。"(李一华)

網開三面 2443

引《史记·殷本纪》:"汤出,见野张网四面,祝曰:'自天下四方皆入吾网。'汤曰:'嘻,尽之矣!'乃去其三面。"早见于《吕氏春秋·卷十·异用》:"汤其收三面,置其一面。"字面相同见唐太宗李世民《班师诏》:"是以网开三面。"(李一华)

綱舉目張 2444

语出《吕氏春秋·用民》"一引其纲,万目皆张"。字面相同例,《辞源》引刘克庄《高衡孙刑部侍郎制》。

按:稍早于刘克庄,已见朱熹《答刘公度书》:"乍看极似繁碎,久之纯熟贯通,则纲举目张,有自然省力处。"(《朱文公文集》卷四六)(陈增杰)

置之度外 2483

《辞源》引自《南齐书·竟陵王子良传》:"自青德启运,款关受职,置之度外,不足絓言。"经查《后汉书·隗嚣传》中有这样一段话:"帝积苦兵间,以嚣子内侍,公孙述远据边陲,乃谓诸将曰'且当置此两子于度外耳。'"尽管《后汉书》中的例子不是原封不动的[置之度外]四个字,但是成语中很多源头都是如此。北京大学符淮青先生在其《现代汉语词汇》一书中即指出:"大多数成语成为四音节,有一个逐渐发展的过程。……选取原句中最能概括全句或全段意义的成分组成成语。……用四字概括事情、故事、寓言等的主要内容。"也就是说,对成语源头的说法,可以分浓缩、扩充、取义等几种形式。所谓浓缩,就是缩减字数,如[鞭长莫及],很多词典,包括《辞源》均引自《左传・宣公十五年》:"虽鞭之长,不及马腹。"(《春秋左传正义》卷二十四,185页);扩充即书证中的词语虽然只有成语的一部分,但其义却有完整成语的含义,如[孤注一掷],引自唐房玄龄等《晋书・何无忌传》:"刘毅家无担石之储,樗蒲一掷百万。"或元脱脱等《宋史・寇准传》:"陛下闻博乎?博者输钱欲尽,乃罄所有出之,谓之孤注。陛下,寇准之孤注也,斯亦危矣。"取义,即取成语之义,不一定有成语的形式,如[安贫乐道]引自《论语・雍也》:"贤哉回也!一箪食,一瓢饮,在陋巷。人不堪其忧,回也不改其乐。"(《论语注疏》卷六,22页)。由此看来,以溯源为其主要目的的《辞源》对[置之度外]源头的说法有误。(王立)

罪不容誅 2484

引《汉书・王莽传(张竦为刘嘉奏)》。从语源可引《孟子・离娄上》:"争地以战,杀人盈野;争城以战,杀人盈城,此所谓率土地而食人肉,罪不容于死。"(李一华)

義居 2497

释义为:"指旧时数代同居,以孝义著称的家庭。"书证是《宋史》和宋韩元吉《南涧甲乙稿》各一。按敦煌本句道兴《搜神记》中即有片语:

我是勃海人也,姓李名玄,父母早亡,兄弟义居,兄以我未学,遣我往于边先生处入学。(《敦煌变文集》卷八,880页)(袁宾)

翻雲覆雨 2514

《辞源》"也作'覆雨翻云'",引清顾贞观《金缕曲》词。按:已见宋范成大《请息斋书事三首》之一:"覆雨翻云转手成,纷纷轻薄可怜生。"(《石湖诗集》卷二五)(陈增杰)

老頭皮 2518

引杨朴诗,谓"见宋赵令畤《侯鲭录》卷六、孔平仲《孔氏谈苑》卷二。"今按,《孔氏谈苑》内不载此事,其误一。《侯鲭录》非最早出典,其误二。杨朴此诗之传世,当以苏轼劝妻止悲时引用为首见,《东坡志林》卷二《隐逸・书杨朴事》条云:

昔年过洛,见李公简。言真宗既东封,访天下隐者,杞人杨朴能为诗,召对,自言不能。上问:"临行有人作诗送卿否?"朴曰:"唯臣妻有一首云:'更休落魄耽杯酒且莫猖狂爱咏诗。今日捉将官里去,这回断进老头皮。'"上大笑,放还山。余在湖州,坐作诗追赴诏狱,妻子送余出门,皆哭,无以语之。顾谓妻子曰:"子独不能如杨处士妻,作一诗送我乎?"妻子不觉失笑,余乃出。

以《侯鲭录》卷六所载与《志林》对照,主要不同点有二:《志林》开头"昔年过洛见李公简言"九字,《侯鲭录》无;《侯鲭录》在"放还山"下,多出"东坡云"三字。赵令畤的年辈比苏轼晚,但二人有交往。很显然，《侯鲭录》该条当从《志林》转录，或据东坡本人谈话所记。

苏轼生于宋仁宗景祐三年十二月（公历已入 1037 年），不及真宗朝；从《志林》叙述的口吻来看，杨朴事乃李公简亲口对他所言（李公简，到底是本名，或名李简，成名李×字公简，待考），李公简当与杨朴年代相去不远；东坡因"乌台诗案"受诬，由湖州被械送京城入狱，事在元丰二年（1079），行年四十岁，则"昔年"云云，可证李公简比东坡年辈高甚。东坡卒于宋徽宗建中靖国元年（1101），《志林》成书当在其殁后不久。《侯鲭录》中所记，有迟至宣和五六年间（1123—1124）者（见该书卷六）。由此可见，《侯鲭录》成书晚于《志林》至少二十年左右，因而赵令畤得与李公简接谈的可能性甚微。《辞源》修订本〔老头皮〕条，系沿旧版之误。其实，《志林》载杨朴"这回断送老头皮"诗，在《宋诗纪事》及《宋人轶事汇编》等前人著作中曾多次征引。《辞源》该条当改引《志林》为是，且应兼及东坡临危不失谐趣、以杨朴诗逗妻发笑情事，以助读者查考和理解。（邓长风）

肆無忌憚 2540

引宋代朱熹《朱文公集·三七·与王龟龄书》："肆行无所忌惮"，又《元史·卢世荣传》。字面相同早于《元史》见宋代《新编五代史平话·周史·卷上》："惟知怨望朝廷，不知己有何功，而敢如此肆无忌惮，恐于尔辈不便！"（李一华）

肥馬輕裘 2547

引《论语·雍也》："乘肥马，衣轻裘"，字面相同引唐代白居易《长庆集·卷六十七·闲适》诗。早见于《三国志·魏志·荀攸传》裴注引《汉末名士录》："而伯求肥马轻裘，光曜道路。"（李一华）

脫胎換骨 2561

引明代卢象升《卢忠肃公书牍·答陆筼修方伯》。早见于《西游记》二十七回："那长老自服了草还丹，真是脱胎换骨，神爽体健。"（李一华）

膽戰心驚 2575

引《元曲选·郑德辉〈㑳梅香〉三》及《雍熙乐府·十九·满庭芳（西厢十咏）》。早见于《敦煌变文集·卷五·维摩诘经讲经文又又又》："闻说便胆战心惊。"（李一华）

自作自受 2586

引《景德传灯录·卷十五·大同禅师》及《水浒》二回。早见于唐代《敦煌变文集·卷六·目连缘起》："汝母在生之日，都无一片善心，终朝杀害生灵，每日欺凌三宝，自作自受，非天与人。"（李一华）

至尊 2588

极其尊贵。《荀子·儒效》："岂不至尊至富至重至严之情，举积此哉！"《史记·秦始皇纪论》引贾谊《过秦论》："履至尊而制六合，执棰朴以鞭笞天下。"至尊，最尊贵的地位。后来多作帝王的尊称。《汉书·礼乐志》："舞人无乐者,将至至尊之前,不敢以乐也。"唐李白《李太白诗》十二《赠宣城太守赵悦》："赤县扬雷声,强项闻至尊。"

按:考"至尊"一词,义为无比崇高,多指所居地位而言。自无须多事诠释。重点所在,当在其指代天子。(原条释为指帝王,似稍泛。)而指代天子,则因由天子地位而引申。鄙见以为只要所选例证恰当,释语即可在词目后一次揭出,殊不必如该条左兜右转。因此,诸例中除《礼乐志》可留外,贾论荀文李诗,均在必汰。

先议贾论,贾论文字虽简洁,但须补入主语,如"秦始皇",则并非佳例。其次,再议荀文。荀之原文为"故君子无爵而荣,无禄而富;不言而信,不怒而威;穷处而荣,独居而乐;岂不至尊至富至重至严之情,举积此哉!"文字较冗,乃一主谓复句。其主语部分与谓语部分相互依存,无法分割。今经编者一刀两断,其为不当,自毋待多言。即使退一步说,原句引全,亦不合撰典之选。因条目待释者为"天子",而书证所提供者则为"君子",固已互不对号;且"至尊"之后,尚有"至富""至重""至严",骈联而来,切之不断,实不爽利至极。且用以明源,荀例又非始见。倘改用《仪礼·丧服子夏传》:"天子,至尊也。"即无此等弊病。又"至尊"本指权位无比崇高,径以借喻天子,似尚须接以过渡性例证,则可补入汉严遵《道德指归论》卷二(详后)。

最后,再议李诗。李诗中疑难多处,在集中自有笺释家一一为之作注;而在辞典,则不能如此。如"赤县""强项",均颇费解,且尚有歧义,排他性实在欠缺。盖"赤县"既可称神州,又可指唐代之一等县。而"强项"典故,又分隶二人。既谓杨奇,又谓董宣。此外,"强项闻至尊",以"闻"作"被闻于"用,亦不合汉语习惯。则又缺典范性。故此证亦不宜选用。

查"至尊"一词,古籍中尚不少见,大可挑选从严。即如杜甫用例,《全唐诗》所载,亦达十五处之多。(《虢国夫人》经考定为张祜作,不计。)如"至尊含笑催赐金""独使至尊忧社稷",均可用。而"至尊尚蒙尘",则语简而义确,且为即句诠词之佳例,最宜入选。因"蒙尘"谓遭难,例用于天子。而唐明皇遭安禄山之乱,仓皇出京,亦多为读者熟知。两较实杜优于李。倘再补一清例,则源流十分清晰。总上所言,此条释文,似可改为:

至尊 本谓无比崇高,多指天子之位,引申亦指代天子。《仪礼·丧服子夏传》:"天子,至尊也。"汉严遵《道德指归论》卷二:"故贤君圣主,以至尊之位,强大之势;处孤寡,居不穀。逐所来,逃所欲。"《汉书·礼乐志》:"舞人无乐者,将至至尊之前,不敢以乐也。"唐杜甫《北征》:"至尊尚蒙尘,几日休练卒?"清吴伟业《永和宫词》:"贵妃明慧独承恩,宜笑宜嚬慰至尊。"(刘世宜)

花團錦簇 2627

字面相同引《儒林外史》三回。早见于《西游记》九十四回:"真个是花团锦簇!"(李一华)

落後 2675

《注》引李白诗,略。

按:陈顾野王《艳歌行》:"莫笑人来最落后,解使君恩得度前。"(熊飞)

落花生 2676

即花生。因开花后子房入地结实,故名。俗称长生果,清檀萃《滇海虞衡志》十《果》:"落花生为南果中第一,以其资于民用者最广,宋元间与棉花、蕃瓜、红薯之类,粤估从海上诸国得其种归种之;……落花生曰地豆,滇曰落地松。"

按:落花生虽很早即传入中国,但大量种植时期也当在明末,详细记载见明屈大均之《广东新语》。另据清东培山民所著笔记云:"此果初出日本,康熙间有僧应元者,携种归国,乃散植至今,以取油为大宗,以资果饵,亦应用之一。"(马振亚　王惠莲)

蓋棺論定 2698

《辞源》引自宋李曾伯《可斋续藁后十挽史鲁公诗》:"盖棺公论定,不泯是人心。"这并非为该成语的源头。唐韩愈《同冠峡》:"行矣且无然,盖棺事乃了。"应为该词条源头。《辞源》所引非源。(王立)

行不得也哥哥 2805

《辞海·语词分册》、江版《成语》引明丘濬《禽言》诗,《辞源》引明李时珍《本草纲目》。按:已见宋梁栋《四禽言》之三:"行不得也哥哥,湖南湖北春水多。"(《宋诗钞·隆吉诗钞》)(陈增杰)

見怪不怪 2853

引《续传灯录·十八·齐添禅师》,又宋郭彖《睽车志》。早见于宋代圆悟禅师《碧岩录·卷三·二十一则》。(一般常将《续传灯录》与北宋末惟白《建中靖国续灯录》相混,据《宗教词典》,该书为明代圆极居顶编,其中收载了不少元释语录。)(李一华)

設身處地 2881

《辞源》引明代卢象升《卢忠肃公书牍与少司成吴葵庵书之二》:"而中外在事诸老,终是痛痒隔肤,谁是设身处地者,某亦惟以尽瘁为期,不负朝廷足矣。"定型式可上溯至明代李贽《续藏书卷二·大师丞相韩国李公》:"或曰:'设身处地当如何?'"(李功成)

買櫝還珠 2959

事出《韩非子·外储说左上》。字面相同例,江版《成语》引晚清裘廷梁《论白话为维新之本》,《辞源》引元张养浩《读诗有感自和》诗。按:已见朱熹《答宋泽之书》:"《近思录》以旧本增多数条,如买椟还珠之论,尤可以警今日学者用心之谬。"(《朱文公文集》卷五八)(陈增杰)

資本 2960

最早书证引《元曲选·萧德祥〈杀狗劝夫〉》和《清平山堂话本·错认尸》。按:书证过迟。该语词早在汉时已经出现,汉刘熙《释名·释姿容》:"姿,资也,资,取也;形貌之禀取为资本也。"毕沅疏证:"叶德炯曰:此读如资财之资,故以为资本。《说文》:资,货也,从贝次声。"(参见上海古籍出版社《释名疏证补》第127页),据此可以将书证提前近一千年。《大

词典》中该语词所引第一书证为宋何薳《春渚纪闻·苏刘互谑》,显然也过迟。(刘勇)

輕財好施 3025

指人慷慨好义,不以钱财置怀。唐代李白《李太白文》二十六《上安州裴长史书》:"曩昔东游维扬,不逾一年,散金三十余万,有落魄公子,悉皆济之,此则是白之轻财好施也。"

按:此条《〈辞源〉续考》一书中已指出其书证名称有误,其实还有书证晚出溯未及源的错误。《三国志·吴书·朱据传》:"黄龙元年,权迁都建业,徵据尚公主,拜左将军,封云阳侯。谦虚接士,轻财好施,禄赐虽丰而常不足用。"这比《辞源》所采书证早出约500年。(董德志)

輕塵棲弱草 3025

引元代郝经《读后汉书·列女传·曹文叔妻》。早见于《三国志·魏志·何晏传》裴松之注引皇甫谧《列女传》:"(曹)爽从弟文叔妻谯郡夏侯文宁之女,……或谓之曰:'人生世间,如轻尘栖弱草耳,何至辛苦乃尔。'"(李一华)

轉 3033

注:"(六)迁职。"(下引《魏书·裴近俊传》,略)

按:《史记·李将军列传》:"乃徙为上郡太守,后广转为边郡太守。"《汉书·张衡传》及《三国志·郑浑宣》等皆有之。《魏书》乃北齐人魏收所撰,其"转"用于迁职义《史》《汉》《三国志》皆较它为早。(熊飞)

迢迢 3050

义项之二所引书证为《玉台新咏·晋·潘岳〈内顾诗〉之一》:"漫漫三千里,迢迢远行客。"

按:书证过迟。记得汉代无名氏之作《古诗十九首》之九中有"迢迢牵牛星,皎皎河汉女"之诗句,早于晋时文献,根据《辞源》"重在溯源"的原则,书证应据引。《大词典》中该语词义项之三所引书证与《辞源》相同,应据此补入。(刘勇)

迷魂湯 3052

引清赵吉士《寄园寄所寄·五·灭烛寄异》。释义,"后用以比喻媚惑他人的话"。早见于明代郭勋辑《雍熙乐府·卷四·点绛唇·赠妓(后庭花)》:"迷魂汤滋味美,纸汤瓶热火煨。"(李一华)

逢人説項 3068

语出唐杨敬之诗"到处逢人说项斯"。字面相同例,《辞源》引清徐枋《与王生书》,沪版、江版《成语》缺例。按:已见宋杨万里《送姜夔尧章谒石湖先生》诗:"吾友夷陵萧太守,逢人说项不离口。"(《宋诗钞·诚斋朝天集钞》)(陈增杰)

道不拾遺 3075

引《战国策·秦策一》。早见于《韩非子·卷十一·外储说左上》:"国无盗贼,道不拾遗。"(李一华)

過所 3079

目云:"古代过关所用的凭照。"引《魏书·元丕传》及《唐六典》。今考汉刘熙《释名·释书契》:"传,转也,转移所在执以为信也;亦曰过所,过所至关津以示之也。"刘熙为东汉末年人,而《魏书》为北齐魏收撰,二人相去亦约三百年。(王锳)

都知 3110

第三义:"明清妓女的称谓。妓之有声名者为都知,其为酒纠,则称录事。见明方以智《通雅》十九《称谓》。"按,唐孙棨《北里志》云:"曲内妓之头角者为都知。"宋金盈之《醉翁谈录》七《举举善辩》:"曲中名妓之头角者为头知,又名都知,谓其分管诸妓名籍追名。当时郑举举、赵降真即都知也。"据此可知"都知"之名,唐宋已然,且不仅是"有声名者",而且兼掌诸妓名籍,故有此称。(王锳)

酣卧 3133

最早书证引《新唐书·九九·李大亮传》:"每番直,常假寐。帝劳曰:'公在,我得酣卧。'"

按:书证过迟。甘同"酣"。《集韵·谈韵》:"酣(甘、佄),《说文》:'酒乐也'或省(作甘)亦作佄。"故"甘卧"同酣卧",可将语源提前至汉代。应引汉代刘安《淮南子·览冥训》:"故通于太和者,惽若纯醉而甘卧,以游其中,而不知其所由至也。"置于该语词所引《新唐书》书证之前,这样可以体现其渊源流变。《辞源》和《大词典》中均未收录"甘卧"一词,应当补收如下:甘卧:熟睡,同"酣卧",参见"酣卧"(参见中华书局《诸子集成》)。(刘勇)

酥胸 3134

酥嫩之胸。最早书证引宋周邦彦《片玉词下·浣溪沙》:"强整罗衣抬皓腕,更将纨扇掩酥胸。"

按:溯未及源。此语源出唐李洞《赠庞鍊师》诗:"两脸酒醺红杏妬,半胸酥嫩白云饶。"似应据补(参见中华书局《全唐诗》第21册第8296页)。(刘勇)

重霄 3150

书证题作《艺文类聚·八·晋·孙绰〈望海赋〉》和唐王勃《王子安集·五〈滕王阁诗〉》序》。

按:书证略迟,还可以上溯。该语词三国时已出现,三国魏阮籍《咏怀诗》其七十:"翔风拂重霄,庆云招所晞。"故应将该诗句补于以上两书证之前,如此更加接近语词之源(参见广陵古籍刻印社《汉魏六朝百三名家集》第2册第230页)。(刘勇)

門蔭 3234

最早书证引《晋书·范弘之传》和《新唐书·一七二·杜兼传附杜羔》。

按:书证较迟。《晋书》乃唐时所编撰。南朝梁沈约《宋书·刘湛传》:"刘湛阶藉门荫,少叨荣位,往佐历阳,奸诐夙著。"中已出现该语词,故原《晋书》中所引证应引以上书证为宜。《大词典》中该语词所引第一书证同于《辞源》,也应以《宋书》中所引书证替换(见中华书局《宋书》第

6册第1818页)。(刘勇)

開口笑 3240

释文云:"欢乐貌。"下引杜甫、杜牧诗为例。考《庄子·盗跖》:"人上寿百年,中寿八十,下寿六十。除病瘐死丧忧患,其中开口而笑者,一月之中不过四五日而已矣。"老杜、小杜诗均用此。为"溯源"计,应引用《庄子》。(张涤华)

露馬脚 3344

比喻隐秘的事实真相泄露出来,常用这样一个词:"露马脚"。"露马脚"一词是怎样来的呢?

一本《万事由来》的书中说:来自朱元璋的夫人马皇后。

马皇后,淮西人,长着一双未经缠过的天足。在当时社会中,人们是忌讳"天足"的,深居后宫的马皇后为脚大而深感不安,在人们面前从来不敢将脚露出裙外。一天,马皇后游兴大发,乘坐轿子兜风首都金陵街头。游玩中一阵风把轿帘掀起一角,将马皇后搁在踏板上的一双大脚暴露了出来。有瞧见者,便一传十、十传百地传开了,不久便轰动了整个金陵城。从此,"露马脚"一词便广为流传开了。

然而,这种说法是不太准确的。早在元代,便有"露马脚"一词。元无名氏《陈州粜粮》第三折:"这老儿不好惹,动不动就先斩后闻,这一来则怕我们露出马脚来了。"这一例证,打破了"露马脚"出自明代马皇后的说法。

"露马脚"一词本源自北宋佛教经典。北宋时黄龙慧南禅师常以三句转语示人,人称"黄龙三关",名噪一时。这三句转语是:"我手何以佛手"、"我脚何以驴脚"、"如何是汝生缘处"。黄龙禅师自赋《三关颂》道:"我手何以佛手,禅人直下荐取;不动干戈道出,当处超佛越祖。我脚驴脚并行,步步踏着无生;会得云收月皎,方知此道纵横。生缘有路人皆委,水母何曾离得虾;但得日头东边出,谁能更吃赵州茶。"《续传灯录》卷二十亦语:"后来风蟠事起,卷簟义彰,佛手难藏,驴脚自露。"佛教经典中的"驴脚"、"驴脚自露"后来便慢慢衍化为俗语"露马脚"了。从上面《陈州粜粮》的例证来看,至迟到元代,社会上便流行"露马脚"一词了。(李芳元)

靸 3365

㈣只把脚尖纳鞋内,拖着走。元方回《桐江续集》十一《秋夜听雨》诗:"质明靸破鞋,满砌落叶温。"

应作"不拔起鞋后帮,拖着走。"书证可上推至宋,赵彦卫《云麓漫钞》一卷:"尝得其三诗云:'九十余年老古锤,虽然鹤发未鸡皮。曾拖竹杖穿云顶,屡靸籐鞋看海涯。'"(张喆生)

顧此失彼 3402

沪版《成语》缺例,《辞源》引清黄六鸿《福惠全书》。按:已见明徐宏祖《徐霞客游记·粤西游日记一》:"导者行急,强留谛视,顾此失彼。"(上海古籍版294页)(陈增杰)

風雲際會 3411

《辞源》引元耶律楚材《次云卿见赠》诗。按：已见唐杜甫《夔府书怀四十韵》："社稷经纶地，风云际会期。"(《杜诗详注》卷十六)(陈增杰)

食少事煩 3422

引《晋书·宣帝纪（青黄二年）》："帝问曰：'诸葛公起居如何，食可几米'？对曰：'三四升。'次问政事。曰：'二十罚已上皆自省览。'"早见于《三国志·蜀志·诸葛亮传》裴松之注引《魏氏春秋》："诸葛公夙兴夜寐，罚二十以上皆亲览焉。所啖食不至数升。"(李一华)

饒 3434

第四义项为"任凭，尽"，两条书证分别出自《元曲选》和《红楼梦》。按唐释寒山诗中即有这种意义的"饶"字用例，如：

纵你居犀角，饶君带虎睛……(《全唐诗》卷八百六，9073页，中华书局，1960年)

此例不仅时代早得多，且富有启发性："饶"与上句"纵"互文，"饶"的"任凭"义甚为显豁。(袁宾)

高山流水 3484

典出《列子·汤问》俞伯牙、钟子期事（"志在高山……志在流水"）。《辞源》释义"后多用此为知音难遇之典，或喻乐曲高妙"，引金董解元《西厢记》四。沪版《成语》缺例，江版《成语》引《红楼梦》第八六回。按：喻乐曲高妙，例见宋王安石《和张仲通见寄三绝句》："高山流水意无穷，三尺空弦膝上桐。"(《王文公文集》卷五二)比喻知己或知音，例见陆游《向侯洪总领启》："快威风景星之睹，幸孰过焉；辱高山流水之知，倘其自此。"(《渭南文集》卷七)又(流水高山)，《辞源》缺例，江版《成语》引元石子章《竹坞听琴》。可提前引王安石《伯牙》诗："故人舍我归黄土，流水高山深自知。"(卷七三)(陈增杰)

高枕無憂 3484

引《旧五代史·高季兴传》。早见于唐代《敦煌变文集·卷二·庐山远公话》："请相公高枕无忧"。(李一华)

高飛遠走 3484

《辞源》引《后汉书·卓茂传》。按：语出《楚辞·九章·惜诵》："欲高飞而远集兮，君罔谓女何之。"(陈增杰)

鬼哭神號 3498

引清李玉《一捧雪·十五·代戮》。早见于《三国演义》九十一回："夜夜只闻得水边鬼哭神号。"(李一华)

三　义证不合

一乘 0005

㊂佛教用语。即一乘法、一乘显性教。华严宗认为这是成佛的唯一教法。乘，指车乘，比喻能载人到达涅槃境界。唐《大诏令集》一一三贞观十一年《道士女冠在僧尼之上诏》："至于佛法之兴，基于西域，……洎于近世，崇信兹深，……诸华之教，翻居一乘之后。"

书证中的"一乘"泛指佛教。如果认为这是借代的修辞手法，就不必用此例，要不就作"借指佛教"，免致读者模糊不清。（赵恩柱）

中立 0084

义项㊀书证为《战国策·齐》一，当代之以《国语·晋》二："里克曰：'吾秉君以杀太子，吾不忍；通复故交，吾不敢。中立，其免乎？'"注："中立，不阿君，亦不助太子也。"与该义项的解释（在对立的双方中间，不偏袒一方）吻合。（黄崇浩）

乳哺 0116

哺育婴儿，谓口中嚼食而与之。

《辞源》引《旧唐书》刘贲传："夫百姓者，陛下之赤子也。宜令仁慈者亲育之，如保傅焉，如乳哺焉，如师之教导焉。"

今按：《中文大辞典》引《字汇》："乳，育也。"《贤愚经》卷九摩诃令奴缘品："此阎浮提有大国王，……其儿福德，人中奇尊，即依母亲，而为立字提婆令奴，乳哺长大。"（颜洽茂）

令典 0168

国家的宪章法令。《左传》宣十二年："蒍敖为宰。择楚国之令典。"《三国志·魏文帝纪》黑初五年："自今其敢设非祀之祭，巫祝之言，皆以执左道论，著于令典。"

按：《左传》书证中的"令典"和《三国志》书证中的"令典"不是一个意思。关键在"令"字上。《左传》中的"令典"是偏正结构，其中的"令"字，是"善"的意思。这一点，不但从有的注家的注文中可以知道，而且，就是从上下文也可推知。《三国志》书中的"令典"是并列结构，其中的"令"字，是"法令"的意思。《说文》："令，发号也。"段玉裁注："发号者，发其号呼以使人也。引申为律令。《诗》笺曰：'令，善也。'凡'令'训'善'者，'灵'之假借字也。"朱骏声的看法基本与段氏同，见《说文通训定声》"令"字下及《说文通训定声自序》。这就是说，从词义上讲，《左传》用的是"令"的假借义，《三国志》用的是"令"的引申义。《辞源》把这两个意义完全不同的"令"字硬扯到一块解释，那怎么行得通呢？（吕友仁）

仰人鼻息 0178

依赖他人，看人脸色。《后汉书》七四上《袁绍传》："袁绍孤客穷军，仰我鼻息……"《资治通鉴·六十·汉初平二年》注："鼻息，气一出入之顷也……"也称"仰息"。《聊斋志异·婴宁》："转思三十里非遥，何必仰息他人。"

这一条释义确切，美中不足的是书证中没有"仰人鼻息"，与词目不符。我翻阅了一般辞书和《佩文韵府》《初学记》等类书，也都没有。再查常见的成语词典，只有在1981年常州教育局编写的一部中，找到陈毅同志写的《水调歌头·四游良口》："仰人鼻息奈何天！"这是今例，引用不得，因为新《辞源》"出版说明"规定：收词一般止于鸦片战争。真是踏破铁鞋无觅处！后来发现康有为《大同书·去家界为天民》："其有子女众多，壮夫环立，而游手无食，仰于一老，乃至七八十奔走远方，或为人隶，仰人鼻息，归而哺食其所生息者。"严格地说，这也不合格，《大同书》的初稿写成于1884年，比鸦片战争已经迟了四十四年，但"艺舟双楫"的释文已提及康有为的《广艺舟双楫》，那么，同一作者的《大同书》，似亦可引作书证。（张毓琏）

何許 0188

目云："何处，什么地方。《文选》三国魏阮嗣宗（籍）《咏怀》诗之十：'良辰在何许，疑霜霑衣襟。'"按，此目引例与说解未能榫合，"何许"在上例中为"何时"义而非"何地"义。"处"有"时"义，"许""处"可通，故"何许"同"何处"均可不表处所而表时间，从六朝至唐宋均有用例。南朝齐谢朓《晚登三山还望京邑》诗："佳期怅何许，泪下如流霰。"又《在郡卧病呈沈尚书》诗："良辰竟何许，夙夕梦佳期。"《玉台新咏》卷七皇太子简文《照流看落钗》："佳期在何许？徒伤心不同。"唐李白《古风》："良辰在何许？大运有沦忽。"唐孟浩然《秋宵月下有怀》诗："佳期旷何许？望望空伫立。"如此之类，均与阮诗句法相近，"何许"之前并有"佳期""良辰"等时间名词与之呼应。（王锳）

初陽 0350

晨曦，日出时的阳光。《文苑英华》一九〇唐太宗《正日临朝》诗："条风开献节，灰律动初阳。"

案："初阳"一词在古代主要有二义。第一义是指冬至以后、立春以前一段时间，其时太阳回归，阳气初动，故称初阳。比如《玉台新咏·古诗为焦仲卿妻作》："往昔初阳岁，谢家来贵门。"《宋史·乐志》："《奉禋歌》：'葭飞璇律孕初阳，云绝清台荐景祥。风应律，日重光。'"又特指一年的开始，即初春，与"初岁"相当。第二义是指清晨日出时的阳光，即晨曦。

唐太宗诗句"灰律动初阳"，其"初阳"应该是指第一个意义。旧历正月初一为一年之始，按封建惯例，太宗临朝，接受群臣拜贺，并写下这首诗。开头两句点明正月旦日佳节。诗中"初阳"与"献节"（指旧历正月初一）相对为文，并且与"灰律"组合成句，都是就节候、时令而言，故"初阳"不是指"晨曦，日出时的阳光"，《辞源》的释义与书证不相符。这条书证应该放到义项[1]才对。

至于作"晨曦"解的书证应当另举。比如温庭玉《正见寺晓别生公》："初阳到古寺，宿鸟起寒林。"周邦彦《苏幕遮》词："叶上初阳干宿雨，水面清圆一一风荷举。"《清史稿·乐志》："看楼角，初阳遑映，听枝上，宫莺早鸣。"其中的"初阳"便作"晨曦"解。（毛远明）

便 0212

（六）副词。1. 就。《庄子·达生》："若乃夫没人，则未尝见舟而便操之也。"

按，例子举得不合。这里《庄子》的"便"字是熟练的意思，不是"就"的意思。成疏："谓津人便水，没入水下，犹如鸭鸟没水，因而捉舟。"可以为证。（王力）

劝 0384

[1]劝告，劝说。《书·大禹谟》："劝之以九歌。"《后汉书》十二《彭宠传》："建武二年春，诏征宠，……而其妻素刚，不堪抑屈，固劝无受召。"[2]勉励，奖励。《论语·为政》："举善而教不能则劝。"

案："劝"之本义应是"勉励，奖励"。《说文》："劝，勉也。"《广韵》："劝，奖勉也。""劝告""劝说"是其引申义。据《辞源》体例4："多义词的解释一般以本义、引申、假借为先后。"因此本词条的义项顺序应调整，即两个义项应该对换，否则便与体例不合。

又，义项[1]"劝告，劝说"义以《书·大禹谟》"劝之以九歌"为书证并不恰当，因为书证与释义不符。这里的"劝"仍然是勉励的意思。孔颖达疏："劝勉之以九歌之辞。但人君善政，先致九歌成辞自劝勉也。"用"劝勉"解释"劝"，其说甚是。所以，《书·大禹谟》的这条书证应该放在"劝"的本义"勉励，奖励"下面才对。（毛远明）

厥角 0441

兽之头角。《书·泰誓》中："百姓懔懔，若崩厥角。"《疏》："以畜兽为喻，民之怖惧，若似畜兽崩摧其头角然。"后来称以头叩地为"厥角"。《汉书·诸侯王表》："汉诸侯王，厥角稽（稽）首。"《注》引应劭："厥者，顿也；角者，额角也；稽首，首至地也。"

按：《书·泰誓》之"厥角"不成词，不应用来作书证。其所以不成词，孔《疏》已讲得明明白白："若似畜兽崩摧其头角然"，可知"厥"实乃虚词，作"其"解，"其头角"是不可能得出"兽之头角"意思来的。既然《泰誓》的"厥角"不成词，它与《汉书》成词的"厥角"就不存在承袭关系，故条注"后来称以头叩地为厥角"的说法是站不住脚的。（艾荫范）

反老还童 0450

《辞源》释作道家却老术的一种。引自汉史游《急就篇》："长乐无极老复丁。"《文苑英华》三五二缺名《七召》："既变丑以成妍，亦反老亦还少。"并指出均为祝颂赞美之辞。而在[返老还童]条中释义相同，却引宋张君房《云笈七签》六十《诸家气法》："日服千嚥，不足为多，返老还童，渐从此矣。"既然释义相同，引文中的该词词义即应与此为准。而《云笈七签》所引，说的正是道家却老术的用法和效果，因此后者的引例比前面的更符合语义。所以，两个词条似均应以此作为引例。（王立）

埴 0610

㈠细密的黄黏土。……也用作泥土的通称。《淮南子·齐俗》："若玺之抑埴，正与之正。"

《注》："埴,泥也。"

按:《淮南子·齐俗训》所用的"埴"是封泥,仍为㊀义的黄黏土,而非泛指的泥土。古人缄封书函,先约之以绳,再加封泥其上,然后在封泥上加盖印玺,以便保密。《齐俗训》所云,说的正是这种情形。

《淮南子》的书证之所以误用,盖由高诱之注所致。高注以"泥"释"埴",正说明"埴"是有黏性的泥土。上古之"埴"与"泥"读音近似。《书·禹贡》:"厥土赤埴坟",郑玄本"埴"作"戠"。《考工记·弓人》:"凡昵之类不能方",郑司农说"昵或作樴",杜子春说:"樴读为'不义不昵'之昵。或为䵑"。郑玄又说:"脂膏䐆败之䐆。"可见,埴、䐆、戠、樴、昵,读音并近;"昵""泥"同读,因而"埴,泥也"就是同声相训。杜子春所说之"或为䵑",段玉裁在《周礼汉读考》中解释说:"又云'或为䵑'者,谓故书樴或为䵑。䵑者,䴴之或字。"《说文》:"䴴,黏也",《玉篇》:"䵑,黏也。"上引诸字,并与"泥"字双声,且都有"黏"义。可见高注所用之"泥"正是黏土,而非"泥土的通称"。(艾荫范)

墟 0627

本作"虚"。(一)大丘。《吕氏春秋·贵直》:"使人之朝为草而国为墟。"注:"墟,丘墟也。"参见"虚(一)"。

按,大丘之义当举《诗·鄘风·定之方中》"升彼虚矣"为例。《吕氏春秋·贵直》"使人之朝为草而国为墟"的"墟"不是大丘,而是废墟的意思。高注为丘墟,"丘墟"也就指的是废墟。(王力)

姻 0751

(一)男女嫁娶称婚姻。《诗·小雅·我行其野》:"不思旧姻,求尔新特。"

按,释义与例子不合。"姻"的本义是婿之父。《诗·小雅·我行其野》:"不思旧姻。"《笺》:"壻之父曰姻。"男女嫁娶为婚姻,这是现代汉语的词义,不能用来解释古书。(王力)

尊範 0878

对别人容貌的称呼。《聊斋志异·章阿端》:"生醒视之,则一老大婢……笑曰'尊范不堪承教'。"

从"别人""容貌""称呼"三个词可以看出"尊范"是被当作中性词来解释的。分言则"尊"有敬意,"范"是榜样;合言则可释为对宾客或长者仪容的敬称。同时,书证与释义要保持一致,不然,书证就无法对释义起证明、说明的作用。"尊范"的书证,只引了《章阿端》的三句话,语义不够明确。可见书证中省略的文字,即"奓耳蓬头,臃肿无度,生知其鬼,捉臂推之"不可不补足。显然,这十六个字,充满贬义,不能作表敬称的"尊范"的书证。那么,《章阿端》中的戚生为什么对老大婢称"尊范"呢?这是反话,意在讽刺她丑陋不堪,并非真正敬称。因此,这条书证不宜引用,需要更换。(张毓琏)

岫 0929

山洞。见《尔雅·释山》。陶渊明(潜)《归去来辞》:"云无心以出岫,鸟倦飞而知还。"

案:"岫"有"山洞"义,没有问题。但是,"云无心以出岫"的"岫"在这个具体的语境中却不应该是"山洞,山穴",而应该是连山略阙处,即山阿、峰峦。因为云不会从山洞、山穴中飘出,而只能出现在山阿峰峦之间。

其他例证如唐薛用弱《集异记·李清》:"州人家家坐对岚岫,归云过鸟,历历尽见。""岚岫"同义连文,即峰岚山阿,归云、过鸟出没于其间,文义通畅,而且是暗用陶渊明《归去来辞》"云无心以出岫,鸟倦飞而知还"的典故。《辞源》义项[2]立了"峰峦,山谷"义,故可以把该条书证放到[2]义之下。(毛远明)

崆峒 0935

第二义项,以"崆峒"指"洛阳",其文云:"古人认为北极星居天之中,斗极之下为空桐(即崆峒)。洛阳居地之中,因以崆峒指洛阳。唐李贺《歌诗编》三(按:应为"二")《仁和里杂叙皇甫湜》:'明朝下元复西道,崆峒叙别长如天。'"

这里所引"斗极之下为空桐",见于《尔雅·释地》。其文云:"岠齐州以南,戴日为丹穴。北戴斗极为空桐。东至日所出为大平。西至日所入为大蒙。"邢昺疏云:"岠,去也;齐,中也;中州犹言中国也。戴,值也。言去中国以南、北户(按:即日南郡)以北值日之下,其处名丹穴。"疏云:"斗,北斗也;极者,中宫天极星,其一明者泰一之常居也。以其居天之中,故谓之极;极,中也。北斗拱极,故云斗极。值此斗极之下,其处名空桐。"《尔雅》这四句话的结构相同,都是以中州(即齐州)为坐标,分别说明它的南边、北边、东边、西边的一定区域的名称。即中州以南一直到日南郡,这一处于太阳直射或近似直射之下的地区,叫"丹穴";中州以北,处于北斗星、北极星之下的地区叫"崆峒";中州以东一直到太阳升起之处的地区,叫"大平";中州以西一直到日落之处的地区,叫"大蒙"。据此,《尔雅》所谓"北戴斗极为崆峒"中的"崆峒",根本不是指某一个具体地方,而是指我国中原地区以北一直到地球的北极这一广大区域。处于中州之内的洛阳根本不在崆峒的范围之内。至于李贺词中的"崆峒"究指何地,曾有多说,言其指洛阳是后起的一说。其说引邢昺疏北极星"居天之中",去对应其他古籍中所言的洛阳"居地之中",因以李诗"崆峒"指洛阳。其实,邢昺所谓北斗星、天极星(即北极星)"居天之中",是就整个天体而言,而我国其他古籍中所谓洛阳"居地之中",是就我国的版图而言,这两者所取的参照系不同,因此根本不能对应。此说既不能成立,则《辞源》引李诗"崆峒"便不足为据。(谌东飚)

巾車 0966

义项㊀有车衣遮盖的车。引《孔丛子·记问》:"巾车命驾,将適唐都",及陶潜《归去来兮辞》:"或命巾车,或棹孤舟"为例。按:《说文》七下巾部巾字下段玉裁注:"以巾拭物曰巾,如以帨拭手曰帨。《周礼》巾车之官。郑(玄)注:'巾,犹衣也。'然《吴都赋》:'吴王乃巾玉路。'陶渊明文曰:'或巾柴车,或棹孤舟。'皆谓拂拭用之,不同郑说也。陶句见《文选》江淹《杂体诗》注。今本作'或命巾车',不可通矣。《玉篇》曰:'本以拭物,后人著之于头。'据此,知巾本动词,后始用为名词。《孔丛子》一例,"巾车"与"命驾"都是动宾结构,也是作动词用。柳宗元《同刘禹锡述旧言怀感时事书八十韵》:"谁采中原菽？徒巾下泽车。"巾,犹用古义。《辞源》此条,释义和引文都有问题,退一步说,即使郑注不误,《周礼》的"巾车"也与《孔丛子》、陶文是两码事,不能混为一谈。（张涤华）

市日 0967

集市之日。《后汉书·孔奋传》:"时天下扰乱,唯河西新安,而姑臧称为富足,通货羌胡,市日四合。"

按:李贤注云:"古者为市,一日三合；……今既人货殷繁,故一日四合也。""市日四合",谓集市贸易活动一天进行四次。此"市日"之不当连读固甚明,援以为[市日]书证,不妥。（陈增杰）

市喧 0968

释为"市中闹声。"引杜甫《自瀼西荆扉且移居东屯茅屋》:"市喧宜近利,林僻此无蹊。"杜诗"市喧"与"林僻"相对,喧是喧闹,僻是僻静,当作形容词看；而释义"闹声"则是名词,不能对应。（陈增杰）

常川 0980

目云:"连续不断、取川流不息之意。"引明汤显祖《邯郸记·勒功》:"少则少千里之遥,须则要号头明,烽燎远,常川好看。"按,"好看"二字误倒,造成曲文失韵。《汤显祖集》《六十种曲》均作"看好"。另"常川"在元明之际多表"常常、每每"义,为当时俗语,是否取川流不息之义尚缺乏证据,"连续不断"的解释也不甚准确。上引例意谓须常常看好烽燎。又《孤本元明杂剧·广成子》第三折:"临军不战心中怕,上阵常川肚里疼。"《延安府》第一折:"我打死人不偿命,常川只是坐牢。"其中"常川"都不能作"连续不断"解。（王锳）

张 1047

㈣陈设,打开。

按:陈设、打开宜分列两义项,不当并为一处。其下所引书证也嫌不够典型,如能换用象《战国策·秦策一》"张乐设饮"、《荀子·议兵》"虚腹张口"一类例子（前"张"唯能释为"陈设",后"张"只可释为"张开"）,自不致将"陈设"和"打开"混为一谈。（王彦坤）

打挣 1208

目列二义:①挣扎。引《金线池》剧第三折:"但酒醒硬打挣强词夺正,则除是醉时节酒淘真性。"②尽力设法。引《金凤钗》剧第三折:"我道你不是受贫的人,我还打挣头间房你安下。"按,一、二义项引证均有未妥,"打挣"确有"挣扎"义,如《灰阑记》剧三折:"兀那妇人,你打挣些,转过这山坡，我着你坐一会儿再走。"此外尚有：①支吾对付义，《金线池》一例即属此。②打扫收拾义，《金凤钗》一例即属此。后列二义，今四川方言尚然。（王锳）

排比 1275

目云："依次排列，使相连比。"共引二例：其一为白居易诗："花教莺点检，柳付风排比。"其二为元稹文："至若铺陈终始，排比声韵……"按，"排列连比"之义，于第二例或勉强可通，于第一例显然扞格。"排比"在唐宋多用表"准备、安排、具办"等义，实即"排备"，参见《敦煌变文字义通释》及拙撰《诗词曲语辞例释》该条。白诗一例亦应作如是观，意言把柳树交与春风去安排。春风只能催绿柳枝，而不能使柳枝排列连比成行，这是很明白的。（王锳）

挥霍 1285

豪奢，任意花钱。唐李肇《国史补》："会冬至，（赵）需家致宴挥霍。"

按：《国史补》中之"挥霍"非谓"豪奢、任意花钱"之意，乃"慌忙、匆忙、忙乱"之意。何儒亮误入赵需家之事于唐宋笔记、小说中数见，现今分别引录，即可见《辞源》之误。宋王谠《唐语林》卷六："进士何儒亮，自外方至京师，将谒从叔，误造郎中赵需宅，自云同房。会冬至，需欲家宴，挥霍之际，既是同房，便令引入就宴，姑姊妹尽在列。儒亮僶俛徐出，细察，乃何氏子，需笑而遣之。"《太平广记》卷二百四十二"何儒"条（出《国史补》）："唐进士何儒亮自外州至京，访其从叔，误造郎中赵需宅，自云同房侄。会冬至，需欲家宴，挥霍云：'既是同房，便令入宴。'……"此两书虽与《国史补》行文有异，然文意一致。余疑《国史补》中之"需家致宴挥霍"实乃"需家欲宴挥霍"之讹。"致"者，"使……至"也，于文义不通。"需家欲宴挥霍"即"赵需家欲行冬至家宴而忙乱"之义。若"挥霍"作"豪奢、任意花钱"解，则成"赵需家欲行冬至宴而任意花钱"矣，天下安有此理？且《唐语林》之"挥霍之际"，《太平广记》之"挥霍云"亦扞格不通矣。故此"挥霍"必为"慌忙、匆忙、忙乱"之义，目前大、中、小型语文词典均未收录，而中古文籍中则常见。"挥霍"乃双声联绵词，《广韵》平声八"微"韵："挥、挥霍，许归切。"入声十九"铎"韵："霍、挥霍，虚郭切。"同为古"晓"纽字。本义为"轻捷迅疾貌。"汉张衡《西京赋》："跳丸剑之挥霍，走索上而相逢。"即其证。在此词义基础上引申之，则有"慌忙、匆忙、忙乱"之义矣。《太平广记》卷四四六"狨"条："其雄而有毫者……身自知茸好，猎必取之。其雌与奴，则缓缓旋食而传其树，殊不挥霍，知人不取之。"此条中"缓缓"与"不挥霍"相应，"不挥霍"即"不慌忙"之义。又《玄怪录》："温州有人山中遇一波斯，把野鸡。见人，挥霍钻入石壁中，其石自合。""挥霍"亦"慌忙"之义。又《博异志》："汉阳行洪饶间，见亭宇甚盛，白金书曰：'夜日宫'。有女郎六七人，相拜，问来由。汉阳具述不意至此。女郎揖坐命酒，四更已来，收拾挥霍。青衣曰：'郎可归矣！'汉阳乃起而别。""收拾挥霍"即"匆忙收拾"之义。《太平广记》亦收此条，文作："四更以来，命悉收拾，挥霍次，一青衣曰：'郎可归舟矣！'汉阳乃起。"这里的"挥霍次"即"匆忙的时候""忙乱的时候"。（董志翘）

次室 1652

㊀《列女传》记鲁穆公时,有漆室女尝因哀君老而太子少,倚柱而哭。漆室,也作"次室"。汉王符《潜夫论·释难》:"是以次室倚立而叹啸,楚女揭幡而激王。"参见"漆室女"。

据释义,"次室"是地名。书证中则指次室之女。(赵恩柱)

步武 1667

㊀古以六尺为步,半步为武。指相距甚近。《国语·周》下:"夫目之察度也,不过步武尺寸之间。"唐权德舆《权载之集》一《书绅诗》:"谨之在事初,动用各有程。千里起步武,彗云自纤茎。"㊁步,举步;武,足迹。谓追随,效法。唐柳宗元《柳先生集》四十《为韦京兆祭杜河中文》:"分命邦畿,步武获陪。同志为友,星霜屡回。"宋陆游《剑南诗稿》五六《道室杂咏》之一:"岂但烟霄随步武,故应冰雪换形容。"

义㊀不是"指相距甚近",应是指甚近的距离。义㊁书证不合适,两条书证都是脚步、足迹义,"追随,效法"是"步武获陪"、"随步武"的意义。确有用为"追随、效法"的"步武",例如"步武前贤"。(赵恩柱)

汗颜 1720

《辞源》释作惭愧而出汗。引自唐韩愈《祭柳子厚文》:"不善为斲,血指汗颜。"这里的"汗颜"与"血指"相对为文,"血指"是指血染手指;"汗颜"应该是指汗流满面,"惭愧"是后起之义。所以,释作"脸上出汗,后以'汗颜'形容羞愧"。似乎更为合理。(王立)

溲 1853

㊂淘洗。《晋书·戴逵传》:"总角时以鸡卵汁溲白瓦屑作郑玄碑。"

按:《晋书·戴逵传》之"溲"非"淘洗"义,乃"调合"之义,故此例与义项㊂不合,当并入"㊀浸、调合"中。此言戴逵因从小尊崇郑玄,故总角时用鸡蛋汁调合白瓦屑捏成一块郑玄碑,所谓于游戏之中见心志也。以前辞书列"溲"之"调合"义,以为产生于唐宋,如《辞源》"溲面"条即引宋苏轼"分类东坡诗"注。囿于此,故认为《晋书》中之"溲"非"调合"义。实"溲"有"调合"义,于汉代已然。东汉刘熙《释名·释饮食》:"饼,并也,溲面使合并也。"至六朝,更是触处可见。如《齐民要术·饼法八十二》引《食次》曰:"膏环,用秫稻米屑,水、蜜溲之,强泽如汤饼面。……""六月时,溲一石面,著二升;冬时,著四升作。"皆其证。(董志翘)

無題詩 1934

释义云:"诗有寄托,又不便明确标题,即用'无题'为题,故称无题诗。唐李商隐集中尤常见。"这本来不错,但下文引陆游《老学庵笔记》,"唐人诗中有无题者,率杯酒狎邪之语",却容易使人误会无题诗都是"狎邪之语。"即以商隐诗而论,《四库提要》卷一五一已经指出:"无题之中,有确有寄托者,'来是空言去绝踪'之类是也。有戏为艳体者,'近知名阿侯'之类是也。有实属狎邪者,'昨夜星辰昨夜风'之类是也。有失去本题者,'万里风波一叶舟'之类是也。有与无题相连误合为一者,'幽人不倦赏'之类是也。"由此可见,集中的无题诗"实属狎邪者"只是一部分。商隐之外,唐人作无题诗的还很多,如李德裕《无题》云:"松倚苍崖老,兰临碧洞衰,不劳邻舍笛,吹起旧时悲。"(《全唐诗》卷四七五)张乔《无题》,题下注云:"一作《赠友人》"(同上,卷六三九)。钱珝江行《无题》一百首,则为记游之作(同上,卷七一二)。如此之类,有何"狎邪"可言?所以,放翁的话最好不引,即使引用,也宜酌加说明。(张涤华)

珥珰 2055

《辞源》引《新唐书》骠国传:"冠金冠,左右珥珰,条贯花鬘。"

按:《杂宝藏经》卷九婆罗门妇欲害姑缘,说昔有一婆罗门妇志存淫荡,因为有婆母在,不得遂意。于是密作奸谋,把婆母推入火坑。正巧火坑有一小隥,婆母得以出难。回家途中因畏惧虎狼,攀上高树,正好遇到一伙盗贼偷了财宝到树下歇息,听到婆母咳声,"谓是恶鬼,舍弃财物,各皆散走。既至天明,老母泰然,无所畏惧,便即下树,选取财宝,香璎珠玑,金钏珥珰,真奇杂物,满负向家。"《辞源》释珥珰为"冠上垂珠",不知所本。《说文》:"珥,瑱也,从王耳,耳亦声。"《玉篇》:"珥,珠在耳。"《集韵》:"珥,耳珰。"《释名·释首饰》:"穿耳施珠曰珰。"《集韵》:"珰,充耳也。"《广韵》:"珰,耳珠"。据《集韵》和《广韵》,则"珥珰"为耳环无疑。(颜洽茂)

疟病 2142

由疟蚊为媒介,周期性发作的急性传染病。《左传·襄七年》:"子驷使贼夜弑僖公,而以疟疾赴于诸侯。"《礼·月令》孟秋之月:"寒热不节,民多疟疾。"

案:此词条失误有二:

第一,词目是"疟病",但是所用的两条书证都作"疟疾",而无作"疟病"者。其失误可以从两个方面去解释:或者是书证与词目不合,书证不能证明词目;或者是词目文字有误,"疟病"应作"疟疾"。从全部书证材料来看,大概错误应是后者,即"病"当是"疾"字之误。

第二,误以多义词为单义词,缺脱义项,使得书证与释义不合。"疟疾"一词在古代有两个意义:

[1] 暴疾,突然暴发的疾病。《左传·襄公七年》例中的"疟疾"应为此义。

《左传》载,郑大夫子驷指使人杀害郑僖公,表面原因是僖公不能以礼待人,侍者劝谏,僖公不听,反而杀侍者,终于导致杀身之祸。而深刻的原因则是子驷主张亲近楚国,郑僖公却主张亲近晋国,故子驷指使厨人以毒药药死僖公。臣下杀死君主是大逆不道的行为,为了掩人耳目,逃避杀君之恶名,子驷特诡称僖公偶患暴病,突然死去,并向各国诸侯报丧,以免遭到讨伐。详之事件原委,释"疟疾"为暴病是可信的。俞樾《群经平议·左传》有说,可以参考。

"疟疾",字又作"虐疾"。"虐"训暴,为常语。《尚书·金縢》:"惟尔元孙某,遘厉虐疾。"注:"虐,暴也。""虐疾"正是暴疾之义。

[2] 由疟蚊为媒介而患的急性传染病,《辞源》的解释与此相合,不赘述。

据此,《辞源》的正确做法应该是:"疟病"词目保留,但是应另举书证以证明之,如杜甫《哭台州郑司户苏少监》:"疟病餐巴水,疮痍老蜀都。"

同时另立词条"疟疾",并且分为两个义项,各选各的书证。这样,书证与词目、书证与释义才不会出现矛盾。(毛远明)

癈 2145

痼病。长期不愈的病。《周礼·地官·族师》:"辨其贵贱老幼癈疾可任者。"疏:"疫疾,谓,废于人事疾病,若今癈不可事者也。"《急就篇》:"笃癃痟癈迎医匠。"注:"癈,四支不收。"

按:修订本的释义,其实质是说久病难治,与所引书证、例证不符,与"癈"的含义不符。书证、例证指的则是人的肢体残癈、失去了固有的机能,其侧重点是指疾病给人造成的恶果。对于"癈"字的这一特定含义,段玉裁阐述得十分清楚。《说文解字注》:"癈,固病也,按,此当云:'癈固,病也。'癈固为逗,浅人删'癈'字耳。下文'痼'为'久病','癈固'则经传所云'癈疾'也,其义不同。错本作'痼疾也',则尤误矣。癈犹废,固犹锢,如瘖、聋、跛、躄、断者、侏儒皆是。"因此,"癈"的正确解释只能是指人的肢体残废或精神不健全。修订本对"癈"字的解释是不对的。(伍仁)

發節 2153

古代使臣出使,以符节示信,因称启程为发节。三国魏曹植《曹子建集·闲居赋》:"感阳春之发节,聊轻驾之远翔。"晋陆机《陆士衡集·行思赋》:"商秋肃其发节,玄云霈而垂阴。"

这个释义,从字面上看是不错的,如果有恰切的书证,完全可以成立。但是,所用书证的"发节"不是这个意思。发:发生、萌发;节:季节。曹植和陆机的赋,都是指季节始发。如果释为"启程",这两句就讲不通。(胡昭镕)

羡 2495

贪欲。想慕。《诗·大雅·皇矣》:"无然畔援,无援歆羡。"《淮南子·说林》:"临河而羡鱼,不如归家织网。"

案:这个条目有三处错误,分述如下:

其一,释义上,把"贪欲"与"想慕"并列放在一起,不恰当,因为二义并不相同。"羡"的本义是"贪欲"。《说文》:"羡,贪欲也。"段玉裁注:"《大雅》:'无然歆羡。'毛传云:'无是贪羡。'此羡之本义也。"应该说前人已经讲得很明白,可以为确证。至于"想慕"是希望、向往的意思,当是贪欲义的引申。并且"贪欲"与"想慕"的义域范围是有明显区别的,不应该容纳在一个义项中。因此,"贪欲"可以独立为一个义项,而立"想慕""羡慕"为另一个义项。

其二,为了证明其释义,《辞源》引用了《诗经》和《淮南子》两条书证。二例中的"羡"哪一例是"贪欲",哪一例是"想慕"呢?是否都既有"贪欲"又有"想慕"之义呢?显得含混不清。其实,两例中的"羡"字都只是"贪欲"义,而没有"想慕"义。《淮南子·说林》"临河而羡鱼"高诱注:"羡,愿也。"其说是可取的。"愿"是希望的意思,即受外物的引诱,产生贪欲而希望得到。《诗·

大雅·皇矣》毛传:"无是贪羡。"意思是,不要有这样过多的贪欲,"肆情以循物"(《诗集传》)。《辞源》的选例与训释不相符合。

至于"想慕""羡慕"义,应该另选书证。如《史记·管晏列传》司马贞索隐:"太史公之羡慕仰企平仲之行,假令晏生在世,己虽与之为仆隶,为之执鞭,亦所忻慕。其好贤乐善如此。贤哉良史,可以示人臣之炯戒也。"《后汉书·文苑传·边让》:"让善占(谢)[射],能辞对,时宾客满堂,莫不羡其风。府掾孔融、王朗并修刺候焉。"

其三,书证引《诗》"无援歆羡","援"当作"然",《诗》各本都作"然",如作"援"则于义不可通。这是因为前文有"无然畔援",于是排版时涉前"援"字而误,属于校勘不精所致,都宜改造。(毛远明)

规正 2855

《辞源》释作"改正",引《南史·孔靖传》附孔奂:"奂在职清俭,多所规正。"及《新唐书·曹宪传》:"炀帝令与诸儒撰《桂苑珠丛》,规正文字。"后一个引文是改正之义,但不好解释前一个引文中的规正之义。根据引文,释为劝戒匡正较为合适。再比如下面的例子,《左传·襄公十四年》:"大夫规诲。"晋杜预注:"规正谏诲其君。"(《春秋左传正义》卷三十二,256页)《资治通鉴·晋简文帝咸安二年》:"融(苻融)年少,为政好新奇,贵苛察;申绍数规正,导以宽和,融虽敬之,未能尽从。"这两例中的"规正"也均为劝戒匡正之义。所以说,《辞源》的释义与引文似不完全对应。(王立)

謬論 2916

错误的言论。《汉书·刑法志》:"夫以孝文之仁,(陈)平(周)勃之知,犹有过刑谬论如此甚也,而况庸材溺於末流者乎?"

按:书证中之"谬论"非"错误的言论"义。此"谬论"与"过刑"相对,"过刑"者,过量施刑也。"谬论"者,错谬判决也。此"论"乃"处治罪人""处决"之义。此义汉时习见。《史记·李斯列传》:"遂具斯五刑,论腰斩咸阳市。"《史记·吕后本纪》:"其群臣或窃馈,辄捕论之。"《汉书·东方朔传》:"廷尉上请请论",师古曰:"论决其罪也。"《后汉书·陈宠传》:"萧何草律,季秋论囚。"注:"论,决也。"皆其证。故《汉书》之"谬论"者,"论"乃动词。检之《汉书·刑法志》,前文言文帝初除夷三族令之事。文帝诏周勃、陈平:"法者,治之正,所以禁暴而卫善人也。今犯法者已论,而使无罪之父母妻子同产坐之及收,联甚弗取,其议。"后文云:"其后,新垣平谋为逆,复行三族之诛。由是言之,风俗移易,人情相近而习相远,信矣。夫以孝文之仁,平、勃之知,犹有过刑谬论如此甚也……"据此,犯法者已论,复使三族同坐,即为"过刑谬论"也,其意明甚。(董志翘)

譏 2920

㈠讽刺。见"讥刺""讥弹"。

按："讥刺"条下所引书证中的"讥刺"没有"讽刺"意已见上述，"讥弹"条下的书证中的"讥弹"也没有"讽刺"意，编者释"讥弹"为"评论、抨击"是确切的。汉人王逸在注释这一段文字时引用《荀子》的"有人道我善者，是吾贼也；道我恶者，是吾师也"，是深得书旨的，这从曹植这一封信中谈到他所以写信给杨修是因为自己"亦不能忘叹者，畏后世之嗤余"，所以还寄去"少小所著辞赋一通"请杨修评改，这哪里有一点的"讽刺"意味呢？有鉴于此，"讽刺"意应全部另换书证为佳。

"讥讽"释为"嘲笑讽刺"意所引用的两个书证也是不妥的。韩愈的《石鼎联句诗序》："刘与侯皆已赋十余韵，弥明应之如响，皆颖脱含讥讽。"苏轼的《广陵会三同舍各以其字为韵仍邀同赋》："作诗聊遣意，老大慵讥讽。"两诗中的"讥讽"也都是委婉的劝谏意，绝无"嘲笑讽刺"意，这从《辞源》"讽"字条下释义㊀"不用正言，托辞婉言劝说"和引用《后汉书·李云传论》"礼有五谏，讽为上"也可得到明证。（姚国旺）

镟 3210

温器。旋之汤中以温酒。《古今杂剧》元李文蔚《燕青博鱼》二："自家是这同乐院前卖酒的，我烧的这镟锅儿热，看有甚么人来。"

该条立目为"镟"，而所举书证却是"镟锅"，不确。镟锅，查《辞源》未收，或即以为其与镟同为一器的缘故罢。其实二者是两种不同的东西。

《六书故·地理一》："镟，酒器也。旋之汤中以温酒与洎者也。"即温酒时先把酒注入镟子里，再将镟子放入热水（汤）中，酒温后便可饮用。元高文秀《黑旋风双献功》第一折："吃酒处就与他绰镟提觥。"《元史·舆服志一》："酒器许用银壶、台盏、盂、镟，余并禁止。"把镟与觥、壶、盏、盂等并提，足可证明其为案桌上所用酒器。其形制当与今人酒席上常见之细颈大底喇叭口的温酒具相去不远。底大能容，且置于热水中不易倾倒，颈细则酒不易洒出，口呈喇叭状便于注酒。其质料多为铜锡或陶瓷，取其导热性能较好的特点。欲饮即温，既温便饮。而"镟锅"却是一种炊具，为灶上所用。其形似锅，故名。前文《辞源》所引同乐院前那位卖酒的说"我烧的这镟锅儿热，看有什么人来"，这是在炉灶上提前烧水，等客上门，而非提前温酒。说白了其实就是烧水锅，因此不仅可用来烧水温酒，亦可烧水作它用。如元秦简夫《东堂老》第一折："小可是卖茶的，今日烧的这镟锅儿热了，看看有什么人来。"

我国宋代是以注子和注碗温酒的，即将盛了酒的壶（注子）置于盛有热水的大碗（注碗）内使酒变热。以镟温酒，当始于元代，至今尚存其制。明代的长篇小说《水浒传》第二十八回写道："武松看时，一大旋酒，一盘肉。"旋，通"镟"，指已温热的酒，以镟为容量单位，不能说成"一大旋锅酒"。（李雁）

開士 3237

释文云："后来作为对僧人的敬称。"引李白《登巴陵开元寺西阁》诗为例。然白集一本作"阐士"。《全唐诗》亦作"闸士"。只注云:"一作开"。故书证不如用宋之问《见南山夕阳召监师不至》:"此中意无限,要与开士说。"又,李德裕《寄龙门僧》:"龙门有开士。"德裕时代虽稍晚,然诗较合用。(张涤华)

领略 3390

魏晋以后,"领略"有"要领""要点"的意思,"领""略"同义复词。如《世说新语·文学》:"殷使(康僧渊)坐,粗与寒温,遂及义理。语言辞旨,曾无愧色;领略粗举,一往参诣。""领略粗举,一往参诣"说康僧渊简捷明了地阐述要领,一下子便揭示了问题的关键。又如江淹《杂诗·孙廷尉绰杂述》:"浪迹无蚩妍,然后君子道。领略归一致,南山有绮皓。"《文选》卷三十一上诗李善注引王文度《赠许询诗》:"吾生挺奇干,领略总玄标。""领略"均是"要点""要领"的意思。这个义项,诸辞书不仅未能辨识,而且错误地把江淹诗中的"领略"作为"领会"一义的书证——如《中文大辞典》、修订本《辞源》。倒是域外译本早得的解,如美国的马瑞志和日本的目加田诚《世说新语译注》(马瑞志著,明尼苏达大学出版社,1976年;目加田诚著,明治书院出版,1978年)皆以"要领""要点"义译之。(蒋宗许)

腾腾 3464

奋起或迅疾刚健貌。……罗隐《甲乙集》三《途中寄怀》诗:"不知何处是前程,合掌腾腾信马行。"

按:罗隐《途中寄怀》诗之"腾腾"非"奋起或迅疾刚健貌"也。罗隐,唐新城人,一生失意落魄,自28岁至55岁,虽十举进士,然终未录取,故多感叹落第失意之诗作,《途中寄怀》亦属此类,"不知何处是前程,合掌腾腾信马行",乃言前途莫测,只能合掌听任马儿慢慢前行,盖听天由命之意也。"腾腾"描写动作之悠闲、迟缓,唐宋诗中习见,然目前辞书中失收此义项。杜荀鹤《长安道中有作》诗:"回头不忍看赢僮,一路行人我最穷……仔细寻思底模样,腾腾又过玉关东。"此言动作之迟缓,犹言慢慢、悠悠。李中《秋日途中》诗"信步腾腾野草边,离家都为名利牵"之"腾腾"亦"慢悠悠"之义,且与罗隐诗意甚近似。元剧《荆钗记》三十三:"腾腾晓行,露湿衣襟冷;徐徐晚行,月照遥天暝。""腾腾"与"徐徐"对文,意更显豁。(董志翘)

卤莽 3551

第一义为"粗疏",引唐杜甫《空囊》诗:"世人共卤莽,吾道属艰难。"

按:此诗上二句云:"翠柏苦犹食,晨霞高可餐。""粗疏"之解,施诸句中,义恐未安。清杨伦《杜诗镜诠》于"世人共卤莽"句下注云:"众人贵苟得意。"可谓得句意之大略而未获确解。实则二句含"世人皆浊我独清,众人皆醉我独醒"之意,"卤莽"为"迷惑、迷惘"义。敦煌变文《妙法莲华经讲经文》:"奉事仙人,心不济(莽)卤。"陈治文《敦煌变文词语校释拾遗》认为此例"莽卤"不宜解作马虎轻率,并引《集韵·姥韵》:"憐恼,心惑。"(参见《中国语文》1982年第2期)。据此,"卤莽"为"莽卤"之倒序词,与通常表粗疏轻率义者实属同形异义。此在散文中也有例可证。

《太平广记》卷三百七十《王锜》："与锜坐语良久，锜不知所呼，即徘徊卤莽。紫衣觉之，乃曰：'某潦倒一任二十年，足下要称呼，亦可谓为王耳。'"文中"徘徊鲁莽"即犹豫迷惘之义。（王锳）

黄花晚節 3574

《辞源》释作：黄花，谓菊花，晚节，谓傲霜而开，喻老而弥坚。接着语源引自宋胡仔《苕溪渔隐丛话前集》二七韩魏公引韩琦诗："不羞老圃秋容淡，且看黄花晚节香。"我们知道，"晚节"实际上有两个意思：末时；晚年的节操。而《辞源》所引语源，该词词义只是晚秋，指的是菊花在晚秋开放，并没有晚年节操之义。如果像这样只引其一，读者不容易分清所引例中的该词词义到底是哪种。所以，分别引源为好。（王立）

四　增书证

一言九鼎 0013

引《史记·平原君传》："毛先生一至楚而使赵重于九鼎大吕。"可加引例：宋代邵博《河南邵氏闻见后录》卷十五："故其一言之出，则九鼎不足为重"。字面相同例：《歧路灯》五回："二位老师，一言九鼎。"（李一华）

一刻千金 0013

《辞源》、沪版《成语》已引苏轼《春夜》诗"春宵一刻值千金"。按：其用例可补引清无名氏辑《时调小曲丛钞·怨四季》："休提一刻千金价，准备重守十年寡。"（古典文学出版社1957年版《明清民歌选》第202页）（陈增杰）

一笑置之 0014

引宋代杨万里《诚斋集·二六·观水叹》诗："出处未可必，一笑姑置之"。字面相同例：清代《钱牧斋尺牍·卷中·复□□□》："即一笑置之矣"。（李一华）

一得之愚 0014

引《史记·淮阴侯传》："广武君曰：'臣闻智者千虑，必有一失；愚者千虑，必有一得。'"字面相同例：《新编五代史平话·周史·卷下》："臣有一得之愚，切谓鄴都戍兵家属尽在京师，不若闭城自守，出其军人妻属登城以招之，人人思家，可不战而胜也。"（李一华）

一误再误 0015

引《宋史·魏王廷美传》："太祖已误，陛下岂容再误耶？"字面相同例：《官场现形记》三十六回："我已一误再误，目下不能不格外小心。"（李一华）

一暴（曝）十寒 0015

出《孟子·告子上》"一日暴之，十日寒之"，诸辞书已引，然缺用例。按：可补引朱熹《答廖子晦书》："然读书尚不能记得本文，讲说尚不能通得训诂，因循苟且，一暴十寒。"（《朱文公文集》卷

四五)(陈增杰)

一諾千金 0016

引《史记·季布列传》:"楚人谚曰:'得黄金百斤,不如得季布一诺。'"又唐代李白《李太白诗·十·叙旧赠江阳宰陆调》:"一诺许他人,千金双错刀。"字面相同例:宋代贺铸《东山词·六州歌头》:"立谈中,死生同,一诺千金重。"(李一华)

一客不煩兩家 0017

也作"一客不烦二主"。可加引例:明代徐㬂《杀狗记·十二出·雪夜救兄》:"一客不烦二主,一发是你去。"(李一华)

七步成詩 0024

引《世说新语·文学》:"文帝尝令东阿王七步中作诗,不成者行大法。"可加引例:《三国演义》七十九回:"(曹)丕又曰:'七步成章,吾犹以为迟。汝能应声而作诗一首否?'"(李一华)

三千珠履 0048

引《史记·春申君列传》:"春申君客三千余人,其上客皆蹑珠履以见赵使,赵使不惭。"字面相同例:唐代李白《李太白集·卷十三·寄韦南陵冰》诗:"堂上三千珠履客,瓮中百斛金陵春。"(李一华)

不喫煙火食 0077

引《诗话总龟·卷九·王直方〈诗话〉》:"此不是喫烟火食人道底言语。"字面相同例:元代马致远《岳阳楼》三:"我穿着领布懒衣,不吃烟火食。"(李一华)

不可同日而語 0077

引《战国策·赵二》:"岂可同日而言之哉?"字面相同例:宋代洪迈《容斋三笔·二·国家府库》:"今之事力,与昔者不可同日而语。"(李一华)

並行不悖 0083

引《礼记·中庸》:"道并行而不相悖。"字面相同例:宋代朱熹《朱子语类·卷四十二·论语(颜渊·仲弓问仁章)》:"问二条在学者,则当并行不悖否?"(李一华)

主敬存誠 0097

引《易·乾》:"闲邪存其诚";《礼·少仪》:"宾客主恭,祭祀主敬"。字面相同例:《歧路灯》九十回:"我如今老而无成,虽说挨了贡,不过是一个岁贡头子,儿子又是个平常秀才,还敢满口主敬存诚学些理学话,讨人当面的厌恶,惹人背地里笑话迂腐么?"(李一华)

久安長治 0098

引《汉书·贾谊传》:"建久安之势,成长治之业",又清代汪琬《尧峰文钞·八·兵论》。字面相同早于《尧峰文钞》见宋代叶适《水心别集·卷一·治势中》:"则又以其不能久安长治而不足称。"(李一华)

九牛一毛 0112

引《汉书·司马迁传〈报任安书〉》:"若九牛亡一毛",又宋代朱熹《朱文公集·十六·缴纳南康任满合奏禀事件状》:"九牛之一毛。"字面相同而早于朱熹见唐代王维《与魏居士书》:"然才不出众,德在人下,存亡去就,如九牛一毛耳。"(李一华)

事半功倍 0122

引《孟子·公孙丑上》:"故事半古之人,功必倍之,惟此为然",又《六韬·龙韬》:"夫必胜者,先见弱于敌而后战者也,故事半而功倍。"字面相同例:《官场现形记》二十四回:"托他经手,一定事半功倍。"(李一华)

五光十色 0145

出南朝梁江淹《丽色赋》"五光徘徊,十色陆离",《辞源》等书缺用例。按:可补引清吴闿生《左传微·吴之入郢》:"而后文字璀璨陆离,有五光十色之观。"(卷十)(陈增杰)

京腔 0155

㈡旧时称北京话为京腔。

按:第二义项缺少书证。"旧时"究竟"旧"到何"时",非常模糊。其实聊斋俚曲里就已经把北京话称作"京腔"了。如:"王舍道:'张大哥,这长官说话有些京腔,风里言风里语的,都说万岁爷待来看景呀,咱两个福分浅薄,也会不着那皇帝,只怕是出来私行的官员……'"(《增补幸云曲》六)此例可补第二义项之书证。(董绍克)

人云亦云 0161

引《中州集·卷一·金代蔡松年〈槽声同彦高赋〉诗》:"他日人云吾亦云。"字面相同例:清代叶燮《原诗·内篇下》:"如此等类不可枚举一概,人云亦云,人否亦否,何为者耶?"(李一华)

人存政举 0161

引《礼记·中庸》:"文武之政,布在方策。其人存,则其政举;其人亡,则其政息。"可加引朱熹注:"言人存政举,其易如此。"(李一华)

今是昨非 0162

引晋代陶潜《陶渊明集·五·归去来兮辞》:"实迷途其未远,觉今是而昨非。"字面相同例:宋代辛弃疾《新年团拜后和主敬韵并呈雪平》诗:"今是昨非当谓梦,富妍贫丑各为容。"(李一华)

以手加额 0166

引《晋书·石勒载记下》:"举手指天,又自指额曰:'天也。'"《资治通鉴·九四》作"举手指天复加额",又宋代杨万里《诚斋集·七六·章贡道院记》。字面相同早于《诚斋集》见苏轼《东坡集·卷三十六·司马温公行状》:"卫士见公人,皆以手加额曰:此司马相公也。"(李一华)

仰事俯畜 0178

引《孟子·梁惠王上》:"仰足以事父母,俯足以畜妻子。"可加引例:《朱子语类·卷三十五·

论语〈泰伯·民可使由之章〉》:"民可使之仰事俯育",又《儿女英雄传》十三回:"这几个门生,现在的立身植品,以至仰事俯蓄,穿衣吃饭,那不是出自师门。"(李一华)

俩 0228

㈠双数,两个。

按:第二义项亦缺书证。该词聊斋俚曲里已有用例。如:"万岁说:'子弟风流都使尽了,可玩什么?'大姐道:'您俩投投壶摆!'"(《增补幸云曲》二十二)此例可补第二义项之书证。(董绍克)

傀儡 0246

释云:"用土木制成的偶像。傀儡子,指木偶戏。傀儡子始于汉,至魏晋而盛行。……《列子·汤问》记巧工偃师所造假物倡者,即后来的木偶人。《旧唐书·音乐志》二:'窟礧子,亦云魁礧子,作偶人以戏,善歌舞。本丧家乐也,汉末始用之于喜会,齐后主高纬尤所好。'"

按:《辞源》所释,虽已涉到语源的诸种说法,惜未详尽,故补足于下:

《事物纪原》云:"世传傀儡起于汉高祖平城之围,用陈平计,刻木为美人,立之城上,以诈冒顿阏氏。后人因此为傀儡。按前汉高纪七年注应劭曰:'平使画工图美女,遣遗阏氏,而无刻木事。'"

《列子·汤问》:"周穆王时,巧人有偃师者,为木人,能歌舞,王与盛姬观之。舞既终,木人瞬目,以手招王左右。王怒,欲杀偃师,偃师惧坏之,皆丹墨胶漆之所为也。"此疑傀儡之始也。

秦汉有鱼龙曼衍之戏,唐李商隐《宫辞》曰:"不须看画鱼龙戏,发遣君王怒偃师。"

《通典》云:"窟礧子亦曰魁礧作偶人以戏,善歌舞,审此知其偃师之遗事也。"

《风俗通》曰:"汉灵帝时,京师宾昏嘉会皆作魁礧。梁散乐也有之。"

《颜氏家训》云:"古有秃人姓郭好谐谑,今傀儡郭郎子是也。"(马振亚)

优孟衣冠 0265

引《史记·滑稽列传》中的典故。字面相同例:《儿女英雄传》四十回:"难道偌大的官场,真个便同优孟衣冠,傀儡儿戏一样?"(李一华)

元元本本 0273

引汉代班固《两都赋》:"后称事物自始至终,来历分明为元元本本。"可加引例:《歧路灯》七回:"当日同窗时,你就是我行秘书,有疑必问,你宗宗儿说个元元本本。"(李一华)

光前裕后 0276

引《尚书·仲虺之诰》:"垂裕后昆";南朝(陈)徐陵《徐孝穆集·九·广州刺史欧阳顾德政碑》:"方其盛业,绰有光前。"字面相同例:《元曲选·宫大用〈范张鸡黍〉三》:"似这般光前裕后,一灵儿可也知不。"(李一华)

先入为主 0279

引《汉书·息夫躬传》:"唯陛下观览古戒,反复参考,无以先入之语为主。"字面相同例:《朱子语类·卷三十五·论语〈曾子曰士不可以不弘毅章〉》:"便说道自家底是了,别人底都不是,便

是以先入为主了。"（李一华）

出奇制勝 0336

引《孙子·势》："凡战者，以正合，以奇胜，故善出奇者，无穷如天地，不竭如江河"，又《唐文粹·卷二十五·李翰〈进张巡中丞传表〉》："以少击众，以弱制强，出奇无穷，制胜如神。"字面相同例：宋代陈亮《龙川文集·酌古论二·邓禹》："出奇制胜，变化如神。"（李一华）

出爾反爾 0336

引《孟子·梁惠王下》："出乎尔者，反乎尔者也。"字面相同例：清代名教中人《好逑传》十一回："为何老恩台大人，出尔反尔？"（李一华）

別風淮雨 0347

引今本《尚书大传·周传》《后汉书·南蛮传》、南朝（梁）刘勰《文心雕龙·练字》："后来因称书籍文字以讹传讹为别风淮雨"。可加引例：《聊斋志异·附各本序跋题辞〈青本刻聊斋志异例言〉》："是书传钞既屡，别风淮雨，触处都有，今悉加校正。"（李一华）

別鶴孤鸞 0348

引晋代陶潜《陶渊明集·卷四·拟古诗之五》："上絃惊别鹤，下絃操孤鸾。"可补引清代陶贞怀《天雨花》第三回："高山流水声嘹亮，别鹤孤鸾凄感生。"（李功成）

前倨後恭 0357

引《史记·苏秦传》："苏秦笑谓其嫂曰：'何前倨而后恭也？'"字面相同例：《西游记》五十一回："旁有葛仙翁笑道：'猴子是何前倨后恭？'"（李一华）

半部論語 0415

引宋代罗大经《鹤林玉露》卷七："赵普再相，人言普山东人，所读止《论语》……太宗尝以此论问普。普略不隐，对曰：'臣平生所知，诚不出此。昔以其半辅太祖定天下，今欲以其半辅陛下致太平。'""旧称半部论语治天下，典出于此。"字面相同例：元代高文秀《遇上皇》三："每决大事，启文观书，乃论语也，此时称小官以半部论语治平天下。"（李一华）

南船北馬 0427

引《淮南子·齐俗》："胡人便于马，越人便于舟"，又唐代孟郊《孟东野诗集·八·送从叔校书简南归》："北骑达山岳，南帆指江湖。"可加引例：清代李绿园《歧路灯》九十六回："但恐宦海萍踪，南船北车，又在不定耳。"（李一华）

南轅北轍 0427

引《战国策·魏策四》："犹至楚而北行也。"可加引例：《秋瑾集·诗·失题》："南辕今北辙，东道复西疆。"（李一华）

博施濟衆 0429

引《论语·雍也》："如有博施于民，而能济众，何如？"字面相同例可加宋代朱熹注："虽博施

济众,亦由此进。"(李一华)

危如累卵 0434

引《韩非子·十过》:"其君之危,犹累卵也",又《史记·范雎列传》:"秦王之国,危于累卵。"字面相同例:《新编五代史平话·晋史·卷下》:"陛下昔在晋阳,兵不过五千人,为唐军十万所攻,危如累卵。"(李一华)

厝火积薪 0440

引汉代贾谊《新书·数宁》:"夫抱火厝之积薪之下,而寝其上,火未及燃,因谓之安。"字面相同例:《新刊大宋宣和遗事》贞集:"李邦彦辈持讲和之说,以图偷安目前,正如寝于厝火积薪之上,火未及然,自谓之安。"(李一华)

反经行权 0451

引《史记·太史公自序》:"而(周)勃反经合于权。"字面相同例:明代凌濛初《二刻拍案惊奇》卷三十二:"只得反经行权,目下图个伴寂寥之计。"(李一华)

口角春风 0457

意本《后汉书·郑太传》:"孔公绪(伷)能清谈高论,嘘枯吹生。"字面相同例:《歧路灯》九十六回:"你近日与道台好相与,万望口角春风,我就一步升天。"(李一华)

古井无波 0460

《辞源》已引孟郊《烈女操》"妾心古井水,波澜誓不起",及白居易《赠元稹诗》"无波古井水"。按:字面相同例,可补引范成大《次韵乐先生吴中见寄八首》之六:"知从了义透音闻,古井无波岂更浑。"(《石湖居士集》卷九)(陈增杰)

合浦珠还 0480

引《后汉书·孟尝传》中的典故。可加引例:宋代苏轼《东坡诗·卷二十四·题冯通直明月湖诗后》:"年来合浦自还珠。"字面相同例:明代凌濛初《初刻拍案惊奇》卷八:"合浦珠还自有时,惊危目下且安之。"(李一华)

名满天下 0483

引《管子·白心》:"名满于天下。"字面相同例:宋代苏轼《东坡集·卷二十八·上梅直讲书》:"执事名满天下,而位不过五品。"(李一华)

咳唾成珠 0510

出汉赵壹《刺世嫉邪赋》"势家多所宜,咳唾自成珠。"字面相同的用例,诸辞书均阙。按:可补引宋梅尧臣《依韵和宋次道答弟中道喜还朝》:"池塘梦句君能得,咳唾成珠我未闲。"(《宛陵集》卷五九)(陈增杰)

唾面自干 0527

引《新唐书·娄师德传》:"弟曰:'人有唾面,絜之而已。'师德曰:'未也,絜之,是违其怒,正使自干耳。'"字面相同例:清代李绿园《歧路灯》六十七回:"这杜氏到底不敢过于放肆,劈脸啐了一口,这张类村少不得学那娄师德唾面自干的度量。"(李一华)

善男信女 0530

引后秦鸠摩罗什译《金刚经·善现启请分》:"合掌恭敬,而白佛言:'希有世尊,……善男子,善女人,发阿耨多罗三藐三菩提心。'"字面相同例:唐代慧能《六祖大师法宝坛经·卷上·疑问品第三》:"善男信女,各得开悟。"(李一华)

四面楚歌 0566

引《史记·项羽纪》:"夜闻汉军四面皆楚歌。"字面相同例:《秋瑾集·杂文·普告同胞檄稿》:"我同胞处于四面楚歌声里,犹不自知。"(李一华)

四战之地 0567

引《史记·乐毅列传》:"赵四战之国也",又《后汉书·荀彧传》。字面相同可引成书早于《后汉书》的《三国志·魏志·荀彧传》。(李一华)

因噎废食 0568

引《吕氏春秋·荡兵》:"有以饐死者,欲禁天下之食,悖",又唐代陆贽《陆宣公集·卷十三·奉天请数对群臣兼许令论事状》:"昔人有因噎而废食者。"字面相同例:《二十年目睹之怪现状》二十一回:"若是后人不问来由,一律的奉以为法,岂不是因噎废食了么?"(李一华)

困心衡虑 0571

引《孟子·告子下》:"困于心,衡于虑,而后作。"字面相同例:宋代朱熹《朱子语类·卷五十九·孟子(舜发于畎亩章)》:"困心衡虑者,心觉其有过;征色发声者,其过形于外。"(李一华)

囮 0571

注:"鸟媒,用经过训练的活鸟引诱他鸟前来,伺机捕捉。"

按:此注下无书证,当补。《说文》:"率鸟者系生鸟以来之,名曰化"。南唐徐锴《系传》曰:"化(囮)者,诱禽鸟也,即今之鸟媒也。"(熊飞)

大法小廉 0681

引《礼记·礼运》:"大臣法,小臣廉,官职相序,君臣相正,国之肥也。"字面相同例:《儿女英雄传》第三十三回:"便规谏上宪,一堂和气,大法小廉。"(李一华)

大声疾呼 0682

引唐代韩愈《昌黎集·卷十六·后十九日复上宰相书》:"则将大其声疾呼。"字面相同例:《新编五代史平话·唐史·卷上》:"大声疾呼曰:'昭义侍中大军到矣!'"(李一华)

天道好还 0689

引《老子》:"以道佐人主者,不以兵强天下,其事好还",又清代魏源《老子本义》:"知道者不以兵强天下，物壮则老，此天道也；杀人之父兄，人亦杀其父兄，是谓好还。"字面相同例：宋代辛弃疾《美芹十论·自治第四》："盖天道好还，亦以其理而推之耳。"（李一华）

安步當車 0808

《辞源》引《战国策·齐策四》："晚食以当肉，安步以当车，无罪以当贵，清净贞正以自虞。"可补引清代李渔《闲情偶寄卷六·行》："有足而不用，与无足等耳，反不若安步当车之人，五官四体皆能适用。"（李功成）

家徒壁立 0840

引《史记·司马相如列传》："相如乃与驰归成都，家居徒四壁立。"字面相同例：唐太宗李世民《与薛元敬书》："且闻其儿子幼小，家徒壁立，未知何处安置，宜加安抚，以慰吾怀。"（李一华）

察察爲明 0860

引《旧唐书·张蕴古传》："勿察察而明。"字面相同例：《二十年目睹之怪现状》七十八回："恰好遇了一位两江总督，最是以察察为明的。"（李一华）

寸木岑樓 0867

引《孟子·告子下》："不揣其本，而齐其末，方寸之木可使高于岑楼。"宋代朱熹注："若不取其下之平，而升寸木于岑楼之上，则寸木反高，岑楼反卑矣。"字面相同例：明代胡应麟《诗薮·外编卷四·唐下》："况以甲所独工，形乙所不经意，何异寸木岑楼、钩金舆弱哉。"（李一华）

屬毛離裏 0917

引《诗经·小雅·小弁》："靡瞻匪父，靡依匪母。不属于毛？不离于里？"字面相同例：《歧路灯》八十六回："何况属毛离里之亲。"（李一华）

山崩鐘應 0925

引南朝（宋）刘敬叔《异苑》二："此蜀郡铜山崩，故钟鸣应之耳。"字面相同例：清代李绿园《歧路灯》二十五回："请看古来啮指感，山崩钟应尚无违。"（李一华）

我行我素 1189

引《礼记·中庸》："君子素其位而行，不愿乎其外。素富贵行乎富贵，素贫贱行乎贫贱，……"字面相同例：《官场现形记》五十六回："所以这件事外头已当着新闻，他夫妇二人还是毫无闻见，依旧是我行我素。"（李一华）

房謀杜斷 1199

《中文大辞典》《辞源》引《旧唐书·房玄龄杜如晦传论》"房知杜之能断大事，杜知房之善建嘉谋。"无用例。按：可补引元雅琥《上执政四十韵》："房谋兼杜断，萧律继曹遵。"（《元诗别裁集》卷七）（陈增杰）

手足無措 1205

引《论语·子路》："刑罚不中，则民无所措手足。"释义，"后也用以形容慌急无计"，引《警

世通言·玉堂春落难逢夫》。后起义例,早见于《三国演义》六十七回:"孙权惊得手足无措。"(李一华)

摇尾乞憐 1300

引唐代韩愈《昌黎集·十八·应科目时与人书》:"若俛首帖耳,摇尾而乞怜者,非我之志也"。字面相同例:明代陶宗仪《辍耕录》卷十五:"及乎稍遇贬抑,遽若丧家之狗,垂首帖耳,摇尾乞怜,惟恐人不我恤。"(李一华)

有恃無恐 1478

引《左传·僖公二十六年》:"室如悬罄,野无青草,何恃而不恐?"又唐代韩愈《昌黎集·十四·郓州溪堂诗序》:"惟郓也,截然中居,四邻望之,若防之制水,恃以无恐。"字面相同例:《官场现形记》十七回:"现在县里有了凭据,所以他们有恃无恐。"(李一华)

東海揚塵 1532

引《神仙传·二·王远》:"圣人皆言海中行复扬尘也。"字面相同例:《初刻拍案惊奇》卷二十二:"东海扬尘犹有日,白衣苍狗刹那间。"(李一华)

桃紅柳綠 1570

引唐代王维《王右丞集·十四·田园乐诗之六》:"桃红复含宿雨,柳绿更带春烟。"字面相同例:《元曲选·郑德辉〈㑇梅香〉一》:"看了这桃红柳绿,是好春光也呵!"(李一华)

樂此不疲 1630

引《后汉书·光武帝纪下》:"我自乐此,不为疲也"。字面相同例:清代文康《儿女英雄传》三十八回:"每问必知,据知而答,无答不既详且尽,并且乐此不疲。"(李一华)

欣欣向榮 1653

引晋代陶潜《陶渊明集·五·归去来兮辞》:"木欣欣以向荣,泉涓涓而始流。"字面相同例:《朱子语类·卷四·性理一》:"尝观一般花树,朝日照曜之时,欣欣向荣。"(李一华)

水中捉月 1713

也作"水底捞月",引《古今杂剧·元代宫大用〈生死交范张鸡黍〉二》:"水底捞明月",又明代汤显祖《牡丹亭·冥誓》:"却不是水中捞月。""水中捞月",早于《牡丹亭》见《元曲选·杨景贤〈刘行首〉三》:"恰便似沙里淘金,石中取火,水中捞月。"(李一华)

無功受禄 1934

引《诗经·魏风·伐檀序》:"无功而受禄。"字面相同例:《旧唐书·隐逸传·李元恺》:"元恺诮之曰:'无功受禄,灾也。'"(李一华)

無出其右 1934

引《汉书·田叔传》:"汉廷臣无能出其右者",《史记》无作毋。字面相同例:《魏书·陆丽传》:"由是受心膂之任,在朝者无出其右。"(李一华)

無理取鬧 1935

引唐代韩愈《昌黎集·六·答柳柳州食虾蟆》诗："鸣声相呼和,无理只取闹",又宋代廖行之《省斋集·三·酬罗季康》诗："井蛙无理只成闹","后以指人的蓄意捣乱"。用于后起义,字面相同例：《二十年目睹之怪现状》二十回："我自从前几天受了他那无理取闹吓唬我的话,一向胸中没有好气。"（李一华）

爲非作歹 1968

引《元曲选·白仁甫〈墙头马上〉二》："不是我敢为非敢作歹,他也有风情有手策。"字面相同例：《元曲选·尚仲贤〈柳毅传书〉二》："只一口将他吞于腹中,看道可还有本事为非作歹哩。"（李一华）

白日見鬼 2166

引宋代陆游《老学庵笔记》卷六："后称事之离奇古怪或无中生有者为白日见鬼。"可加引例：《二刻拍案惊奇》卷九："龙香嘻的一笑道：'白日见鬼！枉着人急了这许多时。'"（李一华）

白魚入舟 2167

引《史记·周本纪》："中流有白鱼跃入舟中。"字面相同例：《三国志·魏志·杨阜传》："武王白鱼入舟,君臣变色而动,得吉瑞犹尚忧惧,况有灾异而不战竦者哉！"（李一华）

白雲親舍 2167

引唐代刘肃《大唐新语·六·举贤》："南望白云孤飞,谓左右曰：'吾亲所居,近此云下！'"又见《新唐书·狄仁杰传》。字面相同例：《秋瑾集·词·临江仙（题李艺垣〈慕莱堂集〉）》："南望白云亲舍在,故乡回首凄凄。"（李一华）

盲人摸象 2198

引《大般涅槃经》三二："王言：'象如何类？'其触牙者即言象形如芦菔根,其触耳者言象如箕,其触头者言象如石,……"可加引例：宋代道原《景德传灯录·卷二十四·襄州青谿山洪进禅师》："众盲摸象各说异端。"（李一华）

直情徑行 2200

引《礼·檀弓下》："礼有微情者,有以故兴物者,有直情而径行者,戎狄之道也,礼道则不然。"字面相同例：《朱子语类·卷二十四·论语（子张问十世可知章）》："故秦兴一向简易无情,直情径行。"（李一华）

知雄守雄 2229

引《老子》："知其雄,守其雌,为天下谿。"可补引清初王夫之《读四书大全说卷五·论语·雍也篇·二十二》："朱子不然其说,而云'只是心地平,所以消磨容得去',乃就之反论之反,知其'知雄守雌''无门无毒'之心如此耳。"（李功成）

秋風過耳 2300

引《吴越春秋·吴王寿梦传》："富贵之于我,如秋风之过耳。"字面相同例:《元曲选·关汉卿〈救风尘〉二》:"那一个不指皇天各般说咒?恰似秋风过耳早休休!"(李一华)

精益求精 2390

《辞海·语词分册》引清王夫之《宋论·太宗》"精而益求其精",《辞源》增引《论语·学而》朱熹集注:"治之已精,而益求其精。"按:字面相同例,可引清郑观应《盛世危言·商务二》:"通饬各处,设立商务局,集思广益,精益求精。"(陈增杰)

精衛填海 2390

故事出《山海经》。《辞源》引左思《吴都赋》"精卫衔石而遇缴",江版《成语》引陶潜《读山海经》"精卫衔微木,将以填沧海"。按:诸辞书缺概括为四字格式之例,可补引宋刘过《呈陈总领》诗:"商蚷驰河河可凭,精卫填海海可平。"(《龙洲集》卷二)(陈增杰)

胸有成竹 2558

引宋代苏轼《文与可画篔筜谷偃竹记》:"必先得成竹于胸中",又晁补之《赠文潜甥杨克一学文与可画竹求诗》诗:"胸中有成竹。"字面相同例:《歧路灯》二十九回:"岂知皮匠胸有成竹,早把火刀、火石,摸在手中,一敲就着。"(李一华)

膠柱鼓瑟 2571

引《史记·廉颇蔺相如列传》:"若胶柱而鼓瑟耳。"字面相同例:明代冯梦龙《古今谭概·第四·宋人郑人等》:"此与胶柱鼓瑟、守株待兔,皆战国策士之寓言也。"(李一华)

諱疾忌醫 2909

《辞源》"本作'护疾忌医',比喻护短以避人规劝",引《周子通书·过》"今人有过,不喜人规,如护疾而忌医。"沪版《成语》引同。按:字面相同例,可引朱熹《与田侍郎书》:"却是渴后喜食生冷,此须究其根源,深可保养,不可归咎末节,讳疾忌医也"。(《朱文公文集》续集卷五)又,周子例为比喻义,朱熹例则其本义。(陈增杰)

貧賤驕人 2954

引《史记·魏世家》:"子方曰:'亦贫贱者骄人耳。'"字面相同例:清代纪昀《阅微草堂笔记·卷十五·姑妄听之一》:"寒士不贫贱骄人,则崖岸不立,益为人所贱矣。"(李一华)

貽笑大方 2957

引宋代韩拙《山水纯全集·四》:"此所以去古逾远,贻笑于大方之家也",又元代刘将孙《养吾斋集·十一·须溪先生集序》:"如之何使孺子僭妄重贻笑于大方也。"字面相同例:清代钱彩《说岳全传》十回:"小生意下却疑是此剑,但说来又恐不是,岂不贻笑大方。"(李一华)

阮囊羞澀 3259

引宋代阴时夫《韵府群玉·十·阳韵》:"但有一钱看囊,恐其羞涩。"字面相同例:清代淮阴

百一居士《壶天录》卷上："阮囊羞涩，行止两难。"（李一华）

随乡入乡 3297

引宋代范成大《石湖集·卷十二·秋雨快晴静胜堂席上》诗："天涯节物遮愁眼，且复随乡便入乡"。字面相同例：《西游记》第三十回："八戒道：'我虽食肠大，却也随乡入乡。'"（李一华）

隐恶扬善 3300

引《礼记·中庸》："隐恶而扬善。"字面相同例：《朱子语类·卷六十三·中庸（第十章）》："好察迩言，隐恶扬善。"（李一华）

隻雞絮酒 3302

引《后汉书·徐穉传》"设鸡酒薄祭"，注引谢承书："豫炙鸡一只，以一两绵絮渍酒中暴乾以裹鸡。"字面相同例：宋代陆游《剑南诗稿·卷四·闻王嘉叟讣报有作》："只鸡絮酒纵有时，双鱼素书长已矣。"（李一华）

五　书证自身问题

反₄反₄ 0048

慎重、和善的样子。《诗·小雅·宾之初筵》："其未醉止，威仪反反。"笺："反反，言重慎也。"释文："《韩诗》作昄昄，音蒲板反，善貌。"

案：查检《诗经》原文，"反反，言重慎也"并不是郑玄笺，而是毛传。郑玄笺于"反反"没有任何说解，并且孔颖达疏标明起讫时有"传反反至僛僛然"，说得已经很清楚，不应该出错。

因为《辞源》的这一错误，影响及于后代，《大词典》本条编者照录《辞源》，结果发生同样的错误。可见大型语文辞书影响之巨，编写确实宜慎。（毛远明）

下走 0053

自称的谦词。《汉书》七八《肖望之传》周堪奏记："若管晏而休，则下走将归延陵之皋。"

谨案：检《汉书》卷七八《肖望之传》（标点本 3284 页）："望之、堪数荐名儒茂材以备谏官。会稽郑朋阴欲附望之，上疏言车骑将军高遣客为奸利郡国，及言许、史子弟罪过。章视周堪，堪白令朋待诏金马门。朋奏记望之曰：'……今将军规橅云若管晏而休，遂行仄至周召乃留乎？若管晏而休，则下走归延陵之皋……'"据此，奏记乃郑朋所作，非作于周堪。（李步嘉）

不言而喻 0075

《孟子·尽心上》："施于四体，不言而喻。"

按：引文割裂，不足明其义，且又脱"四体"二字。原文是："君子所性，仁义礼智根于心，其生色也睟然，见于面，盎于背，施于四体，四体不言而喻。"嫌长则不妨适当删节，如可删"仁义……睟然"，并释难字"盎（显现）""施（延及）"，意思仍可表达清楚。（田忠侠）

五老 0131

神话传说中的五星之精。《竹书纪年·帝尧陶唐氏》："择良日,率舜等升首山,遵河渚,有五老游焉,盖五星之精也。"《文选》南朝梁任彦昇(昉)《宣德皇后令》："五老游河,飞星入昴。"

按:此条征引之《竹书纪年》,一是未能区别古本和今本。晋太康发自汲冢的《纪年》,是为古本,起自夏朝,记三代事(见《晋书·束皙传》《隋书·经籍志》);条注所引之"帝尧陶唐氏",出自经过增删后的《纪年》,是为今本。二是未能区别正文与注文。条注所引之《今本竹书纪年·帝尧陶唐氏》前面顶格有"七十年,春正月,帝使四岳锡虞舜命"的话是正文,另起低一格,从"帝在位七十年"至"其书言当禅舜,遂让舜"乃为注文,条注所引正是注文。这段注文实出自沈约《宋书·符瑞志》,王国维有《今本竹书纪年疏证》,载今人方诗铭、王修龄《古本竹书纪年辑证》一书之后,均可参看。三是沈约的《符瑞志》并非这个典故的真正出处,而其出处恰在条注所征引的第二个书证之中,即任昉"五老游河、飞星入昴"下李善注引之《论语比考谶》,正是这部亡佚的纬书才是"五老"的真正出处。(艾荫范)

便换 0214

唐赵璘《因话录》:"有士子鬻产于外,得数十千,惧川途难赍,因所纳于公藏,传牒以归。世所谓便换,实之衣囊。"

检《因话录》(上海古籍出版社标点本),1957 年六《羽部》记:"有士鬻产于外,得钱数百缗,惧川途之难赍也,祈所知纳于公藏,而持牒以归。世所谓便换者,实之衣囊。一日,醉,指囊示人曰:莫轻此囊,大有好物。盗在侧闻之。其夜,杀而取其囊,意其有金也。既开无侁,投牒于水。"标点本与《辞源》所引颇有异同。《辞源》引作"因所纳于公藏",标点本作"祈所知纳于公藏",《辞源》所据本"所"下当脱一"知"字。按"便换"起于唐代,时禁时行,常人不易得,故盗亦不识。标点本"祈所知"义较胜。又《辞源》引作"传牒以归",标点本作"持牒",按"传牒"为官府文书相传递,下文既云"实之衣囊"则当以"持牒"为是,"持""传"形近而混,《辞源》所据本误。(李步嘉)

倩 0226

女婿。《史记》一○五《仓公传》:黄氏诸倩见(石)建家京下方石,即弄之。"

案:作"(石)建",大误。此非《万石君传》中的石奋长子石建,而是《扁鹊仓公列传》中的宋建。

今把《史记》相关段落摘抄如下:"臣意望见王后弟宋建,告曰:'君有病,往四五日,君要胁痛,不可俯仰,又不得小溲。不亟治,病即入濡肾。及其未舍五藏,急治之。病方今客肾濡,此所谓肾痹也。'宋建曰:'然,建故有要脊痛。'五日,天雨,黄氏诸倩见建家京下方石,即弄之。"

对照《史记》原文,可知编者添一"石"字纯属一时不察、想当然之误。如果能查检一下上下文,这种错误轻易便可以消除。(毛远明)

倡導 0233

首倡。《汉书·王莽传中》："初甄丰、刘歆、王舜为莽腹心，倡导在位，襄扬功德。"

按：《汉书·王莽传》作："倡导在位，褒扬功德。"盖"褒"之古字作襃："襃"与"襄"形近，《辞源》因形近而误。（董志翘）

侧室 0243

㊂庶子。《左传·文十三年》："赵有侧室曰穿。"《疏》引郑玄："正室，适子也。正室是适子，知侧室是支子，言在适子之侧也。"

按：查《十三经注疏·左传·成公十二年》孔颖达《疏》引郑玄语，仅"正室，适子也"一句。"正室是适子，知侧室是支子，言在适子之侧也"云云，皆为孔颖达语，《辞源》编者将郑玄语、孔颖达语混而为一，大误。故此条当标点为：《疏》："郑玄云：'正室，适子也。'正室是适子，知侧室是支子，言在适子之侧也。"原文中"引"字当去。孔颖达引郑玄注，见于《礼记·文王世子》："正室守太庙"郑玄注："正室，适子也。"是其证。（董志翘）

兒郎 0282

㊀青壮年男子。《太平广记》四八七引唐蒋防《霍小玉传》："故霍王小女名小玉，……昨遣某求一好儿郎，格调相称者。"

按："昨遣某求一好儿郎格调相称者"当为一读。"格调相称者"实乃"好儿郎"之修饰语（旧称"定语后置"，此说法是否妥当，姑不论），从语气上讲，即：派我寻找一个格调相称的优秀青年男子。上海古籍出版社1978年版《唐人小说》所收《霍小玉传》标点不误。（董志翘）

八恺 299

古史相传高阳氏有才子八人，即：苍舒、隤敱、梼戭、大临、尨降、庭坚、仲容、叔达，称八恺。

案："龙降"应是"尨降"之误。《左传·文公十八年》、《汉书·古今人表》都作"尨"。"尨"与"龙"音义都不同，不能混用。（毛远明）

刀耕火种（刀耕火耨 0338）

宋许观《东斋记事·刀耕火种》

按：《四库全书总目》卷140有《东斋记事》六卷，乃宋人范镇所撰。查《守山阁丛书》本《东斋记事》不见此语。修订本《辞源》第二册"东斋记事"条，自家亦仅著录范书，而不及许书；如许观确有《东斋记事》一书，那么，就应像"因话录"条先录唐赵璘撰，然后指出宋人曾三异也有此书一样，在录范书之后也应交代许观有同名之著作，俾读者有所依循。但记载"刀耕火种"为"沅、湘间"山地事，实乃出于宋人张淏所撰之《云谷杂记》卷四。《云谷杂记》凡四卷，有《永乐大典》辑本。《四库全书总目》卷118著录，并有提要。（艾荫范）

刬 0343

《汉书元帝纪赞》："自度曲，被歌声，分刬节度，穷极幼眇。"注："韦昭曰：刬，切也。谓能分切句绝,谓之节制也。"谨案:检《汉书》卷九《元帝纪赞》(标点本299页)韦昭曰:"刌,切也。谓能分切句绝,为之节制也。"《辞源》引误。(李步嘉)

别 0346

分支。《书·禹贡》:"岷江导江,东别于沱。"

案:"岷江导江"不成辞,复核《尚书》原文作"岷山导江",是也。"岷江"是"岷山"之误。(毛远明)

别墨 0347

《辞源》引《庄子·天下篇》:"相里勤之弟子,五侯之徒,南方之墨者,苦获已齿邓陵子之属,俱诵墨经,而倍谲不同;相谓别墨。"这里,《辞源》把"苦获已齿"连为一体,作为一人解释,实为误矣。

《辞海》中作:苦获,已齿,邓陵子之属。

《韩非子集释》下云:陈奇猷校注:(二)奇猷案:《庄子·天下篇》云:……苦获,已齿,邓陵子之属。

王夫之《庄子解》云:……苦获,已齿。旧注:以苦行而得之,没齿而已,因此为号,邓陵子之属,旧颂墨经。

从中可知,这些书中均以苦获、已齿为二人姓字,所以可以断定,《辞源》中之作"苦获已齿"为一人的注释是欠妥的。(王立)

力 0371

㈦甚。《汉书》五十《汲黯传》:"今病力,不能任郡事。"

按:《汲黯传》此句当从"今病"断句。"力"属下读,作"力不能任郡事"。杨氏树达《古书句读释例》例百十一条言之甚确,当从。颜师古由于误读而误解"力"为"甚",不足取。(张蓁)

副贰 0363

㈠太子。《魏书·世祖纪上》延和元年诏:"公卿因兹,稽诸天人之会,请建储贰。"

按:词目为"副贰",而书证中却为"储贰",虽词义相近,终不能塞责。实《魏书》中本作"副贰"。(董志翘)

割爱 0363

《三国志·魏·陈矫传》:"王薨于外,天下惶惧,太子宜割爱即位,以系远近之望。"

按:初读引文,大惑莫解,见到同页同栏上方之"割哀"亦引此文,方才明白此引文之"割爱"实乃"割哀"之误。这里根本不能用《陈矫传》之书证。(田忠侠)

天田 0684

引李白《明堂赋》曰:"帝躬乎天田,後亲于郊隒。"後,应作"后",指帝后,夫人。这几个问题虽属细枝末节,但也影响辞书质量,可能给读者带来不便甚或理解上的错误。(徐传武)

区 0396

古量名。《左传·昭三年》:"齐旧器量,豆、区、釜、钟。"

案:"齐旧器量,豆、区、釜、钟"语意不顺畅。复核原文,今《左传》各本"器"均作"四"。"四量"即指"豆、区、釜、钟"四种量器。《晏子春秋·内篇问下》记其事也作"齐旧四量"。因此"器"应作"四",标点应为:"齐旧四量:豆、区、釜、钟。"(毛远明)

卑鄙 0419

低微鄙陋。《三国志·蜀·诸葛亮传》:"先帝不以臣卑鄙,三顾臣于草庐之中。"

案:"三顾"句前面脱去"猥自枉屈"一句。原文《出师表》人皆能诵,不知何以脱漏。如果是省略,按照体例应加上省略号。并且就一般常识而论,如果引文长,为节省篇幅才省略,而这里仅少四字,处理也欠妥当。故应以原文照录补上四字为佳。(毛远明)

古玩 0458

书证引《元曲选》武汉臣《生金阁·楔子》:"若到人家里,见了那好古玩好器皿,琴棋书画……"

按:查《元曲选》,此段话在第一折里,并不在楔子中。(程志兵)

四隩 0564

四方可居的边远地区。《书·禹贡》:"九州攸同,四隩既定。"

案:复核《尚书》原文,"四隩既定"的"定"本作"宅",并且没有版本分歧。伪孔传:"四方之宅已可居。"孔颖达疏:"昔尧遭洪水,道路阻绝,今水土既治,天下大同,故总叙之。今九州所共同矣。所同者,四方之宅已尽可居矣。"传、疏都作"宅",可为确证。"宅"有屋宅的意思,也有居处的意思,文意也通畅。(毛远明)

四聪 0564

即广开四方视听之意。《书·尧典》:"明四目,达四聪。"

案:《尚书·尧典》无此文,而《舜典》才有此文。《舜典》是东晋梅赜从《尧典》中分出来的。现通行的《十三经注疏》作《舜典》,应以为据。因为《辞源修订本》体例 11 称"引用古籍,一般据通行本",如"十三经用注疏本",故"尧典"当是"舜典"之误。《辞源》体例 9 又说:"书证都经复核原书",事实恐怕未必。(毛远明)

坚牡 0612

男子壮盛之时。汉董仲舒《春秋繁露·循天之道》:"养身以令,使男子不坚牡,不家室。"谓男于未达到壮盛之年不可以娶妻。

按:"使男子不坚牡不家室"当为一句,中间不可点断。此乃养身当列诸条令,使得男子未到坚牡(即壮阳)之年不娶妻。若中间点断,则"不坚牡"与"不娶妻"成并列关系,易误为"使男子不壮盛,使男子不娶妻",则与文意大乖。(董志翘)

塘 0621

㈠堤。筑土防水叫塘。《庄子·达生》："被发行歌，而游于塘下。"㈡水池。古时圆的叫池，方的称塘。《国语·周下》："陂塘汙庳，以钟其美。"《文选》三国魏刘公干（桢）《赠徐干》诗："细柳夹道生，方塘含清源。"

按，"塘"的本义是堤，水池是后起义。《国语·周语》下："陂唐污庳以钟其美。"注："畜水曰陂。唐，堤也。"《辞源》举为水池一义的例子，是错误的。《国语》原文是"唐"字，《辞源》误引为"塘"。（王力）

大内 0661

汉代京城的府藏……《汉书》六四上《严助传》"不输大内"唐颜师古注："大内，都内也，国家宝藏也。"

谨案：检《汉书》六四上《严助传》〈标点本 2778 页〉："越人名为藩臣，贡酎上奉，不输大内。"其下应劭注曰："越国僻远，珍奇之贡，宗庙之祭皆不与也。大内，都内也，国家宝藏也。"颜师古注曰："《官百公卿表》云治粟属官有都内令丞也。"则"大内，都内也，国家宝藏也。"数语为应劭注文，非颜师古注甚明。（李步嘉）

委曲 0741

㈢屈身折节。《汉书·严彭祖传》："凡通经术，固当修行先王之道，何可委曲从俗，苟求富贵乎？"

按：《汉书·严彭祖传》作"何可委曲从俗，苟求富贵乎？"《辞源》"苟"字当为"苟"字之讹。（董志翘）

定省 0816

《礼·曲礼》上："凡为人子之礼，冬温而夏凊，昏定而晨省。"注："安定其床衽也，省问其安否如何。"后因称子女早晚向亲长问安为定省。

案："夏凊"之"凊"当是"凊"字之讹，二字音、义都不同，不能相混。

《说文》："凊，寒也。"《玉篇》："凊，冷也。"为冷、凉之义，故字从冫。冫即"冰"之初文。"清"字从"水"，有明显区别。

又，所引郑玄注"如何"应是"何如"之误倒。虽然意义无别，但原文如此，引文也不应该走样。（毛远明）

家缘 0839

书证引金董解元《西厢记》三："夜拥孤衾三幅布，昼欹单枕是一枚甃，只此是家缘。"

按：出处标注失误。查凌景埏校注《西厢记诸宫调》，此例不在《西厢记》第三卷，而在第六卷。另田忠侠《辞源考订》讨论此条时认为"一、二两句为对文，则第二句中'是'字为衍文。"此说不当，校注本有"是"字，估计田先生是未核对凌校《西厢记》，仅凭语感而定的。（程

志兵)

對手 0880

指比赛技艺。……宋孙光宪《北梦琐言》一《日本国王子棋》："唐宣宗朝，日本国王子入贡，善棋。帝令待诏顾思言与之对手。"

谨案：检《北梦琐言》(上海古籍出版社点校本1981年第一版)卷一："唐宣宗朝，日本国王子入贡，善围棋。帝令待诏顾师言与之对手。王子出本国如楸玉局、冷暖玉棋子。……王子至三十三下，师言惧辱君命，汗手死心，始敢落指。"考两唐书皆无"顾思言"，而"顾师言"仅一见。《旧唐书》卷十八《宣宗纪》(标点本620页)："日本国王子入朝贡方物，王子善棋，帝令待诏顾师言与之对手。"《旧唐书》与点校本《北梦琐言》合，作"顾师言"，《辞源》引作"顾思言"，当据误本。又点校本《北梦琐言》作"善围棋"，《辞源》引与《旧唐书》同，作"善棋"。按下文既有"王子至三十三下"，知所谈为围棋。《旧唐书》正史从省，作"善棋"不误，《北梦琐言》为笔记传闻之书，当依点校本作"善围棋"，《辞源》引文或据。(李步嘉)

廊庑 1014

堂前廊屋。《史记》一〇七《窦婴传》："所赐金，陈之廊庑下，军吏过，辄令财取为用，金无入家者。"《汉书》本传注："廊，堂下周屋也。庑，门屋也。"

案：《史记》并没有以"窦婴传"标目的。这段文字出自于《史记·魏其武安侯列传》，《汉书》取其文，改为《窦婴传》。两书所记内容基本不差而标目不同。《辞源》引书篇名比较随意，容易使初学者产生困惑甚至误解，故宜正之。(毛远明)

彪蒙 1062

注："彪，文彩蒙，幼稚无知。"

按："文彩"后当脱一"；"号，以致文意不明。(熊飞)

役 1067

服兵役，戍守边疆。也指服戎役之人，即士卒。《诗·小雅·渐渐之石·序》："乃命将率东征，役久病于外。"《传》："役，谓士卒也。"

案："役，谓士卒也"并不是毛传，而是郑玄笺。《辞源》大误。

关于《诗序》的作者和产生时代历来多有争议。就其大者而言，萧统《文选》认为是子夏作；《隋书·经籍志》认为是子夏首创，毛公、卫宏润饰；沈重认为《诗大序》是子夏作，《小序》是子夏、毛公合作；王安石则认为是诗人自作，众说纷纭，莫衷一是。《后汉书·儒林传·卫宏》说："初，九江谢曼卿善《毛诗》，乃为其训。宏从曼卿受学，因作《毛诗序》，善得风雅之旨，于今传于世。"这个观点学界多所信从。

先秦典籍如《左传》等书中偶尔有对《诗经》题旨的解释，其内容时与《诗序》暗合。但是不能因此就判定《诗序》是先秦的东西。因为《诗序》反映的许多思想内容是汉代以后才产生的，不排除后代人作《诗序》时曾经吸收前朝旧说的可能性,也不能否定后人把《诗序》的某些内容塞进前人著作。

大体说来,《诗序》应形成于汉代以后,因此毛公作传时并无所谓《诗序》,他当然也就不可能给《诗序》作注。事实上典籍中也没有毛公作《诗序》传的记载,为《诗序》作注者是郑玄。本来,毛传、郑笺合刻,毛传在前,郑笺在后。为了传、笺分开,于郑笺用"笺云"标识。即使无毛传也予标明。但是,独有《诗序》笺没有标识"笺云",这也是毛公不曾为《诗序》作传的一个佐证。陆德明释文说:"序并是郑注,所以无'笺云'者,以无所疑乱故也。"他说得很好。然而《辞源》编者不察,本来"无所疑乱"的东西反而出现了错误。

由于《辞源》的这一失误,又影响到后世的辞书编写。《汉语大字典》815页,"役"字条,义项[2]:"士卒;服兵役的人。《诗·小雅·渐渐之石·序》:'乃命将率东征,役久病在外。'毛传:'役谓士卒也。'"《汉语大字典》编者由于抄录《辞源》而未察,误以郑笺为毛传。《汉语大词典》卷3,925页,"役"字条,义项[2]:"服兵役的人,士兵。《诗·小雅·渐渐之石·序》:'戎狄叛之,荆舒不至,乃命将率东征,役久病在外,故作是诗也。'毛传:'役谓士卒也。'"同样抄录《辞源》而失误。可互详二书"役"字条。

奇怪的是二书的该条编者引用《辞源》是曾经核对过原文的,并且将《辞源》误引《诗序》"于外"改正为"在外"。《大词典》还增引了"戎狄叛之""荆舒不至""故作是诗也"数语,为什么仍然会出错呢?大概是大家都没有完全弄清楚传、笺体例所致吧。有感于此,故多赘言数语,庶望今后不再有类似的失误发生。

又,义项[6]:

排成行列。《诗·大雅·生民》:"禾役穟穟。"《笺》:"役,列也。"

案:"役,列也"并非郑玄笺,而是毛传。郑玄于"役"下没有说解的内容。查孔颖达疏已经明白指出是毛传。只要稍稍留意,便可以避免出这类错误。

由于《辞源》的错误,又影响到后世的辞书编写。《汉语大词典》卷三,925页,"役"字条,义项[15]:"行列。亦指排成行列。《诗·大雅·生民》:'茬菽旆旆,禾役穟穟。'郑玄笺:'役,列也。'孔颖达疏:'种禾则使有行列,其苗则穟穟然美好。'"由于《大词典》编者照抄《辞源》并没有复核《诗经》原文,让错误依旧。详见彼条。(毛远明)

心咀 1095

内心不快。《诗·大雅·桑柔》:"如彼遡风,亦孔之僾。"注引三国魏孙炎:"心咀也。"《尔雅·释言》"僾唈"注:"口不言而心窃鸣咽也。"

案:"注引三国魏孙炎"不知何指。现存最早给《诗经》作的注称传,即毛传,郑玄给《诗》作的注称笺,并且他们都在孙炎之前。复检孔颖达疏,其中有"孙炎曰:'心咀也。'"据此,"注引三国魏孙炎"应作"疏引三国魏孙炎","注"是孔颖达"疏"之误。(毛远明)

忽 1105

绝灭。《诗·大雅·皇兮》:"是伐是肆,是绝是忽。"

案:"是伐是肆,是绝是忽"在《诗·大雅·皇矣》篇,"皇兮"当是"皇矣"之误。《诗经》各本并作"矣"。此篇名字误。(毛远明)

悦 1125

义项㈠所征引的第二个书证是:"《又玄集》王维《题破山寺后院》诗:'光山悦鸟性,潭影空人心。'"

按:这一书证,有三点错误。其一,原诗的作者不是王维,而是常建。查韦庄编选的《又玄集》。王维名下所录的四首诗中,并无此诗。常建名下录诗两首,第二首就是此诗。其二,诗中第三联的上句,当为"山光悦鸟性",但却将"山光"倒置成"光山"。其三,唐人殷璠编选的《河岳英灵集》上,载常建此诗,题为:"题破山寺后禅院。"殷璠在韦庄前甚久,后人录常建此诗,题目多依此例。因此,此处书证当以《河岳英灵集》为准。(黄崇浩)

摧锋陷阵 1307

破敌深入。《宋书·武帝纪上》:"高祖(刘裕)常披坚执锐,为士卒,先每战辄摧锋陷阵,贼乃退还浃口。"

按,引《宋书》例,"先"字当上属,"为士卒先"乃常语,当作一句。《史记·淮南衡山王列传》:"及谒者曹梁使长安来,言大将军号令明,当敌勇敢,常为士卒先。"是其证。(董志翘)

新闻 1375

第一义:"新近听说的事。后以指最新的消息。"首举唐李咸用诗,次举宋赵昇《朝野类要》卷四《朝报》:"朝报,日出事宜也。每日门下后省编定。……率有漏泄之禁,故隐而号之曰'新闻'。"

按,此处引文删节失当,不仅文意难以连续,且与作者原意不符。所删二十三字为"请给事判报,方行下都进奏院,报告天下。其有所谓内探、省探、衙探之类,皆衷私小报"。可见赵昇所谓"新闻"和"朝报"是两码事。"朝报"类似今之新闻;至于"新闻",拙文《常用词语源杂说》曾认为类似现代的内参(《汉语学习》1985 年第 4 期),其说亦未尽确。《宋会要辑稿》"刑法"二下:"绍熙四年十月四日臣僚言:朝报自有门下后省定本,经由宰执始可执行,近年有所谓小报者,或是朝报未报之事,或者官员陈乞未曾执行之事。"又:"淳熙十五年正月二十日诏:近闻不逞之徒,撰造无根之语,名曰小报,传播中外,骇惑听闻。今后除将进奏合行关报已施行事外,如有近乎之人当重决配。"据此,则赵昇所谓"衷私小报"亦即"新闻",乃当时之非法印刷品,与今之内参不同,倒类似专门捃拾小道消息的非法小报。(王锳)

枹 1551

《辞源》在对"枹"字释义时,引用这样一条书证:"《左传·成二年》:'(郤克)左并辔,右援枹而鼓。'"我认为:引文是正确无误的,但在引文的前面补了个主语"郤克",却和原文的意思不符,

"左并辔,右援枹而鼓"的不是"郤克"而是"解张"。

查阅《左传·成公二年》即《鞌之战》的原文,对于有关这件事的叙述是这样的:齐晋两军交战,晋军主帅"郤克伤于矢,流血及屦,未绝鼓音。曰:'余病矣!'"接着御者解张和骖乘郑丘缓都向郤克进言劝慰。最后解张又进一步地从忠君方面规劝郤克说:"……若之何其以病败君之大事也?擐甲执兵,固即死也;病未及死,吾子勉之!"说过之后,紧接着的就是"左并辔,右援枹而鼓。"从文字的脉络层次来看,分明是解张说过之后,接着就行动起来。"左并辔,右援枹而鼓"的,无疑是解张,"解张"这个主语在简洁行文中承前省略了。再从事件本身来看,当时战车上一共坐着三个人:主帅郤克居中,御者解张居左,骖乘郑丘缓居右(按照古制,在战争时是如此的)。郤克因为伤势过重,不能击鼓。居左的解张看到这种情形,向郤克说了些劝勉的话以后,就顺势把两手握持的马缰一并放在左手里,腾出了右手,在郤克的位置上拿起鼓槌代郤克击鼓。我以为这样理解是合情合理的。否则,假如说"援枹而鼓"的是郤克,那么"左并辔"又当作如何解释呢?难道说郤克连"援枹而鼓"都不可能,还能把御者的任务也一并担当起来吗?

再查阅王力主编的《古代汉语》对"左并辔"是这样注释的:"御者本双手执辔,这时解张把辔并在左手。"郑天挺主编的《左传选》对这两句也作了如是的解释:"御者本两手执缰,今将右手的缰绳并于左手,腾出右手,代郤克击鼓。"此外,还有不少《左传》注译的本子也都认为"左并辔,右援枹而鼓"的是"解张"而不是"郤克",这里不再一一列举了。(李绍唐)

棱 1589

觚,有四角的木。唐释玄应《一切经音义》十八《立世阿毗昙论》八引《通俗文》:"木四方为棱,八棱为柧。"《后汉书》四十上《班彪传》附班固《西都赋》:"设璧门之凤阙,上柧棱而栖金雀。"

案:"八棱为柧"是什么意思?不可解。"柧"应是"朳"字之误,《说文》正作"朳",释为"棱也"。"朳"与"柧"二字音义都不同。朳,《玉篇·木部》:"朳,木刺也。"《集韵》音阻教切,读 zhào。柧,《玉篇·木部》:"柧,柧棱木也。"即有棱角的木头,故柧棱连文。《广韵》音古胡切,读 gū。

又,《西都赋》"上柧棱而栖金雀"的"柧棱"也应当是"柧棱"之误。《说文》:"柧棱,殿堂上最高之处也。"复核《后汉书》所载《西都赋》,原文正作"柧棱"。《文选·西都赋》作"上觚棱而栖金爵"。"柧"与"柧"形近而误。(毛远明)

櫜 1645

收藏甲衣或弓箭的袋。《左传·昭元年》:"伍举知其有备也,请垂櫜而入。"注:"櫜,弓衣也。"

案:"櫜"训"弓衣"没有什么不对。但是以"櫜,弓衣也"为杜预的注,则非是。查核原书,杜预注为"垂櫜,示无弓"。杜预在这里只是提示传文大意,并没有注释具体的词语。倒是唐初的陆德明在《经典释文》中有"櫜,古刀反,弓衣也"。可见《辞源》编者张冠李戴了。《汉语大词典》照抄《辞源》而不察,也沿误,都应更正。(毛远明)

武烈 1671

勇武威猛。《书洛·诰》:"公称丕显德,以予小子,扬文武烈。"

《洛诰》是"文武烈",即文王、武王之烈;烈是功业。用作"勇武威猛"的书证,割裂了原文,"扬文武烈"一句也不好解释。(赵恩柱)

水曲 1708

《汉语大词典》5·859"水曲"条下引《周礼·地官·保氏》"四曰五驭"汉郑玄注:"五驭:鸣和鸾,逐水曲,过君表,舞交衢,逐禽左。"

按,此非郑玄注,乃郑玄引郑司农(众)之说。原文为:"郑司农云:五射——白矢,参连,剡注,襄尺,井仪也;五驭——鸣和鸾,逐水曲,过君表,舞交衢,逐禽左。"后贾公彦疏中讲得更为明确:"五驭者……先郑依此而言;云逐水曲者,无正文,先郑以意而言。"又,上误殆沿袭于《辞源》《辞海》。新版《辞源》三册"水曲"条下"五驭"注作郑玄,新版《辞海》1601页"水曲"条下"五驭"注亦如此。(张标)

沙虫 1737

即沙虱。唐李德裕《李文饶集》别集四《谪仙岭南道中作》诗:"愁冲毒雾逢蛇草,畏落沙虫避燕泥。"

案:此乃李德裕在党争中失败后被贬谪到岭南,于途中感愤而作。诗题衍"仙"字,使得"谪仙岭南道中作"意思不可解,宜去之。(毛远明)

无告 1930

指有苦无处可告诉的人。……《孟子·梁惠王下》:"老而无妻曰鳏,老而无夫曰寡,老而无子曰独,幼而无父曰孤,此四者一天下穷民而无告者也。"

按:《孟子·梁惠王下》原作"此四者天下穷民而无告者也。"《辞源》所引,衍一"一"字。(董志翘)

生意 2097

㊁《世说新语·言语》:"庚穉恭为荆州以毛扇上武帝"注引晋傅咸《羽扇赋序》:"昔吴人直截鸟翼而摇之,风不减方圆扇而无加,然中国莫有生意者。灭吴之后,翕然贵之,无人不用。"

按:此书证引《羽扇赋序》文有脱漏,"风不减方圆扇而无加"一句文意晦涩。检之《世说新语·言语》注引《羽扇赋序》,本作"风不减方圆二扇而功无加",此乃言截鸟翼为扇,风不比方扇、圆扇二种扇子小而不须多费力气也。于意为长,故《辞源》引文脱落"二""功"两字。(董志翘)

白田 2156

释文作:"汉九真太守任延始教民耕犁,火耨耕艺,法与中原相同,名为白田。种白谷,七月火作,十月登熟;名赤田,种赤谷,十二月作,四月登熟;所谓两熟之稻。"

按：此段文字当补出处。因为未注明书名，就失去了依据。田忠侠先生在《辞源续订》中说翻检了《后汉书》《初学记》诸书，未找到出处。笔者在北魏郦道元《水经注》中发现，原来此段内容出自第三十六卷《温水》中。原文如下："九真太守任延，始教耕犁，俗化交土，风行象林，知耕以来，六百余年，火耨耕艺，法与华同，名白田，种白谷，七月火作，十月登熟；名赤田，种赤谷，十二月作，四月登熟，所谓两熟之稻也。"比勘之下，《辞源》释文标点也不妥，"名为白田"后不应用句号，为何叫"白田"，是因为种"白谷"而得，分为两句，影响了句意。（程志兵）

神思 2272

泛指思虑，思绪。……《晋书·刘寔传》附刘智"平原管辂谓人曰：'吾与刘颍川兄弟语，使人神思清发，昏不假寐。'"

案："颖川"当是"颍川"之误。"颍川"由颍水而得名，如作"颖"，则失其理据。刘智曾为颍川太守，人称"刘颍川"。《晋书》原文作"颍"，《辞源》引书误。（毛远明）

窥尾 2333

赤色鱼尾。《左传·哀十七年》："如鱼窥尾，衡流而方羊裔焉。"

案：这个条目的书证标点有误。请先看《左传》原文："卫侯贞卜其繇曰如鱼窥尾衡流而方羊裔焉大国灭之将亡阖门塞窦乃自后踰。"

首先，繇辞一般是押韵的，如果依《辞源》断至"裔焉"，则与"尾""亡"都不协韵，失其韵便与繇辞常则不合。

其次，"衡流而方羊裔焉"是什么意思，不得其解，这是点破了句子所致。

正确的标点应该是"如鱼窥尾，衡流而方羊。裔焉大国，灭之将亡"。"羊"与"亡"古音同属阳部，为押韵字。"方羊"又作"彷徉""彷徨"或"彷洋"，为游荡无所倚的样子。"裔"义为边、边界，"焉"用法相当于"于"。繇辞的大意是说：卫国与大国为邻，如果自身无道，国家不安定，一旦大国来讨，便会招致覆亡。这样理解既不失韵，又文从字顺。

《辞源》之误来自杜预。杜预在"裔焉"之下作注："横流方羊，不能自安。裔，水边。言卫侯将若此鱼。"这样解释实不可通。故刘炫纠正杜注，认为卜繇之辞文句相韵，"裔焉"二字宜向下读。他的意见是很对的，详见《左传·哀公十七年》孔颖达正义所引刘炫说。只是孔颖达疏虽引刘炫说，却不同意刘炫的说解，仍然回护杜预，曲为之解。清钱大昕主刘炫之说，详参钱大昕《十驾斋养新录》。刘说是也。惜乎《辞源》未采，而沿用杜、孔误说，不可从。（毛远明）

絞 2422

两股相交扭成的绳索。《礼·杂记》上："小饮，环绖。"唐孔颖达疏："知以一股所谓缠绖者，若是两股相交，则谓之绞。"

案："小饮，环绖"义不可通。"饮"应是"敛"字之讹，《礼记》各本均作"小敛"，无作"饮"者。"小敛"是给死者沐浴、穿衣、覆衾之类的古丧礼。若为"小饮"则不知所云。（毛远明）

绿野堂 2448

唐裴度的别墅，旧址在河南洛阳。度以宦官擅权，时事已不可为，乃自请罢相，于午桥创别墅，花木万株，中起凉台暑馆，名曰绿野堂。……宋辛弃疾《稼轩词·水龙吟·甲辰岁寿韩南涧尚书》："绿野风烟，平泉草木，东西歌酒。"

案："东西歌酒"，文不成辞。"东西"应是"东山"之误。

东晋名相谢安曾经寓居于东山（今浙江省上虞县西南）。《晋书》本传说他"虽放情丘壑，然每游赏，必以妓女从"，优游自得，隐逸为乐。辛弃疾词在此连用三个典故：裴度隐逸绿野堂，李德裕放情平泉庄，谢安隐居会稽，高卧东山。借用其典，以谢安、裴度、李德裕比喻韩元吉（号南涧），以谢安等寄情山水的名士风流比喻韩元吉寓居上饶（今江西省上饶市）的高雅情趣。若作"东西"便义无所取。今本稼轩词作"东山"，不误。（毛远明）

群龍無首 2500

《辞源》引自《易·乾》："用九，见群龙无首，吉。"《十三经注疏》于该句后注云："九天之德也，能用无德乃见群龙之义焉。夫以刚健而居人之首，则物之所不与也。以柔顺而为不正，则佞邪之道也，故乾吉在无首，坤利在永贞。"（《周易正义》卷一，2页）以此可知，《辞源》于引文中的标注值得商榷，《汉语大词典》《辞海》所引："见群龙，无首，吉。"似更符合《周易》的本意。（王立）

羽 2502

古代舞者树雉尾于竿，执而舞之，故称羽。《春秋·隐六年》："初献六羽。"

案：这个词条有两点失误：

其一，"初献六羽"是《春秋·隐五年》之事，原文为"九月，考仲子之宫，初献六羽"。《左传》传其事也在隐公五年，《辞源》作"六年"，实未当。

其二，古代舞乐分武舞与文舞。文舞者"树雉尾于竿，执而舞之"，所执之道具称羽。《辞源》释义大体是对的，只是表述不够清楚，不过尚无大碍。问题在于"初献六羽"的"羽"并不是指"树雉尾于竿，执而舞之"的道具，而是指执羽之舞队。"六羽"就是六佾。古代的乐舞以八人为一队，称一佾。因舞时手执羽饰道具，故又称一羽。"六羽"就是六列舞队。杜预注："公问羽数，故书羽。""羽数"就是舞队的数量。《左传》"于是初献六羽，始用六佾也"下杜预说："鲁唯文王、周公庙得用八，而他公遂因仍僭而用之。今隐公特立此妇人之庙，详问众仲，因明大典，故传亦因言始用六佾。其后，季氏舞八佾于廷，知唯在仲子庙用六。"再从结构上分析，"六羽"是"献"的宾语，所献的是文舞的六列舞队，而不是"树雉尾于竿，执而舞之"的道具。

可见，《辞源》的释义和书证是不相合的，容易使人产生误解，书证应该另选。（毛远明）

腐 2563

比如"腐"字有一个义项是指宫刑（古代阉割男子生殖器的酷刑），诸多涉及古汉语词义的字典辞书都收录了。《汉语大字典》和《汉语大词典》在为这个义项举例时都引用了《汉书·景帝纪》里的一句话："秋,赦徒作阳陵者;死罪欲腐者,许之。"《辞源》(修订本,下同)也引了这个例子,但没有句首的"秋"字。

这三部大型工具书在对这个例子断句标点时,出现了两种情形:《辞源》和《汉语大字典》的编者可能受"赦免……死罪"一类动宾搭配之定势思维的影响,都在"死罪"下断句并加分号,即:"(秋,)赦徒作阳陵者死罪;欲腐者,许之。"而《汉语大词典》则在"阳陵者"下用逗号断开,"死罪"连下"欲腐者"为句。显然,《辞源》和《汉语大字典》的标点是有错误的。因为在"死罪"下断句,至少有两个问题不好理解:一是被罚去修筑景帝阳陵的人是否都是犯了死罪的人?二是谁自愿受宫刑?如果是"徒作阳陵者",那么承前句之意,既已被赦免了死罪,又怎么"欲腐"?大家知道,宫刑是人生之奇耻大辱,司马迁在《报任安书》中就说过:"行莫丑于辱先,诟莫大于宫刑。""太上不辱先,其次不辱身……最下腐刑极矣!"既被赦免了死罪,又自愿接受宫刑,这在情理上是无论如何也讲不通的。其实这句话的意思是:景帝四年秋,赦免了被罚去修筑阳陵的刑徒;原来被判了死罪的人,如果愿意受宫刑,也可允许。"宫刑"虽是奇耻大辱,但较之杀头,毕竟可保全性命;以宫刑代死罪,有人愿意去做,还是符合情理的。可见《汉语大词典》的断句是正确的;如果把"阳陵者"后的逗号改为分号,则更臻完善。

《汉书·景帝纪》里的这句话,在中华书局标点本《汉书》(1962年6月初版)中的标点也是错误的,但已有学者纠正过,《辞源》和《汉语大字典》的编者或不及见之。这本来也是无可厚非的。但二书的编者如能利用辞书内部的纠错条件,这个错误应该也可自行避免。因为旧版《辞源》在为"腐"字之"宫刑"义引例证时,也是用《汉书·景帝纪》里的这句话,但只引"死罪欲腐者许之",说明其编者是把"死罪"连下为句,应当引起修订本编者的注意。(林志强)

荒 2642

掩,覆盖。《诗·周南·樛木》:"南木樛木,葛藟荒之。"

案:"南木樛木"义不可通。查检《诗经》,原文作"南有樛木",可见"南木"为"南有"之误。(毛远明)

行李 2800

使者。《左传·僖三十年》:"若舍郑以为道主,行李之往来,共其乏困,君亦无所害。"

案:"道主"是什么意思?不可解。复检《左传》,原文作"东道主"。引文于"道"字前脱一个"东"字,使得意思不可解,应该补上。(毛远明)

觋 2856

并视。五代后周卫元嵩《元包经一·晋》:"觋于丑,观夫众也。"

案:复核《元包经》,其正文是"觋于丑,冈于垠",而不是"觋于丑,观夫众也"。唐苏源明传:"觋于丑,观夫众也;冈于垠,照夫远也。"原来是《辞源》误以传文为正文。由于此条失误,影响到后来的辞书编写。如《大字典》卷六，3669 页，"覷"字条，义项[1]："两人相对而视。周卫元嵩《元包经·太阳》：'覷于丑，观夫众也。'"可见《大字典》照录，使错误依旧。

又，《辞源》认为《元包经》是"五代后周卫元嵩"所作，也不可信。既然唐代的苏源明已经给《元包经》作传，怎么会《元包经》却是五代后周才产生呢？没有经，传又何来，可见其错误是十分明确的。卫元嵩是六朝时的北周人，《元包经》产生于北周。《辞源》误以南北朝时期的北周为五代后周，宜正之。（毛远明）

讽一劝百 2910

《史记》一一七《司马相如传》："扬雄以为靡丽之赋，劝百讽一，犹驰郑卫之声，曲终而奏雅，不已亏乎。"扬雄晚司马迁百余年，扬雄评论司马相如的文字怎么会出现在《史记》中呢？再查"劝百讽一"条，又说出自《汉书》一一七卷《司马相如传赞》，且引文基本一致，同样一句引文，一出于《史记》，一出于《汉书》，就不能不使人疑惑。

为了解疑，只有查阅原书。《史记》（中华书局 1982 年第二版）卷一一七"司马相如传"的"太史公曰"后确有《辞源》"讽一劝百"条下的引文。但是，此新标点本却没有任何校注文字。《二十五史》（上海古籍出版社）中《史记》一一七卷之后附有考证，原文是："王若虚辨惑曰：《前汉书》全引此语，予尝疑之，……是必孟坚所续而后人误附于《史记》耳。《困学记闻》曰：江氏椠曰，雄后于迁甚久，迁得引雄辞何哉？盖古人以《汉书》附益之。"

《汉书》中"司马相如传"在五十七卷，其卷末赞曰："扬雄以为靡丽之赋，劝百讽一，犹骋郑卫之声，曲终而奏雅，不已戏乎。"

可见，"讽一劝百"条出处以引《汉书》为妥。（孟凡茂）

趣 2989

㊀旨趣、意味。《文选》三国魏嵇叔夜（康）《琴赋序》："推其所由，似元不解声音；览其旨趣，亦未达礼乐之情也。"

按"声音"应作"音声"，见《文选》。再者《琴赋序》开篇有"余少好音声，长而翫之。……处穷独而不闷者，莫近于音声也。"也都作"音声"。仅《序》中"其声音则以悲哀为主美"句作"声音"，因为这是就"八音之器，歌舞之象"的"体制""材干""声音""感化"等方面谈的，两者的侧重点是不同的。（姚国旺）

酣歌 3133

义项之二书证引《梁书·南平元襄王传附萧恭》："恭每从容谓曰：'……劳神苦思，竟不成名。岂如临清风，对朗月，登山泛水，肆意酣歌也。'"

按：以上《辞源》所引书证引文脱文。检阅《梁书》诸版本时发现："恭每从容谓曰"中"谓曰"之间脱一"人"字，引文须忠实于原文，应补入该字（参见中华书局《梁书》第 2 册第 349 页、上海古籍出版社《二十五史》第 3 册第 2057 页）。（刘勇）

酷滥 3136

书证作:《后汉书·十六·邓骘传》朱宠追讼骘疏:"骘当享积善履谦之祐,而横为宫人单辞所陷。利口倾险,反乱国家,罪无申证,狱不讯鞫,遂令骘等罹此酷滥,一门十人,并不以命。"

按:书证引文有两处错误:

一、查诸善本引文中无"骘"字,依照《辞源》编纂的体例,编者加圆括号表示根据原文之意添加文字,所以以上引文中'骘当享积……'中"骘"字应用圆括号括起来。

二、书证引文有误。据中华书局《后汉书》第3册第617页、上海古籍出版社《二十五史》第2册第860页中"一门十人"作"一门七人",应予厘定。(刘勇)

门中 3232

㊂称族中死者。北齐颜之推《颜氏家训·风操》:"言及先人,理当感慕。……感辱祖父,若没,言须及者,则敛容肃坐,称大门中;世父、叔父则称从兄弟门中;兄弟则称亡者子某门中;各以其尊卑轻重,为容色之节,皆变于常。"

按:王利器《颜氏家训集解》作:"言及先人,理当感慕,古者之所易,今人之所难。……名位未高,如为勋贵所逼,隐忍方便,速报取了;勿使烦重,感辱祖父。若没,言须及者,则敛容肃坐,称大门中;世父、叔父则称从兄弟门中;兄弟则称亡者子某门中,各以其尊卑轻重为容色之节,皆变于常。"寻绎文意,《辞源》所引书证,王利器《集解》所标点,以"感辱祖父"为句,大误。原文中"勿使烦重感辱"当为一句,"祖、父"当属下,以"祖、父若没"为句。此言:当自己名位未高,而被勋贵者所逼,不得已言及已亡之先人,须克制设法,赶快回答已求了结,不要让人家纠缠不休而触犯侮辱(先人)。祖父、父亲若已亡故,言须及者,则敛容肃坐;称大门中;伯父、叔父(若已亡故)则称从兄弟门中;兄弟(若已亡故)则称亡者子某门中……若如《辞源》所引,《集解》所标,以"感辱祖父"为句,则与文意不符,因为"感辱"的对象乃已亡之先人(包括祖、父、世父、叔父、兄弟),不仅"祖、父"而已。下文才分列对已亡"祖、父""世父、叔父""兄弟"的称呼。若以"祖、父"上属,下文"若没"则失却主语,与后两句句式不一。另外"感辱"又与上文"感慕"相对,其意明甚。《辞源》引例又因标点错误而引文缺裂,《中文大辞典》"门中"条引《颜氏家训·风操》作"祖、父若没,言须及者……"甚是。此其一也。又《辞源》引例中"各以其尊卑轻重为容色之节"当为一句,中间不应点断,此言,各按已亡者的地位尊卑轻重来确定自己容色之节度。王利器《集解》标点不误,当据改。(董志翘)

青琐 3353

宫门上缕刻的青色图纹。《汉书》八九《元后传》:"曲阳侯根骄奢僭上,赤墀青琐。"注:"青琐者,刻为连环文,而青涂之也。"

案:《汉书·元后传》为卷九十八,所引"曲阳侯根骄奢僭上,赤墀青琐"正在卷九十八中。"八九"是"九八"之误倒。(毛远明)

鲰生 3513

义项㈠"浅薄无知之人。"下引《史记集解》:"伏虔曰:'鲰音浅。鲰,小人貌也。'"按:浅鲰,复词,不容割裂。《说文》十一下鱼部鲰下段玉裁注:"浅鲰,汉人有此语。通作邹。《释名》:奏者,邹也。邹,狭小之言也。……浅鲰,即浅邹。俗人不晓,乃读为音浅,句绝矣。"据此,则《辞源》似误读《集解》,标点也不对。(张涤华)

体　例

一　　概述

　　概括说来,修订工作,主要是三方面:(1)纠谬补缺;(2)充实内容;(3)改善体例。

　　①纠谬补缺:校正旧《辞源》注音、释义和书证的错误,查对全书的引文,加注卷数、篇目。②充实内容:包括两方面,一是增加新的,二是补充旧的。③改善体例:于多音多义的单字分别注音,并在第二音以次各词头之下,以 2、3、4、5 等序号标明其读第几音。还注"参见"以联系内容有关的条目;注"参阅"以附列本条参考书目。

　　解释是词典的中心,书证是词目的重要组成部分。我们努力要求解释的确切、具体、简洁、扼要,尽可能交代构词的过程和词义的变迁。注意引文的上下连贯,保持意思的完整,提早书证的时代。于单字的义项排列,顾及其科学性。于成语、典故,注出处,说用法,着重溯源。作知识性条目,多叙清其始末原由与发展演变。既用旧注,兼采新说,有异议的,取正确的结论;难断是非的,举通行的说法,附列其他,以供研究参考。(刘叶秋)

　　释义是辞书至关重要的部分。一般说来,由于辞书性质的不同,编纂者对实际语言材料的理解不一致等,有关字、词义项的切分、归纳可能不一样。因此,不能根据义项数目的多少轻易判定某书某字词义项是否完备等等。但是,语言中的词都不是孤立的,每一个总是和别的一些词之间存在着这样那样的联系,这些词义和别的一些词组成更广泛的联系网络。如果从组合的角度出发,在修订后的《辞源》中相关条目之间进行核查、比较,就会发现其中"失调"的地方。

　　书证在大型辞书中占着重要地位,它在证明义项、补充释文、排除歧解、校正误释及帮助读者准确把握词义等方面,有不可忽视的作用。《辞源》修订本"书证都经覆核原书,注明书名,篇目或卷次;""校订引证的原著脱误,用方括号表明";"引用古籍、一般据通行本。如二十四史用中华书局标点本、百衲本,十三经用注疏本,四部书用四部丛刊本等",只是"书证中部分古体或异体字,少数常见的改为通行字"。这些,都增强了科学性,方便了读者。但因我国古籍浩如烟海,书证涉猎范围广泛,仅就相关条目所及而言,也时有违反自订体例者。(伍宗文)

　　《辞源》使用的术语太多,用法太乱,概念的内涵和外延不明确,不确定。训释同一类型的词,常用不同的术语。如异体字,就用了同、古文某、本作某、某的本字、某的异体字、某的别体、俗某字、亦作(又作、或作)某、通、通作、某书作某、古籍多作某等术语来训释。同一术语又常用来训释不同类型的词,典型的例子是"通"这一术语的使用。

　　《辞源》是一部了不起的巨著,这毋庸怀疑。但其训释术语的不当却在一定程度上破坏了自身的内部规律性和系统性,因而其科学性和系统性不能不受到损害。不客气地说,概念的含混是由于理论的糊涂。究其造成训释术语混乱的原因,最主要的有三点:其一,《辞源》编写者把异体字、假借字、古今字、繁简字、同源字等放在同一平面、同一层次上来认识。事实上,汉字这个庞杂的历史堆积物有一个长期的历史发展过程和广泛的地域差异,汉字在使用过程中不断演化、变异、孳生,数量增多,使用交错。许多字只有放到一定的时间和空间中去解释,才有可能较为理想地分清其发展、演变的脉络。否则便会被其假象所迷惑,以致互相纠缠不清。比如学者们争论不休的古今字就是一个庞杂的大家族。其二,《辞源》是集众人的智慧,集体辛勤劳动的成果。由于书出众手,体例上,认识上有不一致之处也在所难免。其三,编纂者们对旧式的训释术语不加具体的分析批判,不作严格的选择整理,盲目地全盘承用,对术语的内涵和外延没有作严格的规定,其出现混乱和矛盾是可以想见的。(毛远明)

　　《辞源》的最大特点就是确定了单字字头带出复词的辞书编纂体制。即全书选取单字为字头,在单字字头释义之下则大量罗列以这个单字为字头的古今复词。复词的排序原则大体是:先以字数多少论先后。即:由两个字构成的复词排列在前,由三四个或更多的字组成的复词则依次排列在后;再以笔画多少为序。即字数相同的复词,则按第二字的笔画多少排次第先后。(杨文全)

　　凡是字头按部首排列,同部首的字又按笔画多少为序的字典、辞书,某字是多少画,这个字作为一个部件分见各部中时,它的笔画又是多少,应该是一致的。然而《辞源》却往往不同,自相矛盾。

　　新版《辞源》用繁体字,是按旧《辞源》的部首排列的,何字归何部,也同旧《辞源》;事实上,亦即仍沿《康熙字典》之旧。

　　梅膺祚编纂《字汇》曾提出,写字以"不背于古,不戾于今"为宜。这条原则很好,也适用于汉语辞书的分部和归字,尤其是古汉语辞书。

　　作为古汉语辞书,所引书证,字形应一致,同一词出处相同,也不当有两种释义,以免查阅者无所适从。本书虽注意到了,但间或也违背此例。(叶萌)

　　释文的风格和信息量不统一。

　　汪耀楠先生在《相关条目解释的平衡与统一》中指出:对相关条目所涉及的相类似知识信息作出全面正确的解释,使读者从分散的各相关条目的解释中获得同类条目前后一致、完整的知识,是释义的一项重要任务。它要求提供知识信息的量与质、广度和深度的辩证统一,也要求释文风格的统一。

　　④A. 燋金流石　喻久旱酷热。(《辞源》)

　　　B. 焦金流石　金属烧焦,石头熔化。极言阳光的酷烈。(《辞源》)

⑤A. 左行　……②古代军制名。行，音 háng。(《辞源》)

　B. 右行　①春秋时晋国军制名。(《辞源》)

⑥A. 砲楼　碉堡的俗称。(《大词典》)

　B. 炮楼　一种四周有枪眼，可以瞭望并射击的高碉堡。(《大词典》)

例④A、B 释文风格不统一，A 未解释字面义，B 则先解释字面义，再说明深层意，因为深层意导源于字面，释字面义可以帮助读者理解掌握深层意，故 B 优于 A。⑤A、B 属相关联的条目，均属春秋时晋国军制，B 说明了具体时代国别，A 但称古代军制，失于笼统；A 注明音读，B 未注音，二者的信息的质与量不等。⑥B 比 A 给读者的信息量要大得多，不知炮楼为何物的人查阅该词条后就能知道其形制、功用，A 释义无法达到此效果。（郭康松）

二　体例

九 0101　毉 0254　枹 1551

"九"字下说："隶书防作伪，记数九字，借用'玖'。"而在壹、贰、肆、捌、玖等字下又都说"数字大写，皆唐武后时所改。""杀戮"义"毉"下通"戮"、"戮"下又通"毉"；"击鼓杖"这一器物，"枹"下同"桴"，"桴"下通"枹"。如此等等，是异体，是通假；是古字，是今字；哪一个当为正字、本字，哪一个当为异体字、假借字；是术语有乱，是审辨未清，读者心中，不能不引起种种疑惑。（伍宗文）

侣 0208

同伴。同"侣"。《文选·汉王子渊(褒)〈四子讲德论〉》："于是相与结侣，携手俱游。"

初看起来，A，同"A"，使人莫名其妙。原来，"侣"字从人，吕声。《说文》："吕，脊骨也。象形。"段玉裁注："吕象颗颗相承，中象其系联也。"依造字之意，本当七画。但古籍刻本、楷书字形一般作上下两口，六画。旧《辞源》收归人部七画下，六画无"侣"字，没有矛盾。修订本欲以六画的"侣"字为异体，算是"于古有征"。但人部七画中却根本就没有收录"正字"，这就首尾不能相顾了。（伍宗文）

光饼 0276

《辞源》只是指出出自清施鸿保《闽杂记·花饼》，解释了引文中的含义，但并未引出原文，这不合它的体例，应引出原文："光饼，戚南塘平倭寇时，制以备军行路食者。后人因其名继光，遂以称之。今闽中各处皆有，大如番钱，中开一孔，可以绳贯。"释义只能说明是一种食品，引例从命名由来、用途、形状等方面作了介绍，既增加了释文的知识量，也提高了释疑能力，较之简单的解释要好。（王立）

尊 0881

"尊"㈢、"罇"的训解所引用书证完全相同，但释义则大不相同，其文如下：

【導】㊂：选择。本字作𥣫。《文选》汉司马长卿（相如）《封禅文》："徽麋鹿之怪兽，導一茎六穗于庖。"《注》："郑玄曰：择也。"参阅清黄生《字诂·𥣫》。

【𥣫】一茎六穗的嘉禾。《史记》一一七《司马相如传》："𥣫一茎六穗于庖。"《索引》："郑玄云：'𥣫，择也。'"《汉书》𥣫作"導"。参阅清黄生《字诂·𥣫》。

二者所引用书证同是司马相如《封禅文》，一据《文选》所作"導"，一据《史记》作"𥣫"，所据古训同是郑玄注，所指参考文献同是清黄生《字诂》，但释义一释为动词"选择"，一释为名词"一茎六穗的嘉禾"。二者必有一误。作为"选择"之义的"導"实为"𥣫"字之误，释"𥣫"为"一茎六穗的嘉禾"实误，对此，清段玉裁在《说文解字注·禾部》"𥣫"字条下辨之甚明，其文曰：

𥣫：𥣫米也。三字句，各本删𥣫字，改米为禾，自吕氏《字林》《颜氏家训》时已然，今正。𥣫，择也。择米曰𥣫米，汉人语如此。《汉书·百官表》《后汉书·殇帝》《和帝纪》皆有"𥣫官"，注皆云𥣫官主择米。邓后诏曰：'减大官、𥣫官，自非共陵庙稻粱米，不得𥣫择。'光武诏曰：'郡国异味，有预养𥣫择之劳。'凡作導者，讹字也。𥣫米是常语，故以𥣫米释𥣫篆，如……浅人概谓复字而删之，又改米为禾。吕忱、徐广、颜之推、司马贞皆执误本《说文》谓𥣫是禾名……《史》《汉》司马相如传《封禅文》曰："……𥣫一茎六穗于庖……"郑德云："𥣫，择也。一茎六穗为佳禾之米。"郑语最明憭。言"于庖"者，择米做饭必于庖也。吕忱乃云"禾，一茎六穗谓之𥣫"，盖不读《封禅文》而误断许书之句度矣。

段注有四点特别值得注意：一是"𥣫"郑注为"择"，专指选择嘉禾精米或谷物，故王念孙《广雅疏证·释草》云："从禾而训'择禾'，于义甚允。"二是所举"𥣫官""𥣫择"等书证可证，汉代"择米"称"𥣫米"此乃汉人雅俗共知之语。掌选米的官员作"𥣫官"，如《宋书·百官志上》："𥣫官令一人，丞一人，掌舂御米。汉东亦置。𥣫，择也。择米令精也。司马相如《封禅文》云：'𥣫一茎六穗于庖。'"三是释"𥣫"为禾——"一茎六穗的嘉禾"，实源于晋代吕忱《字林》，实乃据《说文解字》误本所至，《说文解字》误本之误(1)"𥣫，禾也"乃"𥣫：𥣫米也"之误，(2)其引用书证"𥣫一茎六穗也"乃穗字后脱"于庖"二字，后人误读为"𥣫，一茎六穗也"，遂有禾名之说。四是"𥣫"或误作"導"，如"導官""導择"及东汉崔骃《七依》"乃導玄山之粱，𥣫不周之稻"之"導粱"实为"𥣫"的通假字，故"導"遂有"选择"之义，"𥣫、導同声而通训，于音尤协。"

综上所述，《辞源》释文：(1)"導"之义项㊂的释义基本是对的，但"本字作𥣫"改为"通'𥣫'"则更确，至于所引书证《文选·封禅文》则有违其"结合书证，重在溯源"的编纂原则，因《文选》及李善注皆出自《汉书·司马相如列传》所载《封禅文》及颜师古注，故其书证应采用《汉书》而非《文选》。(2)"𥣫，一茎六穗的嘉禾"显误，当释为——选择，特指选择精米嘉禾（或谷物）；(3)举列参考书目"黄生《字诂》"其承吕忱《字林》等前人之误而无辨正，实不足据，当举列段玉裁《说文解字注》"禾部·𥣫"条为佳。（王凤华）

席地幕天 0977　幕天席地 0985

区别仅仅因为后者是"倒文"。《辞源》前者释云:"以天为幕,以地为席。比喻高旷。"后者释云:"以地为席,以天为幕。形容胸襟旷达。"对于二词修辞义的解释应当统一。它们同属"巾部",尤宜作相同条目处理。前者先见于《文选》刘伶《酒德颂》、《晋书》刘伶传,当作主条。(黄崇浩)

平决 0991　平畫 0993　平議 0995

〔平画〕注㊀云:"评议谋划。平,通'评'。"而〔平议〕注㊀云:"商量讨论。平通'评'。"而〔平决〕注云:"评定决断",显然"平"亦通"评",却无"平,通'评'"之语,这也是体例不一的表现。(王彦坤)

祕密 2266

不外传的机要事宜。……《魏书·刘昺传》:"(徐)义恭小心谨慎,谦退少语,(茹)浩等死后,弥见幸信,长侍左右,典掌机密。"

按:词目为"祕密",而书证为"机密",亦失照之故也。(董志翘)

糜沸 2391

谓如粥在锅中沸腾。比喻动乱纷扰。《淮南子·兵略》:"攻城略地,莫不降下,天下为之糜沸蚁动。"

而"糜沸"条引此篇此句,字作"麋"。二字并非异体,两处又无"横向联系"。既言"如粥",则字当作"糜"。如果"一般据通行本",那么纵有别本异文,理应予以说明。(伍宗文)

臾 2590

(三)臾弓,亦作庾弓,便于射远之弓。《周礼·考工记·弓人》:"往体多,来体寡,谓之夹臾之属,利射侯与弋。"释文:"臾音庾。"

庾弓　射力较弱宜于近射之弓。……《考工记·弓人》"夹臾之属",臾即庾弓。

又"夹弓"条也用上述两条例证,释为"古代六弓之一,弓干多曲,宜于射远者。"同一类甚至同一种弓,忽言射远,忽言射近。按《弓人》孙诒让正义:"往体,谓弓体外挠;来体,谓弓体内向。凡弓必兼往、来两体,而后有张弛之用,但以往来之多少为强弱之差。此夹、臾,谓弓之最弱者。"又《弓人》:"往体寡,来体多,谓之王弓之属。"今"王弓"条据此释为"弓之最强者",是,反过来也证明夹弓、臾弓当为近射之弓,弱弓。以上有关的义项、词条,均为旧《辞源》未收录者。修订者增录,使条目、义项更加完备,给读者提供更丰富的信息,本是好事,但这些信息应当准确。古书的某些字句,即使前人说有两歧,也应充分考订,有所裁断;或者区别主次,两说并存,才能真正提高工具书的使用价值。(伍宗文)

菊部頭 2673

注云:"宋时称宫中歌舞人员的领班……《元诗选》宋无《子虚翠寒集·宫词》:'高皇尚爱梨园舞,宜索当年菊部头。'"

按：新版《辞源》又收"鞠部头"条，注云："伶工之首，指演唱之最精者。"下即引宋无这首宫词，但"菊"却写作"鞠"。同一文章，同一出处，似不当有如此歧异（版本不同？注者惜未注版本），亦不当两释。（熊飞）

顧 3401

义项⒄雇赁。通"僱"。引《汉书·晁错传·对策》："敛民财以顾其功。"但晁文一般读者不易理解，如加引颜师古注："顾，若今言雇赁也"，就好懂了。又，同册3303页"僱"同"雇"，未说通"顾"，也失照应。（张涤华）

三　参见

三能 0034

"三能"一词，星名，即"三台"。末曰"参见'三台'"。但"三台"一词无星名之义项，使参见无着落。（徐传武）

不律 0069

不驯顺，不守法。《元史》一二九《来阿八赤传》："斩之，以惩不律。"不驯顺，不守法的人叫"不律头"。《古今杂剧》元关汉卿《窦娥冤》一："到今日招的箇村老子，领着箇不律头。"参见"不劣方头"。

案：元曲中"不律"又作"不劣"，应该没有问题。又作"不劣方头"，或作"方头不劣""方头不律"，意义相同，指性情粗野、倔强不驯顺。如《陈州粜米》二《脱布衫》："我从来不劣方头，恰便是火上浇油。"《金凤钗》："见一个方头不律的人，欺负一个年老的，要扯他跳河。"《绯衣梦》："俺这里有个裴炎，好生方头不劣。"

《辞源》用互见法把一组意义相同、相关的词贯串起来，在一处详解音义，他处则从略。这个体例很好，既丰富了辞书的容量，又简洁明畅，不枝不蔓。但有时在一处注明"详某某"，而在彼处却不见收载，于是自乱其例，也徒费翻检者的时间。比如本条"参见'不劣方头'"，我们遍检全书却没有词条"不劣方头"。其技术处理失之。（毛远明）

圆社 0579

宋时球戏组织。元陈元靓《事林广记》续集七《圆社摸场》："四海齐云社，当场蹴气球。作家偏著所，圆社最风流。"参见"齐云社"。

案："齐"字条下没有列出"齐云社"一词，全书都没有"齐云社"这个词条。既然《辞源》未收此词，又何从"参见"呢？（毛远明）

墨突不黔 0633　孔席不暖 0780　席不暇暖 0977

三词均引《文选》汉班固《答宾戏》为证，宜作内容相关条处理。（黄崇浩）

志大才疏 1100　　材疏志大 1516

前者第一证为《后汉书》七十《孔融传》，原型为"才疏意广"。后者的书证与前者的第二证同为宋陆游《剑南诗稿》九《大风登城》，且前者已注明"也作'才疏志大'"，那么，后者只要注明参见"志大才疏"即可，何必迭床架屋？（黄崇浩）

扼喉抚背 1217　　拊背扼喉 1244　　搤肮拊背 1296

三词解释相同。由于"倒文"，又因为搤同扼、抚通拊，亢通肮、亦作吭、即喉，表现为三种书写形式。后二者均引《史记》九九《刘敬传》为源，第三者又别无成文书证。宜将其中二条作变体或参见条处理。（黄崇浩）

李德裕 1523

公元787—849年。唐赵郡人。字文饶。父李吉甫为宰相，以荫补校书郎。历仕宪穆敬文武诸朝，为李党首领，与牛僧孺、李宗闵为首的牛党斗争激烈，旧史称"牛李党争"。……新、旧《唐书》有传。参见"牛李党争"。

案："牛"字条下没有收"牛李党争"条，《辞源》全书也没有这个词条，所谓"参见'牛李党争'"便无根据。《辞源》彼此不照应。（毛远明）

東坦 1526

"木"部"東坦"条：指女婿。为"东床坦腹"的略语。……参见"坦腹㊀"。

"东床"条：指女婿。……参见"坦腹㊀"

"土"部"坦"字下，"坦腹"条：㊀《世说新语·雅量》："郗太傅（鉴）在京口，遣门生与王丞相（导）书，求女婿，……门生归白郗曰：'王家诸郎亦皆可嘉，闻来觅婿，咸自矜持，唯有一郎坦腹卧如不闻。'郗公曰：'正此好！'访之，乃是逸少（羲之），因嫁女与焉。"后称人婿为令坦或东床，本此。

按："東坦""东床"两词条的出典，《辞源》均言参见"坦腹"条，然"坦腹"条所引《世说新语·雅量》这一书证中，却未见"东床"一词，故"東坦""东床"两词条之参见无根。查《世说新语·雅量》，原文作"门生归白郗曰：'王家诸郎亦皆可嘉，闻来觅婿，咸自矜持，唯有一郎在东床上坦腹卧，如不闻。'"实乃《辞源》所引书证脱落"在东床上"四字，而"东床"当是关键词语，由于"东床"脱落，致使"東坦""东床"两词条之"参见"失照。（董志翘）

泰阶 1746

星名。即三台。上台、中台、下台共六星，两两并排而斜上，如阶梯，故名。……参见"泰阶六符"。

案：查"泰"字条，其下没有立"泰阶六符"这个词条，全书也没有这个词条，所谓"参见'泰阶六符'"自然不成立。《辞源》彼此不能照应，疏误。（毛远明）

涔涔 1797

义项㊂头脑胀痛貌。引晋嵇含《南方草木状》及杜甫《风疾舟中伏枕书怀》为证。按《汉书·

外戚传上》:"(许皇后)曰:'我头岑岑也,药中得无有毒?'"岑岑即涔涔,本书第二册 526 页已收入,也引用了《汉书》的例子。但二者是相关条目,应注明"参见",使读者了解其关联,收互相补充参考之益,也符合本书体例第 6 条的规定。《辞源》在这方面做得还不够,这里所举就是一例。(张涤华)

贪 2953

贪恋。见"贪生"。

案:"贪"字头下没有列出"贪生"这个词条,何处去"见'贪生'"?《辞源》体例彼此不关照。(毛远明)

四 配套词

六十四卦 0310

《易经》六十四卦,有关字头和词条下专列一义,也间有脱误。"艮"下误将八卦之一与六十四卦之一混而为一,另外,讼、贲、恒、兑四字下失收。结果,《易经》六十四卦在修订本《辞源》中残缺不全,仅存五十九卦。(伍宗文)

冬令 0325

某些词语反映的客观事物之间具有一定的联系,这些词语的存在和其含义不是孤立的,辞书释义应该充分考虑它们之间的联系性和含义的相同点。

如"月令""春令""夏令""秋令""冬令"在上古文献中即是一组相关词语。《辞源》收有"月令""夏令""冬令",但未能顾及它们之间意义上的一致性,因而在释义中前后抵牾,缺乏准确性。《辞源》"月令"下曰:"《礼记》篇名。传为周公所作,实为秦汉间人抄合《吕氏春秋》十二纪的首章,收入《礼记》,题曰《月令》。记述每年农历十二个月的时令、行政及相关事物。"《辞源》对"月令"作为《礼记》篇名的解释是正确的,但还应进一步指明"月令"之"令"是何义,这对于准确诠释"月令"以及"夏令""冬令"十分必要。孔颖达解释《礼记·月令》篇名曰:"按郑目录云,名曰'月令'者,以其记十二月政之所行也。"古注所言甚是,从该篇全文看,此"令"当指政令。《辞源》释"冬令""夏令",所引语例皆出自《礼记·月令》。

"冬令"下曰:"①指冬季施行的政令。……《礼·月令》:'孟春……行冬令,则水潦为败,雪霜大挚;首种不入。'"《辞源》将"冬令"之"令"解释为"政令",甚是精当。"夏令"下曰:"夏季的节令。《礼·月令》:孟春之月:'孟春行夏令,则雨水不时,草木蚤落,国时有恐。'"《辞源》对"夏令"的解释与释"冬令"相抵牾,将"夏令"之"令"解释为"节令"亦与《礼记·月令》之文意相悖。

在《礼记·月令》中,"春令""夏令""秋令""冬令"皆为常用之语,其中"令"都是"政令"之义。

《月令》篇有固定的行文格式，以春、夏、秋、冬为序，各季节以孟、仲、季记月，先描绘一月中的天象、物候，再记述该月中天子当顺应自然规律而发布的政令。《礼记·月令》本自《吕氏春秋》，而《吕氏春秋》亦必有所本，故《月令》篇保存了更为久远年代的文化信息，记载了在科学极不发达的上古时代华夏祖先对自然现象及其规律的朴拙而又深邃的见解，尤为可贵的是其中蕴涵了华夏先民充满智慧和理性的自然观，这就是人应该顺应自然规律，在一年各月中必须依照自然时序特点施政。各季节当施之政令可依次称为"春令""夏令""秋令""冬令"。

如孟春之月："东风解冻，蛰虫始振，鱼上冰，獭祭鱼，鸿雁来。"该月是初春之月，"天气下降，地气上腾，天地和同，草木萌动。"此时天地间鼓荡着生生之气，体现了自然天地养育生命的本质精神，因而为政者应该顺应这一时令特征发布政令。如在孟春之月，"王命布农事，命田舍东郊"。在这万物生机勃发之时，要祭祀山林川泽这些长育万物之所的神灵，但所用祭牲不能是雌性的，因为此时是雌性动物繁育后代的季节。在这一月里，要发布一系列保护森林和禁止杀生的命令，如："禁止伐木"；"毋覆巢，毋杀孩虫、胎夭、飞鸟，毋麑，毋卵"。此月不可以发动战争，强调"是月也，不可以称兵"，"兵戎不起，不可从我始"。以上所引述皆为孟春之月当施之政令与禁止施行的政令，当施之政即"春令"。再如季秋之月，天地间充满严凝肃杀之气，统治者施政必须顺应这一时序特征。如："是月也，霜始降，则百工休。乃命有司曰：'寒气总至，民力不堪，其皆入室。'"此月可以杀生："天子乃教于田猎，以习五戎"；"天子乃厉饰，执弓挟矢以猎"。在这"草木黄落"，树木停止生长的季节，"乃伐薪为炭"，可以砍伐森林。以上所述，皆为季秋当施之政令，即"秋令"。

古人以为，不可以违背季节时令特点而施政。故《月令》曰："孟春行夏令，则雨水不时，草木蚤落，国时有恐。行秋令，则其民大疫，飘风暴雨总至，藜莠蓬蒿并兴。行冬令，则水潦为败，雪霜大挚，首种不入。"陈澔注云："言人君于孟春之月而行孟夏之政令，则感召咎证如此。后皆仿此。"陈澔所言甚是。引文中的"令"指"政令"，"夏令""秋令""冬令"分别指当行于夏、秋、冬各季节的政令。《月令》各月所记内容中均有此类话语，告诫统治者该月不可以施行在其他各季节当施之政令。古人将人事与天道混为一体无疑是违背科学的，但他们要求人顺应自然规律的观念又是十分难能可贵的。

从《礼记·月令》之文本语境看，《辞源》释"月令""冬令""夏令"时，未能顾及三者之间的联系及其含义的一致点，以至释义前后抵牾、自相矛盾，影响了辞书释疑解惑的准确性。（杨雅丽）

竹林七贤 2346

"竹林七贤"只有六贤。《三国志·魏志·王粲传附嵇康》"嵇康……至景元中，坐事诛"裴松之注引《魏氏春秋》："康……与陈留阮籍、河内山涛、河南向秀、籍兄子咸、琅琊王戎、沛人刘伶相与友善，游于竹林，号为七贤。"旧《辞源》立有"七贤""竹林七贤"二条，并为七人各立专条。修订

本于此九条中独删去"王戎"条,而其从弟王衍事在《晋书》中附于《王戎传》之后,"王衍"条却仍保留。(伍宗文)

關漢卿（關 3253）

词目有当增未增者。例如文学史上以《窦娥冤》等著称的元代戏曲作家关汉卿竟没有专条。旧《辞源》"关"字下原收列复词条目 55 条,修订本删去其中"关节炎、关税同盟"等 8 条,新增"关心、关河、关键、关怀"等 24 条,共收列复词条目 71 条。其中如:

关马郑白　关汉卿、马致远(东篱)、郑光祖(德辉)、白朴(仁甫)为元代著名曲家。自元以来,称关、马、郑、白,见元周德清《中原音韵·自序》。

这样的词目,以及相应增立的"马致远""白朴"等条,确实当补。但是,修订者从原"关羽"条释文中分出另立了"关帝"条,却未专条简介关汉卿。(伍宗文)

本书涉及《辞源》辞目笔画索引

一画

一丁 …………… 294
一刀兩段（斷）…… 295
一寸丹心 ………… 295
一切 ……………… 124
一日 ……………… 230
一出 ……………… 67
一字師 ………… 68；294
一言九鼎 ………… 341
一枝 ……………… 67
一枕黃粱 ………… 295
一金 ……………… 31
一刻千金 ………… 341
一客不煩兩家 …… 342
一乘 ……………… 328
一笑置之 ………… 341
一犁雨 …………… 68
一得之愚 ………… 341
一朝權在手 ……… 296
一暴（曝）十寒 … 341
一牀 ……………… 67
一揮而成 ………… 296
一紀 ……………… 67
一諾千金 ………… 342
一視同仁 ………… 296
一頭地 …………… 68

一葦 ……………… 68
一誤再誤 ………… 341

二画

七不堪 …………… 125
七步成詩 ………… 342
七林 ……………… 296
八行書 …………… 73
八愷 ……………… 354
人云亦云 ………… 343
人民 ……………… 237
人存政舉 ………… 343
人間 ……………… 237
人鏡 ……………… 298
入道 ……………… 299
九 ………………… 374
九牛一毛 ………… 343
九牛毛 …………… 132
九百 ……………… 234
九枝 ……………… 235
刀耕火種 ………… 354
力 ………………… 355
力量 ……………… 141

三画

三千珠履 ………… 342
三不知 …………… 230

三公 ……………… 68
三思 ……………… 125
三陟 ……………… 126
三能 ……………… 374
三推 ……………… 126
三宿 ……………… 230
三隧 ……………… 126
三體石經 ………… 127
三衛 ……………… 127
三餘 ……………… 70
乾淨 ……………… 235
于 ………………… 132
工夫茶 …………… 93
才 ………………… 97
下走 ……………… 352
下國 ……………… 128
寸木岑樓 ………… 348
寸步難移 ………… 307
丈夫 ……………… 70
大內 ……………… 357
大火 ……………… 150
大匠 ……………… 86
大成 ……………… 253
大成殿 …………… 151
大法小廉 ………… 347
大段 ……………… 254
大帝 ……………… 254

大庾嶺	152	天道好還	347	中原	131
大震關	86	天驕	153	中朝	131
大漢	305	天時	152	水中捉月	349
大經	151	元元本本	344	水曲	362
大聲疾呼	347	五老	297	手足無措	348
兀兀禿禿	139	五老	353	牛腰	183
上	231	五光十色	343	牛僧孺	184
上行	231	五香	298	夭	48;153
上算	232	五德	291	夭昏	87
上襄	70	支持	263	仁平	7
小憩	7	不～	7	仁術	132
小極	159	不可同日而語	342	什	72
小經	151	不共戴天	296	化	301
口吟	246	不吃烟火食	342	爪	51
口角春風	346	不字	128	爪子	270
山高水長	308	不谷	129	反左書	143
山崩鐘應	348	不言而喻	352	反老還童	330
巾車	332	不物	128	反坐	245
千了百當	301	不享	232	反經行權	346
千紅万紫	301	不係舟	31	父	291
千軍萬馬	301	不殆	129	今是昨非	343
乞漿得酒	297	不律	374	分茶	140
久	71	不然	296	分攜	300
久安長治	342	不謀而同	296	公卿	10
弓腰	94	不億	130	公族	74
子胤	306	区	356	勾陳	76
女史	87	匹夫	301	六十四卦	376
女婦	12	比再	20	六陳	139
		止	180	六氣	243
四画		少室	307	文心雕龍	98
王學	272	日記	100	文字	173
天田	355	中正	297	文馬	263
天荒	152	中立	328	方鎮	99

火肉 …… 20	戊 …… 49	冬烘 …… 74
火坑 …… 316	平 …… 258	主 …… 131
火雞 …… 183	平決 …… 372	主敬存誠 …… 342
心 …… 160	平畫 …… 372	市日 …… 333
心無二用 …… 309	平議 …… 372	市朝 …… 257
心唱 …… 359	刉 …… 354	市喧 …… 333
卐 …… 32	北 …… 76	立地成佛 …… 311
尺短寸長 …… 308	田橫 …… 115	立具 …… 22
孔席不暵席不暇暖 …… 374	只 …… 246	玄武門 …… 112
孔容 …… 13	只雞絮酒 …… 352	半夜三更 …… 302
以手加額 …… 343	四立 …… 146	半部論語 …… 345
以訛傳訛 …… 298	四面楚歌 …… 347	司水 …… 78
劝 …… 330	四聰 …… 356	司城 …… 79
	四戰之地 …… 347	司宮 …… 78
五画	四門博士 …… 33	司倉 …… 79
	四隩 …… 356	司禮 …… 79
末殺 …… 177	生意 …… 362	出入 …… 9
打牙打令 …… 162	失足 …… 254	出言成章 …… 300
打尖 …… 310	丘民門 …… 70	出奇制勝 …… 345
打合 …… 16	代 …… 237	出爾反爾 …… 345
打脊 …… 97	代舍 …… 8	奴從 …… 12
打掙 …… 333	白干 …… 21	加 …… 141
正 …… 267	白日見鬼 …… 350	台 …… 143
去就 …… 245	白日昇天 …… 317	
世 …… 130	白田 …… 362	**六画**
世上無難事 …… 297	白衣蒼狗 …… 317	式遵 …… 15
世講 …… 131	白身 …… 274	邢 …… 43
古井無波 …… 346	白馬非馬 …… 317	扛 …… 49
古玩 …… 356	白魚入舟 …… 350	吉人天相 …… 302
可 …… 246	白雲親舍 …… 350	老頭皮 …… 320
左右江 …… 14	令典 …… 328	地望 …… 148
丕 …… 232	用 …… 272;317	西施 …… 212
石耳 …… 319	冬令 …… 376	在行 …… 149
右 …… 78		

百二 …… 116	仰事俯畜 …… 343	好好先生 …… 305
百發百中 …… 317	仰塵 …… 72	好逸惡勞 …… 305
有 …… 312	仿佛 …… 237	好道 …… 12
有恃無恐 …… 349	自作自受 …… 321	羽 …… 364
有眼不識泰山 …… 312	伊 …… 238	羽杯 …… 66
有錢使得鬼推磨 …… 312	向風 …… 79	
成均 …… 97	行 …… 56；120	七画
成昏 …… 162	行不得也哥哥 …… 323	弄物 …… 15
夷貊 …… 11	行李 …… 365	形能 …… 15
至尊 …… 321	行第 …… 61	形器 …… 15
尖新 …… 91	行窩 …… 61	扼喉抚背 …… 375
光前裕後 …… 344	行誼 …… 61	抄撮 …… 311
光餅 …… 371	合浦珠還 …… 346	抵乳 …… 187
曲江會 …… 103	朵 …… 265	孝子 …… 306
团练使 …… 84	危如累卵 …… 346	抛 …… 165
同日而語 …… 302	旬 …… 175	投膠酒 …… 163
同居 …… 79	各得其所 …… 302	志大才疏 …… 375
同室操戈 …… 302	名正言順 …… 302	芙蓉城 …… 207
吊死問疾 …… 308	名滿天下 …… 346	花團錦簇 …… 322
吃 …… 302	次室 …… 335	材疎志大 …… 375
因循 …… 249	羊狠狼貪 …… 205	李德裕 …… 375
因噎廢食 …… 347	州 …… 93	李紳 …… 104
因緣 …… 249	汗顏 …… 335	否 …… 246
回 …… 249	污 …… 10	車宫 …… 121
回互 …… 249	安步當車 …… 348	志 …… 49
年嫂 …… 14	安居樂業 …… 307	步武 …… 335
朱提 …… 59	阮囊羞澀 …… 351	刟 …… 190
先入爲主 …… 344	奸蘭 …… 7	卤莽 …… 340
先憂後樂 …… 299	如 …… 89	囤 …… 347
廷杖 …… 94	如法炮製 …… 305	旰食宵衣 …… 311
竹林七賢 …… 377	如雷貫耳 …… 306	見怪不怪 …… 323
伐 …… 238	如喪考妣 …… 89	吳 …… 144
仰人鼻息 …… 328	好 …… 254；305	吳戈 …… 80

吳郡	144	坐懷不亂	304	拎	49
吳魁	80	坐隱	252	抱	261
困心衡慮	347	含沙射影	303	拂塵	165
吟	145	含笑入地	303	披星帶月	311
吹木屑	10	夆	48	苛薄	25
吹毛求疵	303	況味	314	若	277
別	355	夌	94	英烈	207
別墨	355	沙虫	362	直情徑行	350
別風淮雨	345	沙陀	268	林藪	313
別鶴孤鸞	345	沒掂三	314	杻械	313
岐嶇	14	初陽	329	東坦	375
告曉	10	社長	196	東海揚塵	349
我行我素	348	君	246	東道主	313
利	300	阿奴	288	事半功倍	343
私學	22	妝靨	13	刺史	141
私鑄	197	妊娠	18	匼	47
每數	19			卓越	244
估稅	134	**八画**		具體	9
何其	134			昇遐	301
何等	18	奉命	305	明知故犯	312
何當	8	武	181	明府	312
何許	329	武英殿	108	明智	18
但	46	武烈	362	固	146;250
作	135;239	青瑣	367	咄咄逼人	246
作息	298	青梅煮酒	226	呴	145
伯	136	抹	163	岫	332
低	136	長句	122	制藝	75
你死我活	298	長短	288	知言	117
伴食	133	長短術	30	知制誥	291
佗佗	132	長短說	30	知雄守雌	350
役	358	長算	29	和氏	10
坐山觀虎鬥	304	拔	163	和朴	11
坐以待斃	304	拊背扼喉搤肮拊背	375	和睦	18
		拆拽	16		

和璞	10	夜叉	253	迢迢	324
委曲	357	疟病	336		
委禽	154	疢	317	**九画**	
侍巾櫛	8	盲人摸象	350	契闊	87
臾	373	放	263	奏功	10
兒郎	354	放下屠刀	311	砧	190
侶	371	放春	172	封	256
依人	299	刻漏	140	拱	262
依草附木	299	併	72	挻	84
卑鄙	356	並行不悖	342	某	104
佷	136	沫	181	茶槽	208
迫畏	27	泥	109	荒	278;365
欣欣向榮	349	泥塑木雕	314	荒嫚	25
金獸	287	治	269	故府	172
金葉	222	宗伯	155	南人	77
金櫻	222	定治	13	南宙	77
金魚	122	定省	357	南省	245
命	248	定疊	155	南船北馬	345
乳狗	235	官耗	13	南腔北調	302
乳哺	328	房謀杜斷	348	南轅北轍	345
貪	376	祈	113	枯樹生華	313
念念不忘	309	詫	17	枳句	106
肱	206	門中	367	枹	360;374
肥馬輕裘	321	門公	28	柱	265
周星	248	門蔭	325	柳	41
狐假虎威	316	陋巷	223	勃姑	75
狐疑	187	牀公牀婆	112	勃逆	300
忽	360	牀頭金盡	316	威信	306
咎異	11	孤注一擲	306	威脅	306
京都	236	孤兒寡婦	307	面	289
京腔	343	降亡	30	面首	123
夜	253	降退	30	耐	206

省	274	唐	94	班头	316
省愛	22	度	258	班郢	114
眃	48	疢	193	起作	27
昊	51	疥	273	貢職	26
郢都	286	闻喜宴	103	都大	286
冒犯	18	迷魂湯	324	都知	325
冒濫	243	前倨後恭	345	都鄉侯	221
昭明太子	100	洒	50	華屋	25
昭陽	263	恃怙	16	莽平	25
咳唾成珠	346	宣城	255	桃紅柳綠	349
幽閉	308	宮調	156	桃茢	179
牯	184	客家	256	格	177
秋風過耳	351	客隱	13	校理	106
重	121	神思	363	校綴	106
重仍	28	神勇	197	根深柢固	110
重霄	325	祕密	373	索居	119
段成式	108	祠	197	連和	27
便	330	咒	80	厝	78
便事	8	陟頓	123	厝火積薪	346
便換	353	院長	289	破爛流丢	22
保和殿	72	姻	331	砵	53
鬼哭神號	327	姦	153;154	晏食	175
後生	95	飛	227	晏嬰	102
食	58	勇冠三軍	300	晏朝	176
食少事煩	327	急隙	96	晏陰	177
胜	300	紀	202	恩榮宴	96
匍	142			峽	10
風聲	290	**十画**		圓社	374
風雲際會	327	泰阶	375	乘槎	31
勉勸	10	秦二世	10	乘槎	233
狣	51	珥	113	乘勢	233
怨刺	160	珥當	336	第	65
計較	282	珠宮貝闕	317	倩	353

借問	240	疽	44	能	276
倆	344	疢	44	桑門	313
倚魁	136	痄	44	納省	23
脩政	8	唐花	80	紡	18
倡	137	旁皇	15		
倡道	354	旅	118	**十一画**	
俾晝作夜	138	旅助	18		
倫	137	畜	192	理效	21
倍日	73	烘柿	110	理實	21
息婦	309	涑	50	規正	338
倨倨	137	涔涔	375	堵	149
倔	46	浼	181	控	168
脈	276	海闊天空	314	埴	330
胸有成竹	351	流水	269	域	149
殺身成仁	314	悦	360	捫	168
殺青	109	悦目	310	掎	168
梟	265	悦耳	310	掩抑	311
梟首	106	家	256	排比	334
狼狽	187	家火	307	授館	262
狼戾	188	家徒壁立	348	教責	18
狼烟	188	家長	256	硑	53
狼當	270	家緣	357	掠按	17
逢人説項	324	宵衣旰食	307	掠辜	17
逢掖	28	窈窕	274	掠虛漢	167
留落	115	被髮文身	61	執訊	149
盌注	318	展樣	308	控鶴	167
這	57	弱不勝衣	308	勒停	76
凄惶	96	陵遲	224	黄鶴樓	229
高山流水	327	陳摶	30	茵	54
高坐	124	欸	48	萑	42
高枕無憂	327	孫心	34	菊部頭	373
高飛遠走	327	孫奇逢	89	乾蘭	7
席地幕天	372	眞	318	桯	179
				救世	16

斬衰	99	偃	240	悼亡	260
專任	90	悠悠盪蕩	310	寇侵	14
副貳	355	側室	354	宛	198
匏瓜	76	傀儡	344	尉律學	90
匏係	142	偷光	9	屠耆	91
奢盈	11	徛	46	晝	264
堅牡	356	售	82	閉	223
頃	290	停刑	299	張	333
彪蒙	358	假	138	張致	94
常川	333	術學	25	婭妊	306
貼肉摁	26	得不償失	309	娌	48
敗北	98	得江山助	309	欬	50
眼	195;274;318	得過且過	309	參辰卯酉	143
晚歲	264	得隴望蜀	309	參橫	143
略	192	從良	259	終身大事	319
唱	137	烶	50		
國子祭酒	147	釰	42	**十二画**	
喎	47	貧賤驕人	351	貳雙	26
唾面自干	346	脫胎換骨	321	琫	114
唯	145	魚豢	228	琴鶴	191
唯吾獨尊	303	猜	270	瑛琚	21
崖	48	設身處地	323	喪心病狂	303
崖州	93	疵物	194	搭膊	170
眾口難調	318	痊	52	越騎	220
崇山	92;257	廊庑	358	提心吊膽	311
崇雉	92	康	259	揚湯止沸	262
崇賢館	10	鹿鳴宴	124	博施濟眾	345
崆峒	332	族誅	10	插號	17
過	285	望洋興嘆	103	揮霍	334
過出	28	清猛	20	挲	17
過所	325	清風明月	315	報	86
秬	118	淡巴菇	314	欺侮	313
動	141	深根固柢	110	黃花晚節	341

馭	326	智量	312	渾元	59
萬年	243	剩水殘山	300	渾家	315
落成	208	稍	197	割愛	355
落花生	323	等第	201	開士	339
落後	322	筮	48	開口笑	326
朝三暮四	312	傅	73	開成石經	223
朝發夕至	103	傖	240	開空	30
棘院	107	集韻	225	間闌	7
棘圍	107	焦頭爛額	316	媒	255
酣卧	325	崛	113	媒人	255
酣歌	366	御	259	發憤	195
酥胸	325	欽哉	19	發節	337
硬證	22	爲人	20	結果	204
敲案	171	爲非作歹	350	結竟	23
厥角	330	番	51	給	41
殘	267	腆	276	絕焚	24
喫虧	303	勝	142	絕卻	23
貽笑大方	351	猶	272	絞	363
跌	220	詔獄	214	統軍	203
跑	221	痘	44		
單注	145	遊氣	221	**十三画**	
鄆	221	㗁	4	肆無忌憚	321
嗚	229	惱	310	填星	150
嗟來食	82	善文	248	載	285
喀	47	善男信女	347	勢均力敵	301
買櫝還珠	323	羡	337	搖尾乞憐	349
圍	147	尊老	307	搖奪	17
無功受祿	349	尊範	331	摘光	17
無出其右	349	道	371	摘景	17
無告	362	道不拾遺	324	摘耀	17
無理取鬧	350	道冲	28	塘	357
無慮	111	曾	264	塘圾	252
無題詩	335	溲	50;335	蓋棺論定	323

幕天席地 …… 372	僇 …… 374	摧鋒陷陣 …… 360
蒙求 …… 210	會 …… 41	輕忌 …… 27
楞 …… 180	亂 …… 235	輕財好施 …… 324
楓天棗地 …… 180	亂末 …… 7	輕悍 …… 27
感遇詩 …… 16	腳 …… 277	輕塵棲弱草 …… 324
碙 …… 196	詰狀 …… 25	歌呼 …… 314
歲幣 …… 108	誅 …… 283	酷濫 …… 367
觜 …… 215	瘀 …… 45	碬 …… 196
虜暴 …… 25	廉平 …… 14	臧 …… 277
虞 …… 282	資本 …… 323	蜚廉 …… 60
虞芮 …… 211	新人 …… 99	蜚遽 …… 60
當 …… 191	新聞 …… 360	蜚鴻 …… 60
睡 …… 195	意向 …… 310	蜚雲 …… 60
賊 …… 56;120	慎弱 …… 16	蔓蒿 …… 119
賄賂 …… 284	義居 …… 320	對手 …… 358
愚鄙 …… 310	窣地 …… 319	對當 …… 90
嗄 …… 303	滅誅 …… 20	賕 …… 284
畸 …… 193	準 …… 315	覡 …… 365
路頭 …… 285	碈盧 …… 196	瞑 …… 264
蜎 …… 54	楔 …… 65	團案 …… 83
蜂起 …… 211	福 …… 117	團扇 …… 83
置之度外 …… 319	間 …… 58	團結 …… 304
罪不容誅 …… 320	肅霜 …… 206	團鳳 …… 84
稜 …… 361	群龍無首 …… 364	團頭 …… 250
甃 …… 114	嫁棗 …… 154	舞勺 …… 119
僞 …… 139	嫋 …… 255	舞雩 …… 207
傳宣 …… 73	經 …… 275	舞象 …… 34
傾陷 …… 73	經天緯地 …… 319	稱順 …… 22
傾國 …… 242	經常 …… 18	僧 …… 47
傷 …… 243		銅獸 …… 288
詩牌 …… 120	**十四画**	銀泥 …… 287
魁岡 …… 228	墟 …… 331	銀繩 …… 288
奧草 …… 153	壽 …… 253	蝕 …… 5

領略	340			癉	194
領屬	31	**十五画**		廢居	159
裹足	211	墳誥	11	廢著	159
敲門磚	173	撒村	97	廢亂	15
歎歎	107	趣	56;366	憧憧	162
腐	364	墂	150	實沈	256
瘦	45;115	撥冗	311	窮貧	22
瘠	52	蕃	210	彈	259
韶刀	290	醇謹	28	選文篇目	379
端	275	醉魚	286	嬌	154
端居	199	齒録	124	樂此不疲	349
端硯	199	賦貸	27	緒	275
齊衰	230	賞惠	26		
齊紫	36	噴嚏	304	**十六画**	
瘉	45	影	95	據	262
慚	260	影神	95	操	98;171
精益求精	351	蝦	55	燕子樓	316
精衛填海	351	墨突不黔	374	擎	262
精習	23	罷駕	24	薪	281
鄭光祖	28	箴	53	薄寒	280
漢官舊儀	110	德人	96	機警	266
漢官儀	110	德音	95	墼	150
漢儀	110	衛	282	縣	204
滿面春風	315	劍拔弩張	300	噉	248
漸漬	59	滕薛爭長	315	器	146
漏	269	膠柱鼓瑟	351	還	285
察察爲明	348	諸子	215	骾	123
褡褳	212	諸生	215	積賭	22
隨鄉入鄉	352	誰	56	醑	58
綱舉目張	319	論序	26	穆	10
網開三面	319	調	217	擧糾	24
緑野堂	364	熟	50	篦	119;201
		熟衣	21	嘖	53

錫	57	**十八画**		蹲	57
臘	55			蠋	55
諷一勸百	218;366	瓊林宴	114	嚴飾	146
諱疾忌醫	351	翹心	205	儳嚴	139
瘵	116	轉	324	儳巖	73
癆	194	礎	117	鏇	339
親弱	25	叢	245	饉	58
糖霜	202	簡一	23	騰騰	227;340
縈帶	275	歸義	19	鯫生	368
隱惡揚善	352	鎝	10	譏	338
		鎭	288	譏刺	219
十七画		鎖穴	122	羹	205
		翻雲覆雨	320	關漢卿	378
戴盆望天	261	謬論	338	纊	53
擠眉弄眼	311	癥	52		
檢對	19	雜碎	225	**二十画**	
磴	53	糧粒	23		
髀	46	糝	275	蘀	54
檥	198	額山	227	耀魄寶	205
優孟衣冠	344	璧水	191	嚼	48
爵任	20	璧池	191	嚷	48
膽戰心驚	321	織	18	穮	118
褻器	120	繕起	24	饒	327
糜沸	373			鯽	56
癉	45	**十九画**		瀼積	183
癌	5			闞	47
癜	337	壞	150	孀雌	155
糜	43	難劇	30		
醎	58	難勞	30	**二十一画**	
爐火純青	112	蘅	54		
窺尾	363	顛倒	290	鷙距	229
闖將	66	蘖	361	驚壞	31
嬷嬷	13	蹴	57	權盛	19
				露馬腳	326
				懼懕	16

顧 ………… 373	穰 ………… 198	變剝 ………… 26
顧此失彼 … 326	籥 ………… 201	**二十四画**
屬毛離裹 … 348	讀父書 …… 220	
屬耳 ……… 257	瘦 ………… 273	蠱食 ……… 211
屬著 ……… 14	饗飧 ……… 123	**二十六画**
繻 ………… 53	**二十三画**	
二十二画		驫 ………… 229
	髓鈿 ……… 13	**二十八画**
讌 ………… 58	羈屬 ……… 24	
穮 ………… 198	變告 ……… 35	鑿 ………… 57

选文篇目

艾荫范　《简评修订本〈辞源〉(第一册)》,《中国语文》1981年第1期。
艾荫范　田忠侠等　《修订本〈辞源〉(第一、二册)综评》,《中国语文》1982年第4期。
车淑娅　《"寡人""不穀"之义》,《江海学刊》2005年第1期。
陈建初　《辞书"冒滥"释义辨证》,《古汉语研究》1994年第S1期。
陈君谋　《〈辞源〉商兑二例》,《苏州大学学报》(哲学社会科学版)1987年第3期。
陈麟德　《为〈辞源〉匡正一误》,《江海学刊》2000年第1期。
陈兴伟　《〈辞源〉修订本条目札记》,《古汉语研究》1995年第1期。
陈增杰　《读新版〈辞海〉〈辞源〉札记》,《温州师范学院学报》1981年第2期。
———　《〈辞源〉(修订本)释义方面的一些问题》,《宁波师院学报》(社科版)1984年第4期。
谌东飚　《〈辞源〉"崆峒"释义辨正》,《长沙理工大学学报》(社会科学版)1992年第1期。
程志兵　《〈辞源〉(修订本)引用书证商补》,《伊犁师范学院学报》(社科版)1994年第4期。
———　《〈汉语大词典〉〈辞源〉收释近代汉语词语之不足》,《伊犁师范学院学报》(社科版)1998年第4期。
———　《〈辞源〉订补数则》,《伊犁师范学院学报》2004年第2期。
邓长风　《〈辞源〉修订本志疑小札》,《古籍整理研究学刊》1985年第2期。
丁　鼎　《新版〈辞源〉释义补正》,《徐州师范大学学报》(哲学社会科学版)1992年第3期。
———　《修订版〈辞源〉检读零札》,《镇江师专学报》(社会科学版)1993年第3期。
丁治民　《〈辞源〉〈辞海〉偶识举隅》,《社会科学战线》2005年第3期。
董德志　《〈辞源〉释义指瑕》,《许昌师专学报》1995年第1期。
———　《〈辞源〉指疵》,《许昌师专学报》1996年第4期。
董绍克　《聊斋俚曲补正〈辞源〉八则》,《蒲松龄研究》2004年第3期。
董玉芝　《〈抱朴子〉语词札记》,《新疆教育学院学报》(汉文综合版)1997年第1期。
董志翘　《〈辞源〉(修订本)书证刍议》,《辞书研究》1990年第4期。
杜道德　《"若"字用法补遗及整理》,《南都学坛》(社会科学版)1991年第4期。
杜文玉　《〈辞源〉职官词目释义订误》,《渭南师专学报》1995年第2期。
宫庆山　《〈辞源〉(修订本)失误补正》,《齐鲁学刊》1989年第5期。
顾绍柏　《穷经据典溯根源　踏破铁鞋觅辞真——说说修订〈辞源〉的甘苦》,《中国编辑》2006年

	第 6 期。
———	《"造谊"与"造诣"——〈辞源〉修订琐记之一》,《学术论坛》1980 年第 4 期。
———	《说"眼"——〈辞源〉修订琐记之二》,《学术论坛》1981 年第 1 期。
———	《辨"檽""槀"——〈辞源〉修订琐记之三》,《学术论坛》1981 年第 2 期。
———	《"逋客"辨析——〈辞源〉修订琐记之四》,《学术论坛》1981 年第 6 期。
———	《从"缊""缚"二字谈起——《辞源》修订琐记之四》,《学术论坛》1981 年第 3 期。
———	《前人注解的取舍》,《辞书研究》1981 年第 4 期。
郭康松	《本校法——探求汉语语文辞书不足的良方》,《辞书研究》1998 年第 5 期。
郭庆山	《人名条目的处理》,《辞书研究》1981 年第 4 期。
———	《〈辞源〉地名条目的编写》,《辞书研究》1984 年第 2 期。
郭圣林	《"禊"应作"洗濯手足"解》,《古汉语研究》2003 年第 2 期。
汉　忠	《〈辞源〉摘疵》,《阿坝师范高等专科学校学报》1999 年第 1 期。
何华珍	《"癌"字探源》,《杭州师范学院学报》1997 年第 4 期。
何九盈	《〈辞源〉午集释义商榷》,《王力先生纪念论文集》商务印书馆 1990 年。
何如月	《从〈尚书卷〉谈专书词典释义的几个问题》,《辞书研究》2000 年第 6 期。
贺永松	《〈辞源〉辨误三则》,《怀化学院学报》1992 年第 3 期。
洪成玉	《抱·抛·炮》,《语文建设》1995 年第 12 期。
胡建人	《"望洋兴叹"并非"仰望而叹"》,《陕西师范大学学报》(哲学社会科学版)1995 年第 2 期。
胡廷荣　孙永刚	《辞书中与塞北相关五词字释义疏漏补遗——与〈汉语大词典〉〈辞源〉等编辑商榷》,《赤峰学院学报》(汉文哲学社会科学版)2006 年第 3 期。
胡运飙	《〈汉语大词典〉等辞书"枭"字释义商补》,《贵州大学学报》(社科版)2004 年第 2 期。
胡昭镕	《谈"望文生义"》,《辞书研究》1980 年第 1 期。
胡昭著	《吴亡后"西施从范蠡作五湖之游"考辨——兼评〈辞源〉〈辞海〉等关于西施之注》,《韶关学院学报》2006 年第 8 期。
黄崇浩	《〈辞源〉翻检偶识》,《黄冈师专学报》1982 年第 1 期。
黄　椒	《"一字师"余话》,《咬文嚼字》1997 年第 2 期。
黄新亮	《〈辞源〉"讽一劝百"注释商榷》,《湖南城市学院学报》1986 年第 4 期。
纪国泰	《何谓"杀青"——关于〈辞源〉〈辞海〉一处引文的断句》,《成都师范高等专科学校学报》2001 年第 1 期。
———	《试论〈辞源〉"西席"释义的引文不当》,《时代文学》(理论学术版)2007 年第 5 期。
蒋立甫	《〈辞源〉释"怨刺"辨析》,《安徽师范大学学报》(人文社会科学版)1999 年第 4 期。
蒋宗福	《"荒"有"治"义吗?》,《辞书研究》1995 年第 3 期。

蒋宗许	《魏晋南北朝语言研究与汉语词典编纂——从"计校"说开去》,《辞书研究》1995年第2期。
康　苏	《"败北"释义探源——兼与新版〈辞源〉编者商榷》,《殷都学刊》1986年第4期。
柯秋先	《"狼烟"正义》,《名作欣赏》2003年第8期。
孔祥忠	《〈史记〉语词新注》,《西安外国语学院学报》(哲学社会科学版)1994年第2期。
李步嘉	《修订本〈辞源〉疏误举例》,《古汉语研究》1991年第4期。
李芳元	《词语释义五则》,《枣庄师专学报》1996年第4期。
李功成	《新版〈辞源〉成语定型书证补例(二)》,《汕头大学学报》(人文社会科学版)1988第Z1期。
———	《新版〈辞源〉成语溯源书证商例》,《汕头大学学报》(人文社会科学版)1989年第4期。
李光华	《"围"字释义辨正》,《辞书研究》1994年第5期。
李茂康	《〈释名〉的说解与辞书编纂》,《四川教育学院学报》1998年第1期。
李绍唐	《是"郤克"还是"解张"——对〈辞源〉(修订本)一条书证的不同看法》,《开封教育学院学报》1983年第1期。
李思乐	《"嗟来食"考辨》,《古籍整理研究学刊》1994年第4期。
李　炜	《〈后生〉释义补》,《湘潭大学学报》(社会科学版)1986年第1期。
李　雁	《〈辞源〉所收名物词订讹——〈中国古代名物大典〉编写手记》,《天津师范大学学报》(社会科学版)1994年第4期。
李耀仙	《"百二"考——兼与〈辞源〉"百二"辞条解义商榷》,《四川师范学院学报》(哲学社会科学版)1997年第4期。
李一华	《常用成语探源——对〈辞源〉所收成语有关出处引例的补正》,《北京大学学报》(哲学社会科学版)1984年第3期。
李知文	《孙奇逢曾讲学于苏州吗——对〈辞源〉"孙奇逢"条的商榷》,《贵州文史丛刊》1986年第2期。
林伦伦	《〈辞源〉单音节词条义项错漏举隅》,《词典研究丛刊》1987年第8期。
———	《从潮汕方言看〈辞源〉释义的错漏——"方言与辞典"补证》,《韩山师范学院学报》1986年第2期。
林志强	《书证疑误二则》,《辞书研究》2000年第1期。
刘基森	《〈辞源〉编后琐议:汉字形义与源流关系浅见》,《湖南教育学院学报》(哲社版)1984年第4期。
———	《因声溯源　考析汉字本义——〈辞源〉编后琐议之二》,《辞书研究》1994年第6期。
刘家钰	《"某"的自称义探析》,《古汉语研究》1993年第2期。
刘瑞明	《"拔"字释义评述——兼论"拔"是词尾》,《辞书研究》1996年第4期。

刘　晟	《〈辞源〉"昭明太子"条注释指误》,《辞书研究》1999 年第 1 期。
刘世宜	《浅议〈辞源〉六失》,《辞书研究》1994 年第 6 期。
刘喜军	《关于"反水浆""反坐""反左书""反侧"等词语的训释——兼与〈辞源〉〈辞海〉〈汉语大词典〉商榷》,《贵州师范大学学报》(社会科学版)1993 年第 4 期。
刘叶秋	《纠谬、补缺、充实——〈辞源〉修订散记》,《辞书研究》1981 年第 4 期。
——	《〈辞源〉的历程》,《中国出版》1983 年第 10 期。
——	《商务印书馆〈辞源〉组诸老》,《辞书研究》1983 年第 4 期。
——	《参与编辑〈辞源〉之后》,《辞书研究》1984 年第 3 期。
——	《略谈辞书体例的创新——〈辞源〉修订例话》,《辞书研究》1984 年第 2 期。
刘　勇	《〈辞源〉(修订本)举误》,《扬州教育学院学报》1999 年第 2 期。
鲁国尧	《〈诗·豳风·东山〉"蜎""蠋"二字音议兼辨〈辞源〉〈辞海〉〈现代汉语词典〉之误》,《鲁国尧语言学论文集》江苏教育出版社 2003 年。
吕友仁	《〈辞源〉释义失误的原因举例》,《河南师范大学学报》(哲学社会科学版)1986 第 Z1 期。
栾锦绣	《"箪食壶浆"中的"食"读"sì"吗》,《辞书研究》2000 年第 2 期。
马振亚	《〈辞源〉札记十则》,《沈阳师范学院学报》(社会科学版)1996 年第 1 期。
马振亚　王惠莲	《名物词语考辨九则》,《古籍整理研究学刊》1994 年第 6 期。
毛远明	《〈辞源〉(修订本)补正》,《语文辞书补正》巴蜀书社 2002。
——	《〈辞源〉训释术语商榷》,《四川师范学院学报》(哲学社会科学版)1990 年第 1 期。
——	《〈辞源〉(修订本)献疑》,《四川师范学院学报》(哲社版)1994 年第 1 期。
——	《〈辞源〉订误四则》,《中国语文》1994 年第 4 期。
孟凡茂	《"讽一劝百"的出处》,《辞书研究》1996 年第 5 期。
倪尔爽	《"炉火纯青"探源》,《中学历史教学参考》1994 年第 6 期。
彭逢澍	《新〈辞源〉词条补遗》,《娄底师专学报》1987 年第 3 期。
乔　永　徐从权	《〈辞源〉注音音节研究》,《语言研究》2010 年第 3 期。
裘锡圭	《〈辞源〉〈辞海〉注音商榷》,《北京大学学报》(哲学社会科学版)1985 年第 5 期。
邵冠勇	《〈辞源〉正误三则》,《中国图书评论》1992 年第 4 期。
邵荣芬	《〈辞源〉注音审读记略》,《中国语文》1985 年第 5 期。
沈岳如	《〈辞源〉修订史略》,《辞书研究》1996 年第 4 期。
——	《求源》,《辞书研究》1981 年第 4 期。
史建桥	《〈辞源〉修订三议》,《古汉语研究》2008 年第 1 期。
舒宝璋	《前进的脚印——〈辞源〉修订工作的实践》,《辞书研究》1981 年第 4 期。
——	《〈辞源〉忆旧》,《辞书研究》2007 年第 4 期。

宋永培	《"丘民"命名探源》,《辞书研究》2005年第2期。
苏　袁	《〈尔雅·释草〉中"蒿"之名目考》,《徐州师范大学学报》(哲学社会科学版)2003年第4期。
谭耀炬	《"嬷嬷"考踪》,《中国典籍与文化》2005年第2期。
汤振纲	《"尖新"词义小考》,《烟台师范学院学报》(哲学社会科学版)2002年第3期。
唐作藩	《〈辞源〉(修订本)注音疑误举例》,《中国语文》1984年第6期。
汪家熔	《〈辞源〉〈辞海〉的开创性》,《辞书研究》2001年第4期。
王垂基	《麈尾不是拂尘》,《语文知识》1995年第4期。
王凤华	《〈辞源〉(修订本)"导(三)""橐"释正》,《古籍整理研究学刊》2006年第4期。
王光汉　万卉	《成语溯源规范浅谈》,《辞书研究》1994年第6期。
王建国	《对〈辞源〉进一言》,《天津师范大学学报》(社会科学版)1986年第3期。
王建明	《〈辞源〉(修订本)"广"部审音商兑》,《孝感教育学院学报》(综合版)1994年合刊(总第三期)。
王　力	《王力古汉字典序》,《王力古汉语字典》中华书局2000年6月第1版。
王　立	《新版〈辞源〉中部分词语释义、引证考》,《外交学院学报》2004年第4期。
———	《新版〈辞源〉中部分词语释义、引证考》,《内蒙古师范大学学报》(哲社版)2005年第6期。
———	《〈辞源〉拾遗》,《外交学院学报》1993年第1期。
王彦坤	《〈后汉书〉所见辞书未收词语续释》,《佛山科学技术学院学报》(社科版)2004年第4期。
———	《〈辞源〉(修订本)指瑕》,《暨南学报》(哲社版)1991年第3期。
王一军	《〈辞源〉〈辞海〉匡误二则》,《十堰职业技术学院学报》2001年第3期。
王　锳	《新版〈辞源〉近代语词若干条目解说商兑》(上)《语文建设》1986年第5期。
———	《新版〈辞源〉近代语词若干条目解说商兑》(下)《语文建设》1986年第6期。
王智杰	《什么是"福"——兼与〈汉语大字典〉和〈辞源〉商榷》,《内蒙古电大学刊》2007年第3期。
王宗祥	《〈辞源〉释"天骄"辨正》,《辞书研究》1997年第2期。
吴泽炎	《一辈人接一辈人的事业——谈〈辞源〉的修订》,《辞书研究》1981年第4期。
———	《我和词典》,《辞书研究》1983年第6期。
———	《〈辞源〉修订本1976—1983——回顾和前瞻》,《辞书研究》1984年第2期。
———	《〈辞源〉——修订本与其前后》,《读书》1984年第4期。
伍　仁	《读修订本〈辞源〉"广部"偶识》,《武汉师院学报》(哲学社会科学版)1983年第2期。
伍宗文	《〈辞源〉"内部失调"举隅》,《辞书研究》1989年第4期。

鲜于煌	《读〈辞源〉管见》,《重庆师范大学学报》(哲学社会科学版)1985年第1期。
肖　旭	《关于"裹足"的引申义》,《咬文嚼字》1999年第4期。
谢序华	《析〈辞源〉和〈汉语大词典〉释义失误例》,《怀化学院学报》2005年第3期。
熊　飞	《关于〈辞源〉的引证释义问题》,《咸宁学院学报》1985年第1期。
熊寿康	《读〈辞源〉(修订本)札记》,《阿坝师范高等专科学校学报》2003年第4期。
胥洪泉	《"青梅煮酒"考释》,《西南师范大学学报》(人文社会科学版)2001年第2期。
徐成志	《试评〈辞源〉的典故条目》,《辞书研究》1985年第6期。
徐传武	《〈辞源〉天文词目释义献疑》,《文史哲》1989年第5期。
许振生	《〈辞源〉的单字注音》,《辞书研究》1984年第2期。
——	《修订〈辞源〉查书工作的几点感受》,《词典研究丛刊》1986年第7期。
——	《〈辞源〉八十年》,《求是》1989年第2期。
言　之	《〈辞源〉勘误一例》,《学术研究》1984年第5期。
颜洽茂	《〈辞源〉(修订本)罅漏拾补》,《杭州大学学报》(哲社版)1987年第4期。
杨殿斛	《〈辞海〉〈辞源〉"宫调"辞条释义商榷》,《黔南民族师范学院学报》2001年第2期。
杨　军	《"伧嗫穰擩"释》,《贵州大学学报》(社会科学版)1998年第6期。
杨文全	《20世纪中国第一部新型大词典——〈辞源〉编纂体制说略》,《贵州社会科学》1998年第3期。
——	《中国新型汉语大词典的滥觞:〈辞源〉述论》,《广东社会科学》1998年第4期。
杨雅丽	《从〈辞源〉看古汉语辞书编纂应注意的问题》,《西安电子科技大学学报》(社会科学版)2002年第1期。
杨雅丽　郭小燕	《"舞象"考辨》,《延安大学学报》(社会科学版)2005年第1期。
杨　毅	《〈辞源〉纠谬一则》,《中国社会科学院研究生院学报》1988年第4期。
姚国旺	《〈辞源〉的疏误》,《北京师范学院学报》(社科版)1990年第2期。
姚　徽	《"丕(不)显"之"丕(不)"助词无义考》,《江苏教育学院学报》(社会科学版)2003年第5期。
叶　萌	《古汉语辞书的分部和归字——兼论新版〈辞源〉的某些失误》,《辞书研究》1989年第3期。
尤敦明	《"给"的读音辨》,《咬文嚼字》1999年第7期。
于　其	《"伊"义辨误》,《辞书研究》1995年第1期。
袁　宾	《〈辞源〉订补零札》,《广西大学学报》(哲学社会科学版)1986年第1期。
袁庆述	《〈辞源〉疑误——〈读书识小〉之四》,《甘肃社会科学》1989年第2期。
苑育新	《资料的积累和运用》,《辞书研究》1981年第4期。
——	《"语词为主,百科为辅"原则的体现——略谈〈辞源〉知识性条目的处理》,《辞书研究》

1984 年第 2 期。

曾　特	《端溪　端砚考——关于〈辞源〉"端砚"注释考证》,《广东社会科学》1989 年第 3 期。
曾祥委	《"世"字不作"朝代"训》,《韶关大学学报》(社会科学版)1994 年第 3 期。
张　标	《大型字词工具书使用札记之一——〈汉语大词典〉、新版〈辞源〉若干条目商兑》,《河北师范大学学报》(哲学社会科学版)1993 年第 3 期。
张　博	《"反书""变事"及"变告"》,《古籍整理研究学刊》1996 年第 3 期。
张涤华	《读新版〈辞源〉偶识》,《安徽师范大学学报》(人文社会科学版)1988 年第 2 期。
张归璧	《"瓵""䍃""䍃"形音义考——兼谈〈辞源〉〈汉语大字典〉的注音》,《古汉语研究》1995 年第 1 期。
张虎刚	《〈辞源〉教育科举条目释义疑误》,《天津师范大学学报》(社会科学版)1991 年第 6 期。
张　觉	《"俾昼作夜"误解辨正》,《学术研究》2002 年第 6 期。
———	《"第"字误说辨正》,《辞书研究》1999 年第 1 期。
———	《"籁"在古代指声音吗》,《咬文嚼字》2001 年第 2 期。
张天望	《古汉语褒贬同形词的性质及成因——兼评新老〈辞源〉对这类词的释义》,《武汉大学学报》(人文科学版)1987 年第 2 期。
张毓琏	《读新〈辞源〉引证〈聊斋〉的词条》,《辞书研究》1985 年第 3 期。
张喆生	《〈辞源〉(修订本)补正》,《中国语文》1991 年第 6 期。
张　蓁	《读〈辞源〉修订本札记》,《天水师专学报》(混合版)1988 年第 2 期。
张子才	《"落成"解》,《辞书研究》1994 年第 3 期。
赵恩柱	《新版〈辞源〉小瑕举例》,《教学与进修》(镇江)1982 年第 2 期。
赵红梅	《〈辞源〉(修订本)引用书证商补》,《伊犁师范学院学报》(社科版)1994 年第 4 期。
———	《〈汉语大词典〉〈辞源〉收释近代汉语词语之不足》,《伊犁师范学院学报》(社科版)1998 年第 4 期。
赵　坚	《〈辞源〉"文心雕龙"条辨正》,《上海师范大学学报》(哲学社会科学版)1984 年第 2 期。
赵克勤	《谈〈辞源〉释义》,《辞书研究》1980 年第 1 期。
赵宗乙	《"晏朝""晏食"正解》,《泉州师范学院学报》(社会科学)2005 年第 1 期。
郑之洪	《〈辞源〉〈辞海〉〈汉语大词典〉"女史"释例商榷》,《学术研究》1997 年第 8 期。
周及徐	《辨〈说文〉段注"洈""沫"二篆注误兼辨〈辞源〉〈辞海〉同字条之误》,《四川师范大学学报》(社会科学版)1990 年第 4 期。
周若虹	《〈后汉书〉所见辞书未收词语续释》,《佛山科学技术学院学报》(社科版)2004 年第 4 期。
周绍恒	《论先秦不以"文"称"字"——兼谈〈辞源〉释"文"为"字"时所举的例证不当》,《怀化学院学报》1982 年第 2 期。

周士琦　《"唐花·堂花"溯源》,《语文建设》1994年第4期。
周云汉　《"牯"不是"牝牛"》,《咬文嚼字》1999年第7期。
朱惠仙　《〈辞源〉举误八例》,《台州学院学报》1996年第2期。
朱维德　《"薪"有"草"义辩证》,《古汉语研究》1993年第3期。
祝注先　《辞书辨析三则》,《中南民族大学学报》(人文社会科学版)2003年第4期。

《辞源》编修一百年

乔 永

[提要]《辞源》是中国历史上第一部现代大型汉语语文工具书,始编于1908年,1915年出版。其后出版续编和正续编合订本,1958—1983年进行大规模修订,出版《辞源》(修订本)。它创立了中国近现代大型辞书编纂和修订的基本模式。到2008年,《辞源》编纂与修订已整整经历了一百年。它凝聚了商务印书馆几代辞书人的心血,在中国近现代学术史上享有盛誉。一百年来,它的历次修订,都做了些什么,保持了哪些优点,创新了什么,值得我们回顾和研究。

[关键词]辞源 编纂 修订

小 引

1908—1915年编纂出版的《辞源》被誉为中国第一部百科全书,有学者称,它"开创了我国现代辞书时代"。[①] 它的编写体例奠定了现代大型语文辞书的编纂体例和基本格局。其后,1931年出版《辞源》续编,1939年出版《辞源》正续编合订本,1949年出版《辞源》简编本。1958年开始进行修订,确定修订为阅读古籍用的工具书和古典文史研究工作者的参考书。1964年修订稿第一册出版。1975年重新修订,1979年修订本第一册出版,1983年全部完成。全书共分4册,收词近10万条。

《辞源》对中国传统文化知识的现代阐释及条理化,乃至整个现代文化教育的发展,都有不可磨灭的功绩。《辞源》不仅是中外学习、研究汉语汉文化的人案头必备之书,也为现代辞书的编纂提供了科学范式。《辞源》在中国文化创建上的贡献,是无法用数字计算的。继《辞源》之后出版的各类汉语辞书,几乎都从《辞源》中汲取营养和相关的书证资料。从这个意义来说,《辞源》是我国现代辞书之母。

2006年,商务印书馆"启动《辞源》再修订的报告",得到中国出版集团的批复。《辞源》被中国出版集团定位"十一五"国家级项目立项。2007年3月,商务印书馆全面启动了《辞源》修订的项目,成立《辞源》修订项目组。

为了纪念《辞源》编纂100周年,庆祝中华人民共和国成立60周年,同时为了满足广大读者

---

① 李开《现代词典学教程》,南京大学出版社,1999年。

的要求,项目组决定出版《辞源》(修订本)的重排本。组织了编校力量对《辞源》的字形、注音、释义、引文、出处、标点以及体例格式等技术性方面的问题做了一定的修改,核查参见条目,原则上统一使用新字形;将原来的铅排改为激光照排排版。2009年9月出版了建国60周年纪念版的重排本。

当《辞源》走过百年之际,回顾其百年发展史,总结其编纂与修订的经验,无论对《辞源》进行新的修订,还是对其他现代辞书的编纂和词典学的研究,都有重要价值。

本文拟回顾总结《辞源》编纂修订的百年历程,探讨大型辞书编纂修订工作的经验和规律,阐明《辞源》对现代辞书编纂水平的提高的借鉴意义。疏漏与不当之处,敬请辞书学界专家和读者指正。

一 《辞源》百年的历史

《辞源》百年历史,大致经历了三个阶段:第一阶段,编纂开创(1908-1915年)。第二阶段,充实修订(1931-1949年)。第三阶段,转型扩展(1958-1983年)。一百年中规模比较大的修订有两次,一次是1915—1939年的续编、增补与合订。一次是1958—1983年的修订。这两次修订时间长,幅度大。而1999年商务印书馆以辞书语料库建设为起点启动的第三次《辞源》修订工作,已经走向新的历程,可称为第四阶段。

(一)定位高远,编纂创新

我国是最早编纂字典类辞书的国家,也是辞书大国。汉代以来的语文工具书《尔雅》、《说文》、《广韵》等书,从词汇、文字、语音等三个层面创立了一整套正形、注音、释义的古代辞书体系。至清代的《康熙字典》收字47035个,采用214部首分类法,按笔画排列单字,并按韵母、声调以及音节分类排列韵母表及其对应汉字,释义丰富、体式完备,成为古代辞书的一个重要里程碑。但它们还不能适应二十世纪初社会急剧变化的新时代的需要。

新的辞书的产生,总是和时代的需求紧密相关的。而满足开启民智、构建和提升中华民族文化这种社会需求,正是现代辞书发展繁荣的动力和源泉。就像《切韵》系韵书的产生是为了满足封建时代科举考试的需求一样,《辞源》是历史进入近现代后满足阅读古籍、钻研旧学、充实新知的需求而产生的。

上世纪初,清朝衰亡,民国建立,因西学东渐和近代社会急遽变化的影响,旧有的字书、韵书已不能满足读者求知的需要,新词语大量产生,人们渴求补充知识,社会急需有一部融旧学新学于一炉、门类广泛、内容翔实而又方便查检的工具书。《辞源》之前,1903年上海会文学社编纂的《普通百科全书》,1910年上海国学扶轮社出版的《文科大辞典》,作新社出版的《普通百科新大辞典》,这些可说是我国现代辞书的滥觞。不过《文科大辞典》等书名虽新,但内容上是一部用近代字典形式排列的古代类书,没有收新词语,由于比较粗糙,没有什么影响。而新的辞书,需要新的编纂理念与编纂方法。陆尔奎在《辞源说略》中说：

  癸卯甲辰(1903—1904)之际，海上译籍初行，社会口语骤变，报纸鼓吹文明，法学哲理名辞，稠叠盈幅，然行之内地，则积极消极、内籀外籀，皆不知为何语。……新旧扞格，文化弗进。友人有久居欧美、周知四国者，尝与言教育事，因纵论及于辞书，谓一国之文化，常与其辞书相比例。吾国博物院图书馆，未能遍设，所以充补知识者，莫急于此。且言人之智力，因蓄疑而不得其解，则必疲钝萎缩，甚至穿凿附会，养成似是而非之学术。古以好问为美德，安得好学之士，有疑必问，又安得宏雅之儒，有问必答。国无辞书，无文化之可言也。其语至为明切。

  20世纪初叶，经过清代小学研究的积累，又有了国外辞书理念的引入，中国新型辞书的产生水到渠成。商务印书馆早期经营者张元济、高凤谦等鉴于当时社会的需求，并持具"一国之文化常与其辞书相比例"，"国无辞书，无文化之可言也"这种辞书建设的深刻见解，独具慧眼，定位高远，于1906年成立了辞典部，1908年开始编纂《辞源》。陆尔奎等先是以《辞源》字头为主，编了一本《新字典》，1912年出版，获得社会好评。《新字典》的成功，增强了人们编纂《辞源》这部集单字、传统词汇、新语词于一体，并注音、释义、列举书证的大型工具书的信心。1915年，商务印书馆以甲乙丙丁戊五种版式出版了《辞源》。《辞源》全书共收单字字头1万多个，复词词目10万余条，400万字。

  这部《辞源》面向知识界和广大读者，同时出版甲乙丙丁戊五个版式，册数从2—12册不等，定价由5—20元不等，可见经营者首次发行就有满足面向社会各阶层需求的良苦用心。初版20万部，当月再版印刷10万部。这个销量在现在看也是辉煌的。

  《辞源》以字带词，以单字为纲，下列复词，以词为释义单位，这在我国近代辞书出版史上具有开创性，堪称我国现代辞书的开端。《辞源》是我国第一部兼收语词和百科的综合性新型大辞典，也成为专家治学和大众求知的工具。1934年丁宵汉的《辞源简评》说："《辞源》一出，才在中国读书界，正式开了一条新辞书的路。"商务印书馆原总编辑陈原在《〈辞源〉修订本问世述怀》中说："《辞源》是中国近代史上第一部百科性的词典，也是第一部新式的启蒙工具书。"

  (二) 不断完善，充实修订

  《辞源》编纂时先将字头写出，出版了《新字典》。将复词条目按专业汇总，按类编写，请专业的编辑修改，保证了书稿的质量。再好的辞书，也不能毕其功于一役。初版的《辞源》，并非完美无缺。1915年出版到1949年的30余年间，《辞源》不断完善，充实修订，在基本体例保持一致的前提下，陆续出版了续编本、增订本、合订本、简编本以及各类专科辞典等，满足不同时期的社会需求。

  1. 续编

  由于社会急剧变化，1912年民国建立，1919年五四新文化运动等，新名词术语不断产生。1915年《辞源》出版后不久，为适应新的社会需求，商务印书馆决定编《辞源续编》，续编由方毅、傅运森担任主编。方毅说：

《辞源》一书，……不觉转瞬已十余年，此十余年中，世界之演进，政局之变革，在科学上名物上自有不少之新名辞发生。所受各界要求校正增补之函，不下数千通，有决非将原书挖改一二语，勘误若干条所能餍望者。

于是，《辞源》第一次进行了续编的编纂。这其实是一种大规模的修订工作。续编重点是"广收新名"，增补新词3万余条，使正编"为研究旧学之渊薮"，续编"为融贯新旧之津梁"，互相补充。方宾观、钱智修、何元、杜其堡等16人参加。历时16年，《辞源》续编于1931年出版。

《辞源》续编保持了正编的体例，又"广收新名"，这正反映了辞书要满足社会需求，"要救国，……只有维新，要维新，只有学外国"的主张。续编出版时广告说："已备《辞源》者必不可不备续编，因两书合为一书，有相互补充作用。未备《辞源》者亦不可不备续编，因续编本身即一崭新之百科辞书。"[①]用现在的眼光看，续编就是一本新词语词典。

2. 增订

1936年中华书局《辞海》出版，与《辞源》形成了竞争的局面。在这一形势下，商务印书馆1937年开始了全面增订《辞源》，傅运森主持。《辞源》增订工作仍是以"新旧学兼容"的百科辞书为目标进行。《增订辞源工作计划》记载：

此次增订《辞源》，系将原《辞源》作彻底地改编。旧有的三大厚册，现将增为四册，共约20余万条。全书均重加新式标点。

增订本在吸收学术成果的基础上，主要工作是：审订字音，整理义项，订正书证引文，调整体例，修饰文字。增订的内容为：

(1)增补辞条。增补新词语。(2)增补义项。为部分条目增补义项。(3)增订释文。对部分只引书证未曾释义，或虽有注释而欠正确的条目，分别增订。(4)增补书证。为旧本的不少条目增补了书证。(5)书证补篇名、题名。

《辞源》增订本历时10年完成。增订本体例编排仍以部首、笔画为序，保留着《辞源》的整体面貌。这次修订侧重于"增"，增补新词新义，对《辞源》所存在的字音、义项、书证等也做了修订，某些时代局限和错误没有订正。

3. 合订

抗日战争时期，上海沦陷。为着使用和携带方便，1939年6月，由傅运森、唐凌阁主持又将《辞源》正、续编编成合订本，在香港出版。《辞源》合订本，700万字。全书收单字11204个，复词87790个，合计词目98994条。合订本卷首有部首目录、笔画检字，卷末有四角号码索引等附件，查检较为方便。合订本对后来的影响很大。

---

① 见《辞源》续编(1931)"概要"。

4. 简编

1947年8月,出版《辞源》简编本,专供一般读者使用。简编本篇幅压缩为合订本全书的三分之一,单字一万余条全部保留,复词也保留一万余条,其中新名词占十分之二,旧名词占十分之八。

5. 各种专科辞典

《辞源》出版后,以其百科辞目为基础,出版了各种专科辞典,满足社会的需求。方毅《辞源·续编说略》记载:

当《辞源》出版时,公司当局,拟即着手编纂专门辞典二十种,相辅而行。嗣后陆续出版或将近出版者,有人名、地名、动物、植物、哲学、医学、教育、数学、矿物等各大辞典。

1917年,出版《植物大辞典》,蔡元培作序,杜亚泉主编。为中国现代第一部专科辞典。

1921年,出版《中国人名大辞典》,臧励和等编辑。

1921年,出版《中国医学大辞典》,谢观利等编辑。

1923年,出版《动物大辞典》,杜就田等编辑。

1928年,出版《教育大辞典》,唐钺、朱经农、高觉敷先后主持。范寿康等编辑。

1930年,出版《地质矿物学大辞典》,杜其堡等编辑。

1931年,出版《中国古今地名大辞典》,臧励和等编辑。

这种继续出版专科辞典的做法也为后来的修订者继承。吴泽炎、刘叶秋在《辞源》修订本出版后也打算出专科辞典。他们说:

我们打算根据新《辞源》的内容,再一分为五,出《辞源简编》,《辞源语词编》,《辞源成语熟语编》,《辞源订补编》,《辞源资料编》,和《辞源》相辅而行。最后是再加修订,精益求精,永无止境。

可惜,吴泽炎的设想没有实现,除了《辞源成语熟语编》外,其他的都没有出版。这是我们的遗憾。但商务印书馆经营者和《辞源》主编们的出版思想值得我们学习和借鉴。

《辞源》续编、增订、合订、简编以及做专科辞典等,都是在《辞源》最早版本的基础上不断充实、完善的,而原本的基本体例和宗旨未作改变。这些为大型辞书修订方法,积累了成功的经验。正、续编和合订本先后问世以后,都深受知识界的欢迎,1949年前,共印行各种版式的《辞源》暨合订本共190万部。

(三) 分工专古,转型扩展

1958年,中央出版工作计划,决定修订《辞源》,《辞海》,新编《现代汉语词典》,并明确划分这些辞书各有不同的范围和任务。1959年6月,有关部门具体明确了《辞源》修订任务[①],是把《辞源》修订成为"阅读一般古籍用的工具书和为古典文史研究工作者用的、以具有高中以上文化水平的读者为对象的参考书",把《辞源》这部综合性辞书修订成为一部思想性和科学性较强、

---

① 1959年中宣部曾在部长办公会议上研究了修订《辞源》的方针任务,向中共中央做了《关于修订〈辞海〉〈辞源〉问题的请示报告》。

内容充实、较切合实用的古汉语辞典。

对《辞源》修订方针、读者对象等全方位的改变，使《辞源》的性质、功能发生重大改变。原来的《辞源》是一部古今中外词语兼收而偏重语词的综合性百科辞典，而1958年分工后的《辞源》则修订成古汉语辞典，成为专门解决阅读古籍疑难、着重提供中国古代历史、文化和古汉语等多方面知识的工具书。这是一项具有开创性、挑战性的工作，其时大学的古汉语和古文献专业还处于草创阶段，国内还没有一部古汉语词典，一切需要摸索。

《辞源》修订的原则是"语词为主，百科为辅"。按照新修订的性质和要求，必须全部收录古汉语语词和有关古代文化、古代文献的人名、地名、书名、诗文篇名、物名和典章制度、碑刻、法帖等大量知识性条目。于是删去原有的现代自然科学、现代社会科学和现代应用技术词语，保留原有的单字、语词、成语、典故等词目；同时，增补了许多常见的有关古代名物及各种典章制度的语词。性质、对象的改变不仅在词条内容上有重大变化，而且体例、释义、书证等也随之与其他辞书有所不同。关于这次转型扩展的修订的要求，《辞源修订稿序例》中也做了明确、具体的概括：

(1)删去全部新词。(2)检查和改正立场、观点上的问题。(3)在单字下加注汉语拼音、注音符号，除原有的《音韵阐微》的反切外，并加注《广韵》的反切，标出声纽。(4)单字见于《说文解字》的加引《说文解字》的训释。(5)修改释义。(6)复核或抽换书证，尽量使之正确和接近语源。(7)增补较常见的词目，删去一些不成词或过于冷僻的词目。

《辞源》修订中充分吸收前人和学界的研究成果，形成自己的特色。《辞源》的语词解释，都从搜集和查对书证开始，通读上下文和查检名家注释，相互反复参证比较，以理解和区分词义。《辞源》的各类知识性百科词目一般都不引书证，只简述其内容、源流、变革、历程等。

经过7年时间，1964年《辞源》修订稿（第一册）出版，第二分册大部分已有初稿，第三、四分册已有初步资料。后来由于政治原因，修订出版工作中断。

1975年，《辞源》的修订工作重新开始，由广东、广西、湖南、河南四省（区）分别成立了专门机构，以修订稿第一册和未出版的其他各分册初稿或资料为基础，和商务印书馆编辑部共同完成。1979—1983年《辞源》（修订本）陆续出版了第一、二、三、四分册，修订出版工作全部完成。

《辞源》（修订本）全书共收单字12890个，复词84134条，总计97024条，总字数1200万字。这是我国第一部蕴含古代文化、古代文献知识的大型古汉语词典，也是一部阅读古代典籍、学习古代文化非常实用的必备工具书。

二　《辞源》百年的经验

回顾《辞源》编修100年的历史，特别是修订发展的历史，我们觉得有以下几点经验。

（一）优秀的辞书总是与创新紧紧相连

早在1916年，当《辞源》出版后不久，茅盾就评论道："商务印书馆的出版事业常开风气之先，《辞源》又是一例。"就像《康熙字典》集形音义为一体，满足了当时读书人的需要一样，《辞源》既吸收传统字书、类书的特点，继承传统字书部首分214部和子丑寅卯等12集的编纂方式，又吸收外国辞书编撰方法和体例的特点，在我国辞书的内容和体例上具有划时代的意义，奠定了我国现代语文辞书的基本模式。

《辞源》以"中学为体，西学为用"作为编纂的指导原则，它既以古代字书、类书等为基础，又充分吸收当代外国辞书的长处，形成内容、体例的创新特色，这是前代辞书所不具备的。

1. 编纂理念创新。《辞源》编纂定位于"贯通典故，博采新知"，满足社会一般读者的使用。与中国古代字书均以字为收录单位不同，《辞源》接纳西方"词汇"的概念，既注意"字""词"的区别，又注重实用，都加以释义（包括语法意义），解释字、词力求符合近代科学水平。注重实用，词目既可查检，也可阅读，具有资料性和可读性两种功能。

2. 内容创新，注重实用。转型前的《辞源》，旧学新知，无所不包。它既汇集了古代汉语字词，也收录新名词、新术语。其内容注重近代社会科学、自然科学名词的收集。在单字字头下，词目大量收列成语、掌故、典章制度、天文、地理、人名、物名、书名、地名、事件名、音乐、技艺、医卜星相、花草树木、鸟兽虫鱼等各种名词和近代社会科学、自然科学的术语概念，内容广及政治、经济、法律、哲学、艺术、心理学、化学、医学、物理学等各个方面。《辞源》编写内容和范围之广，为当时辞书之最，创立了以语词为主兼收百科的综合性辞书体例，开创了我国语词百科融为一体的独特工具书形式。

3. 编纂体例创新。全书以单字为字头，在单字字头之下则大量罗列以这个单字为字头的古今复词。字的排列，以形为纲，以笔画为序，检索方便。复词的排序原则大体以字数多少排列先后，由两个字构成的复词排列在前，由三四个或更多的字组成的复词按字数由少及多依次排列。字数相同的复词，则按第二字的笔画多少排次第先后。

字词并重，《辞源》的编纂内容比字书丰富，增加了多字条目的内容，将原先字书中混入释义的词从义项中挑出，列作词头，并且大量搜集，扩大词汇的数量，完善了现代辞书多字条目的体例结构，这一体例被后来的汉语词典继承沿用。它确定了将字的形音义结合解释，又以单字带出复词的辞书编纂体制，对现代辞书编纂有重要影响。

4. 释义和注音创新。贴近实用，《辞源》按照"词典的释义宜合乎语言学"，对"语言里最小的、可以自由运用的单位"进行解释的原则，对字、词、语都进行释义。注音上，1915年不像《康熙字典》罗列中古音，而是选择与时音接近的《音韵阐微》反切注音，注重实用性，《辞源》采用清代李光地《音韵阐微》的反切注音，陆尔奎说"其音读则悉从《音韵阐微》，改用今声，以其取音较易，而又为最近之韵书，不至如天读为汀，明读为茫，古音今音之相枘凿也。"《音韵阐微》注音接近当时实际的读音，《辞源》开了后来辞书注音体例的先河。而1983年版《辞源》注音采用注音字母和汉语拼音注音外,为保留中古音,又采用《广韵》、《集韵》等中古反切。

5. 书证创新。探源溯流,源流并重,《辞源》解释每一个词语,强调列举语源和书证。《辞源》不论单字释义,还是复词释义,都重在释源,这也符合《辞源》的名称。《辞源》书证的特点就是厘清每个词最早使用的时代和最早出现的文献记录,考查每一个词条列出尽可能早的书证,查清一个词语最早的使用年代,《辞源》尽量做到了每一词条列出尽可能早的书证,有附录最早的例句,才能掌握该词的本义,这在当时是难能可贵的。

(二)注重语言材料收集,注重科学性、准确性、权威性

《辞源》编纂与历次修订工作扎实,广泛收集语料,每编写一个词条,都建立在大量原始材料的基础之上。《辞源》编纂历时8年才竣工出版,编纂过程中积累了大量字目、词目的卡片,这使《辞源》有了质量的保证。1912年编写完稿后,查对原书书证就又用了三年多时间。《辞源》这种立目释义必有书证,重视语言材料的传统,一直保持到现在。陆尔奎《辞源·说略》记载:

罗书十余万卷,历八年而始竣事。……取材用的书数百种,十余万卷,耗资十三万银元。

对《辞源》释义精益求精,注重科学性,方毅《辞源续编说略》记载:

各科系统,皆经科学专家严格审查,分别取去,而学说有新旧,试验方法有繁简,皆取最新最通行之学说。

50年后,《辞源》(修订本)的主持人吴泽炎继承了重视资料收集的传统,在修订过程中,他脚踏实地,锲而不舍,一人做卡片30余万张,带动《辞源》组成员做卡片80万张,为《辞源》修订的成功留下了宝贵的财富。今天,我们的修订工作,仍然继承这一传统,运用电子计算机,在《四部丛刊》、《四库全书》、《中国基本古籍库》等大型典籍数据库中,探寻源头,为每一个义项寻找最早最准确的书证,做好了语料收集的准备。同时,我们对近30年来古汉语形音义的研究成果做了穷尽性收集和研究,收集和复印了两万多篇文章,编辑成《辞源研究论文集》、《辞源研究资料汇编》和《古汉语研究资料索引》。

《辞源》至今仍以科学性、准确性和权威性为学界称道。

(三)编修者专心致志、兢兢业业

《辞源》出版后的一百年中,它的高质量高水平广受赞誉,其成功是与编纂者和历次的修订者的敬业精神分不开的。初创者陆尔奎,偕同傅运森、方毅、殷维和等五六位同仁编纂《辞源》,专心致志,一心一意。《辞源》原计划五六人花两年工夫完成,但不久增到常年二三十人,最后参加者50多人,用了8年时间。吴敬恒《新字典》书后记载:

(陆尔奎)先生既任编辑字典,不惟不就他职务,且与亲友亦少通书翰,以朝以夕,并力于搜讨。

……竭日夜之劳力,数年共相探讨于一室者,共一二十人。……穷年相聚,止治此一事。

专心致志,可见一斑。陆尔奎在《辞源说略》中谈到编纂此书的经历,体例统一之难,溯源探流之困,孜孜以求之态,跃然纸上。而一心一意,下死功夫的精神,一直保持到现在的《辞源》修

订。

　　盖一书包举万类,非特愧其学识之不足。即汇集众长,欲其精神贯彻,亦殆难言之。举此而遗彼,顾后而忘前,偶一整理,瑕眚迭见。于是分别部类,重加校订。迨民国初元,全稿略具。然一辞见于此类,又见于彼类,或各为系统,两不相蒙,或数义并呈,而同出一母。至此欲别其同异,观其会通。遂涉考订蹊径。往往因一字之疑滞,而旁皇终日,经数人之参酌,而解决无从,甚至驰书万里,博访通人。其或得或失,亦难预料。穷搜冥索,所用以自劳者,惟流分派别,忽逢其源,则骤然尽解,理得而心安。始知沿流以溯源,不如由源以竟委。虽吾国古籍,半多散佚,唐宋以来,所发生之名辞,不能尽知其依据。然知识浅短,失之目前,亦所在皆是。同人以此自励。源之一字,遂日在心目。当此书刊布预告之际,方考订日有所获。因遂以名其书。譬之咳名其子,贤不肖不可知,而祝之以义方,则人情之常也。

　　《辞源》出版后,主编陆尔奎积劳成疾,几近失明。《辞源》编纂者兢兢业业,扎扎实实工作的精神,保证了它的高质量和高水平。

　　以后历次的修订团队也都是如此。1931年,方毅、傅运森主编《辞源》续编。修订者有方宾观、钱智修、何元、杜其堡、蒋维乔、庄俞、孟森、顾实、殷惟和、刘秉麟、谢观等。1937年,傅运森主持全面增订《辞源》。修订者有王君复、周云青、周建人、冯宾符、杨荫深、华国章等,都是一支支敬业称职的团队,很好完成了当时《辞源》修订的任务。

　　1958—1983年,《辞源》修订本的团队在吴泽炎的带领下,面临转型专古的更艰巨任务,经历更多的曲折艰辛。据顾绍柏记载,编辑加工阶段,主编吴泽炎、刘叶秋每天都给自己订了严格的任务,不完成任务不休息。从修订稿到修订本,《辞源》经历25年而完成新的修订,一丝不苟的敬业精神感人至深。

　　百年来,《辞源》编纂与修订者的敬业精神与品格,形成了可贵的《辞源》精神,至今还感动、激励着每个后来的辞书编纂者。

　　(四) 博学与吃苦

　　《辞源》的成功在于商务印书馆的辞书编纂和修订聘用了博学与吃苦的人。《辞源》编纂汇聚了一批博学之士。第一任主编陆尔奎,江苏武进人,是清代光绪十七年(1891)举人,曾任北洋学堂、南洋公学教师,江西浔阳书院山长,主持广州府中学堂校务,两次赴日本考察,创办两广游学预备科,担任教务长。

　　杜亚泉,《辞源》科技条目的撰写和审订者。他16岁中秀才,21岁肄业于崇文书院。1898年,应蔡元培之聘任绍兴中西学堂教员。1904年秋应邀入商务印书馆编译所,商务早期出版的理化书、博物教科书大都出自其手。

　　其他编者方毅、傅运森、庄俞等都是饱学之士,他们除了学养深厚,还甘愿坐冷板凳,苦心孤诣,吃得辛苦。

　　《辞源》初创时期形成的实事求是,一丝不苟,字斟句酌的作风与精神,在每一次修订中,得

以体现并且发扬。对《辞源》编纂时的艰辛与孜孜以求的态度,吴敬恒(吴稚晖)《新字典》书后有记载:

下一定义,增一短解,斟酌于古今学术之殊异,欲调和于义训之习惯与科学之定理者,若何困难。每有一条而经历数十易。一语而思索数十日,犹以为未可,稿成而毁弃者屡,板就而阁置者又屡。

高凤谦在《新字典·缘起》中也记有:

草创经始,百孔千疮,同人雠校,朝更一字,暮易一义,执卷訡訡。……

为了开启民智、昌明教育的理想,《辞源》编纂者意志坚定,坚忍不拔,令人感动。

《辞源》(修订本)的主编,吴泽炎、刘叶秋也是学养深厚的饱学之士,而且肯下苦功夫。据刘叶秋《商务印书馆〈辞源〉组诸老》回忆,吴泽炎在审稿阶段:

往往到晚十一二点才就寝,加工定稿每天五六十条,多时达到每天作一百条,每条上全有他改动的笔迹,即星期日和任何节日、假日,也不休息。为了提高《辞源》内容的质量,二十多年来他积累了近一千万字的资料卡片,皆由平日读书随手摘录而来,其恒心毅力是惊人的。他的夫人汪家祯女士曾经说他:"你上次闹脑血栓,瘸了一条腿,现在还这样拼命,再来一次血栓,你就完了。"人家说的是实话,他听了并不在意,依然昼夜不停地干他的活儿。最近为了赶出《辞源》第四分册,提早完成全部修订任务,他请老同事沈岳如为他精打细算地订一个计划,算好他每天要定稿多少条,到年底才能出书。岳如为他算完,他很高兴,岳如却说:"计划是订得很具体了,如果真这样作,你每天的工作量太大了,岂不要了你的老命!"他回答不要紧,还是照旧干。这个人对修订《辞源》已经入了迷,他把半生的心血完全倾注在这上面了。《辞源》就是他的生命。如果没有吴泽炎的渊博知识和拼命精神,《辞源》修订本,要在短短的几年内全部出齐,想来是不可能的!

正是有了一代一代知识渊博并有吃苦精神的陆尔奎、吴泽炎们及其领导的团队,才有了《辞源》百年成长与成功。

(五)继承与发展

一部优秀的辞书必须不断修订,修订就是继承与发展,每一次修订就是一次新的继承与发展。1958年开始的转型为古汉语词典的修订,即《辞源》(修订本)就是继承与发展的范例。

为了编成一部能帮助读者解决阅读古籍中有关语词和中国古代文物典章制度等知识性方面疑难问题的工具书,吴泽炎、刘叶秋和黄秋耘先生领衔的修订团队使《辞源》(修订本)在辞书编纂方面成为继承与发展的范例。它对原《辞源》做了全面的继承与发展:

1. 修订者继承了《辞源》编纂者的传统,释义寻源,突出《辞源》"沿流溯源""由源竟委"的特点,释义不仅要求准确,而且在探寻、分析词语的肇端及其流变上下功夫,极力检查寻求该词语最早见于书面文献的时代,使释义更加科学,而且提供了语词的源流演变。释义按本义、引申、比喻、通假排列,以显示词语的来源和语词在使用过程中的发展演变同时,参照《辞源》原本的释义,查明它的本义、词类,再研究它有无引申、比喻、假借等用法,词类有无变化。然后根据字书、韵书的解释和资料卡片寻求书证,利用各种书证来印证字书、韵书的解说,再确定自己怎样注解音义、分列义项。字义的排列则一般按本、引、转、喻、借为先后顺序等方法。这些方法都为后来大型辞书义项排列的编纂与修订时承袭。

2. 整体上保持了《辞源》原有的编排模式,但借鉴百科全书在一部分条目末尾注明参考文献的做法,体例更善。加强了《辞源》的检索功能,较多地采用"参见""参阅"的形式。"参见"使内容相关的条目发生联系。"参阅"[1]列出有关书目,为读者指出资料来源,提供较完整的知识信息。使"它既可供检查,也可供阅读,一般读者可用,专家也可用。"

3. 突出注音实用性,准确读音是辞书的重要功能。《辞源》注音的标注根据编纂和修订宗旨的改变以及社会需求每次都做出重要调整。1915年《辞源》注音用《音韵阐微》反切,1964年《辞源》(修订稿)注音用汉语拼音、注音字母、《音韵阐微》反切和《广韵》反切,到1979年《辞源》(修订本)注音,删去《音韵阐微》反切注音。它的每次注音都有重大变化,但始终突出辞书注音的实用性原则。为了读者正确读音,(修订本)注音标注汉语拼音和注音字母,同时为了使读者了解古音与今音的不同,标注了中古音,这样,就删去了不古不今的《音韵阐微》反切。

4. 收词增删。《辞源》(修订本)以鸦片战争为分界线,删去所有现代自然科学、社会科学和应用技术的新词语,而保留原《辞源》中属于古汉语、古文献、古文化的条目,又广搜文献,扩展、增补了许多古籍中常见的古代语词和文化类的词目。其增删幅度为历次修订之最。

5. 书证讲究。《辞源》每次的修订都在校订书证上下功夫,而修订本更是力争引证正确、显示源流。无论作者、书名、篇名、引文都加核查,凡发现问题,均逐一抽换改正。书证用以印证解释,更加刻意穷源竟委。显示词语的源流演变、古今异同。

(六) 辞书与学术研究互动

《辞源》的出版,带动了古汉语文字、训诂、音韵研究的深入,也在传统文化和古代文献研究中发挥很大作用。《辞源》特别是修订本,出版30年来一直受到学术界的极大关注,被文史学习者和研究者广泛使用。

许多学者也对《辞源》进行学术研究,甚至有些以研究《辞源》作为自己的学术方向。田忠侠还出版了《〈辞源〉通考》等研究《辞源》的系列专著。在各种学术刊物上也出现了一大批对《辞源》内容进行考释的研究文章,赞扬和批评并起,对它进行研究,成为学术界的一个热点。唐作藩、裘锡圭等一大批学者投入了极大的关注。同时,《辞源》历次修订中都十分注意搜集、利用学术界的研究成果,以提高词目和释义的质量。截至2008年,直接以《辞源》为研究对象的论文文

---

[1] "参阅"是因为词条的解说和书证,材料虽丰,但容量有限,无法尽量录入,为补充这个缺欠而设。一般知识性条目,撮述事实,未必见于一书;词语解释,时有异说,参酌考证,往往只取结论;典制的原委变迁等,均非词典的概括说明所能完全包括。

章就有 300 余篇。涉及《辞源》音义和用例的更多不胜计。这些文章虽然有些是见仁见智,难做定论,但体现了学术上的争鸣,其中确有不少是指出了《辞源》修订本的不足,发现了其中一些词条释义、注音、书证等方面存在的一些疏失。这对《辞源》的再次修订无疑提供了丰富的养料。2009 年《辞源》纪念版就根据学界的研究成果,挖改 2000 余处。

《辞源》修订与学术研究一直处于良性的互动之中。

三 《辞源》修订的启示

目前,虽然有了《汉语大词典》、《汉语大字典》、《辞海》等大型工具书,但我国还不是"辞书强国",精品辞书的比例还不高,在国际上有影响的辞书还不多。特别是辞书编纂手段、观念等方面,我们与先进国家比还有距离。而《辞源》是汉语大型辞书的代表之一,它的修订对促进中国辞书现代化,缩短同先进国家的辞书差距有重要意义。我们从《辞源》百年不断修订的历史经验中可以得到很多启示,作为对《辞源》新的修订的借鉴。

(一) 要继承与创新并重

社会在飞速发展,研究在不断深入,辞典就要不断修订。《辞源》百年发展史给我们的最大启示是,辞书要适应社会需求,每次修订既继承传统,又要有所创新,以保持自己的特色。这样才能使之保持旺盛的生命力。吴泽炎在回顾和前瞻《辞源》修订本时说:

需要强调的一点是《辞源》有它的特色,今后修订的目标,应当是进一步提高质量,而不是求多求全。《辞源》现有的规模和篇幅是比较合适的,应该保持不变。

溯源及流,以语源作为语词设立义项的基点,这是《辞源》的特色,我们要保持这种特色,继承这种传统。溯源,是为释义提供出处尽可能早的书证。及流,是要列出若干后代不同时期的例证,在释义的基础上结合书证,以索其流。一百年来,《辞源》的修订在古汉语溯源演变方面都是有继承,有创新的。在大型语料库积累的充足的语料支持下,《辞源》溯源及流工作与以往相比,必有长足进步。

按照继承与创新,在内容和体例上,必须在修订中,不断地吸取学术成果和经验教训,加以增补修改,使之完善并方便使用。例如,部首排序问题,像《辞源》这样的大型工具书,是否顺应现在的读者习惯,采用音序排版,还是继承传统,保持原来 214 部风貌。新旧字形问题,1964 年,新字形公布使用,1983 年版根据《辞源》的特点,便采用了新旧字形结合的做法,以新字形为主。这些问题在新的修订时都要考虑。

至于注音、释义、书证等方面的错误校正,更是《辞源》修订永恒的主题。《辞源》历次修订都做了校正工作。这次修订是否标注上古音,复词条目首字以外的多音词是否注音等等,都是我们要考虑的。

在这新一次的修订中,应该保持什么,创新什么,都是我们《辞源》修订人应该认真研究的课题。

(二) 要确定修订重点

修订要确定、突出重点。《辞源》1931年的续编,重点是增补新词语。1939年的修订是合编正续编,查证引书出处。1947年的简编本,是缩减篇幅。1983年的修订本,是由百科辞书到古汉语辞书的转型。回顾起来,每一次都有修订重点。突出重点,才会成功。

新的修订重点是加深古汉语语词探源和增加名物百科。在内容上进一步补充古代百科知识,根据分类,补充典章制度、官职等名物百科。新的修订中,将充分地有效地采集、整理语料和运用语料,进一步实现"溯源及流"的目标。为此,新世纪以来,商务就做了很多准备工作,其中在语料库建设上投入了大量人力物力。商务印书馆的辞书语料库,已经有电子版的《四部丛刊》《四库全书》《中国基本古籍库》等大型语料储备,在一些环节上也尝试过利用计算机进行辞书的编纂,这方面积累了一些经验。在计算机的辅助下,语词方面可以采用新的编纂手段处理辞目的调整与相关条目的选定与订正,引书出处的检查与统一,互见条目的对照等工作。这次修订我们仍要做到提供书证的文献范围扩大,数量增加,同时,争取做到标示书证的出处体例统一,版本一致。

重点、专业词条专人负责。修订的重点专人负责,如增订本的单字由王君复专管,书名条目由周云青负责。

(三) 修订要有带头人和稳定的队伍

组织强有力的编辑与修订队伍,这是《辞源》历次修订成功的关键。无论是初创时期陆尔奎,还是后来修订的方毅、傅运森、唐凌阁以及吴泽炎、刘叶秋等,他们都是优秀的带头人,他们出色的工作使《辞源》每次修订都有发展提高,经得起历史的检验,给我们做了榜样。吴泽炎在总结《辞源》经验时说"要有一个常设的编辑班子"。他说:

我们认为词典编撰是一种终身的事业,是须要一辈人接一辈人前后相继的事业。经过几辈人的努力,才能达到真正成为"典",而且还要继续按照时代需要,继续修改,其命维新。因此规模不管大小,总要有一个常设的班子。只有从长期的实践中,才能培养锻炼出一支有知识有才能有事业心的专业队伍。打散工,恐怕建立不起一个骨干的力量,很难在辞典编撰领域内出现后浪推前浪、人才辈出的局面。

《辞源》的修订者要有像吴泽炎那样有深厚的语文修养,渊博学识,敏锐眼光,一心一意,还要有坚韧不拔的毅力和一丝不苟的精神,要有组织能力和决断能力。吴泽炎、黄秋耘、刘叶秋都是名副其实的"主编",《辞源》修订的10万多条目他们都亲自过目,每一条都经仔细审订。今后,我们仍需要这样的主编。

《辞源》是商务印书馆自主开发的产品,《辞源》的编纂和修订,都是商务印书馆主导下完成的。我们很幸运,一生能参加到《辞源》这样大项目的修订当中,我们的前辈为我们做出了榜样。《辞源》修订组成员,都将努力为修订作出贡献。

（四）要不断与时俱进

《辞源》百年的每次修订都适应社会需要，表明再好的辞书也必须与时俱进，常修常新。一百年前的社会与现在不同，一百年前的读者也与现在不同。《辞源》新的修订，也必须面对现在的读者，满足现在社会的需求。历史需要再一次给《辞源》定位。《辞源》是一部收录古代词语的大型综合性辞书。《辞源》的服务对象为中等文化程度以上的读者。它既能满足一般读者的查考需要，又能成为文史工作者的必备参考工具书。以语词为主，兼顾百科；理顺源流，重在溯源。溯源包括语词条目义项的始见例和名物百科条目义项的理据，努力做到《辞源》有源。

经历了一百年的风风雨雨后，国学热又回到了我们的生活中。大家学国学、谈国学、用国学，这给《辞源》又提供了一次发展的机遇。作为适合中等以上文化水平古汉语学习者和文史研究者适用的工具书，《辞源》的内容要注入古代文化知识新的内容。现在的读者对古代的文化典章制度、名物百科的知识已经日渐减少了。《辞源》应该补充、加大这方面的内容，应该帮助解决读古代典籍时遇到的问题，适当增补古代百科方面的条目。同时，释文不仅要注意信息量的准确，还应根据辞书的特色，保持信息量的均衡，要求简洁明确，力戒繁芜；并保持与《辞海》（侧重于现代百科）和《汉语大词典》（侧重于语词）的距离。确定《辞源》在辞书领域内的独特地位。

适应社会发展，不仅反映在辞书的收词列目和编写内容，还要彻底改革以往的抄卡片、排铅字等传统方法，而使用信息时代的各种先进方法，建立、利用各种电子资料库，完善编写、编纂手段，以高效率达到学术的高水平，编辑流程的高水平。《辞源》建国60周年纪念版就是编辑流程高水平的一次演示。

（五）大投入，文化担当

1915年《辞源》出版，50余人，历时8年，耗资十三万银元，这在当时是不敢想象的大数字，商务印书馆当时的总资本也就200万银元。商务作为一家民间出版机构，苦心孤诣，建造起一座民族的文化大厦，为中华文明添上一笔难能可贵的财富。《辞源》出版后，受到社会极大的关注，满足了民众求知的渴求。当月印行20万册，1949年前，各种版本印行达400万册。1979年《辞源》修订本，广东、广西、湖南、河南和商务印书馆投入百余人，到2009年，发行330万册，成为优秀经典辞书的代表，践行了开启民智，普及文化的使命。

《辞源》是辞书史和学术史上的一株参天大树，是一本写了一百年还要继续写下去的大书。这本大书有太多的东西值得回忆、总结，以上只是简略的回顾、粗浅的思考，但已经让我们看到了许多经验，获得许多启示。今天，商务印书馆已经启动百年《辞源》新的修订，这些经验与启示对新的修改有直接的借鉴作用。如何继承商务老一辈编纂和修订《辞源》精益求精的精神和成功的经验，如期出版适应当今社会需要的高质量修订本，是我们这辈《辞源》后人对百岁《辞源》的最好纪念。

四　一辈人接一辈人的事业

《辞源》已经百岁了,始终保持着旺盛的生命力。一代又一代编纂者,为其前仆后继,鞠躬尽瘁。一茬又一茬读书人,对其爱不释手,养性修身。吴泽炎认为《辞源》的修订,是一辈人接一辈人的事业。《辞源》每一次修订也都是一个新的起点。刘叶秋《辞源》的历程一文说:

1915年《辞源》的出版,标志着旧中国词典的编撰进入了一个承先启后的阶段;1983年新《辞源》修订的完成,显示了新中国词典的编撰又有突破,展开了更新的一页。从1915年到1983年,是《辞源》适应时代要求而出现并且不断改革、精益求精的历程,是一代人接一代人的班不断前进的历程。

从1979年《辞源》(修订本)第一分册出版,至今已有30年了,无论是从辞书环境、读者需要还是从《辞源》本身而言,社会都需要对《辞源》再做进一步的修订。我们将以现代语言文字学理论为指导,遵守国家统一制定的语言文字法规,借鉴和吸取30多年来辞书编纂的丰富经验和研究成果,博采众家之长,充分利用计算机提取语料,并搜集近现代学者关于古籍整理的优秀成果作为修订参考依据,进一步提高《辞源》的学术品位、技术质量。

曹先擢先生说"《辞源》是现代辞书的风向标"。吴泽炎先生说"《辞源》出版,为商务印书馆提高了声誉,使它在一个相当长的时期中保持辞书出版工作的首席地位"。30多年来,中国辞书出版环境、出版状态发生了巨大变化。《辞海》,《汉语大字典》,《汉语大词典》以及中小型各种门类的一大批辞书,对《辞源》形成挑战和竞争之势。同时,《辞源》的读者对象也与往日有别,阅读研究古典时,会有更多的疑难问题要从《辞源》中寻求答案。加之《辞源》合订本、修订本在形音义例等方面还存在某些不足与问题,所以《辞源》的修订和适当增补,势在必行。新的修订对于维护《辞源》的品牌地位,发挥《辞源》的竞争优势,推动21世纪辞书事业的发展,无疑具有重要意义。

商务印书馆2007年全面启动《辞源》第三版的修订,预计8年完成。这又是一个新的起点。如何适合社会需求,与时俱进,汲取以往《辞源》编纂与修订的宝贵经验并发扬光大,如何继承商务老一辈编纂和修订《辞源》的严谨务实,有所作为、精益求精的精神,如何继往开来,如期出版适应当今社会需要的高质量修订本,不负广大读者的厚望,是摆在我们《辞源》修订者面前的严峻任务。目前,项目组《辞源》修订方案已经通过论证,体例和试修订稿已经基本完成,全面修订正在铺开,新闻出版基金资助《辞源》修订费750万元,我们有条件做得更好。

前人有言:"编纂词典的实际经验有时是经过痛苦的、代价巨大的不断摸索才获得的。"总结《辞源》的百年经验,令我们现在的辞书人感慨不已。陆尔奎、方毅、吴泽炎、刘叶秋等辞书界的先辈,还有更多的默默无闻的辞书工作者,他们几年、几十年的爬梳剔抉,为我们现代辞书的繁荣,留下了不可磨灭的贡献。

《辞源》是商务印书馆的标志性品牌辞书,是现代辞书史上的丰碑,也是国家的文化工程,民族的文化工程。一百年前,我们的前辈们编纂了它,开创并确立了我们的事业。一百年来,我们的前辈续编它,增补它,增订它,合订它,简编它,修订它,让它嘉惠学林,成为辞书史和学术史上的一株参天大树。今天,我们站在前辈的肩上,接受修订这神圣的使命,继承前辈的事业,发展它,完善它,纪念它。

一个人一百岁了,一个出版社一百岁了,都有许多可以回忆的东西,同样,《辞源》一百岁了,而且现在还充满着生命力,更值得我们回忆。《辞源》就是这样一部充满生命活力值得回忆的书。回顾《辞源》编撰与修订的一百年历史,我们更加理解了辞书是一辈人接一辈人的事业。《辞源》是一个市场品牌,更是一个学术品牌。《辞源》反映了当年商务出版家的文化眼光和创新精神,值得我们继承、珍惜和发扬光大。

《辞源》是中国人运用现代理念第一次编纂的第一本颇具规模的具有溯源竟委特点的百科性语文辞书,是全社会的财富,也是全民族的财富,是商务印书馆的镇馆之宝。我们心存敬畏,不能辜负前辈艰辛的开创,不能辜负时代对我们的希望。

参考文献

艾荫范　简评修订本《辞源》(第一册)
蔡元培　《新字典》序
曹先擢　《辞源》研究论文集·序
陈　原　《辞源》修订本问世抒怀
丁霄汉　《辞源》简评
方　毅　《辞源》续编说略
高凤谦　《新字典》缘起
顾绍柏　穷经据典溯根源,踏破铁鞋觅辞真——说说修订《辞源》的甘苦
郭良夫　《辞源》修订本简评
李　俊　《辞源》与《辞海》的比较
刘叶秋　《辞源》的历程
──　　略谈辞书体例的创新
──　　商务印书馆《辞源》组诸老
陆尔奎　《辞源》说略
骆伟里　试评《辞源》修订本
乔　永　《辞源》编纂修订百年记事
史建桥　《辞源》修订三议

史建桥、何瑛、吴满蓉　《辞源》的故事
沈岳如　《辞源》修订史略
舒宝璋　《辞源》忆旧
———　前进的脚印——《辞源》修订工作实践
汪家熔　《辞源》,《辞海》的开创性
吴敬恒　《新字典》书后
吴泽炎　刘叶秋　《辞源》修订本与其前后
———　一辈人接一辈人的事业——谈《辞源》的修订
———　《辞源》修订本1976—1983——回顾和前瞻
许振生　《辞源》八十年
杨文全　20世纪中国第一部新型大词典——《辞源》编纂体制说略
苑育新　"语词为主,百科为辅"原则的体现
张弦生　对修订《辞源》的回忆
赵克勤　谈《辞源》释义
周行健　《辞源》(修订本)与新《辞海》
商务印书馆百年大事记(1987—1997)

后记

　　本文是在《辞源编纂修订百年记事》(《出版史料》2009年1期)的基础上写成的。《辞源》编纂和修订者的精神时时感动着我,我们这代人应该继承《辞源》精神,兢兢业业,一丝不苟,不辱使命,为民族文化传承而担当。
　　本文的部分内容发表在《辞书研究》2010年第3期。